신의 가면 III

서양 신화

조지프 캠벨 지음

정영목 옮김

Joseph Campbell Foundation

THE MASKS OF GOD Vol. III : OCCIDENTAL MYTHOLOGY

by Joseph Campbell

Copyright © 2004 Joseph Campbell Foundation (jcf.org) : Collected Works of Joseph Campbell / Robert Walter, Executive Editor / David Kudler, Managing Editor

역자 정영목
서울대학교 영문학과를 졸업했으며, 현재 전문 번역가로 활동하면서 이화여자대학교 번역대학원 교수로 재직 중이다. 역서로는 『아담과 이브의 모든 것』, 『사람과 상징』, 『파라오의 역사』, 『딸 그리고 함께 오르는 산』, 『왜 나는 너를 사랑하는가』, 『여행의 기술』, 『행복의 건축』, 『슬픔이 주는 기쁨』, 『공항에서 일주일을』 등이 있다.

신의 가면 III : 서양 신화

저자 / 조지프 캠벨
역자 / 정영목
발행처 / 까치글방
발행인 / 박후영
주소 / 서울시 용산구 서빙고로 67, 파크타워 103동 1003호
전화 / 02 · 735 · 8998, 736 · 7768
팩시밀리 / 02 · 723 · 4591
홈페이지 / www.kachibooks.co.kr
전자우편 / kachibooks@gmail.com
등록번호 / 1-528
등록일 / 1977. 8. 5
초판 1쇄 발행일 / 1999. 12. 24
  8쇄 발행일 / 2023. 2. 27

값 / 뒤표지에 쓰여 있음

ISBN 89-7291-243-3 04210
     89-7291-240-9 04210(전4권)

신의 가면 III
서양 신화

일러두기

1. 원서의 이탤릭체 강조는 고딕체로 표기하였으나, 단지 영어 이외의 언어를 나타 내기 위하여 이탤릭체로 한 것은 일반 문장과 똑같이 다루었다.
2. 우리말로 옮기는 데에 참고한 번역본은 다음과 같다.
   - 성서와 관련해서는 『공동번역 성서』를 참고하였으나, 개별적인 서명은 일반 적으로 널리 알려진 것을 따랐다(예 : 「마르코의 복음서」 → 「마가복음」)
   - 코란과 관련해서는 『코란』(안동훈 외 옮김, 이슬람 국제출판국)을 참고하였다.
   - 오디세이와 관련해서는 『오디세이』(천병희 옮김, 단국대학교 출판부, 1996)를 참고하였다.
   - 도덕경과 관련해서는 『노자』(장기근 옮김, 삼성출판사, 1990)에 나온 내용을 참고하였다.
3. 코란의 장과 절 표시는 원서와 우리말 『코란』 사이에 약간의 차이가 있는데, 이 책에서는 원서를 따랐다.

차례

제1부 여신의 시대

제2부 영웅들의 시대

제4부 위대한 신앙의 시대

제1부 여신의 시대

머리말 : 신화와 제의—동과 서

동양과 서양의 신화와 제의(祭儀) 사이의 지리적인 경계는 이란 고원이다. 이란 고원의 동쪽으로는 인도와 극동이라는 2개의 영적 영역이 있고, 서쪽으로는 유럽과 레반트(동부 지중해 연안을 가리키는 역사적 이름/역주)가 있다.

동양에는 존재의 궁극적 기초가 생각, 상상, 규정을 초월한다는 관념이 널리 퍼져 있다. 그것은 어떠한 식으로든 한정을 할 수가 없다는 것이다. 따라서 신이나 인간이나 자연이 선하다거나, 정의롭다거나, 자비롭다거나, 인자하다는 주장은 아예 문제 삼을 거리가 되지 않는다. 신이나 인간이나 자연이 악하다거나, 정의롭지 못하다거나, 무자비하다거나, 악의가 있다고 주장하여도 달라지는 것은 없을 것이다. 그러한 모든 의인화에 따른 단정들은 진짜 수수께끼를 가리거나, 거기에 가면을 씌우는 것이다. 그 수수께끼는 이성적인 사고를 절대적으로 넘어선다. 이 관점에 따르면, 바로 그러한 수수께끼가 우리 모두——나아가 만물——에 대한 존재의 궁극적 기초이다.

따라서 동양 신화의 최고 목표는 신이나 신과 관련된 제의를 실체적으로 확립하는 것이 아니라, 그것들을 수단으로 하여 그 너머로 나아가는 경험을 제공하는 것이다. 그것은 존재 중의 '존재'와 동일화되는 경험인데, 그 '존재'란 내재적인 동시에 초월적이며, 존재하지도 않고 존재하지 않지도 않는다. 기도와 성가, 형상, 신전, 신, 현자, 정의, 우주론은 사고의 범주들을 넘어서는 경험의 연안으로 데려다주는 나룻배일 뿐이며, 그곳에 도착하면 버리게 되는 것들이다. 인도의 『케나 우파니샤드(*Kena Upanishad*)』가 말하듯이 "아는 것은 모르는 것이고, 모르는 것은 아는 것"[1]이기 때문이며, 중국의 『도덕경(道德經)』이 말해주듯이 "도를 터득한 사람은 말이 없기"[2] 때문이다.

베다의 현자는 "그대는 그것이다"[3]라고 선언한다. 일본인 현자는 "그것이 너의 진정한 자아"[4]라고 말한다.

불교의 기초적인 경전(『반야심경』을 가리킨다/역주)은 이렇게 말한다. "오, 그대, 가버린 그대, 가버린 그대, 저 피안으로 가버린 그대, 피안에 내린 그대. 깨달음이여! 영원하여라!"[5]

반면 서양——유럽이 되었든 레반트가 되었든——의 신화적 사고와 비유에서는, 존재의 기초가 보통 창조주로 의인화된다. 인간은 그 창조주의 창조물이며, 이 둘은 같은 것이 아니다. 따라서 여기에서는 신화와 제의의 기능이, 말로는 표현할 수 없는 동일화의 경험을 촉진하기 위한 것이 될 수 없다. 서양의 관점에 따르면, 인간은 자기 내부를 향하였을 때 피조물인 자신의 영혼만을 경험할 수 있을 뿐이다. 이 영혼은 그 창조주와 제대로 관계를 맺을 수도 있고 그렇지 못할 수도 있다. 따라서 서양의 신화와 제의의 주된 기능은 관계——신의 인간에 대한, 인간의 신에 대한——의 수단을 확립하는 것이다. 나아가서 그러한 수단은 제도에 의해서 공급되는데, 그 제도의 규칙들은 인간의 안에 있는 본성이나 인간 밖에 있는 자연을 정밀하게 연구한다고 해서 배울 수 있는 것이 아니다. 모든 제도의 신화가 말해주듯이, 이러한 규칙들은 신 자신으로부터 왔으며, 초자연적으로 계시되었다. 그리고 신의 사제들이 그 규칙들을 관리하면서, 신화의 정신을 유지해나간다.

그러나 신과 인간이라는 모순된 최종적인 항들이 서로 대립하고 있는 상태에서, 개인은 양쪽에 전적으로 충성을 다할 수 없다. 서양에만 국한된 모종의 복잡한 문제들은 바로 이 사실에서부터 비롯된다. 개인은 「욥기」에서처럼 신의 주권과 마주하였을 때 인간적인 판단을 포기할 수도 있다. "아, 저의 입이 너무 가벼웠습니다. 무슨 할 말이 더 있겠사옵니까?"[6] 그러나 그리스 인들처럼 자신의 인간적 가치들을 지키면서, 이것에 의거하여 신들의 성격을 판단할 수도 있다. 우리는 첫번째 유형의 신앙을 종교적이라고 부르는데, 이것은 레반트의 모든 전통——조로아스터교, 유대교, 기독교, 이슬람교——에서 찾아볼 수 있다. 두번째 유형은 아주 폭 넓은 의미에서 인본주의적이라고 부르는데, 이것은 유럽의 토착 신화들——그리스 인, 로마 인, 켈트 인, 게르만 인 등의 신화——에서 찾아볼 수 있다.

대체로 서양 신화의 최근 역사는 이 2가지 대조되는 신앙의 웅장한 상호 작용이라는 맥락에서 묘사할 수 있다. 좀더 구체적으로 말하자면, 동에서 서로, 서에서 동으로, 동에서 서로, 다시 서에서 동으로 물결이 격렬하게 엎치락뒤치락하듯 상호 교류가 이루어졌는데, 이것은 기원전 490년 페르시아 인들이 그리스를 처음으로 공격하였을 때부터 시작되었다. 그러나 알렉산더의 레반트 정복으로 레반트의 물결은 방향을 돌렸으며, 그 뒤에 로마의 승리가 뒤따랐다. 그러나 심지어 로마 시대 초기에도 레반트 신화들이 역류하여 서쪽으로 향하는 것이 분명히 느껴진다. 기원전 204년 카르타고 전쟁 동안에는 로마에 프리기아의 마그나 마테르(Magna Mater, 위대한 어머니란 뜻을 가진 모신[母神]/역주) 숭배가 공식적으로 도입되었다. 스토아 철학 역시 레반트와 동양의 특징을 가졌으며, 로마 세력의 절정기인 안토니누스 시대에는 페르시아의 혼합주의적 신앙인 미트라(Mithra) 숭배가 로마 제국의 주된 종교가 되었다. 이어서 기독교가 뒤따랐다. 그 뒤에는 유럽의 제국이 몰락하였으며, 레반트의 비잔티움은 새로운 로마 또는 제2의 로마로서 로마의 이름과 역할을 떠맡았다. 그 뒤 622년에는 마호메트의 계시가 세상에 나타났는데, 이후 천 년 동안 이것이 인류의 궁극적인 종교가 될 가능성이 높아져갔다. 그러나 다시 한번 형세가 바뀌었다. 페르시아가 마라톤(기원전 490년)에서 저지되었듯이, 이슬람도 프와티에르(732년)에서 저지되었기 때문이다. 그 이후로 기도 시간을 알리는 무에진(muezzin, 회교 사원에서 기도 시간을 알리는 사람/역주)의 외침이 사막을 흔드는 소리는 계속 뒤로 물러나게 되었다. 나아가서 기독교화된 유럽 자체내에서도 개인적 판단과 이성적 인간의 가치라는 토착적인 유럽의 원리들이 저항할 수 없는 힘을 얻게 되었고, 이에 따라 단일한 교회의 절대적 권위는 해체되었다. 그러고는 종교 개혁, 르네상스, 계몽주의, 그리고 현재의 과학 시대가 뒤따랐으며, 보다시피 지금 유럽은 영적으로 세계를 정복함으로써 절정에 이른 모습을 보여준다. 그러나 이미 레반트의 물결이 다시 차오르며, 다음 순서를 기다리고 있다.

서양의 유산이 보여주는 복잡성과 활력 가운데 많은 부분은 신의 말씀으로 제공된 것을 옹호하는 사람들의 주장과 이성적인 개인을 옹호하는 사람들의 주장——서양에서는 양쪽 모두 받아들인다——이 일으킨 갈등에서 비롯된 것이 틀림없다. 그러나 이란의 동쪽에 있는 동양의 정신은 이러한 부류의 갈등으로 심각하게 괴로워한 적이 한번도 없다. 그곳에서는 우주와 그 안의 인간의 자리에 대한 결론으로서 청동기 시대에 성직자들이 제시한 우주론이 오늘날까지 살아 남아 있다. 그 우주론이란 영겁이 늘 순환한다는 것, 정지하여 있으면서 동시에 수학적인 비인격성의 고리를 따라 영원에서 영원으로 계속 돈다는 것이다. 이러한 관점에 따르면, 만물은 겉으로는 소란스러워 보이지만 모든 것을 지탱하고 모든 것을 덮고 있는 존재의 신비의 표현으로서, 그 뿌리에서는 조화를 이루고 있다. 이 신비는 생각, 상상, 규정을 초월한다. 즉 과학적 탐구를 초월한다. 빛을 받아 반짝이는 면이 늘 달라지기 때문에 겉으로는 변하는 것처럼 보이지만 실제로는 변함이 없는 보석처럼, 동양에서는 청동기 시대의 우주에 대한 이미지가 여전히 완전하게 보존되어 있다. 그리고 그 이미지로부터 나오는 고정된 세계에는 의무, 역할, 가능성이 고정되어 있다. 이 세계는 과정이 아니라 상태이다. 인간이든 신이든 개별적 존재는 보석의 면들 가운데 한 면이 반짝이는 것에 불과하다. 여기에는 창조적인 힘으로서의 의지나 정신에 대한 개념도 없고, 심지어 그러한 의지나 정신에 대한 느낌도 없다. 서양인이 그런 의지나 정신을 드러내면, 동양의 현자는 그저 당혹스러운 표정으로 물끄러미 바라만 볼 뿐이다. 그러나 그것은 악마가 힘을 쓰는 것을 보는 듯한 눈길이다. 현자는, 악마의 시간은 틀림없이 짧으며, 그 자신은 인간, 사회, 우주의 모든 영원한 진리, 존재의 궁극적 비밀에 안전하게 뿌리를 박고 있다는 생각으로 위로를 받을 것이다. 현자는 동서양 모두가 청동기 시대로부터 물려받은 지혜의 보고, 아주 오래된 보고를 통해서 그 모든 진리를 알고 있다. 어쨌든 자신은 안다고 믿는다.

사실 페르시아, 그리스, 로마, 비잔티움, 이슬람, 그리고 그후의 유럽에 이르는 상호 작용의 수준보다 더 깊은 수준으로 들어가면, 청동기 시대의 유산이 동양뿐 아니라 서양의 신화적 사고에도 많은 기본적 모티프들을 공급하고 있음을 알 수 있다. 나아가서 이러한 유산의 기원은 많은 사람들이 생각하고 있는 것처럼 인도가 아니고, 그렇다고 중국도 아니며, 다름아닌 근동, 즉 레반트였다. 고고학자들은 최근에 레반트에서 문명을 준비하던 터전을 발굴하였는데, 이것은 기원전 7500년경까지 거슬러 올라가는 것이다. 그 무렵 소아시아, 시리아, 이라크 북부, 이란 등지의, 높은 산으로 보호를 받는 골짜기들에서는 농업과 가축을 기르는 기술이 발달하였다. 이것은 인간 존재의 성격과 그 발전 잠재력 양쪽에 획기적인 변화를 가져왔다. 그 이전의 인류는 식량 채집(수렵과 식물 채취)에 의한 불확실한 생활을 하였으나, 이제는 땅의 실질적인 경작자가 되었다. 그 결과 자급 자족적인 촌락들이 나타났으며, 그 수는 꾸준히 증가하면서 동쪽과 서쪽으로 넓은 띠를 이루며 퍼져나가, 기원전 2500년경에는 동시에 양쪽 대양에 이르게 되었다. 한편 이러한 변화의 출발점에 해당하는 선진적인 지역, 즉 근동 핵심부에서는 기원전 3500년경 두번째의 획기적인 변화가 일어났다. 메소포타미아 강 유역에서 높은 수준의 모든 문명에 근본이 되는 기술들이 발명된 것이다. 문자, 수학, 기념비적 건축, 체계적인 과학적 관찰(천체 관찰), 신전에서의 예배, 그리고 모든 것을 지배하는 것으로 왕의 통치 기술 등이 그 예들이다. 이러한 지식과 그 응용법은 이집트에는 기원전 2850년경(제1왕조의 첫 파라오들이 나타날 무렵)에 전해졌고, 크레타와 인더스 유역에는 기원전 2500년경에 전해졌으며, 중국에는 기원전 1500년경에 전해졌고, 멕시코와 페루에는 기원전

1000-500년경에 전해졌다.

　신석기 촌락의 단계에서 이러한 발전과 확산이 이루어지던 때에는 모든 신화와 예배의 중심이 풍요로운 대지의 여신이었다. 이 여신은 생명의 어머니이자 양육자이며, 죽은 자들을 받아들여서 다시 태어나게 하는 존재였다. 많은 인류학자들이 생각하듯이, 대지의 여신을 숭배하던 초기에는(아마 레반트에서는 기원전 7500-3500년경일 것이다) 그러한 어머니-여신을 비옥함을 지켜주는 지역 수호신으로만 생각하였을 것이다. 그러나 처음으로 더 높은 수준의 문명으로 나아갔던 곳(수메르, 기원전 3500년-2350년경)의 신전들만 보더라도, 가장 중요시되었던 위대한 여신은 분명 그 이상의 존재가 되어 있었다. 현재 동양에서와 마찬가지로, 이 여신은 이미 형이상학적 상징이 되었고, 만물이 탄생하고 소멸하는 테두리를 이루는 공간, 시간, 물질의 힘을 인격화한 최고의 존재였다. 이 여신은 그들의 몸의 내용물이었고, 그들의 삶과 사고를 구성하는 존재였으며, 죽은 자들을 받아들이는 존재였다. 형태나 이름을 가진 모든 것——선한 존재나 악한 존재, 자비로운 존재나 진노하는 존재로 인격화된 신을 포함하여——이 이 여신의 자식이었고, 이 여신의 자궁 안에 있었다.*

　청동기 시대가 끝날 무렵, 좀더 뚜렷한 모습이 드러난 때로 치자면 철기 시대가 동틀 무렵(레반트에서는 기원전 1250년경), 갑자기 침입한 부권적인 전사(戰士) 부족들이 여신 어머니의 낡은 우주론과 신화를 근본적으로 바꾸어놓고, 재해석하고, 또 많은 부분을 잘라내게 되었다. 이 부족들의 전통은 주로 구약과 신약, 그리고 그리스 신화의 형태로 우리에게 전해져온다. 광활한 두 지역이 이 전사들의 거친 물결이 흘러나온 지리적 모태라고 할 수 있다. 그 지역이란 셈 족의 경우에는 시리아와 아라비아의 사막이다. 셈 족은 이곳에서 방랑하던 유목민인데, 양과 염소떼를 몰고 다녔으며 나중에는 낙타도 길들였다. 그리스-아리아 인들의 경우에는 유럽과 러시아 남부의 광활한 평원이 그곳이다. 그들은 이곳에서 소떼를 몰고 다녔으며, 일찌감치 말을 길들였다.

---

* 585쪽과 586쪽의 〈그림 31〉과 〈그림 32〉와 비교해보라.

다음 장에서는 우선 이 여신이 어디에나 존재한다는 사실에 주목할 것
이다――이 여신은 그녀가 아무런 역할을 하지 않을 것으로 여겨지는 신
화들, 심지어 그녀가 존재하지도 않는 신화들에도 존재하고 있다(1장).
이어서 이 여신이 지배하였던 시기를 잠깐 되돌아볼 것이다(2장). 그러
고 나서, 서양에서 가장 창조적인 민족들의 신에 대한 비전을 간직한 신
전들이 점점이 박혀 있는 풍요로운 골짜기를 차근차근 내려가볼 것이다
(3장부터 9장까지).

제1장 뱀의 신부

1. 어머니 여신 하와

　원시, 고대, 동양 세계의 여신 신화들에 익숙한 사람이라면 성서의 곳곳에서 다른 신화에 등장하는 존재를 만나게 될 것이다. 물론 성서에서는 그 이전의 신앙에 반대되는 주장을 표현하기 위하여 그러한 존재들을 변형시켜놓았다. 예를 들어보자. 「창세기」의 하와가 나무 옆에 있는 장면에서, 나무에서 나타나 하와에게 말을 거는 뱀이 어엿한 신임을 암시하는 대목은 전혀 찾아볼 수 없다. 그러나 이 뱀은 「창세기」가 쓰여지기 적어도 7천 년 전에 레반트에서 섬기던 신이었다. 루브르 박물관에는 조각이 새겨진 녹색 동석(凍石) 꽃병이 있는데, 이것은 후기 수메르 시대인 기원전 2025년경 라가시(Lagash, 수메르 지방의 한 도시 국가/역주)의 구데아 왕이 여신의 남편으로 표현되던 존재에게 바친 것이다. 구데아 왕은 여신의 남편을 일컫던 칭호인 닌기즈지다 밑에 "진리의 나무의 주관자"라고 새겨놓았다. 꽃병의 조각이 보여주는 것은 두 짝의 열린 문 안에서 교미하는 독사 2마리이다. 이 뱀들은 지팡이를 따라서 올라가며 꼬여 있는데, 그 모습이 그리스의 신비한 지식과 재탄생의 신 헤르메스의 지팡이와 비슷하게 보인다. 문은 날개 달린 용 2마리가 열어젖히고

〈그림 1〉 뱀 신.

있는데, 이 용들은 보통 사자새라고 부르는 유형이다(〈그림 1〉).[1]

　　뱀은 허물을 벗고 새롭게 젊음을 얻는 놀라운 능력을 지니었기 때문에 세계 전역에서 재탄생의 신비를 관장하는 존재로 자리를 잡게 되었다. 마찬가지로 찼다가 기울고, 어둠이라는 허물을 벗고 다시 차 오르는 달은 재탄생의 신비를 보여주는 천상의 표지이다. 달은 생명을 창조하는 자궁의 박자의 주관자이자 척도이며, 그래서 존재가 오가는 통로인 시간의 주관자이자 척도가 되기도 한다. 즉 탄생의 신비에 대한 주관자인 동시에 죽음의 신비——탄생과 죽음은 요컨대 존재의 단일한 상태에 대한 두 측면이다——에 대한 주관자이기도 하다. 달은 조수의 주관자이며, 밤 사이에 내리어 소들이 뜯어먹는 파란 풀잎을 신선하게 해주는 이슬의 주관자이다. 그러나 뱀 또한 물의 주관자이다. 뱀은 흙 속의 나무 뿌리 사이에 살면서 샘, 늪, 수로를 자주 찾아가며, 파도와 같은 동작으로 미끄러지면서 움직인다. 또는 리아나(열대산 칡의 일종/역주)처럼 나뭇가지로 기어올라가 거기에서 죽은 열매처럼 매달려 있기도 한다. 뱀은 곧바로 음경을 연상시키며, 또한 삼키는 존재로서 여성의 성기를 연상시키기도 한다. 따라서 뱀에게는 이중의 이미지가 부여되며, 이것이 은연중에 정서에 영향을 미친다. 마찬가지로 뱀의 번개 같은 공격, 둘로 갈라져서 빠르게 날름거리는 혀, 치명적인 독은 불과 물이라는 이중적 연상을 불러일으킨다. 신화의 우로보로스처럼 자기 꼬리를 입에 문 모습으로 상상이 될 때에는 부유하는 원형의 섬 지구를 둘러싸고 있는 물을 연상시킨다. 그 물은 지구 밑에도 있고 지구에 스며 있기도 하다. 이런 식으로 지구를 보는 관점은 고대의 모든 우주론에 나타난다.

〈그림 2〉는 페르시아 사산 왕조 후기(서기 226-641년) 엘람 사람들의 사발에 그려진 것인데, 여기에서도 '세계의 나무'의 수호신이 나선형으로 나무 줄기를 올라가는 모습을 볼 수 있다.[2] 이 형태에서는 위험한 측면, 그리고 경고를 하는 측면이 두드러진다. 그러나 닌기즈지다는 에덴 동산의 뱀과 마찬가지로, 은혜를 입기 위하여 적절한 예의를 갖추고 그의 성소를 찾아오는 사람들에게는 일반적으로 우호적이다. 〈그림 3〉은 기원전 2350-2150년의 초기 아카드 사람들의 인장(印章)에서 나온 것인데, 이것은 뱀 신이 인간의 형태로 왕좌에 앉은 모습을 보여준다.[3] 뒤에는 헤르메스의 지팡이 상징이 있고, 앞에는 불의 제단이 있다. 관을 쓴 신에 의해서 뱀 신에게 안내되어 온 사람은 신자이며, 이 인장의 소유자이다. 그리고 그 뒤에 들통을 든 인물이 따르고 있는데, 그의 머리에는 뱀이 대롱거린다. 그는 왕좌에 앉은 뱀 신의 시종으로서, 구데아의 꽃병에 나온 사자새 문지기에 상응하는 존재이다. 생명의 물의 원천인 달은 뱀 신이 손에 들고 있는 컵 위에 걸려 있는데, 안내되어 온 입문자가 이제 그 컵에 든 것을 마실 것이다.

여기서 뱀 신과 불멸의 컵과 달 사이의 관계는 분명하다. 고대의 모든 신화들에 공통으로 나타나는 하나의 모티프, 즉 신이 높은 측면과 낮은 측면에 동시 복합적으로 나타난다는 것도 마찬가지로 분명하다. 들어오려고 하는 사람을 받아들이거나 내쫓는 문지기는 신이 지닌 힘의 축소된 표현이기 때문이다. 문지기는 신의 존재에 다가가는 사람이 처음에 겪게 되는 측면을 나타낸다. 다른 말로 하면, 인간을 시험하는 측면이다. 나아가서 신은——그리고 인간을 시험하는 측면도——의인화된 형태, 짐승의 형태, 식물의 형태, 하늘의 형태, 원소의 형태 등 많은 형태들 중에서 어

〈그림 2〉 세계의 나무.

떠한 하나 또는 하나 이상으로 나타날 수 있다. 현재의 예에서도 신은
사람, 뱀, 나무, 달, 생명의 물로 동시에 나타난다. 이것들은 하나의 다형
적(多形的) 원리의 여러 측면들로 인식해야 한다. 이 원리는 만물 안에
서 상징되는 동시에 만물을 넘어선다.

　3개의 인장을 더 보면 이 상징들이 성서와 가지는 관계가 충분히 드러
날 것이다. 첫번째인 〈그림 4〉[4]는 시리아-히타이트에서 나온 우아한 예
이다. 이것을 보면 메소포타미아의 영웅인 길가메시(Gilgamesh)가 둘로
나타나서 구데아의 꽃병에 나왔던 사자새들(lion-birds)처럼 성소의 수호
자 역할을 하고 있음을 알 수 있다. 그러나 우리가 이 성소에서 보는 것
은 인간도, 동물도, 식물도 아니다. 그것은 뱀이 그리는 원들로 만들어진
기둥이며, 그 꼭대기에는 태양의 상징이 있다. 이러한 장대나 횃대는 만
물이 회전하는 축이 되는 지점을 상징한다(악시스 문디〔axis mundi〕, 즉
세계의 축이다). 불교에서 세계 중심의 '부동의 지점'에 있는 '깨달음의
나무'가 여기에 대응한다.[5] 기둥 꼭대기에 있는 태양의 상징 주위에는 4

〈그림 3〉 왕좌에 앉은 뱀 신.

〈그림 4〉 악시스 문디.

개의 작은 원이 보인다. 이것들은 세계의 동서남북으로 흐르는 4개의 강을 상징한다고 한다[6](「창세기」2 : 10-14와 비교해보라). 왼쪽에서 다가오는 인물은 인장의 소유자인데, 이 인물은 사자새(또는 성서에서 이러한 존재들을 부를 때의 용어로 하자면 거룹[케루빔])의 안내를 받고 있다. 사자새는 왼손에 들통을 들고, 오른손에 높이 솟은 가지를 들고 있다. 한 여신이 신비한 재탄생의 어머니 역할을 맡아 뒤따르고 있으며, 밑에는 새끼 무늬가 있다. 이 미로와 같은 장치는 헤르메스의 지팡이에 대응한다. 그러므로 여기에서도 우리는 신화에 나오는 생명의 동산에 대한 일반적인 상징들을 보게 된다. 이곳에서는 뱀, 나무, 세계의 축, 영원한 태양, 늘 살아 있는 물이 사방으로 은총을 발산한다. 그리고 한 인간이 신을 나타내는 이런저런 존재의 안내를 받아서 그 자신의 불멸을 위한 지식으로 다가간다.

다음 인장인 〈그림 5〉는 신화의 동산이 지닌 풍성함을 보여주는데, 등

〈그림 5〉 불멸의 동산.

장하는 모든 인물은 여성이다. 나무 옆에 있는 둘은 지하의 신인 굴라-바우(Gula-Bau)의 두 모습으로 확인되는데, 이는 고전 시대의 데메테르와 페르세포네에 대응한다.[7] 달은 〈그림 3〉에서는 컵 위에 있었는데, 여기에서는 건네주는 열매의 바로 위에 있다. 그리고 그 열매를 받는 인물은 인간인 여자로서, 이미 오른손에 열매의 가지를 하나 들고 있다.

따라서 근동 핵심부의 초기 신화 체계에서는, 훗날 성서의 엄격하게 부권적인 체계와는 대조적으로, 신이 남성적 형태만이 아니라 여성적 형태로도 나타날 수 있었음을 알 수 있다. 한정적인 형태는 궁극적으로 한정할 수 없는 원리의 가면에 지나지 않았기 때문이다. 이 원리는 모든 이름과 형태를 넘어서면서도, 동시에 그 안에 있는 것이었다.

또한 이러한 인장들에서는 신의 진노나 험악한 모습이 전혀 나타나지 않는다. 에덴 동산과 연관된 죄라는 주제는 나타나지 않는다. 이 인장들에 나오는 세계의 성소에는 생명의 지식이라는 은혜가 모여든다. 그리고 이것을 어떠한 인간에게나——남자이건 여자이건——기꺼이 나누어주며, 인간은 그것을 받고자 하는 적당한 의지와 준비를 갖추고 손을 내민다.

따라서 〈그림 6〉[8]의 초기 수메르 인장은 몇몇 학자들이 생각하는 것과는 달리, 아담과 하와의 타락에 대한 수메르의 이야기, 지금은 사라져버린 이야기에 나오는 그림일 리가 없다.[9] 여기에 담긴 것은 성서보다 훨씬 이전 시기인 청동기 시대에, 순수의 동산을 보는 관점에 담겨 있는 목가적인 정신이다. 이 동산에서는 신화적인 종려나무로부터 2가지 바람

〈그림 6〉 나무의 여신.

직한 열매를 딸 수 있다. 그것은 깨달음의 열매와 불멸의 열매이다. 왼쪽의 뱀 앞에 앉아 있는 여자는 굴라-바우 여신임에 거의 틀림없다(앞에서 말한 대로 데메테르-페르세포네와 상응하는 여신이다). 오른쪽에 있는 남자는 뿔이 달린 달 모양의 관에서 알 수 있듯이 인간이 아니라 신인데, 다름 아닌 이 여신이 사랑하는 아들이자 남편인 두무지(Dumuzi), 즉 '심연의 아들, 생명의 나무의 주관자'임에 틀림없다. 두무지는 늘 죽고 늘 부활하는 수메르의 신으로서, 성육신(成肉神)의 원형이다.

〈그림 7〉[10]에서 볼 수 있는 그리스-로마의 부조는 적절한 비교의 대상이 될 것이다. 이 그림은 엘레우시스(고대 그리스 아티카의 도시/역주) 비교(秘敎)의 여신 데메테르가 아들 플루토스*와 함께 있는 모습을 보여준다. 시인 헤시오도스(기원전 8세기경 그리스의 시인/역주)는 플루토스에 대하여 이렇게 썼다.

　　　살면서 그를 만나는 인간은 행복하고 행복할 것이다.
　　　그의 손에는 축복이 넘치고, 그의 보물은 넘쳐흐르기 때문이다.[11]

플루토스는 한편으로 대지의 부를 인격화하고 있지만, 좀더 넓은 의미에서 보자면 비교의 신인 디오니소스에 대응하는 신이다. 나는 『신의 가면 : 원시 신화』와 『신의 가면 : 동양 신화』에서 우주의 위대한 여신들의 남편인 동시에 아들인 많은 신들을 다루었다. 신은 죽어서(또는 다른 이

---

* 이름이 비슷하여 지옥의 신인 플루토와 혼동되지만 플루토와는 다른 신이다.

〈그림 7〉 데메테르.

미지에 따르면 결혼을 해서) 여신의 가슴으로 들어가 다시 태어난다. 달이 그림자를 벗어버리는 것이나 뱀이 허물을 벗는 것과 마찬가지이다. 그러므로 이러한 상징들과 연관된 입문 의식(엘레우시스 비교에서처럼)을 통하여 입문자는 묵상 속에서 비교의 여신 어머니에게로 돌아가 인간의 운명으로부터 벗어나게 되며(상징적으로 죽는 아들이 된다), 늘 다시 태어나는 원리, 모든 존재 중의 존재(뱀 아버지)와 하나가 된다. 그런 다음에는 슬픔과 죽음만이 보였던 세계에서 영원한 생성의 환희를 인식하게 된다.

　이것을 부처의 전설과 비교해보자. 부처가 깨달음의 나무(보리수를 가리킨다/역주) 아래 부동의 지점에 앉아 있을 때 세계 환각의 창조자인 카마-마라(Kama-Mara), 즉 '삶의 욕구와 죽음에 대한 공포'가 다가와서 떠나라고 협박을 하였다. 그러나, 전설에 따르면, 부처가 오른손 손가락으로 땅을 건드리자(이것은 부처의 수인(手印) 중에서 깨달음의 순간을 의미하는 항마촉지인(降魔觸地印)으로 상징된다. 즉 가부좌를 틀고 앉은 상태에서 오른손을 무릎 위에 얹고 손가락 끝을 땅에 댄 모습인데, 이는 깨달음 순간을 방해하는 마귀를 물리치기 위하여(항마) 땅을 건드림으로써(촉지) 도움을 줄 지신을 불러내는 상황을 설명해준다/역주) "막강한 대지의 여신이 백 번, 천 번, 백의 천 번 우르릉거리며 '내가 당신의 증인입니다!' 하고 선포하였다. 그러자 마왕은 달아났다."[12] 그날 밤 축복받은 자는 깨달음을 얻었으며, 7번의 7일 동안 환희에 젖어 있었다. 그러는 동안에 엄청난 폭풍이 휘몰아친 일이 있었는데, 그때 다음과 같은 사건이 발생하였다.

무찰린다라고 일컫는 막강한 뱀의 왕이 땅 밑의 그의 자리에서 나타나 축복받은 자의 몸을 7번 감고 축복받은 자의 머리 위에 그의 커다란 두건을 펼치며 말하였다. "추위도 더위도, 각다귀, 파리, 바람, 햇빛도, 기어오르는 생물도 축복받은 자 근처에는 가까이 오지 못하게 하리라!" 그후로 7일이 지나자, 무찰린다는 폭풍우가 끝나고 구름이 흩어진 것을 알았다. 무찰린다는 축복받은 자의 몸을 말았던 자기 몸을 풀고 인간의 형체를 취하고는, 이마에 두 손을 조아리며 축복받은 자에게 경의를 표하였다.[13]

부처의 가르침과 전설에서 죽음으로부터의 해방이라는 관념은 새로운 심리적 해석을 얻게 되었다. 그러나 이것이 부처의 전설보다 이전에 나온 신화적 표현들의 정신을 침해하지는 않았다. 오랜 모티프들은 발전된 방식으로 서술되었고, 자신의 삶 속에서 그 모티프들의 의미를 해명한 실제의 역사적 인물과 결합됨으로써 신선한 직접성을 얻었다. 그러나 탐구하는 영웅과 살아 있는 세계의 힘 사이에 이루어진 조화의 느낌은 남아 있다. 사실 세계의 힘이라는 것도 영웅 자신과 마찬가지로 궁극적으로는 존재의 신비가 변형된 모습에 불과하다. 따라서 부처의 전설에서는 근동의 옛 인장들의 경우와 마찬가지로 우주의 나무 옆에서 이루어지는 본질적 조화의 분위기가 우세하다. 이 나무에서 여신과 그녀의 뱀 남편은 그들의 귀중한 아들이 생노병사의 굴레에서 벗어나려고 노력하는 것을 돕는다.

그러나 에덴 동산에서는 이와는 다른 분위기가 우세하다. 주 하느님(기록되어 있는 헤브루 이름은 야훼이다)은 아담이 선과 악을 깨닫게 하는 나무의 열매를 먹었다는 것을 알았을 때 뱀을 저주하였다. 그리고 천사들에게 말하였다. "'이제 이 사람이 우리들처럼 선과 악을 알게 되었으니, 손을 내밀어 생명나무 열매까지 따먹고 끝없이 살게 되어서는 안 되겠다.' (야훼는 그 사람을) 에덴 동산에서 내쫓으시었다. 그리고 땅에서 나왔으므로 땅을 갈아 농사를 짓게 하셨다. 이렇게 아담을 쫓아내신 다음 하느님은 동쪽에 거룹(즉 사자새)들을 세우시고 돌아가는 불칼을 장치하여 생명나무에 이르는 길목을 지키게 하셨다."[14]

　이러한 대조에서 떠오르는 첫번째 점, 그리고 앞으로 나올 수많은 신화적 장면에서 더 분명하게 드러나게 될 점은, 기원전의 1천 년간 철기 시대 문명을 구가하던 헤브루 인들은 그들이 점령하여 한동안 통치하였던 곳의 신석기와 청동기 시대 문명으로부터 가져온 신화를 그들의 부권제의 맥락에서 거꾸로 뒤집어서, 원래의 신화와는 정반대가 되는 주장을 펼쳤다는 것이다. 두번째 점은 첫번째 점의 당연한 귀결인데, 결과적으로 성서의 기본적인 상징들 가운데 많은 것에는 양면성이 내재하고 있으며, 이것은 아무리 수사학적으로 부권적인 해석을 강조하여도 억압할 수가 없다. 그 상징들은 뇌에 전달되는 언어 메시지와는 정반대인 시각적 메시지를 가슴에 전달해준다. 신경을 자극하는 이러한 부조화는 유대교뿐만 아니라 기독교와 이슬람교에도 내재하는데, 그것들 역시 구약의 유산을 공유하기 때문이다.

　그러나 서양에서 교리상의 양면성을 보여주는 자료는 성서만이 아니다. 그리스의 유산에도 비슷한 의미의 역전이 존재한다.

2. 고르곤의 피

50여 년 전에 제인 엘런 해리슨은, 그리스의 야외 축제와 비교의 의식에는 호메로스 이전 신화의 많은 흔적들이 살아 남아 있는데, 거기에서 영광의 자리는 밝은 올림포스의 만신전에 있는 남성 신들이 아니라 음침하고 불길한 여신이 차지하였다는 것을 보여주었다. 이 여신은 하나, 둘,

셋, 또는 그 이상의 많은 수로 나타나기도 하며, 산 자와 죽은 자 모두의 어머니였다. 이 여신의 남편은 보통 뱀의 모습이었다. 그리고 이 여신의 제의에서 두드러지는 것은 현대인들이 고전주의적인 그리스와 결부시키는 남성적인 체육 경기, 인본주의적인 예술, 사교적인 즐거움, 향연과 극장 등에서 느낄 수 있는 쾌활한 정신이 아니라, 어둡고 공포가 가득한 정신이었다. 제물은 우아하게 꽃다발 장식을 한 소가 아니라, 돼지와 인간이었다. 그리고 제물을 바치는 방향도 빛을 향하여 위로 올라가는 것이 아니라 아래로 내려갔다. 또한 제물을 장미빛 손가락을 가진 새벽에 광택이 나는 대리석 사원에서 바친 것이 아니라, 어스름녘에 숲과 들판의 도랑 위에서 바쳤는데, 새 피는 그 도랑을 거쳐서 끝을 알 수 없는 심연으로 쏟아져 들어갔다. 해리슨 양은 이렇게 말하였다. "섬겨지는 존재들은 이성적이고 인간적이고 법을 지키는 신들이 아니라, 모호하고 비이성적이고 주로 악의를 가진 다이모네스($\delta\alpha\acute{\iota}\mu ov\varepsilon\varsigma$, 즉 악마들/역주), 영적인 존재들, 유령이나 도깨비 같은 것들, 아직 정형화된 신격 안에 갇히지 않은 것들이었다."[15] 나아가서 제의의 분위기는 모두가 공유하는 축제의 분위기, 즉 "네가 주게 하기 위하여 내가 준다(do ut des)"는 소박한 정신을 담고 있는 것이 아니라, 제거의 분위기, 즉 "네가 떠나게 하기 위하여 내가 준다(do ut abeas)"는 분위기였다. 그러나 여기에는 언제나, 만일 악마의 부정적인 측면을 쫓아내게 되면, 건강과 행복, 비옥함과 열매가 자연스러운 원천으로부터 저절로 흘러나올 것이라는 관념이 결부되어 있었다.

〈그림 8〉은 피라에우스에서 발견된 봉헌판으로, 올림포스의 제우스의 한 모습인 제우스 메일리키오스[16]에게 바쳐진 것이다. 그런데 모든 신들 중에서 다름 아닌 하늘의 제우스가 뱀의 모습으로 나타났다는 것은 놀라운 일이다. 왜냐하면, 해리슨 양이 지적하듯이, "제우스는 뱀과 함께 나타난 적이 없는 극소수의 그리스 신들 가운데 하나"[17]이기 때문이다. 해리슨 양이 이 예외적인 것을 설명한 바에 따르면, 그 이름과 형상은 원래 지역의 악마에게 속한 것이며, 이 악마는 대지의 어머니-여신에게 아들-남편이 된다. 그런데 북쪽으로부터 온 아리아 인의 만신전에 속하는

〈그림 8〉 제우스 메일리키오스.

높은 신이 피라에우스에 있던 그의 자리를 정복하여 차지해버렸다. 그러
면서 제우스의 이름에 그 지역에 있는 땅의 귀신을 일컫던 이름이 덧붙
여졌다. 그리고 매년 봄에 열리는 악마 숭배 의식 역시 그대로 이어졌으
며, 더불어 그들의 비올림포스적인 유형의 희생제의, 즉 돼지들의 대학살
도 그대로 이루어졌다. 어떤 그리스 평론가가 이야기하듯이, 이 희생제의
에는 "어떤 냉랭하고 음울한 요소"가 담겨 있었다.[18]

　그러나 사람들은 호메로스 이전의 미노아의 크레타나 같은 시대의 키
클라데스 제도의 청동기 시대 문명──여기에서부터 이미 언급하였던 비
그리스적인 제의의 대부분이 파생된 것으로 보인다──으로부터 냉랭하
고 음울한 요소를 연상하지 않는다. 오히려 그들의 아름다운 예술 작품
에 나타나는 분위기는 우주적 변화의 웅장함과 우아하게 일치한다. 또한

후기 고전주의 시대에도, 뱀, 사자, 양어지(養魚池), 비둘기장, 거북이, 오징어, 염소, 황소 등과 함께 나타나는 옛 어머니-여신이 늘 공포와 혐오의 대상이었다고 주장할 수는 없다. 그러나 제임스 G. 프레이저 경은 『황금가지(*The Golden Bough*)』에서 로마 근처 네미 호수 옆의 숲——이제는 유명해졌다——에서 이루어진 어머니 여신 숭배 의식이 실제로 아주 어둡고 불길하였다는 것을 보여준다. 프레이저 경은 그 위대한 책의 서두에서 그 현장을 이렇게 묘사한다.

이 성스러운 숲에서는 몇몇 나무가 자라고 있었는데, 그 주위에서는 낮의 아무 때나, 또는 밤 늦게, 어떤 험상궂은 형체가 어슬렁거리는 것이 보였을지도 모른다. 그는 손에 칼을 뽑아 들고 있었으며, 마치 당장이라도 적이 공격해올 것처럼 줄곧 주의 깊게 사방을 살펴었다. 그는 사제인 동시에 살인자였다. 그가 경계하고 있는 사람은 조만간 그를 살해하고 그 대신 사제의 자리를 차지할 사람이었다. 그것이 성소의 규칙이었기 때문이다. 사제가 되려고 하는 사람은 현직 사제를 살해함으로써만 그 자리를 차지할 수 있었으며, 그는 더 강하거나 더 재주가 많은 사람에게 살해당할 때까지만 그 자리를 유지하였다. 이렇게 불확실한 임기 동안 유지할 수 있는 그 자리에는 왕이라는 명칭이 붙었다. 그러나 왕관을 쓴 자들 가운데 이 사람만큼 불안하게 잠자리에 들거나, 더 나쁜 악몽을 꾸는 사람은 분명 없었을 것이다. 한해가 가든 새해가 오든, 여름이든 겨울이든, 좋은 날씨든 나쁜 날씨든, 그는 외롭게 파수를 서야만 하였고, 잠깐씩 괴로운 잠에 빠질 때마다 자기 목숨의 안위를 걱정해야만 하였던 것이다.[19]

정말이지 음울한 광경이다! 그리스와 로마의 연대기에도 이와 마찬가지로 공포의 분위기를 자아내는 다른 이야기들이 있다. 자주 언급되는 크레타의 여왕 파시파에의 이야기가 그 한 예이다. 파시파에 여왕은 바다에서 온 황소를 사랑하였다. 그들의 자식인 무시무시한 미노타우로스는 그를 가두어두기 위하여 만든 미로에서 어슬렁거렸다. 그럼에도 그리스 이전의 제의의 장면들은 마음속에 유령에 대한 두려움이 없는 사람들을 위하여 조화와 평화, 지혜와 예언의 힘이 담긴 전원시를 보여주는 쪽이다. 로마의 아엘리아누스(222년 사망)는 그의 「동물 본성론」에서 에피루스의 뱀 성소를 묘사한다. 그것은 그의 당대에는 아폴로 신의 성소라고 회자되었지만, 실제로는 제우스 메일리키오스의 뱀 신전처럼 그보다 앞선 그리스 이전의 에게 해 신화의 흔적이었다.

> 에피루스 사람들은 일반적으로 아폴로에게 희생제의를 드린다. 그들은 1년 중 어느 한 날을 그들의 제일 큰 축제일로 삼아서 아폴로를 찬미한다. 이것은 아주 웅장한 축제이며, 이름이 높은 축제이다. 그곳에는 아폴로 신에게 바쳐진 작은 숲이 있는데, 주위에는 동그랗게 담이 둘러져 있으며, 그 안에는 뱀들이 있다. 틀림없이 아폴로의 노리개일 것이다. 이 뱀들에게는 오직 처녀 사제만이 접근할 수 있다. 이 여사제는 벌거벗었으며, 뱀들에게 먹이를 가져다준다. 에피루스 사람들은 이 뱀들이 델파이의 피톤에서 내려왔다고 말한다. 여사제가 다가갈 때 뱀들이 착하게 보이면, 그리고 먹이를 착하게 먹으면, 그 해에는 풍년이 들고 병이 없을 것이라고 한다. 그러나 뱀들이 여사제에게 겁을 주고 여사제가 주는 꿀과자를 먹지 않으면, 그 반대의 일이 벌어진다고 한다.[20]

또는 〈그림 9〉의 꽃병 그림을 보자. 이것은 기본적으로 똑같은 정신을 바탕으로 그려진 것인데, 헤스페리데스의 석양 나라에 있는 신화적인 황금사과나무를 보여준다.[21] 이 그림에서는 뿔이 달린 거대한 뱀이 나무를 감고 있으며, 나무의 뿌리가 있는 땅에는 굴이 있다. 여기에 2개의 주둥이를 가진 샘이 있고, 그곳에서 나오는 물로 우물이 이루어져 있다. 아름다운 헤스페리데스——고대인들이 아버지 없이 우주의 여신 "밤(Night)"에게서 태어났다고 생각한 님프들의 가족[22]——는 그 주위에서 뱀의 시중을 들고 있다. 만일 그 땅에 새로 임명된 족장(그는 소유의 우선권만이 아니라 심지어 존재의 우선권마저 그럴 듯하게 주장하고 있었다)이 어떠한 상황이 벌어지고 있는지 알았을 때 분개하지 않았다면, 에덴의 상황이 바로 그와 같았을 것이다.

청동기 시대 말기와 철기 시대 초기의 유목민들인 아리아 인들이 소떼를 몰고 북쪽으로부터, 셈 족이 양과 염소떼를 몰고 남쪽으로부터 쳐들

〈그림 9〉 헤스페리데스의 나무.

어와서 고대 세계의 오래된 숭배 의식의 현장들을 폭력적으로 점거하기 전, 그 세계에는 자연과 생활 필수품에 대하여 본질적으로 유기적이고 식물적이고 비영웅적인 관점이 지배하고 있었다. 그러나 땅에서의 고된 노동이 아니라 전투의 창과 그것을 통한 약탈이 부와 기쁨의 원천이었던 용맹스러운 사람들에게는 그러한 관점이 비위에 거슬렸을 것이다. 그 이전의 어머니 신화와 제의에서는 삶이라는 복잡한 것의 밝은 측면과 어두운 측면을 똑같이 존중하였다. 그러나 남성 지향적이고 부권적인 신화들에서는, 선하고 고귀한 것은 모두 새로 주인이 된 영웅적인 신들의 것이 되고, 토착적인 자연의 힘들에게는 오직 어둠의 성격만 남겨졌다. 나아가 부정적인 도덕적 판단마저 덧붙여졌다. 왜냐하면 아주 많은 증거들이 보여주듯이, 이 두 대조적인 삶의 방식에서는 신화적 질서만이 아니라 사회적 질서도 대립을 하였기 때문이다. 여신이 죽은 자들을 삼키는 존재로서만이 아니라 삶을 주고 지탱하는 존재로서 숭배받던 곳에서는 숭배

의식에서만이 아니라 사회에서도 여자들에게 중요한 위치가 주어졌다. 여자들이 여신을 대리하였기 때문이다. 이렇게 여성이 지배하는 사회적이고 제의적인 관습의 질서를 일반적인 넓은 의미에서 모권 질서라고 부른다. 이와는 완전히 대립하는 것이 부권 질서로서, 여기에는 의로운 웅변의 열정 그리고 불과 검의 진노가 있다.

따라서 철기 시대 초기 아리아 인의 그리스 문헌과 로마 문헌, 그리고 이웃 셈 족의 레반트 문헌들에서는 빛나는 영웅이 어둠을 정복한 이야기가 다양하게 쏟아져 나온다. 이러한 이야기에서는 이전의 신적 질서에 속하던 괴물들이 이러저러한 이유로 비난을 당하며, 영웅은 이 괴물의 또아리로부터 보물, 그러니까 좋은 땅, 처녀, 황금, 또는 괴물의 압제로부터의 자유 등을 얻게 된다.

성서에 나오는 중요한 예는 여호와가 우주 바다의 뱀 레비아단에게 승리를 거둔 일인데, 여호와는 이것을 욥에게 자랑한다. "너는 낚시로 레비아단을 낚을 수 있느냐? 그 혀를 끈으로 맬 수 있느냐? 코에 줄을 꿰고 턱을 갈고리로 꿸 수 있느냐? 그가 너에게 빌고빌며 애처로운 소리로 애원할 성싶으냐? 너와 계약을 맺고 종신토록 너의 종이 될 듯싶으냐? 너는 그를 새처럼 노리개로 삼아가지고 놀 수 있느냐? 끈을 매어서 계집아이들 손에 쥐어줄 수 있느냐? 어부들이 값을 매기고 상인들이 골라 살 수 있느냐? 너는 그 살가죽에 창을, 머리에 작살을 꽂을 수 있느냐? 손바닥으로 만져만 보아라. 다시는 싸울 생각을 하지 못하리라."[23]

그리스 인들에게 이에 대응하는 것은 제우스가 땅의 여신 가이아의 막내인 티폰에게 승리를 거둔 일이다. 이 일을 계기로 올림포스 산의 부권적인 신들은 그 이전의 위대한 어머니 여신의 티탄 형제들에 대한 위협으로부터 벗어나게 된다. 반은 인간이고 반은 뱀이었던 티탄의 몸집은 엄청났다. 티탄은 굉장히 컸기 때문에 때때로 머리가 별에 부딪혔으며, 두 팔을 뻗으면 그 길이가 일출에서 석양에까지 이르렀다(〈그림 10〉). 헤시오도스의 이야기에 따르면, 그의 어깨에는 백 마리의 뱀의 머리가 자라고 있었는데, 모두 불 같은 혀를 번쩍거렸으며, 수많은 눈에서는 불길이 화살처럼 쏟아져 나왔다. 그의 몸 안에서는 여러 목소리가 들렸는데,

34

〈그림 10〉 티폰과 싸우는 제우스.

그는 신들이 이해할 수 있는 소리들을 내보내었다. 그러나 동시에 황소처럼 큰 소리로 울기도 하였고, 사자처럼 포효하기도 하였으며, 개처럼 짖기도 하였고, 쉭쉭거리는 소리를 내기도 하였는데, 그 소리가 너무 커서 산들이 메아리를 쳤다. 만일 제우스가 티탄과 싸워서 이기지 못하였다면, 이 무시무시한 것이 창조의 주인이 되었을 것이다.

　신들의 아버지가 움직일 때마다 그의 발밑에서 올림포스가 흔들렸고 땅은 신음을 토하였다. 그의 벼락 불빛에서뿐만 아니라 티탄의 눈과 숨에서도 불이 터져 나와 어두운 바다 위에서 번쩍거렸다. 바다는 들끓었다. 높은 파도는 해안의 모든 갑(岬)을 내리쳤다. 땅은 흔들렸다. 죽음의 신인 하데스는 몸을 떨었다. 심지어 제우스마저도 잠시 기가 죽었다. 그러나 제우스는 다시 힘을 모아서 그의 무시무시한 무기를 움켜쥐었다. 이 위대한 영웅이 그의 산에서 튀어오르며 벼락을 던지자, 티탄의 번쩍이고, 울부짖고, 포효하고, 짖고, 쉭쉭거리는 머리 전체에 불이 붙었다. 괴물은 땅에 쓰러졌으며, 땅의 여신 가이아는 자신의 자식 밑에서 신음을 토하였다. 티탄으로부터 불길이 뻗어나왔고, 이 불길은 포효를 하며 가파른 산의 숲들을 따라 달렸다. 이 불길은 워낙 뜨거워서, 신들의 절름발이 대장장이인 헤파이스토스의 땅속 대장간에서 불이 쇠를 녹이듯이, 땅의 많은 부분을 녹여버렸다. 그러자 신들의 막강한 왕인 제우스는 폭풍 같은 진노를 쏟아내며, 불타오르는 티탄을 입을 벌린 심연 타르타로스 속으로 던져 넣었다. 그 뒤로 오늘날까지 티탄의 몸으로부터 모든 바람이 쏟아져 나와서, 바다를 가로질러 사납게 불어대며 인간을 괴롭히고, 배를 흩어버리고, 뱃사람들을 물에 빠뜨리고, 땅에 사는 사람들이 소중하게 여기는 것들을 폭풍과 티끌로 망쳐버리고 있다.[24]

제우스의 승리 이야기가 베다 만신전의 왕 인드라가 우주의 뱀 브리트라에게 승리한 이야기와 닮았다는 데에는 의문의 여지가 없다.[25] 그 두 신화는 한 원형의 변형들이다. 나아가서 각각의 신화에서 신에 대립하는 역할은 그 이전의 신화에 나오는 존재에게 맡겨졌다. 그리스의 경우에는 펠라스기 족의 신화였고, 인도의 경우에는 드라비다 족의 신화였다. 신에 대립하는 이 악마들은 전에는 영웅의 행위들을 먼지처럼 깨끗이 핥아먹는 우주 질서의 힘, 시간의 어두운 신비를 상징하였다. 또 절대 죽지 않는 뱀, 허물을 벗듯 생명을 벗어버리는 뱀의 힘을 상징하였다. 이 뱀은 계속 앞으로 밀고 나아가면서 영원한 회귀의 고리를 맴도는데, 이미 영원 전부터 순환을 해왔듯이, 앞으로도 절대 어디에도 도달하는 일 없이 이런 식으로 계속 영원히 순환할 것이다.

이 죽지 않는 힘의 상징에 대항하여 중요한 개인의 위대한 행위라는 전사의 원칙이 벼락을 퍼부었다. 그 결과 문명의 옛 질서만이 아니라, 믿음의 옛 질서가 한동안 붕괴하였다. 인도에서 드라비다 족의 두 도시인 하랍파와 모헨조다로의 문명이 해체되었듯이, 미노아의 크레타 제국도 해체되었다. 그러나 인도에서는 뱀의 힘과 관련된 옛 신화가 곧 다시 득세하였으며, 마침내 기원전 500년 무렵에 이르면 그 신화는 베다의 모든 신들——인드라, 미트라, 바유 등——과 그 정신을 흡수하여, 모든 신을 영원한 회귀의 고리를 맴도는 뱀의 순환 과정의 단순한 대리인들로 바꾸어놓았다.[26] 그러나 서양에서는 자유로운 의지와 역사적인 영향력을 가지는 영웅에 의해서 대표되는 불확정의 원리가 전투에서 승리하였을 뿐만 아니라, 현재까지도 우세를 잃지 않고 있다. 나아가서 이러한 자유 의지 원리의 승리는 그 도덕적 결과물인 개인적 책임이라는 원리와 더불어 서양 신화 최초의 뚜렷한 특징으로 확립되었다. 나는 서양 신화에 아리아적인 유럽(그리스 인, 로마 인, 켈트 인, 게르만 인)의 신화들뿐만 아니라, 레반트의 셈 족과 아리아 인들(셈 족에 속하는 아카드 인, 바빌로니아 인, 페니키아 인, 헤브루 인, 아랍 인, 그리고 아리아 인에 속하는 페르시아 인, 아르메니아 인, 프리기아 인, 트라키아-일리리아 인, 슬라브 인)의 신화도 포함하고자 한다. 왜냐하면 제우스와 아폴로, 테세우스, 페르세우스, 이아손 등이 황금 시대의 용들에게 거둔 승리를 생각하든, 아니면 야훼가 레비아난에게 거는 승리를 생각하든, 그러한 이야기들이 보여주려는 것은 땅에 얽매인 뱀의 운명의 힘보다 더 큰, 스스로 움직이는 힘이기 때문이다. 해리슨 양의 말을 빌면, 그 모든 것은 "무엇보다도 먼저 대지의 숭배, 그리고 대지의 풍요라는 악마의 숭배에 대한 저항"으로서 나타난 것이다.

그러면서 해리슨 양은 덧붙인다. "모든 식물과 동물 생명체를 포함한 풍요의 힘들에 대한 숭배는 건전하고 건강하다고 말할 수 있을 만큼 폭이 넓다. 그러나 사람의 관심이 자신의 인간성으로 점점 집중됨에 따라 그러한 숭배는 위험과 병의 원인이 된다."[27]

일견 그렇다고 할 수 있다! 그러나 성서 쪽이든 그리스나 로마 쪽이든, 빛나는 의로운 행동을 하는 인간의 모든 남성적인 도덕적 태도들은 뭔가 억지스럽고 궁극적으로는 설득력이 없다는 느낌을 지울 수가 없다. 왜냐하면, 복수 때문인지 보상 때문인지는 몰라도, 그러한 행위자들이 나타나는 신화들의 궁극적인 생명, 또 그와 더불어 영적인 깊이와 관심은, 저주를 받았지만 임신하고 있는 대지라는 어두운 존재 쪽에 계속 남아 있기 때문이다. 대지는 비록 패배하여 굴복하였지만, 절대 완전히 흡수당하지는 않는 힘을 가지고 있다. 신비의 잔재는 그들에게 남아 있다. 그리고 이것은 훗날의 '더 높은 수준의' 체계들에 포함된 오래된 상징들 속에 웅크리고 앉아서 자신의 모습을 드러낸다. 마치 "너는 더 깊은 노랫소리가 들리지 않느냐?" 하고 소리 없이 말하는 것 같다. 이러한 일은 전 서양 역사에 걸쳐서 지속되어왔다.

예를 들어서, 메두사의 전설은 고전적인 올림포스의 부권적 체계의 관점에서 이야기되고 있다. 그러나 거기에서도 더 오래된 메시지를 들을 수 있다. 고르곤의 여왕인 메두사의 머리카락은 쉭쉭거리는 뱀들이었다. 메두사의 눈만 보아도 사람들은 돌로 변해버렸다. 그러나 페르세우스는 책략을 발휘하여 메두사를 죽인 다음 바랑에 그 머리를 넣고 탈출하였다. 이후에 아테네는 그 머리를 자신의 방패에 붙여놓았다. 그러나 고르곤의 잘린 목에서는 날개 달린 말 페가소스가 솟아나왔다. 페가소스는 포세이돈 신이 낳은 자식으로, 지금은 제우스의 수레 앞에 묶여 있다. 치유의 신인 아스클레피오스는 아테네의 도움을 얻어 메두사의 왼쪽과 오른쪽 옆구리의 핏줄에서 나온 피를 손에 넣게 되었다. 아스클레피오스는 왼쪽에서 나온 피로는 생명을 죽이고, 오른쪽에서 나온 피로는 치료를 하고 생명을 회복시킨다.

따라서 메두사에게는 인도의 검은 여신 칼리의 경우와 마찬가지로 2가지 힘이 공존한다. 칼리는 오른손으로는 은혜를 베풀고, 왼손으로는 검을 들고 있다. 칼리는 우주의 만물을 낳지만, 칼리의 붉은 혀는 길게 늘어져 살아 있는 피를 핥는다. 칼리는 해골로 된 목걸이를 걸고 있다. 치마는 잘린 팔다리로 이루어져 있다. 칼리는 "검은 시간(Black Time)"으로서, 만물의 생명이자 죽음이며 세상의 자궁이자 무덤이다. 하나이자 유일한 최초의 존재이며 자연의 궁극적 본체이다. 신들도 칼리의 기능을 대행하는 자들에 불과하다.

혹은 제우스와 헤라조차도 한때 조언을 구하였던 장님 현자 티레시아스의 묘한 전설을 예로 들어보자. 신들의 왕은 자신의 아내에게 장난스럽게 말하였다. "사랑을 나눌 때 당신네 여자들이 남자들보다 더 많은 즐거움을 누리는 게 틀림없소." 헤라는 그것을 부정하였다. 그래서 그들은 티레시아스를 찾아갔다. 왜냐하면 티레시아스는 이상한 모험을 겪은 끝에, 사랑의 양쪽 면을 모두 경험하였기 때문이다.

오비디우스가 말해주는 그 이야기를 들어보자.

티레시아스는 어느 날 녹색 숲에 있다가, 짝짓기를 하고 있던 2마리의 거대한 뱀을 지팡이로 때려서 화를 돋우었다. 그 결과 (오, 놀랍도다!) 티레시아스는 남자에서 여자로 변하였다. 티레시아스는 여자로 7년을 살았다. 8년째 되던 해에 티레시아스는 그 두 뱀을 만나 말하였다. "너희들을 때리는 것은 큰 덕이 되는 일이라서, 그 일을 하는 사람은 반대로 변하는구나. 이제 너희를 다시 한번 때리겠다." 티레시아스는 그렇게 하였고, 그 결과 이전의 자기 모습대로 되돌아왔다. 이렇게 해서 티레시아스는 다시 원래 태어날 때의 성(性)을 가지게 되었다.[28]

이러한 연유로 신들의 아버지와 여왕이 밀나둠을 해설할 필요가 있을 때, 티레시아스가 답을 알고 있을 것이라고 생각하여 찾아갔던 것이다. 티레시아스는 제우스 편을 들었다. 헤라는 화가 나서 티레시아스를 때리고는 장님으로 만들어버렸다. 그러나 제우스는 그 보답으로 티레시아스에게 예언의 재능을 주었다.

이 이야기에서 짝짓기를 하는 뱀들은 헤르메스의 지팡이와 마찬가지로 모든 대립물의 쌍, 남성과 여성, 출생과 죽음을 통하여 작용하는, 세상을 생성하는 힘의 표시이다. 티레시아스는 영원히 살아 있는 대지 여신의 비밀이 담긴 녹색 숲을 배회하다가 그 신비를 우연히 발견한 것이다. 티레시아스는 충동적인 지팡이질 때문에 〈그림 1〉에서 보았던 가운데 지팡이(악시스 문디)처럼 그 둘의 사이에 놓이게 되었다. 티레시아스는 그 자리에서 반대의 존재, 그전에는 전혀 몰랐던 존재로 바뀌어서 7년——한 주기의 완성으로, 1번의 짧은 인생이라고 할 수 있다——을 보내게 된 것이다. 그리고 나서 티레시아스는 본질적으로 하나인 둘의 살아 있는 상징을 일부러 건드림으로써 원래의 형태로 돌아왔으며, 그리하여 양쪽을 모두 아는 존재가 되었다. 단지 남성일 뿐인 신 제우스와 단지 여성일 뿐인 여신 헤라보다 더 큰 지혜를 가지게 된 것이다.

부권적인 관점은 모든 대립물의 쌍들에서 두 대립물이 보다 큰 삶의 실체의 두 측면에 불과한 것이 아니라 그 자체로 절대인 것처럼 나누어 놓는다. 가령 남성과 여성, 삶과 죽음, 참과 거짓, 선과 악처럼 말이다. 이러한 점에서 그 이전의 관점과는 구별된다. 이것을 우리는 달의 신화적 관점과 대립되는 해의 신화적 관점에 비유할 수 있을 것이다. 어둠은 해의 대립물로서 해로부터 달아나지만, 달에서는 어둠과 빛이 하나의 구(球) 안에서 상호 작용을 하기 때문이다. 따라서 티레시아스의 눈이 먼 것은 그에게 달의 지혜가 전달되었음을 보여주는 것이다. 그것은 햇빛이 비치는 세계, 즉 모든 대립물의 쌍들이 구별된 것으로 나타나는 세계에 대해서만 눈이 멀어버리는 것이다. 그리고 예언의 재능은 두 대립물을 연관시켜 볼 수 있는 내적인 눈의 능력으로서, 이것으로는 존재의 어둠을 꿰뚫어 볼 수 있다. 따라서 티레시아스는 그리스 유산에 담긴 잠재의식의 가장 깊은 층에서 찾아온 방문자이다. 그는 신비한 존재로서 올림포스의 신들과 신화들로 이루어진 부차적인 상층 영역의 인물들 사이를 돌아다닌다. 올림포스의 신들과 신화들 때문에 그 신비한 존재는 가려졌지만, 그럼에도 완전히 억압당하지는 않았던 것이다.

우리는 이미 뱀으로 나타난 제우스 메일리키오스를 보지 않았던가. 대지의 여신 데메테르가 제우스와의 사이에서 낳은 페르세포네를 크레타의 어떤 동굴에 넣어두고 자신의 수레를 끌던 두 뱀에게 지키도록 하자, 제우스는 뱀의 모습으로 자신의 딸 페르세포네에게 다가가서 그녀와 교접을 하지 않았던가.

독자들은 『신의 가면 : 원시 신화』에서 이야기한 오르페우스교의 전설을 기억할 것이다.[29] 처녀 여신 페르세포네는 동굴에 평화롭게 앉아서 양모로 망토를 짜고 있었다. 망토는 우주의 모습으로 장식할 계획이었다. 여신의 어머니 데메테르가 교묘하게 일을 꾸몄기 때문에, 제우스는 페르세포네가 동굴에 있다는 것을 알았다. 제우스는 거대한 뱀의 형태를 하고 그녀에게 다가갔다. 그 결과 처녀는 빵과 포도주의 신이며 늘 죽고 늘 살아나는 신 디오니소스를 잉태하게 되었다. 디오니소스는 그 동굴에서 태어나고 그곳에서 양육되었으며, 아기였을 때 찢기어 죽었다가 다시 부활하였다.

이와 똑같은 고대의 배경에서 파생된 기독교의 전설을 위의 전설과 비교해볼 수 있을 것이다. 이 전설에서는 신의 성령이 비둘기의 형태로 동정녀 마리아에게 접근하였고 마리아는 귀를 통하여 신을 아들로 잉태하였으며, 이 아들은 동굴에서 태어났고 죽었다가 부활하였고 성찬식의 빵과 포도주 안에 본질로서 존재하고 있다. 여기서 비둘기는 뱀과 마찬가지로 호메로스 이전의, 모세 이전의 동방의 위대한 여신이 지닌 부속물이자 동무였다. 〈그림 11〉에서는 이 여신이 왼손에 비둘기를 들고 그녀

〈그림 11〉에로스들과 함께 있는 아프로디테.

를 경배하는 에로스들에게 둘러싸인 아프로디테로 나타나고 있다.[30] 따라서 신화의 세계적 파노라마에서는, 기독교적 삼위 일체의 성부, 마리아의 아버지-창조주(father-creator), 성령인 하느님, 마리아의 남편, 아들인 하느님, 즉 죽임을 당하였다가 부활한 자식은 뱀의 형상을 한 제우스가 자신의 딸인 페르세포네에게서 자신의 화신인 아들 디오니소스를 낳는 오르페우스교의 신비를 재생산하고 있는 것이다.

부권적인 신들이 그 이전의 모권적인 신들에게 승리를 거두는 것은 그리스-로마의 영역에서 볼 때 구약에 나오는 신화들의 경우처럼 결정적이지 않았다. 제인 해리슨이 보여주듯이 그 이전의 신들은 제우스 메일리키오스와 같은 탈선적인 형태로 주변적인 삶을 유지하였을 뿐만 아니라, 민중의 야외 제사나 여자들의 제의 속에서, 특히 데메테르와 오르페우스교의 신비에서 살아 남았는데, 이 신비의 유산 가운데 많은 요소들이 기독교로 전수되었다. 이것은 동정녀나 미사와 관련된 신화와 제의에서 가장 분명하게 드러난다. 그리스에서는 부권적 신들이 땅의 여신들을 멸절시킨 것이 아니라 그녀들과 결혼을 하였으며, 이 여신들은 결국 다시 영향력을 얻는 데에 성공을 하였다. 반면 성서의 신화에서는 모든 여신들이 멸절당하였다. 또는 적어도 멸절당한 것으로 생각되었다.

그러나 「사무엘」과 「열왕기」를 읽다 보면, 오래된 풍요의 의식이 이스라엘 전역에서 민중과 다수의 통치자에 의하여 존중되어왔음을 알 수 있다. 그리고 모세오경의 텍스트에도 옛날 대지의 어머니와 그녀의 뱀 남편의 지혜의 표지들이 사라지지 않고 남아서, 말없는 상징으로 전해져온다.

야훼 하느님께서 여자에게 물으셨다. "어쩌다가 이런 일을 하였느냐?" 여자도 핑계를 대었다. "뱀에게 속아서 따먹었습니다." 야훼 하느님께서 뱀에게 말씀하셨다. "네가 이런 일을 저질렀으니 온갖 집짐승과 들짐승 가운데서 너는 저주를 받아, 죽기까지 배로 기어다니며 흙을 먹어야 하리라. 나는 너를 여자와 원수가 되게 하리라. 네 후손을 여자의 후손과 원수가 되게 하리라. 너는 그 발꿈치를 물려고 하다가 도리어 여자의 후손에게 머리를 밟히리라."

이렇게 야훼는 여자를 저주해서, 여자가 진통을 겪으며 자식을 낳고 남편에게 복종하도록 하였다. 이것은 새로운 시대에 부권의 봉인을 찍은 것이다. 그리고 야훼는 또, 나무로 와서 여자가 준 과일을 먹은 남자도 저주하였다. 야훼는 말하였다. "너는 흙에서 난 몸이니 흙으로 돌아가기까지 이마에 땀을 흘려야 낟알을 얻어먹으리라. 너는 먼지이니 먼지로 돌아가리라."(「창세기」 3 : 13-19).

그러나 벌을 받은 이 부부의 몸을 이루는 흙과 먼지는 물론 대지의 여신이었다. 이 여신은 인격화된 존재로 나타나지는 못하지만, 존재의 실체를 제공하는 기능은 보존하고 있기 때문에 기본적인 측면에서는 변화가 없다. 그리고 새로운 남편인 야훼는 그 실체에 숨을 불어넣음으로써 그녀의 자녀들은 생명을 얻는다. 그 자녀들은 죽으면 아버지가 아니라 그녀에게 돌아간다. 그들은 그녀로 만들어졌기 때문에 그녀에게로 돌아간다.

따라서 그 이전의 신앙에서 나오는 티탄들과 마찬가지로 아담과 하와는 어머니-여신 대지의 자녀들이었다. 처음에는 아담 하나였다. 그러다가 아담과 하와 둘로 나뉘었다. 그리고 남자는 꾸짖음을 당하자, 그의 티탄적 성격에 완벽하게 어울리는 방식으로 야훼의 도전에 대응하였다. 창세기에는 이렇게 나와 있다. "아담은 아내를 인류의 어머니라 해서 하와라고 이름 지어 불렀다." 그렇다면 모든 인류의 어머니인 하와를 어머니 여신 대지에서는 빠져 있는 인격적 측면으로 보아야 한다. 그러므로 아담은 하와의 남편인 동시에 아들이었음에 틀림없다. 왜냐하면 갈비뼈의 전설은 대지의 여신에게서 태어났다가 다시 태어나기 위하여 여신에게로 돌아가는 영웅에 대한 그 이전의 신화를 부권적으로 전도(顚倒)시킨 것(남성에게 우선권을 주는 방식으로)이 분명하기 때문이다. 〈그림 6〉과 〈그림 7〉을 다시 보기 바란다.

나아가서 청동기 초기의 닌기즈지다와 그의 뱀 봉인에서와 마찬가지로, 우리는 성서 텍스트 전체를 통하여 야훼 자신은 그 뱀이 지닌 힘의 한 측면이며, 따라서 그 자신이 원래는 헤르메스 지팡이의 뱀 여신, 즉 어머니 대지의 뱀 남편이라는 분명하고 적절한 증거를 가지고 있다. 우선 모세가 파라오에게 겁을 주기 위해서 이용하였던 마술의 뱀 지팡이를 기억해보자. 야훼는 모세에게 말하였다. "네가 손에 들고 있는 것이 무엇이냐?" 모세가 대답하였다. "지팡이입니다." 야훼가 말하였다. "그것을 땅에 던져라." 그래서 모세가 그것을 땅에 던졌더니 뱀이 되었다. 모세가 그 앞에서 피하자 야훼가 모세에게 말하였다. "네 손을 내밀어 뱀의 꼬리를 잡아라." 그래서 모세가 손을 내밀어 뱀을 잡으니 그것은 다시 지팡이가 되었다.[31] 그 지팡이는 사막의 바위에서 물을 만들어내었다.[32] 그리고 사막에서 사람들이 야훼에 대항해서 웅성거리자, 다음과 같은 일이 일어났다.

야훼께서는 백성에게 불뱀을 보내시었다. 불뱀이 많은 이스라엘 백성을 물어죽이자…… 모세가 백성을 위하여 기도를 드리자, 야훼께서 모세에게 대답하셨다. "너는 불뱀을 만들어서 기둥에 달아놓고 뱀에게 물린 사람마다 그것을 쳐다보게 하여라. 그리하면 죽지 아니하리라." 모세는 구리로 뱀을 만들어서 기둥에 달아놓았다. 뱀에게 물렸어도 그 구리뱀을 쳐다본 사람은 죽지 않았다.[33]

우리는 「열왕기하」에서 이스라엘 사람들이 히스기야 왕(기원전 719-691년)의 시대까지 예루살렘에서 이 구리뱀을 숭배하였다는 것을 알 수 있다. 성서를 보면 히스기야 왕은 "모세가 만들었던 구리뱀을 산산조각 내었다. 이스라엘 사람들이 그때까지 느후스탄이라고 불리던 그 구리뱀에게 제물을 태워 바치고 있었던 것이다."[34]

사정이 이러한데 야훼 숭배의 주축이라고 할 수 있는 사제들의 지파인 레위 지파의 이름이 레비아단이라는 말과 같은 어원에서 나왔다는 것이 놀랄 일이겠는가?[35] 또는 그림으로 그릴 수 없는 신을 그린 그림이 마침내 나타났을 때, 그 형태가 뱀의 다리를 가진 신이었다는 것이 놀랄 일이겠는가?*

3. 울티마 툴레

이제 아일랜드로 눈을 돌려보자. 그곳은 젊음의 땅의 여신이 부리는 마법이 요정 전승을 통해서 오늘날까지 살아 남아 있는 곳이다. 중세에는 요정 언덕에 사는 그 여신의 백성이 읊조리는 신비한 주문이 아서 왕의 원탁의 전설을 통해서 유럽 전역으로 퍼져나갔다. 거기에서는 가웨인, 트리스트럼, 멀린이 옛날 켈트 인의 '피니어 전사단'(아일랜드 전설에서 2-3세기에 활약하였던 전사들/역주)과 '붉은 가지의 기사들'(아일랜드 전설에서 붉은 열매가 달린 가마목 가지를 표장으로 썼던 기사들/역주)을 십자군의 갑옷을 입은 모습으로 되살려내었다. 그리고 시간을 조금 더

* 〈그림 25〉와 〈그림 26〉, 그리고 318-320쪽을 보라.

거슬러 올라가면, 거의 연구가 되지 않은 시기인 375-950년경, 아주 오래된 신화의 이야기들로부터 그러한 영웅들이 나오는 서사시적인 이야기들이 형성되었다.

지금까지 흔적이 남아 있는 최초의 아일랜드 거주자들은 중석기 시대라고 알려진, 구석기 시대와 신석기 시대 사이의 모호한 선사 시대에 아일랜드 해안에 도착하였다. 빙하는 물러났지만, 쌀쌀하고 축축하고 안개가 많은 공기는 그대로 남았다. 그 공기 속에서 갈매기들이 잿빛을 띤 녹색 물위를 날았으며, 물에는 빙산들이 배처럼 미끄러졌다. 그 물 속에는 바다표범, 해마, 고래가 살았다. 구석기 시대, 즉 수렵의 위대한 시대는 이미 오랜 과거였다. 그 먼 과거에는 남부 프랑스와 북부 스페인의, 멋진 그림이 그려진 동굴들이 세계에서 가장 중요한 종교적 성소였다. 그 시기, 즉 대략 기원전 30000-15000년 사이에는 지구상 어디에도 그 동굴들에 비교할 만한 것이 없었다. 거기에 근접할 만한 것조차 없었다. 그러나 뷔름 빙기(Würm 氷期, 홍적세의 유라시아 대륙의 최종 빙기/역주)의 마지막 단계 동안에 얼음이 계속 물러나면서, 사냥의 조건이 돌이킬 수 없이 악화되었다. 털이 많은 매머드와 무소, 사향소, 순록의 삶의 터전이 되었던 툰드라의 풍경은 처음에는 바이슨, 들소, 말, 영양이 뛰어다니는 초원에 자리를 내어주었다. 그러나 초원은 숲에 자리를 내어주었고, 그와 더불어 고기의 공급은 급격히 줄어들게 되었다. 수렵을 하던 사람들 가운데 많은 수는 사냥감을 따라 북쪽으로 갔지만, 시간이 지나면서 그들이 사는 지방의 부는 감소해갔다. 이들은 지금도 북극 근처에 흩어져 살면서 수렵과 어획을 하는 부족들의 조상이 되었다. 그러나 다른 사람들은 그대로 남아서 숲만이 아니라 바다와 해안에서도 양식을 모았다. 최후의 번영을 이룬 마들렌 기(구석기 시대 최후기/역주)의 수천 년 동안에는 이미 수렵의 무기 가운데 물고기를 잡는 창, 낚시, 작살이 나타났으며, 위험한 작은 배들을 타고 고래, 해마, 바다표범을 쫓아다니는 방법이 개발되었다. 이것은 그들의 마지막 문화적 상속자인 에스키모들 사이에서 지금까지 계속 유지되어왔다. 그러나 마들렌 기 이후에는 삶에 대한 인간의 열의도 쇠퇴하고 유럽 들판의 조건도 나빠져서, 그 지역은 땅을 파는 숲의 사람들만 남아 살아가는 외딴 지역으로 전락해버렸다.

　문화 생활의 활기찬 중심은 남쪽과 남동쪽으로 이동하였다. 북아프리카와 남서아시아의 목초지 평원은 오늘날에는 대부분 사막이지만, 당시에는 아직 짐승의 큰 무리를 먹여 살릴 수 있었다. 그곳에서 번성한 적극적인 행동의 세계는 북아프리카와 남부스페인의 카프사 양식(북아프리카의 구석기 시대 후기, 중석기 시대 초기의 문화로서, 기하학적인 세석기의 사용이 그 특색임/역주)의 바위 그림들(이제 동굴 안이 아니라 절벽면에 그려졌다)에 생생하게 묘사되어 있다. 이 그림에서 처음으로 개가 사냥의 동반자로 나타나며, 더불어 활과 화살도 나타난다. 이전의 북쪽의 그림들이 주로 짐승들을 그린 그림이었던 반면, 나중의 기원전 10000-4000년경의 카프사의 미술에는 대체로 인간이 들어가 있고, 스타일이 강렬하며 거침이 없다. 나아가서, 처음에는 수렵인들의 삶을 묘사하였으나 후에는 목축 부족의 삶을 묘사한다. 오늘날의 역사가에게 근동 핵심부라고 알려진 그 넓은 지역에 자리잡은 레반트에서 소떼를 기르는 기술과 농업이 발달한 것은 바로 이 구석기 시대 마지막 시기의 마지막 단계였다.

　레오 프로베니우스는 구석기 시대(수렵)와 신석기 시대(농업)의 연속적인 2번의 확산 경향을 표현하기 위하여 "서에서 동으로의 진자 운동"과 "동에서 서로의 진자 운동"이라는 용어를 처음으로 사용하였다. 프로베니우스는 얻을 것이 매우 많은 『대지의 기념물(*Monumenta Terrarum*)』이라는 작은 책에서 이렇게 썼다.

　　우리는 대체로 선사 시대의 문화 이동이라는 진자 운동이 구석기 시대에 서유럽을 출발점으로 하여 지중해 남쪽 연안을 따라 동으로 이집트를 건너 아시아까지 이르렀다고 말할 수 있다. 즉 구석기 시대에는 문화의 조류가 서에서 동으로, 전에는 대빙하에 덮여 있던 지역의 남쪽으로 옮겨갔다는 것이다. 이어서 (유럽에서는) 문화적인 단절이 뒤따랐다가, 곧 동쪽으로부터 이전의 어느 문화보다도 훨씬 더 풍부한 청동기 시대 중기의 문화의 물결이 밀려왔다. 이것은 동부 유럽을 통하여 육지로, 또 북부 지중해 연안을 따

46

라서 바다로 동시에 밀려왔다. 그것은 소아시아로부터 에게 해(그리스 문화)를 건너 이탈리아(로마)로 갔다. 거기에서 서쪽으로 더 나아가 고딕(프랑스, 벨기에, 스페인)에서 꽃을 피웠고, 그 서쪽 극단(합리주의적인 잉글랜드)에서 절정에 이르러 지금 시대의 세계 경제를 준비하게 되었다. 다시 말해서, 나중의 동에서 서로의 진자 운동은 균열에 의하여 그 이전의 서에서 동으로의 진자 운동과 분리되었다가 더 높은 수준의 문화의 물결을 가져온 것이다.[36]

그리고 프로베니우스는 뒤이은 아프리카에 대한 작업에서 이러한 관찰을 더욱 밀고 나아갔다.

지리적으로 또 역사적으로, 지중해는 이탈리아와 시칠리아라는 지질학적인 육교에 의해서 서쪽의 물과 동쪽의 물로 나뉜다. 이 각각에 대하여 그 한가운데에 있는 큰 섬의 이름을 따서 붙인다면 사르디니아 해와 크레타 해라고 부를 수 있을 것이다. 북서아프리카의 운명은 내적인 필요와 외적인 필요 양쪽에 의해서 사르디니아 해 주변 지역에서 일어나는 사건들에 따라 결정되었고, 레반트 아프리카의 운명은 크레타 해 주변 지역의 사건들에 따라 결정되었다.…… 구석기 말기에 유럽 문화의 중력의 중심은 서쪽에 있었다. 카프사 문화기에는 스페인이 북서아프리카와 밀접한 관계를 가졌던 반면, 훨씬 이전의 셀 문화기에는 북서아프리카와 서유럽 전체가 거대한 단일 문화권을 형성하였다. 마찬가지로 레반트 아프리카, 즉 북동아프리카의 운명은 크레타 해 주위의 사건들에 따라 결정되었다는 것을 알 수 있다. 따라서 사르디니아 해가 서유럽과 관련되었던 것처럼, 크레타 해는 서아시아와 관련되었다.[37]

따라서 이렇게 요약할 수 있겠다. 구석기의 수렵기라는 거의 무한한 시기 전체에 걸쳐서, 북아프리카와 서유럽은 거대하고 단일한 문화권을 이루었다. 프로베니우스의 표현을 빌자면, 구석기의 수원(水源)이었다. 그때 일어난 서로부터 동으로의 폭 넓은 진자 운동은 구석기 시대의 인간의 기술들을 그곳에서 아시아로 가져갔다. 반면 구석기 시대에 비하여 훨씬 짧은, 우리가 신석기 시대라고 알고 있는 급속한 문화적 변화의 시기에는 남서아시아와 북동아프리카가 창조적인 문화의 용광로가 되었으며, 조수는 다시 유럽으로, 즉 동에서 서로 흘러갔다. 나아가서 유럽의 가장 초기의 중요한 신화적인 기록들은 기원전 30000–15000년경의 구석기 시대 동굴에서 나오는 반면, 레반트의 기록들은 기원전 7500–3500년경의 신석기 시대의 것이다. 유럽의 정신에는 오랜 기간에 걸쳐서 수렵 활동에 알맞는 민족들을 형성해온 힘이 지금까지 살아 있으며, 그것과 더불어 개인적인 판단과 독자적인 우수성을 미덕으로 삼는 정신이 전해져온다. 이와는 대조적으로 더 젊고, 또 문화적으로 훨씬 더 복잡한 근동에서는 집단 생활과 권위에 대한 복종이라는 2가지 미덕이 개인들의 몸에 배어 있는 이상(ideals)이다. 여기서 개인이란 사실 유럽적인 의미에서의 개인이 아니라, 단지 집단의 구성 요소일 뿐이다. 이제 곧 보게 되겠지만, 이 두 문화 세계가 번갈아 진자 운동을 하면서 상호 작용을 해온 복잡한 역사 전체에 걸쳐서, 구석기의 개인 원리와 신석기에 신성화된 집단 원리는 해결할 수 없는 갈등을 일으켜왔다. 이로 인하여 서로간에 창조적인 상호 관계와 더불어 상호 경멸이라는 상황이 발생하였으며, 이러한 상황은 심지어 오늘날까지도 유지된다.

그러나 일단 아일랜드로 돌아가기로 하자.

4. 모권

아일랜드는 독특한 힘과 특징으로 서양의 초기의 발전에 기여하였다. 그 독특함은, 구석기 시대 전체에 걸쳐 이 섬에는 사람이 살지 않았지만 서유럽에서 청동기 시대가 시작하던 시점에, 그러니까 기원전 2500년경에 갑자기——그럴 만한 이유가 있지만——서양의 무대에서 가장 생산적인 수원(水源)이 되었다는 데서 나온다. 영국은 구석기 시대 동안에는 본토와 떨어져 있지 않았다. 그러나 아일랜드는 떨어져 있었다. 따라서 구석기 시대 말엽에 해마, 바다표범, 고래를 잡는 위대한 바다 사냥의 모험이 시작되고 나서야 비로소 아일랜드에 사람이 발을 디디게 되었다. 그러나 그때도 지속적인 정착은 이루어지지 않았다.

그 먼 과거의 유일한 유적은 이미 말한 대로 중석기 시대의 것이다. 이 유적들은 북동쪽 안트림 해안의 "융기 해변"(지금은 해발 약 8미터 높이에 있다)에서 발견되었다. 주목할 만한 곳은 라네, 킬룻, 포트러시의 유적, 그리고 마기 섬의 유적이다. 여기에서 벌써 이상한 점이 보이는데, 첫 3곳의 유물은 발트 해와 북해의 중석기 문화와 유사성을 보이는 반면, 라네에서 눈에 보이는 곳에 있는 마기 섬의 유물은 오히려 북부 스페인의 유물과 관련이 있다는 것이다. 이러한 대조적인 관련은 아일랜드 섬의 운명에 계속해서 영향을 주게 된다. 그러나 중석기 초기의 방문객들은 어떤 의미에서도 그 운명의 건설자가 아니었다. 그들이 누구인지, 그들이 무엇 때문에 그곳에 갔는지, 언제 어떻게 갔는지, 또 왜 사라졌는지, 우리는 전혀 모른다. 오랫동안 아일랜드 왕립 학회와 아일랜드 왕립 유물 학회의 회장을 역임한, 더블린 유니버시티 칼리지의 R. A. S. 매칼리스터 교수의 말을 들어보자. "그들의 기념물은 그들과 함께 사라졌다. 그들의 생활, 그들의 사랑, 그들의 증오, 그들의 말, 그들의 풍속, 관습, 사회 구조, 그들의 죽음, 그들의 신, 모든 것이 꿈속인 것처럼 희미해졌다."[38] 그들의 덧없는 정착의 연대는 북부의 빙하기가 끝나던 기원전 7800년경과 구리와 청동 시대의 가장 초기 유적이 나타나는 기원전 2500년경 사이의 어느 때라고——그 가운데 아무 때라도 상관없다——막연하게 추정할 수밖에 없다. 사실 아일랜드만이 아니라 유럽 북동부 전체의 주요한 역사가 제대로 시작되는 것은 청동기와 더불어서라고 할 수 있다.

청동기 시대에 이러한 갑작스러운 발전이 이루어진 동기는, 매칼리스터 교수의 용어를 빌자면, 접근하기가 그렇게 어려웠던 땅을 식민지로 만들게 된 "추진적인(impulsive)" 이유——이것은 "배제적인(expulsive)" 이유와 구별되는 것이다——에서 찾아볼 수 있다. 매칼리스터 교수는 이렇게 말한다. "어떤 땅을 식민지로 만드는 것에는 배제적인 이유만이 아니라 추진적인 이유도 있다. 배제적인 이유란 원래 살던 고향을 잠시 또는 영원히 떠나서 다른 곳을 찾게 만드는 것이다. 그러한 이유에는 원래의 고향을 사람이 살 수 없는 곳으로 만드는 적의 침입, 불리한 기후 조건 등등이 있다. 추진적인 이유란 새로운 고향을 매력적으로 만들어주는 것이다. 당시 아일랜드에는 금이 아주 많은 것으로 알려졌는데, 틀림없이 이것이 침략자나 정착자에게 주된 매력으로 작용하였을 것이다."[39] 마치 미국 서부 개척 시대의 사금을 캐던 시기와 마찬가지로, 금이 강바닥에서 반짝이는 것이 보였을 것이다. 매칼리스터 교수는 계속해서 말한다. "국립 박물관에 소장되어 있는 수많은 금 장식품들을 보면, 강바닥의 금을 부지런하게 긁어모았음을 알 수 있다. 사실 청동기 시대의 금세공인들은 금이 공급되는 대로 다 소모하였던 것으로 보인다."[40] 또 아일랜드의 많은 지역에서는 구리가 발견될 터였는데, 구리 역시 헤아릴 수 없이 큰 가치를 지닌 금속이었다. 그런데 청동의 또 하나의 원료인 주석은 처음에는 얻을 수가 없었다. 주석을 구할 수 있는 가장 가까운 곳이 잉글랜드의 콘월이었기 때문이다. 그러나 아일랜드 인들은 곧 콘월의 주석을 발견하고 채굴하였다. 이렇게 바빌로니아, 이집트 중왕국(中王國), 트로이, 미노아의 크레타가 개화하던 시기에, 북서쪽으로 가장 먼 황야를 넘어선 외딴 곳에는 제2의 용광로가 있었으며, 이곳에서는 금으로 만든 초승달 모양의 장식물, 독특한 유형의 평평한 구리 도끼, 그리고 나중에 주석이 발견되었을 때에는 독특한 청동 미늘창을 수출하였던 것이다.

그러나 신화학도가 특별히 관심을 가지게 되는 점, 그리고 이후 유럽의 신화와 전설의 발전에서 아일랜드가 중요한 위치를 차지하는 데 지속적인 기여를 하였던 점은 이 섬의 문화 양식이 건립되던 시기가 유럽의 위대한 구석기 시대의 황혼과 아리아 인에 속하는 켈트 인, 로마 인, 게르만 인들의 훨씬 더 위대한 부권 시대의 새벽 사이에 끼어 있는 시기라는 것이다. 그 문화는 그것이 발생하였던 시기 전과 후의 문화 어느 쪽과도 근본적으로 다른 체제를 가진 것이었다. 또한 기원전 2500년경부터 기원전 500-200년경이라는 늦은 시기——이때 철을 가진 켈트 인이 처음으로 도착하였는데, 그들의 종교적인 스승은 드루이드교의 사제들이었다——까지 지속되었으니 기간도 짧지 않았다. 그 신화와 도덕의 체계는 청동기 시대에 속하는 것이었으며, 어머니-여신과 모권에 속하는 것이었다.

그 문화와 뒷날의 부권적인 켈트 인 체제 사이의 관계는 초기 크레타-에게 문화와 그리스의 고전적인 올림포스 문화 사이의 관계와 비슷하다.

사실 후기의 켈트 인 전설 속에서조차 뻔뻔스러운 여자들의 놀라운 특질들이 많이 드러나는데, 이 여자들은 초기 기독교 시대까지도 과거의 관습을 보존하고 있었다. 이 여자들은 부권적인 양식에 속하는 부인들이 전혀 아니었다. 켈트 인 영웅 시대의 절정기인 기원전 200년경부터 서기 450년 사이에도 저명한 귀족 여성들 가운데 많은 수는 여전히 켈트 인 이전의 혈통에서 나왔다. 이 여자들은 옛날 모권 시대의 오만한 태도를 지니고 있었다.

예를 들자면, 콘노트의 여왕 미브가 그녀의 켈트 인 남편인 렌스터의 아일릴과 잠자리에서 나눈 대화가 있다. 이 괴상한 서사시는 "쿨리의 소 떼 습격(The Cattle Raid of Cooley)"이라고 알려져 있다.

이 부부는 크루어한의 요새에서 사이 좋게 지내고 있었다. 막 왕의 침상을 펼쳤을 때 아일릴이 말하였다. "여자여, 선한 남자의 부인은 선하다는 말이 사실인가?" 미브는 대답하였다. "그렇습니다. 하지만 그것이 전하와 무슨 관계가 있습니까?" 아일릴이 대답하였다. "지금 당신은 나와 결혼하던 때보다 더 선해졌기 때문이지." 미브가 말하였다. "나는 전하를 뵙기 전부터 선하였습니다." 아일릴이 말하였다. "그런데도 내가 그러한 이야기를 들은 적이 없다니 이상한 일이군. 나는 다만 당신이 여자로서의 책략을 믿는 바람에, 국경의 당신 적들은 당신의 약탈물과 전리품을 당신에게서 마음대로 약탈하여 갔다는 이야기만 들었는데."

그때 미브는 모권제의 진정한 여왕으로서 대꾸를 하였다. 어떤 남자에게 물물 교환이 된 신부가 아니라, 그녀 자신의 영역의 여주인으로서, 나아가서 왕 자신의 여주인으로서, 부권제에서는 남자들에게 속하게 된 모든 권리를 가지고 대답하였던 것이다.

"나는 전하가 말씀하시는 것과는 달리 나의 아버지이자 아일랜드의 왕인 에오호즈와 함께 살았습니다. 에오호즈에게는 6명의 딸이 있었으며, 그 가운데 가장 고귀하고 가장 존경받는 사람이 나였습니다. 관대함에서 내가 단연 최고였기 때문입니다. 그리고 전투, 투쟁, 싸움에서도 역시 내가 최고였기 때문입니다. 나는 나의 앞과 둘레에 왕의 용병 1천5백의 2배를 데리고 있었는데, 그들 모두가 족장의 아들이었습니다. 이들 각각에게 10명의 남자가 딸려 있었고, 또 이들 10명의 남자 각각에게 8명의 남자가 딸려 있었습니다. 또 이들 8명의 남자 각각에게 7명이 딸려 있었고, 7명의 남자 각각에게 6명이 딸려 있었고, 이 6명의 남자 각각에게 5명이 딸려 있었고, 이 5명의 남자 각각에게 4명이 딸려 있었고, 이 4명의 남자 각각에게 3명이 딸려 있었고, 이 3명의 남자 각각에게 2명이 딸려 있었고, 이 2명의 남자 각각에게 1명이 딸려 있었습니다. 나는 이들을 늘 내 가족으로 두고 있었습니다. 이러한 이유로 나의 아버지는 나에게 아일랜드의 한 지역을 주었습니다. 즉 지금 우리가 있는 이 크루어한입니다. 이곳에서 나는 크루어한의 미브로 알려져 있습니다."

미브 여왕이 자기 성의 여주인일 뿐만 아니라, 아일랜드 특유의 시적인 과장의 대가라는 점은 매칼리스터 교수가 지적하듯이, 여기서 미브가 말하는 수행원의 숫자가 40,478,703,000명에 달한다는 사실에서 잘 나타난다. 이 숫자는 "다시 말하면, 현대 더블린 인구의 3배 이상 되는 사람들을 아일랜드의 평방마일마다 빽빽하게 집어넣어야 얻을 수 있는 숫자"[41]이다. 어쨌든 여왕은 계속 말을 이어나갔다.

"그래서 렌스터의 왕 핀 맥 로사 루아가 나에게 구혼하려고 사절을 보내었습니다. 또 타라의 왕인 케이프레 니아퍼 맥 로사도 사절을 보내었고, 울리디아의 왕인 코나하 맥 파히트나도 사절을 보내었으며, 에오후 베그도 사절을 보내었습니다. 하지만 나는 그들 모두를 거부하였습니다. 나는 이상한 선물, 이제까지 어떤 신부가 에린(아일랜드의 옛 이름/역주)의 어떤 신랑에게도 요구하지 않았던 선물을 원하는 여자였기 때문입니다. 즉 내 남편은 조금도 째째하지 않고, 조금도 질투심이 없으며, 조금도 두려움이 없는 남자여야 한다는 것이었습니다.

만일 내 남편이 될 남자가 째째하다면 내가 관대함에서 그보다 나으니 좋지 않을 것이기 때문입니다. 만일 그가 겁이 많다면 전투, 시합, 싸움에서 나 혼자 승리를 거둘 터인데, 이는 좋지 않을 것이기 때문입니다. 그가 질투심이 많다면 그것 역지 좋지 않습니다. 나는 이제까지 한 남자의 그늘에 있다고 해서 다른 남자를 갖지 못한 적이 없었기 때문입니다. 그래서 나는 그러한 남편으로 렌스터의 아일릴 맥 로사 루아를 택한 것입니다. 전하는 째째하지도 않고, 질투하지도 않으며, 겁쟁이도 아니기 때문입니다. 나아가서 나는 전하에게 한 여자로서 어울리는 가치 있는 결혼 선물, 즉 열두 남자의 옷을 만들 수 있는 천, 일곱 여자 노예의 3배의 가치가 있는 전투용 수레, 전하의 얼굴 폭만한 불그스름한 금, 전하의 왼쪽 팔뚝만한 무게의 하얀 청동을 드렸습니다. 따라서 만일 누군가가 전하를 깔보거나 불구로 만들거나 속인다면, 전하의 손상된 명예를 보호해주거나 보상해주는 것은 나의 명예 외에는 없습니다. 왜냐하면 전하는 속치마 속에 사는 사람이기 때문입니다."[42]

19세기말 선구적인 켈트 학자 세대 가운데 일인자라고 할 수 있는 H. 치머 시니어* 교수는 미브 여왕의 이 긴 연설에 대하여 논의하면서, 영국 제도(諸島)의 켈트 인 가운데 신부는 "침해된 명예에 대한 보상"으로 신랑의 "아침 선물"을 받았으며,[43] 왕은 침해된 명예에 대한 보상으로 수치심 때문에 붉어졌을 "그의 얼굴만큼 넓은 금 접시"를 받았다고 말하였다.[44] 따라서, 치머 박사도 지적하듯이, 미브의 최종적인 주장의 예리함은 "부패하지 않은 부권 체제 하에서 널리 인정되던 조건들을 완전히 뒤집어버렸다"는 점에 있다.

(치머 교수는 말한다.) 미브가 배우자를 받아들이는 것은 부권제 하에서 처녀가 남편을 받아들이는 것과는 완전히 다르다. 그는 아무짝에도 쓸모 없는 사람이 아니라…… 왕의 아들이고 왕의 형제이며, 그 소유가 사실상 미브 자신의 소유보다 못할 것이 없다. 미브는 약정된 결혼 증여금을 세면서 내어준다. 그리고 그에게 프레티움 비르기니타티스(Pretium virginitatis, 처녀의 선물/역주)로서 아침의 선물을 준다. 그리고 미드는 부권제 하의 남자가 첩을 채택할 권리를 가지듯이, "집안의 친구들"을 두는 것, 한 남자의 그늘

---

* H. Zimmer(1851-1910)를 같은 이름을 가진 그의 아들, 즉 저명한 산스크리트 학자인 Heinrich Zimmer(1890-1943)와 혼동하지 말기 바란다. 나는 『신의 가면 : 동양 신화』에서 하인리히 치머의 말을 인용하기도 하였다. 혼동을 피하기 위하여 나는 아버지를 H. Zimmer라고 표기하였고, 아들을 Heinrich Zimmer라고 표기하였다.

에서 다른 남자를 가지는 것을 자신의 권리로, 결혼 계약의 조건으로 내세
운다. 미브는 지금 말다툼의 열띤 분위기에 휩쓸리어 사실을 과장하고 있는
것이 아니다. 그녀는 자신이 공개적으로 이해하고 있고 아일릴이 암묵적으
로 인정하고 있으며 또 자신이 행동으로 분명하게 보여주는 기본적인 규칙
을 선포하고 있는 것이다.[45]

그 행동은 이제 보게 될 것이다.

아일릴은 그러한 독설을 들은 뒤에 재산을 비교하여 헤아려보자고 하
였다. 그래서 두 사람의 눈앞으로 우선 그들의 잔과 통, 쇠로 만든 그릇,
단지, 양조용 물통과 상자가 지나갔다. 이어서 반지와 팔찌, 다양한 걸쇠
장식, 엄지손가락에 끼는 반지, 옷이 지나갔다. 옷은 진홍색, 파란색, 검
은색, 녹색뿐만이 아니라, 노란색, 격자 무늬, 황갈색, 옅은 색, 얼룩덜룩
한 색, 줄무늬도 있었다. 그러고는 그들의 수많은 양을 풀밭, 잔디밭, 넓
은 시골에서 몰고왔으나, 그 수가 똑같았기 때문에 서로 비기었다. 말도
마찬가지였다. 시끄럽게 울어대는 돼지도 마찬가지였다. 그러나 소떼가
쿵쿵거리며 지나갔을 때, 그 수는 같았지만 왕의 소떼 사이에는 '하얀 뿔'
이라는 이름의 황소가 있었다. 하얀 뿔은 원래 미브의 암소들이 데리고
있던 송아지였지만, 여자에게 지배받고 싶지 않았기 때문에 그들을 떠나
서 왕의 소떼 사이에 자리를 잡았다. 미브의 소떼에서는 크기나 당당함
에서 하얀 뿔과 비교가 될 만한 황소를 찾아볼 수 없었다. 이러한 차이
가 드러나자 여왕은 마치 자신의 가축이 조약돌만큼의 가치도 없는 것
같은 느낌이 들었다.

미브 여왕은 자신의 사자(使者)인 맥 로스에게 아일랜드의 여러 지방
에 하얀 뿔과 맞먹는 가치를 지닌 황소가 없느냐고 물었다. 맥 로스는
대답하였다. "있고 말고요! 2배나 더 크고 더 좋은 황소를 알고 있습니
다. 그것은 쿨리의 데어 맥 팍트나의 소떼 가운데 있는 황소입니다. 그
황소의 이름은 '쿨리의 갈색'입니다."

그러자 미브는 명령하였다. "떠나라. 그리고 나를 대신하여 데어에게
그 황소를 1년만 빌려달라고 청하라. 1년 뒤에 쿨리의 갈색을 돌려주는

것 외에도, 빌린 대가로 새끼를 낳은 적이 없는 암소 50마리를 주겠다고 하라. 만일 그곳의 누군가가 그 특별히 귀중한 것을 잠시라도 남에게 빌려주는 것을 나쁘게 생각한다면, 데어를 그의 황소와 함께 데려오라. 그러면 내가 그에게 그의 현재의 땅과 같은 크기의 땅을 주고, 거기에다가 일곱 여자 노예의 3배의 가치가 있는 수레를 주고, 거기에 나의 위쪽 허벅지와 사귈 기회를 줄 것이다."

그렇게 해서 맥 로스와 더불어 9명의 사절단이 서쪽의 콘노트에서 섬을 가로질러 북동쪽의 쿨리까지 갔다. 데어는 자신이 황소와 함께 가면 현재 쿨리에서 소유한 것만큼의 땅을 얻고, 거기에 21명의 여자 노예의 가치가 있는 수레, 거기에 또 미브 자신의 위쪽 허벅지와 사귈 기회를 얻을 것이라는 이야기를 듣자, "너무 기뻐서 펄쩍펄쩍 뛰는 바람에 그의 밑에 있던 매트리스의 솔기들이 다 뜯어져버렸다."[46]

나머지 이야기는 나중에 들어도 된다. 지금 이야기하려는 것은, 아일랜드의 고고학과 고대 문헌을 통해서 기원전의 마지막 3-4백 년 동안 철을 가진 부권제적인 켈트 인이 아일랜드를 정복하기는 하였지만, 그 이전의 모권제적인 청동기 문명을 소멸시키지는 못하였다는 사실을 알 수 있다는 점이다. 이 상황은 철을 가진 그리스의 도리스 인들이 크레타-에게 세계의 청동기 시대 질서를 정복한 것과 흡사하다. 이 경우에도 크레타-에게 세계의 신화와 제의는 남았다. 그리고 앞에서 인용한 해리슨 양의 작업이 밝혀주듯이, 잘 알려진 호메로스의 신화들 가운데 많은 것이 실제로는 호메로스 이전 신화의 단편들을 재해석한 것이다. 뿐만 아니라 고전 세계의 야외 축제, 여성의 제의, 비교의 의식에서는 햇빛이 찬란한 올림포스의 표면 밑에(그렇게 깊은 곳도 아니다) 어두우면서 우리에게는 소름이 끼칠 정도인 고대의 제의와 관습의 층이 살아 남아 있었다. 이와 마찬가지로 고대 아일랜드의 서사시들에는 켈트 인의 전사 왕들과 전차를 모는 뛰어난 투사들이 눈에 보이지 않는 요정의 요새들로 둘러싸인 풍경으로 뛰어들어오는데, 그 요새에는 그 이전 신화 시대의 존재들로 이루어진 종족이 살고 있다. 이들은 다나 여신의 자녀들인 투아사 데 다난인데, 패배한 뒤에 유리로 만든 마법사 언덕으로 물러났다. 그리고 이들은 오늘날까지 아일랜드 농민의 이야기에 남아 있는 요정족(sídhe 또는 Shee), 요정군, 요정 기마대를 이루는 사람들이다.

시인 예이츠는 "그들은 누구인가?" 하고 묻는다. 그러면서 그는 3가지의 대답을 제시한다. "'구원받을 만큼 선하지도, 그렇다고 버림받을 만큼 악하지도 않은 타락한 천사들이다.' 하고 농민은 말한다. '땅의 신들이다.' 하고 『아마의 책』은 말한다. '이교도 아일랜드의 신들인 투아사 데 다난인데, 그들은 제사를 받지도 제물을 얻어먹지도 못하게 되자 민중의 상상 속에서 몸집이 줄어들었고, 이제는 그 키가 불과 몇 뼘밖에 안 된다.' 하고 골동품 수집가들은 말한다." 그러나 예이츠는 덧붙인다. "요정들이 늘 작다고 생각하지 말라. 그들은 모든 것이 변덕스럽다. 심지어 그들 몸의 크기조차도."[47]

제2장 황소의 아내

1. 신의 어머니

프랑스 샤르트르의 노트르 담(Notre Dame)이 멕시코 구아달루페의 누에스트라 세뇨라(Nuestra Señora, '노트르 담'과 '누에스트라 세뇨라'는 직역할 경우 둘 다 "우리들의 여인"이라는 뜻이다/역주)와 똑같을 수 있을까? 가톨릭이라면 망설임 없이 어느 쪽 상 앞에서도 무릎을 꿇고 기도를 할 것이다. "성스러운 마리아, 하느님의 어머니여, 지금 그리고 우리의 죽음의 시간에 우리 죄인들을 위하여 기도해주소서." 그러나 가령 화성에서 온 평범한 인류학자가 있는데, 그에게 전파 이론은 금물이고 두 문화 사이의 비교 연구는 방법론적으로 경멸할 가치조차 없는 것이라면, 그는 2가지 정교하게 분리된 논문을 들고 자신의 순수한 사상의 행성으로 돌아갈 위험이 있다. 한 논문은 프랑스의 국지적인 여신을 다룬 것이고 또 한 논문은 멕시코의 국지적인 여신을 다룬 것일 터인데, 이 두 여신이 각기 전적으로 다른 2개의 사회 질서에 기능적으로 봉사하고 있다는 것이 그 주된 내용일 것이다. 나아가서 샤르트르의 '우리들의 여인'은 갈리아-로마의 베누스 신전의 영향을 받은 것으로, 그것에 대한 증거는 이 성당(12세기부터 16세기에 걸쳐서 완성된) 지하실에서 이루어지던 '검

은 마돈나' 숭배 의식에서 찾아볼 수 있다고 이야기할 것이다. 반면 구아
달루페의 '우리들의 여인'은 분명 아메리카 원주민에 기원을 두고 있으며,
몬테주마가 전복되고 10년이 지난 후 토착 신전――아마 위대한 뱀의 여
신 코아틀리쿠에의 신전일 터인데――의 자리에서 환상 속의 모습으로
나타났다(모든 원주민 정보 제공자들은 그렇게 주장한다)고 이야기할 것이
다. 물론 이 모든 것은 사실일 것이다. 그러나 사실의 전부는 아니다.
  이 문제를 좀더 밀고 나가보자. 동정녀 마리아가 베누스-아프로디테와
똑같을 수 있을까? 또는 키벨레, 하토르, 이슈타르(각각 프리기아, 이집
트, 바빌로니아의 여신/역주) 등과 똑같을 수 있을까? 여기서 우리는 서
기 150년경 이시스 여신(이집트의 여신/역주)이 그녀의 신자인 아풀레이
우스에게 하였던 말을 생각하게 된다. 그 말은 『신의 가면 : 원시 신화』
의 서두에서도 인용하였다.

  나는 만물의 친어머니이며, 모든 원소의 여주인이자 통치자이며, 온갖 세
상의 첫 자손이며, 신성한 힘의 우두머리이며, 지옥에 있는 모든 것의 여왕
이며, 하늘에 거하는 모든 것의 으뜸이며, 모든 신과 여신을 단 하나의 형태
로 표현한 그녀(she)이다. 하늘의 행성들, 바다의 모든 바람들, 지옥의 개탄
할 만한 침묵들이 나의 의지에 달려 있다. 나의 이름, 나의 신성은 여러 가
지 방식으로, 다양한 관습으로, 많은 이름들로 온 세상으로부터 숭배된다.
  모든 사람들 가운데 첫번째인 프리기아 사람들은 나를 페시누스의 신들
의 어머니라고 부른다. 그들 자신의 땅에서 나온 아테네 사람들은 나를 케
크롭스의 미네르바라고 부른다. 바다가 띠처럼 두르고 있는 키프로스 사람
들은 파포스의 베누스라고 부른다. 활을 가지고 있는 크레타 사람들은 딕테
산의 디아나라고 부른다. 3가지 말을 하는 시칠리아 사람들은 지옥의 프로
세르피나라고 부른다. 엘레우시스 사람들은 그들의 옛 여신 케레스라고 부
른다. 어떤 사람들은 유노라고 부르고, 어떤 사람들은 벨로나라고 부르고,
어떤 사람들은 헤카테라고 부르고, 어떤 사람들은 람누시에라고 부른다. 주
로 동양에 살면서 태양의 아침 햇살에서 밝음을 얻는 에티오피아 사람들,
그리고 모든 종류의 고대 교리에 탁월하며 제대로 나를 숭배할 줄 아는 이
집트 사람들, 이 둘은 나를 나의 진정한 이름인 이시스 여왕이라고 부른다.[1]

진정한 가톨릭이라면 이시스의 상 앞에 무릎을 꿇지 않을 것이다. 그러나 현재 교리적으로 역사적인 인간인 마리아에게 속한 모든 신화적인 모티프들은 만물의 여신 어머니에게 속한 것이다. 마리아에 대한 숭배가 발전하던 시기와 장소에서도 역시 마찬가지였다. 마리아와 이시스는 둘 다 그 여신의 국지적 표현이다. 둘 다 죽었다가 부활한 신의 어머니-신부이며, 그 표현들 가운데 가장 초기의 것은 이제 적어도 기원전 5500년경으로 거슬러 올라간다고 말할 수 있다.*

제의에서는 신자들의 시야를 단 하나의 국지적 표현물에 가두어두는 것이 관례적으로 흔히 있는 일이다. 그렇게 되면 이 표현물은 신성의 독특한, 또는 일차적이고 "가장 진정한" 표현 형태로 섬겨진다. 심지어 인도 종교 통일의 지도적인 스승 라마크리슈나(1836-1886년)조차 신자에게 다음과 같은 권고의 말을 하였다. "물론 너는 모든 관점들 앞에서 고개를 숙여야 한다. 그러나 하나의 이상에 대한 확고한 헌신이라는 것이 있다. 너는 물론 모든 사람들에게 절을 해야 한다. 그러나 너의 온 영혼으로 하나의 이상을 사랑해야 한다. 그것이 확고한 헌신이다." 그러면서 라마크리슈나는 그 하나의 예로 크리슈나와 고피들이 등장하는 이야기를 해주었다.[2] "고피들은 브린다반의 소 치는 사람인 크리슈나에게 일편 단심으로 헌신하여, 드와라카의 터번을 쓴 크리슈나는 보고싶어하지도 않았다."[3]

그러나 신앙과 과학 사이에는 그 목적과 수단에 차이가 있음을 인정해야 한다. 과학에서는 국지적인 형태가 좀더 일반적인 형태들로부터 파생되었음을 보여주는 것을 두려워할 이유가 없다. 죽고 다시 부활한 신의 어머니에 대한 신화가 신석기 시대와 신석기 시대 이후 레반트 사람들에게 수천 년 동안 전해져왔다는 것은 분명한 사실이다. 이것은 그 사실을 어떻게 다루느냐와는 관계가 없는 일이다. 이 신화가 매머드 사냥 시대,

---

* 『신의 가면 : 원시 신화』의 출간 이후에 남서 아나톨리아(터키)에 대한 고고학적 연구에서 극적인 돌파구가 열렸다. 이곳의 하실라르에서는 기원전 7000년경 발달한 신석기 촌락 문화가 꽃을 피웠다. 기원전 5700-5400년경에 속하는 층에서는 어머니-여신을 생생하게 자연주의적으로 묘사한 상들을 포함한 도기들이 나타났다. James Mellaart, "Excavations at Hacilar : Fourth Preliminary Report, 1960", *Anatolian Studies*, Vol. 11(1961) ; 또한 Mellaart, "Hacilar : A Neolithic Village Site", *Scientific American*, Vol. 205, No. 2(1961년 8월)을 보라.

즉 그 이전 구석기 시대의 벌거벗은 여신에 대한 숭배와 어떠한 관계가 있는지는 분명하지 않다.[4] 그러나 기원전 5500년경의 근동 핵심부에서 서기 1531년의 구아달루페에 이르기까지 분명한 지속성이 존재한다는 것에는 아무런 의문이 없다. 소아시아로부터 나일 강에 이르기까지, 그리스로부터 인더스 계곡에 이르기까지, 고대 세계의 모든 곳에는 모든 것을 지탱하고 모든 것을 포함하는 여신을 벌거벗은 여성으로 묘사한 작은 입상들이 많이 있다. 이 입상들은 다양한 자세를 취하고 있는데, 두 손으로 자신의 두 젖무덤을 제물로 바치기도 하고, 왼손으로는 생식기를 가리키고 오른손으로는 왼쪽 젖가슴을 제물로 바치기도 하고, 남자 아이에게 젖을 먹이거나 아이를 어루만지기도 하고, 젖가슴들 사이에 우뚝 서 있기도 하고, 두 팔을 벌리고 여러 상징들——줄기, 꽃, 뱀, 비둘기 등——을 끌어안기도 한다. 나아가서 그러한 작은 입상들은 많은 이름을 가진 위대한 여신에 대한 청동기 시대의 유명한 신화나 제의와도 관련을 맺고 있음이 분명하다. 그 위대한 여신을 기리는 유명한 신전들 가운데 하나가 다름아닌 에페소에 세워져 있는데, 서기 431년 에페소에서는 공의회가 열려서 마리아가 테오토코스, 즉 "하느님의 어머니"라는 교리를 선포하였다. 당시 로마 제국의 이교도 종교들은 무자비하게 억압당하고 있었다. 신전들은 폐쇄되고 파괴되었다. 사제, 철학자, 교사들은 추방되고 처형되었다. 그래서 순교자들의 여왕인 마리아가 결국 서양 세계의 어머니-여신의 모든 이름과 형태, 슬픔, 기쁨, 위로의 유일한 상속자가 되어서 오늘날까지 그 자리에 앉아 있다. 마리아는 지혜의 자리…… 명예의 그릇…… 신비한 장미…… 황금의 집…… 천국의 문…… 샛별…… 죄인들의 피난처…… 천사들의 여왕…… 평화의 여왕이 된 것이다.[5]

2. 두 여왕

〈그림 12〉에 나오는 여신의 모습은 아서 에번스 경이 크노소스의 미

〈그림 12〉 세계 산의 여신.

로의 왕궁 유적지에서 발견한 기원전 1500년경의 크레타 문장에 나오는
것이다. 크레타의 고대 문명은 유럽권에서 발달한 청동기 시대 형식들
가운데 가장 초기의 모습을 보여주는 중심지이기 때문에, 우리의 연구에
서 특별한 중요성을 가진다. 프로베니우스가 주목하듯이 크레타 섬은 레
반트의 영향권 안에 있으며, 그 궁전들의 전성기인 기원전 2500-1250년
경은 바로 하랍파와 모헨조다로와 같은 인더스 계곡 도시들의 전성기이
기도 하였다.[6]

문장에 나오는 여신은 한 손에 창을 들고 산 위에 서 있으며 양 옆에
는 사자들이 있다. 여신 뒤에는 건물이 하나 있는데, 그 처마끝에는 모든
크레타 신전의 특징인 "봉헌의 뿔(horns of consecration)"이 달려 있다.
그녀 앞에는 젊은 남자가 하나 서 있는데, 다른 그림들을 참고할 때 그
자세는 숭배의 자세이다. 이 남자는 신(죽었다가 부활한, 여신의 아들이
자 남편)일 수도 있다. 어쩌면 크레타의 젊은 왕일 수도 있다(프레이저
의 말이 맞다면,[7] 그는 금성과 태양의 주기인 8년이 끝날 때마다 실제로
또는 상징적으로 희생 제물이 되었다).* 또는 그냥 신자일 수도 있다.

---

* 금성은 상(相)의 한 주기(1번의 합을 이루는 데 걸리는 기간)를 완성하는 데에 584일

아서 에번스 경——그가 금세기의 첫 25년간 기울인 노력 덕분에 크레타 문명이 재발견되었다——은 그의 6권에 걸친 기념비적인 저작 『미노스의 궁전(*The Palace of Minos*)』[8]을 통하여 그의 발굴 과정에서 발견된 수많은 여신상들은, 그의 말을 인용하자면, "자녀나 남편과 함께 있는 위대한 어머니"를 나타내는데, "이 위대한 어머니는 소아시아와 그 너머 시리아 지역에서 다양한 이름과 칭호로 숭배되었다"[9]고 말하고 있다. 한편 스웨덴 룬드 대학의 마르틴 P. 닐손 교수——그의 『그리스 종교의 역사(*History of Greek Religion*)』는 오늘날 그 분야에서 비길 데 없는 걸작의 자리를 차지하고 있다[10]——는 에번스의 견해를 거부하면서 조심스럽게 접근하라고 권하고 있다.

손에 창을 들고, 양 옆에 사자 2마리를 대칭으로 거느리고 산에 서 있는 여신은 실제로 무기를 든 '짐승들의 여자'를 닮았다. 나아가서 산이 있다는 것은 메테르 오레이아(μήτηρ ὀρεία), 즉 "산 어머니(Mountain Mother)"인 사자들을 데리고 다니는 소아시아의 키벨레를 강력하게 암시한다. 크레타에서는 제우스를 낳은 레아를 키벨레와 동일시하였다는 점도 이 여신이 크레타 섬과 연관이 있음을 뒷받침해주는 것으로 보인다. 따라서 사람들은 문장에 나오는 여신을 망설임 없이 소아시아의 위대한 어머니와 동일시해왔다. 그러나 염두에 두어야 할 사실은 이 그림과 위대한 어머니에 대한 이야기들 사이에는 수백 년(헤시오도스가 없다면 사실 완전한 천 년이다)의 세월이 놓여 있다는 점이다. 미노스의 크레타와 소아시아 사이의 가능한, 또는 있음 직한 인종적인 관련에 대해서 편견을 가지지 않는다면, 역사 시대에 들어와서야 우리에게 알려진 위대한 어머니의 특질들을 미노스의 여신에게 귀속시키자는 데까지 나아가지는 말고, 다만 이 문장이 소아시아의 여신과 비슷하거나 관련이 있는 어떤 자연의 여신을 보여준다는 정도로만 이야기해두는 것이 신중한 태도일 것이다. 왜냐하면 그 사이의 수백 년 동안 소아시아의 여신의 성격은 발전하거나 바뀌었을 수도 있기 때문이다.[11]

이 걸린다. 그 주기의 5번(584×5=2920일)은 8년(365×8=2920일)이 된다. 따라서 금성은 최대의 밝기를 가지는 황도대의 똑같은 자리로 돌아오는 데에 8년이 걸린다.

이러한 경고에 주의를 기울이는 것이 신중한 태도일 수도 있다. 그러나 닐슨 교수가 이 글을 쓰고 나서 고대의 무대 전체에는 새로운 빛이 비추어지게 되었는데, 그 불빛 속에서 아서 에번스 경의 위치는 오히려 강화된 것으로 보인다. 구체적으로 말하자면, 1953년에 지금은 고인이 된 영국의 젊은 건축가 마이클 벤트리스는 크레타의 선 문자 B를 판독하였다. 그가 발견한 것은 우선 그 언어가 초기 그리스 어라는 사실이었다.[12] 나아가서 그 글은 회계사의 단순한 메모로, 다른 무엇보다도 신전에서 드리는 제물을 기록한 것으로 판명되었다. 그 제물을 바친 신들은 고전 그리스 전통에서는 크레타와 연관되는 신들이었다. 예를 들면 이런 식이다.

"딕테 산의 제우스에게, 기름."

"다이달레이온에게, 기름."

"미로의 부인에게, 꿀 한 단지."

그러고 나서 그리스 본토의 한 유적지——『일리아드(*Iliad*)』에 나오는 네스토르 왕의 미케네 궁전 도시 필로스라고 확인되었다——에서 선 문자 B의 메모 뭉치가 다시 발굴되었다. 이 메모는 그리스의 바다 신 포세이돈, 즉 "대지 여신(dās)의 주관자(posei)"[13]에게 드리는 많은 예물에 대하여 말하고 있다. 거기에는 소, 숫양, 양 가죽, 밀, 밀가루와 포도주, 치즈, 꿀과 연고, 금, 심지어 사람도 포함되어 있다.[14] 여기서 우리는 "두 여왕과 포세이돈"이라고 하는 세 신에 대하여 알게 된다. 나아가서 "두 여왕과 왕"이라고 하는 삼인조도 나온다.[15] 우리는 또한 네스토르 왕의 도시는 포트니아, 즉 "여인"이라고 알려진 여신의 성소 근처에 있었으며, 왕은 그곳에 커다란 테메노스, 즉 왕실 소유지를 가지고 있었다는 것을 알 수 있다.[16]

학자들은 이러한 맥락에서 나우시카라는 말을 기억하였다. 나우시카는 『오디세이(*Odyssey*)』에 나오는 뱃사람들인 파이아키아 인들의 왕 알키누스의 딸이다. 나우시카는 오디세우스에게 이렇게 말하였다. "우리는 길가에 있는, 아테네 여신의 빼어난 원림(園林)과 마주치게 될 것인데, 그 백양나무 원림 안에서는 샘이 솟아오르고 전체는 풀밭으로 둘러져 있지요. 그곳에는 나의 아버지의 왕실 소유지와 비옥한 경작지가 있어요."[17]

그렇다면 포트니아와 왕의 관계는 무엇일까? 또는 "두 여왕"과 왕의 관계는 무엇일까? 또는 "두 여왕"과 포세이돈 신의 관계는 무엇일까? 그리고 이 모든 것은 크레타에서, 그리고 크레타를 거쳐 고전 그리스에서 그 너머까지, 그 여신의 역할에 대한 우리의 개념과 어떠한 관계를 가지는 것일까?

미케네의 유적지에서는 상아로 된 판이 하나 나왔는데, 이것은 아이와 함께 앉아 있는 두 여자를 보여준다(〈그림 13〉).[18] 이 3명의 인물은 선문자 B로 된 텍스트에서 알아낸 것에 비추어 두 여왕과 왕, 또는 두 여왕과 어린 신을 나타내는 것으로 해석되고 있다. 벤트리스와 함께 그 텍스트를 판독하는 일을 하였던 레너드 파머 교수는 이렇게 말한다. "미케네의 상아판은 미케네의 '신의 가족'의 가장 아름다운 표현물로 여겨진다. 그러나 좀더 도식적인 다른 증거가 있다. 두 여자가 시암 쌍둥이처럼 붙어 있고 그들의 붙은 어깨에 아이가 앉아 있는 것을 보여주는 널리 알려진 테라코타 상들이 그 증거이다. 이것들 역시 어린 신을 데리고 있는 쌍둥이 여신을 표현한 것으로 해석되어왔다."[19]

〈그림 13〉 두 여왕과 왕.

64

수메르에서 최초로 기록된 신화에서는 죽었다가 부활한 신 두무지-압수(Dumuzi-absu), 즉 "심연의 충실한 아들"이 운명적으로 두 강력한 여신들과 결부되어 있다. 아니, 두 형태를 가진 한 여신이라고 하는 것이 나을 것이다. 이 여신은 한편으로는 산 자들의 여신이며, 다른 한편으로는 죽은 자들의 여신이다. 산 자들의 여신으로서는 하늘의 여왕인 이난나라는 이름을 가지며, 이것은 훗날 고전 신화에서는 아프로디테가 된다. 죽은 자들의 여신으로서는 지하 세계의 무시무시한 여왕 에레슈키갈이라는 이름을 가지며, 이것은 고전 신화에서는 페르세포네가 된다. 그리고 죽어서는 지하 세계의 여왕과 만나고 살아서는 하늘의 여왕과 연인이 되는 남자 신은 그리스 전통에서 볼 때 아도니스이다. 우리는 〈그림 13〉에서 아이가 한 여신으로부터 다른 여신으로 옮겨가는 것을 볼 수 있다. 오래된 수메르의 신화 체계에서라면 미케네 상아판에 나오는 것과 같은 이러한 세 신은 거의 틀림없이 이난나와 에레슈키갈 두무지, 혹은 두무지가 육화한 왕과 함께 있는 것을 나타내었을 것이다. 반면 고전 그리스에서라면 그들이 엘레우시스 비교(秘敎)의 위대한 세 신인 데메테르(어머니-여신 대지)와 페르세포네(지하 세계의 여왕), 그리고 그들의 양아들인 어린 신 트립톨레모스(한때는 그 지역의 왕이었다)를 나타내었을 것이다.[20] 트립톨레모스는 데메트르의 선물인 곡식을 세상에 가져왔으며, 페르세포네의 수양아들로서 이제 죽은 자들의 땅을 다스리고 있다고 전해진다.[21]

비교를 위해서 그리스의 세 신을 그린 〈그림 14〉를 보도록 하자. 이것은 엘레우시스 내에서 발견된 초기의 적색상(赤色像) 잔에 나오는 것이다.[22] 데메테르는 그의 양아들인 트립톨레모스에게 곡식을 건네주고 있다. 트립톨레모스는 "굽은 쟁기"를 들고 있는데, 그 모습은 쟁기와 음경 사이의 기본적인 유사성을 암시한다. 트립톨레모스 뒤에는 페르세포네가 손에 횃불 2개를 들고 서 있는데, 그것은 그녀가 지하 세계의 여왕임을 의미한다. (이제 〈그림 7〉과 비교해보라.) "그림의 어머니와 처녀는 분명하게 구별이 된다." 제인 해리슨은 이렇게 말하고는 덧붙인다. "그러나 둘이 함께 나타나는 경우에는 누가 누구인지 구별할 수 없는 경우도 많다."

〈그림 14〉 데메테르, 트립톨레모스, 페르세포네.

"데메테르와 코레(페르세포네)는 한 신이지만 두 사람이다."[23]

따라서 수메르의 죽었다가 부활한 신의 신화에 나오는 두 여신, 크레타 선 문자 B로 기록된 이야기에 나오는 두 여왕, 소크라테스가 『고르기아스(Gorgias)』에서 말하고 있는[24] 그리스의 엘레우시스 비교에 나오는 유명한 어머니와 처녀, 즉 데메테르와 페르세포네 사이에는 분명한 연속성이 확립된 것으로 보인다. 말을 바꾸면 근동 핵심부로부터 미노스의 크레타에 이르기까지, 또 미노스로부터 고전 시대에 이르기까지 위대한 여신의 신화가 연속성을 가지고 이어진다고 보았던 아서 에번스 경의 관점이 확인된 것으로 보인다. 이 점을 염두에 두면, 우리는 이제 에번스와 함께 크레타-미케네의 이중 여신의 상징에 대한 좀더 심오한 관점으로 나아갈 수 있다.

다행히도 필로스의 커다란 벌집 모양의 무덤에서 한 농부가 발견한 아름다운 "네스토르의 반지"에는 조용하면서도 웅변적인 기록이 있다(〈그림 15〉). 이 반지는 순금으로 31.5그램의 무게를 가지고 있으며, 에번스에 따르면 반지가 만들어진 시기는 기원전 1550-1500년경이다.

〈그림 15〉 영원한 생명의 나무.

(에번스는 이렇게 말한다.) 전체적인 디자인은…… 오래되고, 매듭이 많고, 잎이 없는…… 커다란 나무의 줄기와 수평으로 뻗은 가지들에 의해서…… 여러 구역으로 나뉘어 있다. 이 나무는 둔덕 또는 낮은 산 위에 뿌리를 뻗고 서 있으며, 줄기는 들판의 중앙에 솟아 있고, 가지들은 수평으로 넓게 뻗어 있다.…… 따라서 가지들이 나누고 있는 장면들은 사실상 현세의 영역들에 속한 것이 아니라 미노스의 내세에 속하는 것이다. 오딘이 타던 말의 재(Ash)이자 옛 스칸디나비아 인들의 "세계 나무"인 이그드라실에서 이 나무와 분명하게 유사한 점을 찾아볼 수 있다.

위 왼쪽:

나무의 첫 방에는 미노스의 여신을 볼 수 있다. 여신은 앉아서 친한 동무와 활발하게 이야기를 하고, 여신의 머리에서는 나비 2마리가 펄럭인다. 나아가서 이들의 상징적 의미는 그들 위에 있는 두 작은 물체에 의해서 강조된다. 그 물체의 끝에는 머리와 같은 것이 보이고 옆에는 고리와 같은 것이 돌출하여 있다. 이 두 물체는 각각 나비의 번데기라고 보는 것이 합당할 것이다.…… 여기에서 나비들은 번데기와 함께 배치되었기 때문에, 이것은 죽음 뒤의 인간 영혼의 소생을 암시하는 것이라고 해석할 수밖에 없다.

나아가서 이러한 해석은 여신과 동무 옆에 있는 두 젊은 인물에게도 적용된다는 데 거의 의심의 여지가 없다. 이들은 새로운 생명을 얻어서 소생한 것을 상징한다고 보아야 한다.

미노스 사람 특유의 긴 머리를 가진 젊은이는 여신 뒤에 서서 오른팔의 아래 부분을 들어 올린다. 나무를 등지고 그를 마주보고 있는, 짧은 치마를 입은 처녀는 두 손을 들어 올림으로써 그를 만나 놀랐음을 보여준다.…… 우리는 여기에서 젊은 남녀 한 쌍을 보는데, 이들은 죽음 때문에 갈라졌으나 여신의 생명을 주는 힘 덕분에 재결합을 하게 되었다. 그것을 번데기와 나비가 상징한다. 사실 이 만남은, 아래에 묘사된 입문 의식 장면을 고려할 때, 결혼한 부부가 축복받은 자들의 땅에서 영원히 재결합하는 것으로 해석할 수 있다.

위 오른쪽 :

다음 방, 즉 줄기의 오른쪽에는 여신의 신성한 사자가 쉬면서도 방심하지 않는 자세로 의자 같은 곳에 웅크리고 있는데, 처녀의 형상을 한 두 인물 (비록 남자 옷을 입고 있기는 하지만)이 사자를 돌보고 있다. 우리는 이 두 인물이 자주 되풀이하여 나타나는, 여신의 두 어린 시녀들을 표현한 것임을 알 수 있다. 여신의 사자는 당연히 아래의 영토를 감시하고 있을 것이다.

이 장면의 종교적 성격은 가지에 의해서…… 줄기에서 솟은 "성스러운 담쟁이덩굴"……에 의해서 더욱 고양된다. (…… 이 식물의 가지들은 세계 나무의 줄기에서 새로 솟아나, 밑의 영역을 감시하는 사자에게 그늘을 드리우고 있다. 이 식물은 일련의 벽화에 나오는, 바위 비탈을 기어오르는 "신성한 담쟁이덩굴"과 동일한 것임에 틀림없다. 심장 모양의 잎, 그리고 심지어 꽃의 끝이 두 갈래로 갈라진 모습도 분명하게 나타나 있다.…… 여기서는 황금 가지를 기억하지 않을 수 없다. 아에네아스가 그 가지를 꺾자, 황금 가지는 그에게 아베르누스[지옥/역주]로 가는 통로를 열어주었다[베르길리우스의 『아에네아스』 6권, 136ff]. 한 가지가 찢겨버리면 그 자리에는 빛을 발하는 다른 황금 가지가 솟아나온다.……)

아래 왼쪽과 오른쪽 :

넓게 퍼진 가지들 밑, 줄기 아래의 양쪽 구역은 하나의 연속적인 장면을 보여준다. 장면 전체는 그리핀(독수리의 머리와 날개에 사자의 몸통을 가진 괴수/역주)의 법정에 있는 정의의 전당에 들어가는 자들의 입문 심사를 묘사한 것으로 보인다. 왼쪽 방에는 젊은 부부가 다시 나타나는데, 이들은 줄기 오른쪽에 있는 "그리핀 부인"의 앞으로 오라는 손짓에 따라 춤의 박자에

맞추어 걸어가고 있다. 또 한 사람의 부인은 왼쪽 끝에 있는 젊은이를 불경
스러운 침입자로 간주하여 오지 말라고 주의를 주고 있다. 줄기 오른쪽에서
는 첫번째 부인 너머에 다른 두 "그리핀 부인들"──새로운 시대(기원전
1550년경) 초기에 유행하던 짧은 치마 차림이며, 숭배의 표시로 두 손을 치
켜들고 있다──이 행렬을 이끌고 법정을 주재하는 인물에게로 나아간다.
법정을 주재하는 것은 온화한 편에 속하는, 공작 깃털로 된 날개가 달린 그
리핀으로서, 등받이가 없는 높은 의자 혹은 왕좌에 앉아 있다. 그 뒤에는 또
한 여자가 서 있는데, 이 여자는 여신이 다시 나타난 것으로 생각할 수 있
다. 그리핀──처음에 크레타 땅에서 생겨날 때에는 독수리 머리를 가지고
있었다──의 가장 두드러진 특징은 그의 꿰뚫어보는 눈이며, 이것이 여기
에서 그를 최고 심문관의 자리에 앉게 해준다. 아래를 보면, 나무 밑동의 둔
덕에는 약초를 나타내는 것으로 보이는 싹들 사이에 개처럼 생긴 괴물이 웅
크리고 있다. 이는 케르베로스(지옥을 지키는 개로서 머리가 셋에 꼬리는
뱀 모양이다/역주)의 선조이다. 그러나 동시에 좀더 넓은 의미에서는 이그드
라실 밑동에 있는 용──기분 나쁜 니드호그르──과 비교될 수도 있다.[25]

여기서 말하려고 하는 것은 분명하다. 그리고 이 장면에서 표현된 죽
음 너머의 삶의 이미지는 후기 서사 시대의 음침한 하데스와는 전혀 다
르다. 여기서는 '축복받은 자들의 섬'과 '지복의 평원'이라는 좀더 온화한
고전적인 이미지들을 제시한다. 베르길리우스의 '행운의 삼림 지대'를 연
상할 수도 있다.

> Largior hic campos aether et lumine vestit
> Purpureo, solemque suum, sua sidera norunt.*

또한 옛 수메르의 원시 바다 한가운데에 있던 천국의 섬 딜문을 생각
해볼 수 있다. 기원전 2050년경의 설형 문자로 된 텍스트를 보면, 그곳은
다음과 같다.

---

* 이곳에서 광대한 하늘은 들판을 자줏빛으로 덮으며,
  그들은 그들 자신의 해, 그들 자신의 별을 안다(『아에네아스』 6권, 640-641).

사자는 죽이지 않고,
늑대는 양을 채가지 않고……

늙은 여자는 "나는 늙은 여자이다"라고 하지 않으며,
늙은 남자는 "나는 늙은 남자이다"라고 하지 않는다.[26)]

　이것은 『오디세이』의 4권에서 늙은 바다의 신 프로테우스가 헬렌의 배우자인 메넬라오스에게 묘사해주었던 "엘뤼시온(선량한 사람들이 죽은 뒤에 살게 되는 곳/역주) 들판과 대지의 끝"의 모습이기도 하다. 프로테우스는 이렇게 말한다. "그곳은 금발의 라다만토스(제우스와 유로파 사이에서 태어난 아들로서, 생전에는 정의의 사나이로 유명하였고 사후에는 저승의 재판관으로 임명받았다/역주)가 있는 곳으로서, 사람들이 살기에 가장 편한 곳이지요. 그곳에는 눈도, 심한 폭풍도 없고, 비도 없으며, 언제나 오케아노스(우라노스와 가이아의 아들이며, 대지를 둘러싸고 흐르는 일종의 강/역주)가 요란한 서풍의 입김을 내보내어 사람들을 식혀주지요."[27)]

　닐손 교수는 이렇게 기술하였다. "역사 시대의 그리스 종교는 서로 다른 인종에 속하는 두 민족——그 둘 양쪽에 대해서 우리가 아는 것은 불행하게도 너무 적다——의 종교의 융합으로부터 발전하였다. 그럼에도 그리스 인 이전 민족의 감성적인 종교와 인도-게르만 침략자들의 온건한 종교 사이에서 그 뿌리 깊은 차이를 느낄 수 있다. 그리스 인 이전 민족의 종교는 신비적인 경향이 강하였던 것으로 보이며, 인도-게르만 침략자들은 부권적 질서를 바탕으로 한 불문법을 신들에게 보호하여 달라고 하였다."[28)]

　나는 이 발언을 매우 강조하고 싶다. 이 발언은 서양 종교사의 폭과 길이 전체에 걸쳐서 그 충돌, 욕설, 강요, 유혈로 얼룩진 지저분하고 안타까운 연대기의 주된 계기로서 지금까지 유지되고 있는 갈등을 보여주고 있기 때문이다. 그리스 지역뿐만 아니라 레반트 지역에서도, 한편으로는 셈 족과 아리아 족 이전의 신석기와 청동기 시대 농경 사회의 신비적이고 감성적인 종교 그리고 다른 한편으로는 "부권적 질서를 바탕으로 한 불문법(나중에는 성문법)을 신들에게 보호하여 달라고 한" 여러 전사 부족의 "온건한 종교"(당분간은 그냥 이렇게 부르도록 하자) 사이에 뿌리 깊은 대립이 광범위하게 자리 잡고 있다. 사실 인간은 인간 내부에서 이 대조적인 경향들을 갈라놓고 있는 힘을 "느낄" 뿐만 아니라 그것을 인간의 영혼 속에서 통렬하게 경험하고 있으며, 또 우리 문화의 매 시기마다 기록해왔다. 그러나 이 책의 이 단계에서 강조하여야 할 1가지는 낙원의 아름다운 세계라는 온화하고 신비하고 시적인 주제들은 부권적인 아리아 족에 속한 것도, 역시 부권적인 셈 족에 속한 것도 아니라는 점이다. 우리는 그러한 주제들을 잃어버린 적도 없고 다시 찾은 적도 없다. 그것은 늘 여신-어머니의 가슴속에 존재하고 있다. 그래서 우리는 여신-어머니의 존재 속에서 아무런 두려움 없이 삶만이 아니라 죽음도 받아들이게 된다.

3. 미노타우로스의 어머니

필라델피아의 대학 박물관에는 기원전 2500년경 고대 수메르에서 나온 중요하고 매혹적인 테라코타 판(〈그림 16〉)이 있다. 이것은 영원히 죽고 영원히 사는 달의 황소를 보여주는데, 사자 머리를 가진 해의 독수리가 늘 이것을 잡아먹고 있다. 잡아먹히는 황소의 네 다리에서는 신의 힘이 불처럼 번쩍인다. 황소의 얼굴은 사람의 모습인데 거기서는 차분한 지복의 웃음이 빛난다. 그 얼굴은 네모난 턱수염에 둘러싸여 있다. 턱수염은 고대 예술에서 이러한 위엄 있는 동물――보통 뱀이나 황소이다――을 표현할 때에는 늘상 나타나는 것으로(수메르뿐만이 아니라 이집트에서도), 땅을 비옥하게 하는 힘을 상징한다. 그리고 황소의 앞쪽 오른발은 우주의 거룩한 산의 정상을 상징하는 둔덕 중앙에 직각으로 놓여 있는데, 많은 텍스트에서 알 수 있듯이 그 거룩한 산은 대지 여신의 몸이다. 산

〈그림 16〉 달-황소와 사자-새.

에서는 크레타의 "봉헌의 뿔"을 닮은 것이 튀어나와 있다. 이것은 수용
하는 대지와 수여하는 신 사이의 접촉의 장을 표시한다. 신의 다리와 발
은 가운데가 툭 튀어나와 있어서 일종의 삼지창 모양이다. 그리고 이 장
면에서 신은 위에 있다. 생명을 회복시키는 이슬과 땅을 비옥하게 하는
비는 위에 있는 달로부터, 해의 빛에 잡아먹혀 이지러진 달로부터 오기
때문이다.

    그러나 땅 밑에도 물이 있다. 크레타와 미케네의 신 포세이돈은 바다,
샘, 땅 밑의 물에 사는데, 그의 동물은 황소이고 부속물은 삼지창이다.
마찬가지로 인도에는 "위대한 주관자" 시바가 있는데, 그의 동물은 황소
이고 그의 부속물은 삼지창이다. 그의 아내의 이름은 파르바티이며 그
뜻은 "산의 딸"인데, 그녀의 동물은 사자이다. 시바는 그의 여신과 함께
카일라사 산 정상에 사는 것으로도 알려져 있지만, 동시에 심연의 물로
부터 솟아올라 대지 여신의 요니(음문)를 꿰뚫는 링감(음경)의 상징으로

숭배되기도 한다. "우주의 춤꾼"인 시바는 '무지'라는 이름을 가진 엎드린 난쟁이의 등에 오른발을 단단히 올려놓고, 왼발은 옆차기를 하는 자세로 들어 올리고 있다. 오른발로는 신성한 창조의 에너지를 인간의 출생 영역으로 차 넣고, 왼발로는 시간의 원으로부터 해방을 제공하는 것이 이러한 자세의 의미라고 한다. 앞에서 살펴본 황소의 앞쪽 다리의 위치에도 비슷한 생각이 내포되어 있지는 않은지 궁금하지 않을 수 없다.

『신의 가면 : 원시 신화』에서 이야기하였던 우르 왕릉의 슈브-아드 여왕이 묻힌 방에서는 은으로 된 암소 머리가 발견되었다. 여왕은 자신의 조신들을 거느리고 남편인 아-바르-기를 따라 죽으려고 지하로 온 것인데(순사),* 아-바르-기의 무덤 단지에서는 사각형의 군청색 턱수염을 가진 황소의 황금 머리가 발견되었다. 이 황소는 작고 우아한 하프의 소리 상자와 기둥을 장식하고 있었다.[29] 이미 이야기한 대로 이 하프의 소리는 상징적으로 달-황소가 부르는 소환의 노래로, 슈브-아드 여왕에게 사랑하는 사람을 따라 '죽음의 여왕'의 영역으로 오라고 명령하는 것이다. 여기에 내포된 신화는 두 여왕과 왕의 신화이다. 그리고 황소 장식을 한 하프의 음악, 즉 황소의 목소리는 삶과 죽음이 하나가 되는 그 비교(秘敎)에 속하는 음악이다.

대학 박물관의 로버트 다이슨 2세 박사는 메소포타미아의 어떤 사원에서 케틀드럼(반구형의 큰 북/역주)의 가죽을 교체하는 의식에 대하여 이야기해주는데, 이것은 고대 세계의 제의에서 황소가 어떠한 의미를 가지고 예술이 어떠한 기능을 하는지 보여준다.

황소의 자격 조건은 엄격하게 정해져 있다. 황소의 몸에는 회초리 자국이 없어야 하고, 하얀 털이 없어야 하며, 뿔과 발굽이 멀쩡해야 하고, 몸의 색깔이 역청처럼 검어야 한다. 사람들은 황소를 뭄무(mummu)라고 부르는 집으로 데리고 가서 염소털로 만든 줄로 다리를 묶은 다음 갈대 멍석 위에 눕힌다. 그리고 우선 양 1마리를 제물로 바친 뒤에 "입을 씻는" 의식을 거행

---

* 순사(殉死)를 뜻하는 말 suttee(satī)는 시바의 영원한 아내의 또 다른 화신을 칭하는 것이다. 이 이름의 의미에 대해서는 『신의 가면 : 동양 신화』 제2장 5절을 보라.

한다. 이것은 갈대를 황소의 귀에 갖다대고 주문을 속삭인 다음 황소에게 삼목의 수지(樹脂)를 흩뿌리는 의식이다. 그런 다음 화로와 횃불을 이용해서 상징적으로 황소를 정화한다. 이어서 황소의 주위에 밀가루로 원을 만들고, 사제가 좀더 낭송을 한 뒤에 칼로 황소를 죽인다. 황소의 심장은 케틀드럼 앞에서 삼목, 사이프러스, 특별한 밀가루와 함께 태운다. 왜 그러는지는 모르지만, 왼쪽 어깨에서 건(腱)을 제거하고 그런 뒤에 황소의 가죽을 벗긴다. 그리고 나서 동물의 주검을 붉은 천으로 싸고 서쪽을 향해서 묻는다. 이어서 가죽을 다루기 위한 정교한 지침들이 제시되는데, 그 가죽은 결국 새 북의 가죽으로 사용된다.[30]

신전 오케스트라의 북, 현, 갈대 피리 소리들은 신비로운 달의 황소를 마음에 불러낸다. 이 황소는 우주 박자의 주관자이며, 생명이 있는 모든 것은 그 박자에 맞추어 탄생과 죽음과 새로운 탄생의 원을 돌며 춤을 춘다. 참석한 사람들은 이 황소를 떠올리면서 존재의 절대 죽지 않는 측면과 합일을 이루게 된다. 사자−새에게 잡아먹히면서도 아주 행복하고 동시에 무감각한, 모나 리자 같은 수수께끼의 웃음을 짓는 황소의 모습은 죽음을 넘어서고 변화하는 시간을 넘어선 존재 양식을 보여준다. 이것은 그러한 지혜의 입문자들에게는 잘 알려져 있는 것이다. 이 황소는 죽음이 아닌 죽음을 통하여 땅의 생물들에게 생명을 주며, 동시에 들어 올린 앞발로 신화적 상징인 왼쪽 뿔을 가리키기까지 한다.

여기서 그 상징은 땅과 하늘, 여신과 남신의 만남을 가리키는 것으로 보인다. 그 둘은 둘로 보이지만 하나가 되고 있다. 고대 수메르의 신화를 보면, 하늘(안[An])과 땅(키[Ki])은 태초에는 나뉘지 않은 하나의 산(안키[Anki])이었다. 그 가운데 낮은 부분은 땅이자 여성이었으며, 윗부분은 하늘이자 남성이었다. 그러나 그 둘은 그들의 아들 엔릴에 의하여 (성서에서는 "창조주"인 야훼에 의하여) 둘로 나뉘게 되고(아담이 아담과 하와로 나뉘듯이), 거기에서 일시적인 세상이 나타났다(하와가 사과를 먹었을 때 그렇게 되었듯이).[31] 따라서 제의로 표현되는 결혼과 부부 관계는, 영혼의 원기 회복을 위한 명상(심리적인 측면)이라는 면에서나 자연을 비옥하게 하고 쇄신하는 행위(마법적인 측면)라는 면에서나, 원래의 구분되지 않은 상태를 재구축하는 것으로 이해되었다. 이렇게 함으로써 그러한 원초적 상태가 항존하는 존재의 수준 또는 양식임을 인식하게 되었다. 물론 일상적인 마음과 눈에는 다르게 보인다. 즉 궁극적인 황소의 상태는 눈에 보이지 않는다. 그래서 검다. 역청처럼 시커멓다.

따라서 인도의 '춤추는 시바'라는 상징적 형태에서도, 그리고 이 수메르의 테라코타 판에서도, 내가 이전의 책에서 논의하였던 오래전 청동기 시대의 철학, 그러나 동양에서는 이 시간까지 살아 남아 있는 철학이 발견된다고 할 수 있다. 아무런 의도가 개입되지 않은 원초적 양식이라는 면에서 보자면, 이 철학은 장 피아제 박사가 "나눌 수 없는 상태"[32]라고 불렀던, 아이의 정신 상태와 비슷하다고 할 수 있다. 그러나 더 높은 수준으로 발전된 형태라는 면에서 보자면, 문명의 역사에서 단일한 창조력으로는 가장 중요한 것이었다고 할 수 있다. 그 중요성은 비이원성, 즉 신화적 동일성을 맛볼 수 있는 신비하고 궁극적인 환희를 통해서 직접 경험하는 것이다. 이것은 고대 이집트의 "두 동반자의 비밀", 중국의 도(道), 인도의 니르바나(Nirvana, 열반/역주), 일본 불교에서 발전한 "화환교리" 등에서 다양한 이미지들로 상징되고 있다.[33] 종종 인용되는 이사야(기원전 740-700년)의 되찾은 천국의 이미지에도 그 흔적이 남아 있다.

> 늑대가 새끼양과 어울리고 표범이 숫염소와 함께 뒹굴며 새끼사자와 송아지가 함께 풀을 뜯으리니, 어린아이가 그들을 몰고 다니리라. 암소와 곰이 친구가 되어 그 새끼들이 함께 뒹굴고 사자가 소처럼 여물을 먹으리라. 젖먹이가 살모사의 굴에서 장난하고 젖뗀 어린 아기가 독사의 굴에 겁없이 손을 넣으리라. 나의 거룩한 산 어디를 가나 서로 해치거나 죽이는 일이 다시는 없으리라. 바다에 물이 넘실거리듯 땅에는 야훼를 아는 지식이 차고 넘치리라.[34]

여기서는 이러한 목가적인 상황이 미래의 어느 날로 미루어져 있지만, 그 이전의 관점에서는 이러한 상황이 지금 이 세상에 존재하는 것이며 영적으로 입문하면 금방 알아볼 수 있는 것이다. 이것이 또한 달의 황소

와 해의 사자-새를 그린 판에 표현되어 있는 비전이기도 하다. 이것은
또 살아 있는 황소와 사자를 통하여 지상의 수준에서도 표현되고 있다.
이 황소와 사자는 어머니 자연의 심장 속에서 영원한 평화를 누리며 살
고 있고, 지금도 그들은 "이제 네가 나를 먹는다"라고 불리는 엄청난 생
명의 신비극을 보여주고 있다.

테라코타 판에 등장하는 황소의 수수께끼 같은 행복하고 태연한 표정
은 약간 다른 모습이긴 하지만 인도의 춤추는 시바의, 가면 같은 이목구
비에서도 다시 나타난다. 시바 신은 들어 올린 오른손에 시간의 북소리
이자 창조의 북소리를 울리는 북을 쥐고 있다. 왼손의 손바닥에는 불멸
의 지식의 불이 있다. 이것으로 시간의 굴레는 파괴된다. 시바는 황소의
네 다리와 마찬가지로 불을 뿜어낸다. 그리고 시바의 머리카락에는 재탄
생의 초승달과 더불어 죽음의 두개골이 장식물로 달려 있다. 시바는 '짐
승의 주인(파수파티〔paśupati〕)'이다. 수메르의 죽음과 재탄생의 신 두무
지-탐무즈-아도니스도 마찬가지인데, 그 신의 동물이 이 행복에 빛나는
황소이다. 나아가서 그리스의 신 디오니소스도 마찬가지인데, 그는 시바
처럼 '우주의 춤꾼'으로 알려져 있으며, 찢겨진 황소인 동시에 찢는 사자
이다.

> 나타나라, 나타나라, 그대의 모양이나 이름이 무엇이든 간에,
> 오, 산의 황소여, 백 개의 머리를 가진 뱀이여,
> 타오르는 불길의 사자여!
> 오, 신이여, 짐승이여, 신비여, 오라![35]

선 문자 B에서 판독해낸 말들 가운데 디오니소스의 이름이 나타났을
때, 그것은 많은 사람들에게 충격을 주었다.[36] 따라서 이제 이 이름과 함
께 크레타로 돌아가보자.

『신의 가면 : 동양 신화』에서 나는 "그의 어머니의 황소"라고 불리던
이집트의 신-왕 파라오의 신화에 대해서 이야기하였다.[37] 파라오는 죽어
서 무덤의 둔덕(여신을 상징하는 둔덕) 안에 있을 때에는 아들을 낳는

오시리스와 동일시되며, 살아서 왕좌(마찬가지로 여신을 상징하는 왕좌)에 앉아 있을 때에는 오시리스의 아들 호루스와 동일시된다. 죽었으면서도 다시 형성되는 우주의 왕이라는 완전한 신화의 역할을 표현하는 이 둘은 실질적으로는 하나이다. 땅위에 서 있는 우주의 암소-여신 하토르(hat-hor, "호루스의 집")의 네 다리는 네 방위의 기둥이었으며, 배는 창공이었다. 황금 매, 태양으로 상징되는 호루스 신은 동에서 서로 날아가서 저녁이면 하토르의 입으로 들어가고 다음 새벽이면 다시 태어난다. 따라서 그는 밤이면 실제로 "그의 어머니의 황소"가 되었다. 반면 낮에는 빛의 세계의 통치자로서 날카로운 눈을 가진 맹금이 되었다. 나아가서 오시리스의 동물인 황소는 신성한 아피스 황소로 육화되었는데, 이 황소는 25년마다 제의를 통하여 도살되었다. 이렇게 해서 파라오에게 국왕 살해 의례라는 의무를 덜어준 것이다. 그리고 내가 보기에는(아직 다른 사람들이 이런 식의 이야기를 하는 것은 들어본 적이 없지만), 크레타의 투우장에서 벌어지던 투우 경기라는 제의도 크레타의 젊은 신-왕들에게 같은 역할을 해주었던 것 같다.

크레타의 왕들에 대해서는 많은 이야기들이 전해져오는데, 그 이야기들에 나오는 왕은 늘 20살 정도의 젊은이이다. 늙은 왕은 하나도 없다. 따라서 금성의 주기마다 1번씩 국왕 살해가 있었는지도 모른다. 그러나 크레타의 제의적인 예술에서 투우장이 두드러진 것을 보면 국왕 살해를 제의로 대체하였을 수도 있다.

닐슨 교수는 투우 경기에 종교적인 의미는 없다고 생각한다.[38] 그러나 내가 보기에 〈그림 17〉의 활기찬 구도는 그러한 견해와 모순이 되는 것 같다. 이 그림에서는 인간-황소, 즉 미노타우로스가 인간-사자에게 공격을 당하고 있다. 이것이 수메르의 황소와 사자-새를 그린 그림과 유사하다는 것은 부정할 수가 없다. 사실 이 걸작품의 역동성은 늘 돌아가면서 결코 끝이 나지 않는 순환이라는 개념을 암시하기까지 한다. 수메르의 경우와 크레타의 경우가 다를 것이 없기 때문이다. 두 경우 모두 사자는 달을 죽이는 동시에 식물을 태우는, 이글거리는 태양의 열기를 나타내는 동물인 반면, 황소는 달의 동물이다. 이 이울고 부푸는 신이 내려주는 밤

〈그림 17〉 미노타우로스와 인간-사자.

이슬의 마법으로 식물은 회복된다. 또 이 신은 조수와 땅의 생산력의 주관자이자, 여자들의 주관자, 자궁 박자의 주관자이기도 하다.

　신화의 그림 언어에서 미노타우로스의 이미지는 달-황소의 개념을 달-인간 또는 달-왕의 개념과 같은 것으로 다룬다. 따라서 이집트에서와 마찬가지로 크레타에서도, 생명을 부여하기 위하여 신-왕을 죽이는 오래된 농경 사회 제의에서 황소가 왕을 대신하여 죽었을 수도 있다는 것을 보여준다. 나아가서 〈그림 18〉을 보면 실제로 투우장에서 황소를 도살하는 의식이 거행되었던 것 같다. 이 그림에서는 사제 역할을 하는 투우사가 최후의 일격을 가하고, 경기장을 전속력으로 달리던 짐승은 제의에 따라 도살된다. 말하자면, 투우사와 검은 수메르의 사자-새와 똑같은 기능을 수행하며, 황소는 항상 죽고 항상 사는 신이라는 표준적인 역할을 맡는다. 즉 대지 여신의 주관자인 포세이돈이다.

　따라서 폐허로부터 크레타의 사상에 대한 전망이 떠오르는데, 그것은 청동기 시대라는 널리 그리고 잘 알려진 맥락 안에 자리를 잡고 있다.

〈그림 18〉 희생.

그러나 여기서는 여성의 역할이 특히 강조된다. 이것은 나일 강과 티그리스-유프라테스 강의 위대한 사제 문명과 마찬가지로 훗날 부권제 하의 그리스 인들의 문명과 구별되는 것이다.

(닐손은 말한다.) 증거의 속성상 제한이 따름에도 불구하고 그리스와 대조를 이루는 미노아 종교의 어떤 특징들이 떠오른다. 하나는 여신이 우위에 선다는 것이다. 제의에서도 여사제가 우위에 선다. 남성 신은 여성 신과는 대조적으로 수가 아주 적다. 남성적인 제의 이미지들은 전혀 없으며 제의의 장면에도 여자가 남자보다 훨씬 자주 나온다. 이렇게 여성이 우위에 있다는 것이 미노아 종교의 감정적 성격을 설명해줄 수도 있을 것이다. 이러한 성격은 특히 나무 숭배 장면에서 잘 나타난다. 가장 분명하게 눈에 들어오는 제의는 집안의 뱀 여신을 숭배하는 의식과 자연 숭배 의식이다. 자연 숭배는 짐승의 여주인 및 남주인 숭배와 나무 숭배 2가지로 이루어진다. 이러한 것들이 지금까지 발견된 자연 신전과 어떠한 관계를 가지고 있는지는 불행히도 알려져 있지 않다. 그리고 마지막으로 많은 종교들——그리스의 역사적인 종교를 포함하여——에 그렇게 많이 나타나고 또 그렇게 도전적으로 나타나는 성생활에 관한 언급과 음경 상징이 미노아 예술에는 전혀 나타나지 않는다는 것도 덧붙여야겠다.[39]

에번스 역시 미노아 예술의 품위와 예절에 대하여 이야기하였다. "그 최초의 단계부터 시작해서 최후의 단계에 이르기까지 품위 없는 물건은 단 하나도 드러나지 않았다."[40]

많은 사람들이 주목하였듯이 그 문화는 모권적인 유형에 속하였던 것으로 보인다. 이곳 여자들은 아름다운 주름 치마와 어깨와 가슴을 많이 드러낸 데콜테 차림에 머리는 화려한 리본 등으로 예쁘게 장식을 하고 궁정과 투우장에서 남자들과 자유롭게 어울린다. 이 여자들은 예쁘고, 생기 있고, 활기 넘치는 모습으로 행동하고 이야기를 하며, 심지어 남자들이 운동할 때 쓰는 허리띠를 두르고 황소의 뿔과 등 위에서 위험하게 재주를 넘기까지 한다. 이 여자들의 품위와 우아함은 그 이후 필적할 만한 예를 자주 찾아보기 힘든 문명화된 세련미를 보여준다. 나는 이 장에서 그 점을 분명히 해두고 싶다. 이것은 앞으로 나오게 될 그 오만한 음경적인 도덕 질서들——할례를 받았든 안 받았든——의 소리 높은 주장들에 대한 도전이기도 하다.

그러나 크레타는 수메르와 나일 강 양쪽의 왕국들과도 구별되는 분명한 차이를 가지고 있다. 크레타의 신화와 문화는 수메르와 나일 강의 청동기 시대 문명의 경우보다 앞선 단계에 속한 것으로 보인다. 그 단계는 유라시아의 세계사, 자기 본위인 왕들의 전쟁과 승리의 기념물을 중심으로 기록되는 역사의 커다란 흐름이 열리기 이전의 훨씬 더 부드럽고 온화한 시절에 속한다. 그리스 인들이 오기 전 크레타에는 벽을 두른 도시가 없었다. 무기의 흔적도 거의 없다. 크레타의 스타일을 확립하는 데에는 왕의 정복을 위한 전투 장면이 아무런 역할도 하지 못하였다. 크레타의 전체적 기조는 호사스러움과 흥겨움이다. 크레타에서는 모든 계급이 폭넓게 참여하여, 전체적인 복지에 기초한 온화한 분위기를 형성하였다. 사실 크레타는 해상 무역을 통하여 큰 이익을 보면서 엄청난 발전을 이룩하고 있었다. 그들은 고대 세계의 모든 항구를 찾아갔고, 심지어 그들의 세계 너머에 있는 지역들까지 대담하게 찾아다녔다.

크레타 문명의 시대 구분을 한 사람은 아서 에번스이다. 나중에 학자들이 수정을 하였지만 기본 골격은 그대로이다. 나중에 발견된 것을 반영하여 수정된 사항을 고려하면 시대 구분은 다음과 같이 요약될 수 있을 것이다.

```
          신석기의 시작   : 대략 기원전 4000년경부터
          초기 미노아   Ⅰ: 기원전 2600년경까지
기원전 2500년          Ⅱ: 기원전 2600-2300년경 왕궁 이전
                     Ⅲ: 기원전 2300-2000년경
  융       중기 미노아   Ⅰ: 기원전 2000-1850년경
  성                  Ⅱ: 기원전 1850-1700년경 초기 왕궁기
  기                ⅢA: 기원전 1700-1660년경 (상형 문자)
                     ⅢB: 기원전 1660-1580년경
          후기 미노아  ⅠA: 기원전 1580-1510년경 왕궁기 전성기
기원전 1550년          ⅠB: 기원전 1510-1450년경 (선 문자 A)
                     Ⅱ: 기원전 1450-1405년경
                     Ⅲ: 기원전 1405-1100년경 미케네 시대
                                          (선 문자 B)
```

신석기 문화층들이 소아시아에서 유래한 것이라는 점에 대해서는 모든 권위자들이 합의한다. 따라서 최근의 아나톨리아 남서부(터키)의 발굴은 특별히 흥미를 끈다. 그들의 도기는 기원전 5500년경에 만들어진 것일 터인데,* 이것은 크레타의 여신 숭배의 배경을 알려주는 것 가운데 가장 오래된 것이라고 할 수 있다. 이 도기 가운데에는 자리에 앉아서 표범을 쓰다듬고 있는 벌거벗은 여신의 작은 상이 있다. 또한 사춘기의 젊은이가 그러한 여신을 포옹하고 있는 상도 있다. 여신이 아이를 안고 있는 상도 있다. 여자들 몇 명이 누워 있거나 서 있는 인물상도 있다. 이 상들은 모두 (발굴자인 제임스 멜라트 교수의 말을 빌리자면) "감탄할 만한 취향과 숙달된 조형력으로" 만들어졌는데, 이것은 "고전기 후기 이전에는 찾아볼 수 없는 것이다."[41]

더욱이 그 근처, 소아시아 남동부가 시리아 북부와 만나는 이른바 "타

---

* 58쪽의 주 참조.

우로스의 모퉁이"에서는 기원전 4500-3500년경에 속하는 일련의 여성 인물상들이 풍부하게 발굴되었는데, 이것은 그 지역의 아름답게 채색된 할라프 도기와 관련을 맺고 있다. 이곳에서는 (『신의 가면 : 원시 신화』에서 말하였듯이)[42] 앞에서 본 황소의 머리(부크라니움[bucranium])를 포함하여, 쌍날 도끼, 벌집 형태의 무덤, 비둘기, 암소, 양, 염소, 돼지의 형상 등 상징적 형식들이 처음 나타났는데, 이것은 나중에 크레타 섬에서 두드러지게 발전하였다.

나는 『신의 가면 : 동양 신화』에서 문명의 역사상 우리에게 알려진 최초의 신전 단지가 바로 이 지역에서 기원전 4000년경에 생겨났으며, 그 형태가 여자의 생식기와 관련되어 있다고 이야기하였다. 좀더 분명하게 말하자면, 우주의 어머니-여신인 암소의 자궁과 관련되어 있다는 이야기였다. 신전 단지의 울타리 내에서 길러지는 신성한 소떼의 우유는 어머니-여신의 젖과 같았으며, 그 소떼가 낳은 송아지는 희생 제물로 쓰였다. 이 신전 단지를 품에 안고 있던, 목축과 농경을 중심으로 한 촌락 문화는 기원전 4000-3500년경 새롭게 편입된 남쪽의 메소포타미아 진흙 지대까지 퍼졌는데, 이때 소떼 숭배도 함께 따라갔다.[43] 소떼 숭배는 이란을 가로질러 인도까지 건너가서 기원전 2500년경 인더스 유역 문명 복합체에 나타났다. 이 시기에 크레타 섬은 초기 미노아 II기를 맞아 발전해나가고 있었다.

이탈리아의 한 중요한 학파는 최근 "지중해 문화 복합체"에 대한 이야기를 하기 시작하였다. 이 문화 복합체는 동쪽으로 멀리 인더스 강까지 이르는 것으로, 위대한 여신과 그 남편의 신화와 제의의 지배를 받았다.[44] 닐손 교수는 그 그룹에 대하여 약간 조롱이 섞인 평을 하고 있다.[45] 그러나 에게 해의 섬과 인도 북부의 육지로 둘러싸인 평원이라는 서로 완전히 다른 두 풍경에서 똑같은 상징적 형식들이 나타났다는 것을 달리 설명할 방법이 있을지 모르겠다. 양쪽 모두 자비로운(암소처럼) 동시에 무시무시한(암사자처럼) 여신이 있었는데, 이 여신은 모든 존재, 그 중에서도 특히 식물의 성장, 양육, 죽음과 관련을 맺고 있었다. 그 모든 측면은 우주의 생명나무로 상징되는데, 이것은 동시에 죽음의 나무이기도 하다.

이 여신과 연관된 남자 신은 그 동물이 황소이며 상징은 삼지창이다. 나아가서 달이 이울고 차는 것도 그 신과 관련되어 있다. 이러한 것들이 국왕 살해 의례라는 전통의 수많은 흔적들을 보여주는 맥락 안에 자리잡고 있다. 내 자신의 견해는 두 신화가 분명히 단일한 체제의 확장된 형태들이며, 그 모태는 근동 핵심부라는 것이다. 확산의 시기는 위대한 청동기 시대에 수메르-이집트 왕국이 발흥하던 때보다 앞선다. 그리고 이 엄청난 확장의 동력은 상업이었다. 즉 원료의 개발과 교역이었다. 인도에서는 이러한 신석기 후기의 문명 교역 양식이 점차 쇠퇴하여 그 주도권을 처음에는 원시적인 주민에게, 다음에는 고도의 발전을 이룩한 베다적인 아리아 인에게 양보하였다.[46] 반면 크레타 섬에서는 정력적인 상업적 팽창이 뒤따랐으며, 중기와 후기의 미노아 단계(중기 미노아 I기부터 후기 미노아 II기까지)에서는 그 영향력이 심지어 북서쪽 멀리 영국 제도에까지 이르렀다. 브리튼 섬과 크레타 세력권이 연결되어 있었다는 사실은 이제 분명히 밝혀져 있다.

R. J. C. 앳킨슨 교수의 스톤헨지에 대한 최근의 고고학적 조사에 기초하여 브리튼 섬의 문화 발전 단계를 다음과 같이 간단하게 이야기할 수 있다. 이것을 크레타 섬의 경우와 비교해볼 수 있을 것이다.

1. 윈드밀 힐 문화(기원전 2300년경) : 브리튼 섬의 가장 빠른 신석기 시대 문화. 궁극적으로는 지중해 동부에서 파생된 것으로(프로베니우스가 말한 크레타 해), 스위스, 프랑스, 이베리아를 거쳐서 왔다. 남쪽 해안에 집단들이 흩어져 있었다. 농경과 목축을 병행하였다. 주된 유적은 커다란 원형 토성(土城) 울타리로서, 이것은 몇 개의 동심원들로 이루어진 경우가 많다(예를 들어서, 에이브베리 근처의 윈드밀 힐). 이것들은 소떼의 우리였는지도 모른다. 또 높이가 3미터 정도이고 길이가 30미터에서 90미터에 이르는 긴 무덤이 있는데, 여기에는 6구 이상의 시신이 들어갔다. 주거는 대부분 임시적이었다.[47]

2. 거석 건축가들(기원전 2000년경) : 유적으로는 브리튼 섬 서쪽 해안

의 방을 갖춘 거대한 무덤들이 있다.[48] 매장은 윈드밀 힐의 긴 무덤과는
대조적으로 집단적이긴 하였으나 연속적이었다. (아일랜드에서 방이 있
는 무덤이 만들어지고 금과 구리의 개발이 절정에 달하였던 시기와 대응
하는데, 매칼리스터는 그 연대를 기원전 2000-1600년경으로 잡고 있다.)[49]
거석의 확산은 지중해 서부(프로베니우스가 말한 사르디니아 해)에서 시
작하여 프랑스를 통과한 뒤 비스케이 해안을 따라 올라가서 브르타뉴와
영국 제도에 이르렀던 것으로 보인다. 이것과 훨씬 뒷날 철기 시대에 속
하는 기원전 200년에서 50년경 사이에 형성되었던 인도 남부 거석 유적
과의 관계는 아직 밝혀지지 않았다.[50]

    2a. 브리튼 섬에서의 제2차 신석기 문화의 발달 : 윈드밀 힐과 거석
의 도래가 중석기-구석기의 토착 주민에게 미친 영향으로부터 생겨
난 국지적 발달 양상을 가리키는 말이다. "헨지" 기념물이란 둑으로
울타리를 둘러서 만든 커다란 원형의 공간을 가리킨다. 보통 둑의
한 부분만 부수어 입구로 사용하였다. 이 안에는 구덩이들이 원형으
로 파여 있었으며, 이곳과 관련된 화장 매장지들이 있었다. 우드헨지
가 그러한 예이다. 6개의 동심원 타원으로 된 말뚝을 세우는 구멍들
은 이곳이 지붕을 가진 목조 건물의 터였음을 보여준다. 그 동심원
의 중심에서는 어린아이의 해골이 발굴되었는데, 두개골은 갈라져
있었다.[51]

   3. 스톤헨지 I(기원전 1900-1700년경) : 커다란 스톤헨지 건축의 3번의
연속적 단계 가운데 첫번째 단계. 터를 둘러싼 둑이 있고 구덩이들이 있
다. 중앙에는 나무 구조물이 있었는지도 모른다. 구덩이는 땅에 드리는
제물을 위한 것이라고 생각되어왔다(도살한 짐승들이 쏟은 피 또는 사람
들의 피를 담기 위한 곳일 수도 있다. 우드헨지의 어린아이 해골을 참고
하라).[52]

    3a. 승문토기와 전부(戰斧)를 사용하는 사람들의 도래(기원전 1775
년경) : 아리아 인의 복합체일까? 이들은 북해 건너로부터 브리튼
섬의 북동쪽 해안에 도착하였다. 출발 지점은 알려져 있지 않다. 궁

극적인 고향은 라인 강으로부터 러시아 스텝 지대에 이르는 목초지 평원이다. 줄을 눌러 장식한 도기가 있다(기원전 2500-300년 일본의 승문층과 비교해보라).[53] 구멍을 뚫은 돌 전부, 군사적인 과시, 전쟁을 위한 갑옷 등이 특징이며, 족장 제도가 있었다.[54]

　3b. 종 모양의 잔을 사용하는 사람들의 도래(기원전 1775년경) : 라인 지방으로부터 브리튼 섬 남동부 해안에 도착하였다. 시신은 둥근 무덤 밑에 개별적으로 매장하였다. 이들과 관련된 문화들이 유럽 중부와 남서부에 널리 보급되었다. 유물로는 십자가 장식이 된 원형 금반이 있다(태양과 관련된 것일까?).[55]

　4. 스톤헨지 II(기원전 1700-1500년경) : 커다란 스톤헨지 건축의 두번째 단계. 76개의 구멍이 있는 이중의 원이 있다. 그 안에는 중간 정도 크기의 청석(靑石) 기둥들이 서 있었다(그 돌들의 위치는 스톤헨지 III기의 건축 동안에 바뀌었지만, 그전에 돌이 있었다는 데에는 의문의 여지가 없다). 돌의 크기는 2미터에서 4미터 정도였다. 무게는 6.5톤에 달하는 것도 있었다. 특별히 관심이 가는 사항은 이 원(6개의 추가된 돌로 표시가 되어 있는데, 따라서 돌의 수는 모두 82개가 된다)으로 들어가는 입구의 축이 되는 선이 한여름에 동이 트는 곳에 맞추어져 있다는 점이다. 이것은 스톤헨지 I기의 땅 지향(희생의 구덩이 : 땅의 여신 숭배였을까?)이 하늘 지향(선돌 : 하늘과 태양의 신들)으로 바뀌었다는 것을 보여준다. 나아가서 이 성소의 청석 기둥들은 웨일스 펨브로크셔의 프레셀리 톱(Prescelly Top)에서 가져왔는데, 이 산은 일직선으로 216킬로미터 떨어진 곳에 있다. 앳킨슨 교수는 그 "구름에 싸인 정상이 신들의 고향으로 보였을 것이 틀림없다. 크레타 평원을 가는 나그네에게는 이다 산이 그렇게 보였을 것"[56]이라고 말한다. 이 산(해발 528미터)은 아일랜드에서 청동과 금으로 만든 물건을 가지고 웨일스 남부와 브리튼 섬을 가로질러 대륙으로 가던 상인들의 눈에 띄었을 것이다. 이 문화 복합체의 또 다른 요소들은 도기 잔의 모양을 이 지방에서 자체적으로 수정하였다는 것, 아일랜드의 구리 미늘창을 비롯하여 전사의 장구에 속하는 물건

들이 있었다는 것 등인데, 후자는 다시 앳킨슨 교수의 말을 빌면, "전사
귀족이 금속 제품 거래에 긴밀하게 관여하였음"[57]을 보여준다.

5. 웨섹스 문화(기원전 1500-1400년경) : 원형의 무덤들이 있다(특히
스톤헨지 근처에). 둥근 봉분 밑에 하나의 시신만을 매장하였는데, 이 봉
분은 종종 상당한 높이에 이르렀으며, 도랑으로 둘러싸였고, 호사스럽고
이국적인 장식품과 무기들이 다수 부장되었다. 권력과 부를 가진 귀족적
공동체가 있었는데, 이들은 아일랜드의 대륙 금속 교역(금, 구리, 그리고
이제 청동기도)의 중개자들로서 미노아의 크레타 섬과 미케네까지 육로
와 해로로 왕래하였다. 이들은 독일과 보헤미아로부터 금속을 수입하기
도 하였다. 유물로는 발트 해의 호박으로 만든 금목걸이(이제 청동기 호
박 길이 이용되었는데, 이것은 발트 해에서 육로로 중부 유럽을 가로질
러 아드리아 해에 이르는 길이었다), 지중해의 금으로 만든 물건, 이집트
의 파양스 도자기 구슬 등이 있다.[58]

　5a. 스톤헨지 III(기원전 1500-1400년경) : (원래) 30개의 거대한
돌로 이루어진 직경 30미터의 커다란 사르센석(石) 원이다. 이 돌들
은 높이가 대략 5미터가 넘었으며, 평균 무게는 26톤 정도 되었다.
돌 꼭대기에는 둥그렇게 상인방이 질러져 있으며, 이것은 미케네의
뒷문에도 사용되던 형태의 장붓구멍과 장부의 접합부로 고정되었다.
원 안에는 편자 모양의 삼석탑(trilithons) 5개가 북동쪽(하지)을 향
하여 열려 있었다. 가장 높은 것은 7미터 정도이다. 그 이전의 청석
들은 2줄로 재배치되었다. 사르센석들 내에 그것을 보완하는 방식으
로, 즉 원 안과 편자 모양 안에 놓이는 방식으로 재배치된 것이다.
돌 위에 새겨진 것은 기원전 1600-1500년에 미케네의 수혈묘(竪穴
墓)에서 발견된 형태의 단검, 기원전 1600-1400년에 아일랜드의 청동
수입품 유형의 도끼 머리, 어머니-여신을 상징하는 사각형 등이다.[59]

브리튼의 연대는 크레타의 연대와 완전히 일치한다. 앳킨슨 교수(그는
절대 낭만주의자가 아니며, 오히려 매우 조심스러운 학자이다)가 말하듯

이, 이 기념물은 절대 원시적인 작품이 아니다. 그것은 동시대의 미케네로부터 영향을 받았다는 것을 매우 강력하게 보여준다. 그는 이렇게 말한다.

우리는 교역을 통하여 지중해와 필요한 접촉이 확립되었음을 보았다. 스톤헨지의 단검 역시 미케네를 좀더 직접적으로 가리키는 것으로 볼 수도 있다. 우리는 호메로스를 통하여 건축가들이 호메로스 같은 시인들처럼 집 없는 사람들로서 도시에서 도시로 떠돌았음을 알고 있다. 그렇다면 스톤헨지의 그 독특하고 세련된 기념물을 꼭 야만인들이 설계하고 세운 것으로만 생각하여야 할까? 그 건축가가 미케네 인이었다고 생각할 수는 없는 것일까?

잠시 이것이 사실이라고 가정해보자. 지중해 건축의 전통과 기술에 통달한 사람이 도대체 어떤 상황에서 춥고 먼 북방까지 와서 야만인들과 함께 일을 하게 되었을까? 물론 아가멤논 이전, 멀리 항해할 용기를 가진 미케네 군주의 숙련된 하인으로서 아일랜드에서 봉사하였을 것이다. 아니면 야만적인 브리튼 왕의 요청에 의해서였을 것이다. 그의 목소리와 선물이 심지어 지중해의 도시들에까지 큰 영향을 미치고 있었을 터이니까…….

나는…… 스톤헨지가 적어도 일정한 시기 동안은 한 사람의 손에 권력이 집중되었다는 증거라고 믿는다. 그러한 사람만이 이렇게 큰 일을 하는 데 필요한 여건을 조성하고 유지할 수 있었을 것이다. 그 사람이 누구인지, 원주민인지 외국인인지, 우리는 절대 알 수 없을 것이다. 그는 중세 영국사의 부르투스 왕 만큼이나 흐릿하고 실체가 없는 인물로 남아 있다. 그러나 실베리 힐 아래 사르센석 지하실의 조용한 어둠 속에서 아서 왕이나 바바로사처럼 누워 있는 사람이 그가 아니라면 누구이겠는가? 혹시 스톤헨지 자체가 그를 위한 기념관이 아닐까?[60]

오래전에 잊혀진 이 시대는 글로 쓰여진 단어 하나 남아 있지 않다. 그러나 이 시대는 위험한 항해를 감행하고 아름다운 장식물들을 만들며, 교역이라는 실을 통하여 잿빛 발트 해의 세계와 북해의 세계를 남방의 찬란한 푸른 항로와 결합시키던 용맹한 사람들의 활약으로 유럽 전체가 활기에 찼던 때이다. 이러한 모든 활동의 중핵을 이루는 섬이었던 크레타 섬에서도 그때 그 사람들이 무슨 이야기를 하였는지, 성소에서는 무슨 기도를 하였는지, 심지어 사용하던 언어가 무엇이었는지에 대해서도 글로 이루어진 증거는 남아 있지 않다. 초기 왕궁 시대(기원전 2000-1660년경 : 중기 미노아 I기부터 IIIA기 : 스톤헨지 I기부터 II기의 초기까지)의 크레타 섬의 상형 문자들은 판독이 불가능하다. 또 선 문자 A도 아직 위대한 왕궁 전성기(기원전 1660-1405년경 : 중기 미노아 IIIB기부터 후기 미노아 II기까지 : 스톤헨지 II기 후반와 III기)의 비밀을 드러내지 않았다. 선 문자 A와 그 이전의 상형 문자로 된 언어는 아나톨리아의 루비-히타이트-아리아권으로부터 왔을 가능성이 높다는 것이 현재의 일반적인 견해이다.[61] 말을 바꾸면, 선 문자 A는 크레타 섬의 신석기가 기원을 두고 있는 문화적 모태의 후기 단계를 보여주고 있다는 것이다. 그러나 최근에 브랜다이스 대학의 사이러스 고든 교수는 이러한 견해를 반박하였다. 그는 석판에서 시리아, 페니키아 등 셈 계통의 어휘를 찾아내었다고 믿었다. 이 문제는 아직 결론이 나지 않았다. 그러나 어느 쪽이든, 그 기원을 이루는 지역 전체는 위대한 타우로스 문화의 화산이었음에 틀림없다. 우리가 되풀이해서 보았듯이, 일찍이 하실라르 예술의 여신상의 시기에서부터 그 화산으로부터 가장 위대한 의미와 영향을 가진 물결과 조수가 사방으로 흘러나갔다.

반면 선 문자 B의 언어(기원전 1405-1100년경 : 후기 미노아 III기)는 이제 우리가 알고 있듯이 그리스 어의 초기 형태이며, 북부 유럽으로부터 침입을 당한 시기에 속하는 것이다. 이 시기는 아가멤논, 메넬라우스, 네스토르, 오디세우스 등 미케네의 영웅들의 시대였으며, 길고 생산적인 여신 시대의 최후이자 신들의 전사 아들 시대의 시초였다. 브리튼 섬 쪽에서는 일찍이 기원전 1775년경부터 이러한 전사 복합체의 구성원들이 등장하였다는 것을 우리는 이미 알고 있다. 그들은 승문 도기와 전부를 사용하던 사람들이었다. 이 사람들은 아마 종 모양의 잔도 사용하였을 것이다. 최근에는 종 모양의 잔을 사용하던 사람들의 유물을 통해서 아리아 인과 대륙의 아리아 이전 종족들이 섞였다는 사실을 확인하기도 하였다.[62] 우리는 또한 스톤헨지 I기에서, 이 시기 이전의 증거들은 땅 지향을 보여주고 여신의 비옥을 위한 희생제의가 있었음을 보여준다고 언급하였다. 반면 스톤헨지 II기에서는 성소가 위쪽의 하늘과 태양을 지향하였으며, 이것은 그 지역의 올림포스 산(프레셀리 톱)과 관련되어 있었다. 따라서 기원전 2000년대 중반에 북유럽에서 여신의 신화와 남신들의 신화의 융합 과정이 시작되었던 것이 확실하다고 말하여도 무리는 아닐 것이다.

반면 크레타-미케네권에서는 여신 숭배가 여전히 절정을 이루고 있었다. 반면 아리아 인의 부권적 전사 무리의 영향이 브리튼이라는 여과 장치를 통해서 감소되었던 아일랜드에서는 오래된 여신 숭배가 살아 남았을 뿐만 아니라, 남신들, 영웅들, 여신의 아들의 광기어린 전사적 행위들과 거칠고 찬란하게 결합되기도 하였다.

나는 이 책에서 여신의 시대와 그 상징적 질서를 강조하기 위해서 애를 쓰고 있다. 왜냐 하면 인류학과 고고학 양쪽의 발견물들을 보면, 여신의 신화적, 사회적 체계와 그 뒤의 남신들의 체계가 대비된다는 사실뿐만이 아니라, 유럽의 문화에서 남신들의 문화가 여신의 문화를 덮고 틀어막고 있다는 사실, 그럼에도 여신의 문화는 문명 전체의 무의식 속에서 남신 문화의 경쟁 상대로서 여전히 유효하다는 사실까지도 알 수 있기 때문이다.

이 문제는 심리학적으로 또 사회학적으로 엄청난 관심을 끈다. 심리학의 모든 학파가 동의하듯이, 어머니와 여성의 이미지는 사람의 심리에 아버지와 남성의 이미지와는 다른 영향을 주기 때문이다. 정체성에 대한 감정적 태도는 어머니와 가장 직접적인 관련을 가진다. 반면 분열에 대한 감정적 태도는 아버지와 관련을 가진다. 따라서 어머니 이미지가 우세한 곳에서는 심지어 삶과 죽음의 이분법도 어머니가 제공하는 위로의 환희 속에서 해체되고 만다. 여기서는 자연의 세계와 영의 세계가 분리되지 않으며, 조형 미술이 논증적인 설명, 알레고리, 도덕적 표지 없이도 저절로 풍부하게 번창한다. 그리고 자연의 자발적 성격에 대한 맹목적인 믿음이 생긴다. 자연의 부정적이고 살인적이며 희생적인 측면(사자와 양날 도끼)에 대해서도 그렇고, 생산적이고 재생산적인 측면(황소와 나무)에 대해서도 그렇다.

〈그림 19〉 양날 도끼의 여신.

결론을 내리겠다. 〈그림 19〉에 나오는 미케네의 아름다운 인장 반지는 옛 순수의 동산의 여신에게 바쳐진 길가의 마지막 성소라고 하여도 좋을 것이다. 이것은 노보다디(Nobodaddy, 독일 작가 아르노 슈미트의 작품에 나오는 신/역주)가 그녀의 뱀 연인으로 하여금 땅을 기게 하거나 생명의 나무를 영원히 가두어두기 이전의 일이다. 맨 위에는 태양과 이지러지는 초승달이 보이는데, 그 밑에는 〈그림 16〉에서 보았던 달의 황소와 사자-새 그림에 나오는 장치와 비슷한 것이 있다. 이것 역시 땅과 하늘 사이의 분할선을 표시하는 것이며, 분할선 위에는 마찬가지로 이지러지는 달과 말라 죽게 하는 해, 2가지가 있다. 달 뒤에는 왼손에 지팡이를 쥔 작은 인물이 있는데, 이것은 〈그림 12〉의 사자-여신과 비슷하다. 이 작은 인물은 커다란 미케네 방패로 덮여 있어서 여신의 전사적 측면을 나타낸다. 나중에 그리스의 아테네 여신 역시 방패를 특징으로 한다(훗날에 나온, 팔로 들 수 있는 더 작아진 원형 방패이지만). 또 선 문자 B의 석판 가운데에는 아-타-나 포-티-니-자(A-ta-na Po-ti-ni-ja, Athenai Potniai : "아테네의 여인")라는 이름이 나타난다. 따라서 고전기 아테네 여신의 초기 모습이 그 여신의 부정적인 살상의 측면을 중심으로 여기에 표현되었다고 보는 것이 적어도 가능하기는 할 것이다. 그녀의 오른손은 그림 구성의 오른쪽(우리가 보기에는 왼쪽) 가장자리를 따라서 1줄로 놓여 있는 6개의 희생 동물 머리를 가리키고 있다. 한편 그 맞은편에는 풍성하게 번창하는 생명의 나무가 서 있어서 균형을 이루고 있다. 생명의 나무에는 작은 여자가 열매를 따기 위하여 공중으로 올라가 있다.

판의 중앙은 크레타의 양날 도끼가 차지하고 있다. 이것은 두 방향을 가리킨다. 한쪽으로는 희생을 가리키고, 반대쪽으로는 희생을 통해서 얻는 은혜인 나무를 가리킨다. 여기서 우리는 〈그림 15〉에 나오는 커다란 나무를 생각하게 된다. 그 나무의 커다란 줄기는 죽었지만, 가지는 영원히 살아 있었다. 그 그림에서 여신의 사자는 보호해주는 부드러운 측면을 보여주었다. 그 문화에서는 죽음이 그러한 방식으로 경험되어온 것 같다. 즉 영원한 삶으로 들어가는 것으로 여겨졌던 것이다. 그 점은 여기서도 마찬가지이다. 양날 도끼의 여신은 그녀의 나무 밑에 자비롭게 앉아 있고, 두 신자가 다가온다. 여신은 첫 신자의 뻗은 손을 향해서 양귀비 씨 꼬투리 3개를 준다. 그리고 왼손으로는 자신의 젖가슴을 들어 올린다. 그녀 무릎 근처의 작은 인물은 다리가 없어서 마치 땅에서부터 솟아오르는 것 같은 느낌을 주는데, 왼손에는 아주 작은 양날 도끼를 들었고 오른손에는 꽃이 핀 가지를 들었다. 따라서 이 인물은 전체 주제를 요약하면서, 미케네 방패를 가지고 내려오는 작은 인물과 과일을 따며 올라가는 작은 인물 둘 사이에서 균형의 중심을 잡는다.[63] 이것을 고르곤의 왼쪽과 오른쪽의 두 힘과 비교해보라. 고르곤의 머리는 고전기 예술에서는 아테네의 방패에 부착되었다.* 부권제 시대 이전에서 볼 수 있듯이, 이 여신 내부에서는 죽음과 삶이 함께 살고 있으며, 이 여신 자신이 신화적인 동산이었다. 따라서 죽음과 삶, 즉 두 여왕은 하나였다. 그리고 그녀의 충실한 자식인 두무지(미노타우로스)——그의 운명의 이미지가 달의 주기이다——에게는 그녀가 낙원 그 자체였다.

---

* 36-37쪽 참조.

4. 빛의 아들의 승리

여신 신전의 희생의 숲에서 이루어지는 제의들에 기초한 여신의 평화와 은혜는 근동 핵심부로부터 넓은 띠를 이루며 동쪽과 서쪽으로 퍼져나가 두 바다의 해안에까지 이르렀다. 그러나 여신의 통치에서 얻어진 많은 기술과 혜택은 북방과 남방의 거친 민족들에게도 퍼져나갔다. 이들은 농경민으로 정착하지 않고 반유목민이 되어서 소나 양이나 염소를 몰고 다녔다. 기원전 3500년경이 되자 이들은 농경 촌락들과 도시들에 위협적인 존재가 되었다. 이들은 습격의 무리가 되어, 갑자기 나타나서 약탈을 하고는 떠나버렸다. 더 심각한 경우에는 그냥 머물러서 그곳에 있던 사람들을 노예로 만들어버렸다. 우리가 이미 보았듯이, 그들은 2개의 큰 모태로부터 생겨났다. 하나는 북쪽의 넓은 초원이고 또 하나는 시리아-아라비아 사막이었다. 기원전 3000년이 되자 그러한 침략자들이 권력 국가를 세우게 되었으며, 기원전 2500년이 되자 메소포타미아의 통치는 사막 출신의 일련의 강한 남성들의 손으로 확실하게 넘어가게 되었다. 그 가운데 아가데의 사르곤(기원전 2350년경)이 첫번째 중요한 예이며, 바빌론의 함무라비(기원전 1728-1686년경)가 두번째 예이다. 이들은 대략 크레타의 바다의 왕들과 동시대 인물들이라고 할 수 있다. 그러나 여신과의 관계는 근본적으로 달랐다.

"나는 사르곤이요, 강력한 왕이자 아가데의 군주이다." 우리는 그 두 예가운데 첫번째에 속하는 왕의 유명한 말을 지금도 읽을 수 있다.

나의 어머니는 출생이 미천하였다. 나는 아버지를 모른다. 아버지의 형제는 산에 사는 사람이다. 그리고 나의 도시 아주피라누는 유프라테스 강둑에 있다.

미천한 어머니는 몰래 나를 잉태하고 낳았다. 그리고 골풀로 바구니를 만들고, 바구니에 역청을 발라서 새지 않도록 하였다. 어머니는 나를 바구니에 담아 강에 놓았으나 강은 나를 삼키지 않았다. 강은 나를 싣고 떠내려가서 관개를 담당하는 자인 악쿠에게로 갔다. 악쿠는 나를 강에서 들어 올려 자

92

신의 아들로 키웠다. 그는 나를 정원사로 키웠다. 내가 정원사였을 때, 여신 이슈타르가 나를 사랑하였다.

그리고 나서 나는 왕국을 다스렸다……[64]

이 왕은 온 세상에 널리 알려져 있는 전설적인 전기를 자신의 것으로 삼았다. 아니면 그의 연대기 기록자에게 명령하여 그 전기를 자신에게 맞도록 고치게 하였을 수도 있다. 이 전기의 틀은 여신과 아들에 대한 오래된 신화에서 파생된 것이다. 그러나 여기서는 관심이 아들에게로 옮겨졌다. 그리고 그 아들은 이제 신도 아니고 희생 제물도 아니었다. 정치적인 야망을 품고 갑자기 출세한 사람이었다. 현재의 예에 나오는 기본적인 모티프들은 다음과 같다. 1. 처녀 출산의 수정(아버지는 모르거나 죽은 것으로 바뀜). 2. 아버지가 산의 신이었을 것이라는 암시(아버지의 형제가 산사람). 3. 물에 버려짐(물에서 출생. 그리스의 에릭토니우스, 힌두의 뱌사, 헤브루의 모세와 비교해보라). 4. 관개를 담당하는 사람이 구출하고 양육함(평민이 양육한다는 주제. 로물루스와 레무스처럼 동물이 양육하는 경우도 많다. 여기서 물의 주제가 다시 강조된다). 5. 정원사 출신의 영웅(여신의 열매를 맺게 하는 사람). 6. 여신 이슈타르(셈 족의 여신으로 수메르의 이난나에 해당하며, 그리스에서는 아프로디테에 해당함)의 사랑을 받은 사람.

정신 분석 운동의 초기에 오토 랑크 박사는 "영웅 탄생 신화"에 대하여 중요한 논문을 썼다.[65] 그 글에서 랑크 박사는 메소포타미아, 이집트, 인도, 중국, 일본, 폴리네시아, 그리스와 로마, 이란, 성서, 켈트 인과 게르만 인, 터키, 에스토니아, 핀란드, 기독교 유럽 등의 민간전승으로부터 약 70여 개의 변종들을 모아서 분석하고 비교하였다. 그는 이 패턴을 일종의 신경증적 백일몽에 비유할 수 있다고 하면서, 이 백일몽에서 개인은 자신을 진짜 부모와 분리시킨다고 하였다. 그러한 분리는 자신을 다음과 같다고 상상함으로써 가능하였다. 1. 귀족이나 신의 자식 등으로 더 높은 지위에서 출생하였다, 2. 갓난아기 시절에 망명을 하였거나 버림받았다, 3. 자신(즉 그의 실제 부모)보다 훨씬 비천한 가족에게 양자로 들어갔다, 4. 궁극적으로 자기가 "진짜로" 태어난 곳으로 돌아감으로써, 어린 시절 자신을 쫓아낸 사람들을 초라하게 만들고 만방에 자신의 위대한 업적을 알리게 될 것이다.

랑크 박사의 분석은 야망을 가진 왕들과 전기 기록자들이 그러한 전설에서 느꼈을 매력을 아주 잘 보여주기는 하지만, 그러한 형식이 우주론적 신화로부터 파생됨으로써 가지게 되는 힘은 과소평가하는 것으로 보인다. 그가 인용한 예화들은 모두 농경 생활의 기술과 제의가 세계적으로 확산되던 범위내에 포함되어 있다. 따라서 그것들을 어떤 유형의 개별적인 정신 상태로부터 독립적으로 생산된 백일몽 덩어리로만 취급할 수는 없다. 사실 병적인 정신 상태가 그러한 전설을 낳았다기보다는 오히려 그 반대라고 생각을 해볼 수도 있다. 전설 자체가 우주론적 지평으로부터 개인적인 관련으로의 하강을 나타내기 때문이다. 이것은 열등한 명상을 낳는다. 즉 신의 이미지 속에서 에고가 소멸(신화적 동일시)하는 대신 정확히 그 반대가 된다. 신의 자세 속에서 에고의 고양(신화적인 과대화)이 이루어지는 것이다. 사람들을 조작하는 기술에 숙달된 자들이 육체를 갖춘 신의 역할을 해내고 그러면서 용케도 양날 도끼로부터 목을 구하게 된 이후로, 이것은 통치자들의 만성적인 병이 되었다. 내가 『신의 가면 : 동양 신화』에서 보여주었듯이,[66] 그러한 속임수의 결과는 왕권을 사제단과 별들의 지배로부터 해방시키고, 국가를 종교적(성직자의) 제도에서 정치적(왕족의) 제도로 바꾸며, 왕들의 주된 관심이 자기 자신이 아니라 세상의 정복이 될 수 있는 시대를 연 것이었다.

불가피하게 다가오는 다음 단계는 이러한 유형의 왕권 팽창을 지상의 왕의 모델인 신들의 왕에게로 다시 투사하는 것이다. 이것은 함무라비 법전 서두의 첫 구절에 나타난다. 여기서는 군주의 운명이 새로 등장한 젊은 신 마르둑의 운명과 연결된다.

천사들의 왕인 고귀한 아누(Anu, 하늘의 신)와 하늘과 땅의 주인이신 벨(Bel, 세계 산의 신), 땅의 운명을 결정하는 이 두 신이 에아(Ea, 물의 심연의 신)의 첫 자식인 마르둑(Marduk, 바빌론 시의 수호신)에게 모든 인간에 대한 주권을 위임하였을 때, 그들이 마르둑을 위대한 신들 중에서도 가장 위대하게 만들었을 때, 그들이 그 고귀한 이름을 바빌론에 선포하여 바빌론을 세계의 지역들 가운데 당할 곳이 없는 도시로 만들었을 때, 그러는 가운데 그를 위하여 그 기초가 하늘과 땅만큼 견고한 영원한 왕국을 세웠을 때.

그때 아누와 벨은 경건한 왕자이자 신들을 섬기는 자인 나 함무라비를 불러, 나의 이름으로 나를 불러, 땅을 의로움으로 통치하게 하고, 사악함과 악을 일소하게 하고, 강한 자들이 약한 자들을 억누르는 것을 막게 하고, 인류 위로 해처럼 빛을 발하게 하고, 땅을 밝게 비추게 하고, 인류의 복지를 증진시키도록 하였다.[67]

여기에 나오는 형식은 이미 동양의 표준적인 전제 군주 국가에서 사용하던 형식이다. 여기에서는 인간적인 수단으로 얻은 군주의 역할이 우주를 창조하고 지탱하는 존재의 의지와 은총의 표현으로 나타난다. 경건, 정의, 백성의 복지에 대한 관심이 그의 통치의 의로움을 보장해준다. 이제 군주에 비유되는 천체는 죽었다가 살아나며 환한 동시에 어두운 은백색 달이 아니라, 그 불꽃이 영원하며 그 앞에서는 그림자, 악마, 적, 모호함이 달아나는 황금의 해가 되었다. 태양신의 새로운 시대가 동튼 것이며, 그 뒤에 매우 흥미롭고 신화학적으로 혼란스러운 발전(태양화[solarization]라고 알려진 발전이다)이 뒤따르게 된다. 그럼으로써 그 이전 시대의 상징 체계 전체가 역전되어 달과 달의 황소는 여성의 신화적 영역에 할당되고, 사자, 태양의 원리는 남성에게 할당된다.

태양신이 여신과 그녀의 남편에게서 거두는 승리를 가장 잘 알려주는 신화적 진술은 마르둑이 그의 5대조 할머니 티아마트에게 승리를 거둔다는 바빌론의 서사시에 나온다. 이 서사시는 함무라비의 시대나 아니면 그 직후에 쓰여진 것으로 보인다. 그러나 유일하게 남아 있는 텍스트는 그로부터 천 년이 흐른 뒤(기원전 668-630년경)에 아시리아의 아슈르바니팔 왕의 유명한 도서관에 소장되어 있던 것이다. 성서가 쓰여지기 이전 셈 족의 문헌 가운데 우리가 현재 알고 있는 것 대부분이 이 왕의 학문의 보고에서 나왔다.

위의 하늘의 이름과 아래 땅의 이름이 아직 정해지지 않았을 때, 그것들을 낳은 최초의 존재 압수가 뭄무(압수와 티아마트의 아들이자 전령), 그리고 모든 것을 낳은 티아마트와 더불어 여전히 물을 섞고 있고 목초지는 아직 이루어지지 않았을 때, 또 갈대의 늪도 아직 보이지 않았을 때, 신들의 세대 가운데 누구도 아직 생겨나지 않았고, 이름이 불리지도 않았고, 운명이 주어지지도 않았을 때, 그때 압수와 티아마트 사이에서 위대한 신들이 창조되었다.

이것은 우리가 그리스 인의 글을 통해서 이미 알고 있는, 신들의 앞세대와 뒷세대에 대한 이야기의 초기 형태이다. 압수, 티아마트, 그리고 그들의 아들 뭄무(그들의 전령, 즉 언어)*는 고전기의 우라노스, 가이아, 그리고 그들의 자식인 티탄들처럼 도전받지 않는 지배의 시대를 누리고 있다. 이것은 이 민족의 기도와 제의에서 가장 존중되는 전사 신들이 등장하여 승리를 거두기 이전의 일이다. 이러한 신화는 실제 역사에서 숭배의 대상이 바뀐 것을 보여준다. 즉 바빌론과 그리스 양쪽 모두 침입해 온 부권적 체계의 숭배가 그 이전의 모권적 체계의 숭배를 대체하였음을 보여주는 것이다. 그리고 또한 양쪽 모두 우주론적 계보를 세운 주된 의도는 그 이전 신학의 주장들을 논박하고 후기의 신들과 그들의 도덕적 질서를 옹호하려는 것이었다. 따라서 우리는 다음과 같은 글을 읽게 된다.

라무와 라하무가 생겨나서 이름이 불리게 되었다. 그들이 성숙하고 키가 크기도 전에 안샤르와 키샤르가 창조되어 키가 그들을 누르게 되었다. 이들은 여러 날을 살았으며, 또 그 날들에 해를 더하였다. 그들의 첫 자식이자 그들의 상속자는 아누였는데, 그는 자기 아버지들의 경쟁자였으며 안샤르에 필적하였다. 아누는 그 자신을 닮은 에아를 낳았는데, 그는 자기 아버지들의 주인으로서 이해하는 것이 많았으며, 매우 지혜롭고 힘이 세어서 그의 할아버지 안샤르보다 강하였고, 신들이나 그의 형제들 사이에 경쟁자가 없었다.

티아마트는 이 신성한 형제들 때문에 괴로워서 속이 썩었다. 그들은 그들의 신성한 거처를 돌아다니며 압수에게 걱정을 끼쳤다. 압수는 그들의 떠들

* 72-73쪽 참조. "뭄무라고 부르는 집"과 비교해보라.

썩함을 억제할 수가 없었다. 티아마트는 그들이 하는 일 때문에 고통을 느꼈음에도 그들에 대해서는 입을 다물었다. 그들의 행동은 좋지 않았다.

그러한 까닭에 위대한 신들을 낳은 압수는 그의 대신인 뭄무를 불러서 말하였다. "나의 대신 뭄무여, 나의 마음을 기쁘게 하는 자여, 이리 와서 함께 티아마트에게로 가자!" 그들은 가서 티아마트 앞에서 쉬며, 그들이 처음 낳은 신들에 대하여 상담하였다. 압수는 입을 열어 빛을 발하는 자인 티아마트에게 큰소리로 말하였다. "그들의 행동이 나에게 성가신 일이 되었다. 낮에는 쉴 수가 없고, 밤에는 잘 수가 없다. 나는 그들을 멸해서 그들의 행동을 끝장낼 것이다. 정적이 회복되거든 그때 잠을 자도록 하자."

그러나 티아마트는 그 말을 듣자 화가 나서 격렬하게 날뛰었다. 그리고 마음속으로 남편의 악에 대하여 생각하며 그에게 소리쳤다. "왜 우리 자신이 낳은 자들을 멸하려는가? 그들의 행동이 고통을 주는 것은 사실이지만, 호의로 그것을 받아들이자."

그러자 뭄무가 압수에게 조언을 하였다. "그럽시다, 아버지. 그들의 무질서를 끝장냅시다. 그리하여 낮에는 휴식을, 밤에는 잠을 얻읍시다." 그러자 압수는 명랑해져서 그의 자손인 신들을 무찌를 사악한 계획을 세웠고, 뭄무는 그의 목을 끌어안고 그의 무릎에 앉아 그에게 입을 맞추었다.

그러나 위대한 신들은 그들이 이러한 계획을 짠다는 것을 알게 되었다. 그들은 그 이야기를 듣고 서둘렀다. 그들은 입을 다물었다. 조용히 앉아 있었다. 그러자 지식이 탁월하고, 능숙하고 지혜로우며, 모든 것을 이해하는 에아가 그 사악한 계획을 파악하였다. 에아는 그 계획에 대항하여 마법의 원을 그렸는데, 그 안에만 들어오면 누구나 보호를 받을 수 있었다. 이어서 에아는 강력한 주문을 만들어 물에 대고 외웠다. 그러자 잠이 물로부터 압수 위로 쏟아져서 압수는 잠이 들었다. 에아는 이렇게 압수와 그의 조언자 뭄무를 잠들게 하고, 압수의 턱에 있는 띠를 풀어서 관을 떼어내어 그의 영광을 가지고 달아났다. 그리고 그것을 자신이 썼다. 에아는 그렇게 압수를 정복하고 그를 죽였다. 그는 압수의 몸 위에 거처를 세우고, 뭄무를 직접 잡아서 그의 코에 꿴 줄을 붙들었다……

이렇게 해서 우리는 아닌 게 아니라 아버지의 신화적인 악의, 어머니의 편파적 태도, 형제들간의 경쟁(나이든 뭄무와 어린 에아), 그리고 마지막으로 아버지 살해와 그 신화적 정당화와 같은 프로이트와 랑크의 심리학 분야로 들어서게 되었다——그 뒤를 캐는 것은 건전하지 못한 일일 것이다. 본질적으로 이 신화는 〈그림 16〉에 나타난 그 이전의 공식의 변형이다. 그 그림은 황소, 여신, 사자-새에 대한 것이었다. 즉 아버지(압수), 어머니(티아마트), 아들(뭄무)에 대한 것이라고 할 수 있다. 현재의 예에서 이 3명이 있는 물은 아직 분리되지 않았다. 이들은 인도 사상에서는 "깊고 꿈 없는 잠"이라고 부르고, 프로이트는 "대양적 느낌"이라고 부르는 의식의 상태를 나타낸다. 조금 전에 보았듯이, 사실 잠의 평화는 압수가 유일하게 바라던 것이었다.

압수, 뭄무, 티아마트의 삼인조(그 이전의 신화적인 질서에서는 티아마트와 압수-뭄무로 나타났을지도 모른다)는 창조 이전의 비이원적 상태를 상징하고 있다. 여기에서 모든 형태, 신화나 꿈의 형태와 대낮의 현실의 형태 모두가 파생된다. 그러나 위대한 신들의 새로운 신화에서는 관심의 수준이 전경(前景)에 있는 인물들, 이원성과 전투, 권력, 이익과 손실의 인물들에게로 옮겨졌다. 이는 행동하는 사람의 정신이 보통 머무는 곳이다. 그 이전의 신화의 목표는 시간의 양식에 대한 무관심의 상태를 지탱하는 것, 그리고 모든 존재에 내재하고 있는 비이원적 신비와의 동일시 상태를 지탱하는 것이었다.* 그러나 새로운 신화의 목표는 그 정반대가 되었다. 그 목표는 시간의 영역내에서 행동을 촉진하는 것이었는데, 이 영역에서는 주체와 객체가 둘로 분리되어 있으며 동일하지가 않다. A는 B가 아니고, 죽음은 삶이 아니고, 미덕은 악덕이 아니고, 죽이는 자는 죽임을 당하는 자가 아니다. 모든 것이 아주 간단하고 환하며 똑바르다. 덕을 갖춘 어린 아들이자 계략이 풍부한 에아는 자신의 훌륭한 오이디푸스적인 방식으로 사악한 아버지를 이기고, 나이가 많고 사악한 형제(아버지를 알고 사랑하는 자)의 코에 펜 줄을 잡는다.

그렇다면 덕의 승리에 대한 이 규범적인 이야기에서 어머니 티아마트의 운명은 어떻게 되는가?

---

* 11-12쪽과 비교해보라.

에아는 그의 적들을 정복하고, 적들에 대한 자신의 승리를 확인하고, 평화롭게 그의 거처를 차지한 뒤, 그의 거처를 압수라고 부르고, 그의 방을 짓고, 그의 배우자 담키나와 더불어 호사스럽게 살았다. 바로 그곳에서, 그 운명의 방에서, 운명의 거처에서, 지혜로운 자 가운데 가장 지혜로운 자, 신 가운데 가장 지식이 많은 자, 주인이신 마르둑이 아버지 에아에게서, 어머니 담키나에게서 태어나 여신들의 젖을 먹으며 자랐다. 그리하여 그는 경외감을 불러일으키는 위엄을 얻게 되었다. 그의 몸은 매혹적이었으며, 그의 눈은 빛을 발하였고, 그의 걸음걸이는 남자다웠다. 그는 처음부터 지도자였다. 그의 아버지 에아는 그를 보고 기뻐하여 그에게 다른 신들의 2배의 힘을 주었다. 마르둑은 모든 면에서 신들 위로 드높아졌다. 그 모든 구성원들 속에서 경이로운 자리를 차지하였다. 이해할 수가 없고 바라보기도 힘들었다. 그는 4개의 눈과 4개의 귀를 가졌다. 그의 입술이 움직이면 불이 쏟아져 나왔다. 귀는 점점 커졌다. 눈 하나하나로 모든 것을 보았다. 그는 경이로웠으며, 10명의 신의 광채로 이루어진 옷을 입고 있어서 그 위엄으로 두려움을 불러일으켰다.

바로 이 시절에 아누 신은 네 바람을 낳아서 티아마트의 물 위에 파도를 일으켰다. 그는 또한 주먹을 쥐고 물로 뛰어들어 흙을 창조하였고, 파도가 그 흙을 흩어놓았다. 티아마트는 혼란을 느꼈다. 그녀는 낮이나 밤이나 이리저리 돌아다녔다. 그녀 주위에 있는 자들(그녀가 낳은 자들)이 흥분한 어머니에게 말하였다. "저들이 어머니의 배우자 압수를 죽였을 때, 어머니는 그의 곁에 서서 함께 싸우지 않았습니다. 이제 네 바람이 창조되었습니다. 어머니는 속에서 흥분하고 있습니다. 우리는 쉴 수가 없습니다…… 우리는 잠을 잘 수가 없습니다……."

이제 전설은 티아마트의 쌓여가는 진노와 격렬한 전투를 이야기한다. 만물의 어머니로서——"만물을 만드는 그녀"——그녀는 괴물 뱀들을 낳았다. 이 뱀들은 날카로운 이를 가졌고, 몸에는 피 대신 독이 차 있으며, 사납고, 무시무시하고, 머리에는 두려움을 불러일으키는 영광의 관을 쓰고 있었다. 그래서 죽기를 각오하지 않으면 그들을 마주볼 수가 없었다. 그녀는 독사, 용, 큰 사자, 미친 개, 전갈 인간, 다양한 폭풍의 악마들을 만들었다. 모두 강력하고 저항할 수 없는 것들이었다. 모두 열한 종류의

괴물들이 태어났으며, 티아마트는 그 중에서도 첫번째 낳은 자인 킹구라
는 이름의 괴물을 드높여 위대하게 만들었다. 그녀는 이렇게 말하였다.
"내가 너를 위대하게 만들었다. 내가 너에게 모든 신들을 지배할 힘을
주었다. 나는 너를 나의 특별한 남편으로 만들겠다. 너의 이름이 위대해질
지어다." 그녀는 그의 가슴에 운명의 판을 달아주며 말하였다. "너의 말이
모든 반대를 진압하고, 너의 강력한 독이 모든 반대를 누를지어다." 이렇
게 해서 그녀와 그녀의 자식들은 신들과 전투를 벌일 준비를 갖추었다.

독자들은 여기서 그리스의 티탄과 신들의 전쟁, 즉 만물의 어머니가
자신의 여성의 힘으로 낳은 어두운 자식을 한편으로 하고, 그녀가 남성
에 의한 수태에 굴복을 하여 낳은 밝고, 아름답고, 이차적인 아들을 다른
한편으로 하는 전투의 패턴을 확인할 수 있을 것이다. 이것은 침입하여
들어온 부권적인 유목민이 지역의 모권적 질서를 정복하여, 그 지역의
생산적 대지의 민간 전승을 그들 자신의 목적에 맞게 고친 결과이다. 그
것은 또한 그 이후로 끊임없이 사용되어온(꼭 서구의 신학자들만이 사용
한 것은 아니지만 주로 그들이 사용하였다) 신화적 비방(*mythological
defamation*)이라는 사제적 장치를 이용한 예이다. 그것은 단순하게 다른
민족의 신들을 악마라고 부르고 그에 대응하는 자신의 신들을 확장하여
우주에 대한 헤게모니를 쥐도록 하며, 한편으로는 악마들의 무능과 악의
를 보여주고 다른 한편으로는 위대한 신 또는 신들의 위엄과 의로움을
보여주는 크고 작은 이차적인 신화들을 발명해내는 일들로 이루어진다.
현재의 경우에 그것은 신화적인 관점에서 새로운 사회적 질서와 더불어
새로운 심리를 비준하기 위하여 사용되고 있다. 그리고 이러한 면에서
신화적 비방은 완전한 사기가 아니라 새로운 진실을 나타내는 것으로 이
해되어야 한다. 즉 인간 사고와 느낌의 새로운 구조가 우주적 범위까지
확대 해석된 것으로 보아야 한다는 것이다.

우리가 이제 곧 보려는 전투, 즉 세계가 시작되기 전에 신들과 티탄들
이 벌인 전투는 사실 인간 역사의 중요한 순간에 인간 심리의 두 측면이
벌인 전투였다. 이 전투를 통해서 영웅적인 남성이라는 표지를 달게 된
빛과 합리적이고 분리적인 기능들은 영혼의 더 깊은 수준에 존재하는 어

100

두운 신비의 매력을 (높은 수준의 문명을 가진 위대한 문화권의 서쪽 지류에서는) 극복하였다. 『도덕경(道德經)』에서는 이 매력을 절대 죽지 않는 '곡신(谷神)'이라는 매우 아름다운 이름으로 부른다.

이를 현빈(玄牝)이라고 한다.
유현하고 신비스러운 여신의 문이 바로 천지 만물의 근원이다.
곡신은 보이지 않고 없는 듯하면서 있고…….[68]

다시 마르둑과 티아마트의 이야기로 돌아가보자.

티아마트는 신들, 즉 그녀의 후손과 전투를 할 준비가 되었다. 공격을 할 준비가 된 것이다. 에아는 그것을 알자 두려움으로 정신이 멍하여 주저앉고 말았다. 그는 곧 그의 아버지 안샤르에게로 가서 티아마트가 하고 있는 일을 알렸다. 안샤르는 진노하여 소리를 지르고는 그의 맏아들 아누를 불러, 가서 티아마트에게 대적하라고 명하였다. 아누가 나아가 대적하였으나, 그녀에게 저항하지 못하고 돌아오고 말았다.

그리하여 모든 신들이 모였다. 그러나 두려움에 떨며 말없이 앉아 있기만 하였다. 에아가 그러한 상황을 보고는 그의 아들 마르둑을 그의 방으로 불러서 그에게 마음속의 비밀을 털어놓았다. "너는 나의 아들이다. 네 아비의 말을 듣도록 하여라. 너는 전투 준비를 하고 안샤르 앞에 나서라. 안샤르는 너를 보면 마음이 편할 것이다."

우리 주 마르둑은 그의 아버지 에아의 말을 듣고 기뻐하였다. 그는 준비를 하고 안샤르에게 가까이 다가가서 그 앞에 섰다. 안샤르는 그를 보자 마음이 기쁨으로 가득 찼다. 안샤르는 그의 입술에 입을 맞추었다. 그의 두려움은 사라졌다. 우리 주 마르둑이 말하였다. "내가 당신의 마음에 있는 모든 것을 이루겠습니다. 여인 티아마트는 무기를 가지고 당신에게 다가오고 있습니다. 곧 당신이 그녀의 목을 짓밟게 해드리겠습니다. 그러나 오, 위대한 신들의 운명의 주여, 만일 내가 당신의 복수자가 되어 티아마트를 죽이고 당신을 살아 있게 해주면 회의를 소집하여 나를 최고의 자리에 앉혀주십시오. 즉 앞으로는 당신이 아니라 내가 말로 신들의 운명을 정하게 하고, 내가 창조하는 것은 무엇이든 변하지 않고 남아 있게 해주십시오."

정말 볼 만한 일이다! 이제 우리는 합리적이고 비신화적인 정신이면 아무런 도움 없이 이해를 할 수 있는 신화의 극장으로 들어섰다. 여기에서는 정치 기술, 사람들을 누르고 권력을 얻는 기술에 대한 천상의 모델이 형성되고 있다.

안샤르는 그의 대신 카카를 불러서 신들을 모으라고 명령하였다. "그들로 하여금 함께 이야기를 나누고, 잔치상에 앉아서 빵을 먹고 포도주를 마시게 하라. 그들에게 이렇게 말하라. '우리를 낳은 티아마트가 우리를 미워한다. 작은 신들, 심지어 우리 자신이 창조한 신들도 그녀 편으로 갔다. 만물을 만드는 티아마트가 이제 무기, 뱀, 용, 큰 사자, 미친 개를 만들었고, 킹구를 그녀의 남편으로 드높였다. 내가 아누를 그녀에게 대적하라고 보냈으나 그는 실패하였다. 그리고 이제 신들 가운데 가장 지혜로운 마르둑은 만일 그가 우리의 복수자가 되면 그의 입에서 나온 모든 명령은 변하지 않을 것이라고 선포하였다.'"

이 말이 전해져서 신들이 모이고, 모인 가운데 서로 입을 맞추고, 대화를 나누고, 잔치상에 앉아서 빵을 먹고 포도주를 마셨다. 그들은 포도주를 마신 덕분에 두려움을 떨칠 수 있었다. 술을 마시면서 그들의 몸은 부풀어 올랐으며, 근심은 사라지고 기분이 좋아졌다. 그들은 그들의 주인이자 복수자인 마르둑을 위하여 주인의 왕좌를 마련하였고, 그는 자신의 자리에 앉아서 아버지들을 마주보았다.

그들은 말하였다. "오, 주여, 이제부터 당신의 운명은 신들 가운데 최고입니다. 높이거나 낮추거나 그 모든 것이 이제 당신의 손에 있습니다. 당신의 말은 진리가 될 것이고, 당신의 명령은 탄핵할 수 없을 것이며, 신들 가운데 누구도 당신이 정한 테두리를 넘지 못할 것입니다. 우리는 당신이 우주의 왕임을 승인합니다."

그들은 그들 한가운데에 옷을 펼쳤다(밤하늘의 별 옷이었다). 그들은 말하였다. "당신의 말로 이것이 사라지게 하소서. 다시 당신의 말로 이것이 나타나게 하소서(해가 지나가는 밤하늘로서)." 마르둑이 말을 하자 옷은 사라졌다. 다시 말을 하자 옷이 나타났다. 신들은 이러한 기적이 이루어지는 것을 보고 기뻐하면서, "마르둑은 왕이다!" 하고 선포하며 충성을 맹세하였다.

이어서 신들은 마르둑에게 홀(笏), 왕좌, 왕의 반지, 그리고 무적의 벼락을 주었다. 그는 활을 준비하고, 오른손에는 곤봉을 들고, 앞에 벼락을 놓고, 몸에 불길을 채우고, 티아마트를 가둘 그물을 만들고, 사방의 바람과 여러 폭풍을 부르고, 4마리의 말이 이끄는 무적의 폭풍 마차에 올라탔다. 그 말들의 이름은 '죽이는 자', '무자비한 자', '짓밟는 자', '나는 자'였다. 그들의 입과 입술과 이빨에는 독이 있었다. 그는 전투용 몽둥이를 오른쪽에 놓고, 싸움의 무기를 왼쪽에 놓고, 무시무시한 쇠미늘 갑옷을 입고, 머리에는 후광과 같은 터번을 두르고, 얼굴은 성난 티아마트가 있는 곳으로 향하였다. 그의 입에는 주문이 준비되어 있었다. 손에는 해독을 위한 약초가 있었다. 신들은 그의 주위에서 떼를 지어 몰려다니었다. 그는 가까이 다가가서 티아마트의 심장을 들여다보고, 그녀의 배우자 킹구의 계획을 꿰뚫어보았다.

마르둑이 물끄러미 바라보자 킹구는 혼란을 느꼈다. 그의 의지가 멈칫하였으며, 행동이 중단되었다. 킹구를 돕고자 옆에서 진격하던 사악한 신들은 그의 그러한 모습을 보고 시야가 흐려졌다. 그러나 티아마트는 목을 돌리지도 않고 당당하게 마르둑에게 조롱을 퍼부었다. "너는 꼭 신들의 주인인 것처럼 나오는구나! 그들이 모였던 곳이 그들의 터인가, 아니면 너의 터인가?"

마르둑은 그의 강력한 무기를 들어 올리며 소리쳤다. "왜 당신은 이처럼 일어서서 분쟁을 일으킬 음모를 짜는가? 당신은 아누 대신 아무런 가치 없는 킹구를 당신 남편으로 임명하였다. 당신은 신들의 왕인 안샤르에게 대적하여 악을 도모하고 있다. 당신은 나의 아버지인 신들에 대항하여 당신의 사악함을 드러내었다. 당신의 군대에게 준비를 지시하라! 당신의 무기를 준비하라! 앞으로 나서라! 나와 당신이 붙어보자!"

티아마트는 그 말을 듣자 홀린 사람처럼 정신이 사나워졌다. 그녀는 이성을 잃었다. 거칠고 날카로운 비명을 질러댔다. 몸을 떨었다. 팔다리를 심하게 흔들어댔다. 주문을 외웠다. 전투에 나온 모든 신들이 소리쳤다. 그러자 티아마트는 앞으로 나아갔다. 마르둑도 앞으로 나아갔다. 그들은 싸우기 위하여 서로 다가갔다. 우리 주 마르둑은 티아마트를 가두기 위해서 그물을 펼쳤다. 그녀가 입을 한껏 벌렸을 때에는 악한 바람이 그 입 안으로 날아들어 그녀의 배까지 쏟아져 들어가도록 하였다. 그러자 그녀의 용기는 사라지고, 그녀는 입을 크게 벌린 채로 가만히 서 있었다. 마르둑은 화살을 날렸다. 화살은 그녀의 몸을 뚫고 들어가서 내장을 가르고 심장을 꿰뚫었다. 티아마트는 끝장이 났다. 마르둑이 그녀의 주검을 딛고 서자, 그녀 옆에서 진격하던 신들은 몸을 돌려 달아났다. 마르둑은 그물로 그들을 에워싸고 그들의 무기를 파괴하였으며, 그들을 포로로 잡았다. 그러자 그들은 슬프게 울었다.

마르둑은 티아마트가 낳고 영광을 준, 독이 있는 괴물들에게 족쇄를 채우고 팔을 뒤로 묶고 발로 짓밟았다. 그는 킹구를 묶어서 다른 것들 사이에 던져 넣고, 그 오만한 자가 가질 권리가 없는 '운명의 판'을 빼앗았다. 승리자는 그것을 들고 그의 인장으로 봉하여 가슴에 붙였다. 그리고는 티아마트의 주검으로 돌아가 그녀의 엉덩이 위에 올라서서 무자비한 몽둥이로 그녀의 두개골을 으깨어버렸다. 그는 그녀의 동맥을 잘라서 북풍으로 하여금 그것을 미지의 땅으로 가져가게 하였다. 그의 아버지들은 그것을 보고 기뻐하며 그에게 선물을 주었다.

마르둑은 이제 쉬면서 주검을 보았다. 그는 그 더러운 것을 지켜보다가 기발한 생각을 하였다. 그는 그녀의 몸을 조개처럼 둘로 갈랐다. 그러고는 한쪽을 하늘의 지붕으로 삼아서 위에 올려놓고 가로장으로 고정시켰다. 그리고 경비병들에게 위에 있는 그녀의 물이 새지 않도록 지키라고 명령하였다. 이어서 그는 하늘을 가로질러 그 사방을 살피고, 그의 아버지 에아가 있는 압수까지 가서 그 깊음을 측량하였다. 그 다음에 그는 그 위에 커다란 거처인 대지를 만들어서 압수의 뚜껑으로 삼았다. 아누, 엔릴, 에아에게는 각각의 처소를 정해주었다(즉 하늘, 땅, 심연이다). 이리하여 그의 일의 첫 부분이 다 이루어졌다.

나머지는 간단히 살펴보면 된다. 승리한 마르둑은 해(年)와 그 12궁(宮), 해의 날들, 다양한 별과 행성의 질서, 달의 운행 방식을 정하였다. 달은 해와 반대로 매달 중순에 차도록 하였고, 그 다음에는 해의 자리로 다가가면서 이울다가 사라지도록 하였다. 그리고 나서 그의 마음은 어떤 색다른 발상에 이끌리어, 정말 놀랍고 독창적인 것을 만들게 되었다.

마르둑은 그의 아버지 에아에게 말하였다. "나는 피를 모을 것입니다. 나는 뼈로 틀을 잡을 것입니다. 그렇게 해서 하나의 피조물을 만들 것입니다. 그 이름은 '인간'이 될 것입니다. 그렇습니다, 인간! 그는 신들을 섬기게 될 것입니다. 그러면 신들은 자유롭고 편하게 쉴 수 있을 것입니다."*

* 이것을 이보다 먼저 나온 수메르의 신화와 비교해보라. 거기에서는 인간을 신들의 하

마르둑은 그의 아버지에게 자신의 계획을 이룩할 방법을 설명하였다. 그는 신들을 착한 신과 악한 신이라는 두 부류로 나누고, 그 가운데 나쁜 신들——즉 티아마트의 편을 들었던 신들——의 피와 뼈로부터 인류를 만들 생각이었다.

그러자 에아가 말하였다. "사악한 신들 가운데 하나만 이리로 데려와서 그를 파괴하고 그의 조각으로 인간을 만들어라. 위대한 신들을 모아라. 가장 죄가 큰 자를 데려오라."

에아의 아들 마르둑도 동의하였다. 신들이 모였고, 우리 주 마르둑이 말하였다. "약속한 것은 이루었다. 그런데 티아마트가 반역하여 전쟁을 준비하도록 부추긴 자가 누구냐? 그를 내게 데려오라. 그가 받을 벌을 받게 하고, 나머지는 안심하게 하겠다!"

그 말에 신들은 일제히 대답하였다. "바로 킹구가 티아마트를 부추겨서 반역을 하고 전쟁을 준비하게 하였다." 그들은 킹구를 묶어서 에아 앞에 갖다놓고는 그의 동맥을 잘라서 그 피로 인류를 창조하였다. 이어서 에아는 인류에게 신을 섬기는 일을 부과하였고, 그와 더불어 신들을 모든 노동에서 해방시켰다.

이렇게 업적 중에서도 가장 큰 업적을 이루고 나자 신들은 다양한 우주의 집을 할당받게 되었다. 그들은 주 마르둑에게 말하였다. "오, 주여, 우리를 성가신 고역에서 구원하신 이여, 무엇으로 우리의 고마움을 표시하겠습니까? 옳지, 성소를 하나 만들자. 그곳이 우리가 밤에 쉬는 곳이 되리라. 그 안에 들어가 쉬자. 또한 그곳에 우리 주를 위하여 왕좌를 하나 두도록 하자. 등받이도 있는 의자를 두도록 하자." 마르둑이 그 말을 들었을 때 그의 얼굴에서 광채가 뿜어져 나왔다. 그가 말하였다. "그리하여 바빌론이 있을지어다. 당신들이 여기서 바빌론의 건축을 선포한 것이

인으로 창조하는 일이 에아 자신과 그의 부인인 대지의 여신의 일로 되어 있다(『신의 가면 : 동양 신화』, 제3장 1절 참조). 그 당시에는 바빌론이 세계 최고의 위치에 올라가지 못한 때였다. 앞으로도 곧 많은 예들이 나오겠지만, 현재의 신화는 신화의 전유(專有)의 한 예이다. 즉 나중의 신이 다른 신의 역할을 차지하는 것이다. 이 경우 그 이전 신들의 도움은 받을 수도 있고 안 받을 수도 있다.

다⋯⋯."[69]

이 서사시는 계속 이어지면서 위대한 바빌로니아의 지구라트 건설과 헌당에 대한 이야기가 나오고, 주 마르둑을 찬양하는 50개의 이름을 축하하면서 끝을 맺는다. 마르둑의 입에서 나온 말은 어떠한 신도 바꿀 수 없고, 그의 마음은 헤아릴 길이 없으며, 그의 정신은 모든 것을 포괄하고, 죄인과 범죄자들은 그 앞에서 가증스러워진다. 따라서 인간은 우리 주 마르둑 안에서 기뻐하라.

학자들의 문헌을 보면, 바빌로니아의 창조 서사시에 나오는 어머니 괴물의 이름 티아마트(ti'amat)가 어원적으로 헤브루의 테홈(tehom)이라는 말과 관계가 있다는 언급이 자주 나온다. 테홈은 「창세기」의 제1장 2절에 나오는 말로 "깊은 물"이라는 뜻이다. 아누의 바람이 깊음 위에 불었고, 마르둑의 바람이 티아마트의 얼굴 안으로 불어 갔듯이, 「창세기」의 제1장 2절에서는 "그 물 위에 하느님(원문에는 '엘로힘'으로 나와 있다/역주)의 기운(또는 바람)이 휘돌고 있었다." 또한 마르둑이 어머니의 몸 위쪽 반을 펼쳐서 위쪽 하늘의 물을 막는 지붕을 만들었듯이, 「창세기」의 제1장 7절에서는 "하느님(원문에는 역시 '엘로힘'으로 나와 있다/역주)께서는 이렇게 창공을 만들어 창공 아래에 있는 물과 창공 위에 있는 물을 갈라놓으셨다." 또한 에아가 압수를 정복하고 마르둑이 티아마트를 정복하였듯이, 야훼는 바다의 괴물들인 라합(「욥기」 26 : 12-13)과 레비아단(「욥기」 41 ; 「시편」 74 : 14)을 정복하였다.

성서의 여러 가지 창조 이야기에 나오는 이미지들이 수메르-셈의 신화라는 일반적인 축적물로부터 파생된 것이라는 데에는 의문이 있을 수 없다. 바빌론의 창조 신화 역시 수메르-셈 신화의 한 예이다. 그러나 또 하나 주목할 것은, 많은 사람들이 지적하였듯이, 한 권위자의 말을 빌자면 성서와 이 특정한 서사시 사이에는 "똑같은 점들보다는 차이점이 훨씬 더 심각하고 의미가 깊다."[70] 성서는 부권제 발달의 후기 단계를 대표하는데, 그 이전의 청동기에서는 만물의 위대한 여신-어머니로 나타나고 이 서사시에서는 괴물 악마로 나타나는 여성 원리가 성서에서는 그 원초적 상태인 테홈으로 환원된다. 그리고 그 이전에는 어머니 혼자서 창조하였던 것처럼, 이제는 남성 신이 자기 자신으로부터 홀로 창조된다. 바빌로니아의 서사시는 논리적으로 볼 때 4단계로 도식화할 수 있는 다음 계열에서 중간을 차지하고 있다.

1. 남편 없이 여신에게서만 태어난 세계.
2. 남편으로부터 수태된 여신에게서 태어난 세계.
3. 남성 전사-신에 의해서 여신의 몸으로부터 만들어진 세계.
4. 도움 없이 남성 신만의 힘으로 창조된 세계.

일단 바빌로니아의 텍스트만을 가지고 이야기해보자. 첫번째로, 여신——그녀는 여전히 "만물을 만든 여신"으로 인정받고 있다——이 혼자 있었다면 그녀 자신으로부터 자연 발생적으로 가져왔을 것을 남신은 폭력에 의해서 가져왔다. 따라서 여신의 관점에서 볼 때는 그녀의 자식인 남신이 제아무리 화려한 모습을 보여줄지라도, 사실 그녀의 대리인에 불과하다. 어차피 일어날 일을 일어나게 한 것처럼 보이는 것이다. 그러나 여신은 그가 혼자서 그 일을 하고 있다는 느낌이 들도록 해준다. 자신의 힘으로 멋진 집을 짓고 있다는 느낌이 들게 해주는 것이다. 사실 좋은 어머니들은 다 그렇지 않은가. 그러나 이 서사시는 그러한 남자다운 행위에 대한 아이러니를 표현한 것과는 거리가 멀다. 이것은 솔직한 부권적 문서이다. 여기서 여성적인 원리는 그 관점과 더불어 평가절하되고 있다. 자연의 힘과 프시케가 그 위치에서 축출당할 때에는 늘 그렇듯이 그전의 모습을 부정하는 존재, 즉 위험하고 사나운 악마로 바뀌어버리는 것이다. 세계의 여신-어머니는 여기서 이렇게 명예를 훼손당하고, 학대를 당하고, 모욕을 당하고, 결국 전복당하였지만, 우리는 앞으로 서양의 정통 부권제 이후 역사의 전 과정에 걸쳐서 이 여신-어머니의 힘이 계속하여 이성의 성(城)에 위협이 된다는 것을 보게 될 것이다. 이 이성의 성이라는 것은, 죽었다고 생각되지만 실제로는 살아 있고, 숨을 쉬고 있으며, 당장이라도 몸을 들썩일 것 같은 땅위에 세워진 것이다.

두번째로 주목할 것은 이렇게 어머니의 수준으로부터 아들의 수준으로 전환이 이루어짐에 따라서 삶과 죽음의 동일성이라는 느낌이 사라지고, 그와 더불어 그 나름의 좋은 형식들을 낳은 삶의 힘에 대한 느낌도 사라졌다는 것이다. 그럼으로써 이제 남은 것은 투쟁과 노력, 낯선 것에 대한 비방, 허세, 호언 장담, 숨겨진 죄책감뿐이다. 이것은 인류의 기원이 혐오스러운 킹구의 피이며 인류는 신들에게 복속되어 그들을 섬긴다는 신화에 요약되어 있다. 그러나 그저 힘만 가지고 있는 주 마르둑보다는 사실 킹구가 '운명의 판'에 더 큰 권리를 가지고 있다.

마지막으로, 신들의 세계가 신들의 여신-어머니의 세계에 대하여 큰 승리를 거두게 될 때 인간의 운명은 어떻게 되는가? 많은 사람들이 인간의 운명에 대한 첫 위대한 서사시라고 일컫는 길가메시의 유명한 전설에서 그 이야기를 들을 수 있다. 이미 잘 알고 있을 것이므로, 그것을 자세하게 살펴볼 필요는 없을 것이다. 그러나 티아마트의 죽음이라는 배경에서 보면 그 주제들 가운데 몇 가지가 새롭게 다가온다.

길가메시는 초기 수메르의 도시인 우룩의 왕의 이름이다. 옛 수메르 왕의 명단에는 "신성한 길가메시"라고 나와 있다. "그의 아버지는 릴루-악마이며, 그는 그 땅의 대사제로서 126년간을 통치하였다."[71] 수메르의 옛 도시에서 나온 초기 문서에서는 그의 이름이 신성한 두무지 다음에 나온다. 우리는 신성한 두무지가 여신의 죽었다가 살아난 아들이자 남편의 이름이라는 것을 이미 알고 있다. 그리고 신성한 두무지 앞에는 신성한 루갈반다가 있는데, 그는 1,200년간 통치하였다. 길가메시는 사실 그 왕들 가운데 마지막으로서, 그의 통치 기간도 인간의 보통 수명을 넘었다. 그는 신-왕으로 숭배되었다. 그래서 "신성한"이라는 호칭이 붙은 것이다. 그러나 나중에 나온 바빌로니아의 서사시에서는 그의 이미지가 인간 운명의 이미지에 따라서 크게 변하게 된다.

그는 여전히 "3분의 2는 신이고 3분의 1은 인간"으로 묘사된다. 그러나 압제자로서, "그 오만함에 고삐가 없으며", "그의 아버지에게 아들을 남겨두지 않고…… 그의 어머니에게 처녀를 남겨두지 않는다." 그래서 사람들은 신들에게 기도를 하고, 신들은 그들의 탄원을 들었다. 신들은 어머니-여신에게 의지하였는데, 그녀의 이름은 이제 아루루이다. 신들은 말하였다. "당신이 길가메시를 창조하였습니다. 이제 그에게 대응할 자를 창조하십시오." 여신은 그 말을 듣고 하늘의 신인 아누를 닮은 모습을

108

마음에 품었다. 그녀는 손을 씻고 진흙 한 덩이를 집더니, 그것을 땅에 던져서 용맹한 엔키두를 창조하였다.

늙은 어머니는 아직 그녀의 옛 재능을 잃지 않았던 것이다. 오히려, 이제 곧 보게 되겠지만, 그녀는 사실 이 이야기의 중심이 되는 신이다. 이는 놀랄 일이 아닌데, 길가메시는 이 여신이 그녀의 아들에 의해서 쓰러지기 전 시대(기원전 2500년경)에 생겨났기 때문이다.

이제 그녀의 막 생겨난 자식인 엔키두의 이상한 외모를 보도록 하자!

그의 몸 전체는 털로 덮여 있었으며, 그의 머리카락은 여자의 머리카락 같았다. 또는 곡식의 여신의 머리카락 같았다. 더욱이 그는 경작된 땅이나 인간에 대해서는 전혀 몰랐으며, 가축의 신과 같은 복장을 하고 있었다. 그는 영양과 더불어 풀을 뜯었고, 물구덩이에서 야생 동물들을 밀치며 함께 물을 마셨고, 그곳에서 짐승들과 더불어 있는 것에 만족하였다. 그러다가 어떤 사냥꾼이 물을 마시는 곳에서 엔키두와 얼굴을 마주하게 되었다. 그를 보자 사냥꾼의 얼굴은 굳어버렸다. 그는 두려워서 그의 아버지에게 달려갔다. "아버지, 신의 힘을 가진 사람이 짐승들과 더불어 언덕을 넘어다니는데 나는 감히 접근하지 못하겠습니다. 그는 내가 짐승들을 잡으려고 쳐놓은 덫을 다 뜯어버렸습니다." 아버지는 길가메시에게 도움을 청하라고 권하였다. 길가메시는 그 놀라운 일을 듣자 말하였다. "가거라, 사냥꾼아, 신전의 창녀를 한 사람 데려가거라. 그가 짐승들과 함께 물을 마시러 올 때, 창녀로 하여금 옷을 벗어 벌거벗은 모습을 드러내게 하라. 그가 여자를 보면 다가올 것이다. 그후로는 짐승들이 들판에서 함께 자란 그를 버릴 것이다."

사냥꾼과 신전 매춘부는 길을 떠나서 사흘 뒤에 물 마시는 곳에 이르렀다. 그들은 하루를 앉아 있었다. 이틀이 지났다. 그 다음 날 짐승들이 도착하였는데, 엔키두도 그 가운데 있었다. 영양과 함께 풀을 뜯고 있었다. 여자는 그를 보았다. 사냥꾼이 말하였다. "저곳에 그가 있다. 너의 젖가슴을 드러내어라. 너의 벌거벗은 모습을 그에게 드러내어라. 그가 너를 좋아하도록 하라. 두려워 말라. 그의 영혼을 사로잡아라. 그가 너를 보고 가까이 올 것이다. 옷을 옆으로 치우고 그가 너의 몸 위에 엎드릴 수 있도록 하라. 네가 가진 기술로 그에게 환희를 제공하라. 그가 사랑으로 너를 알게 되면, 평원에서 함께 자란 짐승들이 그를 버릴 것이다."

여자는 시키는 대로 하였다. 젖가슴을 드러내고 그녀의 벌거벗은 모습을 보여주었다. 엔키두가 와서 그녀를 가지려고 하였다. 그녀는 두려워하지 않으며, 옷을 옆으로 치워놓고 그의 정열을 환영하였다. 엔키두는 여섯 날 일곱 밤 동안 신전의 풍만한 처녀와 짝짓기를 하였다. 그런 뒤에 그는 얼굴을 돌려서 짐승들에게로 향하였다. 그러나 짐승들은 그를 보고 달아났다. 엔키두는 놀랐다. 몸은 굳어버렸고, 무릎은 얼어붙었다. 짐승들은 사라졌다. 전과 같지 않았다.

엔키두는 여자에게로 돌아가서 그녀의 발치에 앉아 얼굴을 올려다보았다. 그녀가 말을 하자 그는 귀를 기울였다. "당신은 아름다워요, 엔키두. 꼭 신과 같아요. 그런데 왜 평원의 짐승들과 함께 뛰어다니지요? 오세요, 내가 아누와 이슈타르의 성스러운 신전의 도시, 우룩의 성벽 안으로 당신을 데려갈게요. 그곳에는 그 힘을 당할 자가 없는 길가메시가 살고 있어요. 그는 성난 황소처럼 사람들에게 권력을 휘둘러요." 엔키두는 그 말을 들으면서 마음이 가벼워졌다. 그는 친구를 갈망하고 있었던 것이다. "아주 좋군! 내가 그에게 도전하겠다. 나는 우룩에서 외치겠다. '힘센 자는 나이니, 나는 운명을 바꿀 수 있다. 나는 평원에서 태어난 힘센 자이다!'"

"그럼 가요. 성벽으로 둘러싸인 우룩으로 가요. 그곳에서는 매일 축제가 열려요. 젊은이들은 용감하고, 처녀들은 예뻐요. 내가 길가메시에게 안내를 할게요. 그는 기쁨과 정력이 가득한 남자이며, 심지어 당신보다도 힘이 세요."

그녀는 옷을 손에 들어서 한 조각으로는 엔키두를 가리고 한 조각으로는 자신을 가렸다. 그리고 그의 손을 잡고는 어머니처럼 그를 우룩으로 이끌었다. 그녀는 그곳에서 그에게 먹고 마시는 방법, 몸에 기름을 붓는 방법, 인간이 되는 방법을 가르쳐주었다. 사람들은 모여서 그를 두고 말하였다. "그는 털 하나까지 길가메시와 똑같다. 키는 작으나 뼈는 더 강하다. 신과 같은 길가메시에게 좋은 맞수가 나타났다."

여신 이슈타르의 침대가 준비되어서 길가메시가 밤에 그곳으로 갈 때, 엔키두는 거리에서 그를 막고 섰다. 그들은 맞섰다. 그들은 서로 움켜쥐고 황소처럼 뒤엉켰다. 신전의 문기둥이 박살나고 벽이 흔들렸다. 마침내 길가메시는 마음이 누그러졌다. 그의 격분은 사라졌다. 그는 태도를 바꾸었다. 그 후로 둘은 떼어놓을 수 없는 친구가 되었다.*

---

* 현대의 학자들은 12개의 돌판으로 되어 있는 아시리아판 길가메시 서사시(기원전 650년경)를 그것보다 더 오래된 아카드판(기원전 1750년경?)이나 단편적인 히타이트 어

이 이상한 옛날 이야기가 여신 이난나-이슈타르와 그녀의 신성한 아들이자 배우자인 두무지-탐무즈가 등장하는 오래된 신화적 주제를 초인간——3분의 2는 신이고 3분의 1은 인간인——전설의 수준으로 멋지게 환원한 것임은 금방 알아볼 수 있을 것이다. 창녀, 어머니, 신부, 안내자라는 성격을 가진 여신 이슈타르는 신전의 하녀로 등장하고 있으며, 물웅덩이를 찾는 야생의 엔키두는 짐승의 주인이라는 성격을 지니고 있는 옛 달의 신이다. 그러나 이 이야기에서는 등장 인물들이 다시 태어나는 존재에서 죽을 수밖에 없는 존재로 수준 변화가 이루어졌는데, 이것만으로도 이 이야기에는 새롭고 놀라운 인간적 성격이 나타나게 되었다. 개인적 운명의 세계에서 시간, 죽음, 인간성의 고뇌는 기본적으로 우리 자신의 운명과 관련된 것이며, 이것이 이 이야기에 서사시적 특질을 부여하고 있다. 그 결과 이 이야기는, 윌리엄 F. 올브라이트 교수가 정확히 말한 대로, "그 이전 수메르 인들의 지루한 전례(典禮) 같은 구성에서는 찾아볼 수 없었던 극적인 움직임"[72]을 가지게 되었다.

엔키두와 길가메시는 떼어놓을 수 없는 친구가 되었다. 그러나 엔키두는 숭고하고 신화적인 모험을 수도 없이 겪은 뒤에 죽고 말았다.

길가메시는 그의 심장을 만져보았으나 박동이 없었다. 위대한 왕은 미친 듯이 날뛰는 사자처럼, 새끼를 잃은 암사자처럼, 침상 앞에서 왔다갔다하며 머리카락을 쥐어뜯어 사방에 뿌렸고, 장식물을 떼어내서는 내던져버렸다. 그는 장인들을 불러서 친구의 상(像)을 만들라고 하고, 비통하게 울다가 바닥에 쓰러졌다.

길가메시는 소리쳤다. "오, 나는 나의 친구 엔키두처럼 죽지는 않을 것이다. 슬픔이 나의 몸으로 들어왔다. 나는 죽음을 두려워한다. 나는 갈 것이다. 길에서 지체하지 않을 것이다." 그는 불사의 식물을 찾으러 떠났다.

길고긴 모험이었다. 많은 산을 넘어야 하였다. 그는 사자를 보고 두려워

번역판과 맞추어보고 정리하였는데, 이것이 길가메시의 이야기를 재구성하는 주된 자료가 되고 있다. 내가 한 이야기는 위에 인용하였던 Heidel, Speiser, King 등을 따른 것이며, 여기에 더해서 Stephen Herbert Langdon, *Semitic Mythology : The Mythology of All races*, Vol. V(Boston : Marshall Jones Company, 1931), 234-269쪽을 참조하였다.

하였다. 그는 고개를 들고 달의 신에게 기도를 하였다. 달의 신은 길을 안내하는 꿈을 보내주었다. 그 뒤에 그는 도끼를 들고 사자를 지나서 길을 뚫고 나아갔다. 이어서 그는 석양의 산에 이르렀다. 그곳에서는 전갈 인간들이 문을 지키고 있었는데, 그들을 보는 것은 곧 죽음이었다. 길가메시는 그들을 보았고, 그의 얼굴은 두려움으로 어두워졌다. 그는 그들의 무시무시한 생김새 때문에 감각을 잃었다. 그러나 그들 가운데 하나가 문을 열어주었다. 그는 짙은 어둠 속으로 들어갔다. 그는 어둠을 통과하여 아름다운 평원에 이르렀는데, 그곳의 큰 정원에서 아름다운 나무 1그루를 보았다. 그 나무에는 보석이 열매로 달려 있었다. 그 가지들은 매우 아름다웠으며, 가지의 끝은 청금석이었다. 그 수확물은 눈부셨다. 그러나 길가메시는 그곳을 통과하여 바다——세계의 바다——의 가장자리에서 신비한 여자 시두리의 집에 이르렀다. 시두리는 유명한 노래로 그를 맞이하였다.

오, 길가메시, 그대는 어디로 가는가?
그대가 구하는 생명은 찾을 수가 없는데.
신들이 인간을 창조하였을 때
그들은 인류에게 죽음을 나누어주었고
생명은 자기들끼리만 간직하였다.

오, 길가메시, 배를 가득 채우고,
낮이나 밤이나 즐거움을 누려라.
매일 기쁨의 축제를 열고,
낮이나 밤이나 춤을 추고 놀아라!
그대의 옷을 깨끗하게 유지하고,
그대의 머리를 씻고, 목욕을 하여라.
그대의 손을 붙드는 어린 것에게 관심을 가지고,
그대의 아내가 그대의 마음을 기쁘게 하도록 하라.
거기에 인간의 몫이 있음이라.

이 교훈은 우리 귀에 익은 것이다. 예를 들어서 「전도서」에 나오는 이러한 말을 보자.

112

　멋지게 잘 사는 것은 하늘 아래에서 수고한 보람으로 먹고 마시며 즐기
는 일이다. 인생은 비록 짧아도 하느님께 허락받은 것이니 그렇게 살 일이
다. 이것이 인생이 누릴 몫이다……

　그러므로 즐겁게 사는 것이 좋은 것이다. 하늘 아래에서 먹고 마시며 즐
기는 일밖에 사람에게 무슨 좋은 일이 있겠는가? 그것이 없다면 하늘 아래
에서 하느님께 허락받은 짧은 인생을 무슨 맛으로 수고하며 살 것인가……

　언제나 깨끗한 옷을 입고 머리에 기름을 발라라. 하늘 아래에서 허락받은
덧없는 인생을 애인과 함께 끝날까지 즐기며 살도록 하여라. 이것이야말로
하늘 아래에서 수고하며 살아 있는 동안 네가 누릴 몫이다…….[73]

　그러나 길가메시는 이와는 다른 희망과 목적을 가지고 있었다. 그는
모험을 계속하겠다고 고집을 부렸다. 여자는 그를 죽음의 사공에게로 보
내었다. 사공은 노를 저으며 우주의 바다를 건너서 축복받은 자들의 섬
으로 그를 데려다 주었다. 그곳은 영원한 생명을 가진 홍수의 영웅──
이 오랜 신화의 판본에서는 우트-나피슈팀이라는 이름을 가지고 있
다──이 아내와 함께 영원한 축복을 받으며 사는 곳이었다. 그 늙을 줄
모르는 부부는 나그네를 맞아들여서 여섯 날과 밤을 자게 하고, 마법의
음식을 먹이고, 치료의 물로 씻기고, 우주의 바다 바닥에 있는 불사의 식
물에 대한 이야기를 해주었다. 영원히 살고 싶으면 그 식물을 꺾어 와야
한다는 것이었다. 그래서 길가메시는 다시 한번 죽음의 사공이 젓는 배
를 타고 항해에 나섰다. 그전에는 누구도 이렇게 반대 방향으로 인간이
사는 해안에 돌아온 적이 없었다. 길가메시가 바다로 떠나기 전에 우트-
나비슈팀은 말하였다. "그 식물은 갈매나무와 같다. 그 가시들이 너의 손
을 찢을 것이다. 그러나 너의 손이 그것을 꺾을 수만 있다면, 너는 새 생
명을 얻을 것이다."

　바다 중간에서 배는 멈추었다. 길가메시는 발에 무거운 돌을 달았다.
그래서 깊은 곳으로 내려갈 수 있었다. 그는 그 식물을 보았다. 그 식물
이 그의 손을 찢었다. 그러나 그는 그 식물을 뜯었다. 그는 돌을 잘라내
고 수면으로 올라와서 배를 타고 해안으로 향하였다. 길가메시는 사공에
게 말하였다. "이 식물을 성벽으로 둘러싸인 우룩으로 가져가겠다. 나는

이것을 병든 자들에게 줄 것이고 나 자신도 먹을 것이다. 이 식물의 이름은 '사람이 노년에 젊어진다'가 될 것이다."

길가메시는 뭍에 내려 길을 가다가 민물이 흐르는 곳에서 하룻밤을 쉬었다. 그가 목욕을 하러 갔을 때, 뱀 1마리가 그 식물의 향기를 맡고 물에서 나와 그것을 자기 처소로 가져갔다. 뱀은 그것을 먹고 허물을 벗었다. 그러자 길가메시는 주저앉아서 울고말았다.[74]

이렇게 해서 '뱀의 불멸의 생명력'이 생겨났다. 원래 인간의 소유로 알려졌던 힘이 인간을 떠나게 된 것이다. 지금은 사라진 낙원——두려움을 모르는 낙원——에서 저주받은 뱀과 명예를 잃은 여신이 그 힘을 보관하고 있다.

제2부 영웅들의 시대

제3장 레반트의 신과 영웅 : 기원전 1500-500년

1. 하느님의 책

세계는 기원 신화로 가득 차 있다. 그러나 사실의 관점에서 보자면 그 모두가 허위이다. 세계는 또한 인간의 역사(그러나 지역 집단에만 좁게 초점을 맞추고 있다)를 추적하는 위대한 전통적 책들로 가득 차 있다. 이 역사는 신화적인 태초의 시대로부터 그럴 듯한 일들이 점점 늘어나는 시기를 거쳐서 기억 속에 어렴풋하게 남아 있는 시기, 즉 연대기가 합리적인 사실성이 담긴 기록을 전달하기 시작하는 시기를 지나서 현재에 이른다. 나아가서 모든 원시적인 신화들이 관습, 정서 체계, 각각의 지역 집단의 정치적인 목표를 옹호하듯이, 이 위대한 전통적 책들도 마찬가지 역할을 한다. 그러한 책들은 표면적으로는 양심적인 역사로 보일 수도 있다. 그러나 깊이 들어가보면 신화로서 잉태되었음을 스스로 드러낸다. 삶의 신비를 일정한 이해 관계가 얽힌 관점에서 시적으로 읽어낸 것이다. 따라서 하나의 시를 사실의 연대기로 읽는 것은, 최소한으로 말한다고 하여도, 핵심에서 벗어나는 행동이다. 약간 더 심하게 말하자면, 그것은 자신이 아둔함을 보여주는 것이다. 여기에 약간 더 말을 보태면, 그 책들을 정리한 사람들은 아둔하지 않았으며, 자기들이 무슨 일을 하는지 정

118

확하게 알고 있었다. 이것은 그들의 작업 방식이 되풀이하여 증명해주는 것이다.

구약을 다른 모든 고대의 문헌과 마찬가지로 신의 문학적 재능이 아니라 인간의 문학적 재능의 산물로서 읽는 것, 그리고 그러한 것으로서 영원의 산물이 아니라 시대의 산물, 그것도 매우 어려운 시대의 산물로서 읽는 첫번째 단호한 발걸음을 내디딘 사람은 빌헬름 M. L. 데 베테 (1780-1849)이다. 그는 획기적인 2권의 책『구약 입문을 위한 기고문 (*Contributions Introductory to the Old Testament*)』(1806)[1]에서 다음과 같은 점들을 보여주었다.

1. 「열왕기 하」에서 기원전 621년 제사장 힐키야가 솔로몬의 성전을 복구하던 도중 "발견하였다"고 하는 "율법의 책"이 「신명기」의 핵심이다.

2. 구약의 역사적이고 신화적인 이전의 자료들은 이 발견물에 기초하여 나중에 완전히 고쳐서 쓰여졌다.

3. 광야를 방랑하던 시기에 모세가 썼다고 하는 「출애굽기」, 「레위기」, 「민수기」 등의 책은 사실 오랜 발전의 최종적인 산물이다. 이 책들은 이미 철저하게 정통적인 사제적 전통을 따르고 있는 율법서이다. 이 책은 사제 에스라가 기원전 400년경 바빌론으로부터 예루살렘으로 가져왔다. 페르시아의 황제 아르타크세르크세스가 에스라에게 부여한 권력 덕분에, 이 책은 모든 유대인들을 속박하는 규칙을 기록한 책으로 공식적으로 자리를 잡게 되었다.[2]

문제가 되는 성서의 구절은 다음과 같다.

요시아 18년에(즉 기원전 621년에), 왕은 므술람의 손자요 아살리야의 아들인 공보 대신 사반을 야훼의 전으로 보내며 일렀다. "대사제 힐키야에게 가서 이렇게 말하시오. 백성이 야훼의 전에 바친 헌금을 야훼의 전 문지기에게 받아내어 야훼의 전 공사 감독들에게 주어서 수리 공사를 하는 사람들에게 전하도록 하시오. 목수와 돌 쌓는 사람이나 미장이에게 품값을 주고 수리하는 데 쓸 목재와 석재를 사도록 하시오. 그러나 일단 돈을 내어준 다음에는 계산하지 마시오. 그들은 정직하게 일을 할 것이오."

대사제 힐키야는 야훼의 전에서 법전을 찾았다고 하며 그 책을 공보 대신 사반에게 주었다. 그것을 읽은 공보 대신 사반은 왕에게 나아가 왕의 신하들이 성전 안에 보관되어 있던 은을 쏟아서 야훼의 전을 수리하는 공사 감독들에게 넘겨주었다고 보고하였다. 그러고 나서 공보 대신 사반은 왕에게 "대사제 힐키야가 저에게 책을 1권 주었습니다." 하면서 왕의 면전에서 크게 읽었다. 그 율법서의 내용을 듣자 왕은 자기의 옷을 찢었다.

그리고는 대사제 힐키야, 사반의 아들 아히캄, 미가야의 아들 악볼, 공보 대신 사반과 시종 아사야에게 명하였다. "이번에 찾아낸 이 책에 여러 가지 말씀이 기록되어 있는데, 그것에 대하여 나와 온 유다 백성이 어떻게 하여야 할 것인지 야훼께 나가 여쭈어보시오. 이 책에 기록되어 있는 말씀대로 하라고 하셨는데, 우리 선조들이 그 말을 따르지 않았으므로 우리가 불길 같은 야훼의 진노를 사게 되었소."

대사제 힐키야와 아히캄, 악볼, 사반, 아사야는 여예언자 훌다를 찾아갔다. 훌다는 하르하스의 손자요 디크와의 아들인 의상 담당관 살룸의 아내였다. 그들이 예루살렘 신시가에 살고 있는 훌다에게 가서 용건을 말하자, 훌다는 이렇게 대답하였다. "여러분을 나에게 보내신 그 분에게 가서 이스라엘의 하느님 야훼의 말씀이라고 하고 이렇게 전하시오. '나 야훼가 선언한다. 유다 왕이 읽는 책에 적혀 있는 재앙을 내가 이제 이곳과 이곳 국민들에게 내리리라. 그들은 나를 저버리고 저희 손으로 만들어 세운 온갖 우상에게 제물을 태워 바쳐 나의 속을 썩였다. 그러한즉 나의 분노가 이곳에 불길같이 떨어지면 아무도 그 불을 *끄*지 못하리라.'"[3]

이 엄청난 종교적 위기의 순간에 파견단이 그들의 신의 판단을 알기 위해서 찾아간 사람이 선지자나 사제가 아니라 여예언자라는 것은 흥미 있는 일이다. 더욱 흥미 있는 것은 계시 자체이다. 즉 요시아 왕의 통치 18년인 기원전 621년까지는 아무도 이 모세의 법전에 대하여 들어본 적조차 없었고, 모두 거짓 신들만을 섬겨왔던 것이다. 그런데 이제 이스라엘의 하느님은 그들을 무시무시하게 벌할 계획이었다. 아닌 게 아니라, 그로부터 35년이 지나지 않아서 그들의 성스러운 도시는 점령당하였고, 성전은 파괴되었으며, 사람들은 추방되었고, 다른 민족이 그들의 자리를 차지하였다. 그러나 여예언자의 말에 따르면, 요시아는 그의 경건함과 회개 때문에, 즉 그가 주 앞에서 옷을 찢고 울었기 때문에, 그 무시무시한 광경과 접하는 상황을 면할 수 있었다. 그는 그러한 일이 일어나기 전에 평화롭게 죽게 될 것이었다.

파견단은 이러한 말을 가지고 왕에게 돌아갔다. 왕은 그 말을 듣고 자기 영토에 대한 정화 작업을 시작하였다. 이때는 서양의 종교적 정신의 형성에서 획기적인 시점이었다. 이 시점에 많은 위대한 종교들이 나타났다. 이 종교들의 위대한 역사의 길이와 폭 전체를 통하여 요시아 왕의 행동과 같은 종교적인 행동이 널리 되풀이하여 나타나게 되는데, 요시아의 행동은 그 효시를 이룬다. 이러한 점 때문에 요시아의 정화 작업은 여기에 길게 옮길 만한 가치가 있다.

왕은 유다와 예루살렘의 모든 장로들을 소집하였다. 왕은 유다 국민들과 예루살렘 시민들, 사제들과 예언자들, 높고 낮은 모든 백성들을 데리고 야훼의 전으로 올라가서 야훼의 전에서 찾은 언약 법전을 읽으며 조목조목 들려주었다. 그런 후에 기둥이 있는 곳으로 올라가서, 야훼를 따르며 마음을 모두 기울이고 목숨을 다 바치어 그의 계명과 훈령과 규정을 지켜서 그 책에 기록되어 있는 언약을 이루기로 야훼 앞에서 서약하였다. 백성들도 모두 따라서 서약하였다.

왕은 대사제 힐키야와 부사제와 문지기들에게 명하여 야훼의 전 안에서 바알과 아세라(=이슈타르)와 하늘의 별을 섬기는 데 쓰던 모든 기구들을 치우게 하였다. 그는 그 기구들을 예루살렘 성 밖 키드론 벌판에서 불사르고 그 재를 베델로 가져갔다. 그는 또 유다 각 성읍과 예루살렘 인근 지역에 있는 산당에서 제물을 태워 바치도록 유다 왕들이 세웠던 가짜 사제들을 파면하고, 바알과 해와 달과 성좌들과 하늘의 별들에게 제물을 태워 바치던 자들을 모두 파면하였다. 또 아세라 목상을 야훼의 집에서 들어내어 예루살렘 성 밖 키드론 골짜기에서 불사르고는 가루로 만들어서 공동 묘지에 뿌렸다. 왕은 또 여인들이 아세라 대신 음란을 피우던 남창의 집들을 야훼의 전에서 허물어버렸다. 그는 유다의 모든 성읍에서 사제들을 불러들이고 게바에서부터 브엘세바에 이르기까지 전국에서 그들이 제사드리던 산당을 모두 부정한 곳으로 만들었다. 성문으로 들어가면 왼쪽으로 성주의 이름을 따서 여호수아의 문이라고 불리는 문이 있는데, 그 문 앞에 있던 염소 귀신들을 섬기는 산당을 헐어버렸다. 산당들에 있던 사제들은 예루살렘에 있는 야훼의 제단에 올라가지 못하게 하였지만 그러나 다른 사제들과 함께 누룩이 들지 않은 떡은 먹게 하였다. 왕은 벤힌놈 골짜기에 있는 도벳을 부정한 곳으로 만들어서 아무도 자녀를 몰렉에게 태워 바치지 못하도록 하였다. 또 유다 왕들은 태양신을 모시는 말 동상을 야훼 전의 문어귀에 있는 그곳의 내시 나단멜렉의 행랑채 곁에 세웠는데, 그것도 부수었으며 태양신이 타는 병거는 태워버렸다. 그는 유다 왕들이 아하즈의 다락방 옥상에 세운 제단들과 므나세가 야훼 전의 안팎 뜰에 세운 제단들을 모두 헐고는 가루로 만들어서 키드론 골짜기에 뿌렸다. 또 왕은 이스라엘 왕 솔로몬이 시돈 사람들의 역겨운 아스다롯 여신상과 모압 인의 역겨운 그모스 신상과 암몬 인의 역겨운 밀곰 신상을 모시기 위하여 예루살렘을 마주보는 그 멸망의 산 남쪽에 세웠던 산당들을 부정한 곳으로 만들었다. 석상들을 부수고 목상들은 토막을 내고 사람의 해골을 그곳에 너저분하게 널어놓았다.

왕은 또한 이스라엘을 죄에 빠뜨린 느밧의 아들 여로보암이 베델에 세웠던 산당과 제단도 허물고 돌을 부수어 가루를 만들었으며 아세라 목상은 태워버렸다. 요시아는 산 위에 공동 묘지가 있는 것을 보고 사람을 보내서, 무덤 속의 해골을 꺼내어 제단 위에 놓고 불을 지르게 해서 그 제단을 부정하게 하였다. 여로보암이 축제 동안 그 제단 앞에서 제사드릴 때 하느님의 사람이 외친 야훼의 말씀이 이렇게 이루어졌다. 거기에는 그 하느님의 사람이 묻힌 무덤이 있었는데, 요시아는 그 무덤을 보고 저기 보이는 저 비석이 무엇이냐고 물었다. 그 마을 사람들이 "유다에서 온 하느님의 사람의 무덤입니다. 그가 일찍이 말하기를 임금님께서 베델의 제단을 이렇게 하시리라고 하였습니다." 그러자 왕이 말하였다. "그 분을 건드리지 말라. 아무도 그 유해에 손을 대지 말라." 이 말에 따라서 그의 유골은 사마리아에서 온 예언자의 유골과 함께 아무도 손을 대지 않았으므로 그대로 남아 있게 되었다. 이스라엘 왕들은 사마리아의 여러 성읍 언덕마다에 산당을 세워서 야훼의 속을 썩여드렸는데, 요시아는 베델에서 한 것처럼 그 산당들도 철거하였다. 그는 산당의 모든 사제를 제단 위에서 죽이고는 사람들의 해골과 함께 그 제단 위에서 불사르고 예루살렘으로 돌아왔다.

왕은 또 전국민에게 명령을 내리었다. "이 언약 법전에 기록되어 있는 대로 너희 하느님 야훼께 감사하여 과월절을 지켜라." 그래서 지킨 과월절 축제는 일찍이 판관들이 이스라엘을 다스리던 시대(이때로부터 5-6백 년 전)

나 왕들이 이스라엘과 유다를 다스리던 어느 시대(즉 지난 3백 년간)에도 없던 것이었다. 예루살렘에서 야훼를 기려 과월절 축제를 지킨 것은 요시아 왕이 즉위한 지 18년이 되던 해의 일이었다.

요시아는 또 유다와 예루살렘에서 도깨비나 귀신을 불러 물어보는 자들과, 가문의 수호신과 온갖 역겨운 우상들을 눈에 뜨이는 대로 쓸어버렸다. 이렇게 해서 요시아는 사제 힐키야가 야훼의 전에서 찾아낸 책에 기록되어 있던 조문들을 모두 시행하였다. 요시아처럼 야훼께로 돌아가서 마음을 다 기울이고 생명을 다 바치고 힘을 다 쏟아서 모세의 법을 온전히 지킨 왕은 전에도 없었고 후에도 없었다…….[4]

유다의 요시아 왕 18년 이전에는 왕이나 백성이 모세의 법에 전혀 관심을 가지지 않았음을 이보다 더 분명하게 말해주는 것은 없을 것이다. 사실 왕이나 백성은 그전에는 모세의 법을 알지도 못하였다. 그들은 근동 핵심부의 보통 신들에게 헌신하였으며, 그에 따르는 일반적인 숭배 의식을 모두 거행하였다. 이러한 점은 위에 인용한 구절에 분명히 묘사되어 있기 때문에 금방 알아볼 수 있다. 다윗 왕의 아들인 솔로몬 왕 자신이 신들을 위한 사당을 지었으며, 그들의 상을 그의 성전에 가져다놓았다. 성전 구내에는 숭배 의식에 동원되는 창녀들의 회당이 있었고 입구에는 태양신의 말들을 위한 마굿간이 있었다. 따라서 헤브루 인들의 원시 종교가 무엇이었든 간에, 모세가 무엇을 가르쳤든 간에, 이스라엘과 유다에 정착한 헤브루 인들, 사막이 아니라 흙의 사람들이 된 헤브루 인들은 당대의 일반적인 관습을 따라서 일반 신들을 섬겼던 것이다. 그러나 기원전 621년이라는 이 획기적인 해에 성전의 한 사제(그는 미래의 예언자 예레미야의 아버지였다)가 모세(그가 실존 인물이라고 하여도 적어도 6백 년 전에는 죽었다)의 법을 적은 책이라고 주장되는 책을 1권 내놓았다. 그리고 이 법전이 토대가 되어 철저하고 파괴적인 혁명이 이루어졌다. 그러나 그 직접적인 영향력은 요시아 왕 자신의 평생을 넘지는 못하였다. 성서를 보면 그 다음의 네 왕은 "야훼께서 보시기에 악한 일을 행하였기"[5] 때문이다. 그리고 기원전 586년에는 다음과 같은 일이 벌어진다.

바빌론 왕 느부갓네살 19년 5월 7일, 바빌론 왕의 친위 대장 느부사라단이 예루살렘에 들어와서 야훼의 전과 왕궁과 예루살렘 성안 건물을 모두 불태웠다. 큰 집은 모두 불탔다. 친위 대장을 따르는 바빌론 군인들은 예루살렘을 둘러싸고 있는 성벽을 죄다 허물어버렸다. 친위 대장 느부사라단은 예루살렘 성에 남은 사람들과 바빌론 왕에게 항복해온 자, 그리고 기타 남은 백성들을 포로로 데려갔다.[6]

2. 신화의 시대

'바빌론 유수(幽囚)'라는 격변에서 절정에 이르는 정통적인 헤브루의 연대기는 다음과 같이 요약될 수 있을 것이다.

I. 신화의 시대
  1. 창조의 7일   (「창세기」 1 : 1-2 : 3)
  2. 에덴 동산과 타락   (「창세기」 2 : 4-3 : 24)
  3. 타락부터 노아의 홍수까지   (「창세기」 4-7)
  4. 홍수부터 바벨탑까지   (「창세기」 8 : 1-11 : 9)
II. 전설의 시대
  1. 아브라함과 이집트에 들어감   (「창세기」 11 : 10-50 : 26)
  2. 출애굽   (「출애굽기」 1 : 1-15 : 21)
  3. 광야에서 보낸 세월   (「출애굽기」 15 : 22부터
                                         「신명기」까지)
  4. 가나안 정복   (「여호수아」)
III. 문서의 시대
  1. 가나안 정복   (「사사기」)
  2. 통일 왕국 : 기원전 1025-930년경   (「사무엘상·하」, 「열왕기
                                         상」 1-11)
  3. 이스라엘과 유다 : 기원전 930-721년경 (「열왕기 상」 12부터 「열
                                         왕기 하」 17까지)

4. 유다 : 기원전 721-586년　　　　　　　　　(「열왕기 하」 18-25)

5. 바빌론 유수 : 기원전 586-538년

신화의 시대와 전설의 시대를 구성하는 기본적인 텍스트는 5개이다.

1. 이른바 야휘스트(J) 텍스트. 이것은 기원전 9세기의 남부 왕국인 유다의 신화를 대표한다. 여기서 창조주는 야훼이며(늘 "주"라고 번역된다), 율법의 산은 시나이 산이다.

2. 이른바 엘로힘(E) 텍스트. 이것은 기원전 8세기의 북부 왕국인 이스라엘의 신화를 대표한다(그러나 기원전 7세기경 J와 E를 통합한 편집자에 의하여 야휘스트의 관점에서 개작되었다). 여기서 율법의 산은 호렙 산이며 창조주는 엘로힘(el의 복수형으로, 늘 "하느님"으로 번역된다)이다.

3. '성스러운 법전'(H)이라고 알려진 제의의 규약. 모세가 시나이 산에서 받은 것으로 주장되지만, 기원전 7세기에 나온 것으로 보인다. 「레위기」 17-26장에 보존되어 있다.

4. 「신명기」(D)의 제의의 규약. 여기서 율법의 산은 호렙 산이지만, 창조주는 야훼이다. D의 핵심은 기원전 621년의 법전 두루마리라는 것이 거의 확실하다.

5. 사제(P) 텍스트라고 알려진 것으로, 바빌론 유수 뒤에 사제들의 글을 합친 것. 기원전 397년 사제 에스라가 예루살렘에서 선포한 법이 핵심을 이루고 있다. 이것은 기원전 300년경까지 증보되고 개정되었다. 신화의 시대와 전설의 시대의 혼합 텍스트는 이 시기 이전에는 완성되었을 가능성이 없다.*

따라서 우리의 첫 과제는 이러한 발견에 따라서 신화 시대의 초기 요소들과 후기 요소들을 분리하는 것이 될 수밖에 없다. 여기서는 2개의 신화가 구별된다. 하나는 기원전 9세기의 야휘스트(J) 텍스트에서 나온

---

* 구성 요소, 시기, 비판적 이론에 대한 편리하고 철저한 분석으로는 W. O. E Oesterley and Theodore H. Robinson, *An Introduction to the Books of the Old Testament*(New York : Meridian Books, 1958)를 참조하라.

것이며, 또 하나는 기원전 4세기의 사제(P) 텍스트에서 나온 것이다. 나누어서 보게 되면, 이 2가지는 다음과 같다.*

야휘스트(J)의 창조 시대 : 기원전 9세기

이 판본은 「창세기」 2 : 4에서부터 시작된다.

야훼께서 땅과 하늘을 만드시던 때였다. 땅에는 아직 아무 나무도 없었고 풀도 돋아나지 않았다. 야훼께서 아직 땅에 비를 내리지 않으셨고, 땅을 갈 사람도 아직 없었던 것이다. 마침 땅에서 물이 솟아 온 땅을 적시자 야훼께서 진흙으로 사람을 빚어 만드시고 코에 입김을 불어 넣으시니 사람이 되어 숨을 쉬었다. 야훼께서는 동쪽에 있는 에덴이라는 곳에 동산을 마련하시고 당신께서 빚어 만드신 사람을 그리로 데려다가 살게 하셨다. 야훼께서는 보기 좋고 맛있는 열매를 맺는 온갖 나무를 그 땅에서 돋아나게 하셨다. 또 그 동산 한가운데에는 생명나무와 선과 악을 알게 하는 나무도 돋아나게 하셨다.** 에덴에서 강 하나가 흘러나와 그 동산을 적신 다음 네 줄기로 갈라졌다.…… 야훼께서는 아담을 데려다가 에덴에 있는 이 동산을 돌보게 하시며 이렇게 이르셨다. "이 동산에 있는 나무 열매는 무엇이든지 마음대로 따 먹어라. 그러나 선과 악을 알게 하는 나무 열매만은 따먹지 말아라. 그것을 따먹는 날, 너는 반드시 죽는다."

이것은 「창세기」 1장에서 이미 이야기된 7일간의 창조의 판본과 모든 세목에서 다르다. 그럼에도 불구하고 기원전 4세기에 편집을 맡은 사제들이 왜 이 매혹적인 옛날 이야기를 차마 없애버리지 못하였는지는 쉽게 알 수 있다. 우리는 여기서 옛 수메르의 동산을 볼 수 있다. 그러나 여기

---

* 다음의 성서 텍스트들은 Revised Standard Version에서 나온 것이다. 그러나 두 시기, J 와 E의 대조를 분명히 하기 위해서 야훼와 엘로힘이라는 이름은 번역하지 않고 그대로 두었다(우리말 번역은 일러두기에 명기한 것처럼 『공동번역 성서』를 중심으로 하되, 필요에 따라 약간씩 수정을 하였다/역주).

** 또는 "모든 것을 알게 하는 나무"라고 할 수도 있다. 랍비 J. H. Hertz의 *The Pentateuch and Haftorahs*(London : Soncino Press, 5721/1961), 8쪽의 주 9와 10쪽의 주 5 참조.

에서는 나무가 1그루가 아니라 2그루이며, 이것을 지키고 돌보는 일은 인간이 맡고 있다. 이 인간은 아마 〈그림 4〉의 길가메시와 같은 역할을 맡은 것으로 보인다. 여기서 우리는 정원사 사르곤이 이슈타르 여신이 사랑하던 자라는 것을 떠올리게 된다. 또 〈그림 4〉의 동산에도 4개의 강이 흐른다. 마지막으로 여기서는 인간이 신의 노예나 하인이 되기 위해서 창조되었다고 나오는데, 이것이 레반트 신화의 주된 특징들 가운데 하나라는 점에 주목할 필요가 있다. 『신의 가면 : 동양 신화』에서 인용한 후기 수메르 신화에서는 밭을 가는 성가신 일에서 신들을 면제해주기 위하여 인간이 창조되었다고 나온다. 따라서 인간은 신들을 위하여 그 일을 해야 하고, 희생제의를 통하여 신들에게 먹을 것을 제공해야 한다.[7] 마르둑 역시 신들을 섬기게 하기 위하여 인간을 창조하였다. 그리고 헤브루의 이야기에서도 역시 인간은 동산을 돌보게 하기 위하여 창조되었다.

그 다음의 일화는 인간의 조력자인 동물의 창조를 묘사하고 있다. 이것은 1장의 유명한 7일과 대조를 이룬다. 거기에서는 동물이 먼저 창조되기 때문이다. 그러나 여기서는 야훼가 아담을 창조한 뒤, "들짐승과 공중의 새를 하나하나 진흙으로 빚어 만드시고, 아담에게 데려다 주시고는 그가 무슨 이름을 붙이는가 보고 계셨다. 아담이 동물 하나하나에게 붙여준 것이 그대로 그 동물의 이름이 되었다."

이 목가적인 장면은 엔키두가 신전의 창녀에게 유혹을 당하기 전, 동물들과 함께 있던 시절을 기억나게 한다. 엔키두가 창녀의 유혹을 받은 뒤 동물들은 그를 떠났고, 여자는 그의 벌거벗음을 가릴 옷을 주었으며, 그를 우룩으로 안내하였다. 그러나 엔키두는 그곳에서 곧 죽고 말았다.* 그러나 성서에서는 야훼가 동물들 사이에서 아담에게 적당한 동반자를 찾을 수가 없었기 때문에 그를 깊은 잠에 빠뜨려서 "아담의 갈빗대를 하나 뽑고 그 자리를 살로 메우시고는 그 갈빗대로 여자를 만드신 다음 아담에게 데려오셨다"고 나온다. 모두가 알다시피, 그 다음에는 타락과 동산으로부터의 추방이 뒤따랐다.

---

* 108-110쪽 참조.

이어지는 일화는 최초의 부부가 낳은 두 아들의 경쟁에 대한 것이다. 형인 카인은 땅을 경작하는 자였다. 동생인 아벨은 양떼를 지키는 자였다. "때가 되어 카인은 땅에서 난 곡식을 야훼께 제물로 드렸고 아벨은 양떼 가운데에서 맏배의 기름기를 드렸다. 그런데 야훼께서는 아벨과 그가 바친 예물은 반기시고 카인과 그가 바친 예물은 반기시지 않으셨다. 카인은 고개를 떨어뜨리고 몹시 화가 나 있었다."

카인은 동생을 죽였고, 야훼는 그 벌로 그의 아버지 아담을 저주하였듯이 카인을 저주하였다. "네가 어찌 이런 일을 저질렀느냐? 네 아우의 피가 땅에서 나에게 울부짖고 있다. 땅이 입을 벌려 네 아우의 피를 네 손에서 받았다. 너는 저주를 받은 몸이니 이 땅에서 물러나야 한다. 네가 아무리 애써 땅을 갈아도 이 땅은 더 이상 소출을 내주지 않을 것이다. 너는 세상을 떠돌아 다니는 신세가 될 것이다." 야훼는 그에게 표를 찍어주고, 카인은 "하느님 앞에서 물러나와 에덴 동쪽 놋(="방랑")이라는 곳에 자리를 잡았다."[8]

전체적으로 이 초기의 유대 신화——이것은 서양인의 영혼 깊은 곳에 상처를 입혔다——는 내가 『신의 가면 : 원시 신화』에서 논의한 일반적 범주에 속한다. 그 범주는 열대의 경작 문화에 공통된 것이다. 실제로 아프리카와 인도, 남동 아시아, 멜라네시아와 폴리네시아, 멕시코, 페루, 브라질에서는 그것에 대응하는 신화를 수도 없이 모을 수 있다. 이들 신화 및 그것과 관련된 제의의 전형적인 특징은 다음과 같다. 1. 뱀, 2. 여자, 3. 뱀이나 여자, 또는 둘 다 죽이는 것, 4. 희생자의 묻힌 머리나 몸으로부터 먹을 것을 주는 식물이 자라는 것, 5. 이 시기에 죽음과 출산이 이루어지는 것, 6. 이와 더불어 신화의 시대가 끝나는 것.

그러나 원시적인 예에서는 타락이 없다. 죄나 추방이라는 것도 없다. 여기에서는 삶을 비판하지 않고, 삶을 긍정한다. 나아가서 우리가 초기 메소포타미아의 인장에 대하여 이야기하면서 보았듯이, 신석기 시대와 청동기 시대의 절정기 동안에는 나무라는 상징을 우주론적으로 또 신화적으로 세계의 축으로 여겼으며, 그곳은 모든 대립물의 쌍들이 합쳐지는 곳이었다(다시 〈그림 1〉, 〈그림 6〉, 〈그림 9〉, 〈그림 15〉, 〈그림 19〉를 보라). 따라서 성서에 나오는 에덴의 궁극적인 출처는 사막의 신화일 수가 없다. 즉 원시 헤브루 신화일 리는 없는 것이다. 오히려 흙의 민족들의 오랜 경작 신화일 것이다. 그러나 성서를 통하여 다시 이야기되면서 그 전체적인 논지가 180도 바뀌어버렸다. 바뀐 점들 가운데에서도 특히 다음 사항들이 관심을 끈다.

1. 카인의 아벨 살해 : 여기서는 살인 모티프가 모든 원시 신화에 나오는 순서와는 달리,[9] 신화 시대의 끝보다 먼저 나오는 것이 아니라 그 뒤에 나온다. 나아가서 이것은 타락 모티프를 중복하는 방식으로 바뀌었다. 땅은 이제 카인에게 그 힘을 제공하지 않으며, 카인은 세상을 떠돌아야 한다. 물론 이러한 결과는 농업적인 신화에 나오는 제의적인 살인의 결과와는 정반대이다. 이 신화는 또 헤브루 인들을 그들이 사는 땅의 더 오래된 민족보다 높은 위치에 올려놓기 위해서 이용되었다. 카인은 농사꾼이었고 아벨은 양떼를 돌보는 사람이었다. 가나안 사람들은 농사꾼들이었고 헤브루 사람들은 양을 돌보는 사람들이었다. 따라서 헤브루의 신은 전자가 형임에도 후자를 선호한다. 사실 「창세기」 전체에 걸쳐서 형보다는 동생에 대한 선호가 나타난다. 카인보다는 아벨이다. 뿐만 아니라 이스마엘보다는 이삭이고, 에서보다는 야곱이며, 르우벤보다는 요셉이다. 이것이 주는 교훈을 찾는 것은 어렵지 않다. 마치 요점을 분명히 설명해 주려는 듯, 최근에 기원전 2050년경의 수메르 설형 문자 텍스트가 발견되었다. 여기에는 여신 이난나의 은총을 얻기 위하여 농부와 양치기가 논쟁을 벌이는 이야기가 나온다. 물론 이난나는 농부를 더 좋아하기 때문에, 그를 그녀의 배우자로 삼는다. 다음은 양치기의 항변이다.

"농부가 나보다 더, 농부가 나보다 더,
농부가 나보다 더 가진 것이 무엇입니까……?
그가 나에게 그의 첫 대추야자 술을 따라준다면,
나는 그에게 나의 노란 우유를 따라줄 터인데…….
그가 나에게 그의 좋은 빵을 준다면,
나는 그에게 나의 꿀 치즈를 줄 터인데…….

나보다 더, 농부가 나보다 더 가진 것이 무엇입니까?"

그 말에 여신은 대답한다.

"나는 많은 것을 소유한 양치기와 결혼하지 않으리…….
처녀인 나는 농부와 결혼하리.
식물을 풍성하게 자라게 하는 농부와,
곡물을 풍성하게 자라게 하는 농부와……."[10]

그러나 천 년 뒤, 사막의 부권제적 유목민이 도착하였을 때, 땅에서와
마찬가지로 하늘에서도 모든 판단들이 거꾸로 뒤집혀버렸다.

2. 두 그루의 나무 : 성서에서 하느님과 그가 창조한 세상, 불사와 죽음
을 나누는 신화적 분리의 원리는 지식의 나무가 영원한 생명의 나무와
분리되는 것으로 표현되고 있다. 생명의 나무는 하느님의 의도적인 행동
때문에 인간이 접근할 수 없는 것이 되었다. 반면 유럽과 동양의 다른
신화들에서는 지식의 나무가 곧 생명의 나무이며, 인간이 접근할 수 있
는 나무이다.

『신의 가면 : 동양 신화』에서 나는 기본적인 동양적 관점의 수많은 변
종들에 대해서 이야기하였다. 그 동양적 관점은 서양의 신학자들이 일반
적으로 "범신론적(pantheistic)"이라고 치부해버리는 것이다. 그러나 그것은
유신론적인 것이 아니다. 한 인격체로서의 "신(theos)"은 절대로 그 최종
적인 항(項)이 아니기 때문이다. 또한 "범(凡, pan)"이라는 접두사 또한
적절하다고 할 수 없다. 그 가르침의 범위는 창조의 "모든 것(pan)"을 넘
어서기 때문이다. 『우파니샤드(Upanishads)』에는 이러한 내용이 나온다.

사실 그것은 알려진 것이 아닌 다른 것이다.
나아가서 알려지지 않은 것 위에 있는 것이다.[11]

그의 형태는 보이지 않을 것이다.
아무도 눈으로는 절대 그를 보지 못한다.[12]

그러나 같은 텍스트에서 또 이렇게 말한다.

> 지혜로운 자들은 모든 개별적 존재 속에서 '그것'을 분별하여
> 이 세계를 떠나는 때에 불사의 존재가 된다.[13]

> '그'가 그 자신 속에 있음을 인식하는 지혜로운 자들
> 다름아닌 그들은 영원한 행복을 안다.[14]

또는 중국의 『도덕경』에서 말을 빌자면, 다음과 같다.

> 사람은 땅을 법도로 삼고 따르며, 땅은 하늘을 법도로 삼고 따르며, 하늘은 도를 법도로 삼고 따르지만, 도는 자연을 따라 스스로 그렇게 된 것이다.…… 무위자연의 도는…… 눈으로 보아도 안 보이고, 귀로 들어도 안 들린다.…… 도는 항상 작위를 하지 않으면서 이루지 않는 것 없이 모든 것을 이룬다.[15]

또 일본 불교도의 시에서는 이렇게 말한다.

> 긴 것은 붓다의 긴 몸이고
> 짧은 것은 붓다의 짧은 몸이네.[16]

서양은 이러한 교리를 거부한다. 아니, 이해하는 것을 무서워한다고 하는 것이 더 나을지도 모르겠다. 그것은 단순히 세상에 임재하는 것이 아니라 세상의 본질에 내재하는 신성을 인정하게 되면, 피조물과 구분된 창조주를 인정하는 것에 기초한 서양의 종교 관념이 근본적으로 위협을 받기 때문이다. 다시 『우파니샤드』를 인용해보자.

> 따라서 "나는 불멸이다"라는 것을 아는 자는 누구나 이러한 보편성에 이른다. 심지어 신들도 그가 그렇게 되는 것을 막지 못한다. 왜냐하면 그는 그렇게 해서 바로 신들의 자아가 되기 때문이다. 따라서 다른 신을 섬기면

서 "그는 그요, 나는 또 다른 존재이다"라고 생각하는 자는 아무 것도 모르는 것이다. 그는 신들에게 바쳐진 희생 동물과 같다. 만일 희생 제물이 될 1마리의 동물이 사라진다면, 그것은 신에게 불쾌한 일일 것이다. 하물며 많은 수일 때는 어떨까? 따라서 사람들이 이것을 아는 것이 신들에게는 유쾌한 일이 아니다.[17]

또한 그것은 야훼에게도 유쾌한 일이 아니었으며, 어떠한 신을 섬기는 사람들에게도 유쾌한 일이 아니다. 이러한 관점에 따르면, 마음에 그리는 신이 아니라, 개인이 그 자신의 현실로서 곧 존재의 현실이기 때문이다.

> 너는 짙은 파란색 새이며 빨간 눈을 가진 녹색 앵무새이다.
> 너는 번개를 너의 자식으로 두었다. 너는 계절이고 바다이다.
> 너는 시작도 없이 모든 곳에 편재(遍在)하며,
> 거기에서부터 모든 존재가 태어난다.[18]

나아가서 개인만이 아니라 만물이 이 현실의 현현(顯現)이다. 이 현실은 "면도날이 칼집 안에 감추어져 있듯이, 또는 불이 불길을 일으키는 물질 속에 감추어져 있듯이, 심지어 손톱 끝에 이르기까지"[19] 만물 속에 내재하고 있다. 이렇게 모든 것을 긍정하는 신비하고 시적인 관점 때문에, 동양에서는 아무리 수준 높은 영적 가르침이라도 가장 소박한 것과 직접 결합할 수 있었다. 소박한 대중적 신앙에서 자기 외부의 신을 찾는 것을 그대로 허용한다고 하여도, 그것이 높은 수준의 영적 가르침의 정직성이나 성실성을 해치는 일이 되지 않았다. 외부의 신은 자기 자신의 신비인 '자아'가 외적으로 반영되어 나타난 모습이라고 보면 그만이었기 때문이다.

> 그는 괭이의 손잡이를 잡고 있으나,
> 그의 손은 비어 있다.[20]

반면 성서에 따르면 하느님과 그가 창조한 세상은 서로 동일시될 수

없다. 하느님은 창조주로서 세상을 창조하였으나, 어떤 의미에서도 세상
그 자체가 아니고 그 안의 객체도 아니다. A는 B가 아닌 것과 마찬가지
이다. 따라서 유대교, 기독교, 이슬람교의 정통적 교리에서는 세상 안이
나 자기 자신 안에서 하느님을 찾는 것은 있을 수 없는 일이다. 그러나
그러한 종교들이 거부하는 자연 종교를 믿는 사람들은 그렇게 한다. 동
양의 어리석은 현자들이 그렇고, 수메르와 아카드, 바빌론, 이집트, 가나
안 등지의 악한 사제들이 그렇다. "나무를 보고 아비라, 돌을 보고 어미
라"(「예레미야」 2 : 27) 하는 정글과 초원의 마법사와 샤먼들이 그렇다.
예언자 예레미야는 이러한 것들을 거부하는데, 그것은 "다른 민족들의
생활 태도는 거짓"(「예레미야」 10 : 3)이기 때문이다.

　하느님에 대한 성서적 관념은 인류의 믿음이 의존하고 있는 크고 작은
신화 체계의 포괄적인 관점 어디에도 속하지 않는다. 그 관점은 다른 어
디에서도 배타적인 유일한 진리로 인정한 적이 없는 원리를 대표한다.
즉 신성의 절대적 초월성의 원리이다. 동양의 성스러운 책들에서도 존재
의 궁극적 신비는 초월적이라고 이야기된다. 그러나 이것은 그 신비가
인간의 지식, 생각, 시각, 언어를 "초월한다"(그 위나 너머에 놓여 있다)
는 의미에서이다. 그것은 우리 존재, 나아가서 모든 존재의 신비와 명백
하게 동일시되기 때문에, 동시에 내재적인 것이라고도 이야기된다. 사실
이것은 대부분의 동양 신앙만이 아니라, 원시적이고 신비적인 대부분의
이방 신앙의 핵심이기도 하다. 그리고 내가 보기에는 그것이 또한 야훼
가 두려워하는 점이기도 하다. 즉 야훼는 인간이, 『우파니샤드』의 말을
빌리자면, "나는 불멸이다!" 하는 것을 알고 그렇게 해서 하느님의 자아
가 되는 것을 두려워하는 것이다. 야훼는 이렇게 말하였다. "이제 이 사
람이 우리들처럼 선과 악을 알게 되었으니, 손을 내밀어 생명나무 열매
까지 따먹고 끝없이 살게 되어서는 안 되겠다……." 똑같은 신화이지만
가치가 변형되어서 나타나고 있다. 즉 축복의 실현이 아니라 땅위에서의
고역이 등장하는 것이다.

　3. 죄, 금지된 열매 : 인도의 성자 라마크리슈나는 영국의 교양 있는 방
문객이 어떻게 하느님이 죄인 안에 거한다고 이야기할 수 있느냐고 묻자

이렇게 대답하였다. "전에 어떤 사람이 나에게 성서를 1권 준 일이 있다. 나는 그 책의 한 부분이 1가지로만 꽉 차 있다는 것을 알게 되었다. 죄, 또 죄! 그러나 사람은 이렇게 말할 수 있는 신앙을 가져야 한다. '나는 하느님의 이름을 말하였다. 나는 라마 신 또는 하리 신의 이름을 되풀이하여 말하였다. 내가 어떻게 죄인일 수 있는가?' 사람은 하느님의 이름의 영광에 믿음을 가져야 한다."[21] 이것은 너무 안이하게 보일 수도 있고 그렇지 않을 수도 있다. 어쨌든 이것은 내재한 신성의 힘에 대한 생각을 보여준다. 그 힘을 효과적으로 일깨우기 위해서는 하느님에 대한 생각과 사랑만이 요구될 뿐이다. 이것은 피조물과 창조주 사이에 절대적 구별이 있다는 관념과 비교가 된다. 인간이 이러한 구별을 뛰어넘는 유일한 방법은 공표된 규칙의 특정한, 아주 구체적인 세목에 복종하는 것이다. 그러나 그때조차도 불확실하다.

아담과 하와에게 공표된 규칙은 옛날 이야기에서는 아주 인기 있는 유형에 속하는 것이다. 이것은 민간 전승 연구자들에게는 '단 1가지 금지된 것'으로 알려져 있다. 예를 들어서, '단 1가지 금지된 장소'(금지된 방, 금지된 문, 금지된 길), '단 1가지 금지된 물건'(금지된 과일, 금지된 음료), '단 1가지 금지된 시간'(성스러운 날, 마법의 시간) 등이다.[22] 이 모티프는 전세계에 퍼져 있다. '뒤돌아 보지 말라'는 오르페우스의 금기도 이것과 관련되어 있다.

원시적인 괴물 퇴치 신화들에서는 '단 1가지 금지된 길' 모티프가 흥미롭게 사용된다. 이러한 신화들에서는 젊은 영웅이 그를 보호하려고 제공된 금기를 의도적으로 어기며, 그렇게 함으로써 악의 세력권으로 들어가는데, 그는 이것을 극복하고 인류를 억압에서 해방시킨다.[23] 이러한 관점에서 에덴 동산의 에피소드를 다시 읽을 수도 있으며, 그럴 경우 우리가 삶의 현실로 이루어진 위대한 세계를 빚지고 있는 대상은 하느님이 아니라 아담과 하와라는 것을 발견할 수도 있다. 그러나 기원전 9세기와 4세기에 이 이야기를 만든 사람들은 마음속에 그러한 대담한 생각을 품지 못하였던 것이 분명하다. 그러나 "성서 이야기의 핵심은 더 큰 선을 가져오기 위해서 타락, 즉 붕괴가 허용되었다는 것"[24]이라는 로마 가톨릭의 관념에는 비슷한 생각이 함축되어 있다. 이 관점에 따를 때에 더 큰 선이란 물론 '두번째 나무'인 십자가에 의한 구원이다. 그리고 이러한 관점에 대한 선례는 바울의 위대한 말 속에서 찾을 수 있다. "하느님께서는 모든 사람을 불순종에 사로잡힌 자가 되게 하셨습니다. 그러나 결국은 그 모두에게 자비를 베푸셨습니다."* 또 이러한 개념은 성 토요일에 과월절 촛불의 축복 밑에서 부르는 노래인 "오 펠릭스 쿨파!(O felix culpa!)", 즉 "오, 다행스러운 죄여", 또는 "오, 행복한 잘못이여"의 가사에도 표현되어 있다. O certe necessarium Adae peccatum, quod Christi morte deletum est! O felix culpa, quae talem ac tantum meruit habere redemptorem!(오, 확실히 필요하였던 아담의 죄여, 그것은 그리스도의 죽음에 의해서 씻겨졌도다. 우리에게 이 거룩하고 위대한 구속의 주님을 오게 해준, 오, 다행스러운 죄여!/역주)[25]

『피네건의 경야』에서 열광적으로 발전시킨 이 주제는 에덴 동산의 타락 신화로부터 매우 쉽게 끌어낼 수 있는 것이다. 이 사실은 성서의 신화적인 비유가 그 나름의 메시지를 담고 있으며, 이것은 텍스트의 담론에서 이야기되는 것과는 다를 수도 있다는 나의 주장의 한 예가 된다. 성서는 깊은 과거로부터 빌려온 상징들을 담고 있으며, 그 상징들은 여러 언어로 이루어져 있기 때문이다.

이제 「창세기」 1장의 신화 가운데 훨씬 뒷날에 기록된 사제의 신화로 가보도록 하자.

사제(P)의 창조 시대 : 기원전 4세기

태초에 엘로힘께서 하늘과 땅을 지어내셨다. 땅은 아직 모양을 갖추지 않았고 아무 것도 생기지 않았는데, 어둠이 깊은 물위에 뒤덮여 있었고 그 물위에 엘로힘의 기운이 휘돌고 있었다. 엘로힘께서 "빛이 생겨라!" 하시자 빛이 생겨났다. 그 빛이 엘로힘 보시기에 좋았다. 엘로힘께서는 빛과 어둠을

---

* 「로마서」 11 : 32. 그런데 이 구절은 제임스 조이스의 『피네건의 경야』 전체에 걸치어 모든 종류의 변화에서 나타나고 또 되풀이되는 1132라는 숫자의 비밀스러운 의미이다.

나누시고 빛을 낮이라, 어둠을 밤이라 부르셨다. 이렇게 첫날이 밤, 낮 하루
가 지났다.

　엘로힘께서 "물 한가운데 창공이 생겨 물과 물 사이가 갈라져라!" 하시
자 그대로 되었다. 엘로힘께서는 이렇게 창공을 만들어 창공 아래에 있는
물과 창공 위에 있는 물을 갈라놓으셨다. 엘로힘께서 그 창공을 하늘이라
부르셨다. 이렇게 이튿날도 밤, 낮 하루가 지났다.

다음날에는 마른 땅과 식물이 생기었다. 넷째 날에는 해와 달, 별들이
만들어졌다. 다섯번째 날에는 새와 커다란 바다 짐승, 물고기가 만들어졌
다. 여섯째 날에는 동물들이 만들어졌고, 또 사람이 만들어졌다. 엘로힘
은 말하였다. "우리 모습을 닮은 사람을 만들자!"

　"그래서 바다의 고기와 공중의 새, 또 집짐승과 모든 들짐승과 땅위를 기
어 다니는 모든 길짐승을 다스리게 하자!" 하시고, 당신의 모습대로 사람을
지어내셨다. 엘로힘의 모습대로 사람을 지어내시되 남자와 여자로 지어내시
고…… 엘로힘께서는 다시, "이제 내가 너희에게 온 땅위에서 낟알을 내는
풀과 씨가 든 과일 나무를 주노라. 너희는 이것을 양식으로 삼아라. 모든 들
짐승과 공중의 모든 새와 땅위를 기어 다니는 모든 생물에게도 온갖 푸른
풀을 먹이로 주노라." 하시자 그대로 되었다……[26]

동산에 대한 야휘스트의 신화에서는 사람이 먼저 창조되고 동물의 창
조는 그 다음이다. 그런데 어떻게 수백 년 동안 이 이야기를 그것과 반
대의 순서를 가진 이야기의 제2장으로 읽어야 한다고 생각해왔는지 도무
지 이해가 되지 않는다. 더군다나 여기서는 "엘로힘의 모습대로" 남자와
여자가 함께 나타나는 반면, 야휘스트의 신화에서는 짐승들 가운데에서
아담의 동반자를 찾은 뒤에, 아담의 갈비뼈로 하와를 만든 것으로 나온다.
　또한 왜 엘로힘의 신화가 "엑스 니힐로(ex nihilo)", 즉 "무로부터의"
창조 가운데 하나로 여겨져왔는지도 분명하지 않다. 사실 엘로힘의 신화
는 말의 힘으로 창조가 이루어지는 것으로 묘사되어 있는데, 말이라는
것은 원시적인 사고에서는 "무(無)"와는 거리가 멀다. 오히려 사물의 본

질이다. 일찍이 기원전 2580년경에 이집트에는 말의 힘으로 이루어지는 창조에 대한 신화가 있었다.[27] 그리고 불과 50년 전인 최근에, 6살 먹은 아이 하나가 스위스의 심리학자 장 피아제 박사에게 이렇게 말하였다. "만일 말이 없다면 몹시 나쁠 거예요. 아무 것도 만들 수 없을 테니까요. 말이 없다면 어떻게 물건들이 만들어질 수 있겠어요?"[28]

나아가서 이 창조 신화에는 금지된 나무가 없다.

그리고 마지막으로, 아담과 하와가 엘로힘의 모습대로 지어져 함께 나타났다면, 엘로힘은 남성만이 아니라 남녀 양성을 갖춘 것이 틀림없다. 즉 이원성을 넘어선 것이 틀림없다. 그렇다면 신을 여성적 형태로 섬기는 것도 남성적 형태로 섬기는 것만큼이나 정당한 것이 아니겠는가.

사랑은 맹목적이라고 한다. 기묘하게 굴절된 서양의 신화적 사고의 역사에서 엘로힘의 창조라는 이 장은 엄청난 역할을 해왔다. 이것이 '세계의 제작자' 자신의 입에서 나와 산꼭대기에서 모세에게 전해진 것이라고 생각되던 시절에, 이 구절의 장엄함과 단순함은 지금은 사라져버린 위력을 지니고 있었다. 오늘날 우리는 이것이 아리스토텔레스가 살던 세기에 시인 같은 사제의 손으로 쓰여진 것임을 알고 있다. 기원전 4세기에 묘사된 우주의 형태가 그로부터 1천5백 년 전에 존재하던 마르둑의 신화적 세계의 비유를 차용하고 있다는 것, 즉 하늘이 위의 물과 아래의 물을 갈라, 위의 물은 비가 되어 내리고 아래의 물은 샘으로 솟는다는 우주관을 가지고 있다는 것은, 아무리 줄여서 말하더라도, 실망스러운 일이다. 그러나 이러한 해묵은 전승을 우리 아이들에게 하느님의 영원한 진리로 가르치고 있는 현재의 관습은 훨씬 더 실망스럽다.

홍수의 신화에 대해서는 『신의 가면 : 동양 신화』에서 이미 이야기하였다.[29] 따라서 여기에서는 「창세기」에 2가지 판본이 합쳐져 있다는 지적만 하면 될 것 같다. 기원전 9세기의 J 텍스트를 근거로 한 앞선 판본에서는 야훼가 노아에게 그의 방주로 "깨끗한 짐승은 종류를 따라 암컷과 수컷으로 7쌍씩, 부정한 짐승은 암컷과 수컷으로 2쌍씩, 공중의 새도 암컷과 수컷으로 7쌍씩 배에 데리고 들어가 온 땅위에서 각종 동물의 씨가 마르지 않도록 하여라." 하고 명령한 것으로 나와 있다(「창세기」 7 :

2-3). 반면 P 텍스트를 근거로 한 다른 판본에 따르면, 엘로힘은 노아에게 이렇게 말하였다. "그리고 목숨이 있는 온갖 동물도 암컷과 수컷으로 1쌍씩 배에 데리고 들어가서 너와 함께 살아 남도록 하여라. 온갖 새와 온갖 집짐승과 땅위를 기어 다니는 온갖 길짐승이 2마리씩 너에게로 올 것이니 그것들을 살려주어라"(「창세기」 6 : 19-20).

바벨탑 이야기는 J 텍스트에서 나온 것이며, 성서에 고유한 것이다. 그것은 물론 지구라트의 의미를 뒤집어놓은 것이다. 지구라트는 하늘을 습격하고 위협하려고 만든 것이 아니라, 하늘의 신들이 지상에 있는 노예들의 섬김을 받으러 내려오라고 마련한 것이었다.[30] 그러나 성서가 자신의 영광을 드높이는 방법들 가운데 하나는 그들이 섬기는 방식을 제외한 모든 방식을 소리 높여 저주하는 것이다. 나아가서 야훼가 사람들의 언어를 여러 개로 만들어 그들을 땅위에 흩어버림으로써 바벨탑 건설을 좌절시키는 것(마치 기원전 2500년경까지는 세상에 단 하나의 언어가 있었고, 민족들도 흩어져 있지 않았던 것처럼)은 헤브루 어를 제외한 모든 언어가 부차적이라는 헤브루의 오랜 관념에 비추어볼 때 하나의 텍스트로서 중요한 가치를 지닌다. 1957년에 나온 자그마한 헤브루 어 입문서를 펼치면 "이것은 하느님이 말씀하신 언어이다." 하는 말이 나온다. 이러한 생각은 인도인들이 산스크리트를 존중하는 바탕에 깔려 있는 생각과 같다. 인도인들은 그 거룩한 언어로 된 이름이 사물의 "진짜" 이름이라고 생각하는 것이다. 그것이 창조의 시기에 사물을 만들어낸 이름이라는 것이다. 이 언어로 이루어진 이름은 우주에 선행한다. 그 말은 정신적인 형식이자 지주이다. 따라서 그 언어를 연구하게 되면 신성 그 자체의 진실과 존재, 현실과 힘에 접근하게 된다는 것이다.

3. 아브라함의 시대

타락이 없었다면 구속(救贖)도 필요 없었을 것이다. 따라서 타락의 이미지는 기독교 신화에서 핵심적인 것이다. 반면 유대교 회당의 의식이나 축제나 명상은 '선택된 백성'이라는 전설에 의존하고 있는 편이다.

일반적인 기독교의 관점에서 보자면, 모든 인류는 첫 남녀의 반항으로 인하여 본성의 부패를 물려받았다. 이로 인하여 인간은 이해가 어두워지고, 의지가 약해지고, 악을 행하는 경향이 생겼다. 하느님이 자비를 베풀어서 그 죄로 인한 죄책감과 벌을 스스로 떠맡는 기적이 없었다면, 인류는 그 창조주를 알고 사랑하고 섬김으로써 지복(至福)을 얻는다는 올바른 목적으로부터 영원히 유리된 채로 살아갈 것이다. 동양에서는 자기 내부를 향하면 저절로 자기 안에 있는 신성을 실현할 수 있다고 생각하는데(신화적 동일화), 기독교에서는 그러한 낙관적인 관념을 완전히 거부한다. 기독교적 관점에 따르면 내부에는 부패한 피조물의 영혼 외에 아무 것도 없다. 이것은 그 자체로 신성하지도 않으며 또 스스로 하느님과 어떠한 관계를 이룩할 능력도 없다(신화적 분리). 반면 하느님은 용서하는 마음으로, 그의 아들이라는 인간을 통하여 그에게로 돌아올 방법, 길, 빛을 제공하였다. 그 아들의 십자가, 즉 거룩한 십자가는 동산의 '나무'를 상쇄하는 것이다(신화적 회복). 이러한 기독교적 관점에서 '선택된 백성'이라는 전설의 의미는 아브라함과 그의 씨를 통하여, 구속이라는 기적에 하느님과 함께 참여할 수 있는 민족이 준비되었다는 것이다. 아브라함의 자손은 '진정한 인간'일 뿐만 아니라 '진정한 하느님'(여기에 기적이 있다)이 될 '아들'을 위하여 육신, 자궁, 인간성을 제공하였다. 그러나 그가 죽을 때 예루살렘 성전의 휘장이 찢어졌으며(「마태복음」 27 : 51, 「마가복음」 15 : 38, 「누가복음」 23 : 45), 그전까지 이 세상에 하느님의 목적을 전하는 매개였던 모세의 제의적 율법이 그 역할을 중단하게 되었다. 그 결과 교회의 성례(聖禮) 체계가 하느님의 의지와 은혜를 이 땅에 전하는 유일한 매개가 되었으며, 타락과 구속의 상징인 나무와 십자가는 이제 목적 없는 세계에서 인간 존재론의 궁극적인 항들이 되었다.

반면 지금도 유지되고 있는 유대교 회당의 관점에서는 원죄에 대한 기독교의 교리를 거부한다. 대영제국의 랍비장이었던 고 J. H. 헤르츠는 이렇게 말하였다.

인간은 처음부터 죽을 수밖에 없었다. 죽음은 하와의 범죄를 통하여 세상에 들어온 것이 아니다.…… 인간이 하느님을 닮았다는 사실이 사라진 것도 아니고, 인간이 하느님의 눈앞에서 옳은 일을 할 수 있는 능력이 사라진 것도 아니다. 아담과 하와에게 그러한 것들이 사라져서, 그와 같은 상태가 후손에게까지 전달된 것은 결코 아니다.

소수의 랍비들은 가끔 뱀이 인류에게 독을 줄 때 하와가 개입한 것을 탄식하는 모양이지만, 그들조차 그러한 독에 대한 해독제가 시나이 산에서 발견되었다고 이야기한다. 그들 역시 하느님의 법이 동물적 상태와 무신(無神)의 상태라는 황폐함으로부터 우리를 막아주는 보루라는 정당한 입장을 견지하고 있는 것이다. 시편의 저자는 죄에 대하여 자주 말한다. 그러나 기독교 신학에서 "타락"이라고 부르는 것에 대한…… 언급은 한번도 없다. 기도서, 심지어 참회의 날들의 기도서에도 인간의 타락에 대한 교리의 흔적은 전혀 나타나지 않는다. "나의 하느님, 당신이 내게 주신 영혼은 순수합니다." 이것이 유대인이 매일 아침에 드리는 기도이다. "지상의 날을 시작할 때 영혼이 순수하듯이, 그것을 창조주에게 순수하게 돌려드릴 수 있다"(『미드라시』)…….

아담으로부터 내려오는 인류는 가망 없이 부패하여 대홍수에 쓸려가버렸다. 오직 노아만이 구원을 받았다. 그러나 몇 세대가 지나지 않았음에도 인류는 다시 한번 오만해지고 불경해졌으며 도덕적 어둠이 땅을 덮었다. "그래서 하느님이 아브라함이 생겨라 하고 말씀하셨더니 아브라함이 생겨났다." 이것이 『미드라시』의 심오한 말씀이다.[31]

유대교뿐만 아니라 기독교와 이슬람교에서도 궁극적인 위치를 차지하는 이 전설의 서두는 이렇게 시작된다. "야훼께서 아브람에게 말씀하셨다. '네 고향과 친척과 아비의 집을 떠나서 내가 장차 보여줄 땅으로 가거라. 나는 너를 큰 민족이 되게 하리라. 너에게 복을 주어 너의 이름을 떨치게 하리라. 너의 이름은 남에게 복을 끼쳐 주는 이름이 될 것이다. 너에게 복을 비는 사람에게는 내가 복을 내릴 것이며 너를 저주하는 사람에게는 내가 저주를 내리리라. 세상 사람들이 너의 덕을 입을 것이다.' 아브람은 야훼께서 분부하신 대로 길을 떠났다……."[32]

이 기록은 기원전 9세기의 J 텍스트에 나오는 것이다. 즉 실제 사건보다 천 년쯤 뒤에 쓰여진 것이다. 그러나 역사적 시간의 연대기 속에서 그 사건이 어디에 위치하는지 아는 사람은 아무도 없다. 어떤 성서 독자들에게는 아브라함에게 기원전 1996년경이라는 시기를 부여하는 것이 오랜 세월 동안 관행이 되어왔다.[33] 아브라함은 창세기에서 말한 대로 "갈데아 우르"에서 태어나서 부인, 아버지, 조카와 함께 그곳을 떠나 가나안 땅으로 들어가며, 하란에서 잠시 멈춘다.[34] 이 시기는 수메르 문화가 잠깐 회복되면서 개화한 기간에 속한다. 이것은 라가시의 경건한 구데아 왕 통치기(기원전 2000년경)의 일이다. 그의 닌기즈지다에 대한 비전이 〈그림 1〉의 영감이었다. 우리가 탄생의 이야기를 읽어보기도 하였던 위대한 셈 족의 군주 아가데의 사르곤(기원전 2350년경)은 하나의 왕조를 형성해서 그 뒤로 10명의 후손이 왕좌에 올랐다. 그러나 이 왕조는 기원전 2150년경 북동부 야만인들의 습격으로 무너졌다. "산에서 온 용들"이라고 불리던 그들은 "남편으로부터 부인을 강탈하였고, 부모로부터 자식을 강탈하였고, 수메르 땅으로부터 왕국을 강탈하였다." 그들의 인종적 특성에 대해서는 알려진 것이 없다. 그들의 왕은 자칭 "구티(Guti)와 사방(四方)의 왕"이라고 하였다. 그들의 통치 기간은 기원전 2150년경부터 2050년경까지 백 년 정도 계속되었다.[35]

이 참사 뒤에 우르의 토착 수메르 제3왕조(기원전 2050-1950년경) 하에서, 특히 라가시의 경건한 구데아 왕 밑에서 옛 수메르 문화 형식들이 당당하고 유망하게, 그러나 애처로울 정도로 짧은 기간 동안 회복되었다. 이 시기에 나온 수많은 설형 문자판들에 보존되어 있는 것이 우리가 옛 수메르의 서사시들에 대해서 알고 있는 모든 것이다. 또한 이 시기에는 새롭고 엄청난 지구라트들이 건설되고 있었다.

이 시기에 건설된, 우르의 지구라트 유적지에 대하여 무어트가트 교수는 이렇게 쓰고 있다. "그러한 성소가 자리 잡은 구역의 광대한 크기와 복잡한 조직을 볼 때, 그리고 우르의 규모가 예를 들어서 우룩의 여신 이난나의 커다란 신전 도시보다 훨씬 작았다는 것을 생각할 때, 우리는 후기 수메르의 사회 질서가 여전히 근본적으로 신정(神政)적 성격을 가지고 있었다는 것을 알게 된다. 수메르의 신전 도시는 중세의 기독교 공동체들과 비교할 때 진정한 의미에서 신전 건설자들의 공동체였다. 그러나 그 세계에 대한 우리의 이해가 깊이 있는 진정한 이해와는 거리가 멀다는 것을 깨달을 때 안타까움을 금할 수 없다."[36]

족장 아브라함이 그의 가족과 가축 무리를 이끌고 돌아다니던 도시마다 그러한 높은 지구라트들이 풍경을 지배하고 있었다고 생각할 수 있다.

랍비 헤르츠는 말한다. "아브라함의 등장과 더불어 창세기의 성격이 변한다. 그전의 처음 11개 장에서는 세상에서 인간 사회가 형성되기 시작하는 이야기가 나온다. 그러나 창세기의 나머지는 한 민족을 세운 사람들의 이야기인데, 하느님의 목적이라는 관점에서 보자면 그 민족의 운명이 성서의 주된 주제를 이루고 있다.…… 족장들과 더불어 우리는 침침한 원시의 세계를 떠나서 역사 시대라는 환한 대낮으로 들어가게 된다."[37]

일부 독자들에게는 1961년에 나온 책에서, 수메르와 아카드의 시기, 그리고 위대한 이집트의 피라미드의 시기가 "침침한 원시의 세계"이고, 그 존재 시기를 4백 년의 오차 범위 이내로 확정지을 수 없는 아브라함과 더불어 우리가 환한 대낮으로 들어갔다는 이야기가 약간 이상하게 들릴지도 모르겠다. 그러나 만일 아브라함이 실제로 기원전 1996년경에 살았다면——이것도 가능한 경우 가운데 하나이다——우리가 그 시대의 지구라트 건설자들 중 하나에 대하여 알고 있는 사실을 통해서 그의 삶의 배경을 약간 파악해볼 수 있을지도 모르겠다. 어쩌면 아브라함은 어떤 커다란 국가 행사에서 그 건설자를 실제로 보았을지도 모른다. 그 건설자는 그렇게 멀지 않은 도시 라가시의 구데아 왕이다.

구데아가 그의 도시 신인 닌기르수에게 바치는 지구라트를 건설한 일에 대해서는 귀중한 이야기가 남아 있다. 이 이야기를 통해서 그 시대 사람들의 종교적 태도를 엿볼 수도 있을 것이다. 그들의 신들은 아브라함의 신과는 달리 약속된 미래에 속한 것이 아니라, 이미 희미해지는 과거에 속하였다. 따라서 그 장송곡을 들어보면 곧 해체되고 스러져버릴 낡은 유산이 드러날 수도 있을 것이다.

티그리스 강이 범람하지 않아서 흉년을 맞이하게 될 위기에 처하자 구데아는 그의 도시 신인 닌기르수의 신전으로 나아갔다. 신은 꿈을 통해서 자신의 뜻을 알렸다. 그러나 그는 그 꿈을 해석할 수가 없었다. 그래서 이번에는 근처에 있는, 그의 여신-어머니 가툼두그의 신전으로 갔다. 이곳에서 그는 여신에게 다음과 같이 도움을 요청하는 기도를 드렸다.

"오, 나의 여왕, 가장 순수한 하늘의 딸이여, 당신의 조언은 유익합니다. 가장 높은 하늘의 자리를 차지한 분이여, 당신은 땅을 살아나게 합니다. 라가시의 여왕, 어머니, 건립자여! 당신이 아끼는 자들은 풍족한 힘을 압니다. 당신이 존중하는 자들은 해마다 얻는 부유함을 압니다. 나에게는 어머니가 없으니, 당신이 나의 어머니입니다. 아버지도 없으니, 당신이 나의 아버지입니다. 당신은 성소에서 나를 낳았습니다. 오, 나의 여신이여, 가툼두그여, 당신의 지혜는 선한 지혜입니다. 어머니여, 내가 당신에게 나의 꿈을 말씀드리겠습니다.

나의 꿈에 한 남자가 나타났습니다. 그의 키는 하늘을 채웠고, 그의 키는 땅을 채웠습니다. 머리에는 자신이 신이라는 것을 알리는 관을 썼습니다. 그의 옆에는 임두구드 새*가 있었습니다. 그의 발에서는 폭풍이 일었습니다. 오른쪽과 왼쪽에는 각각 사자가 있었습니다. 그는 나에게 그의 집을 지으라고 명령하였습니다. 그러나 나는 그가 누구인지 몰랐습니다.

그때 내 앞의 땅에서 해가 솟았습니다. 한 여자가 나타났습니다. 그 여자가 누구일까? 그 여자가 누가 아닐까? 여자는 손에 순수한 철필을 들었습니다. 다른 손에는 점토판을 들었는데, 거기에는 하늘의 별자리들이 그려져 있었습니다. 여자는 생각에 잠기어 있었습니다. 그때 꿈에 두번째 남자가 나타났습니다. 전사(戰士)였습니다. 그는 청금석 판을 들었는데, 그 위에 집 그림을 그렸습니다. 내 앞에는 들것이 하나 놓였습니다. 그 위에 금으로 된 벽돌 주형(鑄型)이 하나 있고, 주형 안에 운명의 벽돌이 있었습니다. 그리고 내 왕의 오른쪽에는 짐을 실은 나귀가 1마리 서 있었습니다."

여신이 말하였다. "나의 양치기여, 내가 너를 위하여 너의 꿈을 읽어주겠다. 키가 하늘과 땅을 채우고, 신의 관을 쓰고, 옆에 임두구드 새가 있고, 발에서 폭풍이 일고, 오른쪽과 왼쪽에 사자 2마리가 있는 남자는 신이며, 나의 오라버니 닌기르수다. 그가 너에게 하는 명령은 그의 신전 에닌누를 지으라는 것이다. 그리고 땅에서 솟아오른 해는 너의 수호신 닌기즈지다이다. 그의

---

* 임두구드 새는 〈그림 16〉의 사자-새이다.

뱀의 형체는 해처럼 땅에서 솟아오른다. 첨필과 별자리 판을 들고 생각에 잠기어 있는 여자는 나의 자매인 여신 니사바로서, 너에게 신전 건축을 위하여 상서로운 별을 보여주는 것이다. 두번째 남자, 전사이며 청금석 판을 들고 있는 자는 닌-두브 신으로서, 너에게 신전의 구조를 설계해준 것이다. 그리고 왕의 오른쪽에 있던 짐을 실은 나귀, 그것은 너로서, 과제를 수행할 준비를 갖추고 있는 것이다."

구데아는 귀한 나무로 된 수레를 만들도록 한 다음에 보석으로 치장을 하였다. 그리고 그 앞에 나귀를 매었다. 수레 위에는 그의 도시의 상징을 실었는데, 거기에는 그의 이름이 새겨져 있었다. 또한 그에게 기쁨을 주는 수금을 실었는데, 그 유명한 음조는 그의 생각이자 평화였다. 그는 이 선물들을 가지고 그의 도시의 신전으로 갔다. 그리고 기도로 낮과 밤을 보내었다. 또한 구데아는 경외의 성소, 곧 피의 희생제의를 드리는 신전이자 닌기르수 신이 그의 영토를 지배하는 곳에서 희생 동물을 바쳤고, 향기가 나는 나무들을 태웠고, 증표를 받고자 그의 신 앞에 몸을 던져 기도를 드렸다.

"오, 나의 왕이자 주여, 닌기르수여, 당신은 노한 물을 잠재우는 분이시며, 엔릴의 자식이며, 능란하며 두려움이 없는 분이십니다. 주여, 내가 당신을 위하여 집을 지을 것이나, 아직 증표를 받지 못하였습니다. 영웅 신이시여, 내가 알 바를 알게 하소서. 나는 이 일들의 의미를 알지 못하기 때문입니다. 당신은 바다의 심장처럼 튀어나옵니다. 세계의 나무처럼 단단히 서 있습니다. 끓는 물처럼 들끓으며, 적 위에서 폭풍처럼 폭발합니다. 나의 왕이여, 당신은 하늘처럼 깊이를 알 수 없습니다. 그러나 나는? 내가 무엇을 압니까?"

신이 말하였다. "나의 진정한 양치기 구데아가 나의 신전 에닌누의 건축에 손을 대는 날 하늘에서 비바람 소리가 들릴 것이다. 그리고 너의 위로 비가 풍성하게 쏟아질 것이다. 영토가 풍요롭게 부풀어오를 것이다. 나의 신전의 기초가 놓이면 풍요가 나타날 것이다. 큰 들판들이 풍부하게 소출을 낼 것이다. 도랑과 운하에 물이 차오를 것이다. 땅의 틈에서 물이 뿜어져 나올 것이다. 수메르에는 기름이 풍부하여 어디에서나 기름을 따를 것이다. 양모가 풍부하여 어디에서나 그 무게를 잴 것이다. 너의 경건한 손이 나의 신전을 짓는 일을 시작하는 날, 나는 산, 곧 폭풍의 거처에 발을 올려놓을 것이다. 그 폭풍우의 거처인 산, 그 순수한 곳으로부터 내가 바람을 보낼 것이다. 그래서 그것이 너의 땅에 생명의 숨결을 가져올 것이다."

왕은 잠에서 깨어났다. 그는 잠을 자고 있었던 것이다. 그는 몸을 흔들었

144

다. 꿈이었다. 신전이 건축되자 신은 그의 성소로 모셔졌고, 닌기르수와 여신 바바의 결혼이 선포되었다. "이레 동안 하녀와 여주인이 평등하였다. 노예와 주인이 함께 걸어다녔다. 높은 자와 낮은 자가 나란히 앉았다. 악한 혀에서 나오는 나쁜 말도 좋게 바뀌었다. 고아들이 부자들로부터 불의를 당하지 않았으며, 해에서는 의로움이 빛났다."[38]

기원전 1950년경 우르 제3왕조의 마지막 왕이 엘람의 도시들로부터 침략을 당하여 쓰러지는 것과 더불어, 수메르와 아카드 문화 세계의 오랜 통일 시대도 끝이 났다. 다시 무어트가트 교수의 말을 들어보자.

"사방(四方)"의 정복은 이제 상상할 수도 없었다. 도처에서 옛 도시 국가들이 다시 일어섰다. 그러나 그 대부분은 토착민이 아니라 외지의 군주들이 다스렸다. 이들 가운데 소수가 셈 족의 영향을 강하게 받은 엘람 혈통 사람들로서, 그 땅은 수메르와 아카드 제국의 한 지방을 이루고 있었다. 그러나 다수는 사막의 유목민이었다. 이들은 새롭게 물결처럼 밀려오는 셈 족의 구성원들로 언어상 그들의 방언과 이름 양쪽에서 그 이전 아카드 동부 셈 족에 속하는 민족들과 구별되었다. 그들의 가장 가까운 친족은 당시 시리아와 팔레스타인으로 들어오고 있던 가나안 족이었다.…… 이 사막의 민족은 이신, 라르사, 바빌론, 마리, 그리고 나중에 아수르에서 주도권을 잡았으며, 서로 싸움을 하였고, 제휴를 통하여 결합하였고, 도처에서 최고의 자리를 잡기 위하여 전쟁을 벌였다. 그러다가 150년 뒤 마침내 엘람 족과 셈 족은 각각 위대한 전사-정치가를 배출하였다. 엘람 족의 경우에는 림신(Rimsin)이었으며, 셈 족의 경우에는 함무라비(Hammurabi)였다. 이들 중에서 더 위대하였던 바빌론의 함무라비는 마침내 한동안이나마 고대 수메르와 아카드 세계의 통일과 영광을 회복할 수 있었다.[39]

함무라비의 통치기는 기원전 2067년에서 1905년 사이로 잡는 것이 통례였다.[40] 사실 이러한 시기 설정 역시 아브라함에게서 나온 것이다. 시날 왕 아므라벨(「창세기」 14 : 1)이 바로 함무라비라는 전제가 깔려 있었기 때문이다. 그러나 요즘에는 새로운 증거에 따라서 함무라비의 시기가 기원전 1728-1686년경으로 늦추어졌기 때문에, 아브라함의 시기 역시 늦추어졌다. T. J. 미크 교수의 말처럼, "지금은 그러한 동일시가 잘못된 것으로 알려져 있지만, 그럼에도 아브라함의 생존 시기는 함무라비의 시기와 가까울 것이다."[41]

바빌론에서 함무라비의 왕조는 기원전 1530년경까지 살아 남았으며, 그리고 나서 그 유동적인 세계의 다른 모든 것들과 마찬가지로 무너져버렸다. 그 자리에 사방으로부터 새로운 물결이 쏟아져 들어왔는데, 이번에는 북쪽의 물결이 그 주된 흐름을 이루었다. 이들 가운데에는 3개의 주요한 그룹이 있었다.

1. 후르리 인 : 경이적인 힘과 광대한 세력을 가진 민족. 이들은 일찍이 기원전 2200년경부터 코카서스 산맥으로부터 메소포타미아 북부에 압박을 가하기 시작하였다. 기원전 1800년이 되자 이들은 페르시아 만에 이르렀으며, 그후 서쪽으로 시리아와 팔레스타인으로 이동하였다. 그들은 그곳에 정착하고 있던 서부의 셈 족 가운데 많은 수를 쫓아내거나 그들과 피를 섞어버렸다.

미크 교수는 말한다. "학자들은 오래전부터 초기 헤브루 족장들의 이야기 가운데 일부 세목들이 순수하게 셈 족적인 배경과 맞지 않는다는 데에 주목해왔다. 셈 족에게서 비슷한 것을 찾을 수가 없기 때문이다. 그러나 후르리 인에 대한 우리의 지식이 확대됨에 따라서, 이제 후르리 인에게서 매우 비슷한 것들을 확인하게 되었다." 예를 들어서, 에사오가 그의 상속권을 파는 일(「창세기」 25 : 31-34)은 유례가 없는 사건이었으나, 결국 그것과 똑같은 교환이 후르리 인들 사이에서는 시행되고 있었음을 알게 되었다. 라헬이 친정집 수호신을 훔친 것(「창세기」 31 : 19)도 학자들에게는 오랫동안 수수께끼였으나, 후르리의 법에 따르면 그녀가 그것을 가짐으로써 남편 야곱이 그녀 아버지의 재산에 대한 권리를 확보하게 된다는 것이 밝혀짐으로써 의미가 분명해졌다. 미크 교수는 말한다. "이러한 것들을 비롯하여 초기 헤브루 인과 후르리 인 사이의 유사점들을 볼 때, 그리고 구약에서 후르리 인의 이름과 그들에 대한 언급이 나오는 것을 볼 때, 두 민족의 이주가 함께 이루어졌다는 것을 분명하게 알 수 있다. 후르리 인과 하비루 인, 즉 헤브루 인은 메소포타미아에서 함께 발견되었으며, 서부에서도 함께 발견될 가능성이 있다……."[42]

이것은 아직 아무도 탐사한 적이 없는 광대한 새 전망을 열어준다. 후르리 인은 단명하였지만 막강한 왕국을 세웠다. 반(Van) 호수 남서쪽(지금은 쿠르디스탄이라고 알려진 지역으로, 시리아와 터키 그리고 이라크가 만나는 지점이다)에 있었던 이 왕국은 기원전 1500년경부터 1250년경까지 지속된 미탄니 왕국으로 알려져 있다. 여기에는 아브라함이 하란에서 머물던 곳이 포함되어 있다. 나아가서 기원전 1400년경 이 미탄니와 이웃의 히타이트 인──미탄니는 곧 히타이트 인에게 정복당한다──이 맺은 조약을 보면 베다의 다섯 신들의 이름, 즉 인드라, 미트라, 바루나, 그리고 두 아시빈이 나온다. 지금 보기에는, 적어도 한동안은 인도-아리아 혈통의 귀족 상층 계급이 후르리 인을 이끌었던 것 같다. 이들은 수레를 타는 전사들이었다. 근동에 새로운 전쟁 기계, 곧 2마리의 말이 끄는, 바퀴 2개짜리 가벼운 전차를 도입한 사람들이 바로 이들이었을 수도 있다. 전차는 기원전 2000-1750년경 아리아 지역에서 개발되어서 그후 3백 년 이내에 고대 역사 세계의 거의 전 지역에 나타났기 때문이다. 이집트에는 기원전 1670-1570년경 아시아의 힉소스 왕들의 시기에 들어갔다. 인도에는 기원전 1500-1250년경 아리아 부족들의 시기에 들어갔다. 그리스에도 거의 같은 시기에 들어갔다. 중국에는 기원전 1523년경 은나라 시기에 들어갔다. 따라서 족장들의 시대라고 알려진 시기에 셈 족과 아리아적인 요소들이 성서의 신화를 형성하는 데에 상호 작용을 하였을 가능성──사실 필연적이었을 것이다──에 대한 탐사가 아직 과제로 남아 있다. 또『신의 가면 : 동양 신화』에서 이야기하였듯이, 중국의 신화에서 약간의 유사점들이 발견되는 것도[43] 여기에서 그 이유를 찾을 수 있을 것이다.

이 시기에 침략을 하였던 다른 큰 집단들은 다음과 같다.

2. 히타이트 인 : 후르리 인과 관련이 있을 가능성이 있으나, 민주주의와 전쟁이라는 양면에서 그들을 넘어섰다. 이들은 곧 오늘날 터키라고 알려진 곳의 많은 부분을 통치하게 되었다. 이들은 기원전 1750-1150년경까지 지배를 하였는데, 함무라비 시대 무렵에 발흥하였다가 전성기를

맞이한 뒤, 호메로스의 트로이 전쟁 무렵에 갑자기 무너졌다.

　3. 카시트 인 : 이들은 엘람(지금의 페르시아)으로부터 내려왔다. 중국
도 기원전 2000년경 그들의 기본적인 신석기 유산의 상당 부분을 그곳으
로부터 물려받았다. 카시트 인은 바빌로니아 본토의 강변에 위치한 땅을
차지하고 있었다. 그리고 그들은 메소포타미아로 들어가기 전에 당시 인
도로 들어가고 있던 인도-아리아 인과 어떠한 연계를 맺었던 것으로 보
인다. 카시트 인은 문서화된 신화적 텍스트를 남기지 않았지만, 우리는
그들의 개인 이름을 통하여 그들의 신에 대해서 약간은 알 수 있다. 예
를 들자면, 수리아스(산스크리트로 Sūrya, 태양), 마루타스(산스크리트로
Marut, 바람), 부리아스(그리스 어로 Boreas, 북풍) 등이 그러한 이름들
이다. 이들은 적어도 어느 정도는 아리아, 어쩌면 인도-아리아 혈통에 속
하였던 것으로 보인다.

　다른 말로 하자면, 이 세계는 극히 복잡하였으며, 서양의 종교적 사고
와 관행의 많은 부분에 영감을 주었던 책은 이러한 세계로부터 등장하였
다. 그러한 복잡성 자체가 그 책의 힘과 정당성을 가진 듯한 분위기의
원천들 가운데 하나였다고 생각하는 것이 합리적일 것이다. 그러나 이러
한 힘이 우리의 정서를 설득하고 움직일 수는 있을지 몰라도, 족장들을
그들의 시대——함무라비의 시대라고 하여도——의 맥락 속에서 파악하
려는 양심적인 학자의 정신은 여전히 곤란을 겪고 있다. 여리고의 도시
언덕을 발굴한 탁월한 학자인 캐슬린 케년 박사는 이렇게 쓰고 있다.

　　족장들의 시대에 속하는 시기의 연대기를 구성할 수 없다는 것은 분명하
　다. 또한 아브라함이 하란을 떠날 때 75살이었고, 이삭을 낳을 때 100살이
　었고, 이삭이 요셉을 낳을 때 60살이었고, 야곱이 이집트에 들어갔을 때 130
　살이었다는 것을 사실로 여길 수도 없는 일이다. 여리고 무덤의 유골에서
　나온 증거는 이 시기의 기대 수명이 짧았다는 것을 보여주기 때문이다. 대
　부분은 35살이 되기 전에 죽었던 것으로 보이며, 50에 이른 사람은 거의 없
　었던 것 같다.
　　그러나 정확한 연대기는 불가능하다고 하여도, 이 시기의 환경은 성서의

이야기에 기록된 것을 반영하고 있다. 족장들은 반유목민적 목축민으로서 좀더 비옥한 해안 지대로 이주하여 천막을 치고 살았으며, 도시에 살았던 가나안 인들과는 떨어져 있었다. 고고학은 그 도시의 유형을 드러내고 있다. 반면 천막에 살았던 목축민들은 고고학이 복구할 만한 증거를 남기지 않았다. 그러나 우리는 이제 그들의 환경에 대해서 조금은 알고 있다.[44]

그러나 대체로 일화들은 사실의 연대기보다 훨씬 더 설득력 있게 신화를 드러낸다. 예를 들어서, 다음의 재미있는 이야기에는 이미 훗날 모세의 지도 하에 이루어지는 출애굽의 모티프들이 몇 개 포함되어 있다.

마침 그 지방에 흉년이 들었는데, 그 흉년이 너무나 심하여 아브람은 이집트에 몸붙여 살려고 옮겨 간 일이 있었다. 이집트 땅에 발을 들여놓기 전에 아브람이 아내 사래에게 당부하였다. "나는 당신이 정말 아름다운 여자라고 생각하오. 이집트 인들이 당신을 보면 당신의 남편이라고 해서 나를 죽이고 당신만 살려둘 것이오. 그러니 나를 오라버니라고 부르시오. 그러면 내가 당신 덕으로 죽음을 면하고 대접도 받을 것이오." 아브람은 이집트에 들어갔다. 이집트 인들이 보기에 그의 아내는 정말 아름다웠다. 이집트 왕의 신하들은 그를 보고 왕 앞에 나아가 아름다운 여인이 나타났다고 아뢰었다. 그리하여 사래는 왕궁으로 불려 들어갔다. 아브람은 그 덕분에 대접을 받고 남종들과 여종들, 양떼와 소떼, 암나귀와 수나귀, 그리고 낙타를 여러 마리 받았다.
그러나 왕은 아브람의 아내 사래를 불러들인 벌로 온 가족과 함께 야훼께 무서운 재앙을 받았다. 왕은 아브람을 불러 꾸짖었다. "네가 어찌하여 나에게 이러한 일을 하였느냐? 왜 그를 너의 아내라고 하지 않았느냐? 왜 이 여자를 너의 누이라고 속여서 나의 아내로 삼게 하였느냐? 너의 아내가 여기 있으니 데리고 당장 물러가거라." 이집트 왕은 부하들에게 명하여 아브람을 그의 아내와 그의 모든 소유와 함께 내보내었다. 아브람은 모든 재물을 거두어가지고 아내와 함께 이집트에서 나와 네겝으로 올라갔다. 롯도 함께 올라갔다.[45]

이 일화는 야휘스트(J) 텍스트에 나오는 것이다. 이것을 보충하기 위하여 E 텍스트에 나오는 다음 구절을 보도록 하겠다. 이것은 훨씬 훗날 아브람의 이름이 아브라함으로 바뀌고 사래의 이름이 사라로 바뀌었을 때의 일이다. 사라는 이제 90살이 넘었고, 아브라함은 100살이 넘었다.

아브라함은 그곳을 떠나 네겝 쪽으로 자리를 옮겨 가다가 카데스와 수르 사이에 있는 그랄에 이르러서 그곳에 정착하여 살게 되었다. 그때 아브라함 은 아내 사라를 누이라고 하였다가 사라가 그랄 왕 아비멜렉에게 불려 들어 가는 변을 당하였다. 그날 밤 엘로힘께서 아비멜렉의 꿈에 나타나시어 "네 가 맞아들인 여인으로 인하여 너는 죽으리라. 그 여인은 남편이 있는 몸이 다." 하고 이르셨다. 아비멜렉은 아직 사라를 가까이 하지 않았으므로 이렇 게 말하였다. "주여, 당신은 죄 없는 사람도 죽이십니까? 그들은 분명히 서 로 오누이라고 하였습니다. 저는 조금도 마음에 걸리는 일을 하지 않았습니 다. 저의 손은 깨끗합니다." "네가 마음에 걸릴 일을 하지 않은 줄은 나도 안다. 그러나 나에게 죄를 짓지 못하게 너를 지켜준 이가 누구인지 아느냐? 너로 하여금 그 여인을 건드리지 못하게 한 것은 바로 나이다. 그러니 그 여인을 곧 남편에게 돌려보내어라. 그 남편은 예언자이다. 그가 너를 위하여 기도해주어야 네가 죽지 않으리라. 만일 그 여인을 돌려보내지 않으면 너는 물론 너의 식구들도 모두 죽으리라."

그래서 아비멜렉은 사라를 아브라함에게 돌려보내었다. 더불어 양떼와 소떼, 남종과 여종, 은 천 닢도 주었다. 그런 다음에 아브라함은 기도를 하였다. "엘로힘께서 아비멜렉과 그의 아내와 여종들의 병을 고쳐주셨다. 그래서 그들은 다시 아기를 낳을 수 있게 되었다. 아브라함의 아내 사라 때문에 야훼께서는 아비멜렉의 집에 있는 모든 여자의 태를 닫으셨던 것 이다."[46]

이러한 일화의 또 다른 변종이 이번에는 아브라함의 아들 이삭에게 나 타난다. 이것 역시 야휘스트(J) 텍스트에 나오는 구절이다. 여기서는 "이 삭은 블레셋 왕 아비멜렉이 사는 그랄로 갔다"고 나온다. 그곳 사람들이 이삭의 아내를 보고 이 여자가 누구냐고 물었더니 "자기의 누이"라고 대 답하였다. "자기를 죽이지나 않을까" 걱정이 되었던 것이다.[47]

아무리 수백 년 전이라 하더라도 이러한 이야기들이 어떻게 "역사 시대의 환한 대낮에" 일어난 사실의 연대기로 읽힐 수 있었는지 상상하기가 어렵다. 그러나 오늘날에는 그 어려움이 더욱 복잡하게 얽혀 있다. 블레셋 인들이라고 불리는 사람들이 크레타로부터 팔레스타인의 해안에 처음 도착한 것이 겨우 기원전 1196년이라는 것이 밝혀졌기 때문이다.[48] 금방 알 수 있듯이, 이렇게 되면 이 우르 출신의 주목할 만한 가문의 역사는 수백 년을 옮겨 가게 되며, 이것은 성서에 나오는 아브라함과 그의 아들의 긴 수명으로도 설명이 될 수 없다. 나아가서 또 하나 곤란한 점은 야곱의 아버지이자 요셉의 할아버지인 이삭이 모세와 출애굽 이후의 시기에 번창한 셈이 된다는 것이다. 그리고 이삭의 아버지 아브라함이 그랄을 지나갈 때 그 또한 아비멜렉에게 똑같은 행동을 하였다는 것을 생각하면 어려움은 더욱 가중된다.

그렇다면 여기서 우리가 다루고 있는 것은 자연이나 인간 역사의 구체적인 내용을 이루고 있는 사실의 순서라기보다는, 신화나 옛날 이야기나 전설의 법칙이라고 할 수 있지 않을까? 세계의 다른 모든 민족의 전승과 마찬가지로, 여기서도 과거는 현재 사실로 알려진 것과 관련되어 제시되는 것이 아니라, 어떠한 사회적 질서와 신념 체계를 초자연적으로 지지해주기 위하여 제시된다. 따라서 그것은 꾸며낸 이야기를 당대의 심리가 납득하고 받아들일 수 있도록 하기 위한 적당한 합리화였다. 이것은 마음속에서 진실보다는 사회적인 선을 더 높은 위치에 놓는 사람들이 지금까지 줄곧 시도해왔고, 또 지금도 시도하고 있는 것이다. 제정신을 가진 현대의 사상가라면 『오디세이』에 통합되어 있는 신화의 단편들에 대해서 역사성을 주장하지는 않을 것이다. 그럼에도 비슷한 시기에 나온 이 고대의 이야기들에 들어가 있는 신화의 조각들에 대해서는 그러한 주장을 하는 현대의 문서들이 너무 많아서, 쌓아 올리면 여기서 달까지 갔다가 다시 돌아올 정도이다. 이것이야말로 현재 우리가 보고 있는 이 주목할 만한 책의 놀라운 특징이다.

4. 모세의 시대

지그문트 프로이트는 그의 마지막 주요 저작인 『모세와 일신교(*Moses and Monotheism*)』에서 모세는 유대인이 아니라 이집트의 귀족이라고, 구체적으로 말하자면 기원전 1377년부터 1358까지 통치하였던 이단자 파라오 이크나톤의 왕실에 속한 귀족이라고 주장함으로써 그를 흠모하던 많은 사람들에게 충격을 주었다. 프로이트의 말에 따르면, 이크나톤이 죽고, 그로 인하여 그의 조정(朝廷)과 일신교가 붕괴해버리자, 모세는 델타의 셈 족 정착민을 데리고 바로 이집트를 떠났다. 모세는 그들에게 이크나톤의 일신교 신앙을 심으려고 노력하였다. 그러나 이 민족은 그의 기율에 억압을 당하다가 사막에서 그를 죽였다. 그리고 지도자의 자리는 아라비아의 화산 신 야훼를 섬기는 미디안의 사제가 차지하였다. 그러나 모세에 대한 기억과 그의 가르침은, 프로이트의 말을 빌면, "계속해서 배경에서 작용을 하여, 마침내 사람들의 마음에 천천히 영향력을 확보하게 되었으며, 결국 야훼라는 신을 모세의 신으로 만들어버렸다. 그리고 모세가 수백 년 전에 세웠으나 그 이후에 버려졌던 종교에 새 생명을 부여하였다."[49]

물론 프로이트의 이론은 모든 측면에서, 또 학문적인 맥락과 그렇지 않은 맥락에서 공격을 받았다. 그러나 절대 몽매하다고 할 수 없는 프로이트의 견해에 따르면, 그의 이론은 성서적 신앙의 독특하게 강압적인 성격에 대한 유일하게 그럴 듯한 심리학적 설명이다. 성서적 신앙은 같은 시기의 그리스 인들이 느긋하고, 시적이고, 심지어 장난스럽게 신화에 접근한 것과 주목할 만한 대조를 이룬다. 프로이트에 따르면 성서적 종교는 신경증의 특징을 지닌다. 여기에서는 신화적 표현의 장막이 죄에 대한 억압된 확신을 감추고 있는데, 이 죄는 속죄를 해야 하는 것임에도 의식적으로는 직면할 수 없는 것이다. 장막을 이루는 신화들은 진실을 드러내는 것이 아니라 감추기 위해서 존재한다. 따라서 그것들은 사실적인 것으로, 또는 오늘날 흔히 하는 말대로 "실존적"인 것으로 주장된다.

유대인의 하느님은 세계의 다른 신화의 신들과는 달리 단지 신화적인 신이 아니라, 흔히 하는 말대로 "살아 있는 하느님"이어야 한다. 숭배자들의 상상으로부터 마치 꿈처럼 일어난 무언가의, 그저 환영 같은 상징이어서는 안 된다. 그는 모세에 의해서 외부로부터 도입되었으며, 하나의 추정된 사실로서 외부에 남아 있다.

프로이트는 또한 자신의 이론이 야훼의 이중적 본성을 설명해준다고 믿었다. 야훼는 한편으로는 미디안의 화산 신과 원시적인 뱀 숭배의 야만적인 특질들을 드러내지만, 예언자들의 가르침에서는 모세와 이크나톤이 섬기었던, 의로움에 바탕을 둔 보편적 하느님으로서 점점 큰 힘을 가지고 나타나게 된다. 프로이트는 또한 자신의 이론이 모세의 전설이 지닌 비일관성도 설명할 수 있다고 믿었다. 모세는 어느 때는 이집트의 귀족으로 나타나다가, 다음 순간에는 아라비아의 양치기 소년으로 나타나며, 결국에는 사막의 샤먼이 된다. 프로이트는 이렇게 쓰고 있다. "한편으로는 구리 뱀을 치료의 신으로 세워놓았다는 전승(「민수기」 21 : 1-9)에 나타나는 카데시와 미디안의 모세가 있다. 다른 한편으로는 자신의 민족에게 모든 마법을 매우 엄격하게 거부하는 종교를 설파한 존귀한 이집트 인 모세가 있다. 우리는 이 둘이 완전히 다른 사람이라는 인상을 피할 수가 없다. 보편적인 신 아톤(이집트의 태양신/역주)이 성스러운 산의 악마 야훼와 다르듯이 아마 이집트 인 모세도 미디안의 모세와 달랐을 것이다."[50]

위대한 역사학자인 에두아르트 마이어도 이러한 차이에 주목하였다. 그는 프로이트가 적절하게 인용한 부분에서 이렇게 말하고 있다. "미디안의 모세는 더 이상 이집트 인도 아니고 파라오의 손자도 아니다. 단지 양치기일 뿐이며, 야훼는 이 양치기에게 자신을 드러낸다. 10가지 재앙 이야기에서는 그의 이전의 관계가 매우 효과적으로 이용될 수 있었음에도 전혀 언급되지 않는다. 또한 이스라엘의 맏이를 죽이라는 명령도 완전히 잊혀지고 있다."[51]

나는 프로이트의 견해를 옹호할 생각도, 그렇다고 공격할 생각도 없다. 프로이트가 이러한 이론을 발표한다는 것은 쉬운 일이 아니었을 것이다.

그가 책의 서두에서 썼듯이, "한 민족이 그 구성원들 가운데 가장 훌륭한 사람이라고 칭송하는 사람을 부정하는 것은 가벼운 마음으로 할 수 있는 일이 아니다(특히 나 자신이 그 민족에 속한 사람으로서). 그러나 나는 민족의 이해 관계라는 것을 위하여 진실을 옆으로 밀어둘 생각은 추호도 없다."[52] 이것은 고귀한 말이다. 나는 이것을 우리 시대의 가장 용감하고 창조적인 한 정신의 고별사로 받아들이고 싶다. 나 자신의 작은 의도는 그저 출애굽이라는 문제를 우선 장막의 역할을 하는 신화적인 측면에서, 그리고 그 장막에 의해서 가려지는 역사적인 측면에서 고려해보려고 하는 것일 뿐이다.

먼저 모세의 출생 전설은 분명 그 이전의 아가데의 사르곤(기원전 2350년경)의 출생 이야기를 모델로 하고 있음이 분명하다.* 또한 이집트에 속한 것이 아니라는 것도 분명하다. 이집트에 역청이나 송진이 팔레스타인으로부터 도입되어 사용된 것은 프톨레마이오스 왕조 시대 이후이기 때문이다.[53]

> 레위 가문에 한 남자가 있었는데, 그는 같은 레위 가문의 여자를 아내로 맞았다. 아내가 아기를 배어 사내아이를 낳았는데, 너무나도 잘생겨서 석 달 동안을 숨겨서 길렀다. 그러다가 더 숨겨둘 수 없게 되자 왕골 상자를 얻어다가 역청과 송진을 바르고 그 속에 아기를 뉘어 강가의 갈대 숲 속에 놓아두었다. 그리고 아기의 누이가 멀찍이 서서 형편을 살피고 있었다……[54]

이 에피소드는 엘로힘(E) 텍스트에서 나온 것이다. 이것은 우리가 알다시피 기원전 8세기에, 이집트가 아니라 이스라엘에서 만들어진 것이다. 그리고 일반적인 신화적 형식은 오토 랑크가 앞서 언급한 책**에서 말하였던 영웅 탄생 신화의 형식을 따르고 있다. 그러나 프로이트가 지적하였듯이, 랑크가 분석한 형식의 70개 남짓한 예들 가운데 버려지고 양자가 된 갓난아기가 비천한 집에서 고귀한 집으로 옮겨간 예는 이것이 유

---

* 91-92쪽 참조.
** 92쪽 참조.

일하다. 보통은 그 반대이다.

프로이트는 이렇게 쓰고 있다. "첫 가족, 즉 아기를 위험에 내놓게 된 가족은 비교할 만한 다른 모든 예에서는 허구적인 가족이다. 그러나 두 번째 가족, 즉 영웅을 양자로 택하고 그를 기르는 가족은 그의 진짜 가족이다. 만일 이것이 일반적인 진실이어서 모세의 전설 또한 여기에서 벗어날 수 없는 것이라고 생각한다면, 순간 우리의 길이 분명하게 보일 것이다. 모세는 이집트 인인데——아마 고귀한 가문 출신일 것이다—— 신화가 그를 유대인으로 바꾸어버린 것이다."[55]

모세라는 이름 자체가 이집트 이름이다. 그것은 "아이"를 가리키는 일 반적인 말인데, 예를 들어서 18왕조의 파라오들의 이름 가운데에도 많이 나타난다. 오래전 에두아르트 마이어는 모세의 경우에 이름의 앞부 분——라-모세, 투트-모세, 아-모세 등등의 경우에서——은 그가 이집트 인이라는 것을 모호하게 하기 위하여 떨어져 나간 것인지도 모른다고 말 하였다.[56] 어쨌든 이집트의 공주가 그 이름이 헤브루 이름이라고 생각하 였을 수도 있다는 것은 이야기꾼이 늘 문제를 끝까지 생각하는 것은 아 니라는 사실을 보여준다. 그 아름다운 이야기는 이렇게 계속된다.

마침 파라오의 딸이 목욕을 하려고 강으로 나왔다. 시녀들은 강가를 거닐 고 있었는데, 공주가 갈대 숲 속에 있는 상자를 보고 시녀 하나를 보내어 건져다가 열어보았더니 사내아이가 울고 있었다. 공주는 불쌍한 생각이 들 어서 "이 아기는 틀림없이 헤브루 인의 아기이다." 하고 중얼거렸다. 그때 아기의 누이가 나서서 파라오의 딸에게 말하였다. "아기에게 젖을 물리도록 헤브루 여인 가운데에서 유모를 하나 데려다 드릴까요?" 파라오의 딸이 "그래, 어서 다녀오너라." 하고 대답하자 소녀는 아기의 어머니를 불러왔다. 파라오의 딸이 그에게 부탁하였다. "내가 삯을 줄 터이니 이 아기를 데려다 젖을 먹여 길러다오." 그리하여 여인은 아기를 데려다가 젖을 먹여 키웠다. 아기가 꽤 자란 뒤에 어머니는 아이를 파라오의 딸에게 데려갔다. 공주는 그 아이를 자신의 아들로 삼고, 물에서 건져내었다(헤브루 어로 mashah)고 하여 모세(헤브루 어로 Mosheh)라는 이름을 지어주었다.[57]

이 전설은 비슷한 시기 그리스의 페르세우스 이야기와 비교가 된다. 페르세우스는 다나에 공주에게서 태어났다. 그녀는 아르고스의 왕 아크리시우스의 딸이었다. 그러나 아크리시우스는 예언된 자손이 나올 것을 두려워하여, 공주를 유모와 함께 지하 동굴에 집어넣었다. 그러나 제우스는 황금 소나기를 내려보내었고, 그 결과 처녀는 잉태를 하게 되었다. 그러자 왕은 모녀를 함께 상자에 넣어서 바다에 내던졌다. 그것을 어떤 어부가 해안으로 끌고 갔다. 어쨌든 맨 마지막에는 페르세우스가 묘한 우연으로 인해서 태양의 상징인 원반으로 그의 할아버지인 아크리시우스를 죽이게 된다.[58]

페르세우스 이야기는 나중에 더 하기로 하겠다. 지금 이야기하려는 것은 단지, 압제자 군주의 집안에 들어간 양손자(養孫子)가 미래의 구원자가 되는 전설의 선례가 있다는 것이다. 모세가 실제로 그러한 존재였는지 우리는 모른다. 사실 우리는 그러한 전설의 영웅을 진짜 역사적 인물로 생각해야 하는 것인지, 아니면 단지 가르침과 신앙의 체계와 관련된 상징적인 인물로 생각해야 하는 것인지 잘 모른다. 어느 쪽이든, 모세의 경우에는 엘로힘(E) 텍스트가 이러한 이집트적인 배경과 영웅 출생의 전설을 제공해준다. 반면 야휘스트(J) 텍스트는 우리의 영웅이 사막의 미디안 사제의 일곱 딸들 가운데 하나와 결혼한 이야기를 들려준다.

　세월이 흘러서 모세는 성년이 되었다. 그는 어느 날 밖에 나갔다가 동족이 고생하는 모습을 보게 되었다. 그때 마침 이집트 인 하나가 동족인 헤브루 인을 때리는 것을 보았는데, 그는 이리저리 살펴서 사람이 없는 것을 알고는 그 이집트 인을 쳐죽여 모래 속에 묻어버렸다. 이튿날 다시 나갔다가 이번에는 헤브루 인 둘이 서로 맞붙어 싸우는 것을 보고 잘못한 자에게, "당신은 왜 동족을 때립니까?" 하고 나무랐다. 그 사내는 "누가 당신을 우리의 우두머리로 삼고 우리의 재판관으로 세웠단 말이오? 당신은 이집트 인을 죽이듯이 나를 죽일 작정이오?" 하고 대들었다. 모세는 일이 탄로났음을 알고 두려워하였다. 파라오는 이 소식을 전하여 듣고 모세를 죽이려고 하였다. 그래서 모세는 파라오의 손을 피하여 미디안 땅으로 달아나서 그곳 우물가에 앉아 있었다.

미디안에는 7명의 딸을 둔 사제가 있었다. 그 딸들이 그리로 와서 물을 길어 구유에 붓고 아버지의 양떼에게 물을 먹이려고 하는데 목동들이 나타나서 그들을 쫓았다. 그러자 모세가 일어나서 그 딸들을 도와 목동들을 물리치고 양떼에게 물을 먹여주었다. 아버지 르우엘은 딸들이 돌아오는 것을 보고 물었다. "오늘은 웬일로 이렇게 일찍 돌아오느냐?" 딸들이 대답하였다. "어떤 이집트 사람이 목동들의 행패를 물리쳐서 우리를 건져주고 양들에게 물을 길어 먹여주었습니다." 아버지가 딸들에게 일렀다. "그 사람이 어디에 있느냐? 그런 사람을 내버려두고 오다니 될 말이냐? 어서 모셔다가 음식을 대접해드려라." 그는 모세가 자기의 청을 받아들여 같이 살기로 하자 딸 시포라를 주어서 모세를 사위로 삼았다. 시포라가 아기를 낳자 모세는 "내가 낯선 고장에 몸붙여 사는 식객(헤브루 어로 게르〔ger〕)이 되었구나." 하면서 아기의 이름을 게르솜이라고 지었다.[5)]

이 일화의 전설적인 유사물은 먼 과거의 족장들에게서 찾아볼 수 있다. 이 모티프들은 야곱의 결혼에서도 나타나는 것이다. 야곱도 모세처럼 생명을 잃을까 두려워서 사막으로 달아났다. 그는 이집트 인을 죽이지는 않았으나, 상속권 문제로 에사오를 속였던 것이다. 그래서 그의 형 에사오는 "동생 야곱을 없애버리리라." 하고 마음먹었다. 사막으로 나간 야곱은 우물가에서 사랑하는 라헬을 만났으며, 그녀의 아버지의 양치기가 되었다. 그는 그녀를 얻기 위해서 7년을 일하였다(모세의 이야기에서는 일곱 딸들이 나온다). 라반은 야곱을 속이고 레아를 주었으며, 야곱은 라헬을 얻기 위해서 7년을 더 일해야 하였다. 그런 다음에 그는 두 아내, 두 첩, 딸, 큰 재산, 열두 아들로 이루어진 귀중한 부족을 이끌고 달아났다.

이 두 이야기에 공통되는 것은 고향에서 목숨을 잃을 위험에 처하고 (이것은 친척과 관계된다——형 에사오, 할아버지 파라오), 사막으로 달아나며, 우물에서 신부를 구하고(7이라는 숫자와 관련된다), 장인에게 양치기로 봉사를 한다는 점들이다. 또한 두 이야기에서 영웅들은 사막으로 달아나자마자 바로 하느님을 만나고 위대한 운명을 받아들이게 된다. 야곱은 베델에서 돌베개를 베고 누웠다가 땅에서 하늘로 이어진 사다리의 꿈을 꾸었다. 하느님의 천사들이 그 사다리를 오르내리고 있었는데, 그 위에 야훼가 서 있었다(「창세기」 28 : 11-13). 모세의 경우에는 불타는 덤불 옆에서 똑같은 사막의 신의 목소리를 들었다.

지금 시점에서 보게 되면 이 일화는 J 텍스트의 요소와 E 텍스트의 요소들이 극히 복잡하게 뒤얽혀 있다. 이것은 기원전 4세기 사제 편집자들의 자르고 잇고 섞는 우아한 솜씨를 보여준다. 다음 인용문에서 J는 명조체로 표시하였고, E는 고딕체로 표시하였으며, 출처가 몇 절인가도 밝혔다. 「출애굽기」 3장에 나오는 이야기이다.

불타는 덤불 속의 하느님

(1) 모세는 미디안 사제인 장인 이드로*의 양떼를 치는 목자가 되었다. 그가 양떼를 이끌고 광야를 지나 엘로힘의 산 호렙으로 갔더니 (2) 야훼의 천사가 떨기 가운데서 이는 불꽃으로 그에게 나타났다. 떨기에서 불꽃이 이는데도 떨기가 타지 않는 것을 본 (3) 모세가 "저 떨기가 어째서 타지 않을까? 이 놀라운 광경을 가서 보아야겠다." 하고 말하였다. (4) 그것을 보러 오는 것을 야훼께서 보시고 떨기 가운데서 "모세야, 모세야." 하고 엘로힘께서 부르셨다. 그가 대답하였다. "예, 말씀하십시오." (5) 야훼께서는 "이리로 가까이 오지 말아라. 네가 서 있는 곳은 거룩한 땅이니 너의 발에서 신을 벗어라." 하시고는 (6) 다시 말씀하셨다. "나는 너의 선조들의 하느님이다. 아브라함의 하느님, 이삭의 하느님, 야곱의 하느님이다." 모세는 엘로힘 뵙기가 무서워서 얼굴을 가렸다.

(7) 야훼께서 계속 말씀하셨다. "나는 너의 백성이 이집트에서 고생하는 것을 똑똑히 보았고 억압을 받으며 괴로워서 울부짖는 소리를 들었다. 그들이 얼마나 고생하는지 나는 잘 알고 있다. (8) 나는 이제 내려가서 그들을 이집트 인들의 손아귀에서 빼내고, 그 땅에서 이끌고 나와 젖과 꿀이 흐르는 아름답고 넓은 땅, 가나안 족과 헷 족(히타이트 인/역주)과 아모리 족과 브리즈 족과 히위 족과 여부스 족이 사는 땅으로 데려가려고 한다. (9) 지금도 이스라엘 백성의 아우성 소리가 들려온다. 또한 이집트 인들이 그들을 못살게 구는 모습도 보인다. (10) 내가 이제 너를 파라오에게 보낼 터이니 너는 가서 나의 백성 이스라엘 자손을 이집트에서 건져내어라."

---

* J 텍스트, 156쪽과 비교해보라. 거기서는 이름이 르우엘이다.

(11) 모세가 엘로힘께 아뢰었다. "제가 무엇인데 감히 파라오에게 가서 이스라엘 백성을 이집트에서 건져내겠습니까?"

(12) 엘로힘께서 대답하셨다. "내가 너의 힘이 되어주겠다. 이것이 바로 내가 너를 보냈다는 증거가 되리라. 너는 나의 백성을 이집트에서 이끌어낸 다음 이 산에서 엘로힘을 예배하리라."

(13) 모세가 엘로힘께 아뢰었다. "제가 이스라엘 백성에게 가서 '너희 조상들의 엘로힘께서 나를 너희에게 보내셨다.' 하고 말하면 그들이 '그 엘로힘의 이름이 무엇이냐?' 하고 물을 터인데, 제가 어떻게 대답해야 하겠습니까?"

(14) 엘로힘께서는 모세에게 "나는 곧 나다."* 하고 대답하시고, 이어서 말씀하셨다. "너는 '나를 너희에게 보내신 분은 나다, 라고 하시는 그 분이다' 하고 이스라엘 백성에게 일러라." (15) 그리고 엘로힘께서는 다시 모세에게 말씀하셨다. "너는 이스라엘 백성에게 이렇게 일러라. '나를 너희에게 보내신 이는 너희 선조들의 하느님 야훼이시다. 아브라함의 하느님, 이삭의 하느님, 야곱의 하느님이시다.' 이것이 영원히 나의 이름이 되리라. 대대로 이 이름을 부르고 나를 기리게 되리라. (16) 어서 가서 이스라엘의 장로들을 모으고 '너희 조상들의 하느님, 곧 아브라함의 하느님, 이삭의 하느님, 야곱의 하느님 야훼께서 나에게 나타나 이르셨다'고 하며 이렇게 전하여라. '나는 너희들을 찾아와서 너희가 이집트에서 겪고 있는 일을 똑똑히 보았다. (17) 그리고 너희를 이집트의 억압에서 끌어내어 가나안 족, 헷 족, 아모리 족, 브리즈 족, 히위 족, 여부스 족이 사는 땅, 젖과 꿀이 흐르는 땅으로 데려가기로 작정하였다.' (18) 이렇게 말하면 그들은 너의 말을 들을 것이다. 너는 이스라엘의 장로들을 데리고 이집트 왕에게 가서 '헤브루 인의 하느님 야훼께서 우리에게 나타나셨으니 우리는 광야로 사흘 길을 걸어가서 우리 하느님 야훼께 제사를 드려야겠소.' 하고 말하여라. (19) 그러나 이집트 왕은 단단히 몰아세우지 않는 한 너희를 내보내지 않을 줄 나는 안다. (20) 그러므로 내가 손수 온갖 놀라운 일로 이집트를 칠 것이다. 그러한 일이 있은 뒤에야 그는 너희를 보낼 것이다. (21) 내가 이 백성을 얼마나 아끼는지 이집트 인들에게 보여주리라. 따라서 너희가 그곳을 떠날 때 빈손으로 나오지 아니할 것이다. (22) 부인들은 저마다 이웃 여인과 자기 집에 사는 여인에게서 은붙이와 금붙이와 옷을 얻어낼 것이고, 너희는 그것으로 아들과 딸을 치장하리라. 이렇게 너희는 이집트를 털리라."

---

* 또는 "나는 내가 될 것이다."

많은 사람들이 야훼의 이름과 숭배의 시기와 기원의 문제를 검토해왔다. 이 토론을 최근에 가장 선명하게 요약한 사람은 T. J. 미크 교수이다. 미크 교수는 방금 인용한 「출애굽기」 3 : 15의 텍스트에서, 미디안 사막에서 신이 자신의 이름을 "너희 조상들의 하느님, 곧 아브라함의 하느님, 이삭의 하느님, 야곱의 하느님 야훼"라고 밝히고, 그런 다음에 그 의미를 "나는 나다"라고 정의하였다는 데에 주목한다. 반면 기원전 4세기의 사제 텍스트에서는 뒤의 「출애굽기」 6 : 3에서 같은 신이 "나는 아브라함과 이삭과 야곱에게 엘 샤다이(El Shaddai, 『공동번역 성서』에서는 '전능의 신'으로 번역되어 있다/역주)로 나를 드러낸 일은 있지만 야훼라는 이름으로 나를 알린 일은 없었다"고 말한다. 미크 교수는 또한 이렇게 말한다.

> 그 이름은…… 헤브루 인들에게는 낯설었다. 그들은 그 이름을 설명하려고 하면서 그것을 hāyāh, 즉 "존재한다"는 말과 연관시켰다. 마찬가지로 그리스 인들도 "제우스"라는 이름의 기원과 정확한 의미를 몰랐기 때문에 그 이름을 ζάω, 즉 "살다"라는 말과 연관시켰다. 그러나 그 말은 원래 인도-유럽 어의 dyu, 즉 "빛난다"라는 말에서 파생된 것이다. 야훼가 아라비아에 기원을 두고 있다는 주장은 분명 구약의 기록들과 일치한다. 구약에서는 야훼를 네겝, 또는 시나이-호렙이나 카데시와 같은 남부의 성소들과 연결시키고 있기 때문이다.…… 그러나 가장 그럴 듯한 (이름의 기원은)…… 아랍 어의 어근 hwy, 즉 "불다"에서 찾아야 할 것 같다.[60]

이렇게 해서 우리는 실속 없는 환영과 같은 민간 전승의 모티프들과 서로 상당히 다른 일군의 신들을 얻게 되었다. 1. 옛날 이야기에 나올 것 같은 잔인하고 이름이 밝혀지지 않은 파라오가 한 민족을 박해하는데, 그 민족이 어떻게 델타 지역에 존재하게 되었는지에 대해서는 아무도 설명을 하지 못하였다(압제자-괴물 모티프). 2. 그 파라오에게 역시 이름이 밝혀지지 않은 딸이 있는데, 그녀는 나일 강에 떠내려오는 바구니에서 아기를 발견하고 그를 데려다 키우면서 이름을 모세(이집트 어로 "아이")라고 짓는다. 그런데 그녀는 모세가 헤브루 어로 mashah, 즉 "건져내었다"는 말이라고 믿는다(처녀 출산 모티프. 여기에 아기를 버리는 모티프가 추가되는데, 이것은 일반적인 경우와 반대이다. 즉 아기가 비천한 집안에서 귀족 집안으로 옮겨 간다). 3. 카데시의 미디안 사제가 영웅의 장인이 된다(J 텍스트에서는 르우엘로 나오고, E 텍스트에서는 이드로로 나온다). 4. 그에게는 7명의 딸이 있다(마술의 7 : 7개의 천구, 무지개의 색깔 등). 5. 이집트 인을 죽이고 사막으로 달아난 자가 우물가에서 그 딸들을 만난다. 6. 그는 딸들 가운데 하나와 결혼하여, 그의 장인의 목자가 된다(야곱 전설과 유사한 부분이다. 사막으로 달아나고, 우물가에서 신부를 만나고, 장인의 목자가 되어 봉사하는데, 7년씩 2번을 하게 된다). 7. 불타는 덤불에서 나온 야훼의 목소리가 이 목자에게 그의 민족을 압제자 괴물의 손아귀에서 구해내는 우주론적 임무를 맡긴다. 그런 뒤에, 8. 갑자기 나타난 형 아론의 도움을 받아서(쌍둥이 영웅 주제), 이집트의 사제와 마법사들에 대항하여 마법 시합을 벌인다(샤먼 시합). 이것은, 9. 이집트의 재앙들(야훼는 어떤 비인간적인 이유 때문에 "파라오의 마음을 강퍅하게 함"으로써 그 재앙을 터무니없이 늘여간다)에서 절정에 이른다. 10. 출애굽(마술적인 탈출 모티프, 물을 통과함, 입구에서 지하 세계의 힘을 소멸함, 지하 세계로부터 얻은 약탈물의 혜택 등. 아브라함과 이삭이 교묘한 꾀로 파라오와 아비멜렉을 약탈한 것과 비교해보라).

이제 기원전 4세기에 이 모든 것을 종합한 사제 (P 텍스트) 편집자들의 과제는 이 전설의 2개의 실을 꼬아서 하나의 줄거리를 가진 실을 만드는 것이었다. 이것은 원래 2가지 실에는 없던 줄거리였다. 그 새로운 주제가 도입된 핵심적인 P 텍스트를 읽어보자.

야곱을 따라서 가족을 데리고 이집트로 내려간 이스라엘의 아들들의 이름은 다음과 같다. 르우벤, 시므온, 레위, 유다, 이사갈, 즈불룬, 베냐민, 단, 납달리, 가드, 아셀. 야곱의 혈통에서 태어난 사람은 70명이 되었는데, 그중에서 요셉은 이미 이집트에 내려가 있었다…… 이스라엘 백성은 자식을 많이 낳고 번성하여 온 땅에 가득 찰 만큼 무섭게 불어났다(「출애굽기」 1 : 1-5와 7)…… 이집트 인들은…… 이스라엘 백성을 더욱 혹독하게 부렸다. 그들은 흙을 이겨서 벽돌을 만드는 일과 밭일 등, 온갖 고된 일을 시키면서 이스라엘 백성을 괴롭혔다(「출애굽기」 1 : 13-14).

모세 오경을 관통하고 있는 사제 편찬자의 일관된 주장은 이스라엘의 부족들 모두가 한 부모의 후손이며, 그 부모는 신의 축복을 받았는데, 그 축복은 그 민족의 역사에 실현될 것이라는 점이다. 즉 아브라함은 이삭을 낳았고, 이삭은 야곱을 낳았고, 야곱은 열두 아들을 낳았는데, 그 아들들은 열두 부족의 창시자가 되었다는 것이다. 따라서 서술상의 큰 문제는 우선 청동기 후기의 목축 시대 족장들의 옛 신화와 전설들을 가설적인 이집트 막간극과 연결시키고, 그 다음에는 철기 시대에 이루어진 가나안 정복과 정착의 서사시적 전승과 연결시키는 것이었다. 그러나 3개의 분명한 불일치는 금방 눈에 드러난다. 이것은 사제 편찬자들이 보지 못하였거나 무시한 것이다.

아직 신학이나 과학에 의해서 완전히 정당화되지 못한 이러한 불일치 가운데 첫번째 것은, 헤브루 인의 가나안 정복이 이집트에서의 탈출 시기로 추정되는 시기들 가운데 가장 이른 것보다도 훨씬 전에 시작되었다는 것이다. 이미 본 것처럼, 프로이트가 제시하는 시기는 이단자 파라오 이크나톤의 죽음 직후이다. 구체적으로 말하면 기원전 1358년부터 1350년 사이의 8년간인데, 그것은 하렘하브 왕(기원전 1319-1292년, 이집트 18왕조의 마지막 왕/역주)이 아문 정통파(앞서 언급되었던 이크나톤 왕 시대의 유일신 아톤을 섬기던 종교/역주)를 강제적으로 복권시키기 전의 일이다.

프로이트는 이렇게 썼다.

모세는 적극적인 성격이었기 때문에 이집트가 버린 종교를 이식시킬 새로운 제국, 또는 새로운 민족을 찾을 계획을 세웠다. 그것은 우리가 보듯이 그의 운명에 대항하여 투쟁하려고 하는 영웅적인 시도였다. 그것은 이크나톤의 재난을 통해서 겪은 상실들에 대한 보상을 2가지 방향에서 찾고자 하는 것이었다. 어쩌면 그는 당시에 셈 족에 속한 일부 부족들이 정착하고 있던──"힉소스 왕조 시기"에 이미 들어와 있었을 수도 있다──국경 지방

(고센)의 총독이었을지도 모른다. 그는 이들을 그의 새로운 민족으로 택하였다. 이것은 역사적 결단이었다!

그는 그 민족과 관계를 수립하고, 그들의 우두머리 자리에 올라서 "손의 힘으로" 출애굽을 지휘하였다. 성서의 전승과는 대조적으로, 이 출애굽이 아무런 추적 없이 평화롭게 끝이 났다고 생각할 수도 있다. 모세의 권위가 그것을 가능하게 하였다. 그리고 당시에는 그것을 막을 수 있는 중앙 권력도 없었다.

우리의 계산에 따르면 이집트 대탈출은 기원전 1358년에서 1350년 사이에 일어났다. 즉 이크나톤의 죽음 뒤에, 그리고 하렘하브에 의한 국가 권위의 복구 전에 일어났다는 것이다. 방랑의 목적지는 가나안일 수밖에 없었다. 이집트의 우월성이 무너진 뒤에는 호전적인 아랍 인들이 그곳에 밀려들어서 정복을 하고 약탈을 하였다. 그럼으로써 유능한 민족이 새로운 땅을 차지할 수 있는 곳이 어디인가를 보여주었다. 우리는 1887년 파괴된 도시 아마르나의 문서 보관소에서 발견된 편지들 덕분에 이 전사들에 대하여 알고 있다. 그들의 이름은 하비루였다. 어떻게 된 것인지 그 과정은 알 수 없지만, 어쨌든 이 이름이 유대인 침략자들인 헤브루 인에게 옮겨졌다. 헤브루 인들은 나중에 왔으므로 아마르나의 편지에서 언급된 사람들이 그들일 리가 없다.[61]

보다시피 프로이트는 하비루 인이 헤브루 인이 아니라고 가정함으로써 어려움을 손쉽게 해결하였다. 그러나 오늘날 대부분의 학자들은 반대로 생각한다.[62] 나아가서 문제를 더 복잡하게 만드는 것은 종종 인용되는 성서 구절 가운데 박해받는 유대인이 도성 비돔과 람세스를 세울 수밖에 없었다는 내용이 있다는 것이다(J 텍스트에 근거한 「출애굽기」 1 : 11). 이 도성들은 람세스 2세의 통치기에 세워졌을 수밖에 없는데, 그는 기원전 1301-1234에 이집트를 다스렸다. 이것은 이크나톤보다 1세기 뒤의 일이다. 따라서 출애굽의 시기를 확정할 수 있다고 생각하는 현대 학자들 가운데 대부분이 그 시기를 이 뒤로 잡는다. 그러나 이 점에 대해서도 의견의 불일치가 있다. 이렇게 시기를 뒤로 잡으면, 출애굽을 하비루의 가나안 약탈과 정착이 시작되는 시기와 연결시키는 문제가 더 커져버리기 때문이다. 따라서 독자가 직접 시기를 선택하도록 하기 위해서 18왕조와 19왕조의 연대기 속에 최근에 이루어진 제안 몇 가지를 넣어보겠다. 더불어 토마스 만이 그의 소설 『이집트의 요셉(*Joseph in Egypt*)』에서 보여준 재미있는 추측, 즉 족장들은 프로이트가 그들의 후손들이 떠났다고 말하는 바로 그 시점에 이집트에 도착하였다는 추측도 고려해보겠다.

힉소스 추방(출애굽?) : [63] 기원전 1570년경
18왕조 : 기원전 1570-1345년

아모세스 1세	기원전 1570-1545년
아멘호텝 1세	기원전 1545-1524년
투트모세스 1세와 2세	기원전 1524-1502년경
하트셰프수트 여왕	기원전 1501-1480년
(모세를 구원한 "파라오의 딸"?)[64]	
투트모세스 3세(하트셰프수트와의 공동 통치)	기원전 1502-1448년
출애굽?(J. W. 잭의 테제)[65]	
아멘호텝 2세	기원전 1448-1422년
투트모세스 4세	기원전 1422-1413년
아멘호텝 3세	기원전 1413-1377년
(아톤 이단 종교의 시작)	
아멘호텝 4세(이크나톤)	기원전 1413-1377년
(아마르나 시기 : 하비루의 침입)	
요셉이 이집트에 들어감? (토마스 만의 테제)[66]	
투탕카멘	기원전 1358-1349년
(침체기 : 사실상 공위기〔空位期〕)	
출애굽? (프로이트의 테제)[67]	
(아문 숭배의 복권 : 1350년)	
아이(사실상의 지배자는 하렘하브)	기원전 1349-1345년

19왕조 : 기원전 1345-1200년

하렘하브	기원전 1345-1318년

람세스 1세	기원전 1318-1317년
세티 1세	기원전 1317-1301년
람세스 2세	기원전 1301-1234년

(건축 프로젝트 : 비돔과 람세스)

출애굽? (올브라이트의 테제) : 기원전 280년경[68]

   (샤르프의 테제) : 기원전 1240-1230년경[69]

메르넵타   기원전 1234-1220년경

출애굽? (샤르프의 테제) : 기원전 1240-1230년경[70]

("이스라엘 인 비문〔碑文〕"이 팔레스타인에서 "이스라엘 인"의 억압을 언급 : "이스라엘 인"이라는 말이 처음 등장)

세티 2세   기원전 1220-1200년

출애굽? (미크의 테제) : 세티 2세의 죽음에 따른 혼란기[71]*

기원전 4세기에 사제 편찬자들이 가나안을 침입한 헤브루 인들을 이집트를 경유해온 아브라함의 후손이라고 서술한 것과 관련된 모순들 가운데 첫번째에 대해서는 이 정도로 해두겠다. 두번째 어려움은 문제가 되는 베두 인 부족들이 한 가족이 아니라 많은 가족이며, 나아가서 한번에 휩쓸고 들어간 것이 아니라, 여러 곳으로부터 단계적으로 들어갔다는 사실에서 나온다. 그리고 세번째의 매우 심각한 어려움이 남아 있는데, 이 것은 앞에서 말한 것처럼, 요셉과 그의 형제들이 이집트에 들어가서 머물렀을 시간을 찾는 것이다.

간단히 말해서 이 인상적인 전설의 각 단계들의 연속성은 둘째 치고라도, 그 전설의 어떠한 부분이 언제, 어떻게, 왜 일어났는가를 아무도 설명할 수 없다는 것은 인정하여야 할 것이다. 그러나 이것을 역사에 대한 실마리로 보지 말고 일반적인 기원 신화로 보게 되면, 바로 그 메시지의 형식과 기능이 드러난다. 그 형식은 지하 세계로 내려갔다가 돌아오는 커다란 순환 주기이다. 이집트(지하 세계 : 파도 밑의 땅)로 들어간 것은

---

* 그러나 미크는 세티의 통치기를 기원전 1214-1194년경으로 잡는다.

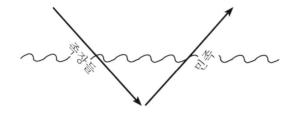

족장들이었다. 거기서 나온 것은 민족이었다(홍해의 통과).

   내려감과 귀환에 대한 다른 모든 신화들과 마찬가지로, 나올 때 가지
고 나오는 것은 어떠한 혜택이나 영약(靈藥)이다. 성서의 경우에는 a)
야훼에 대한 지식, b) 선택된 민족의 핵심 세력, c) 이 운명의 민족에게
약속된 땅이라는 선물이 주어진 것이다. 그러나 이러한 계열의 다른 모
든 신화와 대조되는 점은, 여기에서 영웅은 개인이 아니라――심지어 모
세도 아니다――유대 민족이라는 것이다. 앞에서 보았듯이,* 출애굽을
기념하여 기원전 621년에 처음 지낸 과월절 축제가 거행된 날이 매년 아
도니스가 부활하는 날이며, 이것이 기독교 숭배에서는 부활절이 되었다
는 사실은 중대한 의미를 가진다. 이교도의 숭배와 기독교의 숭배 양쪽
에서 부활은 신의 부활이지만, 유대교의 부활은 선택된 민족의 부활이다.
그들은 죽음의 왕이 있는 지하 세계에서 괴로움을 겪는 동안 그들의 신
에 대한 지식을 얻었고 그 신의 지원을 받았다. 이렇게 해서 근본적인
차이점이 나타나는데, 이것은 유대교의 역사 전체에 걸쳐서 그것이 세계
의 다른 종교들과 구별되어온 중요한 두번째 특징이다. 즉 다른 곳에서
는 신의 생명의 원리가 신적인 개인으로서 상징되는 반면(두무지-아도니
스-아티스-디오니소스-그리스도), 유대교에서는 다른 신앙에서 신의 육
화나 현현에 속하는 기능을 수행하는 것이 이스라엘 민족의 신화적 역사
라는 것이다.

   과월절의 하가다(유대교의 의식/역주)에서는 가족이 모여서 기념을 할
때에 가장이 다음과 같은 명상문을 읽는다. "모든 세대는 자신이 직접

---

* 118-119쪽 참조.

166

이집트에서 나온 것처럼 여겨야 한다." 다시 말하면 모든 유대인이 이스라엘과 같은 몸이라는 것이다. 로마 가톨릭 미사에서 성변화(聖變化)한 제병(祭餅)의 모든 조각이 희생당하고 부활한 그리스도의 몸과 피 전체라고 하는 것과 비슷하다. 그리스도는 지옥으로 내려갔다가 사흘 만에 죽은 자들 가운데에서 살아났다. 이렇게 초월적인 하느님과 동일시를 하는 것이 아니라, 우주에서 하느님의 미래의 뜻을 실현하는 유일한 매개인 하느님의 민족과 동일시를 하는 유대인의 원리는 너무나 강력해서, 정통적인 예배가 정당하게 이루어지려면 13세 이상의 남자(minyan)가 적어도 10명은 참석해야 한다. 개인은 이 공동체, 또는 합의에 의하지 않고는 하느님과 관계를 가질 수가 없다. 하느님——유일신——은 별도의 존재이며, 그가 선택한 민족의 몸은 지상에서 하나뿐인 거룩한 것이다. 그것과 떨어져 있는 개인은 아무 것도 아니다.

이렇게 유대교에서 사회적 의미를 강조하는 것과는 반대로 인도에서는 진리의 궁극적인 깨달음은 혼자서, 요가에서, 숲에서 경험할 수 있다고 생각한다. 또 중국에서는 도(道)와 일치를 경험해야 한다고 생각하는데, 이 도란 자연과 우주의 길이며, 동시에 사람의 마음의 길이기도 하다. 그러나 모세의 책에서는 초월적인 하느님의 길은 개인 내부에 있는 것도 아니고 자연에 있는 것도 아니고, 집단 속에 있다. 이 집단, 그리고 그 율법만이 진정한 의미가 있는 것이고, 알 가치가 있는 유일한 사실들이다.

따라서 선택된 민족의 전설의 시대 가운데 처음 두 부분은 다음을 나타낸다고 할 수 있을 것이다. I. 족장들이 더 높은 생명으로의 재탄생을 위하여 죽음과 고뇌의 지하 세계로 들어가는 것. II. 야훼 밑에서 하나의 민족으로 재탄생하는 것. III은 사막 광야에서 보낸 시절로, 이것은 그 민족이 부활하면서 바라보게 된 야훼 밑에서 새로운 생명의 제의적 구조를 통하여 민족을 확인하는 단계를 나타낸다. IV는 약속된 땅의 정복으로서, 이것은 야훼의 율법이 자기 민족의 승리를 통하여 세계 역사 속으로 진입하는 것을 기념한다.

모세의 살해——프로이트는 유대인들의 심리와 광야에서 모세에게 대항하는 심각한 폭동의 이야기(예를 들어 「민수기」 16장)를 증거로 그것

을 연역해내었다──는 그의 관점에 따르면 이 신화적인 꿈 전체의 핵심
적 사건(잠재적 내용)이 된다. 그 결과 그는 이 신화(드러난 내용)가 드
러내는 구조라기보다는 가리는 구조로서 작용한다고 해석한다. 나는 여
기서 그의 이론이 이 강력하고 엄청난 영향력을 가진 민족의 전설의 시
기와 관련하여 타당성을 가지는지 아닌지에 대해서 이야기하고 싶지는
않다. 다만 우리의 주제가 되고 있는 더 크고 일반적인 이론과 관련하여
사실상 신화의 두 유형이 인정되어야 한다는 점은 언급해두고 싶다. 즉
일화들의 역사성에 모든 강조가 두어지는 신화(성서의 신화들이 가장 잘
알려진 예이다)와 일화들을 상징적으로 읽도록, 즉 그 자체를 통과하여
그 너머의 것을 가리키는 것으로 읽도록 의도된 신화(인도 신화를 그 예
로 들 수 있다)이다. 물론 프로이트의 관점에서는 두 유형의 궁극적 참
조점은 결국 아버지(파라오 : 모세)를 죽이고 어머니(약속된 땅)에게로
들어가려고 하는 아이의 욕구이다. 그러나 나 자신은 첫번째 유형의 신
화라고 하더라도 그 이상으로 할 이야기가 있다는 느낌을 받는다. 그리
고 프로이트는 그의 오이디푸스 도그머를 통하여 성서의 구체화 경향을
과학 속으로 가지고 들어갔다는 느낌을 받는다. 족장과 모세의 전설 가
운데 정확히 얼마가 기원전 2천년대의 실제적 사건들로부터 파생된 것인
지, 또 얼마나 많은 부분이 기원전 1천년대 사제 편찬자들의 창조적인
붓으로부터 나온 것인지는 의문으로 남아 있으며, 앞으로도 계속 그러할
것이다. 그 질문에 대한 모든 답은 역사나 하느님의 진실을 보여주기보
다는 답을 하는 사람의 마음을 보여줄 것이 틀림없다.

제4장 서부 유럽의 신과 영웅들:기원전 1500-500년

1. 북과 남의 대화

다행히도 그리스 인, 켈트 인, 게르만 인의 신화들은 힘주어 신화적이라고 주장할 필요가 없다. 그 민족들 자신이 그것을 신화라고 알고 있으며, 그것을 논하는 유럽의 학자들은 그들의 주제에 뭔가 독특하게 성스러운 것이 있다는 생각으로 부담을 느낀 적이 없다. 이 신화들을 성서의 신화와 비교하는 연구는 많이 이루어지지 않았다. 그러나 유럽 신화 분야만 보자면 일급의 근실한 학자들이 대거 포진하고 있기 때문에, 4장에서 우리는 마침내 홈그라운드에 들어왔다고 하여도 좋을 것이다.

내가 보기에 그리스 유산에서 두 신화의 상호 작용의 힘을 처음으로 인식한 사람은 프리드리히 니체이다. 하나의 신화는 호메로스 이전의 청동기 시대 농민의 유산으로서, 여기서는 집단 제의에서 얻어지는 환희를 통하여 개인성이라는 굴레로부터 벗어날 수 있었다. 또 하나는 절도(節度)와 인간적인 자기 인식을 바탕으로 한 올림포스 신화로서, 이것은 고전 예술에 요약되어 있다. 니체는 정신에 존재하는 이 2가지 질서의 상호 관계를 인식한 것이 그리스의 비극적 관점의 뛰어난 점임을 간파하였다. 이 2가지 중 어느 하나만으로는 인간의 가치에 대한 부분적인 경험을 넘어설 수가 없기 때문이다.

니체는 1872년에 나온 『비극의 탄생(*The Birth of Tragedy*)』을 쓸 때 28살에 불과하였다. 1872년은 또 그의 동포이지만 나이는 훨씬 많은 하인리히 슐리만이 트로이를 발굴하여, 호메로스의 신화 세계의 핵심을 이루는 역사적 사실을 밝혀낸 해이기도 하다. 나중에 니체는 자신의 책 『비극의 탄생』을 젊은이다운 염세주의와 탐미주의의 소산으로 비판하면서, 그것이 보불 전쟁의 총소리를 들으며 쇼펜하우어와 바그너의 영향 하에서 쓰여진 것이라고 말하였다. 그러나 그 이후, 그의 시대에는 아직 윤곽도 나타나지 않았던 영역들에 대하여 한 세기에 걸쳐 고고학적 연구가 이루어지면서 그의 통찰의 정당성은 입증이 되었다.

이제는 기록으로 입증할 수 있는 일이지만, 최초로 그리스에 들어간 것으로 알려진 사람들이 그곳에 도착한 것은 기원전 3500년경이다. 구석기 시대나 중석기 시대에는 그 반도에 정착민이 없었던 것으로 보인다. 이주민들은 소아시아로부터 바다를 통해서 들어갔는데, 그들에게는 신석기 중기 양식의 발달된 농업-목축 문화가 있었다. 또 그들에게는 훌륭한 도자기, 광택이 나는 돌 연장과 무기, 그들이 계속 수입한 흑요석으로 만든 칼(멜로스에서 들어온 것?), 흔하게 볼 수 있는 여성상(女性像)이 있었다. 그들은 테살리아, 포키스, 보이오티아의 평원에 주로 정착하여, 돌로 된 기초 위에 벽돌로 작은 사각형의 집을 짓고 평평한 지붕을 얹었다. 소수는 북쪽으로 마케도니아 남단에 있는 할리아크몬 강변까지 갔다. 일부는 남쪽으로 아티카로 들어가서 펠로폰네소스를 습격하고, 아르골리스, 아르카디아, 라코니아, 메세니아 등에 정착하였다. 그러나 서쪽으로는 거의 또는 전혀 진출하지 않았다.

우리가 유적을 통하여 알 수 있듯이, 기원전 2500년경 그들의 도시 중 북단에 있는 곳 가운데 하나인 할리아크몬의 세르비아가 화재로 파괴되었다. 그런데 그 유적지에서 그들과는 완전히 다른 사람들, 즉 북쪽으로부터 온 목축민의 조잡한 문화 유물이 극적으로 발굴되었다.

N. G. L. 해먼드 교수는 그의 훌륭한 저서 『기원전 322년까지 그리스의 역사(*History of Greece to 322 B.C.*)』에서 이렇게 말하였다. "침입 문

화는 도기의 양식이 다른 점에서 주목되는데, 그것은 기법이 조잡하다. 그리고 그 장식에는 평행과 지그재그로 새긴 선들이나 구슬과 아케이드 패턴의 몰딩이 포함되어 있다."

화재로 파괴된 곳에서 이어지는 층에서는 2개의 무덤이 발견되었다. 첫번째 무덤에서는 시신이 구덩이에 묻혀 있었다. 한 손은 얼굴까지 들어 올렸으며 수축된 자세였다. 그 옆에는 꽃병과 흑요석 칼날이 놓여 있었다. 첫번째 무덤 위에 놓인 두번째 무덤에는 해골 옆에 대리석 팔찌와 뚜껑 조각, 뼈 바늘, 점토 음경이 발견되었다.

이 침입 문화는 이미 테살리아의 문화와 접촉을 하는 가운데 그 영향을 받아서 풍요를 누리는 상태였다. 이 문화는 세르비아로부터 동쪽으로 뻗어 나와서 마케도니아 중부와 칼키디키까지, 그리고 남쪽으로는 테살리아까지 들어갔다.…… 새로운 문화의 확산은 새김무늬 도자기, 나선형 장식, 돌 전부(戰斧), 음경 상징물, 새로운 유형의 집을 특징으로 한다. 음경 상징물의 첫번째 예는 세르비아의 무덤에서 나타나는데, 이것은 삶의 남성적 측면에 대한 숭배를 나타내며, 신석기 테살리아 문화의 여성상들과 뚜렷한 대조를 이룬다. 침입자들이 테살리아의 디미니와 세스클로에 정착하였을 때, 그들은 고리 모양의 담으로 마을을 요새화하였다. 나중에 그들은 포치(porch)를 가진 집을 지었는데, 포치는 나무 기둥으로 지탱하는 경우가 많았다. 그리고 집안의 난로는 한쪽을 향하도록 설치되었다. 아마 이러한 집들이 원형이 되어, 수백 년 뒤에 전형적인 미케네의 집──"메가론(Megaron)"──이 지어졌을 것이다."

그리스의 이 2가지 선사 문화의 대화에 뒤이은 단계들은 우리의 목적에 맞게 다음과 같은 연대기로 요약될 수 있을 것이다.

1단계 : 초기 헬라도스 문화기의 그리스
트로이 I부터 V : 기원전 2500-1900년경

초기 청동기 형식들의 도래와 확립. 신석기 선행자들과의 쉬운 융합.

건축의 인상적인 발전.

트로이는 다르다넬스 해협을 통제하며, 어촌(트로이 I)으로부터 커다란 상업 항구(트로이 V)로 성장한다.

그리스에는 2개의 지역적인 도자기 양식이 있다. 1. 이스스무스의 북쪽, 짙은 바탕에 밝은 그림(트로이 혹은 소아시아 북서부와 교역). 2. 이스스무스의 남쪽, 밝은 바탕에 짙은 그림(아에기나 혹은 칼키디키 제도와 교역).

2단계 : 중기 헬라도스 문화기의 그리스
트로이 VI 초기 단계 : 기원전 1900-1600년경

그리스 동부의 급격한 붕괴. 메가론 유형의 거주지의 등장. 다음과 같은 2가지의 새로운 도자기. 1. 광택을 제거한 도자기(초기 청동기 양식으로부터 발전). 2. 회색 "미니안(Minyan)" 도자기(금속 형식을 모방하여 녹로에 건 것).

트로이 V의 몰락, 강화된 트로이 VI의 건립. 트로이에 말이 나타난다(동부로부터 후르리-카시트 족이 기여한 것은 아닐까?)*

미케네의 새롭고 강력한 왕조(수혈묘 제1왕조) : 뻗은 자세의 유골로, 약 165에서 180센티미터의 키(미노스 인보다 크다). 우아한 부장품, 금, 은, 일렉트럼(electrum, 호박색의 금은 합금/역주)으로 만든 탁월한 금속 제품(미노스 것과는 닮지 않았다). 트로이나 칼키디키 제도와 계속된 교역. 크레타와 처음으로 직접적 접촉.

이 단계의 유물로 볼 때 북쪽으로부터 내려온 아리아 인, 북유럽 인, 인도-유럽 인들은 이미 "채색 도자기인"을 비롯한 다뉴브 지역의 정착 민족들로부터 상당한 문화적 영향을 받았음이 분명하다. 그들은 구석기 시대의 사냥꾼들이 아니었다. 그들은 목축 유목민으로 발전해가는 중이었는데, 이것은 문화적으로——기질적으로는 다르지만——그들의 동시대

---

* 145-147쪽 참조.

인들인 근동의 아카드 인과 비교할 만한 것이었다. 아카드 인은 아가데의 사르곤 지도 하에 옛 수메르 세계의 주인이 되었다. 그들은 그리스의 남해안에 이르러 크레타의 우아한 문명과 접촉하면서, 곧 그 문화적 영향을 받아들이고 거기에 굴복할 운명이었다.

3단계 : 후기 헬라도스 문화 제1기
트로이 VI 중기의 초기 단계 : 기원전 1600-1500년경

크레타의 최고 시기(후기 미노스 IA) : 크노소스가 에게 해 전역을 지배함.

미케네의 미노스화 시작 : 새로운 왕조(수혈묘 제2왕조) : 굽은 자세의 유골, 말이 끄는 마차, 사냥과 전쟁 장면들이 들어가 있는 우아하게 상감 세공을 한 단검(미케네 모티프들, 장인들은 아마 미노스 인일 것임), 멧돼지 엄니 헬멧(미노스 것이 아님), 호박 보석(크레타에는 알려지지 않았던 발트 해의 호박). 남자들의 무덤에서 : 흉갑과 황금 데스마스크(턱수염과 콧수염이 있는 모습을 보여주는 마스크), 칼, 단검, 금과 은으로 된 컵, 황금 인장 반지, 돌이나 점토나 금속으로 된 그릇. 여자의 무덤에서 : 이마를 장식하는 금띠, 화장품 상자, 보석, 원반. 테베의 프레스코 벽화는 미노스의 드레스를 입은 여자들을 보여준다.

미케네의 영향력이 아르골리스와 보이오티아에 널리 퍼짐. 비슷한 왕조들이 테베, 고울라스, 오르코메누스에 나타난다. 한편 트로이와의 교역이 증가한다.

4단계 : 후기 헬라도스 문화 제2기
트로이 VI 중기의 후기 단계 : 기원전 1500-1400년경

미케네가 크레타를 누르고 발흥(후기 미노스 IB와 II) : 새롭고 매우 강력한 미케네 왕조(톨로스 무덤 제1왕조) : 언덕 경사면에 직접 파서 만든, 원형의 둥근 천장식 커다란 무덤들. 흙으로 덮고, 돌로 겉치장을 하

고, 육중한 문들을 달아놓았다. 길고 지붕이 없는 통로를 통하여 접근
할 수 있다. 미케네와 미노스 예술 형식들의 강한 융합(미노스가 지배
적이다). 크레타가 바다 전역에서 교역을 함으로써 크노소스에 손해를
입힘.

　　기원전 1450년경 : 크레타 궁전들이 파괴됨(지진? 습격?).
　　　　　　　　　　미케네-크레타의 관계가 중단됨.
　　　　　　　　　　로도스 섬에 미케네 식민지 건설.
　　기원전 1425년경 : 코스에 미케네 식민지 건설.

　　고도 청동기 시대 교역이 이제 최고점에 달하여, 누비아(금), 콘월, 헝
가리, 스페인(주석), 시나이, 아라비아(구리)와의 상품 유통. 발트 해에서
는 호박. 유럽에서는 가죽, 목재, 포도주, 올리브 기름, 자주색 염료. 이집
트에서는 밧줄, 파피루스, 아마포.

　　이집트 18왕조와 스톤헨지 제3기의 시기.

5단계 : 후기 헬라도스 문화 제3A기
트로이 VI 최후 단계 : 기원전 1400-1300년경

　　소아시아에서 트로이와 제휴한 히타이트가 주도권을 잡음 : 히타이트의
왕 무르실리스 2세(기원전 1345-1315년경)가 아히야바(아카이아 인)의
왕들에 대해서 언급한다. 아카이아 인들은 이제 히타이트의 동맹군이자
이집트의 용병으로 싸우고 있다. (이크나톤의 시기, 기원전 1377-1358
년 : 하비루가 시리아와 팔레스타인을 괴롭힌다.)

　　기원전 1400년경 : 미케네의 크레타 정복.

　　기원전 1350년경 : 미케네의 궁전이 크게 확장됨. 거대한 벽들, "사자
문" 등. 거대한 톨로스 무덤들("아르테우스의 보물 창고", 12미터 높이의
둥근 천장). 아카이아 인들 밑에서 크레타의 도시들이 부흥한다. 선 문자
B(미케네)의 발명. 트로이 또한 육중한 요새 안에서 번창.

　　기원전 1325년경 : 에게 해 지역에 새로운 유형의 검이 나타나면서(처
음에 헝가리에서 사용됨) 새로운 유형의 갑옷이 필요하게 됨. 팔에 거

는 조그마한 원형의 방패(어깨에 거는 커다란 황소 가죽 방패를 대체함), 아래로 내리긋는 검을 비껴가게 하기 위한 뾰족한 투구나 뿔이 달린 투구.

기원전 1300년경 : 트로이 VI가 지진으로 파괴됨.

6단계 : 호메로스의 트로이(트로이 VII) : 기원전 1300-1184년경

바로 일리아드에 나오는 것 그대로인 강력하고 멋진 도시. 부유하고 교역이 왕성하였다…….

이렇게 해서 우리는 호메로스의 영웅들이 행동하던 시대에 이르렀다. 이 시기는 또한 성서 「사사기」의 영웅들의 시대이기도 하다. 이 두 영웅 시대는 동시적이었다. 양쪽 모두 정주한 농업 민족들과 침략적인 목축-전사 민족들 사이에 상호 작용과 적응의 긴 시기가 있었다. 그 다음에는 대단히 급작스럽게 새로운 목축-전사 민족(팔레스타인에서는 헤브루 인들, 그리스에서는 도리아 인들)이 엄청난 학살을 자행하면서, 진실한 '신들의 황혼(Götterdämmerung)'과 청동기인들의 세계 시대의 종말이 앞당겨지게 된다. 호메로스가 말하는 "영웅들로 이루어진 신성한 종족"의 업적은 기원전 1250-1150년의 시기에 속한다. 이것이 서사시로 나타나게 된 것은 그로부터 약 3백 년 후이다. 그들의 시기는 성서의 시기와 대략 다음과 같이 일치한다.

기원전 850년경 : 일리아드——야휘스트(J) 텍스트.

기원전 750년경 : 오디세이——엘로힘(E) 텍스트.

이것은 단순한 우연의 일치로 보기에는 너무 매끈하다. 그리고 프로이트가 언급하였듯이, 왜 그리스의 경우에는 시로 나타난 것이 유대인들에게는 종교로 나타났느냐 하는 문제를 낳는다.

2. 제우스의 결혼

청동기 초기의 인더스 강 유역 도시들의 역사와 에게 해 도시들의 역사를 비교해보는 것도 도움이 된다. 두 지역의 발전 시기는 기원전 2500-1500년경으로 거의 똑같다. 그리고 두 문화의 궁극적인 원천 역시 근동 핵심부로 똑같다. 그러나 신석기와 청동기의 촌락과 도시 생활을 바탕으로 한 예술과 신화들이 맨 처음에 인더스 강에 이르렀을 때, 그것은 선진적인 문화가 정글에 자리 잡은 구석기와 중석기의 저개발 상태의 촌락들로 들어간 것이나 다름없었다. 그곳은 레오 프로베니우스가 "인류 문화의 역사에서 눈에 보이지 않는 대립자"[2]라고 불렀던 저 열대의, 시간을 초월한 적도 지대의 "제2종의 문화(second kind of culture)"가 자리 잡은 주요한 지역들 가운데 하나였다. 그리고 그 환경이 이후 인도 신화와 문명의 역사에 미친 영향은 결정적이었다.

그곳에서는 다양한 방식으로 죽임을 당하고 절단되고 썩어가는 인간 시체들과 묻힌 살 조각들을 비롯하여, 모든 열대 문화 지역에 공통되는 소름 끼치는 의식을 통해서 처리된 유해가 식물의 꺾꽂이와 마찬가지로 인간의 사회적 성장을 새롭게 지속시켜 준다고 여겼다. 프로베니우스가 말하듯이, 이곳의 "사람들은 식물 세계의 정신으로 살아간다. 그들은 자신을 식물과 동일시하며, 식물을 자신과 동일시한다."[3] 열대의 적도 지대 전체의 첫째 가는 신화적 주제는 죽임을 당해서 절단이 난 신적 존재의 몸에서 식용으로 쓰이는 식물들이 자란다는 것이다. 그리고 그 지역의 원시적인 제의는 그러한 신화의 대응물이다.[4] 청동기 중기의 신화들에서도 첫째 가는 주제는 죽음과 부활에 대한 것으로서, 이것은 종종 엄청난 규모로 이루어지는 인간 희생제의를 통해서 표현된다. 그 결과, 이러한 신화와 의식들이 원시적인 인도에 이르렀을 때, 그곳에서 열대적인 것과 만나 그것을 통합시킴으로써, 높은 수준의 양식과 낮은 수준의 양식, 세련된 양식과 소박한 양식들이 두루 뒤섞인 제의적 살해 양식의 복합물들이 등장하게 되었다. 사람의 피를 흘려가며 검은 여신 칼리를 숭배한다든가, 남편의 화장용 장작에 미망인을 함께 태운다든가 하는 것이 가장 잘 알려진 예들이다.

인도는 청동기 문명의 일차적 중심들로부터 멀리 떨어져 있었기 때문에 인더스 강 유역의 모헨조다로와 하랍파 등의 유망한 도시들이 열매를 맺지 못하고 소멸하고 말았다. 그 유적지들에 대한 고고학적 발굴 결과를 보면, 문화적 진화의 흔적은 보이지 않고 점진적인 퇴화의 흔적만이 보인다.[5] 그리고 그 거대한 아대륙(亞大陸)의 나머지 부분은 오늘날의 멜라네시아 수준에 비교할 만한 발전 수준에 머물러 있었다. 어쩌면 이것도 그렇게 나쁘다고 할 수는 없을 것이다(사실 인류학자들은 매력을 느끼는 것 같다). 그러나 구리, 금, 은, 청동을 교역하며 메소포타미아, 이집트, 누비아, 스페인, 아일랜드, 헝가리, 크레타, 아라비아를 하나의 방대한 공동체로 통합해가면서 발전하던 지중해 세계와는 비교가 되지 않는다.

나아가서 기원전 1500-1000년경에는 인도-아리아 인의 전차를 탄 전사들, 소몰이꾼들, 베다를 읊는 사람들이 그들의 아리아 신들의 만신전(인드라, 바루나, 미트라, 바유, 아그니 등)과 더불어 인더스 강 유역의 도시들을 쳐부수고 갠지스 강 유역의 평원으로 이동하였지만, 그들 역시 열매를 맺지 못하였다. 그들이 받드는 신들의 무용(武勇)뿐만 아니라 그들의 무용 역시 시간을 초월하여 모든 것을 흡수하고 재생하는 여신-어머니 칼리의 실체 속으로 금방 흡수되어버렸다. 그리하여 "평화! 평화! 평화! 모든 살아 있는 것들에 평화!" 하고 꿈을 꾸듯 느릿느릿 읊조리는 가운데, 평화 속에서 머리가 잘린 희생자의 피가 신의 음식처럼 계속해서 여신의 목구멍 속으로 부어지게 되었다.

반면 에게 해에서는 북쪽에 넓게 퍼진 동물의 평원을 무대로 삼던 구석기의 대사냥민의 후손들이 살던 지역 근처에 문명의 새로운 질서들이 자리를 잡았다. 나아가서 그들은 수백 년 동안 근동 핵심부의 창조적인 중심으로부터 끊임없이 영향력을 받아들이고 동화해왔다. 이 들판은 상당히 고양된 에너지가 담겨 있는 곳이었다. 우리가 방금 보았듯이, 기원전 2500년경 아리아 인 또는 원(原)아리아 인의 물결들 가운데 첫번째 물결이 남쪽으로 밀려온 뒤에, 다른 물결들이 잇따라 밀려왔다. 그러나 결국 인도의 대단원과는 정반대로, 여신의 신화적 질서가 남신들을 소멸시킨 것이 아니라 그 반대가 되었다. 나아가서 그렇게 소멸된 질서조차 멜라네시아의 식인종 여자 괴물의 질서가 아니라, 우리가 크레타로부터 알게 된 그 우아하고 어여쁜 파리지엔들의 질서였다.

우리는 이미 올림포스의 제우스가 여신-어머니 가이아의 아들이자 남편인 뱀을 정복하는 것을 지켜보았다. 그러면 이제 그가 그리스로 오게 되었을 때 만난 예쁘고 젊은 수많은 여신들에게 어떠한 태도를 보였는지 보도록 하자. 모두들 제우스가 황소, 뱀, 백조, 황금 소나기로 변신한 것에 대해서는 읽었을 것이다. 그는 그렇게 지중해의 님프를 볼 때마다 정신을 잃었다. 그 결과, 시간이 지나서 그리스 인들이 크레타 인들만큼 문명화되었을 때, 그들의 최고 신이 그렇게 여자의 꽁무니를 쫓아다녔다는 것이 신학의 입장에서는 당혹스러운 일이 되었다. 그러나 그렇게 당혹스러워할 필요는 없었을 터인데, 제우스가 쫓아다닌 여신들이라는 것이 사실은 한 여신의 여러 측면들이었기 때문이다. 말하자면 한 여신이 색깔이 변하는 비취로 만든 가운을 입고 있었다는 것이다. 제우스가 현현하는 모습이 매번 지난번의 모습과는 달랐듯이, 여신 역시 지난번의 모습과는 달랐다. 그러한 신의 통일성 속의 다양성은 기독교의 삼위 일체, 즉 신적 실체 하나에 신적 인격들 셋(또는 그 이상)이 모여 있다는 교리에서도 찾아볼 수 있다. 또한 구약에서 예를 들자면, 야곱에게, 모세에게, 기드온에게 나타나는 다양한 "야훼의 천사들"은 야훼이기도 하고 동시에 야훼가 아니기도 하였다. 세상 모든 곳의 신들은 이러한 종류의 일을 하는 방법을 가지고 있는데, 이것은 그 신들의 습관을 꼼꼼하게 연구해온 사람들에게는 놀랄 일이 아니다. 물론 아리스토텔레스의 논리학에만 익숙한 사람은 뭔가 특별한 일이 일어났다고 생각하고, "오, 주여, 당신의 방법은 인간에게는 이해가 되지 않습니다!" 하고 외칠지도 모른다.

그 시기에 제우스가 직면하였던 문제는 그리스 인들이 가는 곳마다, 즉 골짜기마다, 섬마다, 후미마다, 세계의 여신-어머니의 지역적 표현이 있었고, 제우스는 부권적 질서의 위대한 신으로서 부권적인 방법으로 그것을 정복해야 하였다는 것일 뿐이다. 알렉산더 시대의 분류학자들은 이 러한 정복들을 모두 종합하였으며, 그 결과 생생한 일람표를 손에 넣게 되었다. 이런 초자연적인 스캔들의 다행스러운 결과 하나는 그것이 궁극 적으로 그리스 인들을 그 이전의 신학으로부터 완전히 구해주었다는 것 이다. 이것은 고대의 신화의 영향 하에 있던 다른 지역들에서도 일어났 으면 좋았을 만한 일이다. 어쨌든 제우스가 결혼을 하고 다니던 화려한 시절에, 그 결혼은 중대한 사회적 가치를 지니고 있었다. 우리가 그 이야 기를 듣게 되는 훗날의 서사에서 그것이 어느 정도 경박하게 드러나 있 다고 하여도 마찬가지이다.

예를 들어서, 이 신화의 유머만이 아니라 논리와 기능도 보여주는 첫 번째 예는 팔라스 아테네의 탄생 전설이라고 할 수 있다. 이 이름은 이 미 기원전 1400년경 크레타의 궁궐 도시 크노소스의 선 문자 B 서판에 서도 나타난다. 거기에는 "A-TA-NA PO-TI-NI-JA"라고 적혀 있는데, 그 것은 "아타나의 여인에게"라는 뜻이다.[6] 여기서 이 말은 하나의 장소를 가리키며(예를 들어 "샤르트르의 우리들의 여인에게"라는 명칭처럼), 헬 레니즘 이전의 언어로 되어 있다. 마틴 닐슨 교수는 이 말이 크레타의 집안과 궁전의 성소들에 나타나는 여신을 가리키는 것이라고 믿고 있 다(〈그림 20〉과 〈그림 21〉). 그는 이렇게 쓰고 있다. "(크레타) 궁전의 여신은 왕의 개인적인 보호자였는데, 아테네가 떠맡은 역할이 바로 그러 한 것이다.…… 그녀는 영웅들의 수호자이다."[7] 그러나 세상이 다 알듯이, 고전기의 만신전에서 아테네는 고대 크레타의 신이 아니라 제우스의 뇌 에서 태어난, 올림포스의 젊고 새로운 신으로 나타나고 있다.

제우스는 여신 메티스를 첫 아내로 맞이하였는데, 이것이 그의 결혼을 통한 신학적 침략이라는 오랜 역사의 출발점이다. 메티스는 최초의 우주-물(cosmic-water)의 부부인 오세아누스와 테티스의 딸이다. 그리고 오세 아누스와 테티스는 메소포타미아의 압수와 티아마트에 정확하게 대응한 다. 메소포타미아의 최초의 부부의 첫아들이 뭄무, 즉 말, 로고스, 진리와 지식의 주관자였듯이, 메티스는 무한히 지혜로웠다. 메티스는 사실 모든 신들을 합친 것보다 더 많이 알았다. 나아가서 그녀는 변신의 기술을 알

〈그림 20〉 뱀 여신.

고 있었다. 그녀는 제우스가 접근할 때마다 그 기술을 이용하였으나, 마침내 제우스는 꾀를 써서 그녀를 자기 것으로 만들었고 그녀는 잉태를 하였다.

그러나 제우스는 만일 그녀에게서 둘째가 태어난다면 자신이 끝장난다는 것을 알았다. 그래서 그녀를 그의 침상으로 유인하여(그녀는 여전히 임신중이었다) 한입에 꿀꺽 삼켜버렸다. 한참 뒤에 제우스는 호반을 거닐다가 머리가 아파오는 것을 느꼈다. 두통이 너무 심해지는 바람에 제우스는 소리를 질렀다. 이때 헤파이스토스——어떤 사람들은 프로메테우스라고도 한다——가 양날도끼를 가지고 와서 일격에 그의 머리를 갈라

180

〈그림 21〉 뱀 여신의 여러 모습.

버렸다. 그러자 제우스의 머리로부터 아테네가 완전 무장을 하고 튀어
나와서 전투에 나설 때처럼 고함을 내질렀다. 그 이후로 제우스는 그의
뱃속에 앉아 있는 메티스가 그에게 그녀의 지혜를 빌려준다고 말하고
다녔다.[8]

물론 우리는 여기서 프로이트가 "승화"라고 명명한 것의 생생한 예를
볼 수 있다. 물론 그것은 커다란 역사적(개인적일 뿐 아니라) 상황에 적
용된 것이다. 이 사례는 아담이 하와를 낳은 것과 비슷하다. 다만 현재의
사례에서는 여자가 신으로부터 태어났다는 것이 다를 뿐이다. 나아가서,

하와가 헤브루 이전에 나타났을 때는 뱀의 배우자로 나타났듯이,* 크레타에서 A-TA-NA PO-TI-NI-JA에게 바쳐진 선물도 뱀 여신에게 바친 것이다. 그리고 고전 시대의 아테네가 가슴에 매달고 있던 강력한 마법 방패 고르고네움에는 메두사의 머리가 붙어 있었는데, 메두사의 무시무시한 머리카락은 쉭쉭거리는 뱀들이 뒤엉킨 것이었다.

우리는 이미 생명과 죽음 모두를 제공하는 메두사의 피의 힘에 대해서 이야기하였다.** 이제 그녀의 머리를 잘라서 아테네에게 바친 페르세우스의 전설에 대하여 생각해보도록 하자. 해먼드 교수는 미케네의 역사상 실존하는 왕 페르세우스에게 기원전 1290년이라는 연도를 부여하였고, 나아가 그에게 왕조의 건립자라는 자리를 부여하였다.[9] 그리고 로버트 그레이브스——그의 2권짜리 『그리스 신화(Greek Myths)』는 그 역사적 적용이 매우 시사적이기 때문에 특히 주목할 만하다——는 페르세우스가 메두사의 목을 벤 전설이 구체적으로 "그리스 인들이 그 여신의 주된 신전들을 유린"하고 "여신의 여사제로부터 고르곤 가면을 벗겨내었다"는 뜻이라고 주장한다. 그 가면은 속인들에게 겁을 주어서 쫓아내기 위하여 쓴, 마귀를 쫓는 가면이었다.[10] 즉 기원전 13세기초에 실제로 역사적인 결렬, 일종의 사회학적인 상처가 있었고, 이것이 이 신화에 기록되었다는 것이다. 프로이트가 신경증의 잠재적 내용이라고 부르는 것이 꿈의 명백한 내용으로 기록되는 것과 마찬가지이다. 기록되지만 동시에 감추어지는 것이다. 무의식에 기록되지만 의식적인 정신에는 알려지지 않거나 잘못 해석되는 것이다. 그러한 장막을 치는 신화에는——우리가 방금 보았듯이 성서의 신화도 그러한 종류의 또 한 예이다——반드시 겉과 속이 다른 점이 내포되어 있기 마련이며, 그것으로 인한 결과는 무시되거나 억압될 수 없다. 어머니 자연, 어머니 하와, 어머니 세계의 여주인은 늘 처치되어야 할 존재로 나타난다. 그리고 그녀를 더 엄하게 베어버릴수록, 그녀의 고르고네움은 더 무시무시해진다. 덕분에 어머니를 죽인 아들은 멋진 장관을 이루는 탈주를 감행할 수도 있다. 결국 지구 표면의 주인이

182

될 수도 있다. 그러나, 오, 맙소사! 아직은 모르지만, 장차 그는 낙원이 있어야 할 그의 내부에 지옥이 있다는 것을 알게 될 것이다.

어쨌든 메두사는 올림포스 이전, 아름답고 발랄하였던 시절에는 대지의 여신 가이아의 수많은 손녀들 가운데 하나였다. 가이아는 태초에 배우자 없이 그녀 자신으로부터 하늘(우라노스), 산(우레아), 바다(폰투스)를 낳았다. 이어서 가이아는 그녀의 아들 우라노스로부터 티탄 종족을 잉태하였다──여기에 오세아누스와 테티스가 포함되는데, 그들로부터 메티스가 태어났다. 또한 크로노스, 레아, 테미스, 그리고 특별한 방법으로 아프로디테도 태어났다. 그리고 가이아는 그녀의 아들 폰투스로부터 잉태하여 두번째 자식들을 낳았다. 그중에서 포르키스와 케토를 꼽을 수 있는데, 이들이 그라이아이, 고르곤, 그리고 세계의 끝에서 헤스페리데스의 황금 사과들을 지키고 있는 뱀의 부모이다. 메두사라는 이름의 뜻은 "여주인", "통치자", "여왕"이다(귀에 익은 이야기 아닌가?). 그리고 조수의 신인 포세이돈(우리는 이미 두 여왕의 아들이자 남편으로서 그를 만난 적이 있다)*은 그녀에게 두 쌍둥이를 잉태하게 하였는데, 그녀는 이들을 낳지는 못하였다(목이 잘렸을 때 피와 함께 튀어나온다/역주). 그 쌍둥이는 "황금 칼의" 영웅인 크리사오르와 날개 달린 말 페가소스였다.

앞에서 본 것처럼,** 에게 해에 말이 도래하는 데에는 여전히 어떠한 수수께끼가 있다. 말은 기원전 2100년에서 1800년경 사이에 도래하였던 것으로 보이는데, 당시에는 트로이가 두드러진 중심지였다. 그러나 북방으로부터 마케도니아를 거쳐서 온 것인지,[11] 아니면 동방에서 아나톨리아를 통하여 후르리 인과 카시트 인 등 인도-아리아 인 계통으로부터 도입된 것인지는 분명하지 않은 것 같다. 그러나 우리는 인도 베다 시대의 아리아 인에 의한 말 희생제의가 왕들이 거행하는 의식이었으며,[12] 그 구조와 상징의 사용은 대체로 그 이전의 황소 희생제의를 조금 바꾼 것이었음을 알고 있다. 나아가서 황소 희생 의식은 에게 해에도 있었고, 그

* 62–63쪽 참조.
** 146쪽 참조.

이전에는 돼지 희생제의가 있었던 것으로 보인다. 돼지의 희생제의는 극히 원시적이고, 또 폭넓게 퍼진 신화적 전승의 질서에 속하여 있었는데, 이것은 엘레우시스의 여신들인 데메테르와 페르세포네의 신화와 제의에 강하게 나타나고 있다. 나아가서 그리스의 돼지 희생 신화와 의식은 멜라네시아와 태평양의 그것들과 정확하게 일치하는 모습을 보여주고 있다. 또 멜라네시아와 태평양의 경우 그것은 달-뱀 사상에 기초를 두고 있다. 이 모든 것은 『신의 가면 : 원시 신화』에서 다 이야기하였기 때문에,[13] 달-뱀-돼지-황소-말의 지속성과 순서를 강조하는 것 외에는 이 주장을 되풀이할 필요가 없을 것이다.

그리스 인이 나타나기 오래전부터 그리스와 에게 해에 둥지를 틀고 있었을, 메두사를 비롯한 옛 티탄 세대의 그리스 여신들은 신석기가 막 시작되던 시기——어쩌면 중석기일 수도 있다——의 달-뱀-돼지의 맥락과 원래 어떠한 관계를 맺고 있었는지에 대하여 가능한 모든 것을 보여준다. 이러한 맥락은 한편으로는 멜라네시아와 태평양의 신화와 의식들에서 나타나고, 다른 한편으로는 켈트 인의 아일랜드에서 나타난다. 사실 메두사가 나타나는 일반적 형태——두 팔을 들어 올린 채 쭈그리고 앉아 있는데, 혀는 턱 너머로 축 늘어지고 눈은 둥그렇게 뜨고 있는 모습——는 멜라네시아의 돼지 숭배에서 다른 세계의 수호자가 보여주는 모습과 같다. 그곳에서 그녀는 저 너머의 세계로 가는 길을 지키고 있는 여자 악마이다. 그녀에게 돼지를 바쳐야만——자기 자신을 바치는 것을 대신하는 행동이다——그 너머로 가는 것을 허락받을 수 있다.[14] 메두사도 낮의 가장자리 너머에 있는 그녀의 동굴에서 정확히 그러한 자리를 차지하고 있었다. 즉 황금사과나무로 가는 길목이었다. 또 길가메시의 모험에서 나오는 무녀 시두리와 비교해볼 수도 있다.*

그러나 메두사는 또한 고전기 그리스에서는 훨씬 뒷날에 나온 희생의 말이라는 신화적 맥락과 연결되고 있었다. 사실 메두사와 포세이돈은 둘 다 말의 신화와 연결되고 있는데, 이것은 기원전 2000년경 이후에야 가능

---

* 111쪽 참조.

한 일이다. 기원전 1400-1200년의 미케네 선 문자 B 서판들에는 I-QO (hippo, "말")라는 신에게 제물을 바친 기록이 있다. 그리고 우리는 포세이돈이 고전기에는 히피오스라는 이름을 가지고 있었다는 것을 알고 있다.[15] 포세이돈은 말의 형태로 암말의 형태인 메두사와 짝을 맺었다. 그렇게 해서 메두사는 날개 달린 페가소스와 그의 인간 쌍둥이 크리사오르를 잉태하였다. 나아가서 로버트 그레이브스가 지적하듯이, "고르곤의 머리와 암말의 몸을 가진 여신의 초기 표현물"도 있다.[16] 따라서 그레이브스는 페르세우스 신화를 "그리스 인들이 그 여신의 주된 신전들을 유린하고, 여신의 여사제로부터 고르곤 가면을 벗겨내고, 신성한 말들을 소유하였다"는 의미로 해석한다.

이제 1가지 세목만 더 살펴보기로 하자. 프레이저는 『황금가지(*The Golden Bough*)』에서 네미에 있는 디아나의 작은 숲과 말은 신화적 연관이 있다는 것을 보여주었다. 이 숲에서는 심지어 로마 시대 후기에도 국왕 살해가 이루어졌다. 귀공자 히폴리투스는 그의 마차를 끌던 말들이 바다로부터 올라온 포세이돈의 황소에 놀라는 바람에 말들에게 끌려가다가 죽임을 당하였다. 그런데 디아나가 그를 살려내고, 그는 네미에서 그녀의 왕으로, 즉 숲의 왕으로서 통치한 것으로 되어 있다. 프레이저는 덧붙인다. "로마의 달력에 나오는 성 히폴리투스, 즉 디아나의 날인 8월 13일에, 말에 끌려가다가 죽은 자는 다름 아닌 같은 이름을 가진 그리스의 영웅이라는 것을 거의 의심할 수가 없다. 그는 이방인 죄인으로 2번 죽은 뒤에, 기독교 성자로 행복하게 부활하였다."[17]

따라서 우리는 이제 포세이돈, 메두사, 페르세우스의 영웅적 행위라는 신화적 맥락에 대한 우리의 관점에다가 달 왕(lunar king)의 죽음과 부활의 신화를 덧붙이고, 그것과 더불어 국왕 살해 의례도 덧붙여야 한다. 『신의 가면 : 원시 신화』의 앞부분에서 나는 그리스에서 교육을 받은 에르가메네스라는 이름의 에티오피아 왕에 대한 기록을 제시하였다. 그는 알렉산드리아의 파라오인 프톨레마이오스 2세 필라델푸스(기원전 309-246년) 시기의 사람인데, 군인들 한 무리와 함께 경외감을 불러일으키는 엄숙한 황금 신전 성소로 들어가서 국왕 살해 의례의 신탁을 읽어오던 사제들을 죽임으로써 그 무시무시한 옛 전통을 단절시켰으며, 왕의 운명, 기능, 권력에 대한 새로운 관점에 따라서 상황을 재정리하였다.[18] 마찬가지로, 만일 페르세우스가 실제로 기원전 1290년경 미케네의 새로운 왕조의 설립자였다면, 그가 이웃 여신의 숲을 침해한 것은 거기서 시행되어온 오랜 의식——아마 국왕 살해였을 것이다——에 종지부를 찍기 위해서였음이 틀림없다. 그가 제우스의 황금 소나기로부터 기적적으로 태어났다는 신화는 당시에 큰 의미를 지녔을 것이다. 그것이 어머니 여신——그녀에게는 죽음이 곧 삶이다——의 낡은 신앙 질서를 대체할 신성한 부권적 신앙 질서와의 관련 속에서 그의 행동에 정당성을 부여해주었을 것이기 때문이다.

페르세우스는 아르골리스의 공주 다나에가 기적적으로 잉태한 제우스의 아들이었다. 그러나 그는 그의 어머니와 더불어 물이 스며들지 않는 상자에 넣어져서 바다로 떠내려가게 되었다. 세리포스 섬의 어부가 그들을 해안으로 끌어올렸는데, 그 어부의 형제이자 그 지역의 왕인 폴리덱테스는 다나에와 그녀의 아들을 자신의 노예로 삼았다. 다른 판본에 따르면 그의 부인이 되었다고도 한다. 또 다른 판본에 따르면, 그녀는 왕의 형제인 어부 딕티스에게 그냥 남아 있었다. 그러나 왕은, 이 부류의 전설에 나오는 모든 군주와 마찬가지로, 잔인한 괴물과도 같은 왕이다. 그는 다나에를 차지하기 위해서 페르세우스를 죽이려고 하며, 이를 이루기 위하여 페르세우스에게 메두사의 머리를 가져오라는 아주 어려운——아니, 불가능한——과제를 떠맡긴다.

이 무시무시한 괴물에게는 두 자매가 있는데, 이 셋은 모두 황금 날개, 황동 손, 뱀들로 뒤엉킨 머리와 몸을 하고 있었다. 그리고 입 안에는 멧돼지의 엄니가 달려 있었다. 그 모습이 너무 무시무시해서 사람들은 그들을 보기만 하여도 돌로 변하고 말았다. 페르세우스는 괴물을 처치하러 가는 길에 다양한 신화적 위험들을 통과하게 된다. 그리고 그러한 모험 가운데 물의 요정들로부터 날개가 달린 샌들, 몸을 시야에서 사라지게 할 수 있는 모자, 벤 목을 넣어 운반할 수 있는 주머니를 받았다. 페르세우스는 그것들을 가지고 가장 먼 바다를 넘고 낮의 바깥 테두리를 넘어서 어둠의 영역에 도착한다. 그곳은 별들과 행성들이 사라졌다가 다시 태어나는 곳이다. 그는 먼저 그라이아이라는 묘한 3인조를 만난다. 이들은 늙은 잿빛의 세 자매로서, 하나의 이와 눈을 공유하고 있다. 페르세우스는 그들이 눈을 서로에게 전달할 때 그것을 낚아채고는 고르곤의 동굴——그들이 지키는 곳이다——로 가는 길을 가르쳐줄 때까지 돌려주지 않았다. 그 다음에, 아이스퀼로스가 말하듯이, "그는 멧돼지처럼 동굴 안으로 쳐들어갔다."[19]

동굴 안의 고르곤들은 잠을 자고 있었다. 페르세우스가 메두사를 보면 돌로 굳을까봐 눈을 피하고 있을 때, 영웅들의 수호 여신인 아테네가 검을 든 그의 손을 안내하였다(다른 판본에 따르면, 방패에 비친 메두사를 보게 하였다고 한다). 페르세우스는 낫 모양의 칼을 단 한번 휘두름으로써 메두사의 목을 얻었다. 그는 그것을 주머니에 넣고 등을 돌려서 달아났다. 목을 자르는 것과 동시에 페가소스와 크리사오르가 메두사의 잘린 목에서 튀어나왔다. 두 자매가 페르세우스를 쫓아왔다. 그러나 페르세우스는 무사히 집에 도착하였으며, 거기서 무시무시한 전리품을 꺼내어 모두가 볼 수 있도록 높이 들어 올렸다. 순간 압제자 왕은 저녁 식탁에 앉아 있던 그의 수행원들과 함께 돌이 되어버렸다. 그래서 오늘날까지도 세리포스 섬에는 돌이 많은 것이다.[20]

3. 밤 바다 여행

부권적 신화에서 여성 등장 인물들이 가지는 의미는 일반적으로 지그문트 프로이트가 꿈의 명백한 내용과 관련하여 "강조의 전치(轉置)"라고 부른 장치에 의해서 모호해진다. 주의를 빼앗는 제2의 주제가 도입되고, 그 주위에 상황의 요소들이 재편성된다. 계시적인 장면들, 행위들, 언급들은 생략되거나, 재해석되거나, 은근히 암시만 되는 정도로 바뀐다. 그리고 그 결과 "무언가 훨씬 더 깊이 혼합된 것에 대한 느낌"이 전체에

스며드는데, 이것은 상황을 분명하게 해주기보다는 오히려 어지럽게 만든다.

　예를 들어서, 부권적 우주 기원론에서는 아버지가 신성한 모성이라는 정상적인 이미지를 장악해버린다. 그 결과 우리는 인도의 누워 있는 신 비슈누의 배꼽에서 자라나는 세계 연꽃과 같은 모티프들을 보게 된다. 원래 인도에서 연꽃은 일차적으로 여신 파드마를 가리키는 것이었다. 파드마라는 말은 "연꽃"이라는 뜻으로서, 그 여신의 몸 자체가 우주이다. 따라서 배꼽에서 연꽃으로 이어지는 긴 줄기는 탯줄을 의미하는 것으로 파악하는 것이 적절하며, 그 탯줄을 통하여 에너지의 흐름이 여신으로부터 신에게로, 어머니로부터 자식에게로 이어지게 된다. 거꾸로가 아니다. 우리는 그리스 고전기에 제우스가 그의 뇌에서 아테네를 낳는 이미지를 통하여 이미 "승화"의 예를 보았다. 이제 우리는 거기에서 프로이트가 "위로의 이동(transference upward)"이라고 부른 유형의 이미지를 통하여 "승화"가 이루어졌다는 데에 주목하게 된다. 여자가 자궁으로 아기를 낳듯이 아버지는 뇌로 낳는다. 말의 힘에 의한 창조도 남성 자궁으로의 그러한 이전에 대한 또 하나의 예이다. 입이 질(膣)이고 말이 탄생이다. 괴상하면서도 동시에 높이 떠받들어지는, 이 위를 향한 탈선에서 볼 수 있는 지극히 중요한 결과 1가지는 영성(靈性)과 성(性)이 대립한다는 관념이다. 이것은 모든 서양의 영성에 공통된 관념이며, 독신으로 살았거나 동성애적이었던 우리의 수많은 위대한 스승들이 특히 강조한 것이다.

　프로이트는 꿈에서 검열을 하는 요인을 밝히면서 이렇게 썼다. "강조의 전치와 요소들의 재편성에 의해서 꿈의 명백한 내용은 잠재적인 생각들과는 매우 달라지게 된다. 그래서 아무도 전자 뒤에 후자가 존재한다는 생각을 하지 않는다."[21] 이것은 모든 부권적 신화에서도 마찬가지였다. 여성의 기능은 체계적으로 평가 절하되었다. 상징적이고 우주론적인 의미에서만 그러한 것이 아니라, 개인적이고 심리적인 면에서도 그러하였다. 우주의 기원에 대한 신화에서 여성의 역할이 줄어들거나 평준화됨에 따라서 영웅 전설들 역시 그렇게 되었다. 사실 서사시나 드라마, 로맨스의 여성 인물들이 단순한 객체로 축소되어 있는 것을 보면 놀랄 지경이다. 설사 주체로서 기능을 한다고 하여도, 그들이 어떠한 행동을 주도할 때면 그들은 악마의 화신이나 남성 의지의 단순한 동맹자로만 묘사된다. 효과적인 대화에 대한 생각은 전혀 떠오르지 않는 것 같다. 즉 그 불타오르는 여악마들 가운데 하나가 남성이나 그의 세계를 쳐부순 상태에서 (물론 비극이다!), 남성이 여성으로부터(말하자면 지하 세계로부터) 자신의 예전 사고와 느낌의 한계를 넘어서는 계시(깨달음, 완성, 재탄생)를 받아야 한다는 생각은 떠오르지 않는 것이다. 부권제 이전의 맥락에서라면 분명 남성이 여성에게 가르침을 받는 것으로 생각할 수밖에 없는 이미지들이 문헌 전체에 걸쳐서 나타난다. 그러나 그 강조는 늘 전치되어 있기 때문에, 첫눈에는——다시 보면 그렇지 않을지라도——덕, 즉 아레테(arete)라는 부권적 관념을 지지하는 것처럼 보인다. 그러나 그러한 부권적 관념은 실제로는 문헌내에서도 어느 정도 반박을 받고 있다.

심지어 현대의 고전 학자들도 이 부권적 전치에 대체로 협력해왔다. 사실 트로이 전쟁의 영광과 비극이라는 웅장한 이야기를 파생시킨 것으로 여겨지는 일화, 즉 파리스의 심판이 얼마나 하찮고 천박한지 밝혀내는 데에는 탁월한 여성 고전 학자 고 제인 엘렌 해리슨의 등장이 필요하였다. 그녀의 말을 들어보자.

지금과 같은 형식의 신화는 올림포스의 제우스의 취향에 맞을 만큼 부권적이며, 고대의 풍자극이나 현대의 희가극의 소재가 될 만큼 하찮고 또 심지어 천박하기까지 하다.

"세 여신이 이다(크레타 섬 최고봉의 옛이름, 제우스가 탄생한 땅/역주)에 왔다. 영원한 갈등을 해결하기 위하여——
셋 가운데 누가 가장 아름다우냐, 누가 아름다움의 상을 가질 것이냐."

펠레우스와 테티스의 결혼식에 모인 신들에게 에리스("불화")가 던져준 황금사과가 불화의 원인이 되었다. 그 사과에는 이렇게 쓰여 있다. "아름다운 자가 이것을 가져라." 또는 어떤 출처에 따르면, "아름다운 자를 위한 사과"라고 쓰여 있다. 3명의 높은 여신은 왕의 아들, 즉 양치기 파리스에게 심판을 구하러 간다. 이 신화의 핵심은, 이 판본에 따르면, 칼리스테이온($\kappa\alpha\lambda\lambda\iota\sigma\tau\epsilon\hat{\iota}o\nu$), 즉 미인 대회이다.[22]

그리고 이 신화가 알려주는 에토스는 그 아레테, 즉 탁월함에 대한 자부심이라고 할 수 있다. 이것은 호메로스의 주인공의 영혼을 이루는 것이다. 또한 켈트 인과 게르만 인의 영혼을 이루는 것이기도 하다. 사실 이것은 어디서나 볼 수 있는, 꺾이지 않은 남성의 본질이다.

그러나 여기서 그것은 여성의 영혼에도 적절한 것으로 나타나고 있는데, 그것이 문제이다. 이 남성적인 꿈의 세계에서 여성의 탁월함은 a) 형태의 아름다움(아프로디테), b) 정절과 부부의 잠자리에 대한 존중(헤라), c) 탁월한 남성들이 탁월한 부권적 행위를 할 수 있도록 영감을 불러일으키는 능력(아테네)에 있다고 여겨지고 있다. 마지막으로, 이와 더불어 미인 대회의 우승자는 속임수를 쓴다──물론 여자기이 때문에. 아프로디테는 파리스에게, 만일 자신에게 황금사과를 준다면, 이미 메넬라오스와 결혼한 황금의 미녀 헬레네를 그에게 주겠다고 약속한다. 해리슨 양은 여기서 노골적으로 역겨움을 드러낸다. "미인 대회 그 자체로도 천박한데, 뇌물이 뒤얽힘으로써 더욱 천박해진다."[23] 그럼에도 오랫동안 이 일화는 "탁월함(아레테[$\dot{\alpha}\rho\epsilon\tau\dot{\eta}$])"에 대한 가장 고귀한 서사시, 그리고 그 뒤를 따라 모든 것들을 위한 적당한 신화적(즉 중요하지 않은) 출발점으로 받아들여졌던 것 같다.

그 다음에 나오는 것이 노스토스(Nostos), 즉 "귀환"이다. 외적인 행동의 세계에서 탁월함을 발휘하던 주인공들이 그 동안 태만히 하였던 아내에게 돌아가는 것이다. 아내들은 10년 동안(또는 오디세우스의 예에서는 20년) 그리젤다(중세 유럽의 옛이야기에 나오는 정숙한 아내/역주)처럼 정절을 지키며 집에서 기다리고 있었던 것으로 나온다(부권적 스타일의 사랑에 의한 속죄). 그러나 우리가 알다시피, 귀환하는 영웅들 가운데 적어도 한 사람은 엄청난 충격을 받았다.

심리에서, 사회에서, 역사에서, 신화의 상징성에서 작동하는 상보성(相補性)의 원리라는 것이 있다. 카를 G. 융 박사는 그의 저술 전체에 걸쳐서 그 문제를 논하였고, 세계 곳곳의 예를 들어서 설명을 하였다. 융 박사는 이 원리의 역학에 대하여 논하면서 이렇게 쓴 적이 있다. "우리가 아무리 의식적이려고 하여도, 늘 확정할 수 없는 불확실한 양의 무의식적 요소들이 남아 있기 마련인데, 이것은 자아의 전체성에 속하는 것이다."[24] 그러나 이러한 무의식적인 요소들은 심리 안에 움직임 없이 놓여 있는 것이 아니다. 그것은 현실화되지 않은 잠재성으로서, 의식적인 태도에 대응하여 그것을 보상하며 움직일 준비를 갖추고 있다. 따라서 의식적인 관심의 영역에서 요구의 이완이 일어나고, 개인이 그의 에너지 전부를 그가 의도한 하나의 목표——예를 들어서 트로이 전쟁에서 승리하는 것——에 집중할 필요가 없을 때, 그 방출되어 남아도는 에너지는 방향을 거꾸로 틀게 된다. 그래서 그 에너지를 기다리고 있는, 잠재적인 경험과 발전의 중심으로 흘러들게 된다. 융은 말한다. "'남아도는' 에너지를 우리가 합리적으로 선택한 대상으로 옮기는 것은 우리 능력을 벗어난 일이다."[25] 그러한 이전(移轉)은 불가피하게 통제가 불가능할 뿐만 아니라, 의식적인 의지를 보완하는 역할을 하기도 한다. 융이 헤라클레이토스——융의 말에 따르면 진실로 지혜로운 사람이었다——를 인용하여 말하듯이, "모든 것은 조만간 그 반대되는 쪽으로 넘어가는 경향이 있기" 때문이다.

고대 그리스의 철학자 헤라클레이토스(기원전 500년경)는 이러한 심리학적이고, 역사적이고, 우주론적인 균형 초과를 에난티오드로미아(enantio-dromia), 즉 "다른 쪽으로 통하는 것"이라고 불렀다. 그러한 과정에 대한 예로서 호메로스의 2개의 대조적인 서사시보다 더 나은 것을 구할 수는 없을 것이다. 사실 헤라클레이토스와 그의 세대 역시 그것을 바탕으로 성장하였다. 『일리아드』는 아레테와 남성적인 일의 세계를 담고 있으며, 『오디세이』는 그 영웅적인 세대의 남자들 중에서 가장 지혜로운 자들이 오랜 세월 뒤에 귀환한다는 전혀 통제 불가능한 이야기를 담고 있다. 그들이 귀환하는 곳은 여자라는 저 "다른 정신" 속에 존재하는 힘과 지식의 영역이다. 그 영역은 그 동안 남자들이 돌보지 않았고, 계발하지 않았고, 심지어 알지도 못하였지만, 남자들을 기다리고 있었다. 그 영역을 담고 있는 여자라는 정신은 크레타에 예쁜 존재들이 뛰놀던 옛 에게 해 시절에는 섬세하게 자신을 표현하였지만, 완전히 남성화된 영웅 시대에 들어오면서 아틀란티스처럼 가라앉아 있었다.

제인 헤리슨은 파리스의 심판에 대한 이야기의 몇 장면을 보여준다. 그러나 그것은 그리스 전통의 문학적이고 호메로스적인 측면에서 나온 것이 아니라, 그보다 더 오래된 도자기에 새겨진 무언의 유산에서 나온 것이다. 우리는 〈그림 22〉의 예에서처럼, 세련된 건달 특유의 나른한 자세를 가진 젊은이가 아니라, 명백히 공포에 사로잡혀 있는 표정의 파리스를 보게 된다. 심지어 지하 세계의 영혼들의 안내자인 헤르메스 신이 그가 과제를 수행하도록 강요하기 위하여 손목을 잡고 있기까지 하다. 헤리슨 양은 말한다. "여기서는 여신들의 아름다움에 관능적인 쾌락을 느끼는 일은 있을 수 없다."[26] 보다시피, 그런 것은 없다.

이 그림이 보여주는 방향들은 현재의 주제를 이야기하는 데에 도움을 준다. 파리스가 도망가는 방향은 트로이 쪽이다. 그는 여신들의 운명이

〈그림 22〉 파리스의 심판.

아니라, 그 자신의 운명의 어떤 위기에서 3가지 여성적 원리와 직면해야 하였던 것이 분명한데, 이 여성적 원리의 3인조는 고향 그리스 쪽에 서 있다. 그곳은 아가멤논이 클리타임네스트라를 만나게 되는 곳이고, 메넬라오스가 다시 데려온 황금의 소녀를 만나게 되는 곳이며, 위대하고 지혜로운 오디세우스(특별한 일을 감당한 유일한 사람이 될 운명이었다)가 페넬로페와 그녀의 수많은 구혼자들을 만나게 되는 곳이다. 행동과 명성, 전쟁의 기술, 아레테, 제우스와 아폴로 등을 오른쪽에 놓고, 왼쪽에는 모권 시대의 오랜 여신들 외에 키르케, 칼립소, 나우시카의 신비의 섬들, 그리고 지하 세계와 죽음 너머의 지식으로 영혼들을 이끄는 역할을 하는 헤르메스를 놓아보도록 하자.

하인리히 슐리만은 트로이와 트로이 전쟁이 역사적 사실이라고 추측을 하였고, 서사시의 실마리를 따라감으로써 트로이와 미케네를 발견하였다. 마찬가지로 아서 에번스 경은 고전 신화의 문헌에 나오는 실마리들을 따라감으로써 크노소스와 미로의 왕궁을 발견하였다. "그러나 1가지 경우에는 신화의 실마리가 도움을 주지 못하였다." 마틴 닐슨 교수는 이렇게 말하고 있다. "그것은 되르펠트가 이타카에서 오디세우스의 왕궁을 찾으려고 하였을 때였다. 더군다나 우리는 이제 그 이유를 알고 있다. 『오디세이』의 반은 역사적인 영웅의 모험담이 아니라 오랫동안 헤어져서 죽은 것으로 알려진 남편에게 끝까지 충실하였던 아내라는 유명한 주제 위에 세워진 순전한 허구이기 때문이다."[27] 어떤 면에서는 그렇다고 할 수 있다! 거기까지는 좋다! 그러나 이 허구를 그러한 식으로만 읽는 것은 단지 부권적이고, 이차적인 것에 초점을 맞추는 전치된 관점에서 읽는 것일 뿐이다. 페넬로페에게는 그보다 훨씬 더 깊은 것이 있다.

『일리아드』의 수호신은 아폴로이다. 아폴로는 빛의 세계나 영웅들의 탁월함과 관련된 신이다. 『일리아드』의 시야에서 보자면 죽음은 끝이다. 죽음이라는 베일 너머에 장엄하고, 불가사의하고, 강한 것은 없다. 다만 무력하게 흔들리는 그림자들만 있을 뿐이다. 『일리아드』의 비극적 의미는 바로 그것에서, 즉 삶의 기쁨과 탁월함, 아름다운 여자들의 고귀하고 사랑스러운 모습, 남자다운 남자들의 진정한 가치에 깊은 기쁨을 느끼면서도, 그럼에도 그 모든 것의 끝은 잿더미라는 최종적인 사실에 대한 인식에서 나온다. 반면 『오디세이』에서 오디세우스의 항해의 수호신은 트릭스터(trickster, 속임수나 장난으로 질서를 흐트러뜨리는 신화적 형상/역주)인 헤르메스이다. 그는 지하 세계로 가는 영혼들의 안내자이자 재탄생의 수호자이며, 죽음 너머의 지식——그에게 입문한 사람들은 살아서도 그것을 알 수 있다——의 주관자이다. 그는 2마리의 뱀이 엉켜 있는 카두케우스의 상징과 관련된 신이다. 그는 전통적으로 운명의 세 여신——아프로디테, 헤라, 아테네——과 관련을 맺고 있는데, 그 세 여신은 위대한 전설 속에서 트로이 전쟁의 원인으로 등장하고 있다.

전쟁은 10년간 계속되었고, 오디세우스의 항해도 10년간 계속되었다. 고전 민간 전승 연구의 대가 길버트 머리 교수가 수십 년 전 『그리스 서사시의 발흥(The Rise of the Greek Epic)』에서 지적하였듯이, 고전기에 음력과 양력(음력의 12태음월인 354일 더하기 몇 시간, 그리고 양력의 1태양년인 364일 더하기 몇 시간)을 조정하려는 노력은 천문학자 메톤의 "19년 대주기"에서 절정에 이르렀다. 머리가 인용한 메톤의 말을 들어보자. "19년의 마지막 날, 그것은 또 그리스의 계산에서는 20년의 첫날이기도 한데, 이날 새달은 동지점의 새해와 일치한다. 이것을 '해와 달의 만남($Σύνοδος$ $Ηλίον$ $καὶ$ $Σελήνης$)'이라고 불렀다. 이것은 그전의 19년 동안에는 일어나지 않았으며, 또 그후 19년 동안에도 일어나지 않을 일이었다."[28]

머리는 오디세우스가 "이른 아침에 태어난 새벽 여신의 빛을 알리기 위하여, 제일 먼저 나타나는 가장 밝은 별이 떠올랐을 때"(『오디세이』, $ν$ 93) 이타카로 돌아갔다는 점에 주목한다. 그는 "20년 만에" 그의 아내와 재결합한다. 즉 그는 20년째 해가 되자마자, 19년째 해가 끝나자마자 돌아갔던 것이다($ψ$ 102, 170 ; $ρ$ 307, $β$ 175). 그는 새달이 뜰 때 오게 된다. 아테네 인들이 "낡고 새로운" 날, "이달이 기울고 새달이 차기 시작할 때"($τ$ 307, $ξ$ 162)라고 부르는 날이었다. 그러나 이 새로운 달이 뜨는 날은 동시에 아폴로 축제의 날, 또는 해가 지점(至點)에 이른 날에 여는 축제의 날이기도 하였다($υ$ 156, $φ$ 258). 그리고 때는 겨울이었다. 나아가서 오디세우스는 딱 360마리의 돼지를 가지고 있었는데, 매일 1마리씩 죽었다(ξ 20). 마찬가지로 해의 소떼는 50마리씩 일곱 무리로서 모두 합치면 350마리였다. 오디세우스는 서쪽의 세계 밑으로 가서 죽은 자들의 영토에 들렀으며, 동쪽의 제일 끝으로 올라왔다. 그곳은 "이른 아침에 태어난 새벽 여신의 집과 무도장을 갖추고 있고, 해가 뜨는 곳"이었다(μ 3).[29] 반면 페넬로페는 우리가 잘 알 듯이, 집에 앉아서 마치 달이 찼다가 이지러지는 것처럼 피륙을 짰다가 풀었다가 하고 있었다.

19세기와 20세기초의 학자들은 늘 이러한 식으로 해와 달의 유사함을 동일시하는 것을 좋아하였다. 그것이 그들 시대에 분명해지고 있던 1가지 점을 확인해주었기 때문이다. 그것은 우리의 신화 유산의 비유들이 대부분 청동기 시대의 우주론적 상징으로부터 파생되었다는 점이다. 그러나 우리는 이제 이 중요한 통찰에다가 한걸음 더 나아간 깨달음을 덧붙여야겠다. 지금 우리가 설명하고 있는 시기(기원전 첫 천 년간)에는 동양이든 서양이든 모든 이교도 종교의 근본 개념이, 안으로 향한 마음(석양으로 상징된다)은 개인(소우주)과 우주(대우주)의 동일성을 깨닫는 것에서 절정을 이루어야 한다는 것이었다. 이 깨달음을 이루게 되면 영원과 시간, 해와 달, 남성과 여성, 헤르메스와 아프로디테(헤르마프로디토스), 카두케우스의 두 뱀의 원리 등을 행동과 깨달음의 하나의 질서 속에 통합시킬 수 있다.

어디에서나 "해와 달의 만남"이라는 이미지는 위의 경우를 상징한다. 그 보편성과 관련하여 풀리지 않은 문제들은 다음과 같은 것들뿐이다. a) 그것이 얼마나 먼 과거까지 거슬러 올라가는가, b) 어디에서 처음으로 일어났는가, c) 처음부터 심리학적인 동시에 우주론적으로 읽혔는가.

서기 첫 천 년 동안 인도의 쿤달리니 요가에서, 척추의 중앙 통로의 양쪽에 있는 2개의 영적인 통로들은 달의 통로와 해의 통로라고 불리었다. 그리고 중앙의 통로로는 정신과 숨의 통제를 통하여 뱀의 힘이 운반된다고 여기었다. 양쪽의 통로와 중앙의 통로 사이의 관계는 〈그림 1〉의 중앙의 지팡이——헤르메스의 지팡이다——와 2마리의 뱀의 관계로 정확하게 시각화되고 있다. 〈그림 2〉에서 우리는 뱀과 축을 이루는 지팡이,

나무, 혹은 척추와의 의미 있는 관계 속에서 해와 달이 만나는 것을 다시 보게 된다. 이러한 상징성은 유럽, 중국과 일본, 아즈텍과 나바호에도 알려져 있다. 그리스 인들이 이것을 몰랐을 가능성은 없다.

따라서, 아주 줄여서 말하더라도, 20년째가 시작될 때에 오디세우스와 페넬로페가 결합을 한다는 사실은 그냥 끈기만 있는 그리젤다의 운명보다는 흥미로운 일이라고 할 수 있다. 조금만 더 이야기를 해보자. 페넬로페는 『오디세이』에서 마술적 범주에 들어가지 않는 유일한 여자이기 때문에, 오디세우스가 키르케, 칼립소, 나우시카 등을 만난 것은 영혼 원형의 신화적 영역에서 이루어지는 심리적 모험을 나타내는 것이 분명하다 (적어도 나에게는 그렇다). 남성은 이 영역에서 여성의 의미를 경험하여야만 실제 삶에서 여성을 완벽하게 만날 수 있는 것이다.

1. 오디세우스가 12척의 배와 더불어 정복된 트로이의 해안을 떠난 뒤에 처음 모험을 하게 된 것은 트라키아의 도시인 이스마로스에서 해적선의 습격을 받았을 때였다. 그는 이 일에 대해서 이렇게 말하였다. "그곳에서 나는 도시를 약탈하고, 그들을 죽였소. 우리는 도시에서 그들의 아내들과 많은 재산을 가지고 와서는 서로 나누어 가졌소."[30] 이 야만적인 행위 뒤에는 제우스가 보낸 폭풍이 뒤따랐으며, 그것에 의해서 배의 돛들이 갈갈이 찢어졌다. 그리하여 그들은 아흐레 동안 통제를 벗어나서 바람에 밀려다녔으며, 결국 신의 바람에 의해서 알려진 세계의 경계 너머로 밀려났다.

2. 오디세우스는 말하였다. "열흘째 되던 날 우리는 뭍에 올랐는데, 그곳은 채식을 하는(원문에는 '꽃으로 된 음식을 먹는'이라고 나온다/역주) 로토파고이 족의 나라(원문에는 '로터스[연꽃]를 먹는 사람들의 땅'이라고 나온다/역주)였소." 그의 부하들 가운데 그 음식을 먹은 사람들은 다시 집으로 돌아가고 싶은 욕구를 느끼지 않았다(레테의 모티프, 망각 : 마음이 신화적인, 즉 내적인 영역으로 향하는 것). 그래서 오디세우스는 울부짖는 그들을 배로 끌고가서 선체에 묶고는 노를 저으며 떠났다.

3. 오디세우스와 그의 함대는 이제 어려운 시련과 통과라는 신화의 영역으로 들어갔다. 거기서 처음 도착한 곳이 키클롭스의 나라였다. 그곳은

"멀지도 가깝지도 않은 곳"인데, 그곳에서는 포세이돈(그는 우리가 알다시피 조수의 주관자이며, 두 여왕의 주관자이고, 나아가서 메두사의 주관자이다)의 아들인 애꾸눈 거인 폴리페모스가 양떼와 더불어 동굴 안에 살고 있었다.

"그 자는, 그저 놀랍기만 한 거대한 괴물이어서, 빵을 먹고 사는 인간 같지가 않고 높은 산들 사이에 홀로 우뚝 솟아 있는, 숲이 우거진 산봉우리 같았소."

오디세우스는 그의 부하들 가운데 가장 뛰어난 12명을 선별하고는 해안에 세워둔 배를 떠나서 거대한 동굴로 돌격하였다. 그곳에는 치즈가 푸짐하게 쌓여 있었고, 새끼 양과 염소떼는 따로 울타리에 들어가 있었으며, 우유통이 있었고, 유장(乳漿)이 든 그릇이 있었다. 일행이 들어가서 환대를 예상하며 앉아 기다리는데, 주인이 양떼를 몰고 안으로 들어왔다. 그는 엄청난 무게의 마른 장작을 짊어지고 들어와서는 그것을 시끄럽게 동굴 안에 내려놓았다. 그러자 모두들 두려워서 숨어버렸다. 거인은 문을 막는 거대한 돌을 들어 올렸다. 그것은 4개의 바퀴가 달린 수레 22대로도 땅에서 들어 올릴 수 없는 것이었다. 그는 이것을 동굴 입구에 가져다놓고, 앉아서 암양과 염소의 젖을 짰다. 그러고 나서 각각의 밑에 새끼들을 가져다놓았다. 그런 다음에 불을 피우고 손님들을 살폈다.

둘은 그날 밤 저녁 식사로 잡아먹혔고, 둘은 다음날 아침 식사로 잡아먹혔으며, 둘은 다음날 밤에 잡아먹혔다. (여섯이 사라진 것이다.) 그러나 그러는 동안에 동료들은 키클롭스의 하나뿐인 눈을 꿰뚫어버릴 거대한 말뚝을 준비하였다. 이어서 영리한 오디세우스가 자신의 이름은 무인(無人, Noman)이라고 말하고는 다가가서 거대한 가죽 주머니에 든 포도주를 권하자, 폴리페모스는 양껏 마시고 "뒤로 벌렁 자빠졌다." 그는 "굵은 목을 옆으로 돌리고 누웠으며, 그러자 모든 것을 제압하는 잠이 그를 사로잡았다." 그가 방금 먹은 포도주와 사람의 살 조각이 그의 입에서 튀어나왔다. 심하게 취하여 토하고 만 것이다.

오디세우스는 이렇게 말하였다.

그때 나는 그 말뚝을 제대로 뜨거워질 때까지 잿더미 속에 집어넣고는, 아무도 겁을 먹고 꽁무니를 빼지 않도록 말로 전우들의 용기를 북돋우었소. 그러나 그 올리브나무 말뚝은 아직 푸른빛인데도 금세 불이 붙기 시작하였고, 무섭게 달아오른 것처럼 보이자 나는 다가가서 그것을 불에서 끄집어내었으며, 나의 주위에는 전우들이 둘러섰소. 그러자 어떤 신이 우리에게 큰 용기를 불어넣어주셨소. 그리하여 그들은 끝이 뾰족한 올리브나무 말뚝을 움켜잡더니, 그의 눈에다가 그것을 밀어 넣었소. 한편 나는 그 위에 매달려서 그것을 돌렸소. 마치 어떤 사람이 송곳으로 선재(船材)에다 구멍을 뚫고, 그의 동료들이 밑에서 가죽끈의 양끝을 잡고 돌려대면 송곳이 계속해서 돌아가는 것처럼 말이오. 꼭 그처럼 우리는 끝이 벌겋게 달아 오른 말뚝을 움켜잡고 그의 눈 안에서 그것을 돌렸소. 그러자 뜨거운 말뚝 주위로 피가 흘러 내렸소. 불기운은 주위의 눈꺼풀과 눈썹을 모조리 태워버렸으며, 안구도 불에 타면서 그 뿌리가 불속에서 바지직 소리를 냈소. 마치 대장장이가 도끼나 큰 자귀를 담금질하기 위하여——바로 거기서 쇠의 힘이 나오니까——찬물에 담그면, 쉿쉿 소리가 요란하게 나는 것처럼 말이오. 꼭 그처럼 그의 눈은 올리브나무 말뚝 주위에서 쉿쉿 소리를 냈소. 그는 크고 무시무시한 비명을 질렀소. 그러자 주위의 바위가 울렸고, 우리는 겁이 나서 급히 달아났소. 한편 그는 눈에서 피투성이가 된 말뚝을 뽑더니 괴로워서 두 손을 버둥대며 멀리 내던지고는, 바람 부는 산마루들을 따라서 주위의 동굴 안에 사는 키클롭스 족을 큰 소리로 불렀소. 그러자 그들은 그 소리를 듣고 사방에서 모여들었소. 그들은 동굴 주위에 둘러서서 무엇이 그를 괴롭히는지 물었소. "폴리페모스여, 무엇이 그대를 그토록 괴롭혔기에 그대는 °신성한 밤에 이렇게 고함을 지르며 우리를 잠도 못 자게 하는 것이오? 설마 어떤 인간이 그대의 뜻을 거스르며 작은 가축들을 몰고 가는 것은 아니겠지요? 아니면 설마 누가 꾀나 힘으로 그대 자신을 죽이는 것은 아니겠지요?"

그러자 강력한 폴리페모스가 동굴 안에서 그들을 향하여 말하였소. "친구들이여, 무인(無人)이 힘이 아니라 꾀로 나를 죽이고 있소."

그러자 그들은 물 흐르듯 거침없이 이런 말로 대답하였소. "만약 그대가 혼자 있는데 아무도 그대에게 폭행을 가하지 않았다면 그대는 아마도 위대한 제우스가 보낸 그 병에서 결코 벗어날 수 없을 것이오. 그러니 그대는 아버지 포세이돈 왕께 기도하도록 하시오."

이렇게 말하고 그들이 떠나가자, 나의 마음은 웃었소. 나의 이름과 나무

198

랄 데 없는 계략이 그들을 속였기 때문이오.

그러나 입구가 막힌 동굴로부터 빠져나오는 문제가 남아 있었다. 키클롭스는 신음을 토하며 두 손으로 더듬다가, 문에서 돌을 들어 올려 치우고는 스스로 입구에 앉았다. 그러자 오디세우스는 영리하게도 양떼들 가운데 커다란 숫양 3마리를 끈으로 묶었다. "그곳에는 잘 먹여서 털이 복슬복슬하고 아름다우며 큰 숫양들이 있었는데, 그 털은 진한 자줏빛이었소." 오디세우스는 이러한 양떼를 3마리씩 여섯 무리를 준비하였다. 사람은 3마리의 양 중에서 가운데에 있는 양의 배에 달라붙을 생각이었다. 양쪽의 양들은 보호를 위해서 마련된 것이었다. 오디세우스 자신은 양떼 가운데 가장 잘생긴 어린 양을 붙잡아서 털로 뒤덮인 배에 달라붙어서는 몸을 웅크렸다. 동이 트자마자 19마리의 숫양은 양떼와 더불어서 일곱 사람을 데리고 동굴을 빠져나왔다.

여기서 주목할 점들은 다음과 같다. 눈을 상징적으로 꿰뚫는 것("황소의 눈": 저 세상으로 가는 태양의 문과 유사하다). 무인이라는 상징적인 이름(저 세상으로 가는 통로에서의 자기 박탈: 오디세우스는 자신의 세속적 인격, 개인적 이름과 명성을 내세우지 않았기 때문에, 우주의 문지방을 지키는 수호자를 통과하여 에고가 통제를 할 수 없는, 개인을 초월한 세력들의 영역으로 들어간다). 숫양과의 동일화(숫양은 상징적으로 해의 동물: 이집트의 아문과 비교해보라).

4. 배들은 아이올로스의 섬, 즉 바람(pneuma, spiritus, 정신) 신의 섬으로 항해하여 갔다. 물에 떠 있는 그 섬에서는 신과 아들 여섯, 딸 여섯으로 이루어진 그의 12명의 자식들이 청동 성에서 살고 있었다. "그런데 그는 딸들을 아들들에게 아내로 주었소. 그들은 사랑하는 아버지와 세심한 어머니 옆에서 언제나 잔치를 벌이고 있고, 그들 앞에는 수없이 많은 음식이 차려져 있소."

오디세우스는 말한다. "그는 내게 9살짜리 황소의 가죽을 벗겨서 자루를 하나 만들어 주었는데…… 그 자루를 은으로 만든 번쩍이는 끈으로 속이 빈 배 안에다가 단단히 묶었소. 그리고 나서 그는 배와 우리 자신을 날라주려고, 나를 위하여 서풍의 입김을 내보내어 불게 하였소."

아홉 낮과 밤 동안 배들은 자루에서 나오는 바람을 타고 항해를 하였다. 열흘째가 되자 집이 보였다. 그러나 오디세우스가 잠을 자는 동안, 그의 부하들은 자루에 무슨 귀중한 것이 들어 있는 줄 알고 그것을 열었다. 그러자 거센 바람이 배를 다시 아이올로스로 돌려보내었다. 그러나 그는 이번에는 그들을 받아들이지 않았다.

이것과 그 다음의 모험에서는 공통된 심리적 경험의 상징적 표현을 찾아볼 수 있다. 첫째, 의기 양양(융은 팽창을 뜻하는 inflation이라는 용어를 쓴다)에 이어지는 의기 소침이다. 이는 미숙한 사람이나 성자에게나 공통된 조울증이다. 일행은 첫번째 단계——이것을 문지방을 넘어서서 어떤 종류의 깨달음에 이르는 것이라고 해두자——를 이룩하였기 때문에 이미 목표에 이르렀다고 느꼈다. 그러나 일은 사실 시작도 되지 않은 상태였다. 개인 심리학의 용어로 바꾸어 표현해보자. 통치하는 의지인 오디세우스가 잠을 자는 동안, 통치되지 않는 기능들인 그의 부하들이 전대를 열었다(단 1가지 금지된 것). 사회학적 용어로 바꾸어보자. 개인적 성취를 집단의 의지 때문에 망쳤다. 이 2가지 용어를 합해보자. 오디세우스는 아직 그의 집단, 집단 이상(理想), 집단 판단 등과의 동일시에서 해방되지 않았다. 그러나 자기 박탈이란 동시에 집단 박탈을 의미하는 것이기도 하다. 따라서 힘찬 사회적 팽창 뒤에는 다음과 같은 것이 온다.

5. 수축, 모욕, 영혼의 어두운 밤 : "우리는 비통한 마음으로 항해를 계속하였소. 그러나 나의 대원들은 우리 자신의 잘못으로 힘들게 노를 젓느라 마음이 지쳐 있었소. 바람이라고는 한 점도 없었기 때문이오." 이레째 되는 날, 이렇게 고된 일을 한 끝에 그들은 레스트리고네스의 나라에 도착하였다. 가축들이 많은 풍요의 나라였다. 그들은 그 나라로 정찰대를 보내었다.

그들은 앞쪽에 작은 도시를 보았다. 그리고 그 도시 앞에서 물을 긷고 있는 처녀와 마주쳤다. 그녀는 공주였는데, 그들을 그녀의 집으로 안내하였다. 그들은 그곳에서 그녀의 어머니를 만났다. 산꼭대기처럼 거대하고 보기 싫은 여자였다. 어머니는 왕을 불렀는데, 왕 역시 거인이었으며 일행 중의 한 사람을 잡아서 먹을거리로 준비시켰다. 깜짝 놀란 나머지 사람들은 달아났다. 왕은 전쟁의 경적을 울렸다. 그러자 레스트리고네스 사람들이 사방에서 수도 없이 쏟아져 나와서 해변으로 가더니, 배 하나만 남기고 바윗돌로 모두 부수어버렸다.

6. 이렇게 몰락하고 박살이 나서 초라해진 우리의 위대한 항해자 무인은 여성 원리와 처음으로 근본적인 만남을 가지게 되었다. 이 원리는 아레테, 아름다움, 항상성, 인내, 영감과 관련된 것이 아니라, 뾿은 머리의 키르케가 구술한 내용과 관련된 것이었다. 키르케는 모든 사람들에게 빛을 주는 해가 바다의 딸을 통해서 낳은 님프였다.

그들은 아무 것도 모르고 배를 몰아서 키르케의 섬으로 들어갔다. 사람들은 이틀 낮밤을 해변에 누운 채 괴로워하였다. 그러다 세번째 날 동이 텄을 때 오디세우스는 언덕에 올라갔다가, 저 멀리 숲에서 연기가 솟아오르는 것을 보았다. 그는 부하들에게 돌아오다가 뿔이 달린 큰 키의 수사슴을 잡았다. 그들은 양껏 먹으면서 잃어버린 동료들 때문에 울었다. 이어서 정찰대를 파견하였다. 그들은 숲 속의 빈터에서 광택이 나는 돌로 지어진 키르케의 저택을 발견하였다.

궁전 주위에는 산에 사는 늑대들과 사자들이 돌아다니고 있었는데, 그녀는 그것들에게 나쁜 약을 주어서 마법에 걸리게 하였던 것이오. 그것들은 나의 대원들에게 덤벼들기커녕 일어서더니 긴 꼬리를 흔들며 아양을 떨었소. 마치 주인이 굶주림을 달래주는 맛있는 음식을 늘 가져다주기 때문에, 주인이 잔치에서 돌아오면 개들이 주위에서 아양을 떠는 것처럼, 꼭 그처럼 힘센 발톱을 가진 늑대들과 사자들이 그들 주위에서 아양을 떨었소. 그러나 그들은 그 무서운 괴물들을 보자 겁이 났소. 그들이 머리를 곱게 땋은 여신의 바깥 대문간에 들어섰을 때 안에서 키르케가 고운 목소리로 노래하는 소리가 들렸으니, 그녀는 불멸의 거대한 베틀 앞을 오가며, 여신들의 수공예품이 그러하듯, 곱고 우아한 빼어난 베를 짜고 있었던 것이오. 그들 사이에서 남자들의 우두머리인 폴리테스가 먼저 말문을 열었으니, 그는 나의 전우들 가운데 내가 아끼고 가장 존중하는 사람이었소.

"친구들이여, 안에서 여신인지 여인인지, 누구인가 큰 베틀 앞을 오가며 고운 노래를 부르고 있고 온 마루가 되울리니, 어서 큰소리로 그녀를 불러 보도록 합시다."

그가 이렇게 말하자 그들은 목소리를 높여 그녀를 불렀소. 그러자 그녀는 지체없이 밖으로 나와서 번쩍이는 문을 열며 안으로 들라고 하였고, 그들은 아무런 영문도 모른 채 모두 그녀를 따라 들어갔소. 그러나 에우륄로코스는 뒤에 처졌으니, 어떠한 흉계를 예감하였기 때문이오. 그녀는 그들을 안으로 데리고 들어가서 의자와 높은 자리에 앉히었소. 그리고 그들을 위하여 치즈와 보릿가루와 노란 꿀과 프람네 산 포도주를 함께 섞어서 저어주며 여기에다가 해로운 약을 섞었으니, 이는 그들이 고향 땅을 완전히 잊어버리게 하려는 것이었소. 그녀가 주는 것을 그들이 다 받아 마시자, 그녀는 즉시 지팡이로 그들을 쳐서 돼지 우리 안에 가두어버렸소. 그리하여 그들은 돼지의 머리와 목소리와 털과 외모를 가지게 되었으나, 분별력만은 여전히 전과 다름없었소. 이렇게 그들은 울면서 갇혀 있었고, 키르케는 그들에게 땅바닥에서 뒹굴기 좋아하는 돼지들이 날마다 먹는 상수리와 도토리와 층층나무 열매를 먹으라고 던져주었소.

겁에 질린 에우륄로코스는 그 소식을 가지고 배로 갔으며, 오디세우스는 커다란 청동 칼을 들고 활을 메고 떠났다. 그러나 가는 길에 **황금 지팡이를 든 헤르메스**와 만났다. 헤르메스는 이제 막 코밑에 솜털이 나기 시작한 젊은 남자의 모습이었다. 남자가 가장 아름다울 때의 모습이었다. 그는 오디세우스의 손을 잡고, 그를 키르케의 마술로부터 보호하기 위해서 그에게 덕의 약초를 주었다. 신들이 몰리(Moly)라고 부르는 것이었다. 그리고 그녀가 일을 처리하는 방식에 대해서 주의를 주었다. "키르케가 그녀의 긴 지팡이로 그대를 치려고 하거든, 그대는 넓적다리에서 날카로운 칼을 빼어들고 죽일 듯이 키르케에게 덤벼드시오. 그러면 그녀는 겁이 나서 그대에게 동침하자고 할 것이오. 그러면 그대는, 그녀가 전우들을 풀어주고 그대를 환대하도록 하고, 여신의 잠자리를 거절하지 마시오. 그보다 그대는, 그녀가 그대에게 다른 재앙과 고통을 꾀하지 않겠다고, 그리고 그대가 벌거벗었을 때 그대를 쓸모 없는 비겁자(원문에는 '겁쟁이와 거세된 자'로 나온다/역주)로 만들지 않겠다고, 축복받은 신들의 이름으로 큰 맹세를 하라고 그녀에게 요구하시오."

헤르메스는 숲이 우거진 섬 위를 지나서 올림포스로 떠나갔다. 오디세우스는 헤르메스가 시킨 대로 하였다. 키르케가 그 맹세를 하고 난 뒤에 그는 마침내 키르케의 아름다운 침대 안으로 들어갔다. 그 동안 키르케의 시녀들은 집안에서 바쁘게 움직였다. 우물과 숲과 짠 바다로 흘러가는 거룩한 강으로부터 태어난 4명의 시녀였다. 돼지로 변하였던 사람들은 곧 안으로 뛰어들어왔다. 키르케는 그들 사이를 돌아다니면서 각각에게 약을 발라주며 다른 주문을 외웠다. "그러자 여왕 키르케가 얼마 전에 그들에게 주었던 독약 때문에 자라났던 털들이 그들의 사지에서 떨어져나갔소. 그러자 그들은 다시 남자가 되고, 전보다 더 젊고, 훨씬 더 준수하고, 더 커 보였소."

집안에 360마리의 돼지를 소유하고 있는 오디세우스와 사람들을 돼지로 바꾸었다가 다시 전보다 더 잘생기고 키도 큰 사람으로 되돌려놓은 여신의 "성스러운 결혼"을 보면서, 우리는 엘레우시스의 데메테르와 페르세포네, 그리고 안테스테리아 축제의 신화와 제의를 떠올리게 된다. 거기서도 돼지는 희생 짐승이었으며, 죽음과 재탄생의 주제를 표현하였다.[31] 또한 우리가 이미 언급한 멜라네시아의 의식들에서도 마찬가지이다. 오디세우스는 키르케의 섬에서 카두케우스의 신인 헤르메스의 충고와 힘에 의해서 보호를 받고 입문의 어떤 맥락으로 넘어가게 된다. 이것은 고전적인 유산 2가지 가운데 그의 이전 삶의 영웅적 영역이 표현하고 있던 것과 반대되는 것이다. 멜라네시아의 신화에서와 마찬가지로 『오디세이』에서도, 무시무시한 면으로 나타날 때에는 지하 세계의 식인 괴물인 여신이 자비로운 면으로 나타날 때에는 그 영역의 안내자이자 수호자가 되며, 또 그러한 존재로서 불멸의 생명을 준다.

7. 따라서 우리는 키르케가 오디세우스에게 지하 세계의 안내를 제안하는 것을 보게 된다. "제우스의 후손인 라에르테스의 아들이여, 계책에 능한 오디세우스여, 그대들은 먼저 다른 여행을 마쳐야만 합니다. 그대들은 하데스와 무서운 페르세포네의 집에 가서, 아직도 정신이 온전한 저 눈먼 예언자 테베의 티레시아스의 영혼에게 물어보아야만 합니다. 그가 슬기

로울 수 있도록 페르세포네는 오직 그에게만 죽은 뒤에도 분별력을 지닐 수 있게 해준 것이지요. 그러나 다른 혼령들은 그림자처럼 쏘다니지요."

이것은 매우 중요한 점이다! 하데스의 집에 있는 모두가 그림자들인 것은 아니다. 티레시아스와 같이 두 뱀의 신비를 보았고 또 그것을 알게 된 자들, 그리고 적어도 어떤 면에서는 남성인 동시에 여성이었던 자들은 각 성이 자신의 측면으로부터 그림자처럼 경험하는 현실을 양 측면으로부터 다 알고 있다. 그러한 한에서 그들은 삶의 본질적인 것을 소화하였으며, 그래서 영원하다.

소포클레스는 엘레우시스 비교에 대하여 언급하면서 이렇게 말하였다. "사람들 가운데 이러한 제의를 본 뒤에 하데스로 내려가는 자들은 3배의 복이 있도다. 생명은 오직 그들에게만 있을 따름이며, 나머지 모두는 악한 운명으로 괴로워하리라."[32]

이러한 생각은 성숙한 고전적 사고에서는 기본적인 것이다. 사실 이것이 학술적인 신고전주의에 비쳐진 고전적 사고와 차이가 나는 부분이기도 하다. 이것은 그리스의 2가지 유산에 속한 두 세계의 유기적 종합을 표현한 것이며, 동산의 첫번째 나무만이 아니라 두번째 나무도 얻는 것과 같다고 말할 수 있다. 이것은 다른 종류의 덕 안에서 살았던 불행한 1쌍인 아담과 하와에게는 거부되었던 것이다.

이제 오디세우스는 키르케의 안내를 받아서 세계의 끝까지 배를 몰고 가며, 거기서 그는 킴메리아 인들의 땅과 도시에 이른다. 그곳은 안개와 구름에 싸인 곳이며, 영원한 밤의 땅이다. 그곳에서 오디세우스는 죽은 자들을 위한 제물을 땅에 파인 도랑에 퍼붓는다(위로 바치는 올림포스의 제물과는 방향이 다르다). 그러자 사방에서 유령들이 불가사의한 소리를 내지르며 몰려든다. 그는 그가 아는 사람들과 이야기를 나눈다. 그의 어머니, 티레시아스, 파이드라, 프로크리스, 아리아드네, 아가멤논, 아킬레스 등등. 그리고 그는 그곳에서 제우스의 아들이자 크레타의 왕인 미노스가 손에 홀을 들고 왕좌에 앉아서 죽은 자들을 심판하는 것을 본다.

그러나 오디세우스는 페르세포네가 그에게 메두사의 머리를 보낼지도 모른다는 두려움 때문에, 곧 그곳을 떠나서 비법 전수자인 키르케에게 돌아온다. 그리고 그녀로부터 궁극적인 가르침을 받는다.

8. 태양의 섬으로 가는 길과 그 길의 위험들. 그 길의 위험들은 다음과 같다. a) 사이렌들, b) 부딪히는 바위들, 다른 길을 택할 경우에는 b')스킬라와 카리브디스. 첫번째 것은 천국의 지복에 대한 유혹을 상징한다. 또는 인도의 비교(秘敎)에서 말하듯이 "즙을 맛보는 것"이다. 즉 비이중적이고 초월적인 깨달음으로 밀고 나아가는 대신, 천국의 행복을 최종적인 것으로 수용하는 것이다(영혼이 그 대상을 향유한다). 다른 2가지 위험 역시 대립물의 쌍들을 통과하여 통일적인 신비를 경험할 수 있는 궁극적인 문지방을 나타낸다. 즉 논리의 범주들(A는 B가 아니다, 너는 그것이 아니다)을 넘어서는 경험, 지각의 모든 형태들을 넘어서는 경험을 통하여 만물에 내재한 의식 속에 의식적으로 참여하는 것이다. 오디세우스는 대립물의 쌍인 스킬라와 카리브디스 사이의 길을 택하여, 그곳을 통과한다.

그러나 그들이 도착한 태양의 섬에서는 오디세우스가 잠든 동안에 그의 부하들이 식욕을 채우기 위하여 태양의 소들을 수도 없이 죽여서 요리하여 먹는다. 이어서 그들이 항해에 나서려고 할 때, "갑자기 요란한 서풍이 세찬 돌풍을 일으키며 날뛰더니, 한바탕 바람이 불어서 돛대의 앞쪽 두 밧줄을 끊어버렸던 것이오." 오디세우스 한 사람을 제외하고, 배는 모든 사람과 더불어 침몰해버린다. 오디세우스는 용골과 돛대에 달라붙어서 살아 남았다. 마침내 혼자가 된 것이다.

이것이 이 영적인 항해의 절정이다.

이 위기가 첫번째의 중요한 문지방 넘기에 따르는 위기에 대한 비유라는 것은 분명하다. 인도의 최고의 이상인 깨달음과의 차이 또한 분명하다. 만일 오디세우스가 인도의 현자였다면, 그는 지금 혼자 바다 위에 둥둥 떠다니지도 않을 것이고, 자기가 배운 것을 가정 생활에 적용하기 위해서 그의 아내 페넬로페에게 돌아가고 있지는 않을 것이기 때문이다. 그러한 경우였다면, 아마 그는 태양과 결합하였을 것이다——영원한 무인으로서 말이다. 간략하게 말해서 그것이 인도와 그리스 사이의, 즉 해탈과 비극적 참여 사이의 결정적인 구분선이다.

사실 오디세우스가 키르케의 후원 하에 한편으로는 조상의 나라를 방문하고 다른 한편으로는 태양의 섬을 방문하였던 일의 교훈을, 기원전 700-600년의 인도 우파니샤드에서 가르친 "연기의 길과 불의 길이라는 두 길"[33]과 비교해볼 수도 있다. 그리스와 마찬가지로 인도에서도, 이러한 두 길의 전통은 원래 아리아 인에게 속한 것이 아니라, 복잡한 유산들 가운데 아리아 인 이전의 구성 요소에 속한다. 나아가서, 그것은 여신이 아리아 인 부권 사회의 브라만 신들에게 전해준 것이다(케나 우파니샤드에 보존되어 있는 한 신화에 따른다면). 그 여신은 우마 하이마바티로서, 무시무시한 칼리가 매우 매력적으로 표현된 모습 가운데 하나였다.[34]

그리스와 인도 양쪽에서는 부권제적 사고와 모권제적 사고라는 2개의 대조되는 질서 사이에 대화가 이루어지는 것이 허용되어왔다. 반면 성서적 전통에서는 오로지 남성을 위하여 그러한 대화가 의도적으로 억압되었다. 그러나 그리스와 인도 양쪽에서 이러한 상호 작용을 뒷받침하기는 하였지만, 두 지역에 나타난 결과는 똑같지 않았다. 인도에서는 어머니 여신의 힘이 마침내 압도를 하여 남성적 에고 주도권의 원리가 억압되었으며, 심지어 개별적인 삶에 대한 의지를 해체하는 지경에까지 이르렀다.[35] 반면 그리스에서는 남성적인 의지와 에고가 버티어냈을 뿐만 아니라, 당시에는 세계에서 유일한 방식으로 번창하기까지 하였다. 이것은 유년기의 강박적인 "나는 원한다"의 방식이 아니라(에고의 이러한 존재 방식과 개념은 동양에 흔한 것이다), "나는 원한다"와 "너는 해야 한다" 양쪽으로부터 나온, 자기를 책임 지는 지성의 방식이었다. 이것은 경험적 사실들의 세계를 합리적으로 바라보고 책임 있게 판단하였으며, 최종 목표를 신들에게 봉사하는 것이 아니라, 인간을 계발하고 성숙시키는 데에 두었다. 카를 케레니가 잘 표현하였듯이, "그리스 세계는 주로 햇빛의 세계인데, 해가 아니라 인간이 그 중심에 서 있다."[36]

이리하여 우리는 집으로 가는 여행에 오르게 된다. 오디세우스가 지하 세계와 태양의 섬으로부터 돌아오는 것이다.

9. 칼립소의 섬 : 기적적으로 표류하는 화물 조각 위에 올라타게 된 오디세우스는 스킬라와 카리브디스 사이로 다시 돌아와서 아흐레 더 바다

위에 떠 있다가, 열흘째 되는 날 머리를 땋은 칼립소의 섬 오규기아의 해변에 내던져지게 된다. 부드러운 초원, 꽃, 덩굴, 새들로 둘러싸인 동굴에 사는 어여쁜 여신은 달콤한 목소리로 노래를 부른다. 그녀는 베틀 앞에서 왔다갔다하며 금으로 된 북으로 천을 짠다. 이 여신이 오디세우스를 회복시켜준다. 그는 그녀와 함께 8년(한 옥타브, 한 영겁)을 살면서, 첫 님프, 즉 머리를 땋은 키르케에게서 배운 교훈들을 소화한다. 마침내 떠날 시간이 오자, 제우스는 안내하는 신 헤르메스를 보내어 칼립소에게 그녀의 입문자를 빨리 보내라고 명한다. 그녀는 내키지 않지만 그렇게 한다. 오디세우스는 뗏목을 만든다. 그녀는 그를 목욕시키고 좋은 옷을 입힌다. 그리고 그가 바다로 나가서 사라지는 것을 지켜본다.

10. 그러나 포세이돈은 오디세우스가 그의 아들 키클롭스의 눈을 멀게 한 것에 여전히 화가 나 있어서(우리는 한 단계씩, 한 지점씩, 이 깊고 어두운 영혼의 밤 바다의 물을 헤치며 돌아가고 있다), 뗏목을 부수려고 폭풍을 보낸다. 오디세우스는 다시 소금물에 내동댕이쳐져서 이틀 낮과 밤을 헤엄친다.* 그는 곧 벌거벗은 채 파이아케스 인들의 섬에 내던져진다. 이어서 매력적인 일화가 이어진다. 어린 공주 나우시카가 시녀들의 무리와 더불어 해변에 와서 공놀이를 하는데 공이 물로 들어간다. 소녀들은 비명을 지른다. 덤불 속에 엎드려 있던 위대한 자는 그 소리에 눈을 뜬다. 그는 나뭇가지로 앞을 가리고 나타난다. 잠시 공포의 순간이 지나가자 소녀들(다시 여성의 원리이나, 이번에는 즐거운 유년이다)은 그에게 몸을 가릴 천을 주고 왕궁으로 가는 길을 안내한다.

그날 저녁 멀리서 온 위대한 자는 저녁 식탁에서 모든 사람들에게 자신의 10년 동안의 모험을 이야기해준다. 착하고 친절한 파이아케스 인들은 그가 집에 갈 수 있도록 배 1척과 훌륭한 승무원들을 내어준다.

그들은 오디세우스가 깨지 않고 자도록, 그를 위하여 속이 비어 있는 배의 후미 갑판 위에다가 린네르 천을 깔았다. 그리고 그가 배에 올라서 말없

---

* 성서와는 달리 그리스 인들의 신화는 문자 그대로 믿을 필요가 없다는 것이 운동 선수들의 기록을 위해서는 다행한 일이다.

이 눕자 그들은 각자 정연하게 노를 젓는 자리에 앉았으며, 구멍 뚫린 돌에 감기어 있던 밧줄을 풀었다. 그들이 몸을 뒤로 젖히며 노로 짠 바닷물을 쳐올리자마자, 부드러운 잠이, 깨지 않는 더없이 달콤한, 죽음에 가장 가까운 잠이 그의 눈꺼풀 위에 내리었다…….

11. "……고귀한 오디세우스는 고향 땅에서 잠을 자다가 깨어났다."

이보다 더 분명하게 말할 수가 있을까?

깊은 밤에 오디세우스가 키르케의 궁에 다가갈 때에는 헤르메스가 그의 안내자가 되었다. 칼립소를 떠날 무렵에도 헤르메스가 다시금 안내자가 되었다. 헤르메스는 영혼들의 안내자요 카두케우스와 세 여신들의 주관자이다. 그러나 이제 기나긴 여행을 한 사람이 신화적 형태들이 가득한 밤 바다로부터 떠올라서 다시 깨어 있는 삶의 수준에 이르렀을 때, 그 삶에서 사회적 현실(지금의 경우는 가정이라는 현실)의 세계를 맞이하게 되었을 때, 그의 안내자는 아테네가 되어야 하였다. 그녀는 젊은 남자로 변장하고 해변에 나타났다. 그 젊은 남자는 "통치자들의 아들이 그러하듯, 아주 귀여운 양치기 젊은이의 모습을 하고 그에게 다가갔다. 그녀는 어깨에 2겹으로 된 잘 만든 외투를 걸치고 있었고, 번쩍이는 발 밑에는 샌들을 매어 신었으며, 손에는 투창을 들고 있었다. 그녀를 보자 오디세우스는 기뻐서 마주 다가갔고, 그러고는 그녀를 향하여 물흐르듯 거침없이 말하였다.……"

아테네는 이미 그의 아들 텔레마코스를 그의 어머니의 궁전에서 떠나게 한 일이 있다. 그의 어머니에게 청혼을 하느라 찾아온 구혼자들은 시녀들과 더불어 그곳을 매음굴로 만들어놓고 약탈을 일삼고 있었다. 그녀는 나그네로 변장하고 궁전의 입구에 나타났다. 텔레마코스는 무거운 마음으로 구혼자들 사이에 앉아서 훌륭한 아버지의 꿈을 꾸고 있다가, 나그네를 보고는 일어나서 바깥 현관으로 나가 그녀를 맞았다. 그날 저녁 식사 후에 그녀는 젊은이에게 아버지를 찾으러 가라고 충고를 하여 길을 떠나게 만들었다. 따라서 그녀는 이제 둘을 다시 만나게 하여야 한다.

그리고 그들의 만남은 오디세우스의 돼지 치는 자의 오두막에서 이루어지도록 되어 있다.

이렇게 떠남, 입문, 귀환의 서사시에서 우리는 다시 한번 고대 엘레우시스나 멜라네시아의 돼지 모티프가 위대한 주제를 담고 있으며, 그것이 영원과 시간, 죽음과 삶, 아버지와 아들 등의 두 세계가 융합하는 중요한 순간에 틀을 제공하는 것을 보게 된다.

나머지 일화는 다음과 같다.

12. 집에 도착한 오디세우스 : 아테네에 의해서 거지(여전히 무인이다)를 닮은 모습으로 변하여 집에 돌아온 오디세우스를 알아본 것은 그의 개와 늙은 유모뿐이다. 유모는 그의 무릎 위에서 옛날에 멧돼지의 엄니에 찔려서 입었던 상처 자국을 보았다. (아도니스와 멧돼지, 아티스와 멧돼지, 그리고 아일랜드의 디르무드와 멧돼지 등과 비교해보라.) 오디세우스는 유모의 입을 다물게 하고, 잠시 구혼자와 시녀들이 그의 집에서 벌이는 부끄러움을 모르는 행동을 지켜본다. 그러고는 마침내 다음과 같은 상황이 전개된다.

13. 페넬로페는 그곳에 있는 사람들 가운데 자기 남편의 강한 활을 당길 수 있는 자라면 누구하고라도 결혼하겠다는 제안을 하면서, 화살로 12개의 도끼 자루 구멍을 꿰뚫으라고 요구한다. 그러나 구혼자들 중에는 시위를 활에 얹을 수 있는 사람조차도 없다. 몇 명이 남자답게 시도를 해보지만 소용이 없다. 그러자 얼마 전에 들어온 거지가 나서고, 사람들은 조롱한다. 하지만 이야기는 이렇게 계속된다.

그는 벌써 활을 사방으로 돌리며 만지작거리고 있었고, 주인이 떠나고 없는 동안 혹시 벌레들이 뿔을 갉아먹지 않았을까 싶어서 여기저기를 점검하고 있었다.…… 지략이 뛰어난 오디세우스는 큰 활을 집어들어서 두루 살펴보고 나서는, 마치 수금과 노래에 능한 어떤 사람이 손쉽게 새 줄감개에다 현을 메우고 잘 꼬아놓은 양의 내장의 양쪽 끝을 고정할 때와도 같이, 꼭 그처럼 힘들이지 않고 큰 활에다 시위를 얹었다. 그가 오른손으로 잡고 시위를 시험해보자 시위가 감미롭게 노래하니, 마치 제비 소리와도 같았다. 그러자 큰 슬픔이 구혼자들을 엄습해서 그들은 모두 안색이 변하였고, 제우스는 크게 천둥을 쳐서 징조를 보내주었다. 참을성이 많고 고귀한 오디세우스는 음흉한 크로노스의 아들이 자기에게 전조를 보내주는 것을 기뻐하며, 화살통을 벗어나서 자기 옆 식탁 위에 놓여 있던 날랜 화살을 집어들었다. 다른 화살들은 속이 빈 화살통 안에 들어 있었는데, 아카이아 인들은 곧 이 화살들을 맛보게 되어 있었다. 그는 의자에 앉은 채로 화살을 줌통 위에 얹고는, 똑바로 겨누고 시위와 오늬를 당겨서 쏘았다. 화살은 도끼의 자루 구멍들을 하나도 놓치지 않았다. 청동이 달려서 묵직한 화살은 그것들을 모두 꿰뚫고 지나갔다.

이렇게 해서 태양의 영웅은, 자신이 12궁을 통과한 그 궁전의 주인이라는 것을 보여주고 나서, 활의 명수답게 구혼자들을 쏘아 눕히기 시작한다. "그들은 약간 두 발을 뒤틀기는 하였으나, 오래가지는 않았다." 그런 뒤에 지혜로운 아내 페넬로페는 말하였다. "잠자리는 그대가 마음속으로 원하시기만 하면 언제라도 마련되어 있을 거예요.…… 자, 그대는 그 고난에 관해서 내게 말씀해주세요. 생각해보면, 나중에는 어차피 그것을 알게 될 것인데, 지금 당장 안다고 해서 더 나쁠 것은 없을 터이니 말이에요."

4. 폴리스

호메로스의 야만적인 전사 왕들의 어두운 시대로부터 밝은 아테네의 시대——이것은 기원전 5세기에 마치 빠르게 피어나는 꽃처럼 갑자기 출현하여 당대에 가장 새롭고 유망한 것으로 자리를 잡게 되었다——로의 도약은 소년 시절의 꿈(신화적으로 강요된 삶)으로부터 자제력을 가진 젊은 성인으로 과도기 없이 이행하는 것에 비유될 수 있다. 정신은 마침내 "너는 해야 한다!"고 떠드는, 황금 갑옷을 입은 시끄러운 늙은 용을 죽인 뒤, 새로움에 대한 감각이 담긴 사자후를 독자적으로 토해내기 시작하였다. 떠오르는 태양의 타오르는 포효가 별들의 무리를 흩어버리듯이, 새로운 삶은 그리스에서만이 아니라 전세계에서(장차 세계가 그 눈을 뜨게 될 때) 낡은 것들을 몰아내버렸다.

"우리의 정부 형태는 다른 나라의 제도와 경쟁하지 않습니다." 페리클레스(495?-429)는 그의 유명한 장례 연설에서 그렇게 선포함으로써, 당시에 아테네 인들이 펠로폰네소스 전쟁에서 지키려고 투쟁하였던 삶을 찬양하였다.

우리는 이웃을 모방하지 않고, 그들에게 모범이 됩니다. 우리를 민주주의라고 부르는데, 그것은 사실입니다. 행정이 소수가 아닌 다수의 손에 의해서 이루어지기 때문입니다. 법은 사적인 분쟁에서는 모든 사람에게 공평하게 정의를 시행합니다. 그러나 탁월함에 대한 요구 또한 인정합니다. 어떤 시민이 어떤 면에서 두드러질 때 그를 공직에 발탁할 수 있는데, 이것은 특권의 문제가 아니라 그 장점에 대한 보답입니다. 가난은 장애가 되지 않습니다. 누구든 출신의 여부에 관계없이 나라에 유익을 줄 수 있습니다. 우리의 공적 생활에서는 배타성이 없습니다. 또 우리는 사적 교제에서 서로 의심하지 않으며, 이웃이 스스로 좋아서 하는 일로 화를 내지 않습니다……

우리는 우리의 지친 영혼들이 고된 일로 인한 긴장을 풀 수 있도록 잊지 않고 많은 것들을 제공합니다. 우리는 1년 내내 정기적으로 시합과 희생제의를 개최합니다. 우리 가정의 생활 양식은 세련된 수준에 이르렀습니다. 우리가 이 모든 것에서 매일 느끼는 즐거움은 우울을 추방하는 데에 도움을 줍니다. 우리 도시의 위대함 때문에 온 땅의 과실이 우리에게 흘러 들어옵니다. 그래서 우리는 다른 나라의 물품을 우리 것처럼 자유롭게 향유할 수 있습니다.

우리의 군사 훈련은 많은 점에서 적들의 훈련보다 우월합니다. 우리 도시는 세계를 향하여 열려 있습니다. 우리는 외국인을 절대 추방하지 않습니다. 설사 비밀이 적에게 알려지면 곤란한 경우에도, 외국인이 어떠한 것을 보거나 배우는 것을 막지 않습니다. 우리는 관리나 책략에 의존하지 않고, 우리 마음과 손에 의존합니다. 또 교육의 면에서 보자면, 다른 나라 사람들은 어릴 때부터 용감해지기 위해서 늘 힘든 훈련을 받는 반면 우리는 편안하게 삽니다. 그럼에도 우리는 그들이 맞서는 위험에 똑같이 맞설 준비가 되어 있습니다……

아테네 시민은 자기 가정을 돌보느라 국사를 태만히 하지 않습니다. 심지어 사업을 하는 사람들조차도 정치에 대해서 매우 공정한 생각을 가지고 있습니다. 오직 우리만이 공적인 일에 관심을 가지지 않는 사람을 해로울 것 없는 인물이 아니라 쓸모 없는 인물로 봅니다. 우리 가운데 정책의 발기인은 적으나, 우리 모두 건전한 판단을 내릴 수 있습니다. 행동의 장애가 되는 것은 토론이 아니라, 토론에서 충분한 지식을 얻지 못하는 것입니다. 우리는 행동하기 전에 생각하는 독특한 힘을 지닌 반면 다른 사람들은 무지로 인하여 용감하지만 생각에서는 머뭇거립니다. 삶의 고통과 즐거움 양쪽에 대해서 매우 분명한 감각을 갖추었으면서도, 그것 때문에 위험에서 물러나지 않는 사람이야말로 가장 용감한 사람입니다.

또한 우리는 선을 행하는 데에도 남들과 다릅니다. 우리는 호의를 받는 것이 아니라 베풀어서 친구를 사귑니다. 호의를 베푸는 사람이 더 확고한 친구입니다. 그는 친절한 행동을 통하여 의무에 대한 기억을 생생하게 유지하기 때문입니다. 그러나 받는 사람은 감정이 차갑습니다. 그는 이미 다른 사람의 관용을 요구하였으므로, 앞으로 친절하게 행동을 하여도 그것은 감사를 얻는 행동이 아니라 빚을 갚는 행동일 뿐임을 알기 때문입니다. 오직 우리만이 이해 관계의 계산이 아니라, 자유에 대한 자신감과 솔직하고 두려움 없는 정신에 바탕을 두고 이웃들에게 선을 행합니다.[37]

그리스 인들은 다른 민족은 거의 살아 남지 못하였던 불의 시련 뒤에 수적으로 압도적인 페르시아를 1번이 아니라 4번씩이나 단호히 물리쳤으며, 이제 인간 정신의 성숙이라는 면에서 볼 때 세계사에서 단연 가장 생산적인 세기를 앞에 두고 있었다. 그리고 당연한 일이지만, 그들은 노예가 아니라 인간임을 자랑스러워 하였다. 그들은 상상해낸 어떠한 신의 법에 순종해야 하는 신의 노예들이 아니었다. 영원히 원을 그리며 돌아가는 우주 질서 속의 크기가 정해진 나사 같은 기능 인자들도 아니었다. 그들은 마침내 인간답게 사는 법을 배운 세계 속의 존재들이라는 데에 자부심을 느꼈다. 그들은 합리적으로 판단하는 사람들이었으며, 그들의 법은 외부에서 "들려오는" 목소리가 아니라 투표에 의해서 결정되었다. 그들의 예술은 신이 아니라 인간을 기념하는 것이었다(심지어 신들도 인

212

간이 되었기 때문이다). 그 결과 그들의 과학에서 마침내 환상이 아니라 진실이 나타나기 시작하였다. 그들은 발견된 우주 질서를 인간 질서를 위한 구도로 읽은 것이 아니라 그 틀이나 한계로 읽었다. 또한 사회를 그 속에서 살아가는 인간들 위의 존재로 신성시하지도 않았다. 이전에 거쳐온 수천 년의 종교를 생각한다면, 그리스 폴리스의 놀랍고도 세속적인 인간성이 세상에 보여준 새로운 사고가 얼마나 놀라운 것인지를 알 수 있다. H. D. F. 키토는 그것을 다음과 같이 잘 표현하였다. "고대 그리스 인들은 사람이 가장 잘 사는 방법을 발견하였다는 것을 그들 자신의 발견물들 가운데 가장 앞세울 것이 틀림없다."[38]

이러한 전환이 신화의 파노라마에 미친 영향은 첫째로 그리스 만신전의 극단적 인격화에서, 그리고 심지어 신들도 제한해버리는 '모이라(Moira)', 즉 운명의 힘의 존재가 희미하지만 항상 느껴진다는 점에서 분명하게 나타난다. 이전의 청동기 시대에는 우주가 행성들의 박자에 의해서 규정된, 고요하고 수학적으로 질서가 잡힌 과정이며, 만물은 그 기계 구조에 맞물려서 그 구조의 대행자로 봉사한다고 생각하였다. 이와는 대조적으로 그리스에서는 우주가 규정할 수 없는 테두리를 암시할 뿐이다. 그 테두리 내에서 신과 인간은 개별적인 의지를 발현하지만, 늘 규정되지 않은 테두리를 침해하여 두드려 맞을 위험이 있고, 그럼에도 그 한계 내에서는 인간적으로 상상된 목적을 적당하게 실현할 여지도 있다.

또한 성서에서는 자유롭게 의지를 행사하는 인격적 신이 우주의 질서에 앞서며, 신 자신은 법의 제한을 받지 않는다고 본다. 이와는 대조적으로 그리스 신들은 그들 자신이 우주의 여러 측면들이다. 인간들과 마찬가지로 혼돈과 위대한 대지의 자식들이다. 심지어 혼돈과 위대한 대지도 창조적 의지의 행위를 통해서 우리의 세상을 만들어낸 것이 아니라, 씨앗이 나무를 만들어내듯이, 그들 본질의 자연스러운 자발성으로부터 세상을 생산하였다. 이러한 자발성의 비밀은 침묵 속에서, 신비 속에서, 인생 전체에 걸쳐서 배우거나 느낄 수는 있지만, 한 인격체의 뜻, 일, 신성한 계획으로 규정될 수는 없다.

호메로스의 서사시에서는 위대한 남성 제우스가 작품 속의 개별적인 행동들 위에 우뚝 서 있기 때문에 처음에는 야훼의 역할을 닮은 것으로 보이는 것도 사실이다. 그러나 제우스는 오직 인간과 관계가 있는 분야만 관장하며, 그 자신도 운명에 의해서 제한을 받는다. 더욱이 그가 통제하는 분야에서조차도 그의 힘은 다른 신들에 의해서 도전을 받는다. 심지어 다른 신들을 현혹시켜서 자신의 의지에 따르게 한 인간들에 의해서도 도전을 받는다. 후기의 문헌에서는 제우스를 모이라를 넘어서는 위치로 높이고, 그의 개인적 의지를 곧 운명으로 보는 경향이 나타나기도 하지만, 이 의지도 제멋대로인 것이 아니라 자연 법칙으로 제시되고 있다. 그리고 신에 대한 인격적 강조는 현저하게 줄어들어서 제우스는 그저 모이라라고 알려진 것을 가리키는 남성적인 이름에 불과하게 된다.

이렇게 본래의 그리스 사상의 역사에서는 자연의 법에 우선하거나 그것을 넘어서는 영역으로부터 인격적 신이 계시하는 도덕적 법률들을 기록한 책 같은 것은 한번도 나타난 적이 없다. 따라서 유대인의 회당이나 이슬람의 모스크에서는 성서의 의미의 마지막 낟알을 조직적으로 찾아가는 것이 어떠한 과학보다도 명예롭게 여겨지고, 또 그것이 특유한 학문의 양식을 이루었지만, 그리스 인들은 한번도 그러한 양식에 휩쓸린 적이 없다. 위대한 레반트의 전통들에서는 그러한 학문이 최상이며, 이것은 그리스 인들의 과학에 대립되는 것이다. 과학이 연구하는 현상적 세계가 신의 의지의 기능에 불과하며 신의 의지는 가변적인 것인데, 자연을 연구하는 것이 대체 무슨 소용이 있겠는가? 세계의 제1원리, 즉 신의 뜻에 대한 모든 지식은 신의 자비에 의해서 그가 제공한 책을 통하여 인간에게 알려졌다. 따라서 그 축복받은 페이지들에 얼굴을 묻고서 읽고, 읽고, 또 읽어라. 그리고 이교도들은 달을 가리키는 그들의 손가락에 입을 맞추게 하라.

그러나 그리스 인들은 달을 가리키는 손가락에 입을 맞추었다. 그리하여 인간은 이제 신이 아닌 것으로 판명된 달 위에 올라섰다. 세계를 관찰되어야 할 사실들로 간주하고 이성적으로 연구하는 일은 우리 모두가 알다시피 그리스 인들에게서 시작되었다. 그들이 달을 가리키는, 또는 장미빛 손가락을 가진 동트는 새벽을 가리키는 손가락에 입을 맞추었을 때,

214

그들은 그 앞에 엎드린 것이 아니라, 인간 대 인간으로서, 또는 인간 대 여신으로서 거기에 접근하였다. 그리고 그들이 발견한 것은 우리가 이미 발견한 것과 같다. 즉 모든 것이 경이롭기는 하지만, 그래도 검사를 거쳐야 한다는 것이다.

기록상 첫 경험주의적 철학자로서 대단히 장수한 밀레토스의 탈레스 (기원전 640-546년경)는 "물이 아르케(ἀρχή), 즉 제1원리 또는 만물의 원인"이라고 믿고, 또 "만물에는 신들이 가득하며, 자석은 쇠를 움직이는 힘을 가지고 있기 때문에 살아 있다"고 믿은 것으로 전해온다.

오늘날에는 이러한 진술을 놓고 흥분하지는 않는다. 특히 그 말들이 수백 년 동안 신화들이 이야기해온 것, 즉 만물에는 신들이 가득하며, 만물은 물이 가득한 심연으로부터 떠올랐다는 말 이상의 것을 이야기해주지 않는 것처럼 보이기 때문이다. 그러나 그의 말에서 새로운 것은 새로운 태도이다. 즉 받아들여진 교리에 대한 믿음이나 수동적인 수용이 아니라, 적극적이고 이성적인 탐구이다. 이 의미는 탈레스의 제자인 아낙시만드로스(기원전 611-547년경)가 그의 스승의 생각을 되풀이한 것이 아니라 완전히 다른 이야기를 하였음을 떠올리면 분명해진다. 그는 아르케(제1원리)가 아페이론(ἄπειρον), 즉 "무한자(無限者)"라고 하였다. 이것은 물도 아니고 다른 어떠한 원소도 아니며, 모든 것과 다른 실체이다. 이것은 무한하며 이것으로부터 모든 하늘과 그 안의 세계가 생겨난다.

무한 안에는 습함과 건조함, 따뜻함과 추움 등과 같은 대립물의 쌍들이 있다. 그것들이 교대됨으로써 세상이 만들어진다. 이어서 아낙시만드로스는 선언한다. "만물은 그들이 생겨났던 그곳으로 다시 돌아간다. 당연히 그래야 한다. 그렇게 함으로써 시간이 지나는 동안 서로에게 저질렀던 불의를 배상하고 변제할 수 있기 때문이다."

겨울에는 추위가 더위에게 불의를 저지른다. 여름에는 더위가 추위에게 불의를 저지른다. 그러나 정의의 원리는 균형을 유지한다. 지구는 허공에 자유롭게 걸려 있어서 어떠한 것으로도 지탱되지 않지만, 모든 것에 등거리를 유지하기 때문에 자기 자리를 유지한다. 천구(天球)는 불의 바퀴들이다. 천둥과 번개, 질풍이다. 생명은 축축한 원소가 불에 의해서 증발할 때 나타났다. 그리고 인간은 처음에 물고기와 같았다.

아낙시만드로스와 더불어 이전 신화의 의인화 양식으로부터는 매우 멀어지게 되었다. 탈레스의 또 다른 제자는 다른 견해를 제시한다. 아낙시메네스(기원전 600년경에 활동)는 아르케(제1원리)가 공기, 즉 숨이라고 말한다. 공기는 희박해지고 응축된다는 점에서 다른 물질과 다르다. 공기는 팽창하면 불이 되고 응축되면 구름, 물, 흙, 돌이 된다.

우리는 이 시기에 인도에서도 철학적 사상의 발전이 있었다는 것에 주목해야 한다. 우리에게는 이것이 상캬의 체계와 자이나교의 분류학으로 가장 잘 알려져 있다.[39] 인도에서도 제1물질이나 원소에 대한 이성적인 탐구가 수행되었다. 그들은 제1물질이 공간이나 에테르(ākāśa)이며, 여기서 공기, 불, 물, 흙 등의 원소들이 그 순서대로 숨(prāṇa), 영혼과 비영혼(jīva-ajīva), 신비한 힘(brahman), 공허(śunyatā)로 응축되었다고 보았다. 나아가서 신들을 포함한 모든 존재를 감각의 수에 따라 분류하는 것, 형태의 진화와 퇴화에 대한 개념, 그리고 이 모든 것을 내적이고 심리적인 과학과 연결시킨 것 등은 객관적 연구의 극히 정교한 발전을 약속하는 것이었다.

그러나 인도에서는 아무런 이해 관계가 없어야 한다는 원리가 실제적 응용의 원리, 특히 심리학적이고 사회학적인 목적을 위한 응용의 원리보다 우위에 선 적이 없었다. 창조적 사고의 위대한 운동(기원전 700-600년이었을 가능성이 높다)에 의해서 발전되었던 화려한 우주론들은 부처(기원전 563-483년)의 시기에조차 단순한 이미지들이 되고말았다. 정신을 세계로 향하게 하는 것이 아니라 세계로부터 멀어지게 하는 데 사용되는, 종교적 명상의 이미지들이 되었던 것이다. 그것들을 만들어냈던 탐구 정신은 이미 기계적 기억에 의한 반복이라는 정적인 전통으로 굳어버렸다. 그리고 종교가 일반적으로 그렇듯이, 이미 알려진 사실들과 배치되는 경우에조차 기존의 우주론들을 보존하고 또 무비판적인 젊은이들에게 가르쳤다. 따라서 동양 과학은 그것으로 끝나고말았던 것이다.

그리스 세계에서 인도의 사상과 가장 밀접한 사상의 경향은 디오니소스-오르페우스 운동의 계열로서, 이것은 기원전 6세기에 부처와 동시대

216

인이면서 약간 나이가 많은 피타고라스(기원전 582-500년경)의 전투적인
엄격주의에서 절정에 이르렀다. 그 이전의 오르페우스적인 체계는 세상
에 대한 부정적인 태도를 취하고 있었다. 위대한 오르페우스의 신화에
따르면, 인간은 디오니소스와 티탄의 재들이 혼합된 것이다.[40] 영혼(디오
니소스 요소)은 신성한 것이지만 몸(티탄 요소)은 영혼을 속박한다. 따
라서 표어는 소마 세마(soma sema), 즉 "몸은 곧 무덤"이었다. 그리고
인도의 고행과 매우 유사한 사상과 실천 체계가 입문한 스승들로부터 소
수의 신봉자들에게 전달되었다. 그 스승들은 영혼은 되풀이하여 생명으
로 돌아간다고, 재출생의 바퀴(산스크리트 saṁsāra와 비교하라)에 묶여
있다고 선언하였다. 그러나 고행(산스크리트 tapas)을 통하여 몸은 그 티
탄적 찌꺼기(산스크리트 nirjarā, "벗은 허물")를 씻어낼 수 있으며, 영혼
은 해방된다(산스크리트 mokṣa, "해탈"). 또한 신적인 요소에 대한 명상
을 촉진하는 의식도 도움이 된다(산스크리트 bhakti, "헌신"). 그리하여
마침내 황홀경(samādhi) 속에서 입문자가 자신의 본질적인 존재(svasva-
rūpam)로 나아가게 될 때, 그는 신성해진다(Śivāhaṁ, "나는 시바이다").

> 한밤중에 자그레우스가 배회할 때, 나도 배회한다.
> 나는 그의 천둥 울음을 견디어냈다.
> 피가 흐르는 붉은 잔치에 참여하였다.
> 위대한 어머니의 산의 불길을 잡았다.
> 나는 자유로워졌으며
> 쇠미늘 갑옷을 입은 사제들의 바코스(Bacchos)라고 일컬어졌다.
>
> 나는 순수한 하얀 가운을 입고
> 타락한 출생과 관에 넣은 진흙으로부터 깨끗해졌다.
> 그리고 나의 입술에
> 생명이 머물렀던 모든 고기가 닿는 것을 금하였다.[41]

마지막 2행이 알려주듯이, 이 규율에는 채식주의도 포함되었다. 그리고
앞의 구절 "나는…… 피가 흐르는 붉은 잔치에 참여하였다"는 구절을 문

자 그대로 읽는다면, 디오니소스 숭배만이 아니라 오르페우스 숭배에도
"생살 먹기(omophagia)" 의식이 있었음에 틀림없다. 또한 어떤 신성한
결혼을 연기(演技)하거나 흉내 내었던 것으로 보인다. 우선 신참자에게
신부처럼 베일을 씌웠다는 이야기가 있다. 그리고 그의 앞으로 리크논을
가져온다. 이것은 고리버들로 만든 삽 모양의 바구니인데, 남근상이 들어
있으며 과일로 채워져 있다(위의 〈그림 7〉과 비교하라). 그리고 마지막
으로, 황금으로 만든 뱀을 가슴으로 집어넣고 밑에서 꺼낸다. 신이 그 자
신을 아버지로 하여 신봉자에게서 다시 태어나는 것이다.

나는 이것과 인도의 자이나-상캬-베다의 해탈의 가르침 사이에 어떠한
근본적인 차이를 발견할 수 없다. 다만 그리스에서는 이러한 교리가 절대
우위에 선 적이 없었다. 그것은 늘 부차적인 것이었으며, 그 문화의 전반
적으로 긍정적인 정신과 사이가 좋지 않았다. 그 운동이 인도에서 유래
하였다는 것을 보여주려고 한 사람들이 있지만, 그 가능성은 크지 않다.
오히려 옛날 청동기 시대의 가르침에 공동의 뿌리를 두고 있을 가능성이
더 높다. 이 가르침은 그 마지막 단계에서 수백 년에 걸친 침략, 살인,
약탈을 겪은 뒤 이집트에서 메소포타미아에 이르기까지 비탄의 문헌이
나타났을 때, 내가 위대한 역전(*The Great Reversal*)[42]이라고 부르는 부정
적 변화를 겪었다. 그리하여 많은 사람들에게 종교적 초점의 중심은 이
세계에서 다음 세계로 넘어갔으며, 이전 시기에는 완성의 성취를 향하고
있던 규율이 여기서는 탈출의 규율로 변형되었다.

오르페우스라는 이름 자체가 그리스 이름들 가운데 가장 오래된 것에
속한다. 왜냐 하면 -에우스(-eus)로 끝나는 이름이기 때문이다(예를 들
어서, 아트레우스[Atreus]). 이러한 이름은 호메로스 이전에 속한다. 초기
의 표현들을 보면 그는 노래를 부르며, 노래의 힘으로 동물을 끌어들이
는 것으로 나타난다. 또한 축제의 가수로도 나타나는데, 그의 노래를 듣
는 사람들은 의미 심장하게도 남자들이다. 카를 케레니 박사는, 여기에
나타나는 기본적인 관념은 입문자가 가장 야생적인 피조물, 야생에서 사
는 동물과 남자조차 변화시키는 힘을 가졌다는 것이라고 그럴듯한 주장
을 펼친다. 그러한 입문자는 젊은 남자들——여자들은 배제된 자연의 야

생 상태에서 살아가는 남자들──의 입문과 관계되었을 것이다. 음악과 노래를 통하여 이 남자들에게 무언가 중요한 것이 드러났으며, 이것이 그들을 유혈의 야만으로부터 구하였다. 나아가서 이것이 미성숙으로부터 어른으로의 변화를 기념하는 제의에 깊은 의미를 부여하였다. 이러한 신비의 선포자는 리라를 연주하였으나, 단순한 가수는 아니었다.

나중에 그리스의 도시 생활 시기에 나타난 이른바 오르페오펠레타이 (*Ορφεοπελεται*), 즉 "오르페우스의 사제 입문"은 부족 단위로 이루어지는 남자들의 은밀한 의식이라는 이전의 전통에서는 멀어졌다. 더불어 새로운 영적인 요구에 맞추어 영적인 기예도 변화를 겪었다. 그 표현 양식은 낮은 수준의 제의적인 범주와 높은 수준의 순수하게 영적이고 철학적인 범주로 분리되었다. 후자의 경우에 입문자들은 실제로 철학자들이었다. 처음에는 피타고라스 학파였고, 나중에는 다른 철학자들도 오게 된다. 엠페도클레스, 그리고 그후에는 우리가 잘 아는, 플라톤의 향연 참석자들도 있다.[43]

피타고라스의 가르침에서 아르케, 즉 만물의 제1원인과 원리에 대한 철학적 탐구는 오르페우스가 연주하는 리라의 마법의 문제에 대한 고려로 옮겨졌다. 그 리라는 사람들의 마음을 가라앉히고, 정화시키고, 신 가운데 존재하는 자신의 자리를 다시 찾게 해주었다. 그의 결론은 아르케가 수(數)라는 것이었다. 이것은 음악에서 들을 수 있으며, 공명의 원리에 의해서 영혼의 현을 건드리고, 또 그럼으로써 조율을 해준다. 이러한 생각은 인도와 극동 양쪽의 예술에 근본적인 것이며, 그 역사는 피라미드 시대까지 거슬러 올라갈 수도 있다. 그러나 우리가 아는 한, 그것을 처음 체계적으로 표현한 사람은 피타고라스였다. 피타고라스의 원리에 따르면, 예술, 심리, 철학, 의식, 수학, 심지어 체육도 조화라는 하나의 과학이 드러내는 여러 측면으로 파악할 수 있다. 나아가서 그의 접근 방법은 전적으로 그리스적인 것이었다. 그는 똑같은 장력을 가졌지만 다른 음을 내기 위하여 손으로 누른 현의 길이를 측정함으로써, 제8음에서는 2 : 1, 제5음에서는 3 : 2, 제3음에서는 4 : 3이라는 비율을 발견하였다. 그리고 아리스토텔레스가 말한 것처럼, 피타고라스 학파는 수라는 요소가 만물의 요소라고 생각하였으며, 온 천체가 음계와 수라고 생각하였다.[44] 그래서 마침내 황홀경이 아닌 지식이 깨달음에 이르는 길이 되었다. 이렇게 신화와 제의적 기예라는 고대의 방식에 그리스 과학이라는 새로운 기획이 조화롭게 결합됨으로써 그리스 인들은 새로운 삶을 맞이하게 되었다.

제3부 위대한 고전의 시대

제5장 페르시아 시대 : 기원전 539-331년

1. 윤리적 이원론

젊은 프랑스 인 아브랑 이아셍테 앙크틸-뒤페롱(1731-1805)이 프랑스 육군에 사병으로 입대하여 인도로 항해하게 된 것은 1754년 11월의 일이었다. 그는 인도에서 페르시아의 전설적인 예언자 조로아스터가 남긴 것을 찾고 싶어하였고, 결국 찾아내었다. 그는 1771년에 『젠드 아베스타(*Zend Avesta*)』를 출간하였다. 그후로 동양학이 그 텍스트들과 기독교나 이슬람교의 교리 사이의 관계를 이해하는 작업에서 이룬 진전——비록 매우 느리기는 하였지만——은 확실하고 설득력이 있는 것이었다.

그 페르시아 예언자의 말은 『야스나(*Yasna*)』, 즉 "봉헌의 책(Book of the Offering)"이라고 알려진 후기의 예배용 문서들 속에서 보석처럼 보전되어왔다. 『야스나』는 사제들이 기도문, 고백문, 기원문 등을 편집한 것으로, 그것들이 사용되는 제의에 따라 배치되어 있다. 그 장들은 세 부분으로 나뉜다. 1장부터 27장까지는 사제들의 기원문이고, 28-34장, 43-51장, 53장은 예언자의 가사(Gatha, 설교, 노래, 계시 등으로 책의 나머지 부분보다 훨씬 오래전의 방언으로 쓰여져 있다)이며, 35-42장, 52장, 54-72장은 다시 사제의 기원문이다. 이 기원문은 기본적인 가사들보다 훨씬 더 고도로 체계화된 신학을 보여준다.

L. H. 밀스 교수는 자신이 번역한 『야스나』의 머리말에서 가사가 쓰여진 시기를 대체로 기원전 1500-900년 정도로 잡고 있다.[1] 에두아르트 마이어 교수는 예언자가 살았던 시기를 기원전 1000년경으로 잡고 있다.[2] 그리고 한스 하인리히 샤에더 교수는 가사에 나타난 사회 질서를 볼 때 그 예언자는 "공동의 대군주에게 복속되지 않은 것이 분명한 지역적 소군주들"의 세계에 살았다고 보며, 따라서 그 시기는 기원전 7세기의 메디아 제국의 발흥 이전이라고 생각한다.[3] 그러나 영향력 있는 몇몇 학파에서는 가사에서 언급되는 비슈타스파 왕[4]을 다리우스 왕의 아버지인 히스타스페스와 같은 사람이라고 보며, 따라서 그 예언자는 기원전 550년이라는 늦은 시기의 사람이라고 생각한다.[5] 문제는 매우 복잡하여서, 사방에 서로 다른 주장과 주창자들이 있다. 그러나 『야스나』의 언어, 사회 질서, 종교적 분위기가 매우 오래된 것이라는 증거는 가볍게——그리고 무겁게도——물리쳐버릴 수 없다. 그 증거는 우뚝하다. 이 분야의 대가인 마이어 교수는 놀란 나머지 이렇게 말하고 있다. "비슈타스파 왕이 다리우스의 아버지인 히스타스페스와 같은 인물일 가능성이 있다고 믿는 학자들, 심지어 그것이 논의할 만한 가치가 있는 가능성이라고 믿는 학자들이 지금도 존재한다는 것은 이 분야에서 특히 두드러지는 짜증스럽고도 이해할 수 없는 변칙 가운데 하나이다. 이것은 우리의 지도적인 문헌학자들이 모든 이해는 역사와 역사적 사고의 바탕 위에서 이루어져야 한다는 점을 얼마나 모르고 있는가를 보여줄 뿐이다."[6]

마이어는 조로아스터를 "종교사의 흐름을 창조하고 형성한 첫 인물"[7]이라고 불렀다. 물론 파라오인 이크나톤이 먼저이지만, "그의 태양 일신교는 오래 지속되지 못하였다."[8] 반면 가사에 나타난 진리의 신인 아후라 마즈다와 그의 예언자인 조로아스터 사이의 대화에서 처음 나타났던 위대한 주제들은 서양의 윤리적 신앙——동양의 형이상학적 신앙과 대조되는 것으로서——의 전 역사에 걸쳐서 그리스 어, 라틴 어, 헤브루 어, 아람 어, 아랍 어 등 서양의 모든 언어로 수도 없이 되풀이되었다.

근본적으로 새로운 이러한 가르침의 첫번째 새로움은 그것이 인류와 세계의 궁극적 본질과 운명을 순수하게 윤리적인 맥락에서 다룬다는 데에 있었다. 동양의 인도에서는 근본적인 세계 개혁이나 혁신의 원리를 종교적인 분야에 도입하려고 한 적이 없었다. 영원에서 시작하여 영원을 거쳐서 불가피하게 회귀하는 시대들로 이루어진 강력한 순환 속에서 늘 주기를 이루며 움직이는 영겁의 우주 질서의 그 장엄한 운동 방식은 사람의 행동으로는 절대 바꿀 수 없는 것이었다. 자기 길을 따라서 움직이는 태양, 달, 별, 그리고 다양한 동물의 종, 정통 인도 사회 체제의 카스트 질서 등은 그 양식 그대로 확정된 채 영원히 불변하는 것이었다. 진리, 덕, 환희, 진실한 존재는 전통적으로 해오던 모든 일을 전과 다름없이 하는 데에서 얻을 수 있었다. 저항 없이, 자아 없이, 판단 없이, 가르친 그대로 하면 그만이었다. 따라서 개인은 2가지 길 가운데 하나를 택할 수 있었다. 하나는 전체 체계를 받아들이고, 희망이나 두려움 없이 이 연극 속의 한 사람의 배우로서 자기 역할을 유능하게 해내려고 노력하는 것이었다. 또 하나는 체념하고 손을 떼어버림으로써, 바보들의 연극이 진행되도록 내버려두는 것이었다. 존재들 가운데 궁극적 존재는 윤리적 판단이 다다를 수 없는 곳에 있었다(불교식 용어로 하자면 외양의 만화경 속의 공〔空〕에 있었다). 이것은 모든 대립물의 쌍들, 즉 선과 악, 진실과 거짓, 존재와 비존재, 삶과 죽음을 넘어서는 것이었다. 따라서 지혜로운 사람(많은 생을 통하여 마침내 희망의 헛됨을 인식하는 지점에 이르게 된 자들)들은 "끝없이 순환하는 삶, 죽음, 휴식의 불길에 타올라, 마치 머리에 불이 붙어 호수로 뛰어가는 사람처럼"[9] 숲으로 물러나서 그곳에서 존재의 비존재 너머로 뛰어들었다. 아니면 불속에 남은 채 희망은 없지만 동정심을 가지고, 헛된 일에 끈기 있게 자신을 내어주는 것을 통하여 기꺼이 무로 타버렸다.

그러한 사고의 지향은 형이상학적이었다. 윤리적이거나 합리적인 것이 아니라 오히려 윤리와 합리를 넘어서고 있었다. 인도뿐만이 아니라 극동에서도 신도, 도교, 유교의 신화적인 영역에서든, 아니면 대승 불교에서든, 세상은 개혁을 할 것이 아니라 알고 존중하여야 할 것이었으며, 그 법에는 순종을 해야 하였다. 개인이나 사회의 무질서는 그 우주적 법칙들로부터 멀어지기 때문에 생기는 것이었으며, 개혁은 변함 없는 뿌리로 돌아가는 것을 통해서만 성취될 수 있었다.

그러나 조로아스터의 새로운 신화적 관점에서 현상태로의 세상은 부패한 것이었다. 그 본질 때문이 아니라 뜻밖의 일 때문에 그렇게 된 것이었다. 따라서 세상은 인간의 행동으로 개혁할 대상이었다. 여기에서는 지혜, 덕, 진리가, 세상에서 손을 떼는 것이 아니라 세상에 참여하는 데서 나왔다. 궁극적인 존재와 비존재를 가르는 핵심적인 판단 기준은 윤리적인 것이었다. 창조의 일차적 특징은 빛, 지혜, 진리였는데, 여기에 어둠, 기만, 거짓이 개입한 것이기 때문이다. 그러므로 생각, 말, 행위에서 자신의 덕을 통하여 그러한 악들을 근절하는 것이 인간의 의무였다.

이 가르침에 따르면, 구체적으로 말해서 2개의 대조되는 힘이 인간이 사는 세계를 만들었고 또 유지하고 있다. 하나는 생명, 지혜, 빛의 신이자 의로운 질서의 창조주인 아후라 마즈다이다. 또 하나는 그의 적대자인 거짓의 악마 앙그라 마이뉴이다. 앙그라 마이뉴는 세상이 만들어졌을 때, 그 존재의 모든 분자를 부패시켰다. 이 두 힘은 나이가 같다. 둘 다 영원 전부터 함께 존재해왔기 때문이다. 그러나 앞으로도 둘 다 영원한 것은 아니다. 거짓의 악마는 시간의 종말이 왔을 때 망할 것이기 때문이다. 그렇게 되면 오직 진리만 남게 될 것이다. 여기서 우리는 조로아스터교 체계의 윤리적 태도라는 첫번째 새로움만이 아니라, 우주 역사에 대한 진보적 관점이라는 두번째 새로움을 보게 된다. 이 역사는 옛 청동기 시대 신화에 나오는 영원히 순환하는 주기가 아니다. 그것은 창조, 타락, 진보적 구원에 이어서, 의와 진리를 대표하는 영원한 유일신의 최종적이고, 결정적이고, 확실한 승리에서 절정에 이르는 일회적이고 연속적인 과정이다.

예언자는 이렇게 말한다.

이제 세상의 두 으뜸가는 힘에 대하여 이야기하겠다. 둘 가운데 아낌없이 베푸는 자가 고통을 주는 자에게 말씀하셨다. "우리는 생각에서도, 명령에서도, 이해에서도, 믿음에서도, 행위에서도, 양심에서도, 또 영혼에서도 하나가 아니다."

나는 가장 지혜로우신 아후라 마즈다가 나에게 알리신 것을 선포하겠다. 이제 내가 이해하고 선포할 이 거룩한 말씀을 따르거나 이행하지 않는 자들 이여, 그 후손에게 화가 있을지어다.[10]

세번째 가르침은 창조주로부터 나온 어떤 힘들에 대한 것인데, 이 힘들은 인간에게서 그에 대응하는 힘들을 일깨운다. 이들 가운데 으뜸은 대천사들인 '선한 마음'과 '의로운 질서'이다. '완전한 주권'과 '신성한 경건'이 이들을 뒷받침하며, 여기에 '탁월'과 '불멸'이 동행한다. 이 힘들에 대립하는 거짓의 힘들은 '악한 마음', '거짓된 외관', '비겁', '위선', '비참', '소멸'이다. 이 힘들은 나중에 자비로운 아메샤 스펜타들과 사악한 다에바들로 나뉘어서 각각의 위계를 가지고 체계화되었다. 기독교의 천사와 악마의 서열도 여기에서 나왔다. 그러나 가사에는 아직 그러한 체계화된 천사론이 나타나지 않는다. 가사에서는 다양한 힘들에 이름을 붙이고, 신도의 정신을 자극하기 위해서 거의 아무런 구별 없이 그 이름들을 부르고 있다. 나아가서 이 힘들은 "신"인 동시에 "신에게서 나온" 것이다. 또한 이 힘들은 각 사람의 "더욱 선한 마음"에서 그 짝을 발견한다.

오, 위대한 창조주여, 살아계신 주님이여! 나는 당신의 착한 마음에 감동받아 당신 힘들에게로 다가가, 몸과 마음으로 이루어진 세상들을 자라게 하는 자비로운 선물을 주시기를 당신께* 간절히 빕니다. 신성한 의로움에서 나오는 능력을 주시기를 간절히 빕니다. 그 능력을 얻으면 우리 내부에 구현된 의로움은 그 의로움을 받아들이는 자들을 영광스러운 행복으로 안내할 수 있습니다.[11]

전체에 걸쳐서 가장 중요한 것은 개인의 자유 의지와 결심이라는 개념이다. 사람은 목자에게 이끌려가는 양처럼 판에 박힌 양식과 명령에 따르는 것이 아니라, 정신을 가진 인간으로서 행동한다. 다음의 유명한 구

---

* 당신이란 말은 전체적으로 단수와 복수가 혼용되고 있다.

절을 들어보자.

　당신의 귀로 들어라. 더욱 선한 마음의 눈으로 환한 불길을 보라. 신앙은
사람 사람이 각자 스스로 결심을 하는 것이다. 대의에 따른 큰 노력을 하기
에 앞서서, 먼저 우리의 가르침에 눈을 떠라.[12]

　일단 자신의 대의를 택하였으면, 생각만이 아니라 말이나 행위에서도
그것을 고수해야 한다. 조로아스터는 이렇게 말한다. "더 선해지고 더 거
룩해지고자 노력을 하는 사람은 말과 행위로 선한 신앙을 좇아야 한다.
그 의지와 소망이 스스로 택한 신조와 의무에 일치해야 한다."[13] 그렇게
해서 인생의 길이 끝났을 때 친바트 다리, 즉 심판의 다리에 이른 영혼
은 자신이 얻을 보답이 어떠한 것인지 알게 된다.

　"아르다 비라프의 환상"이라고 알려진 후기 조로아스터교의 글에는 이
다리에 대한 주목할 만한 묘사가 나온다. 이 글의 정확한 시기는 알 수
없지만, 알렉산더 대왕 이후 조로아스터교가 부흥하였던 사산 왕조 후기
(서기 226-641년)에 쓰여진 것이다. 이 기록은 한 열렬한 조로아스터교
도가 무아경에 빠져서 마치 단테처럼, 살아 있는 몸으로 저 세상을 찾아
간 이야기이다.

　환상의 서두는 이렇게 시작된다. 선한 생각으로 첫번째 발을 내딛고, 선
한 말로 두번째 발을 내딛고, 선한 행위로 세번째 발을 내딛어서, 나는 친
바트 다리에 이르렀다. 그 다리는 아후라 마즈다가 창조한 매우 넓고 튼튼
한 다리였다. 내가 거기에 이르렀을 때, 나는 죽은 자의 영혼을 하나 보았
다. 그 영혼은 첫 사흘 밤을 자신의 시신 위에 앉아서 가사에 나오는 말을
읊조렸다. "자신의 유익이 다른 사람의 유익이 되게 하는 사람은 복이 있을
지어다."
　그 사흘 밤 동안 그 영혼에게 그가 세상에서 보았던 만큼의 유익과 위로
와 기쁨이 찾아왔다. 그것은 그가 다른 사람에게 주었던 위로와 행복과 기
쁨에 비례하는 것이었다. 이어서 세번째 새벽이 왔을 때, 그 신앙심 깊은 영

혼은 나무들의 달콤한 향기 속으로 떠났다. 그 향기는 산 자들 사이에서 그의 코를 기쁘게 해주던 것이었다. 그 향기로운 바람은 남쪽, 신이 계신 곳으로부터 그에게로 불어왔다.

그의 앞에는 그 자신의 신앙과 행위가 처녀의 모습으로 서 있었다. 그 처녀는 겉모습이 아름다웠으며, 덕이 무르익었으며, 젖가슴이 두드러졌다. 그녀의 젖가슴은 부풀어서 아래로 처졌으니, 그것이 마음과 영혼에 매혹적이었다. 그녀의 자태는 찬란하게 빛을 발해서, 그것을 바라보니 기쁨이었고, 그것을 관찰하니 매혹이었다. 다리의 영혼이 처녀에게 물었다. "그대는 누구인가? 그대는 어떠한 사람인가? 산 자들의 세상에서 나는 그대보다 자태가 우아하고 그대보다 몸이 아름다운 처녀를 보지 못하였다." 그녀는 대답하였다. "오, 선한 생각과 선한 말과 선한 행위와 선한 신앙을 가진 젊은이여, 나는 당신의 행동들입니다. 당신이 보다시피, 내가 훌륭하고 아름다운 것, 향기가 달콤한 것, 당당하고 괴로움이 없는 것은 당신 자신의 선한 의지와 행동들 때문입니다. 세상에서 당신은 가사를 읊었으며, 좋은 물에 축성(祝聖)하였으며, 불을 돌보았으며, 멀거나 가까운 곳에서 당신을 찾아오는 신앙 깊은 이들을 반갑게 맞이하였습니다. 나는 원래 가슴이 풍만하였으나, 당신 덕분에 더욱 풍만해졌습니다. 원래 덕이 있었으나, 당신 덕분에 그 덕이 더욱 무르익었습니다. 원래 찬란한 보좌에 앉아 있었으나, 당신 덕분에 더욱 찬란한 보좌에 앉게 되었습니다. 원래 고귀하였으나, 당신 덕분에 더욱 고귀해졌습니다. 이 모두가 당신의 선한 생각, 선한 말, 선한 행위 덕분입니다."[14]

아르다 비라프가 영혼이 그의 프라바시(Fravashi, 다른 세상에 존재하는 그의 다른 자아로서, 시적으로 "길의 영(靈)"이라고 부른다)와 만나는 아름다운 광경을 본 후, 두 천사 "거룩한 순종"과 "타오르는 생각의 불길"이 아르다 비라프 손을 잡았다. 그러자 다리가 넓어졌다. 그는 다리를 건넜다. 그곳에 이르자 다른 천사들이 또 보호를 해주었다. 뿐만 아니라 그곳에서 자신의 살아 있는 짝을 기다리던 '정의의 길의 영'들이 고개를 숙여 그를 맞이하였다. 그곳에는 천사 "정의"도 있었다. 그는 손에 황금 저울을 들고 있었는데, 그것으로 신앙심 깊은 사람과 사악한 사람의 무게를 달았다. 두 수호자가 아르다 비라프에게 말하였다. "오소서, 당신에게 천국과 지옥을 보여드리겠습니다. 진실이 있는 곳과 거짓이 있는 곳을 보여드리겠습니다. 신과 대천사들의 현실을 보여드리고, 앙그라 마이뉴와 그 악마들의 비현실을 보여드리겠습니다. 죽은 자들의 부활과 미래의 몸을 보여드리겠습니다."

두 수호자 "거룩한 순종"과 "타오르는 생각의 불길"이 아르다 비라프를 데리고 제일 먼저 간 곳에서는 사람들의 영혼이 늘 같은 자세를 유지하고 있었다. 아르다 비라프가 물었다. "이들은 누구입니까? 왜 이들은 저렇게 가만히 있는 것입니까?" 두 수호자가 대답하였다. "이곳은 '늘 그대로인 곳'이라고 부릅니다. 이곳에 있는 영혼들은 미래의 몸이 부활할 때까지 저렇게 있을 것입니다. 저들은 선한 일과 죄가 똑같은 영혼들입니다. 저들이 받는 벌은 대기의 순환에서 오는 추위나 더위입니다. 그 외에는 아무런 고통이 없습니다."

아르다 비라프와 그의 안내자들은 한걸음을 내딛어 '별의 영역'으로 갔다. 이곳은 선한 생각들이 상을 받는 곳이었다. 영혼들의 광채는 별의 반짝거림처럼 계속 밝아지고 있었다. 그 광채 아래에 있는 그들의 보좌는 영광이 가득 차서 찬란하였다. 아르다 비라프가 물었다. "이곳은 어떠한 곳입니까? 저들은 어떠한 사람들입니까?" 수호자들은 대답하였다. "저들은 세상에서 기도도 하지 않고, 가사도 읊지 않고, 근친 결혼을 하지 못하고, 주권, 통치권, 족장권을 행사하지 않았으나, 다른 선한 일들을 통하여 신앙이 깊어진 영혼들입니다."

아르다 비라프는 두번째 걸음을 내딛어, '달의 영역'으로 갔다. 이곳은 선한 일들이 상을 받는 곳이었다. 수호자들이 말하였다. "저들은 세상에서 기도도 하지 않고, 가사도 읊지 않고, 근친 결혼을 하지 못하였으나, 다른 일들을 통하여 이곳에 온 영혼들입니다. 그들의 빛은 달빛과 어울립니다."

그들은 세번째 걸음을 내딛어 '해의 영역'으로 갔다. 이곳은 선한 행위들이 상을 받는 곳이었다. 이곳에는 '높음 가운데 높음'이라고 부르는 광채가 있었다. 이곳에서 아르다 비라프는 금으로 만든 보좌와 양탄자 위에 신앙심 깊은 자들이 앉아 있는 것을 보았다. 그들은 태양처럼 밝았다. 수호자들이 말하였다. "이들은 세상에서 선한 주권, 통치권, 족장권을 행사한 영혼들입니다.”

그는 네번째 걸음을 내딛어 '모든 영광'이라고 부르는 환한 곳으로 갔다. 그곳에서는 죽은 자들의 영혼이 그를 맞이하러 나와서 축복을 구하고 찬양을 하였다. 그들이 말하였다. “오, 신앙심 깊은 분이여, 어떻게 우리에게 오셨습니까? 당신은 저 멸망하게 될 악한 세상으로부터 이 멸망이 없고 고통이 없는 세상으로 오셨습니다. 따라서 불멸의 맛을 보도록 하십시오. 여기서 당신은 영원한 행복을 보게 될 것입니다.”

황금 보좌로부터 대천사 '선한 마음'이 일어났다. 그는 아르다 비라프의 손을 잡더니, “선한 생각, 선한 말, 선한 행위”라는 말을 하며, 그를 신과 대천사들과 축복받은 자들이 있는 곳으로 데리고 갔다. 그 옆에는 조로아스터와 그 아들들의 '길의 영'도 있었고, 신앙의 다른 지도자와 옹호자들도 있었다. 그곳은 그가 이제까지 보지 못하였던 찬란하고 훌륭한 곳이었다.

“보라! 아후라 마즈다로다!” 대천사 '선한 마음'이 말하였다. 아르다 비라프는 경배를 드렸다. 그러나 아후라 마즈다가 말을 하였을 때 그는 놀랐다. 어떤 빛을 보며, 어떤 목소리를 들으며, “나는 아후라 마즈다”라고 하는 뜻을 이해하기는 하였지만, 몸은 볼 수가 없었기 때문이다. 그 목소리가 말하였다. “아르다 비라프여, 반갑도다! 그리고 환영하노라! 그대는 멸망할 세상으로부터 빛으로 이루어진 이 순수한 곳으로 왔노라.” 아후라 마즈다는 두 수호자에게 말하였다. “아르다 비라프를 데려가서 신앙이 깊은 이들이 상을 받는 곳과 사악한 자들이 벌을 받는 곳을 보여주어라.”

그래서 아르다 비라프는 관대한 이들이 아름다운 모습으로 거니는 곳으로 갔다. 그곳에는 가사를 읊었던 이들도 있었다. 그들 역시 금과 은으로 장식한 옷을 입고 있었다. 그는 근친 결혼을 한 이들의 영혼을 보았다. 훌륭한 통치자와 군주들의 영혼도 보았다. 진실하게 좋은 말을 한 사람들의 영혼도 보았다. 고귀한 생각과 말과 행위를 지니고, 지배에 복종한 여인들의 영혼도 보았다. 이 여인들은 남편을 주인으로 여겼으며, 물과 불과 흙과 나무와 소와 양과 신의 다른 좋은 창조물들을 귀하게 여겼

232

으며, 신앙의 의식을 의심 없이 수행한 이들이었다. 이들은 금과 은으로
장식되고 보석이 박힌 옷을 입고 있었다. 이곳에는 또한 경전을 암송하
고 제의를 거룩하게 받든 이들의 영혼도 있었다. 전사와 왕들의 훌륭한
팔은 금이었으며, 보석들이 아름답게 도드라져 있었다. 그는 세상에서 유
해한 짐승을 많이 죽인 이들의 영혼도 보았다. 두텁고 좋은 옷을 입고,
물과 흙과 나무와 소의 영들 앞에서 찬양을 하는 농부들의 영도 보았다.
세상에서 통치자와 족장들을 잘 섬긴 장인(匠人)들의 영도 보았다. 가축
을 늑대와 도둑과 압제자로부터 보호한 목자들의 영도 보았다. 가장과
판관들, 부족의 어른들, 스승과 연구자, 중재자와 조정자, 그리고 신앙으
로 뛰어난 사람들의 영혼도 보았다. 모두 아름답게 꾸민 훌륭한 보좌에
앉아서 허공의 찬란한 빛을 받으며 달콤한 나륵풀 향기를 풍기고 있었다.
모두 물릴 줄 모르고 영광과 기쁨을 한껏 맛보고 있었다.

(아르다 비라프는 쓰고 있다.) 그후에 나는 크고 어두컴컴한 냇물에 이르
렀다. 지옥처럼 무서운 그 냇물에는 많은 영혼과 '길의 영'들이 있었다. 이들
가운데 몇 명은 내를 건너지 못하였고, 몇 명은 어렵사리 건넜으며, 몇 명은
쉽게 건넜다. 내가 물었다. "이것이 무슨 내입니까? 괴로워하는 저들은 누
구입니까?" '거룩한 순종'과 '타오르는 생각의 불길'이 나에게 말하였다. "이
내는 사람들이 죽은 이들을 애닲아하여 흘린 눈물로 이루어진 것입니다. 그
들은 부당하게 눈물을 흘렸고, 그것이 이 내를 불어나게 하였습니다. 건너지
못하는 것은 사람들이 많이 울어서입니다. 쉽게 건너는 것은 사람들이 덜
울어서입니다. 세상으로 돌아가거든 이렇게 말하십시오. '세상에 있을 때 부
당하게 애도하지 말라. 그 애도로 인하여 세상을 떠난 이들이 피해를 입고
힘겨워 한다.'"

이어서 아르다 비라프는 친바트 다리로 돌아왔다.

이번에는 사악한 사람의 영혼을 보았다. 그가 자신의 시신 위에 사흘 밤
을 앉아 있는데, 그는 세상에서 한번도 볼 수 없었던 괴로움을 많이 보았다.
내가 물었다. "저것은 누구의 영혼입니까?" 북쪽, 마귀들이 있는 곳에서 역

한 냄새가 나는 차가운 바람이 그에게로 불어왔다. 그는 그 바람 안에서 자신의 '신앙'과 '행위'들이 방탕한 여인의 모습으로 나타나는 것을 보았다. 여인은 벌거벗었고, 부패하였고, 입을 벌리고 있었고, 안짱다리였고, 엉덩이는 홀쭉하였고, 온통 부스럼투성이여서 부스럼 옆에 바로 부스럼이 있었다. 이 여인은 무시무시하고, 해롭고, 더러웠다. 거기에다 역한 냄새까지 났다.

사악한 영혼이 말하였다. "그대는 누구입니까? 진실의 신과 거짓의 마귀의 피조물 가운데 그대보다 추하고, 더럽고, 역한 냄새를 풍기는 것은 본 적이 없습니다."

여인이 말하였다. "나는 당신의 행동들이라오. 오, 악한 생각과 말과 행위와 신앙을 가진 젊은이여. 내가 당신이 보는 대로 무시무시하고 넌더리나는 것, 그리고 사악하고, 병들고, 썩고, 역한 냄새가 나고, 비참하고, 괴로운 것은 당신의 의지와 행동들 때문이라오. 당신은 다른 사람들이 신을 찬양하고 신에게 기도하고 신을 섬기어 예배를 드리는 것을 보면서도, 물과 불과 소와 나무와 다른 좋은 창조물들을 보존하고 보호하는 것을 보면서도, 상스러운 행동으로 거짓과 그 마귀들의 뜻을 좇았소. 당신은 다른 사람들이 멀고 가까운 곳에서 찾아오는 선하고 귀한 사람들을 선물과 자비로 영접하는 것을 보면서도, 탐욕 때문에 당신의 문을 닫아버렸소. 나는 원래 부정(不淨)하였으나, 당신 때문에 더욱 부정하게 되었다오. 원래 무시무시하였으나, 당신 때문에 더욱 무시무시해졌다오. 원래 두려움에 몸을 떨었으나, 당신 때문에 더욱 떨게 되었다오. 원래 마귀들이 있는 북쪽에 자리를 잡고 있었으나, 당신 때문에 더 먼 북쪽으로 물러나 앉게 되었다오. 이 모두가 당신의 악한 생각, 말, 행위 때문이라오."

이어서 사악한 영혼은 첫번째 걸음을 내딛어 '악한 생각'들의 길로 갔다. 두번째 걸음을 내딛어, '악한 말'의 길로 갔다. 세번째 걸음을 내딛어, '악한 행위'들의 길로 갔다. 그때 천사들이 나의 손을 잡아서 나는 그들을 따라갔다. 나는 몸에는 해를 입지 않고 세상에서 본 적도 들은 적도 없는 추위, 더위, 가뭄, 악취를 보며 지나갈 수 있었다.

나는 지옥의 탐욕스러운 아가리를 보았다. 매우 좁고 겁나는 틈 아래로 무시무시하기 짝이 없는 구덩이가 이어졌다. 너무 어두워서 더듬거릴 수밖에 없었다. 그곳에서 숨을 쉬어 악취를 맡은 이들은 모두 몸부림을 치고 비틀거리다가 쓰러졌다. 그런 곳에서 산다는 것은 불가능하게 보였다. 모두들 "나는 혼자다." 하는 생각을 하고 있었다. 불과 사흘이 지났음에도, 모두들

9천 년의 시간이 흘렀다고 생각하였다. 시간이 중단되고 몸의 부활이 일어나는 때가 왔다고 생각한 것이다. 모두들 "9천 년이 흘렀는데도 나는 해방되지 못하였다." 하고 생각하였다. 그곳에서는 덜 해로운 축에 드는 짐승도 크기가 산만큼 컸으며, 이들은 악한 이들의 영혼을 개만도 못하게 여겨서 찢고, 붙들고, 겁을 주었다. 그러나 나는 '순종'과 '생각'의 인도로 쉽게 그곳을 통과할 수 있었다.

나는 한 남자의 영혼을 보았는데, 들보만한 뱀 1마리가 그의 엉덩이로 들어가 입으로 나왔다. 다른 뱀들은 그의 사지를 붙들고 있었다. 내가 물었다. "저 영혼의 몸이 무슨 죄를 지었길래 저리 심한 벌을 받는 것입니까?" 천사들은 대답하였다. "저것은 세상에서 남색을 범한 이의 영혼입니다."

나는 한 여인의 영혼을 보았는데, 여인은 남자들의 불순하고 더러운 것을 가득 채운 잔을 연거푸 마시는 벌을 받고 있었다. "저리 고통을 겪는 영혼의 몸은 무슨 죄를 지었습니까?" 천사들은 대답하였다. "저 사악한 여인은 절제를 모르고 월경중에 물과 불에 가까이 갔습니다." 나는 또 한 남자의 영혼을 보았는데, 그는 머리 가죽이 벗겨지는 벌을 받고 있었다.…… 그는 세상에서 신앙이 깊은 이를 죽이는 죄를 지었다. 나는 한 남자의 영혼을 보았는데, 그는 입으로 여인이 월경할 때 흘리는 피를 계속해서 벌컥벌컥 들이마시면서, 다른 한편으로는 자기 자식을 구워 먹는 벌을 받고 있었다.…… 그들은 대답하였다. "저 사악한 자는 세상에 있을 때 월경중인 여자와 교접을 하는 죄를 지었습니다."

이 무시무시한 고통의 구덩이의 광경은 계속되었다. 한 여인이 자신의 젖가슴을 붙들고 있었다. 그녀는 세상에서 간음을 하여, 밑에서 해로운 짐승이 그녀를 갉아먹고 있었다. 이러저러한 식으로 짐승에게 갉아먹히는 남녀들이 있었는데, 그들은 세상에서 신을 안 신고 걸어다녔거나, 제대로 옷을 안 입고 다녔거나, 서서 소변을 본 사람들이었다. 어떤 사람은 혀가 입 밖으로 나왔는데, 해로운 짐승들이 그 혀를 뜯어먹고 있었다. 그는 세상에서 중상(中傷)을 한 자였다. 그 다음에는 구두쇠가 고문대에 몸을 쭉 편 채로 누워 있고, 그 위를 수많은 야만적인 마귀들이 밟고 지나가며 마구 때려댔다. 어떤 여자들은 자기 젖가슴으로 언덕에 구멍을 파고 있었는데, 그들은 아기에게 젖을 주지 않은 여자들이었다. 어떤 여

자들은 쇠빗으로 젖가슴을 찌르고 있었는데, 그들은 남편에게 부정직하
였던 여자들이었다. 혀로 뜨거운 난로를 계속 핥고 있는 여자도 있었는
데, 그녀는 주인에게 욕설을 퍼부은 여자였다. 다리 하나만 묶인 채 공중
에 매달린 사람도 있었는데, 몸의 모든 구멍으로 개구리, 전갈, 뱀, 개미,
파리, 지렁이를 비롯하여 온갖 해로운 것들이 들락거렸다. 그들은 세상에
서 진실하지 않았던 사람들이었다. 그 다음에는 뱀의 형상으로 기둥처럼
서 있는 남자가 있었는데, 그 머리는 사람의 머리였다. 그는 신앙을 배반
한 자였다……

아르다 비라프가 본 것에서나 신곡에서 단테가 본 것에서나 지옥의 고
통이 천국의 행복보다 훨씬 더 풍부한 상상력으로 훨씬 더 생생하게 그
려지고 있다는 점은 불쾌할지는 모르지만 생각을 해볼 만한 점이다. 천
국에서 우리가 보는 것이라고는 여러 가지 넘치는 빛, 그리고 매우 아름
다운 옷을 입고 앉아 있거나, 서 있거나, 걸어 다니는 온유한 사람들뿐
이다. 이 무시무시한 고통의 기록은 몇 페이지씩이나 계속된다. 이 지저
분하고 악취가 나는 구덩이를 모두 살펴본 뒤에 아르다 비라프는 이렇
게 쓰고 있다. "그때 나는 '악한 영'을 보았다. 그 죽음과 같은 세상 파괴
자의 신앙은 악이었다. 그는 계속 지옥에 있는 자들을 조롱하고 있었다.
그는 지옥에 있는 자들에게 말하였다. '너희들은 어찌하여 나의 일을 하
였느냐? 왜 너희들의 창조주를 생각하지 않고, 오직 나의 뜻만을 좇았
느냐?'"

그런 다음에 나의 두 안내 천사들인 '거룩한 순종'과 '타오르는 생각의 불
길'은 나를 데리고 어둡고 무서운 곳에서 빠져나와 '영원한 빛'으로 갔다. 아
후라 마즈다와 그의 천사들이 모여 있는 곳이었다. 내가 경의를 표하려고
하자, 아후라 마즈다가 자비로운 목소리로 말하였다. "신앙심 깊은 아르다
비라프여, 그대는 완전한 종이었도다. 그대는 지상에서 나를 섬기는 이들의
사절로서 이곳에 왔도다. 이제 그들에게 돌아가서, 그대가 보고 이해한 대로
세상을 향하여 진실하게 말하라. 아르다 비라프여, 나를 섬기는 자들에게 이
렇게 말하라. '신앙의 길, 지고한 섬김의 길은 오직 하나뿐, 다른 길은 길이

236

아니다. 신앙으로 가는 한 길을 택하여, 흥할 때나 어려울 때나 어떠한 경우
에도 그 길에서 고개를 돌리지 말라. 오로지 선한 생각, 선한 말, 선한 행위
만 하도록 하라. 또한 이것을 알아야 한다. 소도 먼지요, 말도 먼지요, 금과
은도 먼지요, 사람의 몸도 먼지라. 세상에서 신앙을 찬양하고 의무와 선한
일을 행하는 자만이 먼지와 섞이지 않는다.' 아르다 비라프여, 그대는 완전
하다. 가서 번창하라. 그대가 신을 생각하며 모든 정화 의식을 거행하고 청
결을 유지하는 줄 내가 알기 때문이다. 나는 그 모든 것을 알고 있도다."

이 놀라운 기록은 계속된다. "나는 이 말을 듣고나서 창조주 아후라
마즈다에게 깊이 고개 숙여 절을 하였다. 그러자 대천사 '거룩한 순종'과
'타오르는 생각의 불길'이 나서서 양탄자가 깔린 이곳으로 나를 무사히
데려와, 나는 지금 이 글을 쓰고 있다.
　마즈다야스나들의 선한 신앙이 영광의 승리를 거두리로다!
　건강과 기쁨 속에서 글을 마친다."[15]

2. 우주의 타락과 혁신

유대교와 기독교의 메시아 사상만이 아니라 그것을 패러디한 『자본론
(*Das Kapital*)』 제1권 마지막 장의 프롤레타리아의 묵시록에도 근본적인
영향을 준, 페르시아의 창조, 타락, 세계 혁신의 신화는 후기 팔라비 어
(페르시아 중기)로 된 작품인 『분다히시(*Bundahish*)』, 즉 "창조기"에만
보전되어 있다. 이것은 "아르다 비라프의 책"과 마찬가지로 사산 왕조의
부흥기인 서기 226-641년 사이에 쓰여진 것이다. 이것이 현재의 형태로
완성된 것은 서기 881년경의 일이다.[16] 그 결과 그 중심 주제는 여전히
선과 악의 우주적 갈등의 해소이지만, 여기에는 그 주제의 바탕이 되고
있는 예언들보다 뒷날에 형성된 좀더 대중적인 신앙이 많이 포함되어 있
다. 그러나 페르시아학의 대가 제임스 다르메스테터가 조로아스터 전통
에 대하여 말하였듯이, "자신의 과거의 영광에 대해서 그렇게 보잘것없

는 빈약한 기념물을 남긴 위대한 신앙은 달리 찾아볼 수 없다."[17] 우선 알렉산더 대왕의 침략(기원전 331년)이 있었고, 기껏 재건을 해놓은 뒤에는 열광적인 이슬람이 침략(서기 641년)을 함으로써, 한때 페르시아 제국 신앙이라는 위대한 구조물에는 폐허의 흔적조차 제대로 남은 것이 없다.

『분다히시』는 다음과 같이 이야기한다.

세계의 모든 것은 두 창조주의 변증법에 의하여 이루어졌다. 그래서 세계는 그 모든 부분에서 선한 동시에 악한 본성을 드러내며, 자기 자신과 갈등을 일으키며, 무질서라는 특징을 보여준다. 두 창조주는 영원 전부터 존재하였다. 그러나 두 창조주 모두가 앞으로도 영원토록 존재하지는 않을 것이다. 불가피한 종말이 다가오면 세계 혁신의 위기 속에서 어둡고 악한 세력인 앙그라 마이뉴는 그 모든 자식들과 더불어 영원히 멸망할 것이기 때문이다. 모든 역사는 세계 혁신을 향하여 나아가고 있으며, 모든 인간은 그것의 실현을 위하여 무조건적으로 부르심을 받았다.

(조로아스터의 이야기를 직접 들어보자.) 태초부터 알려진 두 태고의 영이 있다 이들은 1쌍이나, 각각의 활동은 독립적이다. 그들은 생각, 말, 행위와 관련해서 볼 때 '더 좋은 영'과 '더 나쁜 영'이다. 지혜롭게 선택하는 자여, 이 둘 사이에서 올바른 선택을 하라. 악한 행동을 하는 자들처럼 선택하지 말라! 그리하여 위대한 혁신을 가져옴으로써, 이 세계가 완전해질 때까지 이 세계를 진보로 이끌도록 하라.[18]

아후라 마즈다는 전지(全知)의 능력을 통하여(『분다히시』에 쓰여진 대로) 영원 전부터 앙그라 마이뉴가 존재한다는 것을 선험적으로 알고 있었다. 그러나 앙그라 마이뉴는 후진적이고 후천적인 지식 때문에 빛의 존재를 모르고 있었다. 창조는 아후라 마즈다가 영적으로 어떠한 영적 존재들을 만들면서 시작되었다. 이 존재들은 3천 년 동안 완전히 영적인 상태에 머물러 있었다. 움직임도 없고, 생각도 없고, 손에 만져지는 몸도 없었다. 그 시간이 끝났을 때, 어둠의 힘이 솟아올라서 그 영광을 보았다. 그는 본성적으로 적의를 타고났기 때문에 빛을 소멸시키려고 달려갔다. 그러나 그는 빛의 힘이 자신의 힘보다 더 크다는 것을 알고는 분노하게 되며, 자신의 심연으로 돌아와 그곳에서 악마들을 창조하였다. 그들은 합세하여 빛에 대항하여 일어섰다.

그러자 '빛과 진리의 주관자'는 전지의 능력을 통하여 끝이 어떠할 것임을 알고, '거짓'의 괴물을 만나러 가서 평화를 제안하였다. 그러자 앙그라 마이뉴는 생각하였다. "아후라 마즈다가 힘이 없어서 평화를 제안하는구나." 그러나 아후라 마즈다는 말하였다. "그대는 전지 전능하지 않다. 따라서 나를 없앨 수도 없고 나의 창조물에 흠을 낼 수도 없다. 그러나 9천 년의 뒤섞여 대립하는 기간을 정해두도록 하자." 아후라 마즈다는 3천 년 동안은 모든 것이 그 자신의 의지에 따를 것이며, 3천 년 동안은 두 의지가 뒤섞일 것이며, 조로아스터의 탄생 후의 마지막 3천 년 동안은 상대의 의지가 무너지게 될 것임을 알고 있었기 때문이다. 정지 상태의 처음 3천 년을 여기에 합하면 총 1만 2천 년이 된다. 그러나 앙그라 마이뉴는 그의 후진적인 지식 때문에 아무 것도 모르고 만족스럽게 약속을 한다. 그는 자신의 심연으로 돌아가고, 그때부터 시합은 시작되었다.

아후라 마즈다는 첫 단계로 '선한 마음'과 '하늘'을 만들었다. 앙그라 마이뉴는 '악한 마음'과 '거짓'을 만들었다. '선한 마음'은 '세계의 빛', '선한 신앙', '의로운 질서', '완전한 주권', '거룩한 경건', '탁월성', '불멸'을 낳았다. 주 마즈다는 두번째 단계로 별들의 군대를 만들고 사방에 네 대장을 두었다. 더불어 달과 해도 만들고, 그런 후에 물, 땅, 식물, 동물, 사람도 만들었다.

한편 앙그라 마이뉴는 잠에 빠져 있었다. 그러나 그 3천 년이 끝날 때 여자 악마 자히(월경)가 나타나서 앙그라 마이뉴에게 소리쳤다. "오, 우리 모두의 아버지여, 일어나소서! 이제 나는 세상에 싸움을 일으킬 것이고, 그로 인하여 아후라 마즈다와 그의 대천사들이 고통을 겪고 피해를 입게 될 것입니다. 나는 의로운 사람, 일하는 황소, 물, 식물, 불 등 모든 창조물을 타락시킬 것입니다." 그러자 앙그라 마이뉴는 벌떡 일어나서 그녀의 이마에 입을 맞추었다. 그러자 여자 악마에게서 월경이라고 부르는 더러운 것이 나타났다. 앙그라 마이뉴가 물었다. "나에게 소원을 말해 보라." 그녀는 대답하였다. "남자가 나의 소원입니다. 그것을 나에게 주소서." 그러자 그때까지 통나무 같은 도마뱀의 모습이었던 앙그라 마이뉴가 15살 먹은 젊은 남자의 모습으로 변하였다. 자히는 이 남자에게 열망을 느꼈다.

이어서 앙그라 마이뉴는 적의에 불타서 뱀처럼 별들에게로 튀어올랐다. 그는 별들을 향하여 움직이는 행성들을 집어던졌다. 그러자 하늘의 고정된 질서가 파괴되었다. 두번째로 그는 물에 달려들었고, 그러자 물 위로 가뭄이 내려갔다. 세번째로, 그는 땅속으로 뱀, 전갈, 개구리, 도마뱀을 쏟아부었다. 그러자 땅에는 입추의 여지없이 해로운 것들이 들어차게 되었다. 땅이 흔들리고 산맥이 솟아올랐다. 앙그라 마이뉴는 그것을 뚫고 그 중심까지 들어갔다. 그 길이 지옥에 이르는 길이 되었다. 네번째로, 앙그라 마이뉴는 식물을 마르게 하였다. 그러나 '식물의 천사'가 그것을 잘게 부수어서 '비의 천사'가 쏟아부은 물과 섞었다. 그러자 온 세상 위로 사람 머리에서 머리카락이 자라듯이 식물들이 솟아올랐다. 이어서 세계의 바다 한가운데에 이 모든 식물의 배(胚)로부터 '모든 씨앗의 나무'가 솟아올랐다. 이 나무는 뿌리가 하나이고, 가지가 없고, 껍질도 없고, 즙이 많고 달콤하였다. 그리고 그리폰(독수리의 머리와 날개에 사자의 몸을 가진 신화 속의 새/역주)이 그 나무 위에 내려앉았다. 그리폰은 나무로부터 날아갈 때 씨앗을 물에 뿌렸는데, 그 씨앗은 비와 함께 땅으로 되돌아왔다.

첫번째 나무의 근처에 가오케레나, 즉 '하얀 하오마(산스크리트로는 소마(Soma)) 나무'가 솟아올랐다. 이것은 늙는 것을 막아주고, 죽은 자를 소생시키며, 불멸을 주는 나무였다. 앙그라 마이뉴는 그 나무에 해를 주려고 그 뿌리에 도마뱀을 만들어놓았다. 그러자 그 도마뱀을 쫓기 위하여 10마리의 카르 물고기가 창조되었다. 이 물고기들은 늘 원을 그리며 나무 뿌리 주위를 도는데, 언제나 어느 1마리의 머리는 도마뱀 쪽을 향하고 있었다. 이 두 나무 사이에 9,999,000개의 동굴을 가진 산이 솟았다. 이 산은 물을 보호하는 기능을 부여받았다. 그래서 이 동굴들로부터 물줄기들이 수로를 통하여 온 땅으로 흘러들어갔다.

그리고 식물의 본성에 관하여 말하자면, 앙그라 마이뉴가 오기 전에는 식물에 가시도 없었고 껍질도 없었다. '모든 씨앗의 나무'처럼 식물은 달콤하고 부드러웠다.

이제 앙그라 마이뉴의 다섯번째 공격은 '홀로 창조된 황소'를 목표로 삼았다. 이 최초의 짐승은 세상의 일곱 땅 가운데 중심에 있는 땅인 에란 베지의 다이티 강가에서 암소의 모습으로 풀을 뜯고 있었다. 이 소는 달처럼 희고 빛이 났다. 적은 파리처럼 날아들었다. 탐욕, 곤궁, 고통, 굶주림, 병, 욕정, 무기력이 짐승의 몸 안에 퍼졌다. '홀로 창조된 황소'는 죽어서 오른쪽으로 쓰러졌다. 그 영혼이 밖으로 나와서 주검 앞에 서더니 마치 만 명의 사람이 한꺼번에 외치듯이 커다랗게 아후라 마즈다에게 소리쳤다. "땅에 파멸이 이르렀는데, 누구에게 피조물의 수호자 임무를 맡기신 겁니까? 아후라 마즈다는 '내가 돌봄의 원리를 가르칠 사람을 만들어내리라' 하고 선포하셨는데, 그 사람은 어디에 있습니까?"

'빛의 주'가 대답하였다. "오, '황소의 영혼'이여, 너는 앙그라 마이뉴가 일으킨 병 때문에 아프구나. 땅에 그 사람을 만들 때가 왔더라면, 앙그라 마이뉴가 아무런 힘을 쓰지 못하였을 터인데."

'황소의 영혼'은 '별의 길'로 나아가 똑같은 식으로 외쳤다. '달의 길'로 나아가서도, '해의 길'로 나아가서도 똑같은 식으로 외쳤다. 그러나 그곳에서 예언자 조로아스터의 '길의 영'이 그녀에게 나타났고, 그녀는 진정되었다. 그녀가 말하였다. "나는 땅의 피조물들을 기르겠습니다." 그녀는 땅의 창조에 새롭게 동의하였다.

한편 '홀로 창조된 황소'의 몸이 오른쪽으로 쓰러졌을 때, 그 씨앗은 달로 옮겨져 달빛으로 정화되었다. 그 정화된 씨앗으로부터 암컷과 수컷 동물이 솟아났으며, 그 뒤로 지상에 282종의 쌍들이 나타났다. 하늘에는 새들이 있었고, 땅에는 네발 달린 동물이 있었으며, 물에는 물고기가 있었다. 황소의 골수가 쏟아져 나온 곳에서는 55종의 곡식과 12종의 약초가 자라났다. 그 뿔에서는 콩이 자랐고, 그 코에서는 부추가 자랐으며, 그 피에서는 포도주를 만들 수 있는 포도 덩굴이 자랐다. 그 허파에서는 루타 같은 약초들이 자랐고, 그 심장 한가운데에서는 백리향이 자랐다.

이어서 앙그라 마이뉴는 처음 창조된 인간 가요마르트를 공격하였다. 가요마르트는 영의 모습으로, 세상의 일곱 땅 가운데 중심에 있는 땅인 에란 베지에서 '홀로 창조된 황소'와 함께 살고 있었다. 그전에 '빛의 주관자' 아후라 마즈다는 기도의 한 절을 암송하는 데 필요한 시간 동안 가요마르트에게서 땀 한 방울을 솟아나게 하였다. 그는 그 땀으로 15살의 키가 크고 광채가 나는 젊은 남자의 몸을 만들었다. 가요마르트의 몸은 그 땀방울로부터 나왔으며, 그 눈은 '위대한 분'을 바라보고 있었다. 그러나 그의 앞에 놓인 세상은 밤처럼 어두웠으며, 땅에는 해로운 생물들이 빽빽하게 들어차 있었다. 거대한 천구(天球)는 빙글빙글 돌고 있었다. 해와 달은 움직이고 있었다. 행성은 별과 전투를 하고 있었다.

앙그라 마이뉴는 '죽음의 악마'로 하여금 가요마르트를 공격하게 하였다. 그러나 그의 정해진 때가 아직 오지 않았다. 그의 생명은 30년을 견딜 운명이었다. 때가 오자 탐욕, 곤궁, 고통, 굶주림, 병, 욕정, 무기력이 그의 몸 안에 퍼졌다. 그는 죽어서 왼쪽으로 쓰러지며 씨앗을 내보내었다. 황소의 씨앗은 달에서 정화되었다. 그러나 가요마르트의 씨앗은 해에서 정화되었다. 또한 가요마르트가 죽었을 때 그의 사지에서는 8종의 귀한 금속이 솟아났다. 그것들은 금, 은, 철, 황동, 주석, 납, 수은, 애더먼트(adamant, 전설상의 단단한 광물/역주) 등이었다.

금은 땅에서 40년을 머물며 천사 '완전한 명상'의 보호를 받았다. 이윽고 거기에서 첫 인간 부부가 태어났다. 15개의 잎——잎 하나가 1년이었다——이 달린 줄기를 가진 식물의 모습이었다. 부부는 서로의 품에 싸여 있었다. 둘은 꼭 붙어 있었기 때문에, 누가 남자이고 누가 여자인지 알 수 없었다. 또 그들이 살아 있는 영혼을 따로따로 가지고 있는지도 알 수 없었다. 그들은 식물의 모습을 벗어나서 두 인간 마샤와 마쇼이가 되었다. 그들에게 숨이 들어갔다. 그것이 영혼이었다. 아후라 마즈다가 말하였다. "너희들은 인간이며, 세상의 조상이며, 헌신 속에서 완전하게 창조되었다. 법이 정한 의무를 이행하고, 선한 생각을 하고, 선한 말을 하고, 선한 행위를 하고, 악마들을 숭배하지 말라."

그들이 각각 처음 한 생각은 서로를 기쁘게 하자는 것이었다. 그들이 한 첫번째 행위는 가서 완전하게 씻는 것이었다. 그들의 첫번째 말은 아후라 마즈다가 물과 땅, 식물, 동물, 별, 달과 해, 모든 번영을 창조하였다는 것이었다. 그러나 그때 적인 '적대'가 그들의 마음속으로 쏜살같이 파고들었다. 그러자 그들은 앙그라 마이뉴가 모든 것을 창조하였다고 선포하였다.

그들은 아무 것도 먹지 않고, 잎으로 만든 옷을 입고 30일을 보내었다. 그러다가 염소를 만나자 입으로 염소의 젖통에서 젖을 빨아먹었다. 마샤가 말하였다. "저 젖을 마시기 전에 나는 행복하였다. 그러나 이제 나의 타락한 몸이 저 젖을 마시자, 나의 기쁨은 더 큰 기쁨이 되었다." 그 악한 말의 두번째 부분 때문에 악마들의 힘이 강해졌다. 악마들은 음식의 맛을 줄여서 100가지 가운데 하나만 남겨두었다.

다시 30일 뒤에 그들은 양을 만났다. 통통하고 입이 하얀색이었다. 그들은 양을 죽였다. 천사들이 그들에게 나무로 불피우는 법을 가르쳐주어서 그들은 양의 고기를 구웠다. 그들은 고기 세 덩어리를 불에 떨구며 말하였다. "이것은 불의 몫이다." 그리고 한 덩어리를 하늘로 던지며 말하였다. "이것은 천사의 몫이다." 독수리 1마리가 그들 눈앞에서 고기를 조금 채어 갔고, 개 1마리가 그들보다 먼저 고기를 먹었다. 그들은 이제 가죽으로 된 옷을 입고 있었다. 그들은 땅에 구덩이를 파고 그곳에서 철을 얻었다. 그들은 돌로 이 쇠를 두드려서 날카롭게 만든 다음, 그것으로 나무를 잘라서 해를 가릴 나무 오두막을 지었다.

그러나 앙그라 마이뉴는 부부가 싸우도록 만들었기 때문에, 부부는 서로의 머리카락과 뺨을 잡아 뜯었다. 악마들이 소리쳤다. "너희들은 인간이다! 악마들을 섬겨라. 그래야 악의를 가진 악마들이 진정된다." 마샤는 암소 1마리를 죽여서 젖을 북쪽으로 쏟았다. 악마들은 그것으로 매우 큰 힘을 얻었고, 그로 인하여 다음 50년간 부부는 성욕을 느끼지 못하였다. 그러나 50년 뒤에 욕망의 근원이 먼저 마샤에게 일어나고, 이어서 마쇼이에게도 일어났다. 마샤는 마쇼이에게 말하였다. "그대의 성기를 보니 나의 욕망이 솟아오른다." 마쇼이가 말하였다. "그대의 큰 욕망이 솟는 것을 보니, 나 역시 흥분이 된다." 그래서 그것은 둘에게 서로의 바람이 되었다. 그들은 생각하였다. "이것이 지난 50년 동안에도 우리의 의무였구나."

그들에게서 아들과 딸이 태어났다. 그러나 자식에 대한 정이 너무나 강해서, 어머니가 하나를 삼키고 아버지가 또 하나를 삼켜버렸다. 아후라 마즈다는 자식을 산 채로 소중하게 여길 수 있도록, 그러한 강한 정을 빼앗아버렸다. 이어서 그들에게 일곱 쌍둥이가 태어났는데, 각각 아들과 딸 쌍둥이로, 쌍둥이끼리 부부가 되었다…….[19]

「창세기」의 제2장처럼, 조로아스터교의 신화도 그것이 『신의 가면 : 원시 신화』에서 논의하였던 식물 재배자의 콤플렉스에서 파생되었음을 드러낸다.[20] 그러나 원시인들의 신화에서 레반트의 이러한 타락의 교리와는 달리 생명과 세상에 대한 도덕적 비판이 없다. 따라서 '복원'이라는 주제도 나타나지 않는다.

성서와 『분다히시』는 타락을 세상의 악이라는 도덕적 수수께끼에 대한 해답으로 제시한다. 그러나 그 신화적 사건을 보는 두 경전의 시각은 완전히 다르며, '복원'을 보는 시각 역시 다르다. 페르시아 신화에서 악은 우주론적 관점에서 파악되며, 인간의 타락에 선행하는 것이다. 인간의 타락은 우주의 타락의 절정을 이루는 사건일 뿐이다. 반면 성서에서는 타락이 인간으로부터 시작된다. 인간의 불복종적인 행동은 자신에게만이 아니라 자연 세계에도 재난을 가져왔다. 지금은 고인이 된, 예루살렘 헤브루 대학의 요셉 클라우스너 교수는 『이스라엘의 메시아 사상(The Messianic Idea in Israel)』이라는 중요한 저서에서 이렇게 말하였다.

예언자의 눈으로 볼 때 자연의 악(재앙)은 인간의 악의 결과였다. 자연의 창조주인 신이 악의 근원일 수는 없었기 때문이다. 만일 신이 악의 근원이라면 신은 선과 악이라는 두 힘을 뒤섞어 사용하는 셈이 되는데, 이는 그의 성품이 완전하고, 조화롭고, 본질적으로 위대하다는 것과 모순이 되는 셈이다. 따라서 인간의 행위가 사회와 자연에서 악의 근원이었다.[21]

또 이러한 말도 하였다(강조는 클라우스너 교수의 것).

이스라엘의 현자들은 그리스의 현자들과는 달리 자연의 악(재앙)을 독립된 실체로 보지 않고 인간의 악(죄)의 결과로 보았다. 예언자들은 선하고 악한 자연의 힘들을 체현하고 있는 여러 신을 믿은 것이 아니라 유일신을 믿었기 때문에, 선과 악이 유일신으로부터 나온다고 결론을 내릴 수밖에 없었다. 선과 악이 절대적으로 완벽하고 조화로운 본성을 가졌음에 틀림없는 유일 '최고의 존재'로부터 나온다면(그렇지 않다면 그는 하나가 아니고 유일할 수도 없는 것이며, 따라서 이원론에 대한 믿음이 들어설 여지가 생기게 된다), 최고의 존재는 필연적으로 악한 사람들 때문에 그리고 악한 사람들을 위하여 악을 창조한 것이 된다. 따라서 악한 사람들의 악, 즉 인간의 악이 끝나면, 모든 악, 심지어 자연의 악 전체도 끝이 나게 된다.[22]

어떻게 악이 신에게 근원을 두고 있으면서도 신이 아니라 인간에게 존재하는 것인지에 대해서는 여기서 이야기하지 않겠다. 그러나 이러한 뒤얽힌 생각과 조로아스터 체계의 대조에 대해서는 잠시 생각을 해볼 만하다. 페르시아 신화에서 창조물의 부패의 원인으로 제시되는 것은 사람이 아니라 원리, 즉 '거짓말'이기 때문이다. 이것은 철학적인 면에서는 인도의 마야(māyā)의 원리, 세상을 창조해가는 환각의 힘에 대응하는 것이다. 반면 아담과 하와의 죄는 불복종이었다. 이것은 존재론적이라기보다는 교육적, 또는 심지어 정확히 말하자면 윤리적인 관심사이다. 명령 자체의 윤리에 의문의 여지가 있기 때문에 더욱 그렇다. 구약 사상은 겉으로 보기에 자의적인 수많은 명령들(음식에 대한 금기, 안식일 율법, 우상 숭배 금지, 할례, 동족 결혼 등등)에 복종할 것을 무척 강조한다. 조로아스터교에서도 근친 결혼, 잘라낸 머리카락이나 손톱의 처리, 불을 때는 마른 땔감, 월경의 더러움 등에 대한 명령들을 무척 강조한다. 그러나 두 전통의 진지하고 좀더 깊은 측면들——부족적 관습을 우주의 법칙으로 고양시키는 부분을 넘어서——을 비교할 때, 그것들의 발전 가능성에서는 서로 대조를 이룬다는 것을 알 수 있다.

타락을 신에 대한 범죄로서 인간 역사의 틀내에 갖다놓는 성서의 관점은 그 신의 성격에 대한 도전의 폭이 넓어지는 것을 차단하고, 인간의 성격을 헐뜯으며, 나아가서 그 신화의 역사성을 이치가 닿지 않을 정도로 강조하게 된다. 반면 그 문제를 우주론적 관점에서 바라보는 것은 상징화된 철학을 낳는다. 훗날의 역사가 보여주듯이, 서양에서는 성서를 문자 그대로 해석하는 태도가 주도권을 쥐게 되었다. 그러나 상징화된 철학은 그러한 주도권에 대한 모든 주요한 영적 도전에 중요한 영감을 제공하게 된다.

클라우스너 교수가 정확히 보여주듯이, 이스라엘의 메시아 사상은 그 본질상 우주론적인 것이 아니라 정치적인 것이었다. 그 주된 관심사는 이스라엘을 세계를 지도하는 민족의 위치에 올려놓는 것이었다. 클라우스너는 이렇게 쓰고 있다(역시 강조는 저자의 것). "이스라엘 민족의 메시아에 대한 믿음에서 정치적인 부분은 윤리적인 부분과 나란히 나아가며, 민족주의적인 부분은 보편적인 부분과 나란히 나아간다."[23] 예루살렘의 함락(기원전 586년) 이전 시기에 예언자들은 하느님의 율법을 지킬 것을 강조하였다. 이것은 이방인이 아니라 유대인으로서 살라는 뜻이었다. 제1이사야(기원전 740-700년경)가 찬양한 메시아는 구체적으로 당대의 젊은 유대 왕 히스기야(기원전 727-698년 재위)였다. 클라우스너 교수는 이 점과 관련하여 다음과 같은 탈무드의 말을 인용하고 있다. "축복을 받으실 거룩한 분은 히스기야를 메시아로 삼으셨고, 세나케립을 고그(Gog)와 마고그(Magog)로 삼으셨도다"(「산헤드린[Sanhedrin]」 94a). 또 아모라 R. 힐렐의 말도 인용하고 있다. "이스라엘에는 메시아가 없을 것이다. 그들은 히스기야 시절에 이미 메시아를 누렸기 때문이다"(「산헤드린」, 98b와 99a).[24] 당시의 "주의 날"이라는 말은 세상의 종말이나 시간의 종말과는 아무런 관련이 없고, 따라서 죽은 자의 부활과도 아무런 관련이 없었다. 아직 그러한 사상이 조로아스터교로부터 성서적 신앙의 흐름으로 들어가지 않았기 때문이다.

그러나 조로아스터교에서 구속(救贖)이라는 관념은 정치적인 것이 아니라 우주론적인 것이었다. 그리고 이것은 1만 2천 년 뒤 세상의 종말이 왔을 때 일어날 일이었다. 아후라 마즈다는 이것을 미리 알고 있으며, 그

때가 오면 나타나서 산 자와 죽은 자를 심판할 것이다. 따라서 예언자 조로아스터의 궁극적인 목적은 자신의 가르침을 통하여 땅에 변화를 가져오는 것이었다. 그렇게 되면 세상은 다시 어둠과 슬픔과 죽음에서 벗어나서 태초의 상태로 돌아가게 될 터였다. 후기의 한 아베스타 문헌에는 이러한 글이 나온다. "그 뒤로는 늙지도 죽지도 않을 것이며, 쇠퇴하지도 썩지도 않을 것이다. 늘 살아 있고 늘 불어날 것이며, 자신의 소망을 이루게 되리라. 죽은 자들이 일어날 때 생명과 불멸이 찾아올 것이며, 세상은 그 소망대로 복원될 것이다."[25]

기원전의 처음 천 년에 지상에 존재하였던 실존 인물로서의 조로아스터의 삶에 대해서는 지금까지 전해져오는 빈약한 자료로는 정확히 알 도리가 없다. 그러나 조로아스터교의 완전한 인간을 대표하는 자로서의 상징의 수준에서 보자면, 그는 그의 행동의 연대기가 아니라 신화 속에서 아주 분명한 빛을 발하고 있다. 이것은 부처나 그리스도의 삶과 마찬가지이다. 즉 진리의 계시나 상징으로서는 아주 분명하게 나타난다는 것이다. 조로아스터는 그 진리대로 살았고, 그 진리를 가르쳤으며, 그 진리의 영광이 그의 몸을 감싸고 있었다. 다음 글을 읽어보자.

> 그는 율법에 따라 생각하였고, 율법에 따라 말하였으며, 율법에 따라 행동하였다. 그래서 그는 살아 있는 세상에서 거룩한 자들 가운데 가장 거룩한 자였으며, 통치자 가운데 가장 훌륭한 통치자였으며, 총명한 자 가운데 가장 총명한 자였으며, 영광 가운데 가장 큰 영광을 얻은 자였으며, 승리 가운데 가장 큰 승리를 얻은 자였다. 악마도 그를 보면 달아났다.[26]

그가 이 세상에 태어나서 가르치는 것으로 1만 2천 년의 세계사 가운데 마지막 3천 년이 시작되었다. 1만 2천 년이 끝날 때에는 그의 영적인 아들 사오샨트, 즉 "오실 구세주"인 세상의 메시아가 나타나서 거짓에 대한 진실의 승리를 확정지을 것이며, 신의 최초의 창조를 복원시켜놓을 것이다.

전설에 의하면 조로아스터가 태어난 곳은 첫 인간 가요마르트나 '홀로 창조된 황소'가 태어난 곳, 다시 말해서 세상의 일곱 땅 가운데 중심의 땅 에란 베이에 있는 다이티 강가였다. 그는 태어나면서 웃음을 터뜨렸다. 다음을 보자. "그가 태어나 자라면서 물과 나무들이 기뻐하였다. 그가 태어나 자라면서 물과 나무가 늘어났다. 그가 태어나 자라면서 물과 나무들이 기뻐서 소리를 질렀다."[27]

그러나 악마들은 기분이 달랐다. 앙그라 마이뉴는 북방 지역으로부터 뛰쳐나와 그의 무리에게 소리를 질렀다. "그를 없애라!" 그러나 거룩한 아기는 아시 반구히(Ashi Vanguhi)라고 알려진 기도문을 크게 외웠고, 그러자 악마들은 흩어졌다. 아기는 기도하였다. "주의 뜻은 거룩한 뜻이다. 세상에서 아후라 마즈다를 위하여 일을 하고, 그의 율법에 따라서 그가 주신 힘을 행사하고, 가난한 자들을 구제하는 자는 선한 마음에 따르는 풍요를 얻게 된다."[28]

조로아스터의 부인은 셋이었다고 한다. 그러나 "그는 특권을 가진 첫번째 부인 흐보브에게 3번 갔는데, 매번 씨앗은 땅으로 들어갔다"는 말에서 그것이 역사라기보다는 신화라는 것을 알 수 있다. 즉 그녀는 대지의 여신이었던 것이다. "처음으로 창조된 인간 가요마르트의 씨앗을 받았던 천사가 힘과 총기가 넘치는 이 씨앗도 받았다."[29] 이 씨앗에서 우주의 복원이 이루어졌을 때 세 아들이 태어날 예정이었다. 우크샤트-에레타, 우크샤트-네만그, 그리고 마지막으로 메시아인 사오샨트였다.[30]

1만 2천 년의 세계사가 끝날 때 칸사바 호수에서 목욕을 하던 처녀 에레다드-에레타가 그 씨앗에 의해서 수태를 하여, 구세주 사오샨트를 낳을 예정이었다. 그의 두 형도 같은 식으로 다른 두 처녀 스루타드-페드리와 반구-페드리에 의해서 태어난다.[31]

다가올 복원의 본질에 대해서는 이렇게 말하고 있다.

지상의 식물로부터 자라난 마샤와 마쇼이는 처음에 물을 먹고, 다음에 식물을 먹고, 다음에 우유를 먹고, 다음에 고기를 먹었다. 죽을 때가 다가오자, 처음에는 고기를 끊고, 다음에는 우유를 끊고, 다음에는 빵을 끊고, 마침내 죽음을 눈앞에 두었을 때에는 물만 먹었다. 마찬가지로 마지막 천 년 동안은 식욕이 감퇴할 것이다. 신성한 음식 한입이면 사흘 밤낮을 지낼 수 있을 것이다. 그때 사람들은 고기를 끊고 채소와 우유만 먹을 것이다. 그런 다음에 우유를 끊고, 그런 다음에 채소도 끊고 물만 마실 것이다. 사오샨트가 오기 전 10년 동안 사람들은 전혀 음식을 먹지 않아도 죽지 않을 것이다.[32]

『분다히시』에 따르면 사오샨트가 오고 나서 죽은 자들이 부활하게 된다. 처음에는 가요마르트의 뼈가 일어나고, 그 다음에 마샤와 마쇼이의 뼈가 일어나고, 이어서 나머지 인류의 뼈가 일어나게 될 것이다. 모두가 자기 몸을 회복하면, 모두 자기 아버지, 어머니, 형제, 부인을 비롯한 자기 가족을 알게 될 것이다.

그 다음에는 모든 인간이 참석하는 집회가 열릴 것이며, 여기에서 모든 사람은 자신의 선행과 악행을 보게 될 것이다. 그 집회에서 악한 자는 검은 양들 사이의 흰양처럼 두드러질 것이다. 악한 사람은 세상에서 친구였던 의로운 사람에게 불평을 할 것이다. "왜 너는 세상에 있는 동안 네가 하는 선한 일을 나에게 알려주지 않았는가?" 의로운 사람이 진짜로 알려주지 않았다면, 그는 그 집회에서 수치를 느낄 것이다.

다음에 의로운 자들은 악한 자들과 구별되어서, 의로운 자들은 하늘로 가고 악한 자들은 지옥에 던져질 것이다. 악한 자들은 지옥에서 사흘 밤낮 동안 몸에 벌을 받을 것이며, 그리고 나서 사흘 밤낮 동안 천국의 행복을 지켜볼 것이다. 의로운 자가 악한 자들을 떠날 때에는 사람들의 눈물이 다리까지 흘러내릴 것이다. 남편이 부인과 헤어지고, 형제가 형제와 헤어지고, 친구가 친구와 헤어질 때, 그들은 자기가 한 일 때문에 괴로워할 것이다. 의로운 자들은 악한 자들 때문에, 악한 자들은 자기 자신 때문에 울 것이다. 아버지는 의로우나 아들은 악할 수 있고, 형제 가운데 하나는 의로우나 다른 하나는 악할 수 있기 때문이다……

커다란 운석이 떨어질 때, 세상의 괴로움은 늑대가 덮친 양떼들과 같을 것이다. 불과 불의 천사가 지옥과 산의 쇠를 녹이고, 그 물이 땅위에서 강이 되어 흐를 것이다. 모든 사람이 그 쇠를 통과하여 순수해질 것이다. 의로운 사람은 따뜻한 우유 속을 걷는 것 같을 것이나, 악한 자는 녹은 쇠 속을 걷는 것 같을 것이다.

마지막에 모두가 큰 애정을 가지고 한데 모여서, 아버지와 아들, 형제와 친구가 서로에게 물을 것이다. "그 동안 너는 어디에 있었는가? 너의 영혼은 어떠한 심판을 받았는가? 너는 의로웠는가 악하였는가?" 몸이 보는 첫 영혼에게 그러한 것을 물을 것이다. 모든 사람이 한 목소리가 되어 크게 외치는 찬양의 소리가 아후라 마즈다와 그의 천사들에게까지 올라갈 것이다. 사오샨트와 그의 제자들은 의식을 거행하여 황소를 잡을 것이며, 그 지방과 하얀 하오마에서 불멸의 음료가 준비되는데, 모든 사람이 이것을 받아 마시고 영원한 불멸을 얻게 될 것이다.

지상에서 다 큰 사람은 40살의 나이를 받고, 다 크지 못한 사람은 15살의 나이를 받게 될 것이다. 모든 사람은 부인을 받게 될 것이고, 부인과 함께 자식들을 보게 될 것이다. 그렇게 해서 모두 세상에서처럼 행동할 것이나, 더 이상 자식을 낳는 일은 없을 것이다. 또한 세상에서 예배를 드리지 않고 의로운 선물로서 옷을 주지 않은 자는 벌거벗게 될 것이다. 세상에서 예배를 드린 자는 천사들이 그에게 옷을 줄 것이다.

마지막으로 아후라 마즈다는 앙그라 마이뉴를 붙들고, 각 대천사는 자기 적을 붙들 것이다. 떨어진 운석은 녹은 쇠로 뱀을 재로 만들 것이며, 지옥의 악취와 더러움도 그 쇠 속에서 타버릴 것이다. 마침내 지옥은 순수해질 것이다. 아후라 마즈다는 지옥의 땅을 가져와서 세상을 넓힐 것이다. 이렇게 해서 우주의 복원이 이루어지고, 모든 것이 영원한 불멸을 얻게 될 것이다.

땅은 얼음이 없고, 비탈이 없는 평원이 될 것이다. 머리로 친바트 다리를 받치던 산도 아래로 내려앉아서 사라질 것이다.[33]

3. 왕 중 왕

아시리아의 강력한 군주 티글라트 필레사르 3세(기원전 745-727년 재위)는 정복당한 주민의 의지를 꺾는 새로운 방법을 도입하였다. 이 방법은 이 왕조 전체에 걸쳐서, 샬마네세르 5세(기원전 726-722년), 사르곤 2세(기원전 721-705년), 세나케리브(기원전 704-681년), 아사라돈(기원전 680-669년), 아슈르바니팔(기원전 668-626년) 등의 왕들이 계속해서 사용하였다——우리는 아슈르바니팔의 산산이 부수어진 설형 문자 도서 관으로부터 이 옛날 셈 족의 세계에 대한 지식의 대부분을 얻고 있다. 이러한 정복자들이 그 이전에 좋아하던 관습 가운데 하나는 한 도시내의 모든 생물을 죽여버리는 것이었다. 예를 들어서 여리고에 들어간 여호수 아의 전사들이 그러하였던 것처럼, "남녀 노소 가리지 않고 소건 양이건 나귀건 모조리 칼로 쳐서 없애버렸다."[34] 아이,[35] 기브온, 막케다, 리브나, 게젤, 에글론, 헤브론, 드빌, 그리고 네겝의 모든 땅에서도 마찬가지였다. "그들을 가차없이 전멸시키려고 야훼께서는 그들로 하여금 고집을 세워 서 이스라엘과 싸우도록 하셨던 것이다. 이렇게 야훼께서는 모세에게 명 령하신 대로 그들을 쓸어버리게 하셨던 것이다."[36] 또 승리자는 도시민 전체를 노예로 삼아서 부역을 시키기도 하였다. 므나세가 므기도를, 즈불 룬이 키트론을 그렇게 하였다.[37] 그러나 전자의 관습은 승리자가 노예를 얻지 못한다는 단점이 있었으며, 후자의 관습은 주민을 멀쩡하게 내버려 둠으로써 반역의 여지를 남긴다는 단점이 있었다.

티글라트 필레사르의 온화한 정책은 정복당한 주민을 그들의 땅으로부 터 먼 땅으로 이주시킴으로써 주민을 땅이라는 중요한 생명선으로부터 단절시키는 것이었다. 바빌로니아는 기원전 745년에 정복당하였는데, 이 들 주민 가운데 많은 수가 다른 곳으로 옮겨졌다. 비문은 그 나라의 무 려 서른다섯 부족의 이름을 거명하면서, 그들이 분쇄되어 이주를 당하였 다고 기록하고 있다.[38] 기원전 739년에는 아르메니아가 함락되었는데, 그 무렵 3만 명이 하맛 지방으로부터 티그리스 강 상류의 투샨 지방으로 옮 겨졌다. 시리아의 갈네로부터도 비슷한 수가 옮겨졌다. 대신 그 자리에는 엘람으로부터 아르메니아 인들이 이주해왔다.[39] 예언자 아모스는 이스라 엘 인에게 이들 이웃 나라의 재난을 예로 들며 경고하였다. "저주받아라! 시온을 믿고 안심하는 자들아. 언덕 위에 자리잡은 사마리아를 믿어 마 음 놓고 사는 자들아…… 갈네로 찾아가보아라. 거기서 큰 도시 하맛으 로 가보아라. 블레셋 도시 갓으로도 내려가보아라."[40] 주민들은 동에서 서 로, 서에서 동으로, 북에서 남으로, 남에서 북으로 내던지어져서, 이전과 같은 땅에 뿌리 박은 민족적 연속성은 자취도 남지 않게 되었다.

따라서 아시리아 왕들은 과거를 지워버림으로써, 완전히 뒤섞이고 국제화되고 인종이 혼합된 근동 주민을 창조해내는 세계사적 역할을 하였다고 말할 수 있을 것이다. 실제로 이렇게 형성된 근동 주민은 그후 본질적으로 변화를 겪지 않았다. 그러나 그들은 동시에 매우 위험한 업(karma)을 쌓고 있었다. 기원전 616년, 소생한 바빌론의 왕 나보폴라사르는 북동쪽으로부터 내려오는 메디아의 아리아 인 왕 키약사레스와 동맹을 맺고 아시리아에 대항하였다. 결국 기원전 612년에 아시리아의 수도 니네베가 함락되었다. 그러자 제국의 격노한 주민이 동시에 들고일어났는데, 에두아르트 마이어는 그 결과를 이렇게 묘사한다. "그것은 엄청난 참사였다. 그들은 얼마 전까지만 하여도 전 근동을 통제하고 있던 제국을 쳐부수었을 뿐만 아니라, 수백 년 동안 여러 민족의 천벌이자 공포 노릇을 해오던 사람들 대다수를 말살해버렸다.…… 이제까지 아시리아 인들만큼 완전히 사라져버린 민족은 없다."⁴¹⁾

그후 75년 동안 근동은 북쪽의 메디아와 남쪽의 바빌로니아 칼데아의 왕들이 함께 지배하였다. 바빌로니아의 왕들 가운데 가장 유명한 왕은 네부카드네자르 2세(기원전 604-562년 재위)로, 예언자 예레미야는 그가 야훼의 종으로서, 불복종의 죄를 범한 유대의 민족을 혼내준다고 말하였다.⁴²⁾ 북쪽 왕국 이스라엘은 기원전 721년에 유대와 아시리아 동맹군에게 항복하였으며, 이어서 유대는 기원전 586년에 "야훼의 종" 네부카드네자르에게 함락당하였다. 두 주민 모두 다른 곳으로 옮겨졌다. 그러나 기원전 6세기 중반에 근동의 정치 무대에는 국가에 대한 새로운 관념을 가진 새로운 유형의 지배자가 나타났다. 페르시아의 퀴로스 대왕은 4가지의 위업을 달성하였다. 우선 기원전 550년에 메디아의 아스티게스 왕을 쓰러뜨렸다. 그러나 그는 이전의 왕들과는 달리 그의 눈을 뽑지도 않았고, 산 채로 가죽을 벗기지도 않았으며, 다른 방법으로 학대하지도 않았다. 대신 그를 그의 수도에서 살도록 해주었다. 그 다음에 바빌론의 나보니두스, 이집트의 아마시스, 리디아의 막강한 크로에수스, 그리스의 도시국가 스파르타 동맹군의 위협을 받자, 바로 주적인 크로에수스에게로 진격하여, 기원전 546년말에는 아나톨리아의 통치자가 되었다. 그는 패한 적에게 엑바타나 근처의 도시 바레네의 정부를 맡겼다. 세번째로 기원전 539년에 그는 남쪽 바빌론으로 진군하였다. 바빌론의 큰 사원에서 마르둑 신을 섬기는 사제단이 부디 그곳으로 입성하여 자신들을 소유해달라는 공식 초대를 받았기 때문이다. 네번째로 근동 전체의 주인이 된 뒤에 그는 바빌론에서 그 도시의 신 마르둑을 섬겼으며, 그 신전에서 근동의 수많은 주요 도시로부터 약탈해온 신상들을 철거하여 원래 있던 곳에 되돌려주었다. 그리고 마침내 유대 민족에게 그들이 있던 곳으로 돌아가서 예루살렘 성전을 재건하라고 명령하였다. 마이어 교수는 이렇게 썼다. "그를 통하여 세계의 정복자 자리에 올라가게 된 페르시아 인의 글, 그가 해방한 유대인의 글, 그가 정복한 그리스 인의 글이 똑같이 그의 고귀한 인격을 찬양하고 있다."[43]

에스라는 이렇게 말한다.

> 황제 퀴로스(우리말 성서에서는 고레스로 표기하고 있다/역주)는 네부카드네자르(우리말 성서에서는 느부갓네살로 표기하고 있다/역주)가 예루살렘에서 가져다가 자기 신전에 두었던 야훼의 성전 기구들을 꺼내게 하였다. 페르시아 황제 퀴로스는 재무관 미드르닷을 시켜서 그것을 유대 대표인인 세스바살에게 세어주었다. 그 품목은 아래와 같았다. 금대야 30개, 은대야 1천 개, 칼 29자루, 금잔 30개, 버금가는 은잔 410개, 그 밖에 다른 그릇 1천 개, 금그릇과 은그릇을 합하여 모두 5천4백 개였다. 세스바살은 포로들을 이끌고 바빌론에서 예루살렘으로 돌아오면서 그것들을 함께 가지고 왔다.[44]

바빌론 유수(幽囚)에서 돌아온 시기인 기원전 539년경에 쓰여진 제2이사야는 페르시아의 고귀한 왕 퀴로스를 "야훼께서 기름부어 세우셨다"고 말하며, 야훼가 그의 오른손을 잡아주어 "만백성을 그의 앞에 굴복시키고, 제왕들을 무장 해제시키고, 그의 앞에 성문을 활짝 열어 젖혀서 다시는 닫히지 않게 할 것"[45]이라고 말한다. 퀴로스 자신은 아후라 마즈다를 자신의 안내자로 생각하였음에도, 이 헤브루의 예언자는 그가 들은 신의 목소리가 야훼의 목소리였다고 말한다.

내가 너를 이끌고 앞장서서 언덕을 훤하게 밀고 나가리라. 청동 성문을
두드려 부수고 쇠빗장을 부러뜨리리라. 내가 감추어두었던 보화, 숨겨두었던
재물을 너에게 주면 너는 알리라, 내가 바로 야훼임을. 내가 바로 너를 지명
하여 불러낸 이스라엘의 하느님임을!

나의 종 야곱을 도우라고, 내가 뽑아 세운 이스라엘을 도우라고 나는 너
를 지명하여 불렀다. 나를 알지도 못하는 너에게 이 작위를 내렸다.

내가 야훼이다. 누가 또 있느냐? 나밖에 다른 신은 없다. 너는 비록 나를
몰랐지만 너를 무장시킨 것은 나이다. 이는 나밖에 다른 신이 없음을 해뜨는
곳에서 해지는 곳에까지 알리려는 것이다. 내가 야훼이다. 누가 또 있느냐?

여기서 더 나아가 야훼는 조로아스터교 교리의 이원론에 대항하여 퀴
로스에게 이렇게 말한 것으로 되어 있다. "빛을 만든 것도 나요, 어둠을
지은 것도 나이다. 행복을 주는 것도 나요, 불행을 조장하는 것도 나이
다. 이 모든 일을 나 야훼가 하였다."[46]

이어서 예언자는 야훼가 기름을 부어 세우신 왕 중 왕이 수고스럽게도
각자의 신전들로 돌려보내고 있는 다른 모든 지방의 신들을 비난한다.
그리고는 웅변적인 노래를 통해서 야훼가 외국의 왕을 통하여 이루어낸
복원의 기적을 기뻐한다.

그러나 바빌론의 마르둑 신의 사제들도 왕을 크게 찬양하였다. 칼데아
의 마지막 왕 나보니두스는 하란의 달-신(moon-god)인 신(Sin)을 섬기
었다. 그가 신의 숭배를 복원하자 마르둑의 사제들은 당황하였다.[47] 그런
데 퀴로스가 그의 고상한 방법대로 나보니두스의 거처를 카르마니아로
지정하였다. 그러자 마르둑의 도시에 있는 신전 서기들이 그들을 구원해
준 왕을 그들 나름의 종교적인 방식으로 찬양하게 되었던 것이다. 그들
의 찬양은 진흙으로 만든 원통——'퀴로스의 원통'——에 보존되어 있다.
찬양문 서두의 7-8줄은 손상되어 있는데, 이 부분에는 나보니두스의 이
단에 대한 불평이 있다. 그 뒤에 다음과 같은 흥미있는 글이 나온다.

…… 매일 제물을 드리는 것도 태만히 하였고…… 신들의 왕인 마르둑을
섬기는 것도 태만히 하였다.…… 사람들은 무자비한 멍에에 의하여 땅에 쓰

러지고 말았다…….

그러나 신들의 주께서 그들의 외침에 귀를 기울이시고, 크게 진노하셨다.…… 주는 자비로운 마음으로 사람들을 보았다. 주는 여러 나라를 살피다가 그의 마음에 드는 의로운 군주를 찾아서 그의 손을 잡아주기로 하셨다.

마르둑은 안샨의 왕 퀴로스의 이름을 말하시고, 그를 세상의 지배자의 자리로 부르셨다. 그는 구티움의 땅, 메디아 왕들의 전 영토를 그의 발밑에 굽히셨다. 왕은 검은 머리카락을 가진 사람들이 그의 손으로 넘어오자 의로움과 정의로 그들을 받아들였다. 인류의 보호자인 위대한 주 마르둑은 기쁜 표정으로 왕의 선행과 의로운 마음을 지켜보았다.

마르둑은 왕에게 그의 도시 바빌론으로 진군할 것을 명령하셨다. 그를 바빌론으로 가는 길에 내세우시고, 친구이자 동료처럼 그의 옆에서 함께 걸으셨다. 강의 물처럼 그 수를 헤아릴 수 없고 힘 역시 막강한 왕의 부대는 무기를 들고 왕의 곁에 있었다. 마르둑은 왕이 전투 없이, 살육 없이 그의 도시 바빌론에 들어가게 하셨다. 그는 바빌론이 고통을 겪는 것을 막아주셨다. 마르둑은 그를 섬기지 않았던 왕 나보니두스를 퀴로스의 손에 넘겼다. 바빌론 사람들, 수메르와 아카드의 모든 사람들, 강한 자와 통치자들이 왕 앞에 고개를 숙였고, 왕의 발에 입을 맞추었으며, 왕의 통치를 기뻐하여 얼굴에서 빛이 났다. 왕은 그 주권으로 죽은 자들을 살렸으며, 모든 사람을 멸종과 악으로부터 구속(救贖)해주셨다. 사람들은 기뻐서 축복하였고, 그의 이름을 기념하였다.

이 글은 이어서 새로운 왕 중 왕이 다음과 같은 말을 하였다고 전한다.

나는 퀴로스, 우주의 왕, 위대한 왕, 막강한 왕, 바빌론의 왕, 수메르와 아카드의 왕, 세계 만방의 왕이로다.…… 벨(마르둑)과 나부(마르둑의 사자)가 이 왕조를 사랑하며, 그들은 이 왕국 때문에 마음에서 기뻐하노라. 내가 자비롭게 바빌론에 진입하여, 기쁨과 즐거움 속에 왕들의 궁전에서 지배자의 자리에 앉았을 때, 위대한 주 마르둑은 바빌로니아 인들의 고귀한 마음이 나를 향하게 하였고, 나는 매일 마르둑에게 예배를 드렸다. 나의 널리 퍼진 군대는 바빌론 전역을 평화롭게 돌아다녔다. 나는 수메르와 아카드 전 지역에서 어떠한 적이 일어서는 것도 용납하지 않았다. 나는 도시의 내부와 그 모든 성스러운 곳을 기꺼이 존중하였다. 나는 그곳에 사는 사람들을 불명예스로운 굴레로부터 해방시켰다. 나는 그들의 쓰러진 집을 세워주고 폐허를 정리하였다.

힘센 주 마르둑은 나의 경건한 행위에 기뻐하여 그를 경외하는 나 퀴로스 왕과 내가 사랑하는 아들 캄비세스에게, 그리고 나의 모든 군대에게 자비를 베푸셨다. 우리는 고귀한 마르둑에게 진지하고 기쁘게 찬양을 드렸다. 위의 바다에서 아래의 바다에 이르기까지 세계 만방의 궁전에 사는 모든 왕들, 서쪽의 천막에 사는 모든 왕들이 무거운 선물을 가져왔고, 바빌론에서 나의 발에 입을 맞추었다. 나는 그들에게 아수르와 수사, 아가데, 에슈누아, 잠반, 메-투르누, 데리, 구티움 땅, 오랜 역사를 가진 티그리스의 도시들에 사는 신들을 돌려주었다. 그리고 나는 그들을 위하여 영원한 거처를 지어주었다. 나는 그들의 백성에게 공동체를 복원해주었고, 그들이 살 곳을 재건해주었다. 나는 힘센 주 마르둑의 명령에 따라 신들이 그들의 성소에서 괴롭힘을 당하지 않고 기쁘게 살 곳을 찾도록 허락하였다. 그들은 나보니두스가 신들의 노여움을 사면서 바빌론으로 가져왔던 수메르와 아카드의 신들이다.

내가 그들의 도시로 되돌려준 모든 신들은 매일 벨과 나부 앞에서 나의 장수를 기원하며, 나의 주 마르둑에게 이렇게 말할지어다. "당신을 섬기는 퀴로스 왕과 그의 아들 캄비세스를 축복하소서……."[48]

다른 민족이나 도시의 신들을 섬기는 사제들 가운데 얼마나 많은 수가 예루살렘과 바빌론의 사제들처럼 열렬히 퀴로스 왕의 승리를 자신들에게 유리한 것으로 여기고, 역사의 흐름을 그들 자신의 초자연적 인과율 체계의 맥락에서 파악하였는지는 알려져 있지 않다. 그러나 1가지 확실한 것은 퀴로스 자신의 조로아스터교 사제들 중에서 상당한 부분이 이러한 전체적인 상황 전개에 분개하였다는 것이다. 유대인들 가운데 야휘스트 일파가 그들의 왕이 외국의 신들을 섬기는 데에 분개하였던 것과 마찬가지이다. 기원전 529년 퀴로스는 북동쪽의 이란 국경으로 침입한 부족들과 맞서 싸운 전투에서 패배하는데, 이때 페르시아 사제단——마기교도——내에서 위험한 음모가 벌어지는 바람에, 잠시 퀴로스가 이룩한 모든 것을 무로 돌리고, 내부로부터 페르시아 국가를 무너뜨릴 뻔하였다. 야휘스트의 대량 학살이 헤브루 국가를 몰락으로 이끈 것과 마찬가지이다.

퀴로스의 아들 캄비세스는 아버지의 방식을 따라 기원전 525년에 이집트를 정복함으로써 에게 해로부터 인더스 강까지, 카스피 해로부터 누비아의 수단*에 이르기까지 고대의 전 영역을 하나의 제국에 통합시키는 과업을 완수하였다. 이 제국은 문화가 혼합되고 인종이 혼합된, 단일하고 강력한 제국이었다. 퀴로스가 바빌론에서 하였던 것처럼 캄비세스도 이집트에서 지역의 신들을 섬기어, 그들 앞에서 머리를 숙이고 그들의 축복을 받았다. 캄비세스는 파라오가 되었다. 그는 이집트에서 3년을 머물렀다. 그에게는 스메르디스라는 이름의 남동생이 있었는데, 그의 아버지는 그를 박트리아, 코라스미아, 파르티아, 카르마니아의 통치자로 세워놓았다. 캄비세스는 그 지역에서 혹시 음모가 생길까 걱정이 되어, 나일 강으로 떠나기 전에 동생을 죽였다.

살인은 비밀에 부쳐졌다. 그러나 죽은 동생을 닮은 가우마타라는 이름의 마기교도 사제가 왕의 역할을 대신하면서 불만을 품은 세력에게 반역을 일으킬 것을 선동하였다. 이 반역은 적어도 부분적으로는 종교적인 것이었음을 보여주는 상당한 증거가 있다. 왕위를 찬탈한 사제단은 수많은 신전을 부수었던 것이다. 기원전 522년 여름에 이 가짜 스메르디스는 페르시아의 왕좌를 차지한다. 캄비세스는 이집트에서 달려왔으나 기원전 522년 3월 전투에서 패하고, 죽기 전에 자신이 동생을 죽이라고 명령하였다는 사실을 고백하였다. 한동안 왕위 찬탈자에게 아무도 대항하지 못하였으나, 아케메네스 가문에 속하는 상당히 먼 친척인 젊은 다리우스가 그 일을 자신의 운명으로 여기고 나서서, 기원전 522년 10월에 찬탈자와 그의 모든 신하를 죽였다. 기원전 521년 2월말, 반역은 진압되고, 젊은 왕 중 왕 다리우스 1세가 세계 통치자의 자리에 오르게 되었다.[49]

---

* 바로 이 시기에 누비아의 옛 수도 나파타가 정복되어서 왕좌가 메로에로 옮겨졌는데, 그 이름은 캄비세스의 누이의 이름을 딴 것으로 여겨진다. 이렇게 해서 우리는 큰 원을 그리며 『신의 가면 : 원시 신화』에서 이야기하였던 수단의 나파타—메로에의 배경이 되는 시점으로 돌아오게 된 것이다.

베히스툰에는 이 승리를 고대 페르시아 어, 엘람 어, 바빌로니아 어로 새겨놓은 유명한 바위가 있는데, 여기에서는 그 승리를 자세히 묘사하면서 야훼도 아니고 마르둑도 아닌 페르시아 신의 도움으로 승리를 얻었다고 여러 차례 되풀이하여 말하고 있다.

나는 다리우스, 위대한 왕, 왕 중 왕, 페르시아의 왕, 온 땅의 왕, 아케메네스 가문의 히스타페스의 아들이요, 아르사메스의 손자이다…….

왕 다리우스가 말한다. 나의 가문 가운데 8명이 왕이었고, 나는 아홉번째이다. 우리 9명의 왕은 두 계열에 속하였다…… 아후라 마즈다의 의지에 따라서 나는 왕이 되었다. 아후라 마즈다가 나에게 왕의 자리를 주었다……이 땅에서 나는 조심성 있는 사람들은 잘 대접해주었다. 적대하는 자들에게는 엄한 벌을 내렸다. 아후라 마즈다의 의지에 따라서 이 땅은 나의 법에 복종하였다. 그들은 내가 명령하는 것을 이행하였다.

왕 다리우스가 말한다. 이것은 아후라 마즈다의 의지에 따라서 내가 왕이 되면서 한 일이다. 우리 왕조의 퀴로스의 아들 캄비세스가 이곳의 왕이었다. 캄비세스에게는 스메르디스라는 동생이 있었는데, 그는 캄비세스와 같은 어머니, 같은 아버지를 둔 자였다. 캄비세스는 스메르디스를 죽였다. 캄비세스가 스메르디스를 죽였을 때, 사람들은 스메르디스가 죽었다는 것을 몰랐다. 그후에 캄비세스는 이집트로 갔다. 캄비세스가 이집트로 갔을 때 백성은 그의 적이 되었으며, '거짓'이 그 땅에서 점점 커졌다. 페르시아뿐만 아니라 메디아와 다른 땅에서도 마찬가지였다.

왕 다리우스가 말한다. 마기교도인 가우마타라는 자가 있었다. 그는 피시자우-우아다로부터, 아라카드리시라고 부르는 산으로부터 반역을 일으켰다. 그가 반역을 일으킨 것은 아다루(Addaru) 14일(기원전 522년 3월 11일)의 일이다. 그는 사람들에게 이렇게 거짓말을 하였다. "내가 퀴로스의 아들이자 캄비세스의 형제인 스메르디스이다." 그러자 모든 사람들이 캄비세스를 떠나서 그에게로 갔다. 페르시아 인들만이 아니라 메디아와 다른 땅의 사람들도 마찬가지였다. 그는 왕권을 잡았다. 그가 왕권을 잡은 것은 가르마파다(Garmapada) 9일(기원전 522년 4월 2일)의 일이었다. 그리고 캄비세스는 그의 손에 죽었다.

왕 다리우스는 말한다. 마기교도 가우마타가 캄비세스로부터 빼앗은 왕권은 예로부터 우리 가문에 속한 것이다. 그러나 가우마타는 캄비세스로부터 페르시아만이 아니라 메디아와 다른 땅도 빼앗아서 자기 것으로 삼고 왕이 되었다.

왕 다리우스는 말한다. 아무도, 페르시아 인도, 메디아 인도, 우리 계열의 누구도 마기교도 가우마타로부터 왕권을 되찾은 자가 없었다. 사람들은 그를 몹시 두려워하였다. 그는 전에 스메르디스를 알았던 많은 사람을 죽였다. 사람들이 그가 퀴로스의 아들 스메르디스가 아니라는 것을 알지 못하도록 많은 사람을 죽였다. 내가 올 때까지 아무도 마기교도 가우마타에 대하여 한마디도 하지 못하였다.

그래서 나는 아후라 마즈다에게 기도하였다. 아후라 마즈다는 나를 도와주셨다. 바가자디시(Bagajadish) 10일(기원전 522년 9월 29일), 나는 몇 사람과 함께 마기교도 가우마타와 그를 가장 따르는 자들을 죽였다. 메디아의 니사자라는 지역에는 시카자우-우아티시라는 요새가 있다. 나는 그곳에서 그를 죽이고, 그에게서 왕권을 빼앗았다. 아후라 마즈다의 의지에 따라서 나는 왕이 되었다. 아후라 마즈다는 나에게 통치자의 자리를 주셨다.

왕 다리우스가 말한다. 나는 우리 계열로부터 빼앗긴 왕권을 되찾아서 전과 같은 자리에 세워놓았다. 나는 구아마타가 파괴한 신전들을 다시 세웠다. 나는 마기교도 구아마타가 사람들로부터 빼앗은 목초지, 소떼, 집, 건물을 돌려주었다. 나는 페르시아, 메디아 및 다른 땅에서, 사람들을 전에 있던 자리에 되돌려놓았다. 나는 빼앗긴 것을 돌려주었다. 나는 아후라 마즈다의 뜻에 따라서 수고를 하여, 마침내 마기교도 가우마타가 우리 집안을 찬탈한 일을 없던 것처럼 만들어놓았다.

왕 다리우스가 말한다. 나는 이렇게 하였다……. [50]

이어서 이 글은 후대 사람들을 위하여, 세계사에서 가장 위대하고 창조적인 통치자 가운데 하나이며, 기원전 521년부터 486년까지 근동 전역의 주인이었던 다리우스 1세의 경이로운 통치에 대하여 상당히 길게 이야기한다. 그는 붓다(기원전 563-483년), 공자(기원전 551-478년)와 동시대인이었으며, 그들과 더불어 지고한 영적 권위의 이미지를 대표한다고 말하여도 지나치지 않을 것이다. 이 셋은 그 영적 권위로 각각의 신화적 지방에 낙인을 찍어놓았다. 다리우스 1세는 신의 가호를 받는 레반트의 전제 군주로서, 붓다는 인도의 요가 수행자로서, 공자는 중국의 현자로서 말이다. 다리우스는 스스로 아후라 마즈다의 뜻에 따라서 왕이 되었다고 말한다. 따라서 그의 통치는 그 뜻의 전달 수단이었으며, 그런 면에서 도덕적 정의의 유일한 척도였다. 그러한 왕의 모든 적은 신의 적, 즉 '거짓의 악마'인 앙그라 마이뉴의 대행자였다.

4. 남은 자

오즈발트 슈펭글러는 페르시아 시대 이후로 근동의 문화적 발전이 나라가 아니라 교회와 관련하여 이루어졌으며, 신석기 시대 이후 땅에 뿌리를 박은 일차적 공동체가 아니라 지리적 경계 없이 자유롭게 떠돌아다니는 분파와 관련하여 이루어졌음을 처음으로 지적한 사람일 것이다. 그 문화 영역 전체의 민족들이 수백 년에 걸쳐서 끔찍한 충돌, 분쇄, 이주를 겪으며 그 이전의 연속성은 사라져버렸다. 근동에서 문명이 탄생하고 처음 꽃을 피운 세계사적인 첫 시대는 끝이 나고, 이제 선례를 찾을 수 없는 것이 새로 탄생하고 있었다.

다리우스의 제국은 그리스의 이오니아 제도로부터 인더스 강 유역까지, 카스피 해로부터 나일 강 상류의 폭포에까지 이르렀다. 이렇게 결합된 지역에서는 그후 2천 년 동안 새롭고 찬란한 문명의 싹이 트고 꽃이 피게 되었다. 이 문명을 이루는 서로 갈등하고 비난하는 분파들은 그 정신에서는 밀접하게 관련되어 있지만, 교리에서는 큰 차이를 보였다. 그러나 프랑스, 독일, 영국이 정신에서는 다르지만, 유럽 질서의 구성 요소라는 점에서 하나의 정신을 가지고 있다는 것을 인식하지 못한다면, 유럽에 대해서 아무 것도 알 수 없을 것이다. 마찬가지로 퀴로스 대왕의 시기로부터 모하메트와 십자군의 시대에 이르기까지, 근동에서 움터온 분파들은 서로 다르면서도 또한 서로 관련을 맺어왔으며, 이들의 힘과 상호 작용을 이해하기 위해서는 한편으로 그 유사성을 고려하고, 다른 한편으로 그 차이점을 고려하여야 할 것이다. 그 차이란 우선 이 발전의 최초 단계에 나타난 페르시아, 유대, 칼데아 신화들의 차이이다. 그 다음에는 문화의 개화 시기, 그리고 마지막으로 이슬람이 등장하여 완전한 승리를 거둔 시기의 원시 기독교, 비잔틴, 그노시스트의 신화들의 차이이다.

슈펭글러는 상징적 의미를 찾아내는 감식안으로, 돔에 의해서 창조된 건축학적 내부(로마에 있는 하드리아누스 황제의 무덤, 콘스탄티노플의 상크타 소피아, 이슬람 전역의 이슬람 사원)를 레반트의 새로운 공간감을 예시하는 것으로, 그리고 그 안에 들어 있는 창조의 놀라운 세계를 예시하는 것으로 보았다. 사막이나 평원에서 바라보는 하늘은 돔의 모습이며, 이것이 건축학적 돔의 모델이 된다. 건축학적 돔의 내부는 위로 치솟지만 한계를 가진 동굴이다. 레반트의 새로운 신화에서는——조로아스터교에서 세계가 1만 2천 년이라는 수명을 가진 것처럼——공간만이 아니라 시간도 대칭적으로 측정된 경계, 즉 시작, 중간, 종말을 가지고 있다. 그리고 그 안에서 일어나는 모든 일이 그 나름의 시간, 그 나름의 의미나 이유를 가지고 있다.

사실 레반트 신화들로 이루어진, 이 한계를 가진 동굴의 세계에서는 마치 동화에서처럼 모든 것에 대하여 어떠한 경이감이 드러난다. 만물 안에 하나의 충만한 정신이 임재하고 있는 듯하다. 어디를 가든지 하나의 공간, 하나의 시간 범위, 모든 곳에 존재하는 하나의 정신, 그리고 하나의 진정한 가르침에 사로잡히게 된다. 나아가서 그 각각의 가르침은 마술적이고 동화적인 방식으로, 단번에 계시되어, 한 집단의 영원한 보물이 되었다. 따라서 권위를 가진 하나의 집단이 존재하는 것이다.

이미 말한 것처럼, 그러한 집단은 지리적인 나라가 아니라 마술의 보물을 소유하고 있는 무리, 즉 교회나 분파이다. 그 보물의 기능은 어떤 동화 같은 법에 의해서 제약을 받는다. 이 법은 그 집단의 성문율이다. 따라서 그 집단의 구성원이 되는 것은 시간이나 공간의 문제가 아니라 그 법에 대한 지식과 법의 집행의 문제이다. 이것은 세속적인 동시에 종교적인 것이다. 인간이 만든 것이 아니라 계시된 것이다. 무조건적이기 때문에 평가를 초월한다. 그 법에 복종하면 세상이 이제까지 알지 못하

였던 은혜를 받을 수 있다——동화 같은 은혜이다. 그러나 그 법을 우연
히라도 어기게 되면 마술적인 재앙이 닥치는데, 이 재앙 앞에서 개
인——또는 그가 한 부분을 이루고 있는 불행한 집단——의 힘과 의지
는 무력하기 짝이 없다. 따라서 이제 모든 사람의 행복과 불행, 덕과 가
치는 개인의 창조적인 사고나 노력에 달린 것이 아니라, 그 집단의 관습
에 참여하느냐 그렇지 않느냐에 달려 있다. 그러므로 이 문화에서 일반
적으로 쟁점이 되어온 자유 의지의 원리는 오직 복종 또는 불복종에 대
한 결정에 책임을 지게 만드는 것일 뿐이다.

　슈펭글러는 이 새로운 레반트의, 또는 그의 표현을 빌자면 마기교도의
세계 감정에 나타나는 도덕적 질서의 성격을 이렇게 규정하고 있다.

　　마기교도에 속한 사람은 영적인 "우리"의 일부이다. 이 "우리"는 위에서부
터 내려오는 것이며, 모든 구성원에게 하나이며 똑같다. 몸과 영혼으로 따지
자면 그는 그 자신에게만 속하지만, 그러나 다른 것, 무언가 이질적이고 더
높은 것이 그 안에 살고 있다. 이것은 그를 총의(總意)의 한 구성원으로 만
든다. 그의 모든 인상과 신념도 그 안에서 기능한다. 이 총의는 신에게서 나
온 것으로서 오류를 배제하지만, 동시에 자기를 주장하는 자아의 가능성도
완전히 배제한다. 그에게 진리란 우리(즉 구체적으로 유럽적인 태도를 지닌
우리)의 진리와는 다른 것이다. 개인적 판단에 의존하는 우리의 모든 인식론
적 방법들은 그에게는 광기요 정신이 홀린 상태이다. 그리고 그 과학적 결
과물들은 '악한 자'가 만든 것이다. 이 '악한 자'는 영을 속여서 그 진정한
성질과 목적에 혼란을 느끼도록 만든다. 여기에 동굴 세계에서 마기교도 사
상을 가지고 살아가는 분파의 궁극적인, 그리고 우리는 다가갈 수 없는 비
밀이 놓여 있다. 생각하고, 믿고, 아는 자아는 불가능하다는 것이 이 모든
종교의 모든 근본 원리의 전제이다.[51]

　제1이사야(기원전 740-700년경)는 젊은 왕 히스기야가 메시아라고 생
각하였다. 2백 년 뒤 제2이사야(기원전 545-518년)는 그 개념을 퀴로스
에게 적용하다시피 하였다. 제1이사야는 야훼의 진노의 날 뒤에는 불로
정화된 "남은 자"가 그 약속을 새롭게 유지할 것이라고 예언하였다. 그

는 유명한 예언에서 이렇게 말하고 있다.

그날에, 이스라엘의 남은 자와 야곱 가문의 생존자는 자기들을 치거나 할 자를 다시는 의지하지 아니하고 이스라엘의 거룩하신 하느님 야훼를 진심으로 의지하리라. 남은 자가 돌아온다, 용사이신 하느님께로. 야곱의 남은 자가 돌아온다. 이스라엘아, 너의 겨레가 바다의 모래 같다 하여도 살아 남은 자만이 돌아온다. 파멸은 이미 결정된 것, 정의가 넘치리라. 주, 만군의 야훼께서는 이미 정하신 파멸을 온 땅에 이루시리라.[52]

제2이사야와 백 년 뒤에 그 뒤를 따른 제사장 에스라는 예루살렘과 성전을 새롭게 한다는 퀴로스 대왕의 칙령을 그 예언의 성취로 여기었다. 에스라가 그 칙령의 내용을 이야기하는 것을 들어보자.

하늘을 내신 하느님 야훼께서는 세상 모든 나라를 나에게 맡기셨다. 그리고 유대 나라 예루살렘에 당신의 성전을 지을 임무를 나에게 지우셨다. 나는 그 하느님께서 너희 가운데 있는 당신의 모든 백성과 함께 계시기를 비는 바이다. 그 하느님은 유대 나라 예루살렘에 계시는 분이시니, 유대인으로 하여금 예루살렘으로 돌아가서 이스라엘의 하느님 야훼의 성전을 짓도록 해주어라. 원주민들은, 여기저기 몸붙여 살다가 아직 살아 남은 유대인이 있거든 예루살렘에 있는 하느님의 성전에 가져다 바치도록 자원(自願) 예물도 들려서 보내고 금과 은과 세간과 가축도 주어서 보내어라.[53]

그러나 유대인들은 금방 고무된 반응을 보이지는 않았다. 폐허가 된 도시로 돌아간 사람들의 수는 "42,360명이었다. 그 밖에도 남녀 종 7,337명이 있었고, 남녀 가수 200명이 있었다."[54] 이 무리는 기원전 537년이나 536년에 도착하였던 것으로 보인다. 성전 재건축은 다리우스의 통치기인 기원전 520년에 시작되었다. 헌당식은 기원전 516년이었다. 그러나 그 뒤에는 거의 아무런 소식을 들을 수 없다. 그러다가 아르탁세르세스 1세(기원전 465-424년)의 통치기에 이르러서, 그 "황제에게 잔을 받들어 올리는 일"[55]을 맡고 있었던 느헤미야가 황제의 요구로 예루살렘의 총독이 되어 그곳으로 파견되었다. 그는 예루살렘이 여전히 폐허라는 것을 알았다.[56] 그는 그 벽을 다시 짓기 시작하였다. 그러나 근대 유대주의가 제대로 확립된 날이라고 할 수 있는 위대한 날은 아르탁세르세스 2세(기원전 404-358년)의 통치기에야 찾아왔다. 기원전 397년 서기(書記) 에스라는 신도와 왕의 권위를 위임받은 사람들의 큰 무리를 이끌고 바빌론으로부터 예루살렘에 왔다가 눈앞에 보이는 광경에 분개하였다.

백성의 지도자들이 찾아와서 나에게 밀고를 하였다. "이스라엘 백성은 사제나 레위 인마저도 이 지방에 사는 여러 민족, 가나안 족, 헷 족, 브리즈 족, 여부스 족, 암몬 족, 모압 족, 에집트 족, 아모리 족과 관계를 끊지 않고 하느님께 역겨운 일을 그대로 하고 있습니다. 이민족들의 딸을 아내로 맞는가 하면 며느리로 삼기도 합니다. 그리하여 거룩한 씨가 이 땅의 여러 민족의 피와 섞이고 있습니다. 더군다나 지도자들과 관리라는 것들이 이러한 짓에 앞장을 서고 있습니다." 나는 이 말을 듣고 겉옷과 속옷을 찢고 머리와 수염을 뜯으며 넋을 잃고 주저앉아 있었다.[57]

에스라는 기도를 하고 신에게 그의 백성을 대신하여 사죄를 하였다. 그는 신의 집 앞에 몸을 내던졌다. 그러자 남녀 노소 할 것 없이 아주 많은 사람들이 모여들어서 그의 고통에 동참하여 함께 울었다. 그런 다음에 이러한 일이 일어났다.

사로잡혀 갔다 온 사람들은 다 예루살렘으로 모이라는 전갈이 유대와 예루살렘에 전해졌으며, 누구든지 사흘 안에 오지 않으면 민족의 어른들과 장로들의 뜻을 따라 재산을 몰수하고 포로 귀환민 교단에서 추방한다는 선포가 있었다.
그리하여 유대와 베냐민 사람들은 모두 사흘 안에 예루살렘에 모였다. 때는 9월 20일이었다. 온 백성은 하느님의 성전 앞마당에 웅크리고 앉아서 떨고 있었다. 겨울 일도 두려운데다가 겨울비마저 내렸던 것이다. 그런 가운데 사제 에스라가 나서서 말하였다. "여러분 중에서는 외국 여자들과 같이 사는 사람들이 있습니다. 이것은 하느님을 배신하는 일이요, 이스라엘에 죄 한 조목을 더 보태는 일입니다. 이제 우리의 선조들의 하느님 야훼께 죄를 고백하고 하느님께서 기뻐하실 일을 하도록 하시오 이 땅의 뭇 족속들과 손을 끊고 외국 여인들과의 관계를 끊으시오."

모인 사람들이 모두 큰소리로 외쳤다. "말씀대로 따르겠습니다. 그러나 사람이 많은데다가 지금은 겨울 장마철입니다. 그러니 언제까지 이러고 한데 서 있을 수도 없습니다. 이 일로 죄에 빠진 사람이 많아서 하루 이틀에 일이 끝나지도 않겠습니다. 그러니 우리의 어른들께서 온 교단을 대표해서 일해주셨으면 좋겠습니다. 마을마다 때를 정해주십시오. 그러면 외국 여자와 사는 사람들이 그때에 그 마을 장로들과 판사들과 함께 와서 하느님의 진노를 풀어드리도록 하는 것이 좋겠습니다." 아사헬의 아들 요나단과 디그와의 아들 야하지야만은 이것을 반대하였다. 그들을 지지한 사람은 므술람과 레위 인 삽대였다.

그러나 포로 귀환민들은 그대로 따르기로 하였다. 그래서 사제 에스라는 각 가문의 어른들을 하나하나 이름을 불러서 일을 맡기었다. 그들이 조사를 시작한 것은 시월 초하루였는데, 다음해 설날까지 외국 여인과 사는 사람들을 모두 밝혀내었다.…… 이들은 모두 외국 여자와 결혼하였다가 처자를 내보내었다.[58]

이렇게 해서 적어도 한동안은 신이 믿는 남은 자들이 신과 다시 화해를 이루었다.

5. 사랑의 신

페르시아의 왕 중 왕은 전례 없는 넓은 영토를 확보하고 그의 정의의 빛을 발하였다. 그 영토는 한편으로는 제1사트라피(페르시아의 행정 구역/역주)인 소아시아 서쪽 끝에 있는 그리스의 이오니아의 도시 국가들에게까지, 또 한편으로는 제20사트라피인 인도 문명의 가장 오래된 중심지 펀자브에까지 이르렀다. 페르세폴리스에 있는 그의 왕좌와 궁의 영광은 장대한 왕권의 이미지를 상징적으로 보여주었다. 왕 중 왕은 전제 통치라는 방법을 통해서 세계사상 전례 없는 막강한 사회적 조직의 신경과 힘줄을 장악하였다. 이러한 것들은 당대에 엄청나게 강한 인상을 심어주었다. 비록 그 실제적인 지속 기간은 2백 년이 채 못 되었지만, 그후 수백 년 동안 왕의 위엄과 통치의 궁극적 형상과 상징으로 남게 되었다. 페르시아의 왕 중 왕은 오늘날까지 정치적 방법론과 성취의 동양적 이상으로서 복제되고 구체화되어왔다. 인도에서는 찬드라굽타 마우리아(기원전 322-293년경) 시대에 카우틸랴의 『아르타샤스트라(*Arthashastra*)』, 즉 "목적을 달성하는 기술의 교과서"에서 그러한 이상이 요약되었으며, 중국에서는 진시황(기원전 221-206년)의 통치기에 나온 장자의 『장공의 서』에 그것이 요약되었다. 나아가서 구약의 선지자들이 보여주는 신의 위엄에 대한 비전에서도 페르시아의 왕 중 왕이 그 궁극적 근원의 역할을 하고 있다는 것을 확인할 수 있다. 우리는 그의 그리스 인 신하 헤로도투스의 기록에서 그의 통치와 통치 방법론에 대하여 읽어볼 수 있다. 그의 광채는 아후라 마즈다의 광채였지만, 그의 위엄의 도구는 채찍이었다.

그러나 그 신성한 레반트 정부의 자비를 넘어서 빛을 발하고 있는 작은 그리스 반도의 폴리스, 페리클레스가 그 유명한 웅변에서 찬양한 폴리스에서는 위엄과 통치에 대해서, 삶과 법의 가장 좋은 지원자인 신에 대해서 레반트와는 완전히 다른 개념이 발전하고 있었다. 그리스처럼 개인의 탁월성이 최대한 존중되는 곳에서는 사랑——에로스——의 힘과 원리를 단순한 신이 아니라, 만물의 본질을 이루는 신으로 인정할 수밖에 없었기 때문이다. 필생의 과업을 사랑하지 않고는 그 일에서 탁월함에 이를 수는 없는 일이었으며, 자신에 대한 사랑 없이는 자신을 탁월하게 만들 수 없는 일이었으며, 가정에 대한 사랑 없이는 가족에서 탁월함을 이룰 수 없는 일이었기 때문이다. 사랑은 만물이 그 잠재력을 한껏 꽃피우게 하는 것이었으며, 자유롭게 열린 사회의 진정한 교사였다. 아가톤은 그 이유를 이렇게 말하였다——이것은 플라톤이 기록한 세계사상 가장 웅대한 향연을 통하여 불멸로 남아 있다. "모두가 자신의 자유로운 의지에 따라서 그를 섬기기 때문이다. 또한 복종만이 아니라 사랑이 있는 곳에, 도시의 주인인 법이 말하는 것처럼, 정의가 있기 때문이다."[59]

사람들은 사랑에 대한 플라톤의 관념을 후기 빅토리아 여왕 시대의 방식으로 해석하곤 하였는데, 프린스턴의 교수인 워너 파이트는 오래전에 그러한 해석의 허점을 날카롭게 꼬집은 적이 있다. 그는 그리스 어를 모르는 세대가 읽은 조웨트 교수의 번역(당시 학교에서는 모두 이것을 읽었다)은 오르토스 파이데라스테인(orthos paiderastein), 즉 "올바른 종류의 남색(男色)"을 "진정한 사랑"으로 옮겨놓았다고 지적하였다.[60] 덕분에 세계 대부분의 공인된 도덕법에서는 자연에 반하는 가증스러운 죄로 여기던 소년에 대한 사랑, 즉 남색이 플라톤의 모범적 집단에서는 영성에 이르는 진정한 길이고, 단순한 자연을 세련된 담론, 시, 과학, 탁월함, 완전한 도시 국가로 승화시키는 진정한 길이라는 것을 알게 되었다——많은 사람들이 그전부터 짐작하고 있었지만 말이다.

호주 원주민들의 입문 의식과 같은 그러한 원시적 입문 의식에서는 남색이 소년들을 어머니로부터 떠나서 남성의 비밀스러운 지식들로 나아가게 하는 역할을 한다. 그러나 그런 뒤에 소년들은 다시 의식을 거쳐서 마을로 돌아와 결혼을 하였다.[61] 또한 위에서 말한* 오르페우스교에서 황야의 가수들을 교육시키는 영역과 분위기에서도, 젊은이들이 한동안 순수하게 남성적인 사회에 참여하는 것은 마치 예비 학교에 들어가는 것처럼 인생을 준비하는 과정이었다. 그러나 기원전 5세기 후반과 4세기 전반, 구체적으로 기원전 450-350년에 걸친 그리스의 위대한 시기 동안에 아테네의 사자들로 이루어진 상류 사회의 교육적 분위기는, 말하자면 향기로 채워져 있었다. 그와 관련된 것을 읽어 보면, 오팔 빛깔을 띠는 영원한 하늘처럼 경이로운 사춘기적 분위기가 모든 것을 지배한다는 것을 알 수 있다. 단순한 삶에 대한 이성애적 헌신이라는 천박한 진지함에 물들지 않은 분위기였다. 아름답게 서 있는 나체 역시 그 우아함과 마력에도 불구하고 최종적으로는 중성적이다. 이것은 굽타, 찰루키아, 라슈트라쿠타 인도의 예술과 비교해보면 금방 알 수 있다. 마치 소년 가수의 목소리와 같다. 하인리히 치머의 말을 들어보자.

---

* 218쪽 참조.

그리스 조각은 매력적인 소년과 젊은이들의 멋진 근육질 몸매를 보여줌으로써 완전의 극치에 이르렀다. 그 젊은이들은 올림피아 등지에서 열린 전국적인 종교적 대회의 레슬링과 경주에서 상을 탄 사람들이었다. 반면 힌두교의 위대한 시기의 예술은 요가 수행을 통한 내적인 자각에서 나오는, 살아 있는 유기체의 내밀한 경험과 삶의 과정의 신비에 의존하고 있다. 동시에 미묘하고 매혹적인 향기의 수준으로 증류되고 다듬어지기는 하였지만, 분명 이성애적인 향기를 풍기고 있다. 그리스 예술은 눈의 경험으로부터 나왔다. 반면 힌두 예술은 피의 순환의 경험으로부터 나온 것이다.[62]

로마의 풍자가이자 시인인 유베날리우스(서기 60-140년)는 여자들의 어떤 비교(秘敎)에서 벌어지는 일을 못마땅하게 이야기하는데, 거기에 인상적인 구절이 있다.

  nil ibi per ludum simulabitur, omnia fient ad verum…….
  (거기에서는 아무 것도 놀이로 모방되는 것이 없고, 모든 것이 실제로 이루어질 것이다…….)[63]

사춘기의 젊은 남자가 한동안 완전히 남자들로만 이루어진 세계에서 살고 생각하고 놀 수 있다면, 그래서 정신이 여성적인 진지함의 체계에 침해당하지 않고 그 나름의 장난스러운 방식으로 과학과 미학, 철학과 체육으로 발전할 수 있다면, 간단히 말해서 에로스조차도 무기질적인 향기의 발산으로 나타나는 로고스의 세계에서 살 수 있다면, 그것은 행운일 것이다. 마찬가지로 인류에게 잠시나마 그리스 소년 합창 학교가 있었다는 것은 서양만이 아니라 세계 전체에도 위대한 행운이라고 할 수 있다. 그 중에서도 젊고 늙은 사자들이 시인 아가톤의 집에 모여 있는 위대한 향연 장면이 정점이었다.

독자들은 마술적인 순간을 기억할 것이다. 바로 소크라테스가 일어서서 사랑에 대하여 말하는 순간이다. 그는 그것을 지혜로운 여인 디오티마로부터 배웠다고 하는데, 그녀에 대하여 우리는 소크라테스가 말해주는 것 이상은 알 수가 없다.

268

소크라테스는 말한다. "예전에 디오티마라는 이름의 만티네이아 출신의 여자로부터 받은 가르침에 대해서 이야기하려고 한다. 그녀는 나에게 가르친 것을 포함하여 다른 많은 영역에 깊은 지식을 가진 사람이었다. 어떤 희생제의가 있었을 때 아테네에 큰 역병이 다가오는 것을 10년 동안 지연시킨 사람도 그녀였으며, 나에게 사랑의 철학을 가르쳐준 사람도 그녀였다."[64]

제우스가 메티스를 배 안에 넣고 있었던 것처럼, 소크라테스도 디오티마를 배에 넣고 있었다.* 소크라테스가 사랑을 찬양하는 것에서 우리는 헬레니즘 이전의 지혜가 크레타의 뱀 여왕들, 키르케, 칼립소의 세계로부터 위로 삼투하여 올라오는 것을 확인할 수도 있다. 그러나 남성의 자궁인 그의 이마에서 나온 이야기는 향연의 향기라는 유기적이지 않은 분위기에 맞추어 변형되어 있다. 실제로 디오티마 자신이 무어라고 하였을지는 추측만 할 수 있을 뿐이다. 그것이 소크라테스의 입으로부터 나오기 때문에, 우리는 그것밖에 알 수가 없다. 자, 그 이야기를 계속 들어보자.

그녀는 말하였다. 사랑에 입문하려고 하는 자는, 그 노력이 제대로 보상을 받으려면, 몸의 아름다움에 일찍 몰두할수록 좋다. 그의 교사가 그에게 가르치는 것에 따르면, 우선 그는 한 개별적인 몸의 아름다움에 대한 사랑에 빠져야 한다. 그래야 그의 정열이 고귀한 담론에 생기를 줄 수 있다. 다음에 그는 어떤 한 몸의 아름다움이 다른 몸의 아름다움과 얼마나 밀접하게 관련을 맺고 있는지 생각해야 한다. 그러면 형태의 아름다움에 몰두하고자 할 경우, 모든 몸의 아름다움이 똑같은 것임을 부인하는 것이 터무니없다는 것을 알게 될 것이다. 이러한 경지에 이른 후에는, 모든 아름다운 몸을 사랑하는 사람으로 자리를 잡아야 하며, 하나의 몸에 대한 정열은 거의 또는 아무런 중요성이 없는 것으로 간주하여 적당히 조절해야 한다.

다음에 그는 몸의 아름다움이 영혼의 아름다움에 비하면 아무 것도 아니라는 것을 이해해야 한다. 그래서 어디에서 영혼의 아름다움을 만나든, 설사 그것이 아름답지 못한 몸의 껍질 안에 들어가 있다고 하더라도, 그것이 사랑하고 소중히 보듬을 만큼 아름답다는 것을 볼 수 있어야 한다. 또한 그것

* 178-181쪽 참조.

이 고귀한 성격의 형성을 지향하는 담론에 대한 갈망을 일깨울 만큼 아름답다는 것을 볼 수 있어야 한다. 그때부터 그는 법과 제도의 아름다움을 명상하게 될 것이다. 그러고는 거의 모든 종류의 아름다움이 서로 얼마나 비슷한지를 발견할 때, 그는 몸의 아름다움이 결국 그렇게 중요한 것이 아니라고 결론을 내리게 될 것이다.

다음에 그의 관심은 제도에서 벗어나 과학으로 옮겨져야 한다. 그래야 모든 종류의 지식이 아름답다는 것을 알 수 있기 때문이다. 이렇게 아름다움의 넓은 지평을 훑어봄으로써, 그는 한 소년, 한 남자, 또는 한 제도의 개별적 아름다움에 노예처럼 편협하게 몰두하는 것으로부터 벗어날 것이다. 그리고 아름다움의 넓은 바다로 눈을 돌려서 명상하는 가운데 가장 열매가 풍성한 담론의 씨앗과 가장 고상한 생각을 발견할 것이고, 철학을 풍성히 거두어 들이게 될 것이다. 그렇게 확인받고 강화되는 가운데 그는 마침내 하나의 단일한 형태의 지식을 만나게 될 것이다. 그것이 지금 내가 말하려고 하는 아름다움에 대한 지식이다.

여기서 디오티마는 나에게 정신을 바짝 차리고 잘 들으라고 하면서 다음과 같이 말하였다.

이렇게 사랑의 신비에 입문하여 올바른 순서대로 아름다움의 모든 측면을 본 사람은 마침내 마지막 계시에 다가가게 됩니다. 자, 소크라테스여, 이제 그는 놀라운 비전을 보게 되는데, 그것은 그가 오랫동안 갈망해왔던 그 아름다움의 정수입니다. 그것은 영속적인 아름다움으로서, 오는 일도 가는 일도 없으며, 꽃처럼 피는 일도 시드는 일도 없습니다. 그러한 아름다움은 누구의 손에 가나 똑같은 것이고, 과거나 현재나, 여기나 저기나, 이쪽이나 저쪽이나 똑같은 것이고, 다른 모든 사람들에게 그러한 것처럼 모든 입문자들에게도 똑같은 것이기 때문입니다.

또한 아름다움에 대한 그의 비전은 얼굴이나 손처럼 살로 된 형체를 가지지 않을 것입니다. 또한 말도 지식도 아니며, 다른 어떤 것, 예를 들어서 생물이나 땅이나 하늘처럼 존재하는 어떤 것 안에 존재하는 것도 아닐 것입니다. 그것은 스스로 영원한 하나를 이루어 존재하는 것입니다. 모든 아름다운 것들이 그 일부를 이루지만, 그 부분들은 찼다가 이울었다가 하더라도, 그 비전은 더함도 덜함도 없이, 전혀 침해받지 않고 똑같은 전체를 유지할 것입니다.

이렇게 해서 우리의 입문 후보자가 가르침을 받은 대로 소년의 아름다움에 몰두하는 것에서 시작하여 내적인 눈으로 보편적 아름다움을 보는 경지에 이르게 되면, 마지막 계시에 거의 다가간 것이라고 생각할 수 있습니다. 이것이 그가 사랑의 성소에 다가가는, 아니 인도되어 가는 길, 유일한 길입니다. 개별적인 아름다움에서 시작하여 천국의 계단을 하나씩 밟아 보편적인 아름다움을 찾아나가는 길입니다. 하나에서 둘로, 둘에서 모든 아름다운 몸으로, 몸의 아름다움에서 제도의 아름다움으로, 제도에서 지식으로, 지식 전체에서 오로지 아름다움 자체와 관련된 특별한 지식으로——그리하여 마침내 아름다움이 무엇인지 알게 되는 것입니다.

사랑하는 소크라테스여, 그가 아름다움의 정수에 대한 이러한 비전을 얻었을 때, 사람의 인생은 살 만한 가치가 있는 것이라는 생각이 들 것입니다. 일단 그것을 보면, 당신은 절대 다시 금, 옷, 잘생긴 소년들이나 막 성인으로 익어가는 젊은이들의 매력에 유혹당하지 않을 것입니다. 전에는 숨을 멈추게 하던 아름다움, 소크라테스여, 당신이나 당신 같은 많은 사람들의 마음속에, "그와 함께 있을 수만 있다면 고기나 술에 대한 천한 욕구도 거부할 수 있겠다, 늘 옆에 있으면서 눈을 만족시키는 것으로 충분하겠다." 하는 갈망을 불러일으키던 아름다움에 이제 전혀 관심을 가지지 않게 될 것입니다.

하지만 사람이 아름다움 그 자체——훼손되지 않고, 섞이지 않고, 살과 피의 연약한 아름다움에 붙어 다니는 죽음의 오점으로부터 자유로운——를 보게 된다면, 사람이 천상의 아름다움을 직접 대면하게 된다면, 그 비전에 눈을 뜬 사람, 진정한 명상 속에서 그것이 영원히 자기 것이 될 때까지 그것을 바라본 사람의 삶을 부럽지 않은 삶이라고 할 수 있을까요?

그리고 잊지 마십시오. 아름다움의 눈에 보이는 표상을 볼 때, 오직 그때만 사람은 허울이 아닌 진정한 덕으로 소생하게 될 것입니다. 사람을 소생시키는 것은 덕의 외관이 아니라 덕 그 자체이기 때문입니다. 그가 이 완전한 덕을 자기에게로 가져와서 양육하게 되면, 그는 신의 친구라고 불릴 것입니다. 불멸이 인간에게 주어질 수 있다면, 바로 그러한 사람에게 주어지게 될 것입니다.[65]

우리는 이제 말을 초월할 정도로 높은 엘뤼시온으로 올라왔다. 그러나 도서관에 가보면 지혜로운 디오티마의 이 불멸의 이야기에 바쳐진 말들이 가득하다. 그녀가 '아름다움과 사랑의 길'을 설명한 것과 관련하여 언급될 수 있는 모든 것들 가운데, 기원전 5세기의 신화의 변화에 적용될 수 있는, 두드러진 것 2가지에만 주목해보기로 하겠다.

1. 몸에 대한 강조 : 슈펭글러는 몸(soma), 아름다움, 서 있는 나체를 고전적인——그의 표현을 빌면 아폴로적인——경험 질서의 특징이자 고도의 상징이라고 하였다. 이것은 내가 보기에는 대단히 중요한 지적이다. 그리스 정신은 한편으로는 하나의 공간, 하나의 시간 범위, 모든 곳에 임재하는 하나의 영을 가진 마기교도의 세계 동굴에 대한 감각, 다른 한편으로는 훗날 북부유럽의 무한에 대한 고딕적인——슈펭글러의 표현을 빌자면 파우스트적인——감각이나 갈망과는 대조적으로, 거의 유일하게 감각에 제시되는 것에만 초점을 맞추었다. 이러한 집중은 나체 조각 예술만이 아니라 고전 시대 신전의 석조 건축에서도 표현되었다. 나아가서 그것은 유클리드의 수학(정적인 물체의 수학)과 폴리스(아크로폴리스에서 보이는 범위의 땅)의 정치에도 영감을 주었다. 슈펭글러의 말을 직접 들어보자.

　　고전적인 조상(彫像)은 그 당당한 육체성——구조와 표현력이 풍부한 표면 외에 육체로 표현되지 않는 어떠한 저의도 가지지 않은 상태——속에 고전적인 시각에서의 모든 사실성(Actuality)을 남김없이 담고 있다. 재료, 시각적으로 분명한 상태, 파악할 수 있는 것, 즉각적으로 존재하는 것—— 이것들이 이러한 육체성의 모든 특징이다. 고전적 우주, 즉 코스모스는 가깝고 완전히 볼 수 있는 것들의 질서 정연한 집합인데, 이것은 하늘이라는 물질적인 둥근 천장에 갇혀 있다. 그 이상은 없다. 이 껍질의 앞에다 더하여 뒤에 있는 "공간"까지 생각할 필요성은 고전적인 세계 감정에는 전혀 나타나지 않는다. 스토아 철학자들은 사물의 속성과 관계마저 "몸"으로 취급하였다. 크리시포스에게 성스러운 영은 "몸"이었으며, 데모크리토스에게 본다는 것은 보는 대상의 물질적 입자가 우리에게 침투하는 것이었다. 국가는 그 시민들의 몸으로 이루어진 몸이며, 법은 육체를 가진 사람들과 물질적인 사물들만 대상으로 삼는다. 이 감정은 고전적 신전이라는 돌로 된 몸 안에서 최종적으로 가장 고귀하게 표현된다. 창문이 없는 내부는 기둥의 배열에 의해서 조심스럽게 감추어져 있으며, 그 외부에서 진정한 직선은 하나도 발견할 수 없다. 모든 층계는 바깥으로 약간 곡선을 그리고 있는데, 아래의 계단이 위의 계단보다 더 휘어져 있다. 박공벽, 지붕 마룻대, 옆면 모두가 곡선을 그리고 있다. 모든 기둥은 약간 부풀어 있으며, 어느 것도 진정 수직으로, 또는 다른 것들로부터 진정 등거리를 유지하며 서 있지 않다. 그러나 부풀기와 기울기와 거리는 모서리에서 벽면의 중심에 이르기까지 모두 다르지만, 그 비율은 신중하게 조절되어 있다. 따라서 몸 전체가 중심을 둘러싸고 신비하게 회전을 하는 듯한 인상을 준다. 이 곡선들은 워낙 섬세하여 눈으로는 볼 수 없고 오직 "느낄" 수 있을 뿐이다. 어쨌든 바로 이러한 방법에 의하여 깊은 곳으로 향하는 방향성이 제거된다. 고딕 양식은 위로 치솟지만, 이오니아 양식은 근처를 맴돌고 있다. 성당의 내부는 원시적인 힘으로 위로 끌어당겨지지만, 그리스 신전은 웅장한 휴식 속에 가라앉아 있다.[66]

따라서 에로스에 대한 그리스의 관념과 경험은 몸과 단단히 연결되어 있으며, 지혜로운 여자 디오티마가 말하듯이, 그 너머로 뚫고 들어가서 "아름다움 그 자체"에 이르려면, 몸의 한정성에서 시작해야 할 뿐만 아니라, 끝까지 "아름다움의 눈에 보이는 표상"에 머물러 있어야 한다. 그리스 정신은 고전 시대 이후 신플라톤주의 사상의 어떠한 흐름에 전형적으로 나타나는 것과는 달리, 구현이 없는 영역 또는 구현 이전의 영역으로 비약하지 않는다. 그러나 관통은 존재하며, 여기에서 두번째 이야기가 나온다.

2. 보편적 아름다움이라는 관념 : 이미 보았듯이, 탈레스는 "물"이 지각 가능한 만물의 궁극적 기초(아르케[ἀρχή])라고 믿었다. 아낙시만드로스는 "무한자"가 그 기초라고 믿었으며, 아낙시메네스는 "공기"가 그 기초라고 믿었으며, 피타고라스는 "수"가 그 기초라고 믿었다. 그런데 이제 우리는, 백 년쯤 뒤에 사랑——아름다움에 대한 사랑 또는 아름다움으로서의 사랑——이 아르케, 즉 만물의 일차적 본질이 되는 사상의 세계로 들어서게 되었다. 철학과에 들어가서 2학년만 되면 다 알 듯이, 플라톤과 그의 학파는 이 원리를 매우 흥미 있는 방식으로 그전의 숫자, 조화, 천체의 음악의 원리와 동일시하였다. 이것들은 또 우리가 앞에서 보았듯이,

하데스의 마음과 야생의 동물들도 진정시키는 오르페우스의 수금과 노래에 담겨 있는 음악의 마법적 신비와 이미 연결되어 있었다. 나아가서 마지막으로, 오르페우스교의 배후에는 디오니소스의 모습이 자리를 잡고 있다는 점을 이야기하였다. 디오니소스는 궁극적으로 오시리스, 탐무즈와 똑같은, 죽음과 부활의 강력한 신이다. 우르의 고분에 나오는, 우아한 하프를 들고 아름다운 턱수염을 기른 황금 황소도 마찬가지이다. 그러므로 우리는 여기서 그 이전의 신화적 주제, 인물, 모티프들이 엄청나게 소용돌이치는 현장으로 들어가게 된다. 그곳에는 뱀 주관자와 그의 신부가 사는 깊고 어둡고 탁한 우물의 다양한 파편들이 떠다니고 있다. 그리고 그 파편들에는 달의 황소, 죽었다가 살아난 신-왕, 우르의 고분에 나오는 달 왕의 매혹적인 하프들, 오시리스, 탐무즈, 아티스, 아도니스, 디오니소스 등의 위대한 이름이 가지는 상징이 담겨 있다.

헤시오도스의 『신들의 계보(*Theogony*)』(기원전 750년경)에서 사랑의 신 에로스는 최초의 신들이라고 명명된 네 신 가운데 하나였다. 하나는 카오스이고, 또 하나는 '어머니 대지'인 가이아이고, 또 하나는 땅 밑에 있는 하데스의 어두운 구덩이인 타르타로스이고, 네번째가 에로스이다. "그는 사랑이며, 모든 불멸의 존재들 가운데 가장 잘생겼으며, 몸의 힘을 이겨낸다. 그는 신에게서나 인간에게서나 가슴의 지혜와 빈틈 없는 계획을 물리친다."[67] 헤시오도스는 이 신에 대해서 더 이상 이야기하지 않는다. 호메로스에게는 에로스가 전혀 나타나지 않는다. 에로스는 신화 사상 중에서 오래된, 헬레니즘 이전의 에게 해 층으로부터 나온다. 그는 아프로디테의 자식으로서 그녀와 분명하고 단단하게 연결되어 있다. 뒷날의 우화적 신화에서는 활과 독을 바른 화살을 들고 나타나서(베누스의 자식인 큐피드로서) 사나운 사람의 심장만이 아니라 착한 사람의 심장도 꿰뚫어, 그들을 죽이거나 치유한다. 이 우화는 적절하고 호소력이 있으며, 문학적인 방식으로 사랑이 개인에게 미치는 영향을 상징하고 있다. 그러나 에게 해의 전사(前史)를 검토함으로써 알게 되었듯이, 여신 아프로디테와 그녀의 아들은 바로 그 위대한 우주의 어머니와 그녀의 아들, 즉 늘 죽고 늘 살아나는 신이다. 에로스의 부모에 대한 다양한 신화는 예외

없이 그러한 배경을 가리키고 있다. 그는 카오스의 자식이다. 그는 밤의 알에서 부화된다. 그는 가이아와 우라노스의 아들이 되기도 하고, 아르테미스와 헤르메스의 자식이 되기도 하며, 이리스와 제피로스의 아들이 되기도 한다. 이것은 모두 똑같은 신화적 배경의 변형이며, 예외 없이 우리에게 이제 익숙한 주제, 시간을 초월한 주제를 가리키고 있다. 그것은 기꺼이 희생을 당하는 자라는 주제이다. 그 희생자의 죽음 속에 우리의 삶이 있다. 그 살이 우리의 고기요, 그 피가 우리의 술이다. 이 희생자는 사랑-죽음의 원시적 제의에 나오는 포옹하는 젊은 남녀로 나타난다. 그 남녀는 환희의 순간에 죽임을 당하여, 신성한 불에 타서 사라진다.[68] 그 희생자는 멧돼지에게 죽임을 당하는 아티스나 아도니스로 나타나고, 세트에게 죽임을 당하는 오시리스로 나타나고, 티탄에게 갈기갈기 찢기어 불에 타서 사라지는 디오니소스로 나타난다. 에로스(큐피드)와 그의 희생자에 대한 후기의 매혹적인 알레고리들에서 신은 어두운 적의 역할을 맡으며——달려오는 멧돼지, 어두운 형제 세트, 티탄의 무리——연인은 육체를 입고 죽어가는 신이다. 그러나 우리가 알다시피, "짝의 비밀"이라고 알려진 옛 이집트의 신비[69]에 기초를 두고 있는 이 신화에서, 죽이는 사람과 희생자는 무대에서는 서로 갈등하는 것처럼 보이지만, 배후에서는 하나의 마음을 가지고 있다. 그것은 잘 알려진 것처럼, 생명을 소진하고, 생명을 구속하고, 창조하고, 정당화하는 사랑의 어두운 신비에서도 마찬가지이다.

우리가 많은 페이지를 할애한 원시적인 고대 세계의 옛 신화에서, 의식과 이러한 주제의 되풀이를 통하여 강조하는 점은 일반적으로 그 신비의 신적이고 신화적인 측면이다. 인간 희생자의 감정과 재난은 체계적으로 또 숭고하게 무시되고 있다. 인도의 순사(殉死) 의식이나 칼리 앞에서의 인간 희생은 개인에 대해서는 전혀 생각을 하지 않았다. 뿐만 아니라 사실 그것들은 사회 질서의 원형(原型)들에 대한 자아 없는 헌신의 영성을 북돋우고 완성하기 위한 의도를 가진 훈련이었는데, 그 원형들은 신화적인 기초를 가지고 있었다.[70] 그러나 그리스에서는 개별적 형태, 그 아름다움, 그 특수한 탁월성을 아폴로적으로 평가하고 즐기는 태도가 등장한다. 그와 더불어, 다른 곳과 마찬가지로 오래된 기초를 가진 신화적 주제들을 강조하기는 하지만, 강조하는 측면이 극적으로 바뀌어버린다. 다시 말해서, 늘 되풀이되는 원형이 아니라 각 특수한 희생자의 독특한 개별성을 강조하게 되는 것이다. 나아가서 그러한 특수한 개별성으로만 이동하는 것이 아니라, 전반적인 가치 질서에 변화가 오게 되었다. 집단, 종, 순수하게 자연적인 질서 등의 비개인적인 것보다 제대로 된 개인적인 가치라고 말할 수 있는 것들이 우위에 서게 되는 것이다. 이렇게 극적으로, 획기적으로, 그리고 문서를 증거로 삼는다면 전례 없이, 충성의 대상이 비개인적인 것에서 개인적인 것으로 이동하는 것이야말로 내가 여기서 그리스적인――유럽적인――기적이라고 부르고 싶은 것이다. 이 것은 진화에서 심리적인 돌연 변이가 생긴 것이라고 비유할 수도 있다. 다른 곳에서는 개인의 특수성, 개인적인 사고의 참신함, 개인적인 욕망과 기쁨이라는 특질을 집단의 절대적 규범의 이름으로 엄하게 제거해버렸다. 그러나 그리스에서는 각 사람의 특수한 탁월성이 적어도 이론적으로―― 실제로 늘 그런 것은 아니었지만(예를 들어서 그 개인이 여자이거나 노예일 경우)――법적으로, 교육적으로 존중되었다. 또한 인간의 정신과 그 추론이 존중되었다. 인간 행동의 규범은 복종이라는 육아실의 규범이 아니라("착하게 구는 것", 그리고 가르치는 대로, 시키는 대로 하는 것), 법 아래에서 합리적인 개인의 발전이 되었다("좋은 생활"). 이 법은 신으로부터 나온 것이 아니라, 순수하게 인간적인 판단의 산물로 여겨졌다. 신에 대해서 보자면, 심지어 제우스도 생각하고, 추론하고, 배우고, 시간이 지나면서 도덕적으로 개선될 수 있었다.

276

제6장 헬레니즘 : 기원전 331-서기 324년

1. 동과 서의 결혼

고도로 비판적인 그리스 정신 때문에 그리스 신화는 종교의 지위에서 문학의 지위로 떨어졌다고 주장되어왔다. 그리스 정신은 이미 기원전 6-5세기에 신화에서 등을 돌리기 시작하였다는 것이다. 이러한 주장에는 다신론은 열등한 형태의 종교이고 비판에도 취약한 반면, 일신교는 그렇지 않다는 생각이 밑에 깔려 있는 경우가 많다. 다신교는 그리스 정신과 마주치자 폐기되고, 대신 그 자리에 삼위 일체의 유일신이라는 묵시적인 기독교의 진리가 들어섰다는 것이다. 그와 더불어 천사들의 무리, 그에 대응하는 마귀들의 무리, 성자들의 종파, 죄의 용서, 몸의 부활, 나아가서 동정녀 마리아에게서 기적적으로 탄생한 뒤 죽었다가 부활한 신의 아들의 다양한 존재 방식(미사에서 축성한 모든 포도주와 빵에도 존재한다) 등이 도입되었다는 것이다. 그러나 사실상 그리스 인들은 올림포스 산의 신들을 존재 가운데 궁극적 존재와 혼동한 적이 없었다. 신들은 인간과 마찬가지로 '위대한 어머니'에게서 태어났다. 신들은 인간보다 더 강하고 더 오래 살지만, 그럼에도 인간의 형제들이다. 나아가서 신들은 그 여신의 성스러운 자식들의 전(前)세대로부터 빼앗은 우주를 일시적으로 다스리고 있는 것뿐이며, 프로메테우스가 알고 있었듯이, 후세의 신들에게 우주를 또 빼앗기게 될 터였다. 정확히 말하자면, 그 신들은 그리스 도시 국가의 모든 이상의 원형이었으며, 도시 국가가 사라지는 것과 더불어 사라질 운명이었다.

그러나 아리스토텔레스의 총명한 제자인 알렉산더 대왕이 레반트 전역을 돌파하고 인도까지 진입하여 들어감으로써 그리스, 인도, 페르시아, 이집트, 나아가 심지어 예루살렘 바깥의 유대인들까지 하나의 세계로 통합하였을 때, 그리스 종교는 새로운 단계로 발전하였다. 한편으로는 웅장한 보편성을 가지게 되었으며, 다른 한편으로는 개인적이고 내적인 직접성을 가지게 되었다. 사실 그리스의 아름다운 신들은 죽기는커녕, 아시아 전역에 그들의 숨결로 영감을 불어넣음으로써, 인도의 마우리아 왕조, 중국의 한나라, 궁극적으로 일본에 이르기까지 새로운 종교와 미학적 형식들을 일깨워놓았다. 반면 서양에서는 로마를 잠에서 깨웠으며, 남쪽에서는 이시스 여신과 그녀의 남편에 대한 실로 매우 오래된 숭배에 새로운 의미를 부여하였다.

알렉산드리아의 신화 작가인 티레의 막시무스(2세기에 활약)에게서 헬레니즘 시대의 그리스 인들이 종교를 바라본 관점에 대한 평가를 들어볼 수 있다.

존재하는 모든 것을 만든 아버지이고, 해나 하늘보다 더 나이가 많고, 시간과 영원과 존재의 모든 흐름보다 더 위대한 신 자신은 어떠한 법률가도 그 이름을 입에 올릴 수 없고, 어떠한 목소리로도 말할 수 없고, 어떠한 눈으로도 볼 수 없다. 그러나 우리는 신의 본질을 파악할 수 없기 때문에, 소리와 이름과 그림의 도움, 두드린 금과 상아와 은의 도움, 식물과 강, 산꼭대기와 격류의 도움을 얻어서, 신에 대한 지식을 얻고자 갈망한다. 우리는 약하기 때문에 이 세상에서 아름다운 모든 것을 그의 본질에 비유한다. 이 세상의 연인들이 그러는 것과 마찬가지이다. 이 연인들에게 가장 아름다운 모습은 연인의 진짜 얼굴 모양일 것이다. 그러나 기억이라는 면에서 보자면, 수금, 작은 창, 의자, 운동장 등 연인에 대한 기억을 일깨워줄 수 있는 것만 보아도 행복할 것이다. 그러니 왜 내가 신의 형상들을 검토하고 판단을 하겠는가? 사람들로 하여금 신성한 것을 알게 하라($\tau o \ \theta \varepsilon \tilde{\iota} o \nu \ \gamma \varepsilon \nu o \varsigma$). 그것을 아는 것이 전부이다. 그리스 인이 피디아스의 예술 작품을 보고 흥분하여 신에 대한 기억을 떠올린다고 하여도, 이집트 인이 동물을 섬기다가 떠올린다고 하여도, 또 어떤 사람이 강을 보고 떠올리고, 또 어떤 사람이 불을 보고 떠올린다고 하여도, 나는 그러한 다양성에는 분노하지 않는다. 오직 그들이 알게 하고, 사랑하게 하고, 기억하게 하라.[1]

페르시아 인들의 국제적이고 다문화적인 광대한 제국은 정복당한 민족들의 신에 대해서는 훌륭한 관용적 조치를 취하였다. 그러나 왕 중 왕이든 아니면 마기교도 사제단의 어떤 사제이든, 통합적 보편주의의 성격을 가진 일반적 체계를 만들려고 시도한 적은 없다. 페르시아의 종교적 관용은 정치적이고 신중한 태도의 표현일 따름이었으며, 믿음의 표현은 아니었다. 따라서 페르시아 인들은 정치적 목적에 부합된다고 여겼을 때에는 외국의 성소를 훼손하는 일을 잠시도 망설이지 않았다. 알렉산더는 기원전 336-330년에 페르시아를 침략하면서, 성물을 일절 훼손하지 말라는 엄명을 내렸다. 그러나 페르시아 인들은 그로부터 거의 2백 년 전 그리스를 정복하려고 하였을 때, 신전을 파괴하고, 신상을 불태우고, 성소를 훼손하였다. 이들은 엘리야와 엘리아스, 요시아와 히스기아를 움직였던 그 의로운 열정에 따라 움직이고 있었다. 그들 역시 레반트의 "일신교주의자"들로서, 그들에게는 자신의 신 외에는 진정한 신이 없었던 것이다.[2] 그리스 인들은 페르시아 인들의 그러한 불경에 분개하면서도 동시에 겁에 질렸다. 아이스퀼로스는 그의 애국적인 비극 『페르시아 인들(The Persians)』에서 막강한 페르시아 함대가 살라미스에서 믿을 수 없는 재난을 만나고 그 덕분에 그리스 인들이 기적적인 승리를 거두게 된 것은 페르시아 인들이 이러한 식으로 신을 무시하고 신성 모독과 오만을 보여주는 짓을 자행하였기 때문이라고 보았다. 아이스퀼로스는 이렇게 썼다. "그리스를 먹이로 삼킨, 신을 무시한 자들, 오만한 자들은 그리스의 신들을 탈취하고 그리스의 성소에 불을 놓는 것을 수치로 여기지 않았다."

제단들은 부서졌으며

신상은 쓰러져서 받침대를 잃고, 쓰레기 더미 속에서 짓밟힌다.

이 무서운 죄 때문에 그들은 이제 무서운 고통을 겪으리라.

그 고통은 더욱 무시무시해지리라…….[3]

다리우스 1세는 세계의 주인이 된 뒤 기원전 490년 여름에 아테네를 정복하기 위하여 함대를 파견하였다. 그의 군대는 마라톤 해안에 상륙하였다. 나머지 이야기는 초등학생들도 다 알고 있는 것이다. 아이스퀼로스도 참전하였고, 그의 형제는 전사하였다. 전사자는 페르시아 군 6천4백명, 아테네 인 192명이었다. 다리우스는 두번째 공격을 시도하기 위하여 즉시 훨씬 더 큰 함대를 조직하였다. 그러나 다리우스는 죽었고, 그의 아들 크세르크세스 대왕(기원전 486-465년 재위)이 마라톤 전투 10년 뒤 그때까지 전례가 없던 대규모의 병력을 아테네로 보내었다. 그는 그의 제국 각지로부터 50만의 병력을 모았으며, 3천 척의 배로 이루어진 함대를 조직하였고, 자신이 직접 지휘봉을 잡았다. 그러나 대단히 용감한 3백명의 스파르타 인을 이끈 레오니다스가 테르모필레이에서 사흘 동안 그들을 저지하였다. 그들은 채찍에 내몰리는 적군에 짓밟혀서 전사하였다. 그러나 그들 주위에는 4천 명의 페르시아 군 전사자들이 있었다. 그 뒤에 기원전 480년 9월 23일 살라미스 항구에서, 페르시아 함대의 꽃이라고 할 수 있는 1천2백 척의 전함이 380척으로 이루어진 그리스 함대의 작전에 넘어가는 바람에 만방의 왕의 놀란 눈앞에서 궤멸하고 말았다. 이렇게 해서 동양은 그 경계를 발견하게 되었다고도 말할 수 있다.[4]

알렉산더는 동양에 대한 유럽의 답변이었다. 그가 33살의 나이로 죽은 지 두 세대가 안 되어, 동양에서는 그를 신으로 떠받들었다.

그는 적어도 새로운 세계의 창조자였다. 그 세계에 대하여 여러 가지 말을 할 수 있겠지만, 그 가운데 4가지가 신화의 역사 연구라는 우리의 목적과 특별한 관련을 가지고 있다.

첫째로, 이미 말한 것처럼, 우리는 모든 종교의 신들에 대한 존중만이 아니라, 그들 사이의 유사점을 인식하려는 거의 과학적인 노력을 보게 된다. 따라서 여러 땅에 특유한 신들이 서로 동일한 존재로 인식되고 섬겨지기 시작하였다. 이시스와 데메테르, 호루스와 아폴로, 토트와 헤르메스, 아문과 제우스가 그 예들이다. 박트리아와 인도의 그리스 인들은 크리슈나를 헤라클레스와 동일시하였고, 시바를 디오니소스와 동일시하였으며, 나중에 서양에서 로마 인들은 그리스 인의 신들만이 아니라 켈트 인과 게르만 인의 신들에서도 그들 자신의 신에 품위 있게 대응할 만한 신들을 발견하였다. 알렉산더 시대 이전에도 종교적인 통합 운동은 여러 번 있었다. 가령 이집트의 사제들이 레와 아문을 통합하고, 프타와 오시리스를 통합한 위대한 작업이 그 한 예이며, 레, 오시리스, 세트, 호루스, 토트를 하나의 웅장한 신화 속에서 멋지게 결합시킨 것이 또 한 예이다. 마찬가지로 인도와 중국에서도 지역적인 통합 운동이 활발하였으며, 그리스에서와 마찬가지로 일반적으로 다른 민족의 신을 존중해주었다. 그러나 알렉산더 대왕의 시기 이전에는 어느 곳에서도 문화를 초월한 통합운동이 체계적으로 나타난 적이 없었다. 적어도 실행에 옮겨진 적은 없었다. 우리는 여기에서 그리스 인들이 그리스 자체의 경계를 넘어서까지 개인을 존중해주었을 뿐만 아니라, 압제의 제국이 아닌 자유민의 제국을 사상의 영역에 적용하였다는 것을 알 수 있다. 이 시기에 폴리스에 대한 페리클레스적인 이상은 코스모폴리스라는 알렉산더적인 이상으로 확장되었다. 사람이 사는 세상 전체를 가리키는 에큐메네(oecumene)는 문명화된 인류의 공동 소유물이 되었다.

이 시기에서 주목하여야 할 두번째 사항은 신화를 높은 수준에서 읽고 발전시키는 데에 철학과 과학이 수행하였던 역할이다. 기원전 6세기와 5세기의 그리스에서, 철학자들은 디오니소스-오르페우스 콤플렉스와 철학적 사고의 관계를 인식하였으며, 이제 동양의 신앙에서 비슷한 가능성들을 발견하였다. 그들은 바빌로니아의 천문학과 수학——이것은 동서양 대부분의 높은 수준의 신화들이 기원을 두고 있는 고대로부터 나온 것이다[5]——에서 그들 자신의 우주관을 심화시켜줄 새로운 영감을 발견하였다. 알렉산더 시대에는 이 두 과학의 새로운 발전으로부터 우주의 구조에 대한 완전히 새로운 관념들이 나왔으며, 이러한 관념들은 코페르니쿠스의 세기에 이르러 대우주 질서에서 태양이 지구의 자리를 대신할 때까지 서양의 신화적 사상의 기초를 이루어왔다(가령 단테의 『신곡』에서도).

　주목하여야 할 세번째 사항은 그리스의 탐구하는 지성이 알렉산더와 더불어 인도로 뚫고 들어갔다는 것이다. 인도에서는 자이나교, 불교, 브라만교의 여러 중심지에 있는 다양한 요가 학파에서 전례 없는 종류의 철학적 탐구가 발전해오고 있었다. 그러한 학문에서는 신화의 실용적인 심리학적——우주론적인 것에 대립하는 것으로서——관련성에 대한 매우 깊은 이해가 표현되고 있었다. 이것은 서양에서는 니체, 프로이트, 융의 세기가 되어서야 성취된 일이었다. 그러나 그들의 세기 전에도 심신 상관적인 신비적 지식이 절반 정도만 이해된 채로, 상대적으로 아직 애숭이인 서양의 암자와 수도원, 학교와 대학으로 쏟아져 들어가고 있었다. 그리고 그것으로부터 다채로운 그노시스주의적이고, 신지학(神智學)적이고, 헤르메스주의적인 숭배와 운동들이 파생되었다.

　그리고 마지막 네번째로 우리가 헬레니즘 세계의 풍부한 맥락에서 주목하여야 할 것은, 유럽이 아시아에 영향을 주고 나서 약 2백 년 뒤, 이번에는 흐름이 바뀌어서 반동의 강력한 물결이 유럽을 치기 시작하였다는 것이다. 이 물결은 고전기의 신들과 철학에 대한 기독교의 승리와 그에 이은 유럽 서부 문명의 몰락——7백 년이라는 기간 동안——에서 절정에 이르게 되었다.

2. 통합적 일신교와 민족적 일신교

　다신교(polytheism)는 복수의 신들을 인정하고 섬기는 것이라고 정의할 수 있다. 일신 숭배(monalatry)는 하나뿐인 자신의 신을 섬기지만 다른 신들도 인정하는 것이라고 할 수 있다.* 일신교(monotheism)는 궁극

* 최근의 신학적 저술들을 보면 단일신교(henotheism)라는 말을 부정확하게 이러한 의미로 사용하고 있다. 단일신교라는 말은 막스 뮐러가 만든 말로서 베다 신학을 특정하게

적으로 실체를 가진 하나의 신이 있다는 믿음이다. 일신교에서는 2가지 유형을 구별할 수 있다. 1. 모든 것을 포괄하는, 코스모폴리탄적, 개방적, 통합적 유형. 2. 민족적, 폐쇄적, 배타적 유형. 민족적 일신교는 유일한 신은 자신의 집단이 섬기는 신이며, 다른 모든 신은 가짜라는 믿음이다. 통합적 일신론은 신에 대한 모든 개념들이 제한적이라는 것을 인식하고, 그 모든 신들 위에 궁극적으로 인식 불가능한 하나의 신이 있는데 모든 신의 개념들은 이 신을 가리킨다고 추론하는 것이다. 알렉산더 포프가 1738년에 발표한 시 「보편적 기도(Universal Prayer)」의 다음 세 연——점잔 빼는 미뉴엣으로 이루어져 있다——이 그 점을 충분히 설명해줄 수 있을 것이다.

> 만물의 아버지여!
> 모든 시대에, 모든 나라에서,
> 성자와 야만인과 현자가 섬기던
> 여호와여, 유피테르여, 주님이여!
>
> ⋮
>
> 이 약하고 무지한 손이
> 당신의 번개를 떠맡아
> 온 땅에서 내가 당신의 적이라고 판단한 모든 이들에게
> 저주를 던지지 않도록 하소서.
>
> ⋮
>
> 당신의 신전은 온 우주,
> 당신의 제단은 땅, 바다, 하늘.
> 당신에게 모든 존재들이 하나의 합창을 올려보내게 하소서,
> 모든 자연이 향을 피워 올리도록 하소서![6]

지칭하는 말이다. 베다 신학에서는 신들을 차례차례 최고의 신으로 섬긴다. 마찬가지로 후기 힌두교에서는 신자들이 최고의 신으로 처음에는 시바를, 이어서 비슈누를, 그러고는 다시 시바를 섬길 수 있다. 이것은 베다에 나오는 "진리는 하나이지만, 현자들은 그것을 많은 이름으로 부른다"(『리그 베다』 X. 164.46)는 말의 정신에 입각한 것이다.

민족적 일신교의 눈에 뜨이는 예는 물론 바빌론 유수 이후 성서의 일신교이다. 이것은 후에 기독교와 이슬람교로 이어졌다. 반면 가장 풍부하게 발전을 이룬 통합적 일신교의 체계들은 그리스화된 근동, 로마, 굽타와 굽타 이후의 인도, 그리고 (가장 폭넓은 의미에서) 르네상스 이후 유럽의 인본주의적 학문이다. 에피쿠로스주의, 불교, 힌두교의 고도의 수준에서는 그 최종 항이 "신"으로 인격화되지도 않고 의인화되지도 않은 만큼 예외적이다. 그러나 통합적 일신교, 그리고 심지어 이따금씩은 민족적 일신교의 고도의 수준에서 신성은 절대 알 수 없는 존재(deus absconditus : "숨은 신")로 인식될 수 있는데, 여기에서는 이러한 신학을 초월한 믿음의 질서 또는 비신학적인 믿음의 질서들과 신학이 유효하게 결합할 수 있는 접점이 제공된다.

고전기 그리스에서는 콜로폰의 크세노파네스(기원전 536년에 활약)의 종종 인용되는 글에서 헬레니즘과 로마, 르네상스와 18세기의 일신교 유형의 서곡을 발견할 수 있다. 크세노파네스는 엘레아 학파의 창건자로 알려진 사람인데, 플라톤 철학의 신화적으로 채색된 어조도 이 학파로부터 나온 것이다.

하나의 신이 존재하는데, 이 신은 작은 신들과 인간들 사이에서 가장 위대하며, 그 형태나 생각이 인간들과는 다르다.…… 그 신은 모든 것을 보며, 모든 것을 생각하며, 모든 것을 듣는다.…… 그 신은 꼼짝도 않고 같은 장소에 늘 머물러 있는데, 이곳저곳으로 방황하지 않는 것이 그에게 어울린다.…… 그러나 사람들은 신들이 태어난다고 상상하며, 자기들처럼 옷을 입고, 목소리를 내고, 몸을 가지고 있다고 상상한다.…… 그래서 에티오피아인의 신들은 얼굴이 거무스레하고 코가 납작하며, 트라키아 인의 신들은 머리카락이 금발이고 눈이 파랗다.…… 심지어 호메로스와 헤시오도스도 신들이 인간 사이에서 부끄럽고 책망받을 짓, 즉 도둑질, 간음, 기만 등의 무도한 행위를 한다고 이야기하였다.…… 황소, 사자, 말도 상(像)을 새길 손을 가지고 있다면 자기 형상을 따라 신을 만들 것이며, 신들이 자기 몸과 같은 몸을 가지고 있다고 생각할 것이다.[7]

또 안티스테네스(기원전 444년경 출생)가 한 말도 있다. "신은 어떠한 것과도 비슷하지 않다. 따라서 어떠한 형상을 통해서도 신을 이해할 수 없다."[8]

크세노파네스는 붓다(기원전 563-483년)와 동시대인이었으며, 아리스토텔레스에 따르면 "처음으로 만물의 통일을 믿은 사람"[9]이었다. 심플리시우스가 테오프라스투스의 말을 근거로 한 말에 따르면, 크세노파네스는 '만물의 통일성'인 '하나의 존재', 즉 신은 제한되어 있지도 않고 제한이 없지도 않으며, 움직이지도 않고 정지하여 있지도 않은 것으로 생각하였다.[10] 이것은 인도의 브라만, 또는 공(空)에 가까운 것인데, 서로 한번 비교를 해볼 만하다. 안티스테네스는 퀴닉(kynikos, "개와 같은") 학파의 창시자로서 그의 가장 유명한 제자인 디오게네스(기원전 412?-323년)는 힌두교의 금욕주의자와 비교해볼 만하다. 그는 자연으로 돌아가라는 자기 철학의 "개 같은 모습"을 보여주기 위하여 '위대한 어머니'의 신전 바깥에 버려진 커다란 토기 항아리 안에 살면서(의미심장하다), 필요할 때면 부끄러움 없이 그 자리에서 용변을 보곤 하였다. 알렉산더 대왕이 세상에서 두번째로 유명한 그를 찾아가 원하는 것이 있냐고 묻자, 그 퀴닉 학파의 철학자는 대왕이 해를 가리고 있으니 옆으로 좀 비켜달라고 대꾸하였다고 한다. 따라서 디오게네스는 훗날 그의 짝이라고 할 수 있는 장 자크 루소보다 훨씬 더 철저하게 그가 인간의 자연적 상태로 여기던 곳으로 돌아갔던 것이다. 훗날 중국과 일본 선사들의 양심적인 "개 같은 상태"는 문명의 쾌적함과 이상 모두를 거부하는 또 하나의 예였다고 할 수 있다. 중국 도교——디오게네스와 비슷한 시기이다——에서 "다듬지 않은 통나무", 즉 텅 빈 마음으로 앉아 있는 현자라는 관념도 이와 비슷하다.[11] 어쩌면 그리스도가 세상을 거부한 것에서도 비슷한 태도를 발견할 수 있을지 모른다. "네가 완전한 사람이 되려거든 가서 너의 재산을 다 팔아 가난한 사람들에게 나누어주어라. 그러면 하늘에서 보화를 얻게 될 것이다. 그러니 내가 시키는 대로 하고나서 나를 따라오너라."[12]

"내가 알렉산더가 아니라면, 디오게네스가 되겠다." 알렉산더는 그렇게 말하였다고 한다. 그러자 디오게네스도 이렇게 말하였다. "내가 디오게네스가 아니라면, 알렉산더가 되겠다." 그러나 그리스의 종교성의 주류에서는 퀴닉 학파의 관념이 제시하는 문명 없는 인간을 절대 제대로 된 인간으로 받아들이지 않았다. 그리스 인들의 정신에서, 또 유럽의 정신에서 이성이라는 기능은 인간에게 특별한 것이기 때문에, 그것을 지워버리는 것은 자연으로 돌아가는 것이 아니라, 자연(nature)으로부터, 즉 인간의 본성(nature)으로부터 탈출하는 것이었다. 만일 어떤 종의 탁월함, 즉 아레테(arete)가 그 본성을 따라서 산 삶으로부터 나오는 것이라고 생각할 수 있다면, 인간에게는 그것이 환희에 차서 이른바 "신의 계시"를 전달받는 것도 아니고, 인간의 기능을 동물적 또는 식물적으로 지워버리는 것도 아니고, 오로지 이성을 따라 사는 것이었다. 나아가서 이성이라는 기능은 순수한 고독 속에서 발전하는 것이 아니라, 사회 속에서 발전하였다. 그 이유에 대하여 마르쿠스 아우렐리우스 황제(매슈 아놀드는 그를 "아마도 역사상 가장 아름다운 인물"일 것이라고 평하였다)[13]는 그의 『자성록(自省錄)』에서 이렇게 기록하였다.

우리의 지적인 부분이 공통된 것이라면, 이성 역시 우리가 이성적 존재라는 점에서 공통된 것이다. 그렇다면 우리에게 무엇을 하고 무엇을 하지 말라고 명령하는 이성도 공통된 것이다. 그렇다면 관습법이라는 것이 존재하게 된다. 그렇다면 우리는 같은 시민들이다. 그렇다면 우리는 어떤 정치적 공동체의 구성원들이다. 그렇다면 세계는 일종의 국가이다. 누가 달리 인류 전체가 구성원으로 있는 정치적 공동체를 이야기할 수 있겠는가? 따라서 이 공통의 정치적 공동체로부터 우리의 지적인 능력과 추론 능력과 법률적인 능력이 나온다. 그렇지 않다면 그것이 어디서 나오겠는가? 나의 흙으로 된 부분은 어떤 흙으로부터 나에게 주어진 것이다. 물로 된 부분은 다른 원소로부터 나에게 주어진 것이다. 뜨겁고 불 같은 부분은 어떤 특별한 근원으로부터 나에게 주어진 것이다(아무 것도 아닌 것으로부터는 아무 것도 나올 수 없고, 아무 것도 아닌 곳으로는 아무 것도 돌아갈 수 없기 때문이다). 따라서 지적인 부분도 어떤 근원에서 나오는 것이다.[14]

그는 또 이런 말도 하였다. "따라서 인간의 구성에서 가장 주된 원리는 사회적인 것이다."[15] "사람들은 서로를 위하여 존재한다."[16]

나아가서 본성을 따라 사는 삶에는 탁월함만이 아니라 기쁨과 아름다움도 있기 때문에, 탁월함——정확히 이해하자면 "덕"——은 그 자체가 보답임에 틀림없고 또 **실제로도 그렇다.** 이 철학자 황제의 이야기를 더 들어보도록 하자.

어떤 사람은 다른 사람에게 봉사를 하면 자신의 장부에 호의를 베풀었다고 기록해놓는다. 또 어떤 사람은 그렇게까지 하지는 않지만, 마음속에서 상대를 채무자라고 생각하고, 자신이 어떠한 일을 하였는지 잊지 않는다. 또 어떤 사람은 어떤 면에서는 자신이 어떠한 일을 하였는지 알지도 못하지만, 포도 열매를 맺는 덩굴과 같아서 일단 제대로 열매만 맺으면 그 이상은 바라지 않는다. 달리고 난 말처럼, 사냥감을 잡은 개처럼, 꿀을 만든 벌처럼, 선행을 하고난 사람도 사람들을 불러들여서 이것을 좀 보라고 하지 않고, 포도 덩굴이 철이 되면 다시 열매를 맺듯이 또 다른 선행을 한다. 그렇다면 사람은 그런 식으로 자기가 한 일을 의식하지 못하고 선행을 하는 사람이 되어야 할까? 그렇다.[17]

예수의 말 속에도 처음에는 이와 비슷한 생각이 포함되어 있었던 것 같다. "오른손이 하는 일을 왼손이 모르게 하라." 그러나 이와 관련된 기독교의 훈계의 전문을 보면 그 관점이 바뀐다는 것을 알 수 있다.

너희는 일부러 남들이 보는 앞에서 선행을 하는 일이 없도록 하여라. 그렇지 않으면 하늘에 계신 아버지에게서 아무런 상도 받지 못한다. 자선을 베풀 때에는 위선자들이 칭찬을 받으려고 회당과 거리에서 하듯이 스스로 나팔을 불지 말라. 나는 분명히 말한다. 그들은 이미 받을 상을 다 받았다. 자선을 베풀 때에는 오른손이 하는 일을 왼손이 모르게 하여 그 자선을 숨겨두어라. 그러면 숨은 일도 보시는 너의 아버지께서 다 갚아주실 것이다.[18]

이 점에 대하여 매슈 아놀드는 적절히 지적하고 있다. "이러한 종류의 언어를 잘못 파악함으로써 기독교 도덕주의자들은 상과 벌을 이상할 정도로 지나치게 강조하게 되었고, 그 바람에 기독교의 타락과 왜곡이 생겼다.”[19] 그러면서 아놀드는 비교를 위하여, 앞에서 언급하였던 금욕주의자 황제의 구절을 인용하고 있다.

이 모든 것을 관통하고 있는 덕에 대한 관점과 평가는 본질적으로는 호메로스의 아레테에 대한 태도와 똑같다. 그러나 새로운 것은 내부 지향, 성숙, 어른스러움이었다. 수 세기 전 임전 태세를 갖춘 그리스 인들에게 모든 일이 잘 풀릴 때 형성되었던 비교적 젊은 이상(理想)은 경쾌하고, 놀라울 정도로 육체적인 것이었다. 그러나 이것은 기원전 5세기말과 4세기초의 역겨운 퇴화에 의해서 이미 훼손되어버렸다. 아이스킬로스 세대에 페르시아와 맞서 승리를 거둔 뒤, 그리스에서는 일련의 내적인 재난이 뒤따랐다. 기원전 431년과 413-404년에 2번의 펠로폰네소스 전쟁, 기원전 395-387년에 코린트 전쟁, 기원전 371-362년에 테베 전쟁이 있었다. 그리고 마지막으로 기원전 335년에 알렉산더 대왕이 테베를 무시무시하게 쳐부수어버렸다. 이렇게 됨으로써 그리스의 주도권이 북쪽에서 온 젊고 무자비한 주인에게로 이행되었다.

길버트 머리 교수는 고전기 아테네가 개화하던 시기와 근본적으로 다른 문화가 생겨나던 기독교 초기 사이의 기간을 ‘신경 쇠약’의 시기라고 칭하였다.[20] 이 시기는 부처 시대의 인도와 공자 시대의 중국과 비교할 수 있다. 이들 각각의 나라에서는 이전의 사회 구조가 해체되고 있었고, 높은 수준의 문명 중심지들이 상대적으로 야만인이라 할 수 있는 사람들의 힘 앞에서 허물어지고 있었다. 따라서 철학의 중심 문제는 한편으로는 해체되는 문명의 건강을 어떻게 회복시킬 것인가 하는 사회-정치적인 것이 되었고, 다른 한편으로는 허물어져가는 세계에서 한 개인이 어떻게 자신의 인간성을 유지하고 발전시킬 것인가 하는 도덕적-심리적인 것이 되었다. 부처의 설교는 잘 알려져 있다.

사람으로서 생존하고 있는 일 모두가 괴로움이다.
괴로움의 원인은 무지한 욕심이다.

괴로움을 억누른 상태(니르바나〔nirvāna〕)는 얻을 수 있다.
그 길은 팔정도(八正道)이다.
정견(正見), 정사유(正思惟), 정어(正語), 정업(正業),
정명(正命), 정정진(正精進), 정념(正念), 정정(正定).

출구를 찾는 불교도들은 우주의 법칙 그 자체에는 관심을 가지지 않았다. 신에게서는 아무런 도덕적 법칙을 끌어낼 수 없었다. 신은 없었기 때문이다. 세계를 현재의 형태로 유지하고 있는 작은 신들 또는 원리들은 그 자체가 수행자 등이 피해야 하는 그물이요, 덫이요, 장애였다. 부처의 팔정도는 우주의 질서에 대항하여 자발적으로 따르는 길이었다. 승리자가 자기 안의 모든 두려움과 욕망을 철저하게 죽이고 나면 역설적으로 환희가 생긴다. 이것은 한편으로는 초월에서 오는 것이며, 다른 한편으로는 자기에게 묶인 모든 존재들에 대한 동정심에서 오는 것이다.

　현자인 공자의 가르침은 이러한 식으로 개인적인 해탈을 추구하는 수행자의 길과는 대조적으로, 개인적 성실성을 통하여 사회를 재건하는 길이었다. 이러한 계통의 생각에서 이상화된 고귀한 인간성은 많은 점에서 그리스 인들의 이상과 비교할 만하다. 그러나 중국의 입장은 보수적이었던 반면, 그리스 학파들은 모든 영역에서 창의적이고 합리적인 실험을 하려고 하였다는 차이가 있다. 유교이든 도교이든 중국의 이상은 개인을 그 자신의 본성의 질서와 세계의 질서 양쪽에 일치시키는 것이었다. 적어도 겉으로 보기에는, 서양의 스토아 학파의 주요한 생각도 이와 똑같다. 동양에서나 서양에서나 우주적 질서는 영겁의 영원한 순환으로, 늘 되돌아오는 것이라고 생각하였다. 이것은 옛 수메르-바빌로니아의 관념에 기초한 것이다. 인간도 하나의 소우주로서, 전체의 한 기관을 이루고 있었다. 도교의 정적주의(靜寂主義)의 스승들은 자연과 조화를 이루기 위하여 사회를 포기하였다. 그리스의 퀴닉 학파도 마찬가지였다. 공자의 제자들은 자연과 일치하는(도〔道〕와 일치하는) 삶의 원리들을 사회적 관계 속으로 가져가려고 하였다. 그리스의 스토아 학파도 그러하였고, 로마인들은 더욱 효과적으로 노력하였다. 그러나 자연에 대한 연구 방법이나 개인과 국가에 대한 관점에서는 고전기 사상가들과 중국의 사상가들이 큰 차이를 보이고 있다.

우선 중국의 우주관은 옛날 그대로였던 반면, 헬레니즘 시대의 그리스 과학은 유례 없는 변화를 겪었다. 동양의 현자들은 하늘, 땅, 인간의 우주적 조화에서 번갈아 나타나는 남성적 영향력(양〔陽〕)과 여성적 영향력(음〔陰〕)에 대해서 철학적으로 명상을 하고 있었던 반면, 수메르-바빌로니아의 기초로부터 앞으로 나아가던 그리스 인들은 이미 지구 중심적인 천문학에 대항하는 태양 중심의 천문학의 문제를 토론하고 있었다. 사모스의 아리스타르코스(기원전 310-230년)는 지구와 다른 모든 행성들은 원을 그리며 태양 주위를 돌지만, 태양 자체와 별들은 움직이지 않는다고 주장하였다. 그러나 그는 자신의 주장을 증명할 수 없었다. 반면 지구 중심적인 가설을 내세웠던 니케아의 히파르코스(기원전 146-126년경)는 주전원(周轉圓)과 편심원(偏心圓) 등을 이용하여 행성 궤도를 설명하였다. 이것이 더 나은 해결책처럼 보였기 때문에, 코페르니쿠스(서기 1473-1543년)가 바로잡을 때까지 히파르코스의 체계가 천문학을 지배하게 되었다.[21] 한편 키레네의 에라토스테네스(기원전 275-200년)는 350킬로미터의 오차 범위 내로 지구의 둘레를 측정하였다. 그는 스페인에서 서쪽으로 가면 인도에 도착할 수 있다는 결론을 내렸고, 대서양은 세로로 긴 땅덩어리(아메리카)에 의해서 나뉘어 있을지도 모른다고 이야기하였다.[22] 반면 의학에서는 칼케돈의 헤로필로스(기원전 3세기)가 뇌, 척추, 신경의 관계를 발견하였으며, 이울리스의 에라시스트라토스(역시 기원전 3세기)가 운동 신경과 감각 신경의 차이를 인식하였다.[23] 따라서 그리스와 로마의 스토아 학파 체계에서는 인간이 조화를 이루어야 하는 자연이 그 이전의 신화적 세계관의 자연은 아니었다. 물론 자연을 하나의 커다란 유기체로 본다든가, 세계가 계속 되풀이되는 주기 속에서 나타나고 해체된다고 보기는 하였다. 그리고 그러한 점에서, 옛 수메르의 매우 의미 있는 주제는 유지되고 있었다.

그리스와 중국의 현자들은 많은 면에서 똑같은 조건 하에 생각을 해온 것 같지만,[24] 또 1가지 차이가 있다. 그것은 중국의 교육이 엘리트의 고상한 일로 남아 있었던 반면——한편으로는 한자의 난해함 때문이기도 하지만——헬레니즘의 교육은 일반적이었다는 것이다. 나아가서, 중국에서의 정부는 이론적으로나 실제적으로나 신이 황제를 지명한다는 고대의 신화적 관념의 표현이었다. 따라서 황제는 우주의 한 기관으로서 하늘의 위임을 받아서 통치를 한다고 생각하였다. 반면 그리스에서는 인간들——전제 군주이든 선출된 사람들이든——이 초인간적으로 정해진 법이 아니라 관습적인 인간의 법을 시행한다고 보았다. 이것이 그리스 인들의 정부에 대한 관념이자 경험이었다.

헬레니즘과 로마의 스토아 학파에 속한 위대한 인물들이 남긴 글을 보면 헬레니즘의 통합적 일신교의 도덕적, 정치적, 우주론적 의미를 담은 영향력 있는 글들을 만날 수 있다. 그 가운데에서도 그리스-페니키아파의 창설자인 제논(기원전 336?-264년), 로마의 저술가 세네카(기원전 4-서기 65년), 로마 인의 노예였던 절름발이 프리기아 인 에픽테토스(서기 60?-120년경), 황제인 마르쿠스 아우렐리우스 안토니우스(서기 121-180년)의 글들이 주목할 만하다. 에픽테토스와 아우렐리우스는 사회적 운명의 두 극단을 대표하기 때문에 특별히 관심이 간다. 그들에게서는 각자의 삶이 담긴 이야기를 들을 수 있을 것이라는 기대도 해볼 수 있다. 한쪽에서 노예는 이렇게 묻는다.

아무 것도 가지지 않은 사람이, 옷도, 집도, 가족도, 시종도, 하인도, 도시도 가지지 않은 사람이 어떻게 고요하고 만족스럽게 살아갈 수 있을까? 보라, 신은 실제로 그럴 수 있다는 것을 보여주기 위하여 한 사람을 보내었다. 나를 보라! 나는 도시도 집도 없고, 소유도 하인도 없다. 땅이 나의 침상이다. 나에게는 처자식도, 비를 피할 곳도 없다. 땅과 하늘, 그리고 초라한 망토 한 벌뿐이다. 하지만 내게 무엇이 부족한가? 나는 슬픔이나 두려움으로부터 아무런 영향을 받지 않는다. 나는 자유롭지 않은가?[25]

다른 한쪽 극단에서는 황제가 묻는다.

측량할 길 없는 한없는 시간 가운데 각 사람에게 얼마나 작은 부분이 주
어지는가? 그것은 곧 영원 속에 삼켜질 것이다. 또 전체 물질 가운데 얼마
나 작은 부분이 주어지는가? 보편적 영혼 가운데 얼마나 작은 부분이 주어
지는가? 전체 땅 가운데 얼마나 작은 덩어리 위를 기어다니는가? 이 모든
것을 곰곰이 생각해보라. 그런 다음 너의 본성이 이끄는 대로 행동하고, 공
통의 본성이 가져다주는 것을 견디는 것 외에 어떤 것도 대단하다고 생각하
지 말라.[26]

키프로스 키티움의 제논은 적어도 부분적으로는 페니키아 인의 피가
섞여 있었다. 그는 수줍고 말이 없는 외국인이었다. 그는 기원전 300년경
공공의 주랑(柱廊)인 '채색된 복도'에서 그의 말을 듣고자 하는 사람들에
게 이야기를 한 철학자로 아테네에 처음 알려지게 되었다. 그래서 그의
학파는 '복도'라는 뜻을 가진 '스토아'로 알려지게 되었다. 그는 삶의 덕
이 그의 가르침의 덕과 조화를 이루는 사람이었다. 그래서 그의 지식만
이 아니라 인격 때문에, 탁월한 젊은이들이 그의 주위에 모이게 되었다.
제논이 죽었을 때 아테네 시는 그를 영웅으로 대우하여 성대한 장례식을
치러주었다.[27]

그의 두 수제자 트로아드 아소스의 클레안테스(기원전 260년경 활약)
와 킬리키아 솔리의 크리시포스(기원전 206년 사망)는 제논의 학설을 발
전시켰다. 클레안테스는 플라톤주의적 관점에서 학설을 발전시켰으며, 크
리시포스는 민중의 신, 영웅, 점술 숭배를 흡수하였다. 또한 시리아 알라
메아의 포시도니오스(기원전 135?-50년?)는 헬레니즘 시대의 중요한 항
해 거점인 로데스에 자리를 잡고, 방대한 지식을 바탕으로 당대의 종교
적이고 과학적인 사고를 백과 사전식으로 종합해내었다. 이것은 스토아
학파의 이론 작업의 절정이기도 하였으며, 고대 세계의 불가사의 가운데
하나이기도 하였다. 포시도니오스에 따르면, 물리학과 신학은 한 지식의
두 측면이다. 신은 자연 전체에 내재하는 동시에 무한히 초월적이기 때
문이다. 따라서 과학은 물질적인 몸을 다루지만, 신은 그 몸의 살아 있는
영이다.

292

이 모든 사상가들에게 세계의 본질을 이루는 영인 신은 합리적인 동시에 절대적으로 선한 존재였다. 따라서 전체라는 틀에서 보았을 때에는 절대적으로 선하지 않은 일이 일어날 수 없었다. 이 학설은 본질적으로 가능한 모든 세계 가운데 최선의 세계에 대한 이론이었다. 볼테르는 『캉디드(Candide)』에서 이것을 풍자하였다. 그러나 니체는 마치 광상곡과도 같은 『차라투스트라는 이렇게 말했다(Thus Spake Zarathustra)』에서 그것을 강한 어조로 재확인하였는데, 여기에서 "선"이라는 말은 "편안함"이 아니라 "탁월함"으로 읽혀야 한다. 니체는 모든 사람에게 자신의 운명을 사랑하라——아모르 파티(amor fati)——고 외쳤다. 오즈발트 슈펭글러 역시 세네카에게서 따온 그의 구호——Ducunt fata volentem, nolentem trahunt("운명은 원하는 사람은 안내하며, 원하지 않는 사람은 끌고 간다")——에서 이러한 관점을 표현하고 있다. 이것은 합리적인 증명이라기보다는 용기와 기쁨에서 나온 태도이다. 즉 모든 쾌락과 고통의 계산을 넘어선, 삶에 대한 열정과 긍정에 기초한 태도인 것이다. 이것은 불교의 자비(카루나[karuṇā])라는 정서와는 거리가 멀다. 자비는 고통을 생각하는 것이기 때문이다. 이것은 또 욥의 문제와도 거리가 멀다. 그 문제 역시 고통을 인정하는 것에 기초하고 있기 때문이다. 세네카의 말을 빌자면 이렇다. "중요한 것은 네가 무엇을 짊어지느냐가 아니라, 그것을 어떻게 짊어지느냐이다."[28] 또 이러한 말도 있다. "세상 안에서는 망명이 있을 수 없다. 세상 안의 어떤 것도 사람에게 이질적이지 않기 때문이다."[29] "신은 위대하다." 절름발이 노예 에픽테토스는 말하였다.

사람들은 헤르메스의 지팡이를 두고, 그것으로 건드리면 무엇이든 금이 된다고 말한다. 그러나 나에게 무엇이든 가져오라. 그러면 내가 그것을 선으로 바꾸어놓겠다. 병을 가져오라, 죽음을 가져오라, 궁핍과 질책을 가져오라, 인생의 시련을 가져오라. 이 모든 것이 헤르메스의 지팡이를 통하여 유익으로 변할 것이다.[30]

신은 위대하다. 신은 우리에게 땅을 경작할 도구를 주셨기 때문이다.

　　신은 위대하다. 신은 우리에게 손을 주시고, 삼키고 소화할 힘을 주시고,
자는 동안에도 무의식적으로 성장하고 숨을 쉴 힘을 주셨기 때문이다!

　　따라서 우리는 항상 노래를 불러야 한다. 모든 찬가 가운데 가장 위대하
고 성스러운 찬가를 불러야 한다.

　　신은 위대하다. 신은 우리에게 이러한 것들을 이해하고, 그것을 제대로 이
용할 정신을 주셨기 때문이다![31]

　　너 자신이 신에게서 뜯기어 나온 조각이다. 너는 너 자신 안에 신의 일부
를 지니고 있다.[32]

　　자신의 필생의 과업을 수행할 때에는 고통이나 즐거움, 이익이나 손해
에 무관심해야 한다는 이상은 스토아 학파 학설의 핵심이다. 이것은 『바
가바드 기타(*Bhagavad Gita*)』에 묘사된 카르마 요가(Karma Yoga)라는
인도의 이상을 떠오르게 한다. "고통과 쾌락에 무관심하고, 누구도 흐트
러뜨릴 수 없는 고요한 정신. 이러한 정신을 가진 사람만이 불멸을 얻을
수 있다."[33] "따라서 집착을 가지지 말고, 할 일을 하라. 그것이 최고의
경지에 이를 수 있는 길이다."[34] 그러나 인도의 필생의 과업은 카스트 내
의 지위에 따라서 강제되는 것인 반면, 그리스-로마에서의 과업은 자신
의 이성에 따라서 스스로 인식하고 떠맡는 것이다. 여기서 신은 지성, 지
식, 올바른 이성이기 때문이다.[35] 나아가서 인도의 요가에서 궁극적 목
표로 삼고 있는, 몰아 상태의 환희 속에서 이루어지는 해탈인 니르바나
(열반) 상태는 쾌락과 고통에 의해서 흐트러지지 않는 이성적인 정신을
가리키는 그리스의 이상 아타락시아(ataraxia)와 완전히 다르다. 그러나
그 두 관점 사이에는 비교해볼 만한 것도 많다. 특히 그 둘의 기초가 기
독교 학자들이 "범신론"이라고 부를 만한 것이라는 점에서 그렇다. 이
범신론은 실제로 동양——인도이든 극동이든——과 고전 세계의 기초를
이루고 있다. 성서적 관점——유대교이든, 기독교이든, 이슬람교이든——
은 이것에 대항하여 무자비하고, 심지어 호전적인 논쟁을 벌이는 입장에

선다.

 그 자체로 신성한 세계, 즉 신이 모든 것에, 새들의 날아오르는 힘, 번
개, 떨어지는 빗방울, 태양의 불 등 모든 것에 내재한 세계에서는 모든
광경, 모든 생각, 모든 행위에서 신성이 드러난다. 이것을 알아보는 사람
들에게는 그 자체가 시작이자 끝이다. 모두에게, 모든 것 안에, 보편적
계시가 있다. 그러나 그 자체로 신성하지는 않고 창조주가 따로 떨어져
있는 세계에서는 신성이 **특별한** 계시에 의해서만 알려진다. 가령 시나이
산 위에서라든가, 그리스도 안에서라든가, 코란의 말을 통해서라든가 하
는 식이다. 이러한 경우에 의로움은 자연이 아니라 시나이 산을 따름으
로써, 그리스도의 교훈을 따름으로써, 코란을 따름으로써 얻게 된다. 사
람들은 포도 열매를 맺는 포도 덩굴처럼 자신의 역할——그 자체가 삶의
목적이기도 하다——을 잘 수행하기 위하여 사는 것이 아니라, 그리스도
가 말한 대로 "아버지께서 다 갚아주시기를" 바라며 살게 된다. 목표는
지금 여기가 아니라 다른 곳이 된다.

 보수적인 유대교 학자 야코브 호산데르가 지적하였듯이, 성서에서 분
명하게 일신교적인——일신 숭배와는 구별된다——첫 발언은 퀴로스 대
왕 시기인 기원전 539년의 제2이사야에서 발견된다.[36] 그러나 그렇게 보
편화된 신은 여전히 특정하게 야곱이 사는 집의 신이었으며, 그 신은 퀴
로스를 승리로 이끌어서 그의 민족을 되찾았다고 이야기된다.[37] 이어지는
에스라의 발언에서, 모세오경을 종합한 P 텍스트 저자들에서, 로마 시대
의 유대인의 글에서, 이 근본적인 노선에는 단절이 없다. 사실 클라우스
너 교수도 보여주었듯이, 반(半)플라톤주의적인 유대인 철학자들 중에서
가장 헬레니즘의 영향을 많이 받았다고 할 수 있는 필로 유데우스(기원
전 20-서기 54년경)조차도 신을 내재적인 존재로 생각하지 못하였다. 클
라우스너는 이렇게 쓰고 있다.

 필로의 로고스는 근본적인 점에서 헤라클리투스의 로고스나 스토아 학파
 의 로고스와 달랐다. 그들에게는 보편적 지성이나 "들이쉬는 물질"(활기를
 주는 숨을 들이쉬는 물질)이 곧 신이었다. 그래서 그들은 범신론만이 아니

라 어느 정도의 유물론에도 이르렀다("들이쉬는 물질"도 물질이니까). 반면 유대인 필로는 신이 별도의 실체(세계에 포함된)라고 생각하였다.…… 필로의 "로고스"나 「요한복음」의 "말씀"(이것은 필로의 철학에 기초를 둔 것이다)은 스토아 학파에 속하는 헤라클리투스의 "로고스"나 에픽테토스의 "로고스"와 이름 외에는 아무런 공통점을 가지고 있지 않다. 필로의 "로고스"는 거의 전적으로 독창적인 창조물로서, 경전(『미드라시〔Midrash〕』)에 바탕을 둔 유대인의 사상과 가르침의 산물이다.[38]

클라우스너는 말한다. "현재의 세계에는 선과 악이 있다. 절대적으로 선하고 완벽한 신이 불완전의 본질이라고 할 수 있는 악이 포함된 세상을 창조할 수 있었을까?"[39]

이 문제에 대하여 프리기아의 절름발이 노예 에픽테토스가 이미 대답을 하였다.

우리는 잔치에 초대를 받으면 우리 앞에 놓인 것을 먹는다. 만일 주인더러 생선을 내놓으라느니 과자를 내놓으라느니 하고 말한다면, 이상한 사람 취급을 받을 것이다. 그런데도 우리는 신들에게 그들이 주지 않는 것을 달라고 한다. 이미 그렇게 많은 것을 주었는데도 말이다![40]

모든 것을 금으로 만드는 에픽테토스의 마술은 헤르메스의 지팡이가 지닌 마술이었다.

3. 신비교와 묵시록

일본어에서 "자신의 힘"을 뜻하는 지리키(自力)라는 말은 스토아 철학이나 동양의 선 불교와 같은 자립적인 규율을 가리킨다. 반면 "바깥의 힘, 다른 사람의 힘"을 뜻하는 타리키(他力)라는 말은 구원자라는 관념에 의존하는 것으로, 일본에서는 아미타불에 의존하는 방식을 가리킨다. 사람은 지복의 나라에서 무한히 빛나는 태양불의 이름을 부르는 것을 통하여, 죽으면 태양불의 낙원에서 다시 태어나고 그곳에서 니르바나(열반)를 얻게 된다.[41] 헬레니즘 시대 동안 서양에서는 이러한 대중적 불교와 유사한 수많은 신비교가 나타나 번창하면서 점점 큰 영향력을 행사하게 된다. 그러다가 로마 말기에는 우선 미트라교, 이어서 기독교가 제국의 지원을 받았고, 그럼으로써 자기 영역을 확보하게 되었다.

사람들이 모두 철학자인 것은 아니다. 많은 사람들이 자신을 넘어서서 나아가는 데에 향, 음악, 옷과 행렬, 징, 종, 극적인 동작과 외침 등으로 조성된 분위기를 필요로 한다. 그러한 사람들을 위하여 종교의 다양한 스타일이 존재하고 있다. 그러나 대부분의 경우 진리는 상징에 둘러싸여 있어서, 철학자가 아닌 사람은 그것을 인식할 수 없다. 그래서 다양한 수준의 입문이 개발되었으며, 사람의 정신은 그 과정을 통하여 상징의 영역들로부터 점점 높은 수준의 깨달음으로 나아간다고 한다. 말하자면 베일을 차례차례 통과하는 것이다. 그러나 그 궁극적인 깨달음은 신성이 만물에 내재하는 동시에 초월적인 종교냐, 아니면 신과 인간, 창조주와 피조물 사이에 존재론적 차이가 유지되는 정통 조로아스터교, 유대교, 기독교, 이슬람교 신앙이냐에 따라 다르다.

앞의 종교에서는 "타력"과 "자력"이라는 2가지 힘이 궁극적으로 동일한 것으로 인식된다. 타력으로서 섬겨지는 구원자는 실제로 타력이지만 동시에 자력이기도 하다. "만물이 부처이다." 반면 근동의 위대한 정통 종교들에서는 그러한 동일성은 상상할 수가 없다. 생각해볼 수 있다는 이야기조차 전혀 꺼낼 수 없다. 앞의 종교의 목표는 지금 여기서 자아를 깨닫는 것이다. 이 자아는 존재 중의 '존재'와 더불어 하나의 신비를 이룬다. 반면 뒤의 종교들의 목표는 이 세상에서 별도의 존재(신화적 분리)[42]이지만 그럼에도 가까이 있는(편재[omnipresence]) 신을 알고 사랑하고 섬기는 것이다. 그럼으로써 시간이 멈추고 영원을 얻게 되었을 때에 신과 함께 행복해지는 것이다. 첫번째 유형의 종교의 지시 대상("신")은 절대로 다른 곳에 있는 인격체가 아니다. 따라서 우리가 알고, 사랑하고, 섬길 수 없고, 나중에 보게 될 수도 없다. 그것은 "신"이라는 입문적이고 지식 방출적인 비유를 통하여 얻게 되는 깨달음의 상태이다. 하나의 기호와 같다. 이러한 기호의 기능은 심리적 변화를 일으키는 것이며, 여기서는 심리적 변화 그 자체가 직접적인 가치를 가진다. 반면 정통 신화의 기능은 앞으로 다가올 영혼의 상태에 정신과 의지를 고정시키는 것이다.

첫번째 유형, 또는 이교도-동양 유형의 한 예로, 이란에서 나와 한때 위세를 떨쳤던 미트라 신비교를 들 수 있다. 이것은 헬레니즘 시대에 조로아스터교의 한 이단으로서 근동에서 꽃을 피우게 되었는데, 로마 시대에 아시아와 유럽 양쪽에서 기독교의 가장 강한 경쟁자였으며, 북쪽으로 스코틀랜드 남부까지 위세를 떨쳤다. 미트라 신비교 안에는 7단계의 입문이 있었다. 첫번째 단계에 들어서는 초보자는 "갈가마귀(corax)"라고 부르는데, 입문 의식에서 사제는 12궁의 동물들을 나타내는 가면을 썼다. 이 시기에 천문학은 수메르-칼데아에서 수백 년 동안 관찰한 자료에 그리스의 사상을 적용함으로써 새로운 발전을 이루고 있었다. 당대의 모든 종교에서 12궁은 시간과 공간에 얽힌 인과율의 한계를 설정하면서 영원히 회전하는 천계를 나타내게 되었다. 그 안에서 한계가 없는 '영'이 활동하고 있다. 이 영은 움직이지 않으면서도 모든 것 안에서 움직인다. 눈에 보이는 7개의 천체——달, 수성, 금성, 태양, 화성, 목성, 토성——의 궤도들은 지구를 둘러싸고 있는 7개의 덮개이며, 영혼이 태어나기 위해서 지구로 내려올 때에는 이 덮개들을 통과해야 한다. 사람은 각각의 천체로부터 특정한 시공간적인 특질을 부여받는다. 이것은 한편으로는 그의 성격을 형성하지만, 다른 한편으로는 성격의 한계로 작용한다. 따라서 7단계의 입문은 영혼이 7개의 한계를 하나씩 통과하도록 도와줌으로써, 마침내 아무런 제한이 없는 상태를 실현하자는 것이었다.

입문 단계의 상징인 죽음의 검은 새 갈가마귀는 입문자를 싣고 상징적으로 달의 영역 너머로 간다. 어디서나 마찬가지이지만 여기서도 달은 출생과 죽음이라는 인생의 순환이 차고 이우는 것을 나타낸다. 즉 존재의 식물적 측면에 영양을 주고 활력을 주는 에너지를 나타낸다. 입문자의 상상력은 갈가마귀가 되어, 육체를 변화와 해체의 손에 맡겨두고 날아간다. 그리고 달의 문을 통과하여 두번째 천체에 이른다. 두번째 천체인 수성(머큐리, 그리스에서는 헤르메스, 이집트에서는 토트, 독일에서는 보덴 또는 오틴)은 신비한 힘과 마술의 영역이며, 재탄생의 지혜의 영역이다.

이제 "숨은 주인(cryphius)"이라는 호칭을 가지게 된 입문자는 두번째 의식을 통하여 수성으로부터 금성으로 가게 된다. 금성은 욕망의 미혹의 영역으로서, 신비한 소리를 지니고 있다. 입문자는 그곳에서 다시 몇 가지 입문 경험을 하게 된다. 그런 다음에 입문자는 "병사(miles)"가 되어 태양의 영역으로 가게 된다. 그곳은 지적인 오만과 힘의 영역이다. 거기서 입문자는 칼 위에 걸린 왕관을 받는다. 입문자는 그것을 손으로 밀어 떨굼으로써, 미트라만이 자신의 왕관이 되어야 함을 선포한다. 그는 여기서 "사자(leo)"가 되어 포도주가 섞인 물과 빵을 먹는 성스러운 식사에 참여한다. 이것은 최고의 졸업 의식이다. 그는 여기서 태양의 문을 통과하여 다섯번째 영역인 화성의 영역, 대담함과 무모함의 영역으로 들어간다. 여기서 그는 프리기아 모자와 구원자 미트라의 헐렁한 이란 옷을 입고, "페르시아 인(perses)"이라는 칭호를 얻게 된다.

그러나 아직 두 단계의 변화 과정이 남아 있다. 우선 무모하고 성급한 마음을 진정시키고, 목성으로 간 다음에 그곳에서 "태양의 달리기 선수(heliodromus)"가 된다. 그리고 마지막으로 목성에서 토성으로 올라가서는 그곳에서 "아버지(pater)"라는 신성한 존재가 된다. 이러한 입문 과정에서 겪는 시련은 쾌락과 고통에 대한 무관심이라는 스토아 학파의 덕을 계발하는 데에 도움을 준다. 상징적인 이미지들은 그의 마음에 어떠한 본질적인 태도들을 각인시켜 놓는다. 이 의식은 보통 세상의 동굴을 상징하는 작은 동굴에서 거행된다. 이곳에서 대우주(우주), 중우주(예배), 소우주(영혼)의 결합이라는 오래된 신화적 주제가 나타난다. 입문자는 신의 내재성이라는 교리를 명상하는 가운데 점차 자기 존재의 초월적 현실성을 경험하는 단계로 나아간다.

신은 영감의 원천이 되어야 하고, 시간이 지나면 입문자의 육화된 형태가 된다. 이 신은 옛 아리아 족의 신 미트라(Mithra)──베다에서는 Mitra──이다. 그의 이름이 처음 나타난 것은 앞에서도 언급한 것처럼 기원전 1400년경 히타이트 족과 미탄니 족 사이의 협정 문서에서였다.*
그 문서에서 미트라는 조약의 증인으로서 조약을 승인해줄 베다 시대 아
리아 인의 다섯 신 가운데 하나였다. 그 신들은 미트라, 바루나, 괴물을
죽인 인드라, 말을 탄 쌍둥이 신 아슈빈스와 나사탸였다. 따라서 미트라
는 조로아스터교의 가사에는 언급되지 않았지만, 매우 오래된 신이며, 북
부 아리아 인에게서 나왔다는 것을 알 수 있다. 나중에 『아베스타』(기원
전 6세기경)의 「야슈트」에서는 그 이름이 페르시아 형태로 다시 나타난
다. 미트라는 야자타, 즉 "숭배받는 자"들이라고 알려진 천사단에서 가장
위대한 존재로 나온다. 그는 "넓은 초원의 주"로 일컬어지고, 창조주로부
터 직접 칭찬을 받으며, 베다의 괴물을 죽인 인드라와 마찬가지로 "천
개의 귀, 만 개의 눈"을 가진 것으로 나온다. 아후라 마즈다는 그의 예언
자 조로아스터에게 이렇게 선포하였다. "나는 그를 내가 받는 것과 같은
희생과 기도를 받을 자격이 있는 존재로 창조하였다."[43]

그러나 미트라는 헬레니즘 시대가 되어서야 비로소 최고의 상징의 자
리를 차지하게 되었던 것 같다. 이때부터 미트라는 서로 관련되었지만
대조를 이루는 2개의 표현물에 나타난다. 〈그림 23〉은 서기 2세기의 이
미지인데, 이러한 이미지는 유럽 전역에서 수도 없이 찾아볼 수 있다. 이
러한 이미지의 원형은 기원전 3세기말에 페르가몬의 한 조각가가 창조한
것인데, 아마 알렉산더에게서 영향을 받은 것 같다.[44] 이 영웅이자 구원자
는 헐렁한 이란의 옷을 입고, 훗날 프랑스 혁명 시대 이성의 빛의 예언
자들이 채택하였던(절대 우연이 아니다) 프리기아 모자를 쓰고, 타우록
토누스(Tauroctonus), 즉 '원시의 황소를 죽이는 자'로서 최고의 상징적
행동을 하고 있다. 이것은 정통 조로아스터 체계에서는 사악한 적대자
앙그라 마이뉴에게 맡겨진 역할이었다.**

조로아스터교의 일반적인 관점에서 보자면 세상의 모든 악은 '거짓의
악마' 탓이다. 그 악마는 구세주 사오샨트가 나타날 때 결국 제거된다.
조로아스터교에는 또 그 메시아의 날을 실현하기 위한 모든 덕행에 대한

---

* 146쪽 참조.
** 240쪽과 비교해보라.

〈그림 23〉 소를 죽이는 미트라.

언급이 있다. 이 전통 전체의 바탕에는 역사적 방향성을 가지고 앞으로
나아간다는 묵시적 주제가 깔려 있다. 반면 헬레니즘에서 페르시아의 신
이자 구세주 미트라를 표현한 것을 보면, 희생이라는 불멸의 신화적 상
징에 대한 새로운 해석——어쩌면 원시적인 해석이 부활한 것일 수도 있
다——이 나타난다는 것을 알 수 있다.

　여기서 『신의 가면 : 원시 신화』에 묘사된 그 야만적 의식에 대하여
다시 한번 이야기를 하여야겠다. 그것은 성스러운 존재를 죽이고, 자르고,
묻는 의식이다. 그 몸에서는 식량이 되는 모든 식물이 자란다.[45] 이 의식
에 표현된 원시적인 관점에 따르면, 세상은 긍정하여야 할 대상이지 개
선하여야 할 대상이 아니다. 합리적으로 생각하는 도덕주의자가 가장 끔
찍하고 비천한 죄로 생각하는 것도 마찬가지이다. 바로 거기에 창조력이
자리 잡고 있기 때문이다. 죽음, 부패, 폭력, 고통으로부터 생명이 나오기
때문이다. 윌리엄 블레이크의 말을 빌자면 이렇게 표현할 수 있다. "사자
의 포효, 늑대의 울부짖음, 폭풍우 치는 바다의 들썩거림, 파괴적인 칼

등은 모두 영원의 한 부분들로서, 너무 크기 때문에 인간의 눈으로는 볼 수가 없다.”[46] 따라서 이러한 관점에 따르면, 영웅주의의 미덕은 자연의 본성을 개혁하려고 하는 의지에 있는 것이 아니라, 그것을 승인하는 용기에 있다. 그리스-페르시아 헬레니즘 시대의 신비교를 지배하는 것도 이렇게 세계를 사랑하는——정통적인 종교의 세계를 개선하는 태도가 아니다——신비하고 낙관적인 긍정이다.

우리가 미트라교에 대해서 알고 있는 것 대부분을 밝혀낸 연구자인 프란츠 쿠몽 교수는 미트라 타우록토누스 이미지의 훌륭한 예들에서는 신의 얼굴에 비탄과 동정심이 나타나 있다고 말한다. 신은 칼을 꽂고 그럼으로써 죽음 위에서 살아가는 생명의 죄——이것을 죄라고 부를 수 있다면——를 스스로 떠맡는다는 것이다.[47] 기독교에서 이에 상응하는 ‘십자가의 희생’이라는 이미지에서는 구세주가 자기 어깨에 인류의 죄를 떠맡는 것으로 되어 있다. 그러나 그에게 죄가 있다고 한 유대인들, 그를 배반한 유다, 그를 십자가에 못박은 본디오 빌라도에게는 여전히 끔찍한 죄가 남아 있다. 기독교에서는 신인(神人)이 희생자 또는 희생양이지만, 미트라교에서는 신인이 희생제의를 주관하는 사제이다. 이것들을 〈그림 18〉의 크레타의 희생제의와 비교해보라. 그는 그 자신이 세상을 계속 새롭게 하는 야만적 행동을 직접 수행하고 있다. 그는 〈그림 16〉의 사자-새, 태양의 새이다. 그 황소는 우리가 보기에는 고통을 겪고 있지만, 사실은 오래된 웃음을 짓고 있는 우주 소와 똑같다.

〈그림 23〉에서는 칼이 황소를 파고든 곳에서 피가 낟알로 나오고 있다. 이것은 이미 언급한 옛 신화를 확인해주는 동시에, 낟알이 황소의 골수로부터 나온다는 조로아스터교의 주제를 확인해주는 것이기도 하다.* 밑에서는 뱀이 미끄러지고 있는데, 늘 그렇듯이 뱀은 죽음의 허물을 벗고 갱신의 주기로 들어가는 생명의 원리를 나타낸다. 이란 신화에서 개는 사람의 친구이자 대응물로 나오며, 첫 부부의 이야기에서는 고기를 처음으로 무는 것으로** 나온다. 여기서는 희생에 의해서 양육된 원형적

---

* 240쪽 참조.
** 242쪽 참조.

삶을 보여주는 낟알(피)을 먹고 있다. 반면 황소의 고환을 잡고 있는 전갈은 죽음의 승리를 상징한다. 삶만이 아니라 죽음도 존재의 한 과정에 일면이기 때문이다.

황소와 전갈은 천문학과도 관련되어 있다. 모든 점성학적 도상학(圖像學)의 기초가 놓이던 수백 년의 기간(기원전 4300-2150년경) 동안에 타우루스, 즉 황소의 12궁 상징은 춘분점에 있었고, 스코르피오, 즉 전갈의 상징은 추분점에 있었다. 당시에는 레오, 즉 사자가 하지 태양의 상징이었다. 태양이 겨울을 향하여 내려가기 시작하면, 아쿠아리우스, 즉 물병이 동지의 궁(宮)에 들어가고, 거기서 매년 12월 25일에 태양신(솔 인빅투스[Sol invictus])이 다시 태어났다.

헬레니즘 시대 미트라교의 동굴에서는 가면 의식으로 이러한 모든 태양 주기 축제들을 기념하였고, 여기에 입문 의식이 덧붙여졌다. 우리는 많은 출처로부터 실제의 황소 희생제의, 즉 타우로볼리움[taurobolium]에 대해서 어느 정도 알고 있다. 황소 희생제의는 입문자가 들어가 누워 있는 구덩이 위에서 이루어졌으며, 따라서 입문자는 폭포처럼 떨어지는 황소의 뜨거운 핏덩이 세례를 받아야 하였다.[48] 희생물의 앞뒤에 서 있던 조수는 햇불을 하나씩 들고 있다가, 한 사람은 위로 올리고 한 사람은 아래로 내렸다. 이것은 빛의 상승과 지옥으로의 하강을 상징하였다. 동시에 이것은 해가 뜨는 것과 해가 지는 것, 춘분과 추분, 출생과 죽음, 희생제의를 중심으로 빛의 에너지가 순환하는 것 등을 상징하였다. 다도포르라고 부르던 이 두 조수는 황소와 전갈의 머리를 들고 있기도 하였는데, 이것은 황소자리와 전갈자리를 상징하는 것이었다. 이들은 그리스도와 함께 십자가에 못박힌 두 강도와 비교되기도 하였다. 두 강도 가운데 하나는 천국으로 올라가고, 하나는 지옥으로 내려갔기 때문이다. 마찬가지로 중세의 기독교도에게는 두 조수가 지혜로운 처녀와 어리석은 처녀, 즉 활활 타오르는 등불을 높이 들고 있는 처녀와 등불을 꺼뜨린 처녀에 비교될 수도 있는 것이었다.[49] 그러나 일반적인 기독교적 독해에서는 그러한 상징에 도덕적인 경향이 가미되기 때문에 그 신비한 의미는 사라져 버린다. 이를 지속시키려면 지옥도 구원을 받아야 한지만, 기독교 이원론의 핵심은 죄는 절대적으로 악하고, 지옥은 영원하며, 지옥에 간 영혼은 영원히 저주받는다는 것이다.

페르시아의 구세주 미트라의 신화적 전기에 대해서는 알려진 것이 거의 없다. 그럼에도 그리스도나 조로아스터에 나타나는 주제와 유사한 것들이 많이 발견된다. 그러나 다도포르의 경우에서도 알 수 있었듯이, 그 유사한 것들은 한 수준에서는 유사하고, 또 실제로 같은 출처에서 파생된 것이기도 하지만, 우주와 인간의 본성을 읽는 데서는 완전히 다른 면모를 보여준다. 그것들은 도덕적 교정에 반대하여 신비한 긍정을 주장하며, 희생과 관련하여 더 오래되고 원시적인, 그리고 일반적으로 이교도적인 점들을 재긍정한다.

미트라는 가요마르트——미트라는 어떤 의미에서는 가요마르트의 대립적 대응물이라고 할 수 있을 것이다——와 마찬가지로 성스러운 나무 밑의 성스러운 냇물 옆에서 태어났다. 미술 작품을 보면 그는 "탄생의 바위(petra genetrix)"에서 벌거벗은 아이로 나타난다. 머리에는 프리기아 모자를 쓰고, 손에는 횃불을 들고, 단검으로 무장을 하고 있다. 그가 태어난 것은 솔로 아에스투 리비디니스(solo aestu libidinis), 즉 "리비도(창조적인 열)의 열만으로"[50] 이루어진 일이라고 한다. 이 주제에 대한 수많은 논의 가운데 한 곳에서 카를 G. 융 박사가 지적하였듯이, 여기에는 신화의 모든 기본적인 어머니 상징들, 즉 대지(바위), 숲(나무), 물(냇물)이 결합되어 있다.[51] 땅은 원형적인 인간을 낳았다——동정녀의 탄생이다. 그래서 우리는 이 출생이 상징적이라는 것을 알 수 있다(아담이나 가요마르트의 출생은 선사 시대에 일어난 일이라고 주장되지만, 이 경우에는 그러한 주장이 없다). 근처에는 목자들이 양떼를 몰고 와서 출생을 지켜보며 구세주에게 경배를 드리고 있다. 크리스마스의 출생 장면과 비슷하다. '제2의 아담'인 그리스도는 인간의 이미지를 갱신한 존재이다. 페르시아의 구세주 미트라에게는 두 아담이 결합되어 있다. 그가 지상에 살면서 보여준 행동에는 죄도 없고 타락도 없기 때문이다. 아이는 칼로 나무의 열매를 따서 모았고, 그 잎으로 옷을 지었다. 이것도 아담과 비슷하지만, 역시 죄는 없다. 이어서 아이가 바위를 향하여 활을 쏘는 장면이 나온다. 바위에서는 물이 솟아올라서 무릎을 꿇고 있는 탄원자들에게 힘을 준다. 다른 신화에는 이러한 장면이 없지만, 이 일화는 모세가 사막에서 지팡이로 바위를 두드려 물을 만들어내는 일화(「출애굽기」 17 : 6)와 비교되어왔다. 그러나 모세는 바위를 2번 두드림으로써 죄를 지었고, 그 결과 약속된 땅에 들어가지 못한다. 아담이 죄를 지어 낙원에서 쫓겨나는 것과 마찬가지다. 그러나 구세주 미트라는 어머니 나무의 열매도 먹고, 어머니 바위에서 생명의 물을 끌어내기도 하지만, 어디에도 죄는 없다.

원시의 황소가 산자락에서 풀을 뜯고 있을 때, 젊고 강건한 신이 그 뿔을 잡고 등에 올라탔다. 황소가 미친 듯이 뛰는 바람에 신은 곧 앉은 자리에서 미끄러졌지만 뿔은 놓지 않았다. 신은 큰 짐승이 쓰러질 때까지 질질 끌려갔다. 마침내 신은 황소 뒷발의 두 발굽을 잡고서 어깨에 메었다. 이렇게 해서 이른바 트란시투스(transitus), 즉 살아 있는 황소를 거꾸로 메고 많은 장애를 피하여 동굴까지 가는 어려운 일이 시작되었다. 영웅과 황소 모두에게 고통스러운 이 시련은 일반적인 인간 고난과 더불어 깨달음을 향하여 나아가는 입문자의 구체적인 시련들을 상징하게 되었다. 이것은 나중에 기독교의 비아 크루키스(Via Crucis, 십자가의 길/역주)에 상응하는 것이다(그 힘에서는 비교할 것이 못되지만). 신이 동굴에 도착하자 태양이 보낸 갈가마귀가 희생제의의 때가 왔다는 말을 전한다. 신은 희생물의 콧구멍을 잡고 칼을 옆구리에 찔러 넣는다. (입문 첫 단계의 갈가마귀가 여기서는 달의 짐승인 황소의 희생과 관련되고 있음을 알 수 있다. 다시 〈그림 16〉을 보라.) 황소의 척수에서는 밀이 솟아나왔고, 그 피에서는 포도 덩굴이 솟아나왔다——여기에서 성찬식의 빵과 포도주가 나온 것이다. 그 씨앗은 달이 모으고 정화시킨다——정통 조로아스터교 신화에서처럼 말이다.* 이 씨앗은 인간을 섬기는 쓸모 있는 동물들을 만들어낸다. 그리고 우리가 이미 그림에 나타난 장면에서 보았듯이, 죽음과 재탄생의 여신-어머니의 동물들——전갈, 개, 뱀——이 몇 가지 일을 하기 위해서 찾아온다.[52]

---

* 240쪽 참조.

〈그림 24〉 제르반 아카라나.

　　그러나 "황소의 피에 씻겨지는" 입문자와 관련된 신화와 의식은 이 종
교의 두번째로 주요한 이미지인 제르반 아카라나(Zervan Akarana), 즉
"가없는 시간"으로 상징되는 더 깊고 더 큰 신비로 들어가는 서두에 지
나지 않는다. 〈그림 24〉에 나오는 이 신비의 이미지는 로마의 항구 오스
티아에 있는 미트라 신전 유적지에서 발견된 것이다. 이 신전은 서기
190년에 C. 발레리우스라는 사람과 그의 아들들이 헌납한 것이다. 이 이
미지에 나오는 벌거벗은 남성은 사자의 머리를 쓰고 있다. 그의 등에는
4개의 날개가 달려 있는데, 이것은 한 해의 사계절을 상징한다. 양손에는
열쇠를 쥐고 있는데, 왼손에는 권위를 나타내는 홀도 쥐고 있다. 그의 몸
에 6번을 돌며 휘감기어 있는 뱀은 그의 이마 위에 머리를 올려놓고 있

306

다(일곱번째 감기어 있다). 남자의 가슴에 있는 상징은 어떠한 것도 저항할 수 없는 불의 번개를 상징한다.[53]

그러나 이 불의 번개라는 상징은 바지라다라 부처, 즉 "번개를 가진 부처"라고 알려진 부처의 한 측면에 대한 일반적인 속성이기도 하다. 그 형태도 똑같다. 바지라다라 부처는 시공간에 나타나는 부처가 눈에 보이는 표현물들에 지나지 않는다는 최고의 깨달음을 나타낸다. 번개는 부처의 손에 나타날 수도 있고 가슴에 새겨져 있을 수도 있다. 이것은 (하인리히 치머의 말을 빌면) "금강석처럼 단단한 진리와 현실성을 가진 무기나 물질을 상징하는 것으로, 이에 비하면 다른 모든 물질은 연약하기 그지없다."[54] 산스크리트 바지라(vajra)는 "번개"를 나타내기도 하고 "금강석"을 나타내기도 한다. 금강석은 다른 어떠한 돌로도 자를 수 없듯이, 번개 앞에서는 모든 것이 쓰러진다. 그것들은 단지 현상의 영역에 속하여 아무런 저항을 할 수 없다. 바지라야나, 즉 "번개의 길"(일본에서는 진언[眞言])이라고 알려진 불교의 분파는 탄트라 불교의 매우 대담하고 화려하며, 마술적이고 신비한 형태이다.[55] 여기에서 불교의 신비주의자는 명상, 자세, 주문에 의해서 자기 내부에 내재하는 바지라의 힘을 실체화할 수 있으며, 이것을 마법이나 궁극적 깨달음을 얻는 데 이용할 수 있다고 한다.[56]

나는 『신의 가면 : 동양 신화』에서 중국과 일본에서 인기를 얻은 태양불 아미타바-아미타유스(아미타바[amitabha]는 "무한히 광채를 발한다"는 뜻이고, 아미타유스[amitayus]는 "영원히 지속된다"는 뜻이며, 일본에서는 아미타로 알려져 있다)를 섬기는 종파에서 이란의 분명한 영향력을 볼 수 있다고 말한 적이 있다. 이 부처에 대한 숭배는 서기 100년경 인도 북서부에 처음 나타나며, 그곳에서 극동으로 퍼져나갔다.[57] 이 종파는 "외적인 힘(타리키)" 유형이며, 자주 반복되는 나무아미타불(南無阿彌陀佛), 즉 "아미타 부처에게 영광을"이라는 갈망을 특징으로 가지고 있다. 정신과 마음은 그러한 반복적 낭송을 통하여 이 무한히 동정심 많은 구세주를 맞이할 준비를 갖추게 된다는 것이다. 그러나 이제 주목하여야 할 것은, 바로 같은 기간에 헬레니즘화한 이란의 영향이 서쪽으로 훨씬 더 강력하게 퍼져나가서, 유럽 전역에 주둔하던 로마군 사이에서 미트라 의식이 성행하였다는 점이다. 다뉴브 강과 라인 강 골짜기, 이탈리아와 프랑스 남부, 나아가서 스페인에 이르기까지 미트라 신전들이 즐비하였다. 로마 제국으로 끌려간 레반트의 노예들 가운데 많은 수가 입문자들이었으며, 코모두스(서기 180-192년 재위)에서 율리아누스(361-363년 재위)에 이르기까지 후기 황제들 가운데 많은 수도 입문자였다. 아우렐리아누스가 확립한 제국의 솔 인빅투스(무적의 태양) 숭배는 미트라 숭배와 통합되었다. 통합주의는 동양의 토착 지역들만이 아니라 유럽의 토착 지역의 정서에도 맞아떨어지는 것이었다. 그래서 알렉산더 대왕 이후에 세계 전역에는——스코틀랜드에서 아프리카 북부까지, 그리고 동쪽으로는 인도와 심지어 극동에 이르기까지——무한히 다양한 형태를 가진 단일하고 풍부하고 화려한 종교 제국이 성립하였다. 이 제국에서는 많은 수준에서 여러 민족의 모든 신들이 결합하여 조화를 이루었다. 이 민족들에는 켈트, 게르만, 로마, 그리스, 그리고 동양의 여러 민족들이 포함된다.

2세기와 3세기 유럽의 미트라 신전에 새겨진 나마, 나마, 세베지오(Nama, nama, Sebezio)라는 갈망에서 나무아미타불의 메아리가 들리지 않는가?[58] 물론 미트라 신전에서 부르는 신은 그리스의 사바지오스이다. 제인 해리슨도 지적하였듯이, 사바지오스는 디오니소스의 쌍둥이이며, 그 상징은 황금 뱀이다. 황금 뱀은 오르페우스교의 입문 의식에서는 "꽃 사이"를 미끄러지며, 신과 신자의 결합을 상징적으로 암시한다.* 힌두교의 인기 있는 신 비슈누는 인간-사자인 나라시마로 나타나기도 하는데, 여기서도 우리는 사자-인간을 볼 수 있다.

〈그림 24〉로 돌아가서, 우리는 왼쪽 아래의 구석에서 불의 신이자 금속을 가공하는 신인 불카누스의 집게와 망치를 본다. 이 불은 금속을 원광으로부터 가공해내는 수단이 되는 불이며, 대장장이가 형태를 만드는 수단이 되는 불이다. 오른쪽 하단에는 새로운 태양을 알리는 수탉이 있다. 수탉 앞에는 솔방울이 놓여 있다. 이것은 늘 자신을 새롭게 하는 우

---

* 217쪽 참조.

주의 나무에서 만들어지는 생명의 씨앗을 상징한다. 그리고 마지막으로 사자-인간의 몸을 휘감고 있는 뱀은 헤르메스의 지팡이에 다시 나타나고 있는데, 이것은 그 형태에서만이 아니라 의미에서도 라가시 구데아 왕의 컵(〈그림 1〉)의 예와 일치하고 있다. 사자-인간을 둘러싸고 있는 뱀은 하나였지만, 헤르메스의 지팡이에서는 둘이 되었다——마치 아담이 아담 과 이브로 된 것처럼 말이다. 그리고 이 2마리의 뱀은 축을 이루는 기둥 (악시스 문디〔axis mundi〕, 세계의 축), 즉 사자-인간의 척추를 감고 있 다. 사자-인간은 시간의 모든 생산물의 알파요 오메가이다.

다시 말하면, 이 코스모폴리탄 시기의 통합적인 신화적 지식은 세계의 구석구석에서 아무렇게나 긁어 모은 것이 절대 아니었다. 이 지식을 관 통하는 상징은 매우 일관성이 있으며, 나아가서 옛날의 모든 종교 형태 들이 공유하고 있는 공통 유산과 조화를 이루고 있다. 농업에 기반을 둔 높은 수준의 문화에서 나온 이 모든 종교들은 사실 신석기, 청동기, 철기 의 몇 가지(놀라울 정도로 적은 숫자다) 통찰로부터 발전해오면서, 지역 에 따라 그 나름의 풍경과 약간 다른(완전히 다르지는 않지만) 요구를 지닌 풍습에 적응을 해온 것이다. 따라서 이 문화 교류의 시대에 자신의 전통에서 제대로 훈련을 받은 사람이라면 다른 종교들을 금방 통합할 수 있었다. 사실 오늘날에도 그 유사성들을 인식하는 것은 그리 어렵지 않 다. 일반적인 유대-기독교의 초월에 대한 관념에 너무 몰두하여, 평생 종 교를 연구해오고도 내재성에 대하여 기본조차 알지 못하는 학자가 아니 라면 쉽게 인식할 수 있다.

베다 시대 아리아 인——이들은 아리아 계 페르시아 인들과 친족 관 계이다——의 전승에서 미트라(Mitra, 페르시아의 Mithra) 신은 늘 바루 나와 함께 나타난다. 둘의 관계는 매우 밀접해서, 보통 단일한 이중 명사 인 미트라바루나우(Mitrāvaruṇau)로 나타난다. 찬송가에서 바루나는 별이 가득한 순환하는 하늘의 우주적 리듬(르타〔ṛta〕)의 주관자로 묘사된다.[59] 반면 그의 나머지 반쪽인 미트라 신은 밤에 바루나에 가려져 있던 새벽 의 빛을 낳는다. 후기 베다의 제의 문헌에서는 희생의 기둥에서 미트라 는 하얀색 희생물을 받고, 바루나는 검은색 희생물을 받아야 한다고 지시되어 있다.『샤타파타 브라마나(*Shatapatha Brahmana*)』에서 미트라-바루나라는 복합적 인간은 "협의와 권력"으로 분석되어 있다. 거기에는 이렇게 나와 있다. "이들은 그의 두 자아이다. 미트라는 협의이고, 바루나는 권력이다. 미트라는 사제의 지위이고, 바루나는 왕의 통치이다. 미트라는 아는 존재이고, 바루나는 실행하는 존재이다."[60] 〈그림 24〉와 비교해보면 제르반 아카라나, 즉 뱀이 7바퀴를 감고 있는 벌거벗은 사자-인간 역시 이중의 신이라는 것을 알 수 있다. 사자는 영원한 태양의 빛을 상징한다. 뱀은 멈추지 않고 율동적으로 순환하는, 달의 영향 하의 조수와 같은 시간의 물결을 상징한다. 따라서 이 그림은 그 이름, 제르반 아카라나, 즉 "가없는 시간"이 말하는 그대로이다. 이 속에서는 영원과 시간이 하나인 동시에 둘이다. 그러나 누가 시간의 한계 너머 어딘가에서 이 존재를 만날 것이라고 생각한다면(시간은 한계가 없는데도), 그는 입문의 지점을 놓친 것이고, 따라서 다시 갈가마귀 단계로 돌려보내져야 할지도 모르겠다.

뱀은 그의 몸을 7겹으로 감고 있다. 이것은 일시성의 겹이다. 이것이 헬레니즘 세계에서는 7개의 천체와 동일시되는데, 이에 따라서 요일의 이름이 지어졌다. 가령 일요일(Sun-day), 월요일(Moon-day), 화요일(Mars〔게르만에서는 Tīwes〕day), 수요일(Mercury〔게르만에서는 Woden〕day), 목요일(Jupiter〔게르만에서는 Thor〕day), 금요일(Venus〔게르만에서는 Frigg〕day), 토요일(Saturn-day)처럼 말이다. 우리는 이미 신비의 길이 이 7겹의 베일을 뚫고 금강석과 같은 진리에 이른다는 것을 보았다. 그리고 그 진실이 이제 사자-인간의 상징으로 우리에게 드러났다.

이미 보았듯이, 입문의 길을 따라가는 도중에 타우로볼리움(taurobolium, 황소를 죽이는 것)을 연기하게 된다. 이것은 구세주 미트라가 황소를 죽이는 행위를 되풀이하는 것이다. 마찬가지로 인도의 베다 신화에서 전사왕이자 신들의 구세주인 인드라는 모든 것을 둘러싸고 있는 브리트라를 죽인다. 브리트라는 뱀이기는 하지만, 동시에 황소로 묘사되어 있다. 그는 바루나가 지닌 힘의 부정적 측면이다. 그리고 그를 죽인 인드라는 많은 점에서 페르시아의 미트라 타우록토누스와 비슷하다. 이들 모두 천

개의 눈을 가지고 있다. 이들 모두 시간 속에서 활동하는 빛 또는 태양이 지닌 힘의 적극적이고 눈에 두드러지는 측면이다. 이들 모두 자신의 행위로 세상을 다시 새롭게 한다. 그리고 자격이 있는 사람들을 불러다가 거행하는 의식에서 사제들은 그들의 희생제의를 재연함으로써 수혜자에게 영생의 지식을 전한다. 예를 들어서 베다의 『타이티리야 삼히타(*Taittiriya Samhita*)』에는 이러한 말이 있다. "사제는 미트라의 도움을 얻어서 그(수혜자)를 위하여 바루나를 희생물로 드리며…… 그를 바루나의 올가미에서 풀려나게 한다. 그래서 그는 생이 얼마 남지 않았다고 하더라도 아주 활기차게 살게 된다."[61] 따라서 페르시아의 사자-인간과 황소를 죽인 자의 상징들은 베다의 미트라-바루나와 용-황소를 죽인 자와 정확하게 일치한다.

나아가서 페르시아의 미트라 타우록토누스가 행동을 할 때에 옆에서 횃불을 들고 서 있는 두 사람의 다도포르가 있는 것과 마찬가지로, 인도의 베다에서도 그에 상응하는 두 사람을 찾아볼 수 있다. 이들 역시 삭망(朔望)——외관상 대립의 통일——의 원리를 나타내는데, 이들은 쌍둥이 기마신 나사탸, 또는 아슈빈이다. 이들은 하나의 영적인 인격의 두 반쪽으로서, 여러 가지 관련 중에서도, 하늘과 땅(즉 위와 아래), 영원과 시간, 사제와 왕 등과 동일시된다.[62] 여기서 다시 한번 기원전 1400년경 히타이트의 왕과 미탄니의 왕 사이의 조약에 증인으로 소환되었던 베다의 다섯 신의 이름을 기억해보자. 그들은 정확히 미트라, 바루나, 인드라, 쌍둥이 기마신 나사탸였다. 이들 다섯은 제르반 아카라나(=미트라바루나우), 미트라 타우록토누스, 미트라교의 두 다도포르와 정확히 일치한다. 그러므로 미트라교는 히타이트 족과 미탄니 족이 1천1백 년 전 번창하였던 근동의 바로 그 지역에서 나온 것으로 보인다.[63]

여기에 대해서는 할 이야기가 아직도 많다. 그러나 현재의 목적에 비추어볼 때 이미 충분히 이야기를 한 것 같다. 여기서 나는 적어도 1가지만은 분명히 해두고 싶다. 이 주제를 연구하는 어떤 학자들은 헬레니즘 시기의 통합주의적 신비교들에서 유치한 행동이나 사고를 뒤섞어놓은 것 외에 다른 것은 찾기 힘들다고 생각하는 경우가 있다. 그러나 그러한 결함이 고대에만 있는 것은 아니다. 이러한 종교들의 기능은 이러저러한 수단을 이용하여, 지식을 찾는 입문 후보자에게 심리적 변화를 일으키는 것이었다. 그러면 입문 후보자는 몇 가지 깨달음을 얻어서 마음의 안식을 누릴 수 있었다. 그 깨달음이란 신성은 우주 만물의 모든 입자 속에 내재하는 동시에 그것을 초월한다는 깨달음, 이원론은 부차적인 것이라는 깨달음, 시간은 가없는 것으로 절대 끝나지 않기 때문에 예언자 조로아스터의 윤리적이고 이원론적인 가르침에서처럼 시간의 끝이 왔을 때 이원론을 사라지게 하는 것이 인간의 목표일 수는 없다는 깨달음 등이었다. '가없는 시간', 즉 제르반 아카라나는 그 부젓가락으로 모든 것을 쥐고 있다. 그 망치로 만물을 두드려서 만들고 있다. 그리고 그 어려운 입문 과정들을 통하여 금강석과 같은 현실에 대한 지식을 만들어낸다. 그 금강석과 같은 현실이야말로 이원론이라는 모호한 베일을 넘어서, 지금 여기에서 우리 모두의 진실한 영원성이다.

이러한 가르침은 본질적으로 인도의 요가 학파들의 가르침과 똑같다. 굽타와 굽타 이후 시기의 쿤달리니 요가와는 특히 두드러지는 유사성을 보여준다. 이 학파에서는 "뱀의 힘", 즉 요가 수행자의 영적인 힘을 척추의 밑동에 있는 가장 낮은 자리로부터 내부의 길을 따라 머리의 정수리까지 끌어올려서, 7단계를 완성하는 것을 목표로 삼았다. 이 단계마다 헌신의 낮은 수준에 존재하였던 심리적 한계를 넘어야 하였다.[64] 인도에서와 마찬가지로, 이 헬레니즘 신비교에서도 최고 경지에 이른 입문자는 자신의 신성을 실현함과 동시에 신으로서 명예를 누렸다. 자신의 신성이 실현된 인간보다 더 나은 신성의 표시가 어디에 있겠는가? 또한 이 시대 이교도의 신비교 영향을 받았던 사람들 가운데에는 혼란스러운 정신 때문에 우리의 동정이나 경멸을 받을 수밖에 없는 사람들만 있었던 것은 아니다. 마르쿠스 툴리우스 키케로(기원전 106-43년)는 그의 『법에 관하여 (De Legibus)』에서 그리스의 엘레우시스 비교에 대하여 이렇게 썼다.

아테네가 계발하여 인간사에 기여하게 된 많은 우수하고 신성한 제도 가운데 나의 생각으로는 이 신비교보다 나은 것이 없다. 우리는 그것을 통하여 조악하고 야만적인 존재 방식에서 벗어나, 교화되고 정제되어 문명의 상태에 이르게 되었다. 그 의식들은 "입문"이라고 부르는 것으로서, 사실 우리는 그것들로부터 삶의 제1원리들을 배웠으며, 행복하게 사는 것만이 아니라 더 나은 희망을 가지고 죽을 수 있는 이해력을 가지게 되었다.[65]

엘레우시스의 데메테르와 페르세포네 숭배 의식, 알렉산드리아의 이시스 숭배 의식, 페르시아 인들의 미트라 숭배 의식, 소아시아의 '위대한 어머니' 키벨레 숭배 의식 등은 이 수백 년의 기간 동안 서로 영향을 주고받으며 내용이 풍부해졌다. 이것은 이 모든 의식이 삶 그 자체라는 기적을 성스러운 것으로서, 놀라울 정도로 신성한 것으로서 느끼고 경험하게 해주는 능력을 갖추었기 때문에 가능한 일이었다. 정통 조로아스터교의 교회, 뿐만 아니라 유대교와 나중의 기독교, 이슬람에서는 시간에 대한 궁극적 관점이 가없는 시간이 아니었다. 시작과 끝이 있는 시간이라는 관점이었다. 또 이러한 종교에서는 세계와 그 거주자가 대부분 악하다고 심판을 받게 되지만, 그럼에도 어떤 존재론적 교정이 가능하다고 생각한다. 마지막으로 이러한 종교에서는(특히 유대교, 기독교, 이슬람교에서) 물질 세계에 신성이 내재되어 있다고 인정하지 않는다. 신은 어디에나 존재하고, 또 코란의 말을 빌리자면 "사람 목의 핏줄보다 사람에게 가까이" 있지만, 그럼에도 절대적인 타자(他者)로서 사람과는 별도의 존재였다. 이러한 종교에서는 헬레니즘 시대의 신비교들과는 달리, 그 목적이 이 세상에 영원한 삶을 실현하는 것이 아니다. 또 그렇게 될 수도 없다. 이교도 신비교에서는 세계 소멸이라는 상징이 궁극적으로는 입문자의 심리적이고 영적인 위기에 적용된다. 그럼으로써 현상성(現象性)이라는 그림자극은 번개를 맞은 것처럼 소멸해버리고, 금강석 같은 존재 중의 '존재'가 즉시 그리고 영원히 실현된다. 반면 윤리적인 저울을 가진 정통적인 레반트 종교에서는 세계 소멸이라는 똑같은 상징이 역사적으로 적용되어, 다가올 최종적 운명의 날을 가리키게 된다.

초기 유대인들의 메시아의 날에 대한 서술에서 그 바탕에 깔려 있던 생각은 그저 다윗 계열의 왕이 유대 국가를 회복하고, 모든 나라들이 그들을 진정으로 '신이 선택한 백성'이라고 인정해준다는 것이었다. 그러다가 헬레니즘 시기, 특히 기원전 200년경부터 서기 100년경 사이에, 유대인들 가운데 그들의 민족적 메시아가 사실은 시간의 끝에 등장하는 우주적 메시아(사오샨트처럼)일지도 모른다는 흥미 진진한 생각이 갑자기 떠올랐다. 더불어 메시아가 나타나면 여러 가지 엄청난 현상들이 뒤따르는데, 특히 죽은 자가 부활하고 시간이 소멸하는 등의 영광스러운 일들이 생길 것이라는 생각도 등장하였다. 나아가서 그날은 곧 다가올 것이라고 생각하게 되었다. 처음에는 유대인들 사이에서, 이어서 기독교인들 사이에서도 상상력이 가득한 묵시록적 문헌들이 갑자기 풍부하게 쏟아져나오게 되었다. 「에녹의 서」, 「12족장의 유언」, 「바룩의 묵시록」, 「모세의 승천」 등이 그러한 예들이다. 기독교의 묵시록들에는 무엇보다도 그리스도 자신이 마지막 날과 자신의 영광스러운 재림에 대해서 말하였다고 전해지는 것들이 담겨 있다. 그 내용은 여기에서 자세히 살펴볼 필요가 있다. 그것은 조금 전에 살펴본 신비교의 입문 상징과 직접적인 대조를 이루는 것으로서, 묵시록의 전형적인 견해를 매우 분명하게 드러내주기 때문이다. 게다가 초대 기독교 교회와 그리스도 자신(저자는 이것이 그리스도 자신의 견해라고 주장한다)의 한정된 시간을 바탕으로 한 우주론도 자세하게 보여준다.

　예수께서 성전 건너편 올리브 산에 앉아서 성전을 바라보고 계실 때에 베드로와 야곱과 요한과 안드레아가 따로 찾아와서, "그러한 일이 언제 일어나겠습니까? 그리고 그러한 일이 다 이루어질 무렵에는 어떠한 징조가 나타나겠습니까? 저희에게 말씀해주십시오." 하고 말하였다. 예수께서는 이렇게 말씀하셨다. "아무에게도 속지 않도록 조심하여라. 장차 많은 사람이 나의 이름을 내세우며 나타나서 '내가 그리스도이다!' 하고 떠들어대면서 많은 사람들을 속일 것이다. 또 여러 번 난리도 겪고 전쟁 소문도 듣게 될 것이다. 그러나 당황하지 말아라. 그러한 일은 반드시 일어날 터이지만 그것으로 끝나는 것은 아니다. 한 민족이 일어나서 다른 민족을 치고 한 나라가 일어나서 다른 나라를 칠 것이며, 또 곳곳에서 지진이 일어나고 흉년이 들 터인데, 이러한 일들은 다만 고통의 시작일 뿐이다.

314

정신을 바짝 차려라. 너희는 법정에 끌려갈 것이며 회당에서 매를 맞고 또 나 때문에 총독들과 임금들 앞에 서서 나를 증언하게 될 것이다. 우선 복음이 모든 민족에게 전파되어야 한다. 그리고 사람들이 너희를 붙잡아서 법정에 끌고 갈 때에 무슨 말을 할까 하고 미리 걱정하지 말아라. 너희가 해야 할 말을 그 시간에 일러주실 것이니 그대로 말하여라. 말하는 이는 너희가 아니라 성령이시다. 형제끼리 서로 잡아 넘겨 죽게 할 것이며 아비도 제 자식을 또한 그렇게 하고 자식들도 제 부모를 고발하여 죽게 할 것이다. 그리고 너희는 나 때문에 모든 사람에게 미움을 받을 것이다. 그러나 끝까지 참는 사람은 구원을 받을 것이다.

황폐의 상징인 흉측한 우상이 있어서는 안될 곳에 선 것을 보거든(독자는 이해하도록 하라)* 유다에 있는 사람들은 산으로 도망가라. 지붕에 있는 사람은 집안에 있는 세간을 꺼내려고 내려오지 말며, 밭에 있는 사람은 겉옷을 가지러 집으로 들어가지 말아라. 이러한 때에 임신한 여자들과 젖먹이가 딸린 여자들은 불행하다. 이 일이 겨울에 일어나지 않도록 기도하여라. 그때에는 무서운 재난이 닥쳐올 터인데, 이러한 재난은 하느님께서 세상을 창조하신 때부터 지금까지 없었고, 또 앞으로도 다시 없을 것이다. 주께서 그 고생의 기간을 줄여주시지 않는다면 살아 남을 사람은 하나도 없다. 그러나 주께서는 뽑으신 백성들을 위하여 그 기간을 줄여주셨다.

그때에 어떤 사람이 너희에게 '그리스도가 여기 있다!' 혹은 '저기 있다!' 하여도 믿지 말아라. 거짓 그리스도와 거짓 예언자들이 나타나서 어떻게 해서라도 뽑힌 사람들을 속이려고 여러 가지 기적과 이상한 일들을 할 것이다. 이 모든 일에 대하여 내가 이렇게 미리 말해둔다. 그러니 조심하여라.

그 재난이 다 지나면 해는 어두워지고 달은 빛을 잃고 별들은 하늘에서 떨어지며 모든 천체가 흔들릴 것이다. 그러면 사람들은 사람의 아들이 구름을 타고 권능을 떨치며 영광에 싸여 오는 것을 보게 될 것이다. 그때에 사람의 아들은 천사들을 보내어 땅 끝에서 하늘까지 사방으로부터 뽑힌 사람들을 모을 것이다.

무화과나무를 보고 배워라. 가지가 연해지고 잎이 돋으면 여름이 가까워진 것을 알게 된다. 이와 같이 너희도 이러한 일들이 일어나는 것을 보거든 사람의 아들이 문 앞에 다가온 줄을 알아라. 나는 분명히 말한다. 이 세대가

---

* 현대 학자들은 이 괄호 안에 든 말이, 이 말 전체가 실제로는 예수의 말이 아님을 보여주는 증거로 여긴다.

지나기 전에 이 모든 일들이 일어나고 말 것이다. 하늘과 땅은 사라질지라도 나의 말은 결코 사라지지 않을 것이다.

그러나 그날과 그 시간은 아무도 모른다. 하늘에 있는 천사들도 모르고 아들도 모르고 오직 아버지만이 아신다. 그때가 언제 올지 모르니 조심해서 항상 깨어 있어라. 그것은 마치 먼 길을 떠나는 사람이 종들에게 자기 권한을 주며 각각 일을 맡기고 특히 문지기에게는 깨어 있으라고 분부하는 것과 같다. 집 주인이 돌아올 시간이 저녁일지, 한밤중일지, 닭이 울 때일지, 혹은 이른 아침일지 알 수 없다. 그러니 깨어 있어라. 주인이 갑자기 돌아와서 너희가 잠자고 있는 것을 보게 되면 큰일이다. 늘 깨어 있어라. 너희에게 하는 이 말은 또한 모든 사람에게 하는 말이다."[66]

4. 사해의 파수꾼

마라톤 전투는 아시아에 대한 유럽 정신의 저항에서 핵심적인 지점을 차지한다고 말할 수 있다. 반면 레반트의 유럽 이교도에 대한 대항은 예루살렘의 성전 뜰에 있는 유대교 제단 위에 그리스 제단——"황폐하고 가증스러운 것"——을 설치하려는 시도를 둘러싼 진정한 "남은 자"의 대응에 기록되어 있다고 할 수 있다. 때는 기원전 167년이었고, 그러한 모욕적인 행동을 한 자는 시리아의 셀레우코스 왕조의 황제 안티오쿠스 4세 에피파네스(기원전 175-164년 재위)였다.

「마카베오상서」를 보도록 하자.

그 무렵에 마타디아라는 사람이 예루살렘을 떠나 모데인에 가서 살았다. 마타디아는 요하립 가문 출신의 사제인 시므온의 손자이고 요한의 아들이었다.…… 유다 지방 예루살렘에서 여러 가지 신성 모독이 범해지는 것을 본 마타디아는 이렇게 탄식하였다. "아! 슬프다. 나는 왜 태어나서 나의 민족과 이 거룩한 도성이 망하는 것을 보아야 하는가! 나는 왜 여기 살다가 이 도성이 적의 손에 넘어가고, 성소가 이국인의 손아귀에 넘어가는 것을 보아야 하는가! 예루살렘의 영광이던 기물들이 약탈당하고 예루살렘의 어린이들이 거리에서 학살당하고 젊은이들이 원수의 칼에 맞아 쓰러져가는구나. 이 왕국을 나누어 먹지 않은 민족이 어디 있었으며, 이 나라의 재물을 약탈하지 않은 민족이 어디 있었던가. 이 왕국은 그 모든 장식을 빼앗기고 자유의 몸이 노예가 되었구나. 아름답고 찬란하던 우리의 성소는 이제 폐허가 되었고, 이방인의 손에 더럽혀졌다. 이제 더 살아서 무엇하겠는가!" 마타디아와 그의 다섯 아들은 입고 있던 옷을 찢어버린 다음, 몸에 삼베옷을 두르고 슬프게 통곡하였다.

안티오쿠스 왕은 유대인들에게 배교를 강요하고 이교 제사를 드리게 하려고 자기 부하들을 모데인 시로 보내었다. 많은 이스라엘 사람들이 그들을 따랐지만 마타디아와 그의 아들들은 따로 떨어져서 한데 뭉쳤다. 그러자 왕의 부하들이 마타디아에게 이렇게 말하였다. "아들들과 형제들의 지지를 받는 당신은 이 도시의 훌륭하고 힘있는 지도자요. 모든 이방인들과 유대의 지도자들과 예루살렘에 남은 사람들이 다 왕명에 복종하고 있는 터에 당신이 앞장선다면 당신과 당신의 아들들은 왕의 총애를 받게 될 것이고 금과 은과 많은 선물로 부귀 영화를 누릴 것이오."

그러나 마타디아는 큰소리로 이렇게 대답하였다. "왕의 영토 안에 사는 모든 이방인이 왕명에 굴복하여 각기 조상들의 종교를 버리고 그를 따르기로 작정했다고 하더라도 나와 나의 아들들과 형제들은 우리 조상들이 맺은 계약을 끝까지 지킬 결심이오. 우리는 하늘이 주신 율법과 규칙을 절대로 버릴 수 없소. 우리는 왕의 명령을 따를 수 없을 뿐더러 우리의 종교를 단 한 치도 양보할 수 없소."

마타디아의 말이 끝났을 때 어떤 유대인 한 사람이 나와서는 모든 사람이 보는 앞에서 왕명대로 모데인 제단에다 희생제물을 드리려고 하였다. 이것을 본 마타디아는 화가 치밀어서 치를 떨며, 의분을 참지 못하여 앞으로 뛰어올라가 제단 위에서 그 자를 죽여버렸다. 그리고 사람들에게 이교 제사를 강요하기 위하여 온 왕의 사신까지 죽이고 제단을 헐어버렸다. 이렇게 해서 마타디아는 전에 비느하스가 살루의 아들 지므리를 찔러서 죽였을 때처럼 율법에 대한 열성을 과시하였다.

그리고 마타디아는 거리에 나서서, "율법에 대한 열성이 있고 우리 조상들이 맺은 계약을 지키려고 하는 사람들은 나를 따라 나서시오." 하고 큰소리로 외쳤다. 그리고 나서 그는 모든 재산을 그 도시에 버려둔 채 자기 아들들을 데리고 산으로 피하여 갔다. 정의와 율법에 따라 살려는 많은 사람들이 정착할 곳을 찾아 나갔으며, 그들의 처자들과 가축들이 그 뒤를 따랐다. 그들은 너무나 심한 불행을 겪어야만 하였던 것이다.[67]

이렇게 해서 시작된 봉기는 마카베오 가문(하스몬 가문이라고 말하기도 한다)의 사제 겸 왕들에 의해서 통치되는 유대 국가의 건설이라는 결과를 낳았다.

그러나 유대 민족 모두가 똑같은 마음이었던 것은 아니다. 또한 팔레스타인에 사는 사람들 모두가 똑같은 마음이었던 것은 절대 아니다. 이집트, 바빌로니아, 시리아, 아나톨리아, 그리스 제도, 로마에도 유대인 공동체들이 있었다. 나아가서 유대인들끼리는 그들 자신의 법으로 재판을 하는 특권이 공식적으로 인정된 곳도 많았다. 이 광범위하게 퍼진 회당 공동체들 가운데 많은 곳에서 예배는 헤브루 어가 아니라 그리스 어로 진행되었다. 사실 기원전 3세기에서 기원전 1세기 사이에 구약을 그리스 어로 번역하는 작업이 이루어졌던 것은 이들을 위해서——특히 이집트의 알렉산드리아에 있는 커다란 유대인 공동체를 위해서——였다. 여기에서 '칠십인역'이라고 부르는 판본이 나왔다. 전설에 따르면, 이런 이름이 붙은 것은 번역자들이 72명 있었는데(12지파에서 6명씩), 그들의 성서 번역이 기적적으로 똑같았기 때문이다.*

물론 그리스의 언어나 관습과 더불어 그리스의 사상도 들어왔다. 일부 유대인 공동체들은 이민족과의 결혼을 용인하였다. 그들 가운데 일부는 체육 학교에 들어가서 그리스 인들처럼 벌거벗고 운동을 하였으며, 옷을 입을 때도 그리스 옷을 더 좋아하였다. 심지어 일부는 할례를 태만히 하기도 하였다. 나아가서 다른 종교에서 유대교로 개종하는 사람들도 있었는데, 이들은 할례를 받을 필요가 없었다. 단지 안식일만 지키고, 야훼만을 섬기며, 음식과 관련된 율법을 따르기만 하면 되었다. 심지어 헬레니즘 종교에 참여하는 유대인도 있었다. W. W. 탄 교수가 지적하듯이, 메소포타미아에는 수백 년 동안 유대인 여자들이 매년 이웃의 탐무즈 추도

---

* 수메르-성서적인 점성술과의 관련 속에서 72라는 숫자가 가지는 힘에 대해서는 『신의 가면 : 동양 신화』의 제3장 3-4절을 보라.

에 참여하기도 하였다. 이제 소아시아에서는 야훼 자신이 그리스 어로 된 이름을 받았다. 테오스 힙시스토스(Theos Hypsistos), 즉 '지고(至高)의 신'이었다. 나중에는 심지어 필론도 이 이름을 사용하였다. 탄은 이렇게 말한다. "사바지오스 신이 사바오트 신과 똑같다고 생각하였기 때문에, 사바지오스 역시 유대인들의 신과 동일시되었다." 사실 139년에는 수많은 유대인들이 로마에서 추방당하는 일이 벌어졌는데, 그 표면적인 이유는 제우스 사바지오스에 대한 예배를 도입하려고 하였다는 것이었다.

제우스-사바지오스-사바오트-야훼-힙시스토스라는 신들을 두고 탄 교수는 말한다. "이러한 신들의 숭배가 중요한 자리를 차지하고 있었기 때문에 안티오쿠스 4세는 유대 지방에 제우스 숭배를 도입하는 데에도 큰 장애가 없을 것이라고 생각하였을지 모른다."[68]

안티오쿠스 4세가 유대인을 자극하는 명령을 발표하기 불과 몇 년 전에 예루살렘 성전의 고위 사제직을 노리는 두 경쟁자가 그의 지원을 얻기 위하여 그에게 접근하였다. 그 두 사람은 각각 오니아드 가문의 이아손과 토비아드 가문의 메넬라우스였다. 둘 다 그리스화된 사람들이었다. 처음에는 이아손이 이기는 듯하다가, 나중에는 메넬라우스가 이겼다. 그러자 유대인 공동체에서는 갑자기 공개적인 내전이 발발하였다. 여기에 시리아, 이집트, 아라비아를 비롯하여 온갖 종류의 가문과 종파가 뒤얽히면서 상황이 복잡해졌다. 게다가 서쪽에서는 이제 로마가 안티오쿠스에게 점점 위협이 되고 있었고, 부활한 동방에는 페르시아가 있었다.

「마카베오서」에서 "반역자"(「마카베오상서」 1 : 11)라고 부르고, 또 실제로 그리스적인 생활 방식을 채택하였던 사람들이 어느 정도였는가는 〈그림 25〉와 〈그림 26〉을 보면 대충 짐작할 수 있다. 이 그림들은 당시에는 절대 예외적인 것이 아니었다. 어윈 R. 구디너프 교수가 지적하였듯이(그의 12권짜리 기념비적인 저작 『그레코-로만 시기의 유대 상징 [Jewish Symbols in the Greco-Roman Period]』에서 이 부적들이 논의되고 있다), 이미 초기 팔레스타인의 무덤에서 이집트, 시리아, 바빌로니아의 신들의 형상에 유대의 이름이 적힌 인장이 많이 나타나고 있다. 또 『마카베오하서』에 보면 야훼를 위하여 싸우다가 죽은 유대인 몇 명의 시

〈그림 25〉 이아우 신.

신을 묻어주려고 준비하던 중 "얌니아의 우상을 부적으로" 지니고 있는 것이 발견된 일도 있었다.[69]

　이 책에 제시된 형상들은 학자들에게는 "안기페드(Anguipede)" 즉 '뱀의 발을 가진 신'이라고 알려진 유형이다. 부적에서는 보통 이아우(Iaw)라고 부른다. 여기서 주목할 것은 수탉의 머리이다. 어떤 예에서는 이것이 사자의 머리로 나타나기도 한다. 이 부분에서 우리는 미트라교의 제르반 아카라나로 돌아가는 느낌을 받는다. 수탉과 사자는 모두 태양의 상징이다. 다른 형상들은 모두 음경을 강조한 모습을 보여주는데, 이것은 할례를 입문 의식으로 가지고 있는 신에게는 어울리는 것이다. 그러나 여기 나타난 예들 가운데 뱀이 독수리를 감고 있는 그림은 약간 특별하다. 구디너프 교수는 이 그림의 오른쪽에 있는 뿔이 달린 형상이 옛 이집트의 신인 아누비스라고 말하였다. 그는 왼손에는 시스트럼(옛 이집트에서 사용하던 제례용 타악기/역주)을 들고 있고, 오른손에는 "끝이 뾰족한 묘한 도구"를 들고 있다.[70]

　유대의 안기페드는 보통 전쟁의 신으로 나타나며, 오론손에는 방패를 들고 있고 왼손에는 헬리오스의 채찍을 들고 있다. 한 그림을 보면 그의 머리에서 그리스의 전쟁의 신 아레스의 모습이 보이기도 한다. 또 한 그림에서는 그가 태양인 헬리오스로 나타나기도 하는데, 헬리오스는 사자를 밟고, 사자는 악어를 밟고 있다. 그 옆에 있는 작은 인간 형상은 하르포크라테스 신으로서, 그는 후기 이집트의 어린 호루스이다. 그는 왼손을 입에 대고 있으며, 오른손으로는 풍요의 뿔을 들고 있다. 헬레니즘기 로

320

〈그림 26〉 이아우 신.

마 시대에 이 아이의 입에 손을 대고 있는 모습은 조용히 하라는 질책의 의미였다. 다음의 미트라 텍스트에서 이러한 질책의 의미를 알 수 있다.

"신들이 너를 똑바로 보며 너에게 다가올 때에는 즉시 손가락을 입에 대고 이렇게 말하라. '침묵, 침묵, 침묵, 살아 계신 불멸의 신의 상징이여. 나를 보호하소서, 침묵. 네크테이르 탄멜로우(nechtheir thanmelou).'" 그런 다음에 길게 휘파람을 불고, 혀를 차고, 다른 주문을 외어야 하였다."

마카베오의 시대에 예루살렘에서 그리스화를 주도한 당파의 지도자들은 사두개인들이었다. 그들 중에는 사제이자 족장인 사독(사독[Zadoc]이 사두개[Sadducee]로 변화)의 후손이라고 주장하는 사제 가문들이 있었다. 이들에게 맞선 사람들이 바리새인들, 즉 "분리파"였다. 그들은 자신들이 보다 엄격한 정통파라고 생각하였다. 그러나 사실 그들은 앞으로 다가올 '야훼의 날'이라는 옛 헤브루의 유산을 조로아스터교의 종말론에 나오는 세상의 종말이라는 관념과 결합시키고 있었다. 유대인 역사학자 요세프 벤 마티아스, 또는 그가 쓰던 필명대로 플라비우스 요세푸스(서기 37-95년경)는 『유대 전쟁(De Bello Judaico)』에서 이 두 분파에 대하여 이렇게 썼다.

"바리새인들은 율법을 정확히 설명하는 데에 가장 능숙한 것으로 평가받으며, 첫번째 분파로 간주되고 있다. 그들은 모든 것을 운명과 신의 탓으로 돌리면서도, 올바르게 행동하거나 반대로 행동하는 것이 기본적으로 사람의 힘에 달려 있다고 인정한다. 그들은 모든 영혼이 불멸이지만,

오직 선한 사람들의 영혼만이 다른 몸으로 옮기어 가며, 나쁜 사람들의 영혼은 영원한 벌을 받는다고 말한다."[72]

말을 바꾸면 바리새인들은 의례적인 율법을 실행하는 데에는 엄격하였으면서도, 그들의 믿음에 영혼의 불멸, 몸의 부활, 미래의 벌이라는 관념을 덧붙였다는 것이다. 나아가서 그들은 세상의 끝날에 메시아가 온다는 것을 믿었고, 천사들의 만신전(萬神殿)을 믿었다.

"반면 사두개인들은 두번째 분파를 형성하며, 운명을 완전히 무시하고, 신은 우리가 나쁜 짓을 하든 아니하든 관심이 없다고 생각한다. 그들은 선한 일을 하느냐 악한 일을 하느냐 하는 것은 인간 자신의 선택이며, 각 사람은 자신의 뜻에 따라서 선한 일이나 악한 일에 집착한다고 말한다. 그들은 또 영혼의 불멸과 하데스에서의 벌과 상에 대한 믿음을 무시해버린다."[73]

사실 사두개인들은 그리스화되었음에도 교리의 문제에서는 옛 율법을 고수하였다. 그들은 그들의 경쟁자가 페르시아 인들로부터 흡수한 대중적인 전승들 가운데 어느 것도 받아들이지 않았다. 나아가서 정치적인 면에서도 그들은 마카베오 가문의 지배적인 정신에 바리새인들보다도 더 가까이 가 있었다. 사실 그들은 이제 마음대로 예배를 드릴 자유가 있었음에도, 여전히 그리스화된 셀레우코스 왕조의 신하 노릇을 하고 있었다. 사두개인들은 간단히 말해서 귀족적 당파였다. 즉 똑똑하고, 보수적이고, 세련된 속물들이었다. 요세푸스는 말한다. "바리새인들은 서로 친하고, 화합의 실천을 목표로 삼고, 공중을 존중하는 반면, 사두개인들은 자기들끼리도 서로 불쾌한 모습을 드러내며, 그들과 같은 부류의 사람들에게도 이방인들을 대하듯 가혹하다."[74]

종교가 공동체와 동일시될 때(또는 우리가 앞에서 같은 생각을 표현하였던 대로 총의와 동일시될 때),* 그러나 이 공동체는 실제로 땅에 기초를 둔 사회 정치적 유기체와 동일시되지 않고 교회나 종파의 율법에 체현된 초월적 원리와 동일시될 때, 그것이 그 지역의 세속적인 정치 통일

---

* 165-166쪽 참조.

체로서의 국가——종교가 그 안에서 번창하기는 하지만 그 국가와 자신을 동일시하지는 않는다——에 미치는 영향은 불가피하게 또 예측 가능하게 파괴적이라는 것은 이제 분명한 사실이다. 이것은 레반트의 역사, 특히 유대교와 이슬람교의 역사가 분명하게 보여주고 있다. 구약의 「열왕기」는 다윗 왕조의 역사 속에서 그러한 융합되지 않는 상태가 어떠한 무시무시한 결과를 낳는지 자세하게 묘사하고 있다. 이제 우리는 마카베오 가문이 그렇게 용감하게 싸우며 지키려고 하였던 국가가 그 내부로부터 비참하게 와해되는 것에서 다시 한번 그 힘——누적으로 인하여 격렬하게 폭발한다——을 목격하게 된다.

용감한 마타디아와 그의 아들들이 그리스 제단에 대항하여 자신들의 명분을 효과적으로 제시하고 난 뒤 친구들과 함께 돌아다니며, "이스라엘 땅에 사는 어린이로서 할례를 받지 않은 아이들을 찾아내어 강제로 할례를 받게 하고, 교만한 자들을 쫓아내었다. 그들이 하는 일은 모두 잘되어 갔다. 그들은 이방인과 왕들의 손에서 율법을 구해내었고 죄인들에게 승리할 기회를 주지 않았다."[75]

마타디아의 뒤에는 그의 장남인 유다 마카베오가 있었다. "그의 활약은 사자와도 같았고, 짐승을 앞에 놓고 으르렁대는 새끼 사자와도 같았다. 그는 범법자들을 뒤쫓아가서 잡아내고, 자기 민족을 괴롭힌 자를 태워서 죽였다." 유다는 안티오쿠스의 대리인인 아폴로니우스를 죽이는 데에도 성공을 거두었다. 아폴로니우스는 "이스라엘과 전쟁을 벌이기 위해서 이방인들과 사마리아 인들을 모아서 큰 군대를 조직하였다. 이에 유다는 나아가서 그를 맞아 쳐부수고 죽여버렸다. 적군은 많은 사상자를 내고, 나머지는 도망쳐버렸다. 유대인들은 많은 전리품을 얻게 되었는데, 아폴로니우스가 쓰던 칼은 유다가 차지하였다. 그는 일생 동안 그 칼을 가지고 싸웠다."[76] 유다는 로마라는 떠오르는 세력과 제휴하였다. 그러나 그는 예루살렘의 그리스화된 대사제 알키모스가 유다에 대항하기 위하여 불러들인 시리아 군과 전투를 벌이다가 죽음을 맞게 되었다.

유다의 동생 요나단(기원전 160-143년 재위)이 유다의 뒤를 이었다. 그러나 이제 이야기의 방향이 바뀐다. "이스라엘의 전 영토에서 율법을 저버린 자들이 머리를 들기 시작하였고, 악을 일삼는 자들이 사방에서 나타나기 시작하였다."[77] 그리스화된 대사제 알키모스는 이제 예루살렘을 실질적으로 장악하게 되었다. 그는 유대인의 생활과 동시대 이교도들의 생활을 통합하려고 하는 계획을 수행하기 위하여 모세의 율법을 느슨하게 풀어놓고, 심지어 성전 안뜰의 벽을 제거하기까지 하였다. 한편으로는 로마와, 그와 동시에 다른 한편으로는 시리아와 음모가 이루어졌고, 기적이 초자연적으로 개입하였고, 기근과 처형이 이스라엘 전역을 잇따라 공격하여 숨쉴 틈을 주지 않았다. 요나단은 사막의 한 도시에 피난하여 그곳을 요새화하였다. 그러다가 기원전 152년, 알키모스가 죽고 나서 몇 년 뒤, 시리아의 도움으로 승리를 거두었다. 요나단은 예루살렘으로 돌아와서 벽을 복원하고 다시 예루살렘을 신성한 도시로 만들었다.[78]

그러나 이제 대사제가 없었다. 전에 그 직책을 맡았던 알키모스는 정통파 오니아드 가문이 아니라 갑자기 등장한 토비아드 가문 출신이었다. 마카베오 가문의 요나단은 승리를 거둔 해 초막절(草幕節)에 스스로 대사제직에 앉으려고 획책하였다. 그렇지 않아도 복잡한 상황이 그 때문에 더욱 꼬이고 말았다. 요나단은 9년 뒤에 죽었으며, 그 자리는 그의 동생 시몬에게 넘어갔다. 시몬은 시리아의 셀레우코스 왕조의 황제만이 아니라, "제관들과 백성들과 백성의 지도자들과 나라의 원로들"로부터 승인을 받았다. 그리고 이런 무도한 행위는 놋쇠 판에 새겨져 기념되었는데, 거기에는 시몬이 "진정한 예언자가 나타날 때까지 영구적인 지도자, 대사제"가 될 것이라고 기록되어 있다. 또 "온 국민은 시몬에게 복종해야 한다. 나라의 모든 문서는 시몬의 이름으로 처결되어야 한다. 시몬은 자색 왕복을 입고 황금 장식물로 단장할 권한이 있다"고 기록되어 있다.[79]

시몬은 불과 8년을 통치하였다(기원전 142-134년). 그가 시찰을 나서서 여리고에 들렀을 때, 그의 사위가 큰 잔치를 베풀고는 그를 취하게 한 뒤 죽여버렸기 때문이다. 그의 부인과 아들 가운데 둘은 감옥에 갇혔다가 나중에 잔인하게 살해되었다.[80] 그러나 그의 셋째아들인 요한 히르카누스는 간신히 탈출하여 즉시 대사제직을 차지하고, 그후로 31년간을 통치하였다. 이 기간 동안 그의 나라는 상당한 번영을 누렸으며, 싸우는 전쟁마다 큰 승리를 거두었다. 그러나 요세푸스는 이렇게 말하고 있다. "이러한 성공 때문에 그는 질시를 받았으며, 나라에 소요가 발생하였다. 많은 사람들이 가만히 있지를 못하고 힘을 합쳐서 공공연히 전쟁을 일으켰으며, 결국 패배하였다."[81]

그렇게 봉기를 일으켰다가 패배한 사람들 중에는 바리새인들도 있었다. 요한 히르카누스는 통치 초기에는 그들을 총애하였으나 나중에 배반을 하였다. 요한은 그들의 지도자 다수를 연회에 초대해서, 식사가 끝난 뒤 그의 통치가 신의 뜻에 따르는 것임을 인정해달라고 하였다. 그러자 그곳에 참석하고 있던 엘레아자르라는 이름의 늙은 바리새인이 만일 그가 정말로 의롭고자 한다면, 그의 가문과 아무런 연고가 없는 대사제직을 내놓아야 한다고 말하였다. 그 일이 있은 뒤 히르카누스는 사두개인들 편으로 돌아섰을 뿐만 아니라, 바리새인들의 의식을 공식적으로 금지하였다. 아마 이 무렵인 기원전 110년경에 사막의 동쪽 끝, 나중에 세례 요한이 세례를 주게 될 요단 강가에서 15킬로미터쯤 떨어진 곳에, 최근에 발견된 '사해(死海) 두루마리'를 보관할 피난소가 세워졌을 것이다.

예루살렘에서 경쟁하는 두 종파의 전투는 점점 열기를 띠어갔다. 많은 사람들은 이제 마지막 날에 예언된 전투가 마침내 시작되었다고, 묵시록의 때가 다가왔다고 생각하였다. 요한 히르카누스는 기원전 104년에 죽으면서, 정부는 부인에게 물려주고, 대사제직은 아들 아리스토불루스에게 물려주었다. 그러나 아들은 어머니를 감옥에 처넣고는 굶겨서 죽여버렸다.[82] 그리고 요세푸스가 말한 대로, "정부를 왕국으로 바꾸고, 처음으로 머리에 왕관을 썼다."[83] 이것은 신성 모독에 신성 모독을 더한 행위였다. 이 가문은 사독의 대사제직에 대한 권리가 없을 뿐만 아니라, 다윗의 왕권에 대한 권리도 없었기 때문이다. 게다가 스스로 2가지 직의 기름 부음을 받는다는 것은 궁극적으로 묵시록의 메시아의 자리를 차지하는 것과 마찬가지였기 때문이다.

아리스토불루스는 이러한 신성 모독적인 행동을 오래 즐길 운명이 아니었다. 그는 암살자를 보내어 형제 안티고누스를 살해하였다. 그리고 나서 그는 기침을 하다가 피를 토하게 되었는데, 하인이 그 피를 들고 나가다가 넘어지고 말았다. 공교롭게도 그의 피는 자기 형제의 피가 흘렀던 바로 그 자리에 쏟아졌다. 밖에서 하인이 깜짝 놀라서 비명을 지르는 소리가 들리자 그는 이유를 물었고, 그 답을 듣는 즉시 죽고 말았다. 그의 비참한 통치 기간은 1년에 불과하였다(기원전 104-103년).[84]

아리스토불루스의 미망인 알렉산드라는 그의 살아 있는 형제들을 감옥에서 꺼내주었고, 그 가운데 가장 나이가 많은 형제와 결혼하였다. 그녀가 보기에는 그가 가장 온건하고 책임감이 있어 보였는데, 그의 이름은 알렉산데르 얀네우스(기원전 103-76년 재위)였다. 그러나 그는 즉시 북, 남, 동, 서를 향하여 일련의 전쟁을 벌였으며, 안으로는 외국 군대의 힘을 빌어서 유대인의 모든 봉기를 진압하였다. 바리새인들은 격분하였다. 요세푸스는 이렇게 기록하였다. "그는 6년 동안 무려 5만 명의 유대인을 죽였다. 그러나 그는 이러한 승리를 기뻐할 수는 없었는데, 이는 자신의 왕국을 소멸시키고 있는 셈이었기 때문이다. 마침내 그는 싸움을 그만두고, 백성들과 이야기를 함으로써 그들과 화해해보려고 노력하였다. 그러나 이러한 변덕과 불규칙한 행동 때문에 백성들은 그를 더욱 미워하게 되었다. 그가 백성들에게 왜 이렇게 자신을 미워하는지, 어떻게 하면 백성들을 달랠 수 있겠는지 묻자, 그들은 당신이 죽어야 한다고 대답하였다."[85]

이러한 과정에서 바리새인들은 시리아의 셀레우코스 왕조의 데메트리우스에게 지원을 요청하였고, 물론 그는 지원해주었다. 데메트리우스는 유대인과 시리아 인으로 구성된 군대를 이끌고 예루살렘에 왔으며, 거기서 알렉산데르 얀네우스의 군대를 물리쳤다. 그러나 승리를 거둔 뒤에 그의 유대인 병사 6천 명이 탈영하여 얀네우스에게로 갔으며, 시리아 왕은 철수를 하였다.[86] 그 뒤에 예루살렘의 왕 겸 대사제는 바리새인들에게 복수를 하였다. 요세푸스는 말한다. "그의 분노가 지나쳐서 잔학한 행동은 신앙심을 저버린 행동으로 옮아갔다. 그는 도성 중앙에서 8백 명을 십자가형에 처하라고 명령해놓고, 그들의 눈앞에서 처자식의 목을 베었다. 그는 첩들과 누워서 술을 마시며 그 처형 장면을 지켜보았다. 그러자 사람들은 엄청난 공포에 사로잡혔으며, 바로 그날 밤에 유대 전역에서 8천 명의 반대자가 국외로 도피하였다. 이러한 도피 행렬은 알렉산데르가 죽은 뒤에야 끝이 났다."[87]

기원전 76년 그의 죽음과 더불어 바리새인들이 권력을 쥐게 되었는데, 이번에는 살인의 물결이 반대로 흐르게 되었을 뿐 달라진 것이 없었다. 새로운 숙청, 동족 살해, 배반, 제거, 기적 등등 때문에 왕국은 계속 소용돌이쳤다. 이러한 광기의 세월 10년이 흐른 뒤, 당시 왕좌를 놓고 경쟁하던 두 형제 가운데 하나가 자신의 거룩한 대의를 지원해달라고 로마의 폼페이 군을 불러들였다. 이렇게 해서 하느님의 도성 예루살렘은 기원전 63년에 로마의 영향권 안으로 들어가게 되었다.

최근에 발굴된, 세례 요한이 설교하던 장소 근처의 '사해 두루마리' 공동체의 사막 피난소는 바로 이 시기의 것이다. 이 시기에 세상의 종말이 가까워졌다는 생각이 크게 힘을 얻었던 것도 당연한 일이다(이 시기에는 모든 유대인이 자기 민족의 운명이 곧 피조물의 운명이라고 믿고 있었다). 사실 유대인들은 마지막 전쟁이자 "메시아의 탄생을 위한 진통"인 무시무시한 아마겟돈이 이미 진행되고 있다고 믿었다. 신화는 역사가 되었다. 예언자들은 사방에서 찬란한 기적을 보았다. 그 기적에는 약속과 멸망이 동시에 담기어 있었다. 사두개인과 바리새인들은 강력한 마카베오 가문(이제 이들을 마타디아의 조상으로 여겨지는 하스몬의 이름을 따서 하스몬 가문이라고 불렀다)과 더불어 자신들의 '약속된 땅'을 지옥과 다름없는 곳으로 바꾸어버렸다. 한편 이들과는 매우 다른 네번째 종파는 매우 엄숙한 태도로 사막과 사해로 물러났다. 그곳에서 임박한 운명의 날에 대비할 생각이었다.

이들은 에세네파라고 부르는 종파로서, 스스로 세상의 마지막 세대의 구성원이라고 생각하였으며, 메시아가 나타날 궁극적인 순간에 대비하여 훈련을 하고 있었다. 그들이 빛의 원리의 편에 가담함으로써 전쟁은 승리로 끝날 것이며, 그렇게 되면 땅도 새로워지리라는 것이 그들의 믿음이었다. 그들이 예언자 하박국의 말대로 되리라고 믿었다. "바다에 물이 넘실거리듯, 땅위에는 야훼의 영광을 모르는 사람이 없으리라"(「하박국」 2 : 14). '사해 두루마리'의 날짜는 이제 기원전 200년경부터 로마에 대항한 유대인의 1차 반란(서기 66-70년) 사이로 확정되었다. 이것은 지금 알려진 것들 가운데 가장 오래된 헤브루 어 문서이다. 그리고 그 내용은 두 종류로 이루어져 있다.

1. 칠십인역 시기에 나온 성서 텍스트의 단편들. 따라서 이것은 구약의 정통적인 마소라 판보다 3백 년 정도 오래되었고, 이전에는 최초라고 알려졌던 헤브루 어 성서 원고(Codex Babylonicus Petropolitanus, 서기 916년)보다 1천 년 이상 오래된 것이다.

2. 에세네파 고유의 기록. 그 가운데 중요한 예들은 다음과 같다.

A) 빛의 아들과 어둠의 아들의 전쟁에 대한 두루마리

이것은 거의 완벽한 가죽 두루마리로서, 길이가 3미터 가까이 되고 폭은 15센티미터 정도 되며 양피지에 싸여 있다.[88] 에세네파는 신을 위하여 3번의 전쟁을 벌여서 세계를 정복할 계획을 세우고 있었다. 여기에는 그 40년간의 전쟁 계획이 자세히 적혀 있다. 처음의 두 전쟁은 메소포타미아, 시리아, 이집트를 비롯하여 주변의 가까운 이웃들과 싸우는 것이었다. 이것은 6년 동안 계속되며, 그 뒤에는 1년의 안식년을 가진다. 마지막 전쟁은 좀더 멀리 떨어진 민족들과 벌이는 것인데, 여기에는 29년의 세월이 필요하고, 중간에 4번의 안식년이 끼어 있다(적도 안식년을 존중해줄 것이라고 생각하고 있다). 이 두루마리의 제목은 조로아스터교의 영향을 보여준다. 사실 그 영향은 두루마리 전체에 나타나며, 이와 더불어 초기 헤브루 예언자들의 목소리가 메아리치고 있다. 그러나 예언자들의 말은 그들 자신은 전혀 짐작도 못하던 시대와 관련되어 해석되고 있다. 모든 것이, 심지어 각각의 전쟁의 기간까지 미리 정해져 있다. 그럼에도 인류(또는 적어도 이 종파의 구성원을 이루고 있는 선택된 사람들)는 온 정성을 다하여 싸워야 한다.

다음 지침을 읽어 보면 이 전쟁 계획의 정신에 대해서 어느 정도 알 수 있을 것이다.

회중 집회의 나팔에는 "하느님이 부른 자들"이라고 써야 한다. 지휘관들

328

의 집회에는 "하느님의 군주들"이라고 써야 한다. 연락의 나팔에는 "하느님의 명령"이라고 써야 한다. 고명한 사람들의 나팔에는 "회중의 아버지의 족장들"이라고 써야 한다. 집회소에 함께 모일 경우에는 "거룩한 회의를 위한 하느님의 계명"이라고 써야 한다. 진영의 나팔에는 "하느님의 거룩한 진영에 하느님의 평화"라고 써야 한다. 진영 해산의 나팔에는 "적을 흩어버리고, 의로움을 싫어하는 자들을 달아나게 하고, 하느님을 싫어하는 자들에게 자비를 거두어 들이기 위한 하느님의 힘"이라고 써야 한다. 전투 대열의 나팔에는 "모든 어둠의 아들들에 대한 하느님의 분노의 복수를 위한 하느님의 깃발의 대열"이라고 써야 한다. 전쟁의 문이 열리고 적의 대열로 진격할 때 전사들의 나팔에는 "신의 집회에서 복수의 기념"이라고 써야 한다. 죽임을 당한 자들의 나팔에는 "전투에서 신앙 없이 죽은 모든 자들을 내치는 하느님의 강한 손"이라고 써야 한다. 잠복의 나팔에는 "악을 멸하기 위한 하느님의 신비"라고 써야 한다. 추적의 나팔에는 "하느님이 모든 어둠의 아들들을 치신다──그들이 멸망할 때까지 하느님은 진노를 거두시지 않을 것이다"라고 써야 한다……

전투에 나갈 때에는 깃발에 "하느님의 진리", "하느님의 의", "하느님의 영광", "하느님의 정의"라고 쓰고, 그 다음에 그 이름들에 대한 설명을 순서대로 써야 한다. 전장에 가까이 다가갈 때에는 깃발에 "하느님의 오른손", "하느님의 집회", "하느님의 공포", "하느님에게 죽임을 당한 자"라고 쓰고, 그 이름들에 대한 설명을 써야 한다. 전투에서 돌아올 때에는 깃발에 "하느님을 찬양", "하느님의 위대함", "하느님의 영광"이라고 쓰고, 이 이름들에 대한 설명을 써야 한다.[89]

B) 규율 교본

이것은 2개의 두루마리로 된 가죽 원고이다. 폭은 24센티미터이며, 길이는 원래 함께 꿰매어져 있을 때에는 아마 2미터 정도 되었을 것이다.[90] 이 텍스트에서는 2가지 문제가 다루어지고 있다. 하나는 '두 영의 교리'의 선언이며, 또 하나는 이 종파를 조직하고 그 역사적 과업을 준비하는 규칙에 대한 진술이다.

하느님은 인간이 세상의 지배권을 가지도록 창조하셨으며, 하느님이 이 세상을 방문하기로 정해진 시간까지 인간과 함께 걸어다니도록 두 영을 만드셨다. 이들은 '진리'의 영과 '잘못'의 영이다. 진리는 빛이 거하는 곳에서 나오며, 잘못은 어둠의 근원으로부터 나온다. '빛의 왕자'가 모든 의의 아들들을 지배하니, 그들은 빛의 길을 걷는다. '어둠의 천사'가 모든 잘못의 아들들을 지배하니, 그들은 어둠의 길을 걷는다.…… 그러나 이스라엘의 하느님과 그의 진리의 천사는 모든 빛의 아들을 도와주셨다. 그는 빛과 어둠의 영들을 창조하셨고, 그들 위에 모든 일을 세우고, 그들의 길 위에 모든 섬기는 일을 세우셨기 때문이다. 하느님은 영원토록 영들 가운데 하나를 사랑하시며, 그것이 하는 모든 일로 영원히 기뻐하신다. 또 한 영에 대해서는 그와 함께 하는 것을 가증스럽게 여기시며, 그 하는 일을 영원히 미워하신다…….

그러나 신비한 이해력과 영광스러운 지혜를 갖춘 하느님은 잘못이 파멸할 기간을 정해놓으셨으며, 지정된 처벌 시간이 오면 잘못을 영원히 멸하실 것이다. 그렇게 하면 미리 정해진 심판의 시간까지 잘못의 지배 하에 사악함 속에 빠져 있던 세상의 진리가 나타나서 영원히 사라지지 않을 것이다. 하느님은 그의 진실됨으로 인간의 모든 행위를 깨끗하게 하실 것이며, 직접 인간의 틀을 정화하실 것이며, 인간의 살에 감추어진 모든 잘못의 영을 태워버리실 것이며, 거룩한 영으로 인간에게서 모든 악한 행위를 씻어버리실 것이다. 그리고 거짓을 싫어하시고 더러움의 영에 빠지는 것을 싫어하시기 때문에, 더러운 것에 물을 뿌리듯, 사람에게 진리의 영을 뿌리실 것이며, 그리하여 올바른 자가 '가장 높으신 분'에 대한 지식과 '하늘의 아들들'의 지혜를 인식하게 하시며, 흠 없이 행동하는 자들을 가르치실 것이다. 하느님은 영원한 계약을 위하여 그들을 선택하셨으며, 그들은 인간의 모든 영광을 누릴 것이다. 그리하여 잘못은 사라질 것이며, 모든 기만 행위들은 부끄러움을 당할 것이다…….

하느님은 선포된 기간이 되어 만물을 새롭게 하실 때까지 두 영을 똑같이 세워두셨기 때문이다. 따라서 하느님은 영원의 기간 동안 두 영의 일을 아신다. 그리고 하느님은 인간의 아들들에게 그것을 상속받게 하셔서, 그들이 선과 악을 알게 하셨으며, 하느님이 방문하실 때까지 모든 사람이 세상에서 그의 영에 따라 운명이 정해지게 하셨다.[91]

이어서 다음에는 이러한 말을 읽을 수 있다. "이것은 자신을 바친 사람들의 공동체가 모든 악에 등을 돌리고 하느님의 의지에 따라, 하느님이 명령하는 모든 것을 따라, 율법과 부의 공동체가 되어야 한다는 명령이다……."

에세네파는 자신의 목적을 이루기 위해서는 공동 사회, 금욕, 준군사적인 막사 생활이 필요하다고 생각하였다. 이러한 엄격하게 질서가 잡힌 생활 방식에서 가장 두드러지는 것은 순결 서약, 청빈, 순종, 상당한 기간의 견습 단계, 매우 신성시되는 공동 식사, 일종의 목욕 의식 등이다. 이 종파의 중심지는 사해의 북서쪽 모퉁이에 있는 와디 쿰란에서 최근에 발굴된 커다란 건물 단지인 것이 거의 틀림없다. 그 이웃에는 커다란 공동 묘지가 있다. 그곳에는 대부분 남자들이 묻혀 있다. 근처의 여러 은닉 장소——사막의 동굴과 바위의 갈라진 틈——에는 유대인 반란의 시기에 서둘러 안전하게 감춘 귀중한 문헌들도 있다. 이들이 이 자리를 차지하였던 기간은 현재 기원전 110년부터 서기 67/70년으로 추정되고 있다. 헤롯 왕 통치기인 기원전 31-4년에는 공백 기간이 있는데, 그 이유는 아직 확인되지 않고 있다.

중심지 주위에는 야영지가 있었으며, 육지의 도시에는 에세네파의 암자 또는 집회군(群)이 있었을 것이라고 추정된다. 요세푸스는 에세네파가 그 신화에서나 관습에서 그리스의 오르페우스교 운동과 유사하다고 지적하였다. 지금 보면 불교나 힌두교에서 이상으로 삼고 있는 수도원 생활과도 관련이 있다고 이야기할 수 있을 것이다. 이 시기에 인도가 그리스화된 레반트 지역에 영향을 주었다는 충분한 증거가 있기 때문이다. 최근에 아프가니스탄 남부 칸다하르 근처에서 바위 벽에 새겨진 비문이 발견되었다. 이것은 불교도였던 아쇼카 왕(기원전 268-232년 재위) 시대의 것으로 그리스 어와 아람 어 2가지로 글이 적혀 있다.[92] 아쇼카 시대의 다른 텍스트에는 이 불교도 왕이 시리아의 안티오쿠스 2세, 이집트의 프톨레마이오스 2세, 키레네의 마가스, 마케도니아의 안티고나스 고나타스, 에피루스의 알렉산더 2세——이들 모두 헬레니즘 시대의 주요한 중심지들을 장악한 영향력 있는 군주들이었다——에게 사절을 보내었다고 나와 있다.[93]

이 유적지의 고고학적인 연대 결정, 두루마리들의 고문서학적인 연대 결정, 마카베오 가문의 역사에 대한 우리의 지식, 에세네파에 대한 요세푸스의 언급 등을 통해서 우리는 쿰란 종파가 나타났던 일반적인 사회 역사적 맥락을 이해할 수 있다. 그들의 사상을 아는 데에 도움을 주는 것으로는 또한 다음과 같은 것이 있다.

C) 「하박국」 주석

이것은 매우 심하게 손상을 입은 두루마리인데, 길이가 1.5미터, 폭이 14센티미터에 지나지 않는다. 가장자리가 부패되어서 약 5센티미터 정도의 손실이 있는 것으로 추정된다.[94] 여기에는 기원전 6세기경에 기록된 구약의 「하박국」의 글들이 기록되어 있다. 병기된 주석에서는 그 글이 마카베오 시대를 가리키는 것으로 재해석되고 있다. 예언자 하박국이 "마지막 날"의 전쟁에 대하여 언급하고 있다는 것이다. 그 부분은 다음과 같다.

> 보아라, 내가 바빌론(원문에는 "칼데아 인"으로 되어 있다/역주)을 일으키리니 그들은 사납고 날랜 족속이라(「하박국」 1 : 6). (두리마리의 주석에는 이렇게 쓰여 있다.) 이것은 키팀(로마 인)을 가리킨다. 그들은 날래며 전투에서 용감한 사람들로, 키팀의 지배권 하에 있는 통치자들을 쓰러뜨려 복속시켰다. 그들은 많은 땅을 소유하고 있으며, 하느님의 법을 믿지 않는다.…… 그들은 부드러운 땅으로 나아가며, 땅의 도시들을 공격하고 약탈한다.[95]

이 텍스트의 서두에 두 인물의 이름이 나온다. 이 텍스트가 처음 공개되자 그 흥분된 분위기에서 어떤 사람들은 이 인물들을 근거로, 쿰란의 에세네 공동체 건립자들이 메시아 예수의 생애, 십자가 처형, 부활, 재림이라는 신화 전체를 예상하고 있었다고 생각하였다. 다음을 보자.

> 법은 땅에 떨어졌다(「하박국」 1 : 4). 이것은 그들(유대인의 지도자들을 가

리킨다)이 하느님의 법을 거부하였다는 뜻이다. 정의는 끝내 무너졌습니다. 사악한 자들이 착한 사람을 등쳐 먹는 세상이 되었습니다. 여기에서 사악한 자들은 '사악한 사제'를 가리키며, 착한 사람은 '의의 스승'을 가리킨다.[96]

지금은 여기 나오는 '사악한 사제'가 예루살렘에서 지배력을 행사하던 대사제들 가운데 특정 인물이라는 것이 거의 확실해졌다. 많은 학자들은 그가 요나단 마카베우스(기원전 160-142년 재위)라고 생각한다. 우리가 보았듯이 그는 그의 가문에서 이 성직을 차지한 첫번째 사람이었다.[97] 어떤 학자들은 그가 시몬(기원전 142-134년 재위)이라고 생각하는데, 시몬은 청동에 새겨진 포고문을 통해서 그 역할을 공식적으로 확인받은 사람이었다.[98] 또 그가 요한 히르카누스(기원전 134-104년 재위)라고 생각하는 사람도 있는데, 그는 대사제만이 아니라 왕으로도 기름 부음을 받은 사람이다. 이 경우에는 과감하게 그에게 도전을 하였던 엘레아자르가 '의의 스승'이 되며, 바리새인들이 기원전 110년에 사막으로 피신한 것이 쿰란에 중심지를 건립하는 계기가 된다. 사실 이때는 요한 히르카누스의 통치기이다.[99]

두루마리에서는 '사악한 사제'를 '거짓의 설교자', '거짓의 인간', '거짓으로 설교한 자', '허위의 인간', '비웃음의 인간' 등으로 부르는데, 이러한 별명들은 '거짓'은 '어둠의 주관자'이고, '진리'는 '빛'의 특질이라는 조로아스터교의 관념을 드러낸다.

사해 단지의 다른 텍스트, 구약의 「나훔」에 대한 주석의 단편에서는 "사람들을 산 채로 걸어놓는…… '진노의 사자'"에 대하여 이야기하는데, 그는 알렉산데르 얀네우스(기원전 104-78년 재위)일 가능성이 높다. 그는 앞에서 보았듯이 하룻밤에 예루살렘의 유대인 8백 명을 십자가에 매달고 그들의 눈앞에서 그들의 부인을 죽이면서, 그 광경을 첩들과 함께 즐긴 사람이다.[100] 요세푸스가 말하듯이, 그 일이 있고 나서 많은 유대인들은 사막으로 달아났다. 덩컨 하울릿 목사는 이렇게 쓰고 있다. "그것은 세상에 유례가 없던 밤이었다. '사해 두루마리'의 '사악한 사제'가 누구인지 굳이 더 찾아볼 필요가 있을까!"[101]

이렇게 해서 '사악한 사제'로서 자격을 갖춘 후보는 4명이 된 셈이다. 반면 '사악한 사제'가 박해를 한 '의의 스승'은 1명의 이름만 거론되었을 뿐이다. 큰 설득력은 없지만, 어쨌든 그 이름은 바리새인 엘레아자르이다. 그렇다면 에세네파는 바리새인들에서 갈라져 나온 집단일까? 이 질문에는 답이 없다. '의의 스승'이 이 종파를 세운 사람일까? 그는 '사악한 사제'에 의하여 십자가에 달렸을까? 그가 죽었다가 부활하였을까? 그가 메시아로서 다시 올까? 이러한 점들에 대해서 밀라 버로즈 교수의 말을 들어보자.

"그 스승은 십자가에 달렸을 수도 있다.…… 돌에 맞아서 죽었거나, 다른 식으로 죽임을 당하였을 수도 있다.…… 「하박국」 주석이나 지금까지 출간된 다른 쿰란 텍스트는 그 스승이 죽었다는 사실에 대하여 분명히 말하거나 암시한 적이 없다." 조금 더 보자. "그리고 물론 그가 벌써 부활하였다고 믿을 만한 증거도 없다." 그리고 마지막으로, 버로즈는 그 스승이 마지막 날의 예언자나 메시아와 동일시되었는지는 "불확실하다"고 말한다.[102] 이러한 동향에 속하는 다른 텍스트, 이른바 '다마스커스 문서'(1895년에 발견되어, 이전에는 바리새인 텍스트로 생각되던 문서)를 보면 그때도 여전히 "의의 스승, 율법의 해석자, 예언자, 두 메시아들"이 오기를 기다리고 있었다는 것을 알 수 있다. 버로즈 교수는 이렇게 결론을 내리고 있다. "이미 온 의의 스승과 앞으로 올 사람들 사이에 무슨 관련이 있다고 생각하였는지는 불확실하다."[103]

그러나 확실한 것은 우리가 '사해 두루마리'에서 후기 헬레니즘 시대 유대인들의 묵시록적 운동의 삶의 자리(Sitz in Leben, F. M. 크로스 교수의 용어를 빌린 것이다)[104]를 발견하였다는 것이며, 기독교 전도가 일어난 곳이 대체로 이러한 동향의 이웃 동네였다는 것이다. 크로스 교수의 말을 들어보자. "에세네 공동체는 초대 교회와 마찬가지로, 자신이 '이미 마지막 날에 부르심을 받고 선택을 받은 회중'이라는 것을 의식하고 있다는 점에서 바리새인 결사체나 다른 운동들과 구별된다."[105] 그러나 1가지 차이점이 있다는 사실에 주목해야 한다. 에세네파는 그들이 살고 있는 시대가 "마지막 날"이라는 생각 속에서 메시아를 기다리고 있었지만,

초대 기독교인들에게는 메시아가 이미 왔다는 점이다. 초대 기독교인들은 말하자면, 훗날의 기초에 서 있었던 것이다.[106] 사해 공동체의 주된 주제는 야훼가 옛날과 마찬가지로 자기 백성의 죄를 벌하기 위해서 그들에게 이방인의 군대를 끌고 왔다는 것이다. 이러한 점에서 에세네파는 옛 예언자들의 노선을 그대로 이어받고 있다. 그러나 아모스, 호세아, 예레미야 등이 헤브루의 재난을 역사적인 맥락에서 생각하였던 것에 비하여, 에세네파에 와서는 조로아스터교의 종말론적 사고가 중심 이데올로기를 형성하고 있었다. 이전에는 백성이 벌을 받아도, 남은 자들은 살아 남아서 메시아적인 '다윗의 집'의 세계적인 힘을 복원한다고 생각하였다. 그러나 이제는 다가올 날이 역사적 시간의 종말, '빛의 영'과 '어둠의 영' 사이의 우주적 투쟁의 종말이라고 생각하였다. 나아가서 이제 전속력으로 다가오고 있는 그 신의 날이라는 혼란을 거치며 맞이할 완전한 시대, 그 시대로 넘어갈 남은 자들은 다른 유대 종파의 구성원들이 아니라, 사해 옆 사막의 수도원에서 그 운명에 대비하여 엄격한 훈련을 받는 자기들뿐이라고 생각하였다.

초대 기독교인들의 생각도 비슷하였다. 그러나 많은 학자들이 이야기하였듯이, 기독교인들은 '사해 두루마리'의 모든 구절에서 여전히 드러나고 있는 구약의 율법주의와 배타주의를 떨쳐버렸다. 그들은 말하자면, "훗날의 기초"에 서 있었기 때문이다. '빛의 아들과 어둠의 아들의 전쟁'이라는 우주적 위기는 지나갔으며, 따라서 심판이라는 낡은 윤리는 사랑에 자리를 양보할 수 있다. '사해 규율 교본'을 보면 '하느님의 공동체'에 들어갈 후보는 "하느님을 구하고…… 하느님이 선택한 것은 모두 사랑하고, 하느님이 거부하는 것은 모두 미워하며…… '빛의 아들들'을 모두 사랑하되 하느님의 계획 속의 각자의 운명에 따라 사랑하며, '어둠의 아들들'을 모두 미워하되 하느님의 복수 속의 각자의 죄에 따라 미워한다"[107]고 되어 있다. 그러나 메시아의 영향권 안에서는 약간 다른 말을 듣게 된다.

"너의 이웃을 사랑하고 원수를 미워하여라"고 하신 말씀을 너희는 들었다. 그러나 나는 이렇게 말한다. 원수를 사랑하고 너희를 박해하는 사람들을 위하여 기도하여라. 그래야만 너희는 하늘에 계신 아버지의 아들이 될 것이다. 아버지께서는 악한 사람에게나 선한 사람에게나 똑같이 햇빛을 주시고 옳은 사람에게나 옳지 못한 사람에게나 똑같이 비를 내려주신다. 너희가 자기를 사랑하는 사람들만 사랑한다면 무슨 상을 받겠느냐? 세리들도 그만큼은 하지 않느냐? 또 너희가 자기 형제들에게만 인사를 한다면 남보다 나을 것이 무엇이냐? 이방인들도 그만큼은 하지 않느냐? 하늘에 계신 아버지께서 완전하신 것같이 너희도 완전한 사람이 되어라.[108]

이것은 조로아스터교의 용어로 하자면 선과 악, 즉 서로 얽혀 있는 뱀들을 넘어서 사자-인간의 자세로 가야 한다는 뜻이다. 앞에서 논의하였던 티레시아스의 신비와 성서에 나오는 타락 이전의 인간의 상태를 비교해보라.

지금까지는 기독교 신화의 기원들이 페르시아의 영향력 하에서 구약 사상으로부터 발전해나오는 것으로 파악하였다. 특별히 그리스적인 것은 아직 이야기하지 않았다. 다만 사랑, 그리고 유대인이 아닌 인류라는 개념(이 개념은 아직 분명하지는 않다)을 강조하였을 뿐이다. 그러나 메시아라는 용어와 관련하여 조금 더 이야기할 것이 있다. 이 이야기를 하려면 로마로 눈을 돌려야 한다.

제7장 위대한 로마 : 기원전 500-서기 500년경

1. 켈트 지방

카이사르의 갈리아 전쟁은 기원전 58년에 시작되었다. 폼페이의 전쟁이 레반트의 문을 열었듯이 로마 제국은 이 전쟁을 통하여 유럽의 문을 열었으며, 남부의 도시들을 수백 년 동안 괴롭히던 켈트 인 세력을 분쇄하였다. 켈트 인은 기원전 5세기에 스페인을 침략하여 그곳을 점령하고 카디스까지 나아갔으며, 기원전 390년에는 로마를 7개월 동안 포위하기도 하였다. 이것은 그들의 수많은 이탈리아 침략 가운데 하나의 예일 뿐이었다. 기원전 280년에는 동쪽으로 전진하여 테살리아를 휩쓸고, 그리스를 침략하고, 델피를 격파하였다. 그 다음 해에는 소아시아의 고원 지대——오늘날까지도 갈라티아라고 알려져 있는 지역이다——를 근거로 하여, 그곳으로부터 시리아까지 진격하였다. 이러한 일은 기원전 232년 페르가몬의 아탈로스 1세가 갈라티아 인들을 정복할 때까지 계속되었다. 헬레니즘 시대의 유명한 승리의 상 "죽어가는 갈리아 인"은 잘생긴 금발 전사의 모습을 보여주고 있다. 그들은 전형적인 켈트 인의 목걸이나 황금 칼라를 달고 있다.

켈트 문화의 가장 초기의 모태는 알프스와 독일 남부 지역이었다. 그들은 유럽의 철기 초기에 수백 년 동안 발전해왔는데, 그것은 2단계로 나눌 수 있다. 1. 할슈타트(Hallstatt) 문화(기원전 900-400년경). 2. 라텐(La Tène) 문화(기원전 550-15년경). 첫번째 문화는 청동기 도구들이 지배적인 가운데 철기 도구들이 점진적으로 도입되던 시기에 형성된 것이다. 철기 도구는 돌아다니는 대장장이 계급이 만들었다. 이들은 훗날 신화적 전승에서 위험한 마법사들로 나타나게 되었다. 독일의 대장장이 바일란트의 전설이 그 예이다. 아서 왕의 전설에 나오는, 돌에서 칼을 뽑는다는 주제는 원광으로부터 철을 생산하는 그들의 기술로부터 영감을 받은 것이라고 할 수 있다. 미르치아 엘리아데 교수는 철기의 제의와 신화에 대한 매혹적인 연구에서, 아서 왕 신화의 주된 관념이 어머니 바위인 돌과 대장간의 조산(助産) 기술에 의해서 태어나는 그 자식으로서의 철, 또는 철로 만든 무기에 대한 것임을 보여주었다.[1] 손에 칼을 들고 바위로부터 태어나는 구세주 미트라와 이것을 비교해보라.*

"대장장이와 샤먼은 같은 둥지 출신이다." 엘리아데는 야쿠트의 격언을 빌어서 그렇게 말하고 있다.[2] 샤먼은 불 위를 걸을 수 있고, 부서지지 않는 몸을 가지고 있었다고 전해진다. 이것은 불을 조작하여 만들어내는 금속의 특질과 유사하다. 그리고 불의 대장간에서 땅의 원광으로부터 불멸의 "번개" 물질을 만들어내는 대장장이의 힘은 영적인(가령 미트라교나 불교의) 입문의 기적과 유사한 기적이다. 이러한 입문에서 개인은 자신을 자신의 불멸의 부분과 동일시하게 된다. 일본의 어떤 절에서는 열심히 명상을 하는 현자인 후도, 즉 "부동(不動)"(산스크리트로는 아칼라나타[Acalanātha], "부동의 주관자")의 상을 볼 수 있다. 그는 얼굴을 찌푸리고 활활 타오르는 불 위에 앉아서 오른손으로 칼을 곧게 세워 들고 있다. 금강석 같은 안정된 모습이다. 그리고 바위에서 솟아나는 미트라와 비슷한 모습이다. 이사야의 10장 21-22절(기원전 740-700년경)에 처음 나타나는 남은 자에 대한 성서의 개념에서 우리는 이러한 관념이 새로운 영웅관에 적용되는 것을 보게 된다. 이제 영웅은 깨끗해진 개인이 아니

---

* 303쪽 참조.

라, 정화된 민족, 시련을 겪고 진정으로 총의에 이른 민족, 시종 일관 야훼의 목적을 지니고 있는 민족이었다.

그렇다면 가장 초기의 할슈타트 유적(기원전 900년경)에서 발견되는 철제 도구들은 돌에서 칼을 뽑는 제의적 지식이 유럽에 들어간 증거라고 추측해볼 수도 있다. 그것은 영혼의 대장간에서 이루어지는 일인 동시에 진짜 대장간의 불에서 이루어지는 일이기도 하다. 표준 유적지(형식, 양식, 연대 등의 표준이 되는 유적지/역주)인 할슈타트는 잘츠부르크에서 남동쪽으로 50킬로미터 정도 떨어진 곳이다. 이곳에서는 돼지, 양, 소, 개, 말 등을 가축으로 길렀다. 통나무 오두막과 코듀로이 통나무 도로는 조악한 물리적 환경을 증언해주고 있다. 도자기와 금속 장식, 무기, 말과 마차에 쓰는 마구(馬具), 브로치 등도 우아하지 못하다. 모두 생명력이 없고, 조악한 대칭을 이루고 있으며, 기하학적이고, 경직되어 있다. 이곳에서는 유럽의 농민 복장과 작고 뾰족한, 테두리 없는 모자가 일반적인 복식을 이루었던 것으로 보인다. 일반적인 장례 의식은 화장이었지만, 가끔 매장도 이루어졌던 것 같다. 이 문화의 가장 초기의 중심지는 보헤미아와 독일 남부이다. 그러나 그 마지막 세기에는 스페인과 브르타뉴, 스칸디나비아와 브리튼 제도까지 확산되어, 당시, 즉 기원전 550-15년경에 등장하는 켈트 인의 후속 문화인 라 텐 문화의 개화에 기초를 제공하였다.

유럽의 중부와 서부의 화려한 2차 철기 시대를 대표하는 라 텐 표준 유적지는 스위스의 노이샤텔 시에서 8킬로미터 정도 떨어진 곳이다. 여기에서는 바퀴살이 10개인 수레바퀴가 발견되었다. 그 직경은 1미터 정도이며, 쇠로 된 타이어가 달려 있다. 멍에도 2개가 나왔는데, 각각 1쌍의 말을 위한 것이다. 짐 싣는 안장의 일부도 나왔고, 작은 마구도 여러 개가 나왔다. 또 타원형 방패, 긴 활의 일부, 270개의 창끝, 166개의 칼도 나왔다. 칼 가운데 몇 개는 청동 칼집에 들어가 있으며, 전형적인 켈트 전성기의 곡선 양식으로 우아하게 장식되어 있다.

이 시기에 켈트 인은 로마를 포위하였고, 소아시아에 진입하였다. 그 물결은 동진하여 러시아 남부까지 퍼졌지만, 주류는 서쪽으로 향하여 이전의 할슈타트 유적지에 흘러 넘쳤다. 그들은 기원전 5세기말에 라인란트와 엘베 지역을 점령하였다. 4세기초에는 영국 해협을 건너서 브리손 인이라고 알려진 부족들을 지금의 잉글랜드로 데리고 갔고, 고이델 인이라고 알려진 부족들을 지금의 아일랜드로 데리고 갔다. 이들은 다시 스코틀랜드, 콘월, 웨일스에 침입하였다. 라 텐 문화의 부족 집단들은 갈리아와 스페인도 점령하였다. 그들은 기원전 52년 카이사르가 베르싱게토릭스와 헬베티아 연합에 승리를 거둘 때까지, 유럽 북부와 서부 전역에서 정력적으로 공동의 문명을 꽃피웠다. 그들은 에트루리아, 그리스, 근동의 중심지들로부터 영향을 받았지만, 그 나름의 야만적인 화려함을 중심에 간직하고 있었다.

율리우스 카이사르는 그의 『갈리아 전쟁(Gallic War)』 제6권에서 이렇게 썼다.

갈리아 전역에는 분명한 책임과 위엄을 지닌 두 계급의 사람들이 있다. 그러나 평민들은 거의 노예 취급을 당한다. 스스로 과감하게 무슨 말을 하지도 못하며, 누가 귀를 기울여주지도 않는다. 그들 가운데 다수는 부채 때문에, 세 부담 때문에, 권력 있는 자들의 학대 때문에, 귀족들의 노예로 전락한다. 귀족들은 실제로 그들에 대해서 주인이 노예에게 가지는 것과 똑같은 권리를 가지고 있다. 앞에서 말한 두 계급 가운데 하나는 드루이드교 사제들이며, 또 하나는 기사들이다. 전자는 신을 섬기는 일, 공적인 것이건 사적인 것이건 제사를 올바로 거행하는 일, 제의 문제를 해석하는 일에 관여한다. 많은 젊은이들이 그들의 가르침을 얻기 위해서 모여들어 그들을 섬긴다. 사실 공적이건 사적이건 대부분의 분쟁에서 결정을 내리는 사람들은 그들이다. 범죄가 발생하거나, 살인이 일어나거나, 승계와 경계 문제가 발생할 때에도 그들이 판결을 내려서 상과 벌을 결정한다. 만일 그들의 판결에 따르지 않는 사람이 있다면, 그들은 그러한 사람을 제사에서 배제한다. 이것은 가장 무거운 벌이다. 제사에서 배제당하는 사람은 불경한 범죄자로 취급된다. 누구나 그들과 마주치는 것을 피하고, 대화나 접근도 피한다. 그들과 접촉하면 해를 입게 될 것이라고 두려워하기 때문이다. 그들은 정의를 구하여도 얻을 수가 없으며, 중요한 역할을 맡을 수도 없다.

드루이드교 사제들은 그 가운데 한 사람이 우두머리 노릇을 한다. 그는

340

이들 가운데 가장 높은 권위를 지니고 있다. 그가 죽으면 탁월한 위치에 있는 다른 사람이 승계를 한다. 똑같은 지위를 가진 사람이 여럿 있을 때에는, 사제들의 투표에 의해서 우위를 결정하기도 하고 때로는 무력을 행사하기도 한다. 드루이드교 사제들은 1년에 한번 때를 정하여 카르누테스*의 경계 내에서 집회를 가진다. 이들은 카르누테스를 갈리아 전체의 중심으로 여긴다. 그들은 신성한 장소에서 비밀 회의를 연다. 사방에서 분쟁과 관련된 사람들이 모두 이곳으로 모인다. 그들은 드루이드교 사제들의 결정과 판결에 복종한다. 그들의 삶의 규칙은 브리튼에서 발견되어 갈리아로 옮겨진 것으로 보인다. 요즘에 이 주제를 좀더 정확하게 연구하고 싶어하는 사람들은 보통 그것을 배우기 위해서 브리튼으로 여행을 한다.

드루이드교 사제들은 보통 전쟁에 초연한 태도를 취하며, 다른 사람들과는 달리 전쟁 세금을 내지 않는다. 그들은 병역을 면제받고, 또 모든 의무를 면제받는다. 이러한 커다란 혜택이 있기 때문에, 많은 젊은이들이 사제 훈련을 받으려고 자발적으로 모여든다. 또 부모와 친척에게 떠밀려서 오기도 한다. 보고에 따르면, 드루이드 사제의 학교에서는 아주 많은 시를 암송하기 때문에, 어떤 사람들은 20년 동안 훈련을 받기도 한다. 그들은 이러한 시들을 글로 적는 것을 좋게 여기지 않는다. 그러나 다른 모든 경우에는 사적인 일이든 공적인 일이든 그리스 문자를 사용한다. 나의 생각으로는 그들은 2가지 이유 때문에 그러한 암기 관행을 유지하는 것 같다. 첫째로 그들은 그 규칙이 공동의 소유가 되는 것을 원하지 않으며, 둘째로 그 규칙을 배우는 사람들이 필기에 의존하여 기억력의 개발을 태만히 하는 것을 원하지 않는다는 것이다. 사실 글의 도움을 받으면 암기 활동을 태만히 하는 경향이 생기게 마련이다. 그들이 가르치려고 하는 핵심적인 교리는, 영혼은 죽지 않고 죽은 뒤에 한 곳에서 다른 곳으로 이동한다는 것이다. 이러한 믿음을 가지면 죽음에 대한 두려움을 떨쳐버릴 수 있기 때문에, 그들은 이 믿음을 근거로 용맹한 행동을 한다. 이것 말고도 그들은 별과 그 움직임에 대하여, 우주와 땅의 크기에 대하여, 자연 질서에 대하여, 불멸의 신들이 지닌 힘과 권력에 대하여 많은 토론을 하며, 그들의 지식을 젊은 사람들에게 전수해준다.

또 하나의 계급은 기사들이다. 이들은 전쟁이 발발하였을 때——카이사르가 오기 전에는 그들이 스스로 공격을 하거나 아니면 외부의 공격을 물리치

---

* 프랑스 이름인 샤르트르(Chartre)는 라틴어 카르누테스(Carnutes)에서 나왔다. 이 부족이 살던 지역은 현재로서는 대략 유르 에 루아르와 루아레가 차지하고 있는 곳이다.

는 전쟁이 거의 매년 있었다——모두 거기에 참여한다. 그들은 출생과 자원에 따라서 주위에 거느리고 있는 신하와 하인들의 수도 달라진다. 이것이 그들이 알고 있는 1가지 형태의 영향력이자 권력이다.

갈리아의 온 민족은 의식을 거행하는 데에 헌신한다. 이러한 이유 때문에 심각한 병에 걸리거나 위험한 전투에 참가하는 사람들은 인간 제물을 바치거나 그렇게 하겠다고 맹세하며, 드루이드교 사제들이 그러한 제사를 주관한다. 그들은 궁극적으로 인간의 생명에 대해서는 인간의 생명을 대가로 지불하지 않는 한 불멸의 신들을 달랠 수 없다고 믿는다. 그들은 사생활에서처럼 공적인 생활에서도 똑같은 종류의 제사 의식을 거행한다. 어떤 사람들은 엄청난 크기의 상(像)을 이용한다. 그 팔다리는 나뭇가지로 엮는데, 그 안에 살아 있는 사람들을 채운 다음 불 위에 올려놓는다. 그 사람들은 불길 속에서 죽게 된다. 그들은 도둑질이나 강도 등의 범죄를 저지르다가 붙잡힌 사람들을 이러한 식으로 처형하면 불멸의 신들이 더 기뻐한다고 믿는다. 그러나 그러한 범죄자들이 부족할 때에는 죄 없는 사람들을 처형하기도 한다.

그들은 신들 중에서 머큐리를 가장 높이 섬긴다.* 이곳에는 머큐리의 상이 많다. 그들은 머큐리가 모든 예술을 발명하였으며, 모든 길과 여행을 안내하며, 머큐리가 모든 수익 사업과 교통에 가장 큰 영향력을 가진다고 믿는다. 머큐리 다음에는 아폴로, 마르스, 유피테르, 미네르바를 섬긴다. 이러한 신들에 대해서는 다른 민족들과 거의 똑같은 생각을 가지고 있다. 즉 아폴로는 병을 물리치고, 미네르바는 예술과 기예의 제1원리를 제공하고, 유피테르는 하늘의 제국을 유지하고, 마르스는 전쟁을 관장한다는 것이다. 그들은 결정적인 전투에 나서게 되면, 거기서 얻는 약탈물을 마르스에게 바친다. 그리고 승리를 거둔 후에는 그들이 가져온 생물을 희생 제물로 바치고, 다른 모든 물건들을 한곳에 쌓아놓는다. 많은 지역에서 그러한 물건들이 텅 빈 장소에 잔뜩 쌓여 있는 것을 볼 수 있다. 종교적인 양심의 가책을 무릅쓰고 그러한 약탈물을 집에 감추거나 아니면 쌓여 있던 곳에서 빼오는 일은 드물다. 그러한 범죄에 대해서는 고문이 따르는 엄중한 처벌을 내린다.

갈리아 사람들은 그들이 모두 공통의 아버지인 디스(Dis)의 후손이라고 하며, 이것이 드루이드교 사제들의 전승에 근거한 것이라고 말한다. 이러한

---

* 카이사르는 켈트 인의 신들을 로마의 대응물의 이름으로만 부르기 때문에 우리는 약간의 혼란을 느끼게 된다. 그러나 추측을 통해서 카이사르가 말하는 켈트 인의 신의 이름과 특징에 대하여 이야기해볼 수는 있다. 곧 이 작업을 하게 될 것이다.

이유 때문에(디스가 지하 세계의 신이기 때문에) 그들은 시간을 숫자로 셀 때 낮으로 세는 것이 아니라 밤으로 센다. 그래서 생일을 기념할 때에도, 달이나 해가 시작될 때에도 밤이 먼저이고 그 다음이 낮이다. 다른 생활 규칙에서 그들과 다른 인류의 주된 차이는, 그들은 아들이 병역의 짐을 질 수 있는 나이가 될 때까지 가까이 오지 못하게 한다는 것이다. 그들은 아직 소년기를 벗어나지 못한 아들이 아버지가 있는 자리에서 공개적으로 아버지를 대신하는 것을 수치로 여긴다.[3]

할슈타트, 라 텐, 심지어 로마 시기에도 켈트 인의 문헌이라는 것은 없었기 때문에, 우리는 우선 카이사르, 스트라보, 플리니우스, 디오도루스 시쿨루스를 비롯한 몇 사람의 이야기에 의존할 수밖에 없다.[4] 그 다음에는 로마 시기의 돌로 새겨진 기념비들에 의존해야 한다. 그리고 마지막으로——가장 좋은 자료이지만——아일랜드, 스코틀랜드, 웨일스의 후기 켈트 인 문헌에서 얻을 수 있는 풍부한 실마리들에 의존해야 한다. 그리고 여기에 근대 아일랜드의 요정 이야기와 아서의 로맨스에 나오는, 기본적으로 켈트적인 동화의 나라를 덧붙여야 할 것이다.

예를 들자면, 고이델의 켈트 인이 아일랜드를 침략하여 배가 해안으로 미끄러져 들어갈 때에 그들의 시인들 가운데 우두머리였던 아마긴이 지었다고 하는 다음과 같은 묘한 시적 주문이 있다.

나는 바다 위를 부는 바람.
나는 심해의 파도
나는 일곱 전투의 황소
나는 바위 위의 독수리.
나는 태양의 눈물.
나는 식물들 가운데 가장 아름다운 것.
나는 용기를 가진 멧돼지.
나는 물의 연어.
나는 평원의 호수.
나는 지식의 말.

나는 전투에 나선 창의 끝.
나는 머리에 불(＝생각)을 만드는 신.

누가 산의 집회에 빛을 퍼뜨리는가?*
누가 달의 세월을 예언하는가?**
누가 해가 지는 곳에 대하여 말하는가?***

이 시를 비롯하여 같은 종류의 다른 시들에 대해서 많은 글들이 쓰여졌다. 그러한 글들은 드루이드교의 생각과 힌두교, 피타고라스주의, 훗날 아일랜드의 신플라톤주의자인 스코투스 에리게나(서기 875년경 사망)의 철학이 비슷하다고 주장한다. 이 주문의 텍스트는 아일랜드의 "침략의 서(Lebor Gabala)"에 나오는 것이다. 이것은 중세말의 원고로만 보존되고 있는 것이지만, 서기 8세기 이전에 종합된 고대의 사건들에 대한 요약이다. 사실 여기에는 고이델 족이 처음 아일랜드에 도착하였던 이른 시기의 자료가 포함되어 있을 수도 있다.[5] 켈트 인은 다시 사는 것을 믿었기 때문에 죽는 것을 두려워하지 않았다는 카이사르의 말로 보면, 이 시가 고대에 쓰여진 것이라는 주장이 맞는 것처럼 보이기도 한다. 그러나 어떤 사람들은 이것이 서기 4세기와 5세기초 타라와 카셀 궁정의 전성기에 쓰여진 것이라고 생각하기도 한다.[6]

어느 쪽이든 간에, 이 시가 하나의 세계 철학으로서 보여주는 모습은 신비 신학의 발전된 형태라기보다는 범마법주의(汎魔法主義)의 한 형태이다.[7] 한 권위자가 말한 것처럼, 이것은 "야만인 주술사의 허풍스러운 발언"과 비교해보아야 한다.[8] 또 한 권위자는 이렇게 말하였다. "이 시인에게 요구되고 있는 것은 과거 존재의 기억이라기보다는 마음대로 모든 형태를 취할 수 있는 역량이다. 바로 이것 때문에 그는 초인간적인 적들과 같은 수준에 오를 수 있고, 또 그 적들을 이길 수 있는 것이다."[9] 이러한 관념들은 샤머니즘적인 관행에 기본적인 것이다.[10] 그러나 이것은

* "나 외에 누가 각각의 질문을 해결하는가?"
** "나 외에 누가 달의 세월을 말하는가?"
*** "시인이 아니라면?"

344

쉽게 더 높은 수준으로 발전할 수 있다. 가령 인도에서 샤먼은 요가 수행자가 되었다. 개인의 자아는 우주적 자아가 되고, 동시에 만물의 본질이 되었다. 그럼으로써 자아 실현을 달성할 수 있었다. 예를 들어서, 아마긴의 주문과 슈베타슈바타라 우파니샤드에서 이미 인용하였던 한 연을 비교해보라.

> 너는 짙은 파란색 새이며 빨간 눈을 가진 녹색 앵무새이다.
> 너는 번개를 너의 자식으로 가지고 있다. 너는 계절이고 바다이다.
> 너는 시작이 없기 때문에 모든 곳에 퍼진 상태로 머물며,
> 거기에서부터 모든 존재가 태어난다.*

샤먼과 신비주의자를 범주적으로 구분한다는 것은 불가능한 일이다. 나아가서, 원시적 샤머니즘으로부터 소우주와 대우주가 통일되고 초월되는 고대와 동양의 가장 높은 수준의 사고 질서까지는 그렇게 거리가 멀지 않다. 그것은 그러한 사고 질서로부터 신을 인간 외부에 있는 별도의 존재로 보는 사고 방식까지의 거리가 멀지 않은 것과 마찬가지다. 사실 유럽 신화의 역사 전체에 걸쳐서 후기 신비주의 양식은 켈트 인과 게르만족 양쪽의 신화 양식과 통일을 이루고자 하는 경향, 또 그 양식들로부터 뒷받침을 얻고자 하는 경향을 가지고 있다. 그리고 이 경향은 우리 문학에서 최고의 영적 기질을 가진 부분의 발전에 결정적인 역할을 하였다.

아일랜드 신화군(群)은 대륙으로부터 아일랜드를 침략하는 수많은 침략군의 파도에 대해서 이야기한다. 그 가운데 가장 마지막이 시인 아마긴의 민족, 이른바 '밀의 아들들'인 밀레토스 인들이었다. 그러나 우리의 손에 남아 있는 텍스트들을 작성한 부지런한 기독교 수사들은 그들의 성격을 성서에 나오는 신비한 인물들과 연결시키려고 애를 썼다. 그렇게 해서 마침내 우리에게는 황당한 혈통 2가지가 섞인 잡종이 전해지게 되었다. 그 결과 여러 학자들의 노력에도 불구하고 아직은 그것을 실제 인류사의 어떠한 부분과도 분명히 연결시키지 못하였다.

* 131쪽 참조.

예를 들어서, 아일랜드에 처음 도착한 사람들은 반바, 그리고 카인의 다른 두 딸이었다. 그들은 50명의 여자와 3명의 남자를 데리고 바다로 왔지만, 그곳에서 전염병에 걸리어 죽었다. 그 다음에는 3명의 어부가 도착하였다. 그들은 "대담함으로 반바와 미녀들의 섬을 점령하였다." 그러나 부인을 데려오기 위해서 고향으로 돌아갔다가, 그곳에서 대홍수를 만나 죽었다.[11] 이어서 노아의 손녀인 케세르가 그녀의 아버지, 남편, 그리고 제3의 남자인 라드루, 즉 "에린(아일랜드를 가리킴/역주)에서 첫번째로 죽은 남자", 그 외에 50명의 처녀를 데리고 왔다. 그러나 그들의 배는 난파하였고, 케세르의 남편인 핀타인을 제외한 모두가 대홍수로 죽었다. 핀타인은 수백 년 동안 살았다.[12]

여기서 독자가 알아야 할 것은 반바가 여신의 이름이며, 아일랜드를 다정하게 부르는 별명이기도 하다는 점이다. 그 이름의 의미는 "돼지"이다. 따라서 우리는 여기서 다시 익숙한 곳으로 들어서고 있다. 즉 북쪽의 키르케의 섬이다. 『신의 가면 : 원시 신화』의 아일랜드의 민담에는 '젊은 이의 땅'에 사는 공주에 대한 이야기가 나온다. 땅에 나타난 그녀의 머리는 돼지였다. 그러나 입맞춤을 해주면 돼지 머리는 사라질 수 있었다.[13] 고전 작가들은 켈트 인의 요새를 이루고 있는 섬들에 대하여 써왔다. 그곳에는 여사제들이 살고 있었다. 스트라보는 루아르 강어귀 근처의 섬에 대해서 묘사하였다. 이 섬에서는 주신제적인 의식이 거행되었다. 남자는 이 섬에 발을 들여놓을 수 없었다. 그가 묘사한 또 하나의 섬은 브리튼 근처에 있는 것으로, 이곳의 제사는 사모트라케에서 데메테르와 페르세포네에게 드리는 제사와 비슷하였다.[14] 로마의 지리학자 멜라(43년경 활동)는 브르타뉴 서해안의 퐁 뒤 라즈 근처에 있는 세인이라는 작은 섬의 9명의 처녀들에 대하여 이야기한다. 이 처녀들은 놀라운 힘을 가지고 있었다. 배를 타고 그들의 자문을 구하러 가면 그녀들을 만날 수 있었다.[15] 데메테르와 페르세포네의 신화와 제의에서는 돼지들이 두드러졌는데, 그들 자신이 돼지로 나타나기도 하였다.[16] 나아가서 돼지는 죽은 자들의 숭배와 연결되어 있다. 그래서 학자들은 켈트 인 여자들의 섬들에 대하여 이야기하면서, 영국 해협의 작은 섬들인 알더나이와 헤름만이 아니라, 모비한 만의 에르 라닉 섬에서 발굴된 켈트 이전의 중요한 공동 묘지들에 주목해왔다. 한 권위자는 이렇게 말하고 있다. "이 무덤들은 켈트 이전 민족들의 것이다. 따라서 이 섬들의 숭배 의식은 깊이 뿌리 박힌 토착 신앙을 표현하는 것이라고 생각할 수 있다. 반드시 켈트 인으로부터 유래한 것이라고 생각할 필요는 없다는 것이다. 사실 이 여자들의 공동체 이야기를 받아들인다면, 우리는 동시에 그들이 드루이드교 신앙 체계의 일부로서가 아니라 그것과는 별도로 존재하였다는 사실, 따라서 드루이드교 이전의 신앙을 계속 지키고 있었음에 틀림없다는 사실을 받아들이지 않을 수 없다."[17]

반바, 어부의 무리, 노아의 손녀 등 일련의 대홍수 이전의 사람들을 쫓아가다 보면 에메랄드 섬의 포모르 족이라는 괴상한 사람들이 나온다. 그들 가운데 일부는 발이 없었다. 일부는 옆구리가 하나밖에 없었다. 이들 모두가 성서에 나오는 함의 자손이었다. 이들은 거인이었지만 다음에 스페인으로부터 도착한 파솔론 족에게 패배하였다. 파솔론 족이라고 해서 "포모르 족보다 더 지혜로울 것도 없었다." 그러나 파솔론 족도 한 사람을 제외하고는 모두 전염병으로 죽었다. 이 한 사람의 이름은 투안 맥 카레일이었다. 그는 기독교 시대까지 살아 남아서 고대 아일랜드의 모든 역사를 성자 핀넨에게 전해주었다.[18]

그 다음에 도착한 사람들은 네메드 사람들이었다. 이들은 노아의 더 먼 후손으로서, 파솔론 사람들과 마찬가지로 스페인을 경유해서 들어왔다. 이들은 포모르 인에게 굴복하였다. 포모르 인은 패배를 극복하고 다시 일어나서 도네갈의 북서 해안의 토리 섬에 있는 유리탑에서 그 땅을 다스리고 있었다. 네메드 인은 매년 핼로윈(제성 침례의 전야인 10월 31일/역주)에 추수한 곡식과 태어난 아이의 3분의 2를 바쳐야 하였다.

이번에는 피르볼그 인이 왔다. 많은 학자들은 이들이 실제로는 켈트 이전에 아일랜드에 살던 주민이고, 포모르 인은 그들의 신일 수도 있다고 생각해왔다. 포모르 인들 중에는 네트라는 이름의 전쟁의 신, 그의 무시무시한 손자인 '나쁜 눈을 가진 발로아', 지식의 신인 엘라사 등이 있었다. 피르볼그 인은 거석(巨石) 건설자들과 마찬가지로, 그리스에서 스페인을 거쳐서 왔다. 그리고 이들은 탈티우라는 이름을 가진 여왕의 통치를 받았던 것으로 여겨진다. 연대기에 따르면 그들은 포모르 인을 정복하였으나, 그 다음에 도착한 민족에게 패배하였다. 그들은 빛나는 투아사 데 다난, 즉 다나 여신의 민족이었다. 그리고 이들은 이 일련의 전설의 마지막 민족에게 정복당하였다. 그 마지막 민족은 시인 아마긴의 족속인 밀레토스 인이었다. 어떤 사람들은 밀레토스 인이 켈트 인이었다고 생각하기도 한다. 어쨌든 이 마지막 싸움의 결과 투아사는 시야로부터 사라져서 요정의 산속으로 들어갔다. 그들은 유리처럼 눈에 보이지 않게 되었는데, 그럼에도 오늘날까지 아일랜드 전역에 살고 있다.

여기서 투아사 데 다난의 화려한 신화 가운데 몇 가지 두드러진 특징에 주목해볼 수도 있겠다. 첫째는 화려한 여신들이 두드러진다는 것인데, 이들은 여러 면에서 그리스의 크고 작은 여신들의 대응물이라고 할 수 있다. 전체의 대표격인 다나(그 소유격이 다난(Danann)이다)는 신들의 어머니이며, 가이아의 대응물이다. 그녀는 '어머니 대지'로서 풍성한 열매를 제공하였다. 또 인간을 제물로 받던 신들 가운데 하나였을 수도 있다. 케리에 있는 두 산은 "아누의 유방"이라는 이름을 가지고 있는데, 아누는 안(an), 즉 "양육하다"라는 동사 어근과 관련된 그녀의 이름의 변형태이다.

시와 지식의 후원자인 브리기트 또는 브리그(아일랜드 어의 브리그(brig)는 "힘"이라는 뜻이며, 웨일스 어의 브리(bri)는 "명성"이라는 뜻이다)는 이 여신의 또 다른 측면을 나타낸다. 브리기트는 카이사르가 켈트인의 미네르바라고 불렀던 바로 그 신이다. 훗날 인기를 끌었던 성 브리기트 숭배는 그 여신에 대한 숭배가 기독교 시대까지 이어져온 것이다. 킬데어에서는 성스러운 불을 통해서 이 여신을 숭배하였다. 남자들은 이 불에 접근할 수 없었다. 19명의 신녀가 매일 이 불을 지키다가 20일째 되는 날에는 성녀가 직접 불을 지켰다. 나아가서 브리기트는 문명을 전해준 사람이었다. 존 A. 맥컬로우 교수는 이렇게 말하고 있다. "이 여신은 켈트 인이 남신보다는 여신을 섬기던 시절, 지식——의술, 농업, 영감(靈感)——이 남자의 것이라기보다는 여자의 것이던 시절의 유산이다."[19]

이 만신전에서 위대한 아버지는 카이사르가 디스, 플루토, 하데스와 동일시하던 지하의 신이었다. 그의 갈리아 이름은 케르누노스이다. 아마 "뿔"이라는 뜻을 가진 케르나[cerna]에서 나온 말로, "뿔을 가졌다"는 뜻일 것이다.[20] 아일랜드 서사시에서는 그 이름이 다그다인데, 다고 데보스 (dago devos), 즉 "좋은 신"이라는 말에서 나온 이름일 것이다. 갈리아의 기념물에서 그는 황소의 뿔이나 사슴의 뿔이 달리고, 켈트 인의 목걸이를 걸고 있는 모습으로 나타난다(『신의 가면 : 동양 신화』, 〈그림 20〉에 나온 람스의 제단에서처럼). 또는 머리가 3개에 숱이 많은 턱수염을 기른 모습으로 나타날 때도 있다(프랑스의 콩다에서 발견된 상에서처럼). 그리고 팔에 풍요의 자루를 들고 있어서, 거기에서 낟알이 강물처럼 흘러나오는 경우도 있다.

기념비에서 그는 당당한 풍채를 가진 인물이다. 그러나 아일랜드 서사시에서는 일종의 어릿광대이다. 여기서 우리는 지금 켈트이건 게르만이건 북부 유럽의 모든 신화에 나타나는 가장 심오한 특질들 가운데 하나와 만나게 된다. 그들의 신이나 여신들 가운데 가장 위대한 존재라고 하여도, 맨정신으로 보면 종교와 아무런 관련이 없는 모습으로 나타난다는 것이다.

다그다는 반바와 브리기트의 아버지였다. 또 그에게는 "어떠한 무리도 고마워하지 않고 지나가는 법이 없는" 가마솥이 있었다. 그 내용물은 죽은 자를 살리기도 하였고, 시적인 영감을 만들어내기도 하였다. 그러나 그 솥은 이 신이 여신으로부터 파생된 것임을 보여준다. 그리고 한 남신에게 이전의 여신들의 아버지 역할을 맡긴 것 역시 부권적인 신이 모권의 테마를 도용하였다는 것을 드러낸다. 제우스, 아폴로, 페르세우스 등이 청동기 시대의 여신들과 에게 해의 여사제들에게 승리를 거두었던 것과 마찬가지이다.

따라서 어느 날 다그다가 위대한 전쟁의 여신 모리간을 만나서 함께 잠자리에 들었다고 하여도 놀랄 일이 아니다. 모리간은 훗날의 로맨스에서 아서 왕의 숙명적인 누이 파타 모르가나, 즉 요정 모건이 된다. 다그다는 그녀가 한쪽 발은 북쪽의 에후메흐에, 또 한쪽 발은 남쪽의 로스퀸에 걸치고 강에서 몸을 씻는 것을 보았다. 그러나 그는 바로 그날 포모

르 인으로부터 어떤 국을 마시라는 도전을 받은 일이 있었다. 포모르 인
은 그들의 왕인 '나쁜 눈을 가진 발로아'의 거대한 솥에 우유 20갤런의 4
배를 넣고, 곡물과 지방을 20번의 4배를 넣고, 거기에다가 염소, 양, 돼지
를 넣었다. 그들은 그것들을 함께 끓인 다음, 땅에 있는 거대한 구멍에
쏟아 부었다. 그러나 힘센 신 다그다는 남자와 여자가 들어가서 누울 만
한 커다란 국자를 들고왔다. 그 국자로 국을 가득 퍼서 계속 입에 넣었
다. 마침내 구멍을 완전히 비워버렸다. 그리고 나서 흙과 자갈 사이에 남
아 있는 것들까지 손으로 모두 긁어서 먹었다.

다그다는 졸음이 왔다. 그러나 포모르 인은 모두 웃음을 터뜨리고 있
었다. 솥은 커다란 집만한 크기였는데, 그의 배가 딱 그 크기였기 때문이
다. 그러나 그는 곧 일어났다. 몸이 무거웠지만 그곳을 떠났다. 사실 그
의 옷도 꼴불견이었다. 팔꿈치까지 내려오는 망토에, 앞은 길고 뒤는 짧
은 갈색 코트를 입고 있었기 때문이다. 발에 신은 신발은 말가죽으로 만
들었는데, 털은 없었다. 손에는 바퀴가 달린 쇠스랑을 들고 있었는데, 그
것은 장정 8명이 달라붙어야 운반할 수 있을 만큼 무거웠다. 그래서 그
가 뒤에 남기는 자국은 한 지방의 경계선용 도랑이 될 만큼 깊었다. 그
는 이러한 상태로 집에 가다가 늙은 '싸움 까마귀' 모리간이 거대한 몸을
씻고 있는 광경을 보았던 것이다.[21]

그러나 미브 여왕과 그녀의 켈트 인 배우자 아일릴의 베개 위의 대화
에서도 이미 보았듯이, 이 켈트 이전의 여신들은 아일랜드에서는 굴복을
하였지만, 그렇다고 힘이 없는 것은 전혀 아니었다. 미브는 황소를 구하
러 사람을 보내면서 자신을 대가의 일부로 바쳤다. 그 뻔뻔스러운 행동
때문에 촉발된 '쿨리의 갈색 황소'의 전쟁에 대한 괴상한 서사시를 보면,
여성의 힘들이 심지어 전쟁의 운명들조차 지배한다는 느낌을 받을 수 있
다. 이것은 대부분 남자 신과 남자 영웅들이 지배하는——물론 아프로디
테와 헬렌이 더 깊은 수준에서 진정한 운명을 형성하고 있지만——그리
스 서사시의 정신과 큰 대조를 이룬다.

예를 들어서, 이 기묘한 아일랜드의 일리아드에서 아일랜드의 아킬레
스라고 할 수 있는 쿠홀린은 어느 날 밤 북쪽에서 들려오는 무시무시한

소리에 잠을 깬다. 너무 놀란 나머지 침상에서 바닥으로 자루처럼 떨어지고 말았다. 그는 무기도 없이 집의 동관을 통하여 달려나가서 바깥 공기를 들이마신다. 그의 부인인 에머가 그의 갑옷과 옷을 가지고 쫓아온다. 그는 소리를 쫓아서 대평원을 가로질러 달린다. 그는 곧 비옥한 쿨게어 지방에서 마차가 덜그럭거리는 소리를 듣게 된다. 그리고 곧 그의 앞에 밤색 말이 끄는 마차가 지나가는 것을 보게 된다.

그 짐승은 다리가 하나밖에 없었다. 마차의 장대가 동물의 몸을 관통하고 있었다. 그래서 앞쪽의 마개가 이마를 넘어온 굴레와 만났다. 수레 안에는 어떤 여자가 앉아 있었다. 눈썹은 빨간색이었고, 진홍색 망토를 두르고 있었다. 망토가 뒤로 떨어져서 바퀴 사이로 들어가더니 바람에 쓸려갔다. 몸집이 큰 남자가 옆에서 걷고 있었다. 그 역시 진홍색 외투를 입었고, 등에는 끝이 갈라진 지팡이를 메었다. 남자는 앞에 암소를 1마리 몰고 갔다.

쿠훌린이 그 남자에게 말하였다. "저 암소는 당신이 모는 것을 좋아하지 않는 것 같소." 그 말에 여자가 대답하였다. "저 암소는 당신 것이 아닙니다. 또 당신 동료나 친구의 것도 아닙니다." 쿠훌린은 그녀를 돌아보며 말하였다. "얼스터의 암소가 다 나의 것이오." 그녀가 대꾸하였다. "그러면 저 암소에 대해서도 당신이 결정을 내리겠군요? 당신은 너무 많은 책임을 떠맡고 있어요, 오, 쿠훌린!" 쿠훌린이 물었다. "왜 남자가 아니라 여자가 나한테 말을 하는 것이오?" 그녀가 말하였다. "당신이 남자한테 말을 걸지 않았잖아요." 그가 말하였다. "아니, 나는 남자에게 말을 걸었소. 하지만 남자 대신 당신이 대답을 하였소." "그는 우아르-가에스-스케오 루헤이르-스케오예요." 여자가 말하였다.

쿠훌린이 말하였다. "이름 하나는 놀랄 정도로 길군. 그러면 저 사람은 이야기를 하지 않으니, 당신이 이야기를 하시오. 당신 이름은 무엇이오?"

남자가 말하였다. "당신이 말하고 있는 여자의 이름은 파에보르 베그-베오일 쿠임디우이르 폴트 스케느브-가이리트 스케오 우아스요."

쿠훌린이 말하였다. "나를 놀리는군." 그는 마차로 펄쩍 뛰어올라서 그녀의 어깨에 두 발을 딛고 창으로 그녀의 가르마를 겨누었다. 그녀가 경고를 하였다. "나한테 날카로운 무기를 가지고 장난치지 말아요." "그러면 당신의 진짜 이름을 말하시오." 그가 말하였다. "그러면 나한테서 더 떨어져요. 나는 여류 풍자가예요. 그리고 저 사람은 쿨리의 피아흐나의 아들 데어예요. 그리고 이 암소는 내가 지은 시에 대한 상으로 받은 거예요." "어디 그 시를 들어봅시다." "나한테서 더 떨어지기나 해요. 당신이 나의 머리 위에서 몸을 흔들어대도 나는 눈 하나 깜짝하지 않아요."

쿠훌린은 뒤로 물러서서, 두 바퀴 위에 버티고 섰다. 그녀는 그에게 모욕의 노래를 불러주었다. 그것을 듣고 쿠훌린은 다시 그녀에게 뛰어올라가려고 하였으나, 말, 여자, 마차, 남자, 암소가 모두 사라져버렸다. 그는 그녀가 검은 새로 변신하여 근처의 나뭇가지에 앉아 있다는 것을 알았다.

"당신은 위험한 마법을 부리는 여자로군!" 쿠훌린은 말하였다.

그녀가 대답하였다. "이제부터 이곳은 '마법의 장소'라고 부르게 될 거예요." 그리고 실제로 그렇게 되었다.

쿠훌린이 말하였다. "당신인 줄만 알았다면 우리가 그렇게 헤어지지는 않았을 터인데."

"당신이 무슨 짓을 하였더라도, 그것은 당신에게 불운만 가져다주었을 거예요."

"당신은 나를 해칠 수 없소."

"물론 해칠 수 있고 말고." 그때 늙은 '전투 까마귀'는 그녀가 아는 비밀을 그에게 알려주었다. "사실 나는 당신의 죽음의 자리를 지키고 있어요. 그리고 앞으로도 지킬 거예요. 이 암소는 쿠루아한의 '요정의 산'으로부터 가져온 거예요. 피아흐나의 아들 데어의 황소 옆에서 자라게 하기 위해서예요. 그 황소는 '쿨리의 갈색'이라는 이름을 가지고 있지요. 이 암소의 송아지는 아직 1살이 안 되었는데, 당신의 목숨도 1년이 안 남았어요. 그리고 이 암소가 쿨리의 '소떼 습격'의 원인이 될 거예요."

그 둘은 연거푸 활발하게 협박을 주고받으면서 다가올 전투 이야기를 하였다. 그녀는 그가 전투에서 그 자신처럼 강하고, 의기 양양하고, 민첩하고, 무시무시하고, 지칠 줄 모르고, 고귀하고, 훌륭하고, 용감한 남자와 싸우다가 죽게 될 것이라고 말하였다. 그녀가 뱀장어가 되어 여울에서 그의 발에 올가미를 걸 것이고, 그것으로 승부가 기울어질 터였다.

그러자 쿠훌린이 말하였다. "울토니안이 맹세하는 신들에 대고 맹세하는데, 나는 당신을 여울의 녹색 돌에 내동댕이쳐서 상처를 입게 할 것이오."

"그럼 나는 회색 늑대가 되어 당신 오른손에서 살을 뜯고, 왼팔로도 갈 거예요."

"나는 창으로 당신과 맞서서 당신의 왼쪽 눈이나 오른쪽 눈이 튀어나오
도록 할 거요."

"나는 빨간 귀를 가진 하얀 암소가 될 거예요. 그래서 당신이 싸우고 있
는 여울 옆의 웅덩이로 들어갈 것이고, 내 뒤로 빨간 귀를 가진 하얀 암소
1백 마리가 따라올 거예요. 그래서 나와 내 뒤의 1백 마리가 여울로 뛰어들
면, 남자들끼리의 공정한 시합은 깨지고, 당신 머리는 당신 몸에서 잘려나갈
거예요."

"내가 투석기로 당신의 오른쪽 다리나 왼쪽 다리를 부러뜨릴 거요. 당신이
나를 내버려두지 않는다면, 당신은 나에게 절대 도움을 얻을 수 없을 거요."

그리고 나서 모리간은 콘나하트의 크루아한의 '요정의 산'으로 들어가고,
쿠훌린은 침대로 돌아왔다.[22]

여신 모리간은 투아사 데 다난의 요정 요새로부터 오는 운명의 유령으
로서, 바드브, 또는 전투의 까마귀나 학으로 알려져 있다. 그녀는 켈트,
게르만, 그리스, 로마 세계의 다른 여신들과 마찬가지로 보통 셋이 한 조
가 되어 나타난다. 〈그림 27〉과 〈그림 28〉은 파리의 노트르 담 유적지에
서 발견된 켈트 인의 제단——현재 클뤼니 박물관에 소장되어 있다——
의 양면이다. 첫 그림에서는 나무꾼의 옷을 입은 인물이 나무를 베고 있
다. 위에 그의 이름이 에수스라고 나와 있다. 또 하나는 커다란 나무 밑
에 황소가 1마리 있는데, 그 나무는 황소의 몸으로부터 자라나온 것처럼
보인다. 황소의 등에는 3마리의 학이 서 있다. 위에는 타르보스 트리가라
노스(Tarvos Trigaranos), 즉 "3마리의 학과 함께 있는 황소"라는 글자가
보인다.

한 세대 전 켈트에 관한 위대한 학자인 H. 다르부아 드 쥐벵뷰는 이
갈리아의 제단에 나오는 황소를 아일랜드 서사시에 나오는 갈색 황소와
연결시켰다. 에수스는 쿠훌린이고, 학들은 여신 모리간이며, 이 그림들은
우리가 방금 살펴본 부분을 묘사하고 있다는 것이다.[23] 맥컬로우 교수는
영웅의 수명을 측정하는 잣대가 된, '갈색 황소'의 송아지가 쿠훌린을 동
물에 대응시킨 것이라고 주장한다. 갈리아의 에수스는 인간 희생 제물을
나무에 걸어놓는 식물의 신이었던 것처럼 보인다. 이 신화는 식물의 성

〈그림 27〉에수스.

장을 위한 황소 희생제의와 연관이 있었던 것 같다.[24] 여기서는 미트라 신화와 유사성이 나타난다. 즉 자기 몸에서 솟아난 식물에게 죽임을 당하는 황소, 황소의 인간 대응물에 의해서 이루어지는 행위로서의 희생제의(앞의 〈그림 23〉을 보라) 등이 유사한 점이다. 이 제단이 나온 갈리아-로마 시기에는 문화 사이의 그러한 유사성을 놓쳤을 리가 없다. 따라서 우리는 이제 이 북방 서사시의 황당하고 괴상한 영웅 행위들에서 어머니 대지, 문화를 베푸는 존재, 뮤즈, 운명과 전쟁의 여신으로, 또 인간이나 동물의 형태로 다양하게 나타나는 '요정의 산'의 여신은 궁극적으로 근동 핵심부의 위대한 여신들과 유사하다는 것을 인식해야 한다. 또한 쿠훌린을 대표로 하는 켈트 인의 전사 영웅들의 신화적 행위 속에는 옛 청동

354

〈그림 28〉 3마리의 학과 함께 있는 황소.

기 시대의 '위대한 어머니'의 뱀-아들이자 남편인 두무지-탐무즈로부터
내려오는 모티프들이 담겨 있다는 점도 인식해야 한다.

2. 에트루리아

북쪽의 켈트 인과 떠오르는 신흥 세력인 로마 사이에는 터스커니의 넓
은 평원이 자리 잡고 있었다. 아펜니노 산맥 서쪽의 이 평원에는 옛 에
트루리아 연방의 자치 도시 12개가 마치 무슨 상징처럼 신성한 볼세나
호수를 둘러싸고 있었다. 이 도시들의 문화는 기원전 1100-700년경인 빌

라노바 시기로부터 유래한다. 이 시기는 북쪽의 할슈타트*와 겹치는데, 남쪽에도 그와 비슷한 수준의 발전이 있었음을 보여준다. 커다란 들판에 빽빽하게 묻혀 있는 수많은 기묘한 모양의 옹관(甕棺)들은 이들이 죽은 자에게 지속적인 관심을 가지고 있었음을 보여준다. 뿐만 아니라 영혼의 미래와 관련하여 불의 정화시키고 변화시키는 힘에 대해서 모종의 생각을 가지고 있었음을 보여준다. 오토-빌헬름 폰 파카노 박사는 이 옹관들의 상징을 해석한 사람이다.

그는 이렇게 쓰고 있다. "화장터 장작의 불길이 사그러들면 뼈를 모으는데, 아무리 작은 뼈 조각이라도 놓치지 않도록 재를 모두 모아서 항아리에 집어넣는다." 많은 항아리가 인간의 형상을 가지고 있으며, 심지어 도기로 만든 왕좌에 올라가 있는 경우도 있다. 어떤 것들은 오두막 모양이다.

(폰 파카노는 계속 설명을 한다.) 이러한 옹관에 담긴 믿음은 죽은 자들이 무덤에서 새롭고 더 발전된 힘을 가진 존재로 변한다는 것이다. 그러나 이들은 당분간은 갓난아기처럼 무력하기 때문에, 이 중간기 동안에는 살아 있는 사람들이 돌보아주어야 한다고 생각하였다. 말하자면, 그들이 땅의 자궁에서 새로운 생명의 싹을 틔우기 위해서 발아하는 동안에는 돌보아주어야 한다는 것이었다…….

당시에는 이러한 종류의 관념이 유럽 전역을 휩쓸고 있었으며, 아시아에까지 영향을 미치고 있었다. 원래 이러한 관념이 생겨난 곳은 코카서스나 페르시아일 것이다……. 이 초기 철기 문화의 영향권에서 항아리는 변화와 창조라는 신비한 과정이 일어나는 연금술의 그릇과 같았다…….

이어서 폰 파카노는 켈트 인의 철기 시대와 관련하여 우리의 관찰과 매우 비슷한 이야기를 한다.

이 모든 것에서 1가지 주목할 만한 특징은 불의 정화하고 변화시키는 힘

---

* 336쪽 참조.

에 대한 믿음이다. 그런 관념은 대장장이와 관련된 헤아릴 수 없이 많은 이
야기와 전설에서, "젊어질 때까지 불에 탄 작은 남자"의 이야기에서, 불 위
에서 끓는 소생의 솥에서, 메데아-펠리아스 신화에서 표현되었다. 한편 샤먼
들의 입문 의식에서는 어떤 꿈의 과정에 대한 이야기를 듣게 된다. 조상 가
운데 한 사람의 영혼이 초심자의 몸을 갈갈이 찢고는 뼈에서 살을 발라내고
피를 씻어낸다. 그리고 그의 뼈만 보관해두었다가 새 살과 피를 입혀서 시
간과 공간을 지배하는 주인으로 변화시킨다는 것이다.[25]

터스커니의 도시 연방의 전성기는 기원전 700년경에서부터 기원전 88
년까지 이어진다. 그들 자신도 기원전 88년을 그들의 최후로 간주하였다.
북쪽으로부터는 야만적인 라 텐 문화의 켈트 인이 계속 괴롭혔다. 남쪽
으로부터는 로마의 점증하는 힘과 현실주의적인 정치가 밀고 올라왔다.
이러한 영향 때문에 그들은 전성기에도 고립 상태에 빠져서 지방적이고
식민지적인 보수주의에서 헤어나오지 못하였다. 그렇기 때문에 완전히
쇠퇴하고 있는 중에도 한 시대의 양식과 거룩함에 대한 감각을 보존하게
되었다. 폰 파카노 교수는 이 연방에 속한 도시의 합인 12이라는 수도
거룩하고 상징적인 수이며, 실제적인 고려가 아니라 정치적인 고려에 의
해서 결정된 것이라고 지적하였다. "이 거룩한 도시들은 북극성 주위의
별자리들처럼 볼툼나 신의 숲 주위에 모여 있었다. 그 숲의 유적은 아직
발견되지 않았지만, 로마 인들은 볼시니라고 부르고 에트루리아 인들은
벨즈나라고 부르던 볼세나 지역에 자리를 잡고 있었다."[26]

이 숲의 신인 볼툼나는 자웅 동체였다. 대립물들의 쌍을 넘어선 존재
였던 것이다. 매년 이 숲에서는 축제가 열렸다. 운동 시합과 기예 경연들
로 이루어지는 일반적인 고전적 축제 행사가 벌어지는 가운데, 운명의
불가피성을 상징하기 위하여 '세월의 못'이 노르티아(포르투나) 여신의
신전 벽에 박혔다.[27] 〈그림 29〉는 기원전 320년경의 에트루리아 거울의
뒷면에 그려진 것이다. 중앙의 날개가 달린 여신은 오른손에는 망치를
들고, 왼손에는 '세월의 못'을 들고 있다. 위에 새겨진 그녀의 이름은 아
스르파이며, 그리스의 아트로포스와 관계가 있다. 이 그림에서 우리는 멧

〈그림 29〉 세월의 못 박기.

돼지 머리가 못을 쥐고 있는 손과 연결되어 있으며, 망치를 쥔 손의 위치가 여신의 오른쪽에 있는 젊은 남자의 생식기 근처라는 것을 알 수 있다. 이 남자는 아도니스(에트루리아에서는 아투네)이다. 그는 멧돼지의 엄니에 받쳐서 죽고는 거세되었다. 그 옆의 여자는 그의 애인 아프로디테이다. 그림에 쓰여진 것에 따르면, 그 맞은편에 있는 연인 1쌍은 아탈란타와 멜레아그로스이다. 그들의 운명 역시 멧돼지에 의해서 결정되었다.

옛날 이야기에 따르면, 멜레아그로스가 태어날 때에 운명의 세 여신이 그의 어머니에게 나타났다. 그들 가운데 첫번째인 클로토는 그가 고귀한 정신을 가진 남자가 될 것이라고 예언하였다. 두번째인 라케시스는 그가 영웅이 될 것이라고 예언하였다. 마지막인 아트로포스는 그가 그때 벽난로에서 불타고 있던 장작이 다 타버릴 때까지 살 것이라고 예언하였다. 어머니인 알타이아는 얼른 침대에서 일어나 불에서 장작을 꺼내고는 궤 속에 감추었다. 멜레아그로스는 크면서 사냥에 몰두하게 되었다. 그 즈음 야생의 여신 아르테미스는 멜레아그로스의 아버지인 칼리돈의 왕 오이네 우스가 성대한 희생제의 축제에서 그녀에게 제물을 바치지 않은 것에 화 가 나서, 아무도 죽일 수 없는 힘센 멧돼지를 풀어놓았다. 시인 호러스 그리거리가 번역한 로마 시인 오비디우스의 시로 그 이야기를 들어보자.

> 그의 커다란 두 눈에서는 피와 불이 소용돌이쳤다.
> 그의 목은 강철이었고 털은 창처럼 뻣뻣하였다.
> 꿀꿀거리는 소리를 낼 때면 우유처럼 하얀 거품이 이는 침이
> 목에서 끓어올라 어깨를 타고 김을 뿜으며 흘러갔다……
> 그의 엄니, 또 커다란 입에서 쏟아져 나오는 번개 물줄기,
> 인도 코끼리나 이것에 맞설 수 있을까.
> 그가 웃음을 짓거나 한숨을 쉬면
> 그의 숨결 아래에서 모든 덩굴과 풀이 불타올랐다.[28]

고민에 빠진 오이네우스 왕은 그리스 땅의 모든 영웅들을 불러서 이 멧돼지를 죽이는 시합을 벌이게 하였고, 카스토르와 폴룩스, 이다스와 린 케우스, 테세우스, 아드메투스, 이아손, 펠레우스 등등, 과연 위대한 인물 들이 속속 도착하였다. 그러나 누구보다 관심을 끌었던 사람은 아름다운 처녀 아탈란타였다. 그녀가 여러 기예에 출중하다는 것은 전에 그녀를 강간하려고 하던 켄타우루스 1쌍을 죽였을 때, 그리고 어떤 왕자의 장례 식에서 벌어진 시합에서 아킬레스의 아버지 펠레우스를 씨름으로 물리쳤 을 때 이미 다 알려졌다.

이 유명한 사냥에서 많은 사람들이 죽임을 당하였다. 이윽고 아탈란타 의 창이 멧돼지의 몸을 처음으로 맞추었다. 이어서 멜레아그로스의 창이 멧돼지를 쓰러뜨렸다. 그러나 이 젊은이는 이 아름다운 여자 사냥꾼의 미모 때문에, 멧돼지가 그녀의 창에 맞아서 정신을 잃은 것보다 더 심하

게 넓이 나가 있었다(그녀는 남자들이 하는 모든 운동에 남자들처럼 벌거벗고 참여하였다). 그래서 멧돼지를 죽였을 때, 그 가죽을 그녀에게 주었다.

그러나 외삼촌들은 이 행동에 몹시 분개하였다. 그들은 이 전리품을 영원히 외가에 보관하고 싶어하였기 때문이다. 그 바람에 거의 아일랜드식이라고 할 만한 대규모의 말다툼이 벌어졌다. 그 와중에 외삼촌들은 아탈란타로부터 멧돼지 가죽을 빼앗고, 멜레아그로스는 외삼촌들을 죽여버린다. 그러자 그의 어머니는 아들이 자신의 형제들을 죽인 데에 화가 나서(뿐만 아니라 이 모든 일을 초래한 말괄량이 아탈란타의 뻔뻔스러움에 화가 나서) 숯이 되어 있던 장작을 장에서 꺼내어 난로에 집어넣었다. 그래서 그녀의 아들은 멧돼지 고기를 잘라서 나누다가 죽고만다.[29]

다시 한번 돼지가 죽음, 운명, 지하 세계, 불멸의 상징의 중심에 나타나는 것이다! 거울에 나타난 인물들 가운데 멧돼지에 의해서 죽임을 당한 아도니스는 신이었다. 멜레아그로스는 왕자였다. 따라서 신과 인간 모두가 멧돼지에 의해서 상징되는 여신의 힘에 지배당하고 있다.

상징의 어휘는 세계 전체에 걸쳐서 일관되어 있으며, 그 어휘는 단일한 그림 기록(pictorial script)을 표현한다. 사람들이 삶을 통하여 경험하는 트레멘둠(미스테리움 트레멘둠〔mysterium tremendum〕의 축약된 표현으로서, 종교적 경험의 한 부분을 이루는 압도적 경외감을 의미한다/역주)은 그러한 그림 기록을 통하여 표현된다. 이것은 놀라운 일이지만 이제 부정할 수 없다. 또한 높은 수준의 문화에서만이 아니라 대중 문화의 많은 사제와 예언자들도 이러한 상징——또는 우리가 흔히 하는 말로 바꾸면 "신"——이 그 자체가 힘이 아니라, 삶의 힘과 계시가 인식되고 풀려나는 기호라고 여기고 있다는 사실도 분명해진다. 그것은 살아 있는 세계의 힘일 뿐만 아니라 영혼의 힘이다. 나아가서 이러한 에트루리아의 구성에서 볼 수 있듯이, 이 기호들을 적절히 배치하면 궁극적 관심사를 이루는 위대한 주제들과 관련된 신선한 시적 진술들을 만들어낼 수도 있다. 그리고 그러한 그림 시(pictorial poem)로부터 새로운 깨달음의 물결이 신화의 세계 유산 전 범위에 걸쳐서 퍼져나간다. 따라서 인류 문화의 여명기부터 다형체적이고 비교 문화적인 담론이 발전해왔다고 말할 수 있다. 이 담론은 상징 자체에 내재한 의미, 그리고 그 상징이 정신에게 일깨우는 삶과 사상의 신비에 내재한 의미의 실현을 위한 길을 열어왔다.

디스시플리나 에트루스카(Disciplina Etrusca, 에트루리아 방식/역주)는 훗날까지 옛 청동기 시대의 늘 순환하는, 돌이킬 수 없는 주기들로 이루어진 우주론의 정신을 이어갔다. 공간의 이미지 역시 정통적인 전승에서 나온 것이다. 4개의 방위와 그 사이의 점들을 각각 하나의 신이 지배하며, 아홉번째 점은 하늘의 최고 주관자인 티니아——로마 인들은 유피테르와 동일시하였다——가 지배한다. 각 도시의 왕은 티니아가 육화한 존재였다. 왕들은 별이 수놓인, 하늘을 상징하는 망토를 입었다. 그들은 얼굴을 붉게 칠하였고, 끝에 독수리가 달린 홀을 들었으며, 하얀 말이 끄는 마차를 탔다. 왕들은 달의 주기가 바뀔 때마다 사람들 앞에 나타나서 운명의 뜻을 알기 위하여 희생제의를 드리는 의식을 거행하였다. 전장에 나서면 부하들보다 앞서서 달려나갔다. 켈트 인이 그러하였던 것처럼, 8년이나 12년의 기간이 끝나면 왕을 희생 제물로 바쳤을 수도 있다. 왕의 무덤의 규모나 호화로운 장식을 보면 왕의 죽음에 대한 숭배가 있었음을 알 수 있다. 프레이저가 『황금가지』에서 분석한 네미의 숲의 관습을 보면, 이러한 숭배가 국왕 살해라는 오래된 의식을 훗날까지 보존하는 것이었음이 거의 확실하다.

기원전 396년 베이 시가 로마에 함락되면서 에트루리아의 운명은 결정되었다. 강성해지는 제국의 군사적 힘과 세속적 법이 그 지역을 지배하였다. 에트루리아 인들은 기원전 88년 로마 시민권을 받았다. 그러나 사제 업무의 권한은 여전히 옛 에트루리아의 스승들이 쥐고 있었다. 먼 훗날인 서기 408년, 에르투리아의 마법사들은 당시 알라리크와 고트 인들에게 위협당하던 로마 인들에게 조언과 지원을 제안하였다. 심지어 당시 그 도시의 주교였던 교황 이노센트 1세가 마법으로 번개를 불러내는 기술의 공개 시범을 허용하였다는 보고도 있다.[30]

로마의 스토아 철학자인 세네카는 이렇게 쓰고 있다. "이것이 우리가 터스커니 인들, 번개 관찰의 대가들과 다른 점이다. 우리는 구름들이 서로 충돌하기 때문에 번개가 발생한다고 생각한다. 그러나 그들은 번개를 일으키기 위해서만 구름들이 충돌한다고 믿고 있다. 그들은 모든 것을 신과 연결시키기 때문에, 번개가 치는 것 그 자체는 의미가 없고 신의 뜻을 알리는 현상으로서만 의미를 가질 뿐이라고 생각한다."[31]

이렇게 해서 마침내 우리는 고대 세계로부터 근대 세계로 넘어가게 된다.

3. 아우구스투스의 시대

플루타르크는 로물루스와 레무스에 관련하여 그들은 아에네아스 왕가의 젊은 처녀가 낳은 쌍둥이라고 말하고 있다. 그녀는 알바의 누미토르 왕의 형제인 아버지 아물리우스에 의해서 강제로 신녀가 되었다. 그러나 신녀로서 서약을 한 직후 임신한 사실이 밝혀진다. 만일 사촌인 누미토르 왕의 딸이 구명 운동을 하지 않았다면 그녀는 생매장을 당하였을 것이다. 그녀는 유폐된 몸으로 두 아들을 낳았는데, 둘 다 보통 아기의 몸집과 아름다움을 넘어섰다. 놀란 그녀의 아버지는 아이들을 하인에게 주고는 버리라고 하였다. 그러나 하인은 아이들을 작은 구유에 넣어서 강둑에 가져다놓았다. 강물이 불어오르자 이 작은 배는 강을 타고 떠내려가서 야생 무화과나무들이 높이 자라는 평탄한 땅에 이르게 되었다. 그곳에서 암이리 한 마리가 아이들에게 젖을 물리었다. 딱따구리는 먹을 것을 가져다주었다. 이 두 생물은 마르스에게 거룩하게 여겨지는 동물들이다. 따라서 플루타르크가 말하듯이, 아이들의 아버지가 마르스 신이라는 어머니의 주장에 증거가 되는 셈이다. 그러나 어떤 사람들은 그녀의 아버지 아물리우스가 아이들의 아버지이며, 그가 갑옷을 입고 신으로 가장하고 그녀를 범하였다고 주장하기도 한다.

쌍둥이는 동물들에게 보살핌을 받다가 아물리우스의 돼지 치는 사람에게 발견된다. 돼지 치는 사람은 쌍둥이를 몰래 키운다. 그러나 어떤 사람들은 왕도 이 사실을 알고 있었고, 또 지원해주었다고 말한다. 그들이 학교에 다니면서 훌륭한 교육을 받았다는 것이 그 증거라는 것이다. 쌍둥이는 로물루스와 레무스라는 이름을 가지게 되었는데, 이 이름들은 루마 (ruma), 즉 (이리의) "젖퉁이"라는 말에서 나온 것이다. 쌍둥이는 용감한 젊은이로 성장하였다. 그들은 동료와 아랫사람들에게 섬김을 받았다. 그들은 왕의 감독관들을 경멸하였다. 쌍둥이는 공부에 열심이었을 뿐만 아니라, 달리기, 사냥, 도둑 물리치기, 억압받는 사람을 구하는 데에도 열심이었다.

왕과 그 형제의 소치는 사람들 사이에서 분쟁이 일어났다. 그 분쟁의 와중에서 레무스는 처음에는 왕의 형제 손에, 이어서 왕의 손에 넘어가게 되었다. 그러자 로물루스는 도시를 공격하여 형제를 구해내고, 압제자 왕과 그의 형제를 죽였다. 그러고 나서 쌍둥이 형제는 어머니에게 작별을 고하고, 그들이 유년을 보낸 곳에 자기들의 도시를 건설하기 위하여 떠난다. 그러나 둘은 어디에 도시를 세울 것인가를 놓고 말다툼을 벌이게 되는데, 결국 점을 쳐서 결정을 하기로 합의를 보았다. 그러나 레무스는 독수리를 6마리 보았다고 하고 로물루스는 12마리를 보았다고 하였다. 결국 둘은 주먹다짐을 하게 되고, 레무스는 죽임을 당한다.

플루타르크는 로물루스가 로마를 건설할 때, 터스커니에 사람을 보내어 에트루리아 방식(Disciplina Etrusca)에 따라 의식을 집전할 사람들을 데려오게 하였다고 말한다. 플루타르크는 이렇게 쓰고 있다.

그들은 우선 지금의 코미티움(comitium), 즉 집회장 주위에 둥글게 도랑을 팠다. 그리고 이 안에 관습에 의해서 좋은 것으로 인정을 받거나 자연에 의해서 필요하다고 인정되는 모든 것의 첫 열매를 엄숙하게 집어넣었다. 그러고는 모든 사람이 자신의 고향의 흙을 조금씩 가져와서 그것을 같이 집어넣었다. 그들은 이 도랑을, 마치 하늘을 부르듯이, 문두스(Mundus, 세계/역주)라고 불렀다. 그리고 이것을 중심으로 하여, 그 둘레에 원으로 도시의 윤곽을 그려놓았다. 이어서 도시의 건립자는 쟁기에 놋쇠 보습을 달고 그것을 황소와 암소에 묶었다. 그리고 손수 고랑을 깊게 파서 경계선을 확정하였다.

그 뒤를 따르는 자들의 일은 고랑을 파는 과정에서 나오는 흙을 안쪽으로, 즉 도시 쪽으로 밀어 넣고, 한 덩어리도 경계선 바깥에 놓이지 않게 하는 것이었다. 사람들은 이 선을 따라서 담을 세우기로 하였다.…… 문을 세우기로 한 곳에서는 쟁기를 들어 올리어 공간을 남겨두었다. 이러한 이유 때문에 그들은 문이 있는 곳을 제외한 담 전체를 거룩하게 여겼다. 문까지도 거룩하게 여겼다가는 정결하지 않은 생활 필수품을 문으로 자유롭게 통과시킬 수 없었기 때문이다. 그렇게 하였다가는 종교적인 죄를 지을 위험이 있었다.[32]

로물루스는 유명한 사비니 습격과 강탈을 통하여 도시에 여자들을 채웠다. 이로써 사비니 사람들이 로마의 첫 친족이 되었고, 첫 시민이 되었다. 그리고 잇따른 전쟁들을 통하여 로마의 영토는 늘어났다. 그러다가 로물루스는 곧 죽었다. 아니 사라졌다. 그리스도가 탄생하고, 죽고, 부활하고, 사라진 세기에 로마 제국의 신화적 분위기에 대하여 생각해보고 싶어하는 모든 사람들에게 흥미를 자아내는 방식으로 사라진 것이다.

플루타르크(서기 46-120년경)의 생애는 성 바오로가 선교를 하던 시기(서기 67년경부터), 그리고 복음서가 쓰여지던 시기(서기 75-120년경)와 겹친다. 로마 인들이 기적을 대하는 "근대적인" 태도와 레반트의 성인들이 기적을 대하는 "종교적인" 태도의 대조는 우리가 지금 이야기하고 있는 주제와 관련이 될 뿐만 아니라, 근대 서양 "교회"의 과학과 종교 사이의 정신 분열증을 전체적으로 이해하는 데에도 도움을 준다.

플루타르크는 로마의 에트루리아 정복과 그 수도 베이의 함락에 대하여 이야기하였다. 그리고 계속해서 다음과 같이 말한다.

로물루스는 자발적으로 병사들에게 전쟁에서 얻은 땅을 나누어주었으며, 인질로 잡았던 사람들을 베이로 보내주었다. 로마 원로원의 동의나 승인을 구하지 않고 한 일이었다. 따라서 원로원에 큰 모욕을 준 셈이 되었다. 그 결과 얼마 후 그가 갑자기 이상하게 사라져버렸을 때, 원로원이 의심의 눈초리와 비난을 받게 되었다. 로물루스는 당시 퀸틸리스(Quintilis)라고 부르던 7월의 노네스(Nones, 7일/역주)에 사라졌는데, 방금 말한 대로 시기상의 문제를 제외하고는 그의 죽음과 관련하여 확실한 것은 전혀 남아 있지 않다. 그래서 지금도 그날이 오면 그때 일어난 일들을 재현하기 위하여 많은 행사들이 거행된다.

그러나 그러한 불확실한 상태를 이상하게 여겨서는 안 된다. 스키피오 아프리카누스가 죽은 것도 비슷하였기 때문이다. 스키피오는 집에서 저녁 식사 후에 죽었는데, 어떠한 것도 증명할 수 없고 그렇다고 반증할 수도 없었다. 어떤 사람들은 그가 병적인 습관 때문에 자연사하였다고도 하고, 어떤 사람들은 그가 스스로 독을 먹었다고도 하며, 어떤 사람들은 그의 적들이 밤중에 침입하여 그의 목을 졸랐다고도 한다. 스키피오의 사체는 누구나 볼 수 있도록 눕혀져 있었으며, 따라서 누구라도 스스로 관찰하면서 의심이나 추측을 해볼 수 있었다. 하지만 로물루스는 사라지면서 신체의 일부는커녕 옷 조각도 남기지 않았다.

그래서 어떤 사람들은 원로원 회원들이 불카누스의 신전에서 그를 덮치어 죽인 다음, 그의 몸을 조각내어 각각 그 일부를 가슴에 품고 빠져나갔다고 생각하였다. 또 어떤 사람들은 그가 사라진 것이 불카누스의 신전에서 일어난 일도 아니요, 주변에 원로원 회원들만 있었던 것도 아니었다고 생각한다. 그는 도시 바깥, '염소의 늪'이라고 부르는 곳에서 사람들에게 연설을 하고 있었다고 한다. 그런데 하늘에서 갑자기 이상하고 설명할 수 없는 무질서한 변화가 일어났다. 해의 얼굴이 어두워지고, 낮은 밤으로 바뀌었다. 그것도 조용하고 평화로운 밤이 아니라, 끔찍한 천둥이 치고, 사방에서 사나운 바람이 부는 밤이었다. 그러는 동안에 일반인들은 흩어지고 달아났지만, 원로원 회원들은 함께 뭉쳐 있었다. 폭풍은 끝이 나고 다시 세상이 밝아졌다. 사람들이 다시 모였을 때 왕이 보이지 않아서 사람들은 묻고 다녔다. 원로원 회원들은 사람들에게 왕을 찾으라고 하지도 않았고, 스스로 그 문제 때문에 바쁘게 돌아다니지도 않았다. 다만 사람들에게, 로물루스가 신들에게로 올라가서 이제 훌륭한 왕 대신에 친절한 신으로 그들에게 나타날 것이라고 설명하였다. 따라서 앞으로는 그러한 존재로서 기념하고 받들라고 명령하였다. 많은 사람들이 이 이야기를 듣고 그 말을 믿으면서, 로물루스로부터 좋은 것을 얻게 될 것이라는 기대감에 젖어서 떠났다. 그러나 일부는 적대적인 분위기에서 그 문제를 검토하고, 자기들이 왕을 죽여놓고도 사람들더러 터무니없는 이야기를 믿도록 한다고 귀족들을 비난하였다.

이러한 식으로 상황이 무질서하였기 때문에, 귀족들 가운데 한 사람, 고귀한 가문 출신에다가 훌륭한 성품을 인정받았으며, 로물루스와 동향인 알바 출신에다가 충실하고 친한 친구인 율리우스 프로쿨루스라는 사람이 포럼에 나타났다. 그는 신성한 맹세를 한 뒤에 사람들 앞에서 길을 가다가 로물루스가 그를 마중하러 나오는 것을 보았다고 말하였다. 그는 전보다 더 크고 잘생겨 보였으며, 활활 타오르는 빛나는 갑옷을 입고 있었다. 그는 유령을 보고 두려워서 말하였다. "왕이시여, 왜 우리가 부당하고 사악한 추측을 하도록 내버려두시며, 도시 전체가 끝없는 사별의 슬픔에 잠기도록 내버려두십니까?" 그러자 로물루스는 대답하였다. "오, 프로쿨루스여, 신들로부터 온 내가 사람들 사이에 그렇게 오랫동안 머물러 있어서 신들은 기뻐하였다. 그러나 제국에서나 영광에서나 세계 최고가 될 도시를 지었으니, 다시 하늘로 돌아가야만 하였다. 잘 있거라. 그리고 로마 인들에게 절제와 꿋꿋함이 있으면 인간으로서 큰 힘을 가질 수 있다고 전하라. 나는 앞으로 그대들에게 친절한 신 퀴리누스가 될 것이다." 로마 인들은 말하는 사람의 정직성과 맹세 때문에 그 이야기를 믿었던 것 같다. 게다가 그의 말에는 어떤 성스러운 정열도 섞여 있었다. 그래서 그런지 그의 말은 신성한 힘과 같은 초자연적인 영향력을 발산하였다. 아무도 그의 말을 반박하지 않았다. 오히려 모든 질투와 비난을 밀쳐두고 퀴리누스에게 기도하면서, 그를 신으로 맞이하였다.[33]

이 구절을 읽는 사람이라면 누가 길에서 일어났던 비슷한 사건, 즉 「누가복음」 24장에 나온 사건을 기억하지 않겠는가?

바로 그날 그곳에 모였던 사람들 중 두 사람이 예루살렘에서 한 30리쯤 떨어진 곳에 있는 엠마오라는 동네로 걸어가면서, 이 즈음에 일어난 모든 사건에 대하여 말을 주고받았다. 그들이 이야기를 나누며 토론하고 있을 때에 예수께서 그들에게 다가가서 나란히 걸어가셨다. 그러나 그들은 눈이 가리워져서 그 분이 누구인지 알아보지 못하였다. 예수께서 그들에게 "길을 걸으면서 무슨 이야기를 그렇게 하고 있느냐?" 하고 물으셨다. 그러자 그들은 침통한 표정을 한 채 걸음을 멈추었다. 그리고 글레오파라는 사람이 "예루살렘에 머물러 있던 사람으로서 요사이 며칠 동안 거기에서 일어난 일을 모르다니, 그러한 사람이 당신 말고 어디 또 있겠습니까?" 하고 말하였다.

예수께서 "무슨 일이냐?" 하고 물으시자 그들은 이렇게 설명하였다. "나자렛 사람 예수에 관한 일이오. 그 분은 하느님과 모든 백성들 앞에서 그 하신 일과 말씀에 큰 능력을 보이신 예언자였습니다. 그런데 대사제들과 우리 백성의 지도자들이 그 분을 관헌에게 넘겨서 사형 선고를 받고 십자가형을 당하게 하였습니다. 우리는 그 분이야말로 이스라엘을 구원해주실 분이라고 희망을 걸고 있었습니다. 그러나 그 분은 이미 처형을 당하셨고, 더구나 그 일이 있은 지도 벌써 사흘째나 됩니다. 그런데 우리 가운데 몇몇 여인이 우리를 깜짝 놀라게 하였습니다. 그들이 새벽에 무덤을 찾아가보았더니 그 분의 시체가 없어졌더랍니다. 그뿐만 아니라 천사들이 나타나서 그 분은 살아 계시다고 일러주더라는 것이었습니다. 그래서 우리 동료 몇 사람이 무덤에 가보았으나 과연 그 여자들의 말대로였고 그 분은 보지 못하였습니다."

그때에 예수께서 "너희는 어리석기도 하다! 예언자들이 말한 모든 것을 그렇게도 믿기가 어려우냐? 그리스도는 영광을 차지하기 전에 그러한 고난을 겪어야 하는 것이 아니냐?" 하시며, 모세의 율법서와 모든 예언서를 비롯하여 성서 전체에서 당신에 관한 기사를 들어 설명해주셨다.

그들이 찾아가던 동네에 거의 다다랐을 때에 예수께서 더 멀리 가시려는 듯이 보이자, 그들은 "이제 날도 저물어 저녁이 다 되었으니 여기서 우리와 함께 묵고 가십시오." 하고 붙들었다. 그래서 예수께서 그들과 함께 묵으시려고 집으로 들어가셨다. 예수께서 함께 식탁에 앉아 빵을 들어 감사의 기도를 드리신 다음 그것을 떼어 나누어주셨다. 그제서야 그들은 눈이 열리어 예수를 알아보았는데, 예수의 모습은 이미 사라지고 보이지 않았다.[34]

다시 플루타르크의 이야기로 돌아가보자.

멀쩡한 정신을 지닌 이 로마 인은 로물루스의 유령에 대해서 다음과 같이 말하였다.

이 이야기는 프로코네시아의 아리스테아스와 아스티팔레아의 클레오메데스에 대한 그리스 이야기와 닮은 데가 있다. 그 이야기에 따르면 아리스테아스는 천을 다듬는 직공의 집에서 죽었는데, 친구들이 그를 찾으러 갔을 때에는 시신이 사라지고 없었다고 한다. 그런데 얼마 후에 외국에서 여행하던 사람들이 돌아와서 그를 만났는데, 크로톤으로 여행하는 중이라고 하였다. 또 클레오메데스는 매우 힘이 세고 덩치가 큰 사람이었는데, 거칠고 사납기도 하여 못된 장난을 많이 쳤다. 그러다가 어느 날 학교에 가서 지붕을 지탱하고 있는 기둥을 주먹으로 쳐서 중간을 부러뜨렸다. 그 바람에 건물이 무너지고 그 안에 있던 아이들이 죽었다. 사람들이 쫓아오자 그는 커다란 상자 안으로 들어가서 뚜껑을 닫고는 안에서 꽉 잡고 있었다. 많은 사내들이 힘을 합쳐서 상자를 열려고 하였으나 도저히 열 수가 없었다. 그들은 결국 상자를 부수어버렸는데, 그 안에서 살았든 죽었든 사람이라고는 찾을 수가 없었다. 그들은 놀라서 델피의 신탁에 가서 자문을 구하였다. 그곳의 여자 예언자는 이렇게 답하였다.

"모든 영웅들 가운데 클레오메데스가 마지막 영웅이었다."

또 알크메나의 시신도 무덤으로 옮기던 도중 사라져서, 관대(棺臺) 위에는 돌 하나만이 놓여 있었다는 이야기도 있다. 황당 무계한 일을 쓰는 작가들은 그런 불가능한 이야기를 많이 씀으로써 죽을 수밖에 없는 피조물을 신성시한다. 인간의 덕에서 성스러운 본성을 부인하는 것은 불경하고 저열한 일이겠지만, 그렇다고 하늘과 땅을 섞어놓는 것은 우스꽝스러운 일이다. 우리 모두 핀다로스의 말을 믿도록 하자.

모든 인간의 몸은 죽음의 포고에 굴복하나,
영혼은 영원토록 살아 남으리라.

오직 영혼만이 신들로부터 나와서, 이곳에 왔다가 그쪽으로 돌아가는 것이기 때문이다. 그러나 몸과 함께 가는 것이 아니라, 몸으로부터 완전히 단절되었을 때, 육신으로부터 자유롭게 되어서 완전히 순수하고 깨끗할 때 돌아간다. 헤라클리투스의 말대로 가장 완전한 영혼은 건조한 빛이며, 이것은 구름에서 번개가 터져나오듯 몸을 떠나서 날아가는 것이기 때문이다. 그러나 몸에 막히고 넌더리가 난 영혼은 거칠고 축축한 향과 같아서, 불도 잘 붙지 않고 위로 잘 올라가지도 않는다. 따라서 우리는 자연을 거스르며 선한 사람들의 몸까지 하늘로 보내어서는 안 된다. 우리는 성스러운 자연과 법에 따라서, 사람들의 덕과 영혼이 영웅에게 옮겨가고, 영웅으로부터 반신

반인(半神半人)으로 옮겨간다고 믿어야 한다. 그리고 입문 의식에서처럼 최종적인 정화와 성화를 거치면서 죽음이나 감각과 관련된 모든 것에서 벗어나, 인간의 포고에 의해서가 아니라 올바른 이성에 따라서 신으로 올라가게 되고, 그럼으로써 가장 위대하고 가장 축복받은 완전의 상태에 이르게 된다고 믿어야 한다……

로물루스가 세상을 떠난 것은 그의 나이 54살 때이고, 재위한 지 38년이 지났을 때의 일이라고 한다.[35]

로마 인들은 신성한 존재나 힘을 나타내기 위해서 2가지 단어를 사용하였다. 데우스(deus)라는 말은 일반적으로 "신"으로 번역되며, 또 하나 누멘(numen)이라는 말은 적절한 번역어가 없다(우리말로는 보통 수호신이라고 번역한다/역주). 이 말의 어근인 NV-는 묘하게도 "끄덕이다"라는 뜻이다. 여기서 "명령이나 의지"라는 언외의 의미가 나오고, 이어서 "성스러운 의지나 힘, 성스러운 영향력"이라는 의미가 나온다.[36] 인류학자들은 이 로마 용어의 수많은 원시적 대응물을 찾아내었다. 예를 들어서 멜라네시아 인의 마나(mana), 다코타 족의 와콘(wakon), 이로쿼이 족의 오렌다(orenda), 알곤킨 족의 마니투(manitu) 등이다. 이 모두가 어떠한 현상에 영향을 주는 내재적인 마법적 힘을 가리킨다. 따라서 "끄덕임"은 바깥으로부터 나오는 것이 아니라, 명상하는 대상 내부에서 나오는 것으로 경험되었을 것이다. 따라서 "빛나다"라는 뜻을 가진 어근 DIV-에서 나온 라틴어 데우스가 산스크리트 데바(deva), 즉 "신"이라는 말과 관계가 있고, 규정된 인격을 가진 존재를 암시하는 것과는 반대로, 누멘은 인격적 규정을 가지지 않은 의지나 힘의 충동을 암시한다. 여기서 『신의 가면 : 동양 신화』의 '신도' 부분에서 이야기하였던 일본적 의미의 신적 존재 '가미'를 기억해낼 수도 있을 것이다.[37] 일본에서와 마찬가지로 초기 로마에서도 살아 있는 우주는 그 큰 측면에서나 작은 측면에서나 그 존재 자체에 대한 경이감을 가지고 바라보는 대상이었다. 세네카의 한 편지에 이와 관련된 구절이 있다.

아주 키가 크고 오래된 나무들로 이루어진 숲에 들어가서 그 서로 얽힌 가지들이 신비롭게 하늘을 막고 있음을 보게 되었을 때, 그 뚫고 들어갈 수 없는 빽빽한 그늘 앞에서의 경외감과 더불어 숲의 높이와 그 장소의 고적함은 신에 대한 믿음을 일깨워줄 것이다. 산의 움푹한 바위에 인간의 손이 아니라 자연의 힘으로 낙서가 깊이 새겨져 있는 것을 보면 영혼이 신앙인들의 경외심으로 물들게 된다. 우리는 큰 강들의 근원을 존중한다. 땅 밑에서 갑자기 위로 물이 솟구치는 곳에는 제단이 세워져 있다. 김이 피어오르는 뜨거운 물이 솟는 샘은 숭배감을 불러일으킨다. 또 많은 연못들이 그 감추어진 위치나 측량할 수 없는 깊이 때문에 신성시되어왔다.[38]

로마의 누멘들(numina, 수호신들/역주) 중에서 가장 중요한 것은 가정의 누멘으로, 여기서 제주(祭主)는 파테르 파밀리아스(pater familias, 가장[家長]/역주)가 맡았다. 가족의 제사는 우선 자신의 시간적인 연속성의 신비와 관련된 것이었다. 이것은 조상(마네스[manes])을 기념하는 의식과 죽은 사람들 전체(파렌테스[parentes])와 관련된 축제로 표현되었다. 가정의 누멘들 역시 존중되었다. 예를 들어서 식료품실(페나테스[penates])의 누멘과 가족의 동산(動産, 라레스[lares])의 누멘이 그러한 것이다. 난로의 누멘은 베스타라는 여신으로 의인화되었으며, 문의 누멘은 야누스라는 남신으로 의인화되었다. 남성의 생식력의 누멘, 즉 게니우스(genius)에 대한 관념이나, 여성의 수태와 출산력, 즉 유노(juno)에 대한 관념도 있었다. 게니우스와 유노는 개인과 더불어 나타났다가 사라지는 것이었다. 이것들은 보호해주는 영들로서 살아 있는 사람 옆에 서 있었는데, 뱀으로 표현될 수도 있었다. 그리스의 영향 하에서 유노의 힘은 나중에 여신 유노로 발전하였다. 유노는 출산과 모성의 수호신이었으며, 그리스의 헤라와 동일시되었다. 농사를 짓는 여러 단계에서의 일련의 누멘들도 기념하였다. 스테르쿨리니우스는 들판을 비옥하게 하는 데에 효과를 발휘하는 힘이었다. 베르박토르는 땅에 처음 쟁기질을 하는 힘이었다. 레다라토르는 두번째, 임포르시토르는 세번째 쟁기질을 하는 힘이었다. 사토르는 땅에 씨를 뿌리는 힘이었다. 이런 식으로 나아가서 메시아는 추수를 하는 힘, 콘벡토르는 추수한 것을 집으로 가져오는 힘, 노두테

렌시스는 타작 마당의 힘, 콘디토르는 낟알을 창고에 저장하는 힘, 투틸리나는 낟알이 창고에 놓여 있는 힘, 프로미토르는 낟알을 부엌으로 옮기는 힘이었다.[39]

좀더 항상적으로 존재하는 다른 누멘들은 좀더 실질적인 성격을 얻게 되었다. 밝은 하늘과 폭풍우의 주인 유피테르가 그러한 예로서, 유피테르는 나중에 제우스와 동일시되었다. 전쟁의 신인 마르스는 아레스와 동일시되었다. 물의 신인 넵튠은 포세이돈과 동일시되었다. 파우누스는 동물 생명의 수호자였다. 실바누스는 숲의 신이었다. 이와 비교하여 여성 신들 가운데 케레스는 데메테르와 동일시되었고, 텔루스 마테르는 가이아와 동일시되었으며, 베누스는 원래 시장의 여신이었지만 키프로스의 아프로디테와 동일시되었고, 포르투나는 모이라와 동일시되었다. 또한 꽃의 여신인 플로라도 있고, 과일의 여신인 포모나도 있으며, 샘과 출산의 여신인 카르멘타도 있고, 처음에는 새벽의 여신이었다가 나중에 출산의 여신이 된 마테르 마투타도 있다.[40]

국가의 제사라는 더 큰 영역에서는 파테르 파밀리아스의 대응물이 왕이었는데, 원래는 신-왕이었다. 그의 왕궁은 최고의 성소였다. 여왕은 그의 여신 배우자였다. 앞에서 가정에서 난로의 누멘은 여신 베스타라고 하였다. 이제 국가라는 더 큰 가족에서도 똑같은 성스러운 원리가 이교도 로마의 역사 전체를 통하여 원형의 신전에서 존중되었다. 이 신전에서는 6명의 매우 존경받는 여자들이 순수한 불을 지켰다. 이 불은 매년 말에 꺼뜨렸다가, 원시적인 방법으로, 즉 부싯돌을 이용하여 다시 켰다. '베스타의 신녀'들이 입는 옷은 로마의 신부(新婦)가 입는 가운과 비슷하였다. 이 헌신하는 신녀들이 서약을 할 때면 도시의 최고 사제인 폰티펙스 막시무스(Pontifex Maximus, 신관장〔神官長〕/역주)가 그녀를 엄숙하게 껴안으며 "테, 아마타, 카피오!(Te, Amata, capio!)", 즉 "나의 연인이여, 내가 그대를 소유한다!" 하고 말하였다. 그 둘은 상징적으로 부부가 된 것이다. 만일 '베스타의 신녀'가 순결 서약을 어길 경우에는 생매장을 당하였다.

이 '베스타의 불'은 그 세부 사항 하나하나에 이르기까지 『신의 가면 :

원시 신화』에서 묘사된, 국왕을 살해하고 거룩한 불을 다시 켜는 일[41]과 정확하게 대응하고 있다. 그러한 의식의 신화는 신석기와 청동기 시대의 것이었다. 따라서 로마의 초기 수백 년에 대해서 우리에게 문서로 전해오는 것은 없지만, 세계의 다른 모든 문명을 형성해온 순환하는 영겁, 세월, 날들에 대한 똑같은 위대한 신화가 로마의 문명 역시 형성하였다는 것은 분명하다. 공간적으로 볼 때, 로물루스의 기초를 놓는 의식에 대한 전설에서 묘사된 도시 계획 자체에서도 그렇고, 역법에 나타나는 생활의 규율에서도 그렇다.

초기에 해당되는 기원전 6세기 후반에는 에트루리아의 왕가인 타르퀴니아(현재의 코르네토)의 타르퀸 가문이 로마를 통치하였다. 그들은 기원전 509년경에 쫓겨났는데, 그 무렵에 로마 종교의 그리스화라는 획기적인 과정이 시작되었다. 그에 따라 지역적인 낡은 관습은 급속하게 성장하는 주요 문명 중심지들의 새로운 인본주의와 조화를 이루어나가게 되었다. 에트루리아가 지배하던 수십 년 동안에는 신전과 예배를 위한 상들이 치장 벽토로 만들어졌다. 로마의 석조 건물은 기원전 2세기에 그리스의 석공들이 오고나서부터 지어지기 시작하였다. 그리고 이 무렵 남쪽의 쿠마에로부터 '신탁의 책'들도 도착하였다. 쿠마에는 나폴리에서 20킬로미터 정도 떨어진 고대의 거룩한 유적지인데, 일찍이 기원전 8세기에 그리스 인들이 세운 곳이다. 이곳은 특히 그 신탁의 동굴로 유명하다. 신탁의 동굴에서는 베르길리우스가 그의 「목가 IV(Eclogue IV)」에서 묘사하기도 하였던 무녀가 예언을 하였다. 어쨌든 현직 무녀로 있는 늙은 여인이 9권의 예언서 묶음을 들고 로마를 방문하였다. 로마에서는 그 가운데 3권을 사서 안전을 위하여 유피테르의 신전에 묻어두었다. 그리고 그후에 때때로 이 책들을 참고하기도 하였으나, 기원전 82년에 불이 나서 소실되고 말았다.

플루타르크가 말하듯이, 그 예언들은 "많은 우울한 사태들…… 그리스 도시들에서 일어나는 많은 혁명과 추방, 야만족 군대의 여러 차례에 걸친 출현과 지도적 인물들의 죽음"[42]에 대한 것이었다. 이 예언들은 또 세계사를 여러 시대로 구분해놓고, 그 각각에 금속과 신들을 할당해놓았던 것 같다.[43] 그리고 베르길리우스의 유명한 말을 가지고도 판단해볼 수 있듯이, 종말을 향하여 내리막길을 걷고 있던 신탁의 순환은——이러한 신화적인 주기에서는 어디에서나 그렇듯이——이제 재출발의 황금기를 맞이하게 되었다.

이제 쿠마에 예언의 마지막 시대가 왔다. 시대의 위대한 주기는 다시 태어나고 있다. 이제 처녀가 돌아오고, 사투르누스의 치세가 돌아온다. 이제 높은 하늘로부터 새로운 세대가 내려온다. 오, 출산의 거룩한 여신 루키나여, 철의 인종을 끝내고 황금 시대를 전세계에 가져올 저 아이의 탄생에 자비를……[44]

이 시는 그 놀라운 '아이' 때문에 기독교 중세에서는 그리스도에 대한 예언으로 받아들여졌으며, 베르길리우스는 일종의 이교도 예언자로 존중되었다. '황금 시대'가 온다는 그의 생각은 유대의 묵시록적 저자들의 종말론과 약간 닮은 데가 있다. 그가 살았던 시기인 기원전 70-19년은 쿰란의 에세네파의 시기와 딱 맞아떨어진다. 그러나 이 로마의 부드러운 시에는 '마지막 날의 전쟁'이라는 소란이 없다. 여기에서 나타나는 이미지는 "메시아의 날"에 우주의 영원한 종말의 상태로의 획기적인 이행이 아니라, 늘 순환하는 주기의 자연적인 흐름에 따른 '황금 시대'의 복귀이다. 마지막으로 문제의 '아이'는 무슨 메시아가 아니라, 시인이 알고 있는 유명한 가문에서 태어나는 평범한 인간의 아이였다. 아이가 태어나는 시기도 베르길리우스가 로마 제국 하에서 보편적인 평화 시대(그것을 누리려고 하는 사람들에게는)의 새벽으로 간주하였던 시기였다——그의 생각은 정당하다. 또한 베르길리우스의 심상의 의미도 문자 그대로 구체적으로 받아들일 것이 아니라, 시적으로, 고전적인 수사(修辭)로 받아들여야 한다.

기원전 100년경, 로마의 폰티펙스 막시무스인 Q. 무키우스 스카에볼라는 스토아 학파의 현자의 정신에 바탕을 두고, 세 종류의 신들이라는 이론을 제안하였다. 그것은 시인의 신, 철학자의 신, 정치가의 신을 의미하였다. 이 가운데 처음 두 신은 대중의 마음에 맞지 않았으며, 나머지만이 진실한 것으로 되었다. 그러나 그 시대의 로마에는 이미 네번째의 훨씬 더 강력한 신들이 알려져 있었다. 이 신들은 근동의 신으로서, 그 호소력은 그리스적인 의미에서 시적이거나 철학적이지 않았다. 나아가서 그 힘은 결국 로마의 도덕 질서와 문명을 보존하는 것이 아니라 타락시키는 결과를 낳았다.

이 강력한 힘을 가진 낯선 세력들이 처음 도입된 것은 카르타고의 한니발의 군대가 이탈리아 내부에서 여전히 위협적인 힘으로 존재하던 기원전 204년이었다. 그해에 연거푸 폭풍우가 치고 우박이 내리자, 사람들은 어떻게 된 까닭인지 신들이 로마 인들을 못마땅하게 여긴다는 느낌을 받았다. 그래서 로마 인들은 '신탁의 책'을 찾아보게 되었다. 신탁은 프리기아의 도시 페시누스의 위대한 여신 숭배를 로마에 도입하여야만 적을 물리칠 수 있다고 대답하였다. 이 마그나 마테르는 늘 죽고 늘 부활하는 구세주 아티스의 어머니이자 신부인 키벨레였다. 이 둘은 우리가 이제 잘 알게 된 이난나와 두무지, 이슈타르와 탐무즈가 지역적으로 변형된 형태였다. 에트루리아의 전성기에는 〈그림 29〉가 보여주듯이, 아프로디테와 그녀의 죽고 부활하는 연인 아도니스의 신화가 이탈리아에 도입되었는데, 이들의 신화 역시 같은 조상을 가지고 있었다. 어쨌든 '신탁의 책'의 충고에 따라서 마그나 마테르인 키벨레가 커다란 검은 돌의 모습으로 수입되어 팔라틴 언덕의 신전에 안치되었다. 두번째로 도입된 것은 미트라 신인데, 미트라 숭배가 제국내에서 어떠한 영향력을 가졌는지에 대해서는 이미 이야기하였다. 알렉산드리아로부터 수입된 이러한 종류의 세번째 종교는 이제 그리스화된 이시스, 그리고 세라피스(오시리스-아피스라는 이름에서 나왔다)라는 이름을 가지게 된 그녀의 남편에 대한 숭배였다. 이전의 이러한 모든 국지적 종교들은 헬레니즘 시대를 맞이하여 그들과 관련이 있는 그리스의 디오니소스교나 오르페우스교나 피타고라스파의 전승과 통합되어 있었다. 여기에 칼데아-헬레니즘 시기의 점성술이 약간 보태어져서 대우주-소우주적인 교의가 합성되었다. 이것은 르네상스의 과학이 지구 중심적인 낡은 우주론을 없애고, 고대 신비주의적인 사고에 물든 현자들은 꿈도 꾸지 못하였던 경이를 펼쳐보일 때까지 이러저러한 방식으로 서양을 지배하였다.

이러한 발전 과정에서 두드러진 인물로는 이미 언급하였던 그리스의 스토아 학자 포시도니우스(기원전 135-50년경),* 웅변을 잘하는 그의 제자 키케로(기원전 106-43년), 키케로의 친구인 푸블리우스 니기디우스 피굴루스(기원전 98-45년경), 이어서 베르길리우스(기원전 70-19년), 오비디우스(기원전 40-서기 17년), 티아나의 아폴로니우스(서기 1세기에 활동), 플루타르크(서기 46-120년경), 프톨레마이오스(서기 2세기에 활동), 플로티누스(서기 205-270년경) 등이 있다. 이 모든 사람들의 작업은 어느 정도 근대적인 느낌을 준다. 그들 시대의 과학은 우리 시대의 과학과 마찬가지로 낡은 우주론으로는 흡수할 수 없는 자연 질서의 사실들을 밝혀내고 있었기 때문이다. 이러한 맥락에서 이 시대의 과제는 새로운 지평을 향하여 밀고 나가면서도 동시에 과거의 중요한 영적인 통찰을 유지하는 것이었다.

고대의 지식이 새로운 지식에 알맞는 용어로 번역되는 가장 명쾌한 예 하나를 들라면 아마도 키케로가 그의 『공화국(*Republic*)』에서 논증의 결론으로 삼고 있는 "손자 스키피오 아프리카누스의 꿈"을 들 수 있을 것이다. 키케로가 이 글의 주인공으로 삼고 있는 젊은이는 기원전 185년경부터 129년까지 살았으며, 환상 속에서 그의 할아버지 스키피오 아프리카누스(기원전 237-183년)를 보았다고 한다. 할아버지는 오래전 아프리카를 침략하여 한니발을 물리친 사람이었다. 할아버지는 손자에게 미래의 어떤 일들만 보여준 것이 아니라, 우주와 그 안에서 인간의 자리에 대한 새로운 영적 관점도 제시해주었다.

손자 스키피오 아프리카누스는 이렇게 말하였다고 한다. "나는 평소보다 깊은 잠에 빠졌다. 아프리카누스가 나의 앞에 서 있는 것 같았다. 그는 실제 인물의 모습이 아니라, 그의 흉상에 가까운 모습이었다."

---

* 291쪽 참조.

심리적인 굴절이 벌써 흥미를 자아낸다. 이 환상은 주관적으로 배치되고 있다. 할아버지의 유령이 죽은 자들로부터 나온 진짜 망령이라고 믿어달라는 요구를 하지 않는다. 종교적 신화가 아니라 시적 신화의 분위기이다.

아프리카누스는 말하였다. "얼마나 오래 생각들을 낮은 땅에 고정시킨 채 살아갈 것이냐? 네가 들어선 높은 영역이 보이지 않느냐?" 그리고 그는 아홉 천구로 이루어진 경이로운 우주를 가리켰다. "제일 바깥쪽에 있는 하늘이 나머지 모든 것을 포함하고 있으며, 그 자체로 지고의 신이다. 이 하늘은 그 자체내에 다른 모든 천구(天球)를 끌어안고 있다. 그 안에 영원히 순환하는 별들의 행로가 고정되어 있다. 그 밑에 다른 일곱 천구가 있는데, 그것들은 하늘의 천구와 반대 방향으로 순환한다." 아프리카누스는 그 이름——토성, 목성, 화성, 태양, 금성, 수성, 달——을 차례로 부른다. "달 아래에는 신이 관대하게 인간에게 주신 영혼을 제외하면, 죽어서 부패할 운명을 지닌 것들밖에 없다. 그러나 달 위의 것들은 모두 영원하다. 아홉번째이자 중심을 이루는 천구는 지구이다. 이것은 움직이지 않으며, 모든 것 가운데 가장 낮다. 무게를 가진 모든 천구들은 아래로 내려가는 자연스러운 경향으로 인해서 지구로 끌려온다."

이 우주론은 헬레니즘 시대의 과학에 근거한 것이다. 이것은 나중에 프톨레마이오스에게서 체계화되며, 단테에게까지 이어진다. 이것은 궁극적으로 지구라트의 점성학에서 나온 것이다. 그러나 이제 지구는 옛날처럼 우주의 바다에 둘러싸인 평평한 원반이 아니다. 동심원을 가진 천구들로 이루어진 일종의 중국식 상자(작은 상자부터 차례로 큰 상자에 꼭 끼게 들어갈 수 있도록 한 상자 1벌/역주)의 한가운데 자리잡은 구(球)가 되었다.

손자가 묻는다. "나의 귀를 채우는 이 크고 듣기 좋은 소리는 무엇입니까?" 그러자 할아버지가 대답한다.

그것은 천구들의 갑작스러운 상승 운동에서 생기는 소리이다. 천구들 사이의 간격은 똑같지는 않지만, 고정된 비율로 정확히 배치되어 있다. 그래서 높고 낮은 음이 유쾌하게 섞이면서 다양한 화음이 만들어진다. 그러한 힘찬 운동은 침묵 속에서는 그렇게 빠르게 이루어질 수 없기 때문이다. 그래서 자연은 한쪽 끝은 낮은 소리를 내고, 다른 쪽 끝은 높은 소리를 내도록 한 것이다. 따라서 별들을 담고 있는 제일 위의 하늘은 다른 것들보다 빠르게 회전하면서 높고 날카로운 소리를 내고, 낮은 곳에서 회전하는 천구, 즉 달은 가장 낮은 소리를 낸다. 그러나 아홉번째인 지구는 우주의 중심에 자리를 잡아서 움직이지 않고 고정되어 있다. 다른 여덟 천구들——그 가운데 둘은 똑같은 속도로 움직이는데——은 7가지 다른 소리를 낸다. 이 일곱이라는 숫자는 만물의 열쇠이다.

학식이 있는 사람들은 현악기나 노래로 이 조화를 모방함으로써 스스로 이 영역으로 돌아갈 수 있었다. 또 어떤 사람들은 지상에서 사는 동안 반짝이는 지성으로 신성한 일을 함으로써 같은 보상을 얻었다. 사람들의 귀는 늘 이 소리로 가득 차 있기 때문에 그 소리를 못 듣게 되었다. 청각보다 더 둔한 것이 없기 때문이다.…… 그러나 전체 우주가 최고 속도로 회전함으로써 생기는 이 힘찬 음악은 인간의 귀로는 들을 수 없다. 시각이 광채에 압도되어 태양을 똑바로 볼 수 없는 것과 마찬가지이다.

우주, 예술, 영혼의 조화 원리와 관계를 맺고 있는 피타고라스의 수 이론이 여기서는 우주와 근대적이고 세속화된 삶의 양식에 대한 새로운 이미지와 관련되어 제시되고 있다. 카스트 제도, 희생제의 등과 관련된 신정(神政) 국가의 낡은 질서, 그리고 그러한 국가를 빛내는 일에 봉사하는 예술의 낡은 질서는 과거의 것이다. 예술을 비롯하여 여기서 언급되고 있는 "반짝이는 지성으로" 수행하는 "신성한 일"은 그리스화된 인본주의적 관점에서 제시되고 있다. 그러나 원칙의 본질은 아무 것도 달라지지 않았다.

유령은 계속하여 지구, 그 양극, 열대와 온대에 대하여 이야기를 한다.

지구는 어떤 지대들로 둘러싸여 있다. 그 가운데 서로 가장 멀리 떨어져 있고 하늘의 양극에 의해서 지탱되고 있는 지대에는 얼음 띠가 덮여 있다. 중앙의 가장 넓은 지역은 뜨거운 태양 때문에 불타고 있다. 두 지대에는 사람이 살 수 있다. 이 가운데 남쪽(이곳 주민의 걸음걸이는 너의 걸음걸이와

반대이다)은 너의 지대와 아무런 관련이 없다. 네가 사는 북쪽 지대를 살펴
보라. 그러면 그 가운데 얼마나 작은 부분이 로마 인들에게 속하여 있는지
알게 될 것이다. 네가 살고 있는 영토는 북쪽에서 남쪽으로 갈수록 좁아지
고, 동쪽에서 서쪽으로 갈수록 넓어진다. 그곳은 사실 대서양(Atlantic) 또는
대해(Great Sea) 또는 대양(Ocean)이라고 부르는 바다에 둘러싸인 작은 섬
에 불과하다. 이제 그 거창한 이름에도 불구하고 실제로 그것이 얼마나 작
은지 보게 될 것이다!

이때까지의 모든 신화적인 주장들과는 놀라운 대조를 보여주는 부분이
다. 지역적 가치 체계와 한정된 지평을 지닌 조국의 땅은 그 중요성이
증대하는 것이 아니라 감소하고 있다. 이것은 합리적인 인간 지성의 관
점이다. 이 지성은 세상의 규모를 잘 알고 있으며, 새로운 과학과 정치와
삶의 가능성들이 제시하는 열린 지평에 저항을 하는 것이 아니라 환영을
한다. 이제 통치와 정치에 사이비 종교적인 낙인을 찍는 것이 아니라, 세
속적인 낙인을 찍게 될 터였다. 그러나 다음 이야기가 보여주듯이, 통치
도 인간 정신도 그것으로 인하여 조금도 고통받지 않게 될 터였다. 아프
리카누스는 말한다.

손가락으로 가리킬 수 있는 몸의 형체가 아니라 영이 진정한 자아이다.
따라서 살고, 느끼고, 기억하고, 예측하는 것이 신이라면, 또 우리 위의 최고
의 신이 이 우주를 다스리듯이, 자신이 자리 잡고 있는 몸을 다스리고, 지배
하고, 움직이는 것이 신이라면, 네가 바로 신이라는 것을 알아라. 영원한 신
이 부분적으로는 죽을 수밖에 없는 우주를 움직이듯이, 불멸의 영이 약한
몸을 움직이는 것이다…….
늘 움직이는 것은 영원하다. 그러나 다른 것에게 운동을 전달하지만, 그
자체는 다른 힘에 의해서 움직이는 것은 이러한 운동이 끝나면 반드시 삶을
중단하기 마련이다. 따라서 스스로 움직이는 것만이 절대로 운동을 멈추지
않는다. 그것은 절대로 스스로를 버리지 않기 때문이다. 아니, 그것은 움직
여지는 다른 모든 것의 근원이고 운동의 제1원인이다. 그러나 이 제1원인은
그 자체로는 시작이 없다. 모든 것이 제1원인으로부터 기원하는 반면, 그것
은 절대로 다른 어떤 것에서 기원할 수 없기 때문이다. 다른 데에 기원을

두고 있는 것이 제1원인이 될 수 없기 때문이다. 그리고 시작이 없기 때문에 끝도 절대 있을 수 없다……

따라서 저절로 움직이는 것은 영원하다는 것이 분명해졌으니, 이것이 영의 본질이라는 것을 누가 부정할 수 있겠느냐? 외적인 추진력에 의해서 움직여지는 모든 것은 영이 없다. 반대로 영을 가진 것은 그 나름의 내적 추진력에 의해서 움직인다. 그것이 영의 독특한 본질이자 속성이기 때문이다. 영은 저절로 움직이는 유일한 힘이기 때문에, 시작이 없으며 불멸이다. 따라서 가장 좋은 일에 그것을 사용하라!

여기서 인간에게 가장 좋은 일이 무엇이냐 하는 질문이 나오게 되는데, 그 대답 역시 이성을 가진 사람의 대답이다.

군인이자 정치가였던 할아버지는 말한다. "가장 좋은 일이란 자신의 조국을 방어하기 위하여 하는 일들이다. 그러한 활동을 하면서 훈련된 영혼은 이곳, 본래의 고향이자 영원한 집으로 더 빨리 날아오게 될 것이다. 여전히 몸 안에 있는 상태에서 그 바깥을 본다면, 그리고 자기 외부에 무엇이 있는가를 명상함으로써 가능한 한 몸으로부터 자신을 멀리한다면, 훨씬 더 빨리 날아오게 될 것이다."

이런 식으로 국가에 대한 헌신에 영적인 가치를 두는 전형적인 로마인의 태도는 조국의 도시를 구한 이 늙은 구원자가 대변하기에 딱 알맞는 것이다. 그리고 이러한 태도는 외부로부터 수입된 종교들 가운데 많은 곳에서 나타나는 동양적이고, 세상을 부정하는 목소리와 완강한 대조를 이룬다. 그러한 종교에서는 지상의 일시적인 질서와 영원한 질서 사이에 분열이 일어나며, 영적인 깨달음을 위해서는 일시적인 질서의 완전한 포기와 영원한 질서에 대한 헌신이 필요하다고 암시한다. 오르페우스교와 피타고라스파의 운동에서는 그러한 관념이 소마-세마(soma-sema, "몸, 무덤")라는 경구로 표현되었다. 훌륭한 스토아 철학자인 키케로는 이제 그 주제에 직접 부딪히고 있다.

키케로는 환상을 본 젊은이의 입을 통하여 말한다. "나는 아프리카누스에게 그와 나의 아버지를 비롯하여 우리가 죽었다고 생각하는 사람들이 사실은 살아 있는 것이냐고 물었다. 그러자 그는 대답하였다. '감옥을 벗어나듯 몸의 굴레를 벗어난 사람들은 물론 모두 살아 있다. 그러나 너희들의 삶——사람들은 그것을 삶이라고 부르지만——은 사실 죽음이다.'"

그러자 절망에 사로잡힌 젊은이는 그의 아버지 파울루스에게 외친다. "오, 아버지들 가운데 가장 훌륭하고 가장 흠 없는 아버지여, 아프리카누스의 말대로 그것이 삶이라면 왜 내가 지상에 더 남아 있어야 한다는 말입니까?"

그러자 그의 아버지가 나타나서 대답한다.

> 그것이 아니다. 네가 보는 모든 것을 신전으로 거느린 신께서 너를 몸이라는 감옥으로부터 자유롭게 해주시지 않는 한, 너는 이 하늘로 들어올 수가 없다. 사람은 지구라고 부르는 천구, 즉 이 신전의 중심에 있는 것에서 살도록 삶을 부여받았기 때문이다. 또한 사람은 네가 별과 행성이라고 부르는 영원한 불, 즉 신성한 지혜에 의해서 활력을 얻어 놀라운 속도로 고정된 궤도를 돌고 있는 둥근 구형의 천체들로부터 영혼을 받았기 때문이다. 따라서 너 푸불리우스를 포함하여 모든 선한 사람들은 영혼을 주신 분의 요청이 아니라면, 신이 인간에게 부과한 의무를 피하는 것처럼 보이지 않도록 그 영혼을 몸 안에 두어야 하며, 인간의 생명을 버리지 말아야 한다……
>
> 정의와 의무를 사랑하라. 이것은 사실 엄격하게 부모와 친족에게 해당하는 것이며, 무엇보다도 조국에 해당하는 것이다. 그러한 삶이야말로 하늘에 이르는 길이며, 지상에서의 삶을 완료하고 몸으로부터 벗어난 자들, 너의 눈에 지금 보이는 저곳, 너희들이 지상에서 은하수라고 부르는 곳에서 살고 있는 자들의 모임에 이르는 길이다.[45]

이렇게 키케로는 오르페우스교의 소마-세마 테제를 인정하면서도, 진정한 로마의 정신을 가진 사람답게, 당대의 인간 정신의 운명을 도덕적으로 아낌없이 강조하고 있다.

> 조국을 보존하고, 돕고, 확장한 모든 사람들은 하늘에 그들을 위해서 예비된 특별한 자리를 가지고 있으며, 그곳에서 영원히 행복한 삶을 누리게

될 것이다. 지상에서 인간이 하는 일들 가운데 정의로 연합한 사람들의 집
회와 모임, 즉 국가라고 부르는 것보다 온 우주를 다스리는 최고의 신을 기
쁘게 하는 일은 없기 때문이다. 국가를 통치하고 보존하는 사람들은 그 자
리로부터 오며, 또 그 자리로 돌아간다.[46]

이러한 교의는 최초의 우파니샤드에서 왕의 현자들인 아자타샤트루와
자이발리가 가르치던 인도의 카르마 요가의 교의와 거의 다를 것이 없
다.[47] 그리고 인도의 스승들과 마찬가지로 키케로도 그의 고귀한 환상에
서, 자신과 국가에 대하여 의무만이 아니라 초연함도 가르친다. "관능적
쾌락에 몰두하여, 말하자면 그런 쾌락의 노예가 된 자들의 영들, 쾌락에
굴종하여 욕망의 자극에 따라 신과 인간의 법을 어기는 영들은 몸을 떠
난 뒤에도 지구 가까운 곳을 날아다니다가, 아주 오랜 고통의 세월을 보
낸 뒤에야 하늘의 자리로 돌아가게 된다."[48]
이것보다 동양의 환생 교의와 유사한 것을 만들어내기도 어려울 것이
다. 그러나 인간의 의무에 대한 로마 인들의 개념이 인도인들의 개념과
다르듯이, 전반적인 분위기는 인도의 분위기와 다르다. 로마 시민의 "신
성한 일"이란 카스트에 의해서 결정되는 것이 아니라, 자신의 능력에 대
한 판단에 의해서 결정되기 때문이다. 또한 그들의 궁극적인 관심도 세
상으로부터의 해방이 아니라, 세상 안에 있는 동안 인간의 목적에 지혜
롭게 봉사하는 것이었기 때문이다. 베르길리우스는 『아에네아스』의 제6권
에서 똑같은 신화의 또 다른 판본을 제시하고 있다. 그리고 그 작업을 통
하여 훗날 단테를 이 영혼의 풍경의 계시로 안내할 자격을 얻게 된다. 그
러나 베르길리우스와 단테 사이에도 차이가 있다. 로마 인들에게는 지구
의 중심에 있는 지성이 악마적인 것이 아니라 신성한 것이었기 때문이다.

기독교 저술가들은 아무리 자유주의적인 사람이라도, 이교도 로마 인
들의 신앙을 절대 이해할 수 없었다. 예를 들어서, 베르길리우스의 후원
자였던 아우구스투스가 국가의 정책으로 제정해놓았던 황제 숭배가 그렇
다. 키케로의 2가지 선언, 즉 하늘에 이르는 길은 자신의 조국에 대한 봉

사이며, 각 사람은 자신이 곧 신이라는 것을 알아야 한다는 것은 훗날의 황제 숭배를 위한 분위기를 잡아놓았다. 이것을 베르길리우스가 『아에네아스』[49]의 유명한 구절로 뒷받침하였으며, 오비디우스도 『변신(*Metamorphoses*)』[50]에서 그것을 뒷받침하였다. 사실, 모든 물고기와 파리가 그 내부에 신성을 가지고 있는데, 국가의 주인이 프리무스 인테르 파레스(primus inter pares, 동등한 자들 가운데 제1인자/역주)로 숭배받아서 안 될 것이 무엇이란 말인가? 기독교인들이 아우구스투스와 동시대인인 예수를 신격화하는 데에서는 이런 식으로 존경하는 태도는 찾아볼 수가 없다. 기독교적인 관점에서 세상과 그 피조물은 신성으로 가득한 것이 아니기 때문이다. 예수의 신격화는 급진적인 것으로서, 만물이 본질적으로 누멘인 곳에서는 도저히 가능할 수 없는 일이다. 따라서 로마 인들의 관점에서 볼 때, 기독교인들이 황제의 상(像)에 향 한 줌 올리려고 하지 않는 행동은 반역의 행위일 뿐만 아니라, 인류 역사의 모든 신화와 철학적 관점(그때까지 전혀 알려지지 않았던 성서의 관점만 제외한다면)이 진리 가운데 궁극적 진리라고 가르쳐온 우주의 신성에 반대하는 무신론적인 행위였다.

기원전 27년부터 서기 14년까지 재위하였던 아우구스투스는 국가 체제를 공화정을 닮은 모습으로 최대한 유지하면서, 동시에 황제의 영광 속에서 도시 로마의 오래된 종교적 기초를 일신하려고 하였다. 아우구스투스의 궁전은 고대 신-왕의 궁전이 그러하였던 것처럼, 국가의 핵심적인 성소가 되었다. 그 궁전과 연결하여 베스타 여신의 신녀들을 위한 새로운 신전도 지었으며, 신녀들을 공적으로 기념하는 일도 늘여갔다. 아우구스투스는 자신이 악티움에서 안토니우스와 클레오파트라에게 승리를 거둔 것이 자신의 수호신인 아폴로 덕분이라 하여 팔라틴의 언덕에 아폴로 신전을 지었다. 또 새로운 포럼에서 눈에 잘 뜨이는 곳에 율리아누스 가문의 신성한 조상인 "복수자" 마르스 울토르——아우구스투스는 카이사르의 죽음에 복수를 한 것이 마르스 울토르 덕분이라고 여기었다——에게 바치는 신전을 세웠다. 마르스 울토르의 신전은 이 왕조의 모든 가족 의식을 위한 성소가 되었다. 더불어 지방 행정관의 임명, 전쟁과 평화에 대한 원로원의 결정, 승리한 전투의 기장(旗章)의 보존, '세월의 못'을 박는 의식의 거행을 위한 장소로도 이용되었다.

기원전 17년에는 성대한 기념의 해를 맞이하여 세쿨룸 축제가 열렸다. 베르길리우스는 「목가 IV」를 발표하여 '갱신된 세계'의 관념을 인상적인 형태로 보여주었다. 아우구스투스는 세계 각지로 사절을 보내어 노예를 제외한 모든 사람들이 이 축제에 참여하도록 요구하였다. 애도 의식은 중지되었으며, 법정 소송은 연기되었다. 5월 26일부터 28일까지는 집을 소독하도록 훈증제(燻烝劑)를 나누어주었다. 5월 29일부터 31일까지는 축제의 공연자와 관객에게 나누어줄 곡식을 시민들로부터 기부받았다. 그리고 6월 1일 전야부터 성대한 사흘간의 축제가 시작되었다.

프라이부르크 대학의 L. A. 도이브너 교수로부터 그 축제 기간의 이야기를 들어보도록 하자. 나는 거의 40년 전, 찬테피 드 라 사우세이 교수가 편찬한 교과서『종교사 입문(Lehrbuch der Religionsgeschichte)』에 도이브너 교수가 기고한 로마 종교에 대한 글을 보고 베르길리우스의 황금 시대의 소년에 대한 고대 신화와 기독교의 묵시록적 메시아의 공통된 배경에 처음으로 눈을 뜬 적이 있다.

개회식 밤에 아우구스투스는 운명의 여신들에게 9마리의 양과 9마리의 염소를 바쳤다. 그런 다음에 연극 작품들이 공연되었고, 110명의 부인들이 유노와 다이아나를 위한 종교적 연회를 준비하였다. 6월 1일에는 아우구스투스, 그리고 그 뒤를 이어서 사위 아그리파가 각각 유피테르에게 황소를 바쳤다. 그 뒤에는 '마르스의 들판'에 세워진 목조 극장에서 라틴 연극이 공연되었다. 그날 밤에 아우구스투스는 3가지 종류의 암소 각각 9마리를 출산의 여신 일리튀아에게 바쳤다. 6월 2일에 아그리파는 암소 1마리를 카피톨 언덕의 유노 레지나에게 바쳤다. 아그리파는 그 자신과 아우구스투스를 위한 기도를 한 뒤에 110명의 부인을 위한 기도를 하였다. 그날의 연극은 전날의 연극과 똑같았다.

마지막 밤, 아우구스투스는 새끼를 밴 암퇘지를 '어머니 대지'에게 드렸다. 부인들은 다시 연회를 준비하였다. 다음날인 마지막 날, 아우구스투스와 아그리파는 아폴로와 다이아나에게 두번째 밤에 희생제의로 드렸던 것과 같은 종류의 암소들을 각각 9마리씩 드렸다. 밤낮에 걸친 이러한 제사에서는 전쟁에서나 평화에서나 국가와 그 국민을 보호해달라는 기도를 드렸다. 또 국민과 군대, 희생제의를 드리는 황제와 그 가족, 신탁 사제들의 승리와 건강과 축복을 비는 기도를 드렸다. 6월 3일, 축제를 끝낼 때에는 양친이 모두 살아 있는 27명의 소년과 27명의 소녀들로 이루어진 합창단이 처음에는 아폴로와 다이아나를 섬기는 팔라틴 언덕에서, 이어서 카피톨 언덕에서, 호라티우스가 작곡한 축제의 노래를 불렀다.…… 이날 하루를 마감하는 시간은 무대 연극, 마차 경주, 곡예사들의 공연으로 채워졌다. 이 모든 것이 끝난 뒤에도, 마지막으로 다시 이틀 동안 다양한 형태의 공연들이 열렸다. 이 과정을 통해서 축제의 흥분이 가라앉았다.

　아우구스투스의 세쿨룸 축제를 그 이전의 비슷한 축제들과 비교해보면 그 축제의 바탕에 깔린 관념이 드러난다. 그 이전의 축제들은 오로지 밤에만 거행되었으며, 플루토나 페르세포네와 같은 지하 세계의 어두운 신들에게만 바쳐졌다. 이런 축제들은 악을 고치고, 죄를 씻어내고, 어둠의 세력을 달래고, 사지(死地)를 위로하고, 과거와 미래 사이에 경계선을 긋는 기능을 하였다. 그러나 새로운 축제는 야간 축제를 주간 축제와 합치었다. 따라서 이 축제는 들을 수 있는 모든 사람들에게 '밤에서 빛으로'라는 의기 양양한 메시지를 선포하였다. 심지어 밤에 열린 행사에서도 불러낸 신들은 플루토나 페르세포네가 아니라, 땅의 어둠 속에 사는, 생명을 주는 세력들이었다. 이 신들은 그들의 영토로부터 로마가 그렇게 열렬하게 요구하던 빛의 세계를 위한 축복들을 쏟아부어주었다. '낡은 세쿨룸의 죽음의 축제'는 '새로운 세쿨룸의 부활의 축제'로 바뀌었다. 기쁨에 찬 민중의 황제는 아폴로의 빛의 영광으로 덮인, '동트는 시대의 구세주'로 나타났다.[51]

이러한 관념을 보면, 왜 장차 기독교 전통에서 신의 날(Day of God)이 "사투르누스의 날(Day of Saturn)"인 토요일(Saturday)에서 신약의 "태양의 날(Day of the Sun)"인 일요일(Sunday)——솔 인빅투스, 빛의 표시, 어둠에 대한 승리, 재탄생——로 바뀌게 되는지 알 수 있다.

　아우구스투스는 죽은 뒤에 로마 국가의 신들이 있는 집단에 들어가게 되었다. 그곳에는 먼저 암살당한 율리우스 카이사르가 자리를 잡고 있었다. 포럼에는 이미 그의 신전이 세워져 있었다. 아우구스투스는 생전에는 로마에서 자신을 직접적으로 개인 숭배하는 것을 허락하지 않았다. 제물은 오직 그의 게니우스(genius)에게만 바칠 수 있었다. 그러나 지방에서 그는 로마 제국 정신의 매개체로 섬겨지고 있었으며, 이런 식으로 그를 숭배하지 않는 것은 죽음으로 다스릴 수도 있는 정치적 범죄였다. 그가 죽은 뒤에는 이러한 숭배에 봉사할 특별 사제단이 구성되었다. 그러다가 미래에는 신격화된 황제마다 특별 사제단이 나타나게 되었고, 마침내 도이브너 교수가 말하듯이 "신격화라는 관념의 완전한 평가 절하가 일어났다."[52]

로마에서 살아 있는 동안 신으로 섬겨지는 것을 허용하였던 첫 황제는 코모두스(서기 180-192년 재위)였다. 아우렐리아누스(서기 270-275년 재위)는 자신을 "주관자이자 신(dominus et deus)"이라고 부르는 것을 허용하였다. 디오클레티아누스(서기 284-305년 재위)는 극단으로 치달아서, 자신을 요비우스, 즉 "조브(주피터/역주)"라고 부르라고 명령하였고, 그의 총독인 막시미아누스를 헤르쿨리우스, 즉 "헤라클레스"라고 부르라고 명령하였다. 제국이 쇠퇴하던 시절에는 황제의 성스러운 유해를 몇 단으로 쌓은 거대한 화장 장작 위에 올려놓고 화장을 하였는데, 불이 붙은 '우주의 탑'의 정상으로부터 독수리가 나와서 날아가는 것이 보이도록 연출을 하였다. 독수리는 태양의 새로서, 죽은 자의 영혼이 지상의 또아리로부터 해방되어 날개를 치며 고향으로 돌아가는 것을 상징하였다.

4. 부활한 그리스도

신의 죽음과 부활이라는 되풀이되는 신화적 사건은 수천 년 동안 근동 핵심부의 모든 위대한 종교의 중심적인 신비를 이루어왔다. 이것이 기독교 사상에서는 시간적인 사건이 되었다. 그것은 일회적 사건으로서, 역사 변화의 순간이 되었다. 죽음은 에덴 동산의 나무 옆에서 아담이 타락을 하여 세상에 들어왔다. 그후 하느님과 이스라엘 민족의 계약을 통하여, 이스라엘 민족은 '살아 있는 신'을 받아들이고, 그 신에게 육체의 옷을 입힐 준비를 해왔다. 그 신은 마리아를 통하여 세상에 들어왔다. 신화나 상징으로서가 아니라, 살과 피를 가지고 역사적으로 들어온 것이다. 그리고 그는 십자가에서 눈과 마음에 소리 없는 기호를 제공하였다. 다양한 종파들이 자신의 관점에 따라서 이 기호를 다양하게 해석해왔다. 그러나 어떻게 읽든 간에, 이 기호는 그들 모두에게 상징적인 힘만이 아니라 엄청나게 정서적인 힘을 지니고 있었다.

　사실 우리는 역사적으로 나자렛 예수가 자신이 십자가에서 죽을 것임을 알았는지 몰랐는지 모른다. 내가 보기에는, '진정한 인간'이라는 그의 특징으로 볼 때 몰랐다고 주장할 수도 있을 것이고, '진정한 하느님'으로서 영원 전부터 알고 있었다고 주장할 수도 있을 것 같다. 비극인 동시에 비극을 넘어서기도 하는 삶의 역설적 성격은 그의 소리 없는 기호 속에 내재되어 있다. 그러나 '하느님의 날'을 선포하다가 본디오 빌라도(서기 26년부터 36년까지 유대 지방을 통치한 로마 총독)의 명령으로 십자가 처형을 당한 젊은이, 스스로 영감에 가득 찬 동시에 남들에게 영감을 불어넣었던 이 젊은이가 그 사실을 알았건 몰랐건, 알았다면 어떠한 식으로 알았건, 그가 죽은 지 20년이 안 되어 그의 십자가가 추종자들에게 에덴 동산의 타락의 나무에 대항하는 상징이 되었다는 것은 엄연한 사실이다.

　우리에게 전해지는 최초의 기독교 문헌은 서기 51년에서 64년 사이에 쓰여진 바울의 편지들이다. 바울은 헬레니즘 시대의 여러 혼잡한 상업 도시에 새로운 신앙을 소개하였는데, 이 편지들은 그가 그러한 도시에 살고 있는 개종자들에게 보낸 것이다. 이미 이 편지들에서 나무에 의한 타락과 십자가에 의한 구속(救贖)이라는 근본적인 신화적 이미지가 확고하게 규정되어 있다. 바울은 이렇게 쓰고 있다. "죽음이 한 사람으로 말미암아 온 것처럼 죽은 자의 부활도 한 사람으로 말미암아 왔습니다. 아담으로 말미암아 모든 사람이 죽는 것과 마찬가지로 그리스도로 말미암아 모든 사람이 살게 될 것입니다."[53] 서기 61-64년경에 쓰여진 필립비 사람들에게 보내는 편지에는 초기 기독교의 찬송가 한 구절이 인용된다. 이것은 우리가 알기로는 가장 오래된 것이다. 그런데 놀랍게도 여기에서 이미 십자가에 못박힌 예수가 메시아로 찬미되고 있다. 그 구절은 다음과 같다.

> 그리스도 예수는 하느님과 본질이 같은 분이셨지만
> 굳이 하느님과 동등한 존재가 되려고 하지 않으시고
> 오히려 당신의 것을 다 내어놓고
> 종의 신분을 취하셔서
> 우리와 똑같은 인간이 되셨습니다.
> 이렇게 인간의 모습으로 나타나
> 당신 자신을 낮추셔서 죽기까지,
> 아니, 십자가에 달려서 죽기까지 순종하셨습니다.
> 그러므로 하느님께서도 그 분을 높이 올리시고
> 모든 이름 위에 뛰어난 이름을 주셨습니다.
> 그래서 하늘과 땅위와 땅 아래에 있는 모든 것이
> 예수의 이름을 받들어 무릎을 꿇고
> 모두가 입을 모아 예수 그리스도가 주님이시라 찬미하며
> 하느님 아버지를 찬양하게 되었습니다.[54]

그러나 이것은 정통 유대교에서 기대하던 메시아의 개념과는 매우 다른 메시아이다. 정통 유대교에서는 하느님인 메시아라는 관념이 없기 때문이다. 요셉 클라우스너 교수는 유대교에서 기대하던 메시아를 다음과 같이 정식화해놓았다(강조는 클라우스너 교수의 것).

(메시아는) 진정으로 뛰어난 사람이었다(지금도 마찬가지로 생각한다). 유대인들은 상상력을 최대한 발휘하여 메시아를 형상화해놓았다. 메시아는 힘과 영웅적인 태도에서 탁월하였다. 도덕적 자질에서도 탁월하였다. 일반 사람들과는 비교할 수 없을 정도로 높고 강한 인물이었다. 그리고 모든 사람들이 자발적으로 복종하고 또 만물을 압도할 수 있는 위대한 인물이었다. 그러나 바로 이러한 이유들 때문에 매우 강한 의무감을 느끼는 인물이었다. 이것이 유대교의 뛰어난 인물의 모습이다. 이렇게 뛰어난 사람에 대해서, "너는 그를 하느님보다 약간 낮게 만들었다." 하고 말할 수는 있다. 이렇게

뛰어난 사람으로부터 한 발만 걸어가면 하느님이 되기 때문이다. 그러나 유대교는 이 한 발을 내딛지 않았다. 유대교는 인간의 한계——계속 위로 올라가고 있다——내에서 살과 피로 이루어진 존재의 이상, 즉 "인간의 궁극적 한계에 대한 관념"(칸트의 말이다)을 형성하였다. 이 위대한 인물, 오직 이 인물에 의해서만, 그리고 이 인물의 도움을 통해서만 인류는 구속과 구원을 얻을 수 있다. 이것이 왕인 메시아이다.[55]

반면 기독교 전설은 초기부터(얼마나 빠른 시기부터인가 하는 것은 논란의 대상이다) 그리스 신화——예를 들어서 레다와 백조의 신화나 다나에와 황금의 비(Shower of Gold) 신화——와 조로아스터교의 사오샨트 신화 양쪽에 이미 잘 알려져 있는 모티프를 채택하였다. 그 모티프들은 다음과 같은 것들이다.

동정녀 탄생

「누가복음」을 보도록 하자.

여섯 달이 되었을 때에 하느님께서는 천사 가브리엘을 갈릴리 지방 나자렛이라는 동네로 보내시어 다윗 가문의 요셉이라는 사람과 약혼한 처녀를 찾아가게 하셨다. 그 처녀의 이름은 마리아였다. 천사는 마리아의 집으로 들어가서 "은총을 가득히 받은 이여, 기뻐하여라. 주께서 너와 함께 계신다." 하고 인사하였다. 마리아는 몹시 당황하며 도대체 그 인사말이 무슨 뜻일까 하고 곰곰이 생각하였다. 그러자 천사는 다시 "두려워하지 말라. 마리아, 너는 하느님의 은총을 받았다. 이제 아기를 가져서 아들을 낳을 터이니 이름을 예수라고 하여라. 그 아기는 위대한 분이 되어서 지극히 높으신 하느님의 아들이라고 불릴 것이다. 주 하느님께서 그에게 조상 다윗의 왕위를 주시어 야곱의 후손을 영원히 다스리는 왕이 되겠고 그의 나라는 끝이 없을 것이다." 하고 일러주었다. 이 말을 듣고 마리아가 "이 몸은 처녀입니다. 어떻게 그러한 일이 있을 수 있겠습니까?" 하자 천사는 이렇게 대답하였다. "성령이 너에게 내려오시고 지극히 높으신 분의 힘이 감싸주실 것이다. 그러므로 태어나실 그 거룩한 아기를 하느님의 아들이라 부르게 될 것이다."

...... 마리아는 "이 몸은 주님의 종입니다. 지금 말씀대로 저에게 이루어지기를 바랍니다." 하고 대답하였다. 그러자 천사는 마리아에게서 떠나갔다.[56]

진짜 기적의 가능성을 고려하지 않고 단순히 전설의 수준에서만 본다면, 동정녀의 탄생은 기독교 유산 가운데 헤브루 측면이 아니라 페르시아나 그리스 측면에서 나온 신화적 모티프로 해석해야 한다. 그리스도의 탄생에 대하여 기록한 2가지 판본에는 이러한 이방인 측면의 모티프들이 더 나타난다.

구유의 아기

다시 「누가복음」을 보도록 하자.

그 무렵에 로마 황제 아우구스투스가 온 천하에 호구 조사령을 내렸다. 이 첫번째 호구 조사를 하던 때 시리아에는 퀴리노라는 사람이 총독으로 있었다. 그래서 사람들은 등록을 하러 저마다 본고장을 찾아 길을 떠나게 되었다. 요셉도 갈릴리 지방의 나자렛 동네를 떠나서 유다 지방에 있는 베들레헴이라는 곳으로 갔다. 베들레헴은 다윗 왕이 난 고을이며 요셉은 다윗의 후손이었기 때문이다. 요셉은 자기와 약혼한 마리아와 함께 등록을 하러 갔는데, 그때 마리아는 임신 중이었다. 그들이 베들레헴에 가서 머물러 있는 동안 마리아는 달이 차서 드디어 첫아들을 낳았다. 여관에는 그들이 머무를 방이 없었기 때문에 아기를 포대기에 싸서 말구유에 눕혔다.

그 근방 들에는 목자들이 밤을 새어가며 양떼를 지키고 있었다. 그런데 주님의 영광의 빛이 그들에게 두루 비치면서 주님의 천사가 나타났다. 목자들이 겁에 질려서 떠는 것을 보고 천사는 "두려워하지 말라. 나는 너희에게 기쁜 소식을 전하러 왔다. 모든 백성들에게 큰 기쁨이 될 소식이다. 오늘 밤 너희의 구세주께서 다윗의 고을에 나셨다. 그 분은 바로 주님이신 그리스도이시다. 너희는 한 갓난아기가 포대기에 싸여서 구유에 누워 있는 것을 보게 될 터인데 그것이 바로 그 분을 알아보는 표이다." 하고 말하였다. 이때에 갑자기 수많은 하늘의 군대가 나타나서 그 천사와 함께 하느님을 찬양하였다.

"하늘 높은 곳에는 하느님께 영광,
   땅에서는 그가 사랑하시는 사람들에게 평화!"
 천사들이 목자들을 떠나 하늘로 돌아간 뒤에 목자들은 서로 "어서 베들레헴으로 가서 주님께서 우리에게 알려주신 그 사실을 보자." 하면서 곧 달려가 보았더니, 마리아와 요셉이 있었고 과연 그 아기는 구유에 누워 있었다. 아기를 본 목자들이 사람들에게 아기에 관하여 들은 말을 이야기하였더니 목자들의 말을 들은 사람들은 모두 그 일을 신기하게 생각하였다. 마리아는 이 모든 일을 마음속 깊이 새기고 오래 간직하였다. 목자들은 자기들이 듣고 보고 한 것이 천사들에게 들은 것과 같았기 때문에 하느님의 영광을 찬양하며 돌아갔다.[57]

 이 장면은 목자들 부분에서 미트라가 어머니 바위로부터 출생하는 전설에 나오는 귀에 익은 모티프를 되풀이한다. 하늘의 군대라는 것도 조로아스터교적인 배경을 암시한다. 특히 주님의 영광의 빛이 비친다는 점에서 그렇다. 그러한 광채——아베스탄, Xvarnah, "영광의 빛"[58]——는 아후라 마즈다에 의한 태초의 창조의 빛이다. 이것은 후광으로 상징된다. 후광은 페르시아의 예술에 처음으로 나타나서, 동쪽으로는 불교도들에게, 서쪽으로는 기독교권에 전파되었다. 「마태복음」에는 이와는 완전히 다른 그리스도 탄생이 묘사되어 있다. 그것은 누가의 평화롭고 목가적인 장면이 보여주는 소박한 분위기와는 거리가 멀다.

동방박사의 방문

 예수께서 헤로데 왕 때에 유다 베들레헴에서 나셨는데, 그때에 동방에서 박사들이 예루살렘에 와서 "유대인의 왕으로 나신 분이 어디 계십니까? 우리는 동방에서 그 분의 별을 보고 그 분에게 경배하러 왔습니다." 하고 말하였다. 이 말을 듣고 헤로데 왕이 당황한 것은 물론, 예루살렘이 온통 술렁거렸다. 왕은 백성의 대사제들과 율법학자들을 다 모아놓고 그리스도께서 나실 곳이 어디냐고 물었다. 그들은 이렇게 대답하였다. "유다의 베들레헴입니다. 예언서의 기록을 보면, '유다의 땅 베들레헴아, 너는 결코 유다의 땅에서 가장 작은 고을이 아니다. 나의 백성 이스라엘의 목자가 될 영도자가 너에게서 나리라'(「미가서」 5 : 2)고 하였습니다."

그때에 헤로데가 동방에서 온 박사들을 몰래 불러서 별이 나타난 때를 정확히 알아보고 그들을 베들레헴으로 보내면서 "가서 그 아기를 잘 찾아보시오. 나도 가서 경배할 터이니 찾거든 알려주시오." 하고 부탁하였다. 왕의 부탁을 듣고 박사들은 길을 떠났다. 그때 동방에서 본 그 별이 그들을 앞서 가다가 마침내 그 아기가 있는 곳 위에 이르러 멈추었다. 이를 보고 그들은 대단히 기뻐하면서 그 집에 들어가 어머니 마리아와 함께 있는 아기를 보고 엎드려 경배하였다. 그리고 보물 상자를 열어서 황금과 유향과 몰약을 예물로 드렸다. 박사들은 꿈에 헤로데에게로 돌아가지 말라는 하느님의 지시를 받고 다른 길로 자기 나라에 돌아갔다.[59]

현재 '동방박사 방문 축제'는 1월 6일에 기념된다. 이 날짜는 이집트의 알렉산드리아에서는 "처녀" 코레에게서 새로운 아이온(오시리스가 통합주의적으로 인격화된 존재)이 태어나는 것을 기념하는 축제의 날이었다. 그곳에서 코레는 이시스와 동일시되었다. 지평선에서 빛나는 별 시리우스(천랑성)가 떠오르는 것이 아이온의 탄생의 표시라고 하여, 사람들은 수천 년 동안 때가 되면 그 별이 떠오르기를 기다려왔다. 그 별이 떠오르는 것은 나일 강의 물이 불어올라 큰물이 진다는 뜻이었다. 그것을 통하여 죽었다가 부활한 신 오시리스의 세상을 새롭게 하는 은혜가 땅 전체에 부어질 터였다. 성 에피파니우스(서기 315-402년경)는 알렉산드리아의 신전에서 벌어지는 '코레의 축제'에 대하여 쓰면서 이렇게 말하고 있다. "그 전날 밤에는 노래를 부르고 신상(神像)들을 돌보면서 밤을 보내는 것이 관례였다. 새벽에는 지하실로 내려가서 목상(木像)을 가지고 올라왔다. 목상의 손, 무릎, 머리에는 십자가 표시와 황금 별이 있었다. 사람들은 행렬을 이루어 이 목상을 모시고 돌아다니다가, 다시 지하실에 가져다두었다. 이러한 의식을 거행하는 것은 '처녀'가 '아이온'을 낳았기 때문이라고 하였다."[60]

그리스도 탄생을 12월 25일에 기념하는 현재의 관행은 353년이나 354년이 되어서야 제도화되었던 것으로 보인다. 이 일은 로마에서 교황 리베리우스가 시행한 것이다. 미트라가 어머니 바위에서 태어난 것을 기념하던 축제가 그날 열렸기 때문에, 그것을 흡수하려는 목적이 있었던 것 같다. 당시에는 12월 25일이 동지였다. 따라서 그때부터 그리스도는 미트라나 로마의 황제와 마찬가지로 다시 떠오른 태양으로 인정받을 수 있었다.[61] 따라서 그리스도 탄생 장면에는 2개의 신화와 2개의 날짜가 연결되어 있는 셈이다. 12월 25일과 1월 6일이라는 이 두 날짜는 각각 페르시아권과 이집트권을 가리키고 있다.

이집트로의 도피와 무고한 자들의 살육

「마태복음」에는 다음과 같이 이어진다.

박사들이 물러간 뒤에 주의 천사가 요셉의 꿈에 나타나서 "헤로데가 아기를 찾아 죽이려고 하니 어서 일어나서 아기와 아기 어머니를 데리고 이집트로 피신하여 내가 알려줄 때까지 거기에 있어라." 하고 일러주었다. 요셉은 일어나서 그날 밤으로 아기와 아기 어머니를 데리고 이집트로 가서는 헤로데가 죽을 때까지 거기에서 살았다. 이리하여 주께서 예언자를 시켜 "내가 나의 아들을 이집트에서 불러내었다"(「호세아서」 11 : 1)고 하신 말씀이 이루어졌다.

헤로데는 박사들에게 속은 것을 알고 몹시 노하였다. 그래서 사람을 보내어 박사들에게 알아본 때를 대중하여 베들레헴과 그 일대에 사는 2살 이하의 사내아이를 모조리 죽여버렸다. 이리하여 예언자 예레미야를 시켜, "라마에서 들려오는 소리, 울부짖고 애통하는 소리, 자식 잃고 우는 라헬, 위로마저 마다 하는구나!"(「예레미야」 31 : 150)하신 말씀이 이루어졌다.

헤로데가 죽은 뒤에 주의 천사가 이집트에 있는 요셉의 꿈에 나타나서 "아기의 목숨을 노리던 자들이 이미 죽었으니 일어나서 아기와 아기 어머니를 데리고 이스라엘 땅으로 돌아가라." 하고 일러주었다. 요셉은 일어나서 아기와 아기 어머니를 데리고 이스라엘 땅으로 돌아왔다. 그러나 아르켈라오가 자기 아버지 헤로데를 이어서 유다 왕이 되었다는 말을 듣고 그리로 가기를 두려워하였다. 그러다가 그는 다시 꿈에 지시를 받고 갈릴리 지방으로 가서 나자렛이라는 동네에서 살았다. 이리하여 예언자를 시켜 "그를 나자렛 사람이라 부르리라"고 하신 말씀이 이루어졌다.[62]

압제자 왕이 앙심을 품은 이 이야기를 아브라함의 출생에 대한 유대인들의 전설과 비교해보는 것도 흥미 있는 일이다. 아브라함의 출생은 후기 『미드라시』에 나오는 것이다.

니므롯은 별들을 보고 아브라함이 태어날 것임을 알았다. 이 불경한 왕은 교활한 점성술사이기도 하였기 때문이다. 니므롯은 그의 통치기에 한 사람이 태어나서 그에게 맞서고, 나아가 그의 종교가 거짓임을 당당하게 밝힐 것임을 분명히 알았다. 니므롯은 별들에서 읽어낸 자신의 운명에 겁을 먹고 제후와 총독들을 불러서 그 문제에 대하여 조언을 구하였다. 그들은 대답하였다. "우리가 만장 일치로 합의를 본 의견은 커다란 집을 짓고, 입구에 경비병을 세운 다음, 온 나라의 임신한 여자들을 산파와 함께 그 집으로 모이라고 알리는 것입니다. 임신한 여자들은 달이 찰 때까지 그곳에 머물러야 합니다. 달이 차서 아이를 낳았을 때, 사내아이일 경우에는 산파더러 죽이라고 하는 것입니다. 그러나 계집아이일 경우에는 살려두고, 그 어미에게도 선물과 비싼 옷을 주고, 사자를 시켜서 '딸을 낳는 여자에게는 이렇게 해준다!' 하고 선포하게 하는 것입니다."

왕은 이 조언에 만족하였다. 그는 전 왕국에 포고령을 내려서 모든 건축가들을 불러들인 다음, 높이가 70미터에 이르고 폭이 90미터에 이르는 커다란 집을 지었다. 건물이 완공되자 왕은 두번째 포고령을 내려서 모든 임신한 여자들을 그곳으로 불러들이고, 해산 때까지 그곳에 있게 하였다. 여자들을 그 집으로 데려갈 관리들이 임명되었으며, 건물 안과 주위에는 경비병들을 배치하여 여자들이 도망가지 못하게 하였다. 이어서 왕은 그 집으로 산파들을 보내어, 어미의 젖을 물고 있는 사내아이들은 모두 죽이라고 명령하였다. 그러나 계집아이를 낳으면, 여자는 아마포와 비단 바탕에 수를 놓은 옷을 입고 큰 환영을 받으며 감금되었던 집으로부터 밖으로 나올 수 있었다. 이렇게 해서 죽은 아이가 무려 7만 명에 이르렀다. 그러자 천사들이 하느님 앞에 나아가 말하였다. "저 죄 많고 불경스러운 자, 가나안의 아들 니므롯이 하는 짓을 보지 못하십니까? 그는 아무런 피해도 주지 않은 무고한 아이들을 죽이고 있습니다." 하느님이 대답하였다. "너희 거룩한 천사들아, 나도 그것을 알고 또 보고 있다. 나는 졸지도 자지도 않기 때문이다. 나는 비밀스러운 일들과 드러난 일들을 보고 또 알고 있다. 너희들은 내가 이 죄 많고 불경스러운 자에게 하는 일을 보게 될 것이다. 이제 내가 손을 들어 그를 칠 것이기 때문이다."

이 무렵 데라는 아브라함의 어머니를 처로 맞이하였고, 그녀는 아이를 가졌다. 임신 석 달이 지나 그녀의 몸이 커지고 안색이 창백해지자 데라가 그녀에게 말하였다. "안색이 이렇게 창백하고 몸이 이렇게 부었는데, 대체 어디가 아픈 것이오?" 그녀는 대답하였다. "저는 매년 이러한 병으로 고생을 합니다." 그러나 데라는 그 말에 넘어가지 않았다. 데라는 고집스럽게 말하였다. "당신의 몸을 보여주구려. 내가 보기에는 당신이 아이를 가져서 몸이 커진 것 같소. 만일 그렇다면 우리의 주 니므롯의 명령을 어겨서는 안될 것 같소." 그러면서 데라가 그녀의 몸에 손을 대자 기적이 일어났다. 아이가 그녀의 젖가슴 바로 밑으로 올라가서 눕는 바람에 데라의 손은 아무 것도 느낄 수 없었던 것이다. 데라는 아내에게 말하였다. "당신 말이 맞는 것 같구려." 이렇게 해서 그녀가 해산하는 날까지 아무도 눈치를 채지 못하였다.

아이를 낳을 때가 다가오자 그녀는 크게 겁을 먹고 도시를 떠나서 사막으로 갔다. 그녀는 골짜기 가장자리를 따라서 걷다가 동굴을 하나 지나게 되었다. 그녀는 동굴 안으로 들어갔고, 다음날 그곳에서 진통이 시작되어 아들을 낳았다. 아이의 얼굴에서 나오는 빛 때문에 동굴 전체가 해가 든 것처럼 환해졌다. 어머니는 크게 기뻐하였다. 그녀가 낳은 아기가 우리의 조상 아브라함이다.

아브라함의 어머니는 탄식하며 아들에게 말하였다. "니므롯이 왕일 때 너를 낳은 것이 슬프구나. 너 때문에 7만 명의 아이들이 죽임을 당하였다. 나는 니므롯이 너의 이야기를 듣고 너를 죽일까봐 크게 두렵구나. 네가 나의 가슴 위에서 죽는 모습을 나의 눈으로 보느니, 차라리 네가 이 동굴에서 죽는 것이 낫겠다." 그녀는 자신이 입었던 옷을 벗어서 아이의 몸을 쌌다. 그리고 아이를 동굴 안에 버리며 말하였다. "주께서 너와 함께 하시기를, 주께서 너를 저버리지 않기를 빈다."

이렇게 아브라함은 유모도 없이 동굴에 버려졌다. 아브라함은 울기 시작하였다. 그러자 하느님은 가브리엘을 내려 보내어 그가 마실 젖을 주도록 하였다. 천사는 젖이 아이의 오른손 새끼손가락에서 흘러나오게 하였다. 아

브라함은 열흘 동안 그 젖을 빨았다. 그러고는 몸집이 커져서 걸어다닐 만
하자 동굴을 떠났다······.[63]

인도에는 인도인들의 사랑을 받는 구세주 크리슈나에 대해서 비슷한
이야기가 전해진다. 크리슈나의 경우에는 그의 무시무시한 숙부 칸사가
압제자-왕이었다. 구세주의 어머니 데바키는 왕족으로 압제자의 질녀였
다. 데바키가 결혼을 하였을 때 사악한 왕은 신비한 목소리를 듣고, 그녀
의 여덟번째 자식이 그를 죽이게 될 것임을 알았다. 데바키의 남편은 귀
족 바수데바로서, 성자 같은 사람이었다. 칸사 왕은 그녀와 그녀의 남편
을 경비가 삼엄한 감옥에 가두고, 아이를 낳을 때마다 죽였다. 이런 식으
로 죽인 아이가 여섯이었다.

당시에는 많은 악마들이 지상의 여인들을 다양한 간계로 유혹하여 세
상에 태어나 곳곳의 압제자가 되었다. 그 중에서도 가장 큰 압제자가 칸
사였다. 그들의 압제는 엄청난 무게로 땅을 짓눌렀다. 대지의 여신은 싸
우는 무리의 무게를 견딜 수가 없어서 암소의 모습으로 슬피 울며 우주
의 산 꼭대기에 있는 신들에게 도움을 청하러 갔다. 신들은 암소와 함께
'우주의 바다'의 해안으로 갔다. '우주의 주관자'는 바다 위에서 끝없는
뱀 아난타 위에 누워서 영원한 잠을 자며 꿈을 꾸고 있었다. 그 꿈이 우
주였다. '우주의 바다'의 해안에 모인 신들의 우두머리인 창조주 브라마
가 바다 저 멀리 보이는 커다란 형체에 고개를 숙이고 기도하였다. "형
체를 가진 동시에 형체가 없으며, 하나인 동시에 여러 형태이며, 귀 없이
소리를 듣고, 눈 없이 보고, 모든 것을 아는 동시에 아무 것도 모르는 위
대한 비슈누시여. 당신은 공동의 중심이시며, 만물의 보호자이시며, 만물
이 거하는 곳입니다. 오, 주여, 당신 없이는 아무 것도 없고, 앞으로도 다
른 어떤 것도 있을 수 없습니다. 큰 것들 가운데 가장 크고, 작은 것들
가운데 가장 작고, 만물에 충만한 당신에게 영광을 드립니다. 여기 대지
의 여신을 보십시오. 그녀는 지금 몹시 억압당하여 당신에게 왔습니다!"

기도가 끝났다. 그러자 목소리가 들렸다. 깊고, 크고, 그러면서도 부드
럽고 상서로운 목소리였다. 먼 곳에서 우르릉거리는 천둥 소리 같았다.

모두에게 평화의 인사를 하고 있었다. 여러 개의 머리를 가진 뱀 아난타의 우유처럼 하얀 또아리 위에 누워서 잠을 자는 빛나는 형체는 파란 연꽃 빛깔이었다. 그 형체는 자기 몸에서 머리카락 2개를 뽑았다. 하나는 우유처럼 하얗고, 하나는 푸르스름한 검은색이었다. 그 형체는 머리카락을 공중에 던졌다.

아난타처럼 하얀색을 가진 머리카락은 데바키의 일곱번째 아이로 태어났는데, 이 아이가 곧 구세주 발라라마이다. 그리고 검은 머리카락은 여덟번째인 검은 크리슈나로 태어났다. 데바키의 남편인 바수데바에게는 7명의 부인이 있었다. 바수데바는 그 가운데 하나를 줌나 강 건너 '암소의 땅'이라고 알려진 지방으로 보내었다. 데바키가 발라라마를 가졌을 때, 기적에 의하여 발라라마는 강 건너에 있는 여자의 자궁으로 옮겨갔다. 압제자 왕은 데바키가 유산을 하였다는 보고를 받았다. 그러나 여덟번째 아이는 데바키의 몸에서 성숙하였다. 마침내 아이를 낳을 때가 되었을 때, 데바키의 몸은 빛으로 둘러싸여서 아무도 그녀를 똑바로 볼 수가 없었다. 인간의 눈에 보이지 않는 신들은 비슈누가 크리슈나가 되어 데바키의 몸에 들어갈 때부터 계속 데바키를 찬양하였다.

크리슈나가 태어나는 날 사방은 기쁨으로 빛이 났다. 그날 덕이 있는 모든 사람은 새로운 기쁨을 경험하였다. 거센 바람은 잠잠해졌다. 강물은 고요하게 흘러갔다. 술렁이는 바다는 음악을 흘려보냈고, 요정들은 그 음악에 맞추어 춤을 추었다. 한밤이 되자 구름이 탄생을 기념하기 위하여 낮고 기분 좋은 소리를 내며 꽃비를 뿌렸다.

바수데바는 아기를 보았다. 아기의 얼굴에서는 짙푸른 광채가 났으며, 팔은 4개였고, 가슴에는 곱슬곱슬한 하얀 털이 있었다. 아버지는 겁에 질려서 소리쳤다. "네가 태어났구나! 그러나, 오, 신들 가운데 최고의 신이여, 소라와 원반과 철퇴를 가지신 이여, 이 아기에게서 당신의 하늘의 형태를 거두어주십시오!" 어머니 데바키도 기도를 하였다. 그러자 신은 자신의 마야에 의해서 평범한 갓난아기의 모습을 취하였다.

그러자 바수데바는 아기를 안고 서둘러 밖으로 나갔다. 어두운 밤이었다. 비가 내리고 있었다. 경비병들은 비슈누의 힘에 의해서 잠이 들어 있었다. 머리가 여럿인 우주의 뱀이 그 뒤를 바짝 따르며, 우산 모양의 새 하얀 목을 넓게 펼쳐서 부자(父子)의 머리를 가려주었다. 바수데바는 걸어서 강을 건너 반대편 강가에 이르렀다. 물이 잠잠해졌기 때문에 쉽게 '암소의 땅'까지 갈 수 있었다. 그곳에서 바수데바는 다시 세상이 잠들어 있는 것을 알았다. 그곳에는 야쇼다라는 이름의 착한 여인이 있었는데, 그의 두번째 부인이 그녀의 집에 묵고 있었다. 야쇼다는 막 딸을 낳았다. 바수데바는 그 딸을 안고 자기 아들은 잠자는 야쇼다 곁에 놓았다. 그래서 잠에서 깨었을 때 야쇼다는 자신이 아들을 낳은 것으로 알고 기뻐하였다. 바수데바는 딸을 안고 다시 강을 건너서 들키지 않고 데바키의 곁으로 갔다. 도시의 문과 감옥의 문 모두 저절로 닫히었다.

갓난아기의 울음 소리가 들리자 경비병들은 잠을 깼고, 깜짝 놀라서 압제자에게 소식을 알렸다. 압제자는 얼른 그 방으로 달려가, 어머니의 가슴에서 아기를 떼어내고는 바위에 내던졌다. 그러나 아기는 바위에 부딪히지 않고 공중으로 치솟아, 몸이 팽창하더니 팔이 8개 달린 거대한 여신의 형상으로 변하였다. 8개의 팔 각각은 활, 삼지창, 화살과 방패, 칼, 소라, 원반, 철퇴 등 강력한 무기를 휘두르고 있었다. 환영은 무시무시하게 웃음을 터뜨리더니 압제자에게 소리쳤다. "오, 칸사여, 나를 땅에 내던지는 것이 무슨 소용이 있겠는가? 너를 죽일 자는 이미 세상에 태어났다." 그녀는 "위대한 환영"인 마하마야 여신이었다. 그녀는 다름 아닌 비슈누의 세상을 지탱하는 꿈의 힘이었다. 비슈누가 데바키의 자궁으로 들어갔을 때, 그녀는 바로 이 한번의 공격을 위해서 야쇼다의 자궁으로 들어갔던 것이다. 그녀는 화려한 옷을 입고 멋진 화환과 장식물과 보석으로 치장을 하고 있었다. 그녀는 공중과 땅의 영들에게 찬양을 받으며 하늘을 가득 채우더니, 이윽고 하늘 속으로 사라졌다.[64]

기적에 관한 한 언제나 인도가 압도적인 모습을 보여준다. 내가 여기에 요약한 텍스트는 10세기의 대중적인 작품인 『바가바타 푸라나(*Bhagavata Purana*)』에 나온 것이다. 나는 『신의 가면 : 동양 신화』를 쓰면서, 크리슈나와 고피들의 달빛의 춤에 비견될 만한 이야기를 『바가바타 푸라나』에서 인용한 적이 있다.[65] 그러나 크리슈나 숭배는 훨씬 이전에 찬드라굽타 마우리아(기원전 300년)의 궁정을 찾았던 그리스의 사절 메가스테네스도 언급하고 있다. 메가스테네스는 인도의 영웅-신을 헤라클레스에 빗대고 있다. 크리슈나의 행적에 대한 가장 오래된 기록은 서사시 『마하바라타(Mahabharata)』(기원전 400-서기 400년경)와 그 부록인 『하리밤사(Harivamsa)』(서기 6세기)이다. 따라서 크리슈나 전설이 발전한 시기는 바빌론 유수 이후 헤브루의 발전이 이루어지던 시기와 대체로 일치한다. 이 시기 동안 문화간 교류에 기여한 민족은 페르시아, 그리스, 그리고 마지막으로 로마였다.

신화들이 서로 밀접한 관계를 가지고 있다는 데에는 의심의 여지가 없다. 그러나 형식뿐만이 아니라 그 의미에도 중요한 차이는 있다. 레반트의 전설들은 사회학적인 주장에 강조를 두었다. 그들에게 그들 자신의 제의를 기념한다는 것은 곧 다른 제의에 대한 비방이 되었다. 반면 인도에서는 본질적으로 심리학적인 상징학이 발달하였다. 이곳에서는 압제자-악마가 이방의 종교를 뜻하는 것이 아니라, 에고와 죽음에 대한 공포 안에 갇혀버린 마음을 뜻하였다. 구세주는 삶과 죽음을 넘어서 우리 모두의 내재적 실체를 이루고 있는 영의 표현이었다. 저 너머 강변의 '암소의 땅'(목자가 이끄는 양떼와 비교하라)으로 간다는 것은 강조점이 에고로부터 자연 전체에 표현되고 있는 실재로 이동한다는 뜻이다. 다시 말해서, 압제자-왕의 세계로부터 위대한 대지 여신의 세계로 이동한다는 뜻이다. 대지 여신은 신석기 초기부터 암소의 모습으로 표현되었다.* 신화들은 매우 흡사하다. 그러나 한 신화의 의미에 따라서 다른 신화의 의미를 설명하는 것은 적절하지 못하다. 머리카락 한 올 정도의 차이이지만, 그것으로 서로 다른 우주가 되는 것이다.

게다가 이것들은 모두 기원전 750년경 헤시오도스의 『신통기(神統記, Theogony)』에 나오는 제우스 탄생에 대한 그리스의 전설보다 상당히 뒤늦은 시기에 나온 것이다.

---

* 이집트의 하토르, 수메르의 닌후르사그 등과 비교해보라. 『신의 가면 : 동양 신화』의 제2장-제3장 1절, 그리고 이 책의 75-76쪽 참조.

레아는 크로노스(그녀의 오빠-남편)에 대한 사랑에 굴복하여 훌륭한 자녀들을 낳았다. 헤스티아와 데메테르, 황금 샌들을 신은 헤라, 지하의 궁전에 사는 힘세고 무자비한 하데스, 깊은 곳에서 우르릉거리며 대지를 뒤흔드는 신(포세이돈을 가리킴/역주), 신과 인간의 아버지이며 그 천둥 밑에서 온 땅이 몸을 떠는 조언자 제우스 등이다. 그러나 커다란 크로노스는 이 아이들 각각이 어머니의 자궁으로부터 무릎으로 나올 때 삼켜버렸다. 우라노스의 혈통에서 나온 당당한 자녀들 가운데 누구도 신들의 왕 자리를 차지하지 못하게 하려는 의도였다. 크로노스는 가이아와 별이 빛나는 우라노스로부터 이야기를 들어서, 그의 엄청난 힘에도 불구하고 결국 아들에게 패배할 운명——위대한 제우스의 계획 때문에——이라는 것을 알고 있었기 때문이다. 그래서 크로노스는 잠도 자지 않고 계속 지켜보다가, 자식이 태어나기를 기다려서 삼켜버렸다. 레아는 그 슬픔을 도저히 잊을 수 없었다.

레아는 인간과 신의 아버지 제우스를 낳기 직전, 자신의 부모인 가이아와 별이 빛나는 우라노스에게 가서 그녀가 귀중한 아들을 낳을 때 그 사실이 알려지지 않게 할 계획을 생각해달라고 호소하였다. 크로노스의 아버지와 크로노스가 삼킨 자식들에 대한 복수의 불길이 사악하고 책략이 많은 왕 크로노스에게 떨어지게 하려는 것이었다. 부모는 사랑하는 딸의 말에 기쁘게 귀를 기울였다. 그리고 딸의 말에 동의하여 그녀에게 왕 크로노스와 강력한 영을 가진 그의 아들에게 일어나기로 예정된 모든 일을 설명해주었다. 그들은 레아가 막내인 위대한 제우스를 낳을 때가 되자, 그녀를 크레타의 비옥한 땅 릭토스로 보내었다. 그리고 대지, 즉 거대한 가이아는 제우스를 넓은 크레타에서 그녀 안에 받아들여, 살려주고 키워주었다. '대지'는 흐르는 검은 밤을 통해서 그곳에 당도하였고, 제우스를 데리고 처음에는 릭토스로 갔다가, 그를 품에 안고는 어떤 동굴 안에 감추었다. 그 동굴은 숲이 울창한 아이가이온 산의 땅속 비밀 장소들 밑에 깊숙이 자리 잡은 곳이었다. 레아는 커다란 돌을 배내옷으로 싼 다음, 그것을 한때 신들을 통치하였던 우라노스의 아들인 높은 주관자 크로노스에게 주었다. 크로노스는 그것을 두 손으로 받아서 뱃속에 집어넣었다. 그는 가엾게도 그 돌 대신 아들이 살아 남게 되었다는 것을 알지 못하였다. 그 아들이 흔들림 없는 무적의 존재가 되어서 곧 그 힘과 두 손으로 크로노스를 이기고 왕좌에서 몰아내며, 스스로 신들의 주관자가 된다는 것도 알지 못하였다.

이러한 일이 있은 후에 곧 주 제우스의 빛나는 팔다리가 자라고 힘이 커졌다. 그리고 긴 세월이 위대한 크로노스의 머리 위에서 맴돈 뒤, 이 사악하고 책략이 많은 자는 가이아의 수완 좋은 부추김에 속아서 그가 삼킨 것을 토해내게 되었다. 우선 크로노스는 마지막으로 삼켰던 돌을 토해내었다. 제우스는 이 돌을 가져다가 거룩한 피토의 넓은 길이 있는 땅에 심어놓았다. 피토는 파르나소스 밑의 우묵한 골짜기에 자리 잡고 있었다. 그후로 이 돌은 사람들에게 경이로운 것이 되었다. 이어서 크로노스는 자기 아버지의 형제들, 즉 우라노스의 아들들을 무시무시한 굴레로부터 해방시켜주었다. 그들은 제우스의 아버지가 지닌 거친 성질 때문에 그렇게 묶여 있었던 것이다. 그들은 제우스가 자신들에게 해준 좋은 일을 기억하고 또 거기에 감사하여, 그에게 천둥, 연기나는 벼락, 번쩍이는 번개를 주었다. 이것은 거대한 가이아가 그때까지 감추어두었던 것들이다. 제우스는 그것들의 도움을 받아서 신과 인간의 주관자가 되었다.[66]

이 신화는 천 년 전의 크레타, 그리고 그 너머 신석기의 대지의 여신과 그녀의 아들에게로 거슬러 올라간다. 훗날 그리스에는 페르세우스의 출생 이야기가 있고, 조로아스터의 전설에는 암소 영혼의 탄식이 있다. 사실 우리는 이러한 이야기나 일화를 수도 없이 기억하고 있다. 그 모든 것을 볼 때, 요컨대 신화적 전승이 풍부하게 담긴 환경이 신석기 농경 기술이나 정착된 촌락 생활과 더불어 지구 전역으로 확산되어갔다고 결론을 내릴 수밖에 없다. 이 환경으로부터 케찰코아틀의 멕시코, 오시리스의 이집트, 크리슈나와 부처의 인도, 아브라함과 그리스도의 근동 등 모든 곳에서 영웅 신화들을 만들어낼 수 있는 요소들이 나온 것이다. 조로아스터, 부처, 그리스도는 역사적 인물들로 보인다. 다른 인물들 가운데 일부는 역사적 인물이 아니었을 수도 있다. 그러나 허구적이건 역사적이건, 세상의 크고 작은 영웅들의 이름과 형상은 공중 어디에나 널려서 떠다니는 신화의 필라멘트들이 달라붙는 강력한 자석 역할을 한다. 복음서들의 역사를 연구하는, 소르본느의 샤를 귀녜베르 교수는 기독교 전설의 발전 경로에서 "나자렛 예수는 사라지고 그 자리에 영광스러운 그리스도가 나타났다"[67]고 말한다. 그렇게 될 수밖에 없었다. 불교권에서는 고타마의 전기가 비슷한 많은 모티프들을 통하여 초인적인 삶으로 바뀌었다.

400

이러한 과정을 통해서 역사는 사라진다. 그러나 역사는 또한 만들어진다. 그러한 신화 건축의 기능이 삶의 사실들을 연대기적으로 나열하는 것이 아니라, 삶의 의미를 해석하는 것이기 때문이다. 그리고 삶, 나아가 다가올 문명에 영감을 주고 또 그 형성을 촉진하는 상징으로서 전설이라는 예술품을 제공하는 것이기 때문이다.

'하느님이었던 인간'에 대한 이 전설에서 몇 가지 중요한 일화를 더 살펴보도록 하자.

요단 강에서 받은 세례

「마가복음」에는 '동정녀 탄생'이라든가 구세주의 아기 시절에 대해서는 아무런 이야기가 없다. 이 사실에 대하여 수백 년에 걸쳐서 많은 이야기가 있어왔다. 「마가복음」은 구세주의 세례, 그리고 성령이 비둘기처럼 내려온 일에서부터 시작한다. 그것은 매우 간략하고 단순한 진술이다.

> 그 무렵에 예수께서는 갈릴리 나자렛에서 요단 강으로 요한을 찾아와 세례를 받으셨다. 그리고 물에서 올라오실 때 하늘이 갈라지며 성령이 비둘기 모양으로 당신에게 내려오시는 것을 보셨다. 그때 하늘에서 "너는 나의 사랑하는 아들, 나의 마음에 드는 아들이다." 하는 소리가 들려왔다.[68]

세례는 예수의 전기 가운데 첫 사건으로서 3개의 공관 복음서에 모두 나타난다. 그 가운데 마가의 판본이 서기 75년경의 것으로서 가장 이른 기록이며, 나머지 둘은 이것에서 파생되었다. 그럼에도 「누가복음」에 속하는 한 권위 있는 텍스트에서는 하늘에서 들려오는 소리가 "너는 나의 사랑하는 아들이다"가 아니라 "오늘 내가 너를 낳았다"[69](우리말 번역 성서에는 「마가복음」과 똑같이 "나의 마음에 드는 아들이다"로 되어 있다/역주)로 되어 있다.

마리아의 존엄성을 둘러싼 논쟁은 예수가 잉태될 때부터 하느님의 아들이었느냐 아니면 요한에게 세례를 받는 순간에서야 성스러운 임무를

부여받게 되었느냐를 핵심으로 한다. 세례자 요한이 실존 인물이라는 것
은 부인할 수 없는 것으로 보인다. 그와 거의 동시대인이었던 유대인 역
사학자 요세푸스(37–95년경)는 이렇게 말하고 있다. "그는 선한 사람이
었다. 그는 유대인들에게 서로에게는 정의를 통하여, 하느님에게는 경건
을 통하여 덕을 실행에 옮기며, 그렇게 한 다음에 침례를 받으라고 말하
였다. 속죄를 위해서가 아니라, 먼저 의로움으로 영혼을 철저하게 정화한
후에 몸을 정화하기 위해서 침례를 할 때에만 하느님이 그것을 받아들이
기 때문이다." 그리고 또 이렇게 기록하고 있다. "그의 말에 영향을 받은
많은 사람들이 그에게 모여들었기 때문에, 헤로데*는 요한의 민중에 대
한 영향력으로 인해서 반역이 일어날까 걱정을 하였다(민중은 요한이 충
고하는 대로 무엇이든 할 것처럼 보였기 때문이다). 그래서 헤로데는 요
한을 죽이는 것이 최선이라고 생각하게 되었다. 그렇게 하지 않으면 어
떤 궂은 일이 일어날지 몰랐으며, 그를 살려둠으로써 장차 문제가 생기
면 뒤늦게 자신의 관용을 후회하게 될지도 몰랐기 때문이다. 헤로데의
의심 많은 성격 때문에 요한은 마카에루스 요새에 갇혔으며, 거기서 죽
임을 당하였다."[70]

「마가복음」은 유명한 살로메의 춤과 더불어 세례자 요한의 참수(斬首)
이야기를 전한다.[71] 그리고 요한의 가르침과 세례에 대해서는 이렇게 말
하고 있다.

세례자 요한이 광야에 나타나서 "회개하고 세례를 받아라. 그러면 죄를
용서받을 것이다." 하고 선포하였다. 그때 온 유대 지방과 예루살렘에 사는
모든 사람이 그에게 와서 죄를 고백하며 요단 강에서 세례를 받았다. 요한
은 낙타 털옷을 입고 허리에 가죽띠를 두르고 메뚜기와 들꿀을 먹으며 살았
다. 그는 사람들에게 이렇게 외쳤다. "나보다 더 훌륭한 분이 나의 뒤에 오
신다. 나는 몸을 굽혀서 그의 신발 끈을 풀어드릴 만한 자격조차 없는 사람
이다. 나는 너희에게 물로 세례를 베풀었지만 그 분은 성령으로 세례를 베
푸실 것이다."[72]

---

* 헤로데 안티파스. 기원전 4년부터 서기 39년까지 갈릴리와 페레아를 다스렸다.

앞에서도 말하였듯이,* 요한이 활동하던 현장은 쿰란의 에세네파 공동체에서 15킬로미터도 떨어지지 않은 곳이었다. 에세네파 공동체에서는 하얀 옷을 입은 하느님의 군대가 대기하며, 요한이 예언하던 바로 그러한 사람이 나타나는 상황에 대비하고 있었다. 사실 그 당시의 사막에는 메시아와 메시아의 시대에 대한 기대감이 가득하였다. 그러나 요한은, 그의 복장이나 식사에서 알 수 있듯이, 에세네파의 일원이 아니었다. 그는 오히려 엘리야의 전통에 서 있었는데, 「열왕기하」에서는 엘리야를 "가죽으로 아랫도리를 가리고 몸에는 털옷을 걸친 사람"[73]으로 묘사하고 있다. 그리고 그가 가르치는 세례 의식은 당시에는 그 의미가 무엇이었든 간에, 물의 신 에아를 섬기던, 고대 수메르의 신전 도시 에리두로부터 내려오는 오래된 의식이었다. 에아는 "물의 집의 신"이며, 그의 상징은 12궁도의 열 번째 궁인 마갈궁(마갈이란 몸의 앞부분은 염소이고 몸통은 물고기인 혼합 짐승)이다. 마갈궁은 태양이 재탄생을 위해서 동지 때 들어가는 궁이다. 헬레니즘 시대에는 에아를 오아네스(Oannes)라고 불렀다. 오아네스는 그리스 어로는 이오아네스(Ioannes)이며, 라틴 어로는 요하네스(Johannes)이며, 헤브루 어로는 요하난(Yoḥanan)이며, 영어로는 존(John)이다. 그래서 몇몇 학자들은 요한도 없었고 예수도 없었으며, 오직 물-신과 태양-신만이 있었을 뿐이라고 주장하기도 하였다. 그러나 요세푸스의 연대기는 요한이 실존 인물임을 보증해주는 것 같다.[74] 요한이 어떻게 에아라는 신의 이름과 의식을 가지고 나타났는지는 독자의 상상에 맡겨야겠다.

어쨌든 세례라는 일화는, 그것을 신화적인 모티프로 받아들이든 아니면 전기적 사건으로 받아들이든, 돌이킬 수 없는 관문을 통과하였음을 보여준다. 부처의 전설에서 이 사건의 짝을 찾으라고 한다면, 미래의 부처가 은자와 금욕주의자들을 오랫동안 찾아다니다가, 마지막으로 나이란자나 강둑에서 금식하는 5명의 탁발 수도사들을 만난 뒤, 혼자 물에서 목욕을 하고 '깨달음의 나무'로 떠난 사건을 들 수 있다.[75] 이와 마찬가지로, 세례자 요한과 그의 무리는 구세주가 승리를 앞둔 단계에서 거룩한

---

* 326쪽 참조.

깨달음이라는 최고의 지평으로 나아간다는 의미이다. 그곳은 마지막 전초 기지로서, 그곳을 넘어가면 이제 구세주는 외롭게 개인적인 모험을 해야 한다. 미래의 부처는 당대의 모든 현자들을 시험하고, 나이란자나 강에서 목욕을 한 다음 홀로 나무로 떠났다. 마찬가지로 5백 년 뒤에 예수도 율법의 지혜와 바리새인들의 가르침을 뒤로 하고 당대 최고의 스승에 이르렀으며, 또 그것을 넘어갔다.

앞서 이야기하였듯이, 「마가복음」에 따르면 이 사건은 구세주가 처음 등장하는 사건이다. 이 텍스트는 '동정녀 탄생'에 대해서는 주목하지 않는다. 하긴 바울이나 요한도 그 이야기는 하지 않는다. 심지어 「마태복음」이나 「누가복음」에도 위에서 언급한 두 구절 외에는 없는데, 이 구절은 나중에 끼워 넣은 것일 수도 있다. 나아가서 「마태복음」과 「누가복음」에는 2가지 매우 다른 계통학이 나타난다. 그러나 둘 다 다윗의 집안 혈통을 따라서 요셉을 거치며 예수까지 내려오고 있다.[76] 이 전설이 처음 엄격한 유대교적 영향 하에서 발전하던 단계에서는 신이 영웅을 낳는다는 완전히 비유대교적인 관념이 끼어들 자리가 없었다. 따라서 요단 강에서 세례라는 입문을 거치는 에피소드가 메시아 경력의 서두를 장식할 수밖에 없었을 것이다.

사막에서의 유혹

"너는 나의 사랑하는 아들이다." 하는 말 다음에 「마가복음」은 이렇게 이어진다. "그 뒤에 곧 성령이 예수를 광야로 내보내셨다. 예수께서는 40일 동안 그곳에 계시면서 사탄에게 유혹을 받으셨다. 그 동안 예수께서는 들짐승과 함께 지내셨는데, 천사들이 그 분의 시중을 들었다."[77]

마태와 누가는 이 이야기를 확대한다. 다음 이야기는 「누가복음」에 나온 것이다.

예수께서는 요단 강에서 성령을 가득히 받고 돌아오신 뒤 성령의 인도로 광야에 가서서 40일 동안 악마에게 유혹을 받으셨다. 그 동안 아무 것도 잡

404

수시지 않아서 40일이 지났을 때에는 몹시 허기지셨다. 그때에 악마가 예수
께 "당신이 하느님의 아들이거든 이 돌더러 빵이 되라고 해보시오." 하고
꾀었다. 예수께서는 "'사람이 빵으로만 살 것이 아니라'(「신명기」 8 : 3)고
성서에 기록되어 있다." 하고 대답하셨다.*

그러자 악마는 예수를 높은 곳으로 데리고 가서 잠깐 사이에 세상의 모
든 왕국을 보여주며 다시 말하였다. "저 모든 권세와 영광을 당신에게 주겠
소. 저것은 내가 받은 것이니 누구에게나 내가 주고 싶은 사람에게 줄 수
있소. 만일 당신이 나의 앞에 엎드려 절만 하면 모두가 당신의 것이 될 것
이오." 예수께서는 악마에게 "'주님이신 너의 하느님을 예배하고 그 분만을
섬기라'(「신명기」 6 : 13)고 성서에 기록되어 있다." 하고 대답하셨다.

다시 악마는 예수를 예루살렘으로 데리고 가서 성전 꼭대기에 세우고는
"당신이 하느님의 아들이거든 여기에서 뛰어내려보시오. 성서에 '하느님이
당신의 천사들을 시켜 너를 지켜주시리라'고 하였고 또 '너의 발이 돌에 부
딪히지 않게 손으로 너를 받들게 하시리라'(「시편」 91 : 11-12)고 기록되어
있지 않소?" 하고 말하였다. 예수께서는 "'주님이신 너희 하느님을 떠보지 말
라'(「신명기」 6 : 16)는 말씀이 성서에 있다." 하고 대답하셨다.** 악마는 이
렇게 여러 가지로 유혹해본 끝에 다음 기회를 노리면서 예수를 떠나갔다.***

청교도인 밀튼의 서사시 『복낙원(復樂園, *Paradise Regained*)』은 마음
의 광야에서 악마를 정복하는 이 이야기에 바쳐지고 있다. 그러나 고딕
시대의 저자나 오늘날의 가톨릭교도라면 그 제목을 들었을 때, 세상을
구속하는 십자가 희생을 다룬 작품이라고 상상할 것이다.

구세주가 세상의 모든 왕국의 권세와 영광을 손에 쥐고 있는 악마에게
유혹을 받았다는 이 이야기는 부처——예수 이전의 구세주——가 "욕망
과 죽음"이라는 이름을 가진 세상의 환영의 주관자에게서 유혹을 받은
것과 비슷하다. 물론 차이는 있지만 말이다. 미래의 부처는 현자들의 모

* 마태의 이야기도 비슷하지만, "……하느님의 입에서 나오는 모든 말씀으로 살리라." 하
 는 말이 첨가되어 있다.
** 마태는 두번째와 세번째 유혹의 순서를 바꾸었다.
*** 「누가복음」 4 : 1-13. 마태는 이렇게 끝을 맺고 있다. "마침내 악마는 물러가고 천사
 들이 와서 예수께 시중들었다."(「마태복음」 4 : 1-11).

든 가르침과 금욕주의자들의 모든 고행을 생각해본 뒤에 나이란자나 강에서 목욕을 하고 강 언덕으로 올라갔다. 그때 목자의 딸이 신들의 안내에 따라서 미래의 부처에게 나아가 좋은 우유 한 사발을 바쳤다. 그는 이 우유를 마시고 여윈 몸에 힘을 얻었다. 그리고 나서 미래의 부처는 '깨달음의 나무'로 홀로 나아가 그 밑에 자리를 잡았다. 그러자 세상의 환영의 창조자가 나타났다.

그 이야기는 『신의 가면 : 동양 신화』에서 하였으니[78] 여기에서 되풀이할 필요는 없겠고, 다만 그 이야기와 그리스도가 광야에서 유혹을 받은 사건 사이의 관계만 이야기하려고 한다. 부처가 받은 첫번째 유혹은 욕망(카마[kāma])의 유혹이었고, 두번째 유혹은 두려움, 그 중에서도 죽음에 대한 두려움(마라[māra])의 유혹이었다. 이 2가지는 근대 정신 의학학파들이 인정하는 망상의 2가지 주요한 원천, 즉 욕망과 공격성, 에로스와 타나토스[79]와 일치한다. 이것들은 삶의 주요한 동인들이다. 부처는 그것들을 초월함으로써 세상의 미망이 가로막고 있는 지식의 영역으로 솟아올랐다. 그리고 그 지식을 얻은 뒤에는 약 50년간 가르쳤다.

그리스도의 유혹 장면에서 첫번째 유혹은 경제적인 것이었다. 먼저 먹고, 그 다음에 영을 구하라는 것이었다. 이것은 니체가 말하는 "장터의 파리들"의 철학, 즉 안정성, 시장 지향, 경제적 결정론이다. 두번째 유혹(「누가복음」의 순서대로이며, 「마태복음」의 순서에 따르면 세번째)은 정치적인 것이다. 세상을 다스려라(물론 레반트에서는 늘 그렇듯이, 하느님의 이름으로 다스리는 것이다). 이것은 구약의 메시아적 희망의 수준이었다. 다시 클라우스너 교수의 말을 인용해보자(강조는 역시 원저자의 것이다).

메시아에 대한 믿음은 이 시대의 종말에 대한 예언적 희망을 뜻한다. 그때에 강력한 구속자가 나타나, 그의 권능과 영으로 이스라엘 민족에게 정치적인 면과 영적인 면에서 완전한 구속을 가져다주고, 그와 더불어 인류 전체에게 지상의 행복과 도덕적 완전성을 가져다 준다는 것이다.…… 이스라엘 민족의 메시아에 대한 믿음에서는 정치적인 면과 윤리적인 면, 민족주의적인 면과 보편적인 면이 결합되어 있다. 기독교는 이 가운데에서 정치적인 면과 민족주의적인 면을 제거하고, 윤리적인 면과 영적인 면을 남기려고 하였다.[80]

이것은 구약 사상에서 신약 사상으로의 변화에 대한 권위 있는 언어적 규정이다. 그리스도의 유혹의 장면에서 우리는 그 정확한 상징적 대응물을 만날 수 있다. 따라서 기독교인들은 초기에조차 메시아 시대를 읽을 때 정치적이고 경제적인 지향은 거부하고, 민족적이지도 인종적이지도 않은 보편주의의 수준에 올라가 있었던 것으로 보인다. 이 일이 그리스도 자신의 책임이냐 아니냐에 대해서는 아무도 자신 있게 말할 수 없다. 어쨌든 그것은 복음서들의 기초가 되었으며, 사실상 기독교가 불교처럼 '세계 종교'(민족적, 부족적, 인종적, 국가적 종교가 아니라)로 분류될 수 있는 기초가 되고 있다.

그러나 그 다음의 유혹은 융 박사가 "팽창(inflation)"이라고 부른 것이다. 이것은 신비한 마음이 땅을 초월하였다고 믿을 때 높이 상승하는 것을 가리킨다.* '하느님의 아들'은 이제 쇼펜하우어가 "식물적" 존재 질서와 "동물적" 존재 질서라고 명명한 2가지 물질적 요구를 극복하였으니, 자신이 땅에 오염되지 않은, 아무런 무게도 지니지 않은 천사라고 생각할 만하다. 그러나 그리스도는 '진정한 하느님'만이 아니라 '진정한 인간'으로서 "결합" 또는 "초월"의 상징이며(다시 융의 용어를 빌리자면), 대립항들 사이의 길을 보여준다. 이 경우의 대립항은 땅과 하늘이다. 그래서 이 '하느님의 아들'인 동시에 '인간의 아들'은 환희 속에서 소멸하지 않고, 가르치기 위하여 공동체로 돌아왔다.

세상의 스승

다시 마가의 이야기를 들어보자.

(세례자) 요한이 잡힌 뒤에 예수께서 갈릴리에 오셔서 하느님의 복음을

---

* 199쪽에서 논의한 오디세이의 아이올로스 이야기와 비교해보라.

전파하시며 "때가 다 되어 하느님의 나라가 다가왔다. 회개하고 이 복음을 믿어라." 하셨다. 예수께서 갈릴리 호숫가를 지나가시다가 호수에서 그물을 던지고 있는 어부 시몬과 그의 동생 안드레아를 보시고 "나를 따라오라. 내가 너희를 사람 낚는 어부가 되게 하겠다" 하고 말씀하셨다. 그들은 곧 그물을 버리고 예수를 따라갔다. 예수께서 조금 더 가시다가 제베대오의 아들 야곱과 그의 동생 요한이 배에서 그물을 손질하고 있는 것을 보시고 부르시자 그들은 아버지 제베대오와 삯꾼들을 배에 남겨둔 채 예수를 따라나섰다. 예수의 일행은 가파르나움으로 갔다. 안식일에 예수께서는 회당에 들어가서 가르치셨는데 사람들은 그 가르치심을 듣고 놀랐다. 그 가르치시는 것이 율법학자들과는 달리 권위가 있었기 때문이다.

  그때 더러운 악령이 들린 사람 하나가 회당에 있다가 큰소리로 "나자렛 예수님, 어찌하여 우리를 간섭하시려는 것입니까? 우리를 없애려고 오셨습니까? 나는 당신이 누구신지 압니다. 당신은 하느님께서 보내신 거룩한 분이십니다." 하고 외쳤다. 그래서 예수께서 "입을 다물고 이 사람에게서 나가거라." 하고 꾸짖으시자 더러운 악령은 그 사람에게 발작을 일으켜놓고 큰소리를 지르며 떠나갔다. 이것을 보고 모두들 놀라서 "이게 어찌 된 일이냐? 이것은 권위 있는 새 교훈이다. 그의 명령에는 더러운 악령들도 굴복하는구나!" 하며 서로 수군거렸다. 예수의 소문은 삽시간에 온 갈릴리와 그 근방에 두루 퍼졌다.[81]

거리를 두고 볼 때, 제자들과 함께 몰려다니며 가르치고, 기적을 일으키고, 기성 율법학자들에게 도전하는 갈릴리의 방랑하는 현자는 그 전후의 많은 현자들과 닮은 모습이다. 부처, 자이나교의 수많은 '세상의 스승'들, 엘리야와 엘리사, 피타고라스, 파르메니데스, 티아나의 아폴로니오스 등이 그러한 사람들이다. 특히 기적을 일으키는 모습은 동양의 기적을 일으키는 사람의 원형적 모습을 보여준다. 실제로 신약에도 그러한 인물들이 많이 나온다. 사마리아의 마술사 시몬(「사도행전」 8 : 9-24), 바르예수와 엘리마라는 두 마술사(「사도행전」 13 : 6-12), 에페소에 사는 스큐아라는 유대인 대사제의 아들 일곱 형제(「사도행전」 19 : 13-20), 가이사리아에 있는 하가보라는 예언자(「사도행전」 21 : 10-11) 등이 그들이다. 교회는 그리스도의 기적들을 매우 중시해왔다. 그러나 지성인들이 왜 그러한 마술적인 표시들을 높은 수준의 종교의 증거로 여기고, 심지어 바람직한 면으로까지 생각하는지 의아할 따름이다. 귀네베르 교수는 이렇게 말한다.

사람들이 갈망해온 모든 종교는 그 나름의 기적을 가지게 된다. 모두 똑같은 기적들이다. 반면 이 모든 종교는 어떠한 다른 기적들을 만들어내는 데에도 똑같이 무능하다는 것을 보여준다. 편견이 없는 학자는 이 사실에 놀라지 않는다. 똑같은 원인에서는 똑같은 결과가 나오는 것이니까. 그러나 이상한 일은 신자들도 이 사실에 놀라지 않는다는 것이다. 신자들은 단순하게…… 자신의 기적들만이 진짜 기적이라고 주장할 뿐이다. 다른 기적들은 공허한 겉모습, 조작, 사기, 해명되지 않은 사실, 마법일 뿐이라는 것이다.[82]

그러나 가까이 다가가서 그리스도의 유산이라는 맥락에서 보면, 나자렛 예수의 복음은 2가지 심오한 혁신을 내포하고 있다. 첫번째는 그 약속 이행에 실패하였을 때 재해석되어야 하였지만, 그럼에도 오늘날까지 신자들의 기본적인 신화적 기대의 바탕이 되고 있다. 두번째는 기독교 세계에 성직자적이고 성례적인 기초와는 구별되는 윤리적이고 영적인 기초를 제공하였다.

복음에 대한 첫번째 기록에 이미 하느님의 나라가 가까이 왔다는 확신이 담겨 있다. 그리고 초대 교회의 처음 백 년 동안 이 선언은 문자 그대로 묵시적이고 역사적인 맥락에서 해석되었다. 예를 들어서 바울이 로마 인들에게 보낸 편지를 보자. "여러분은 지금이 어느 때인지를 알아야 합니다. 여러분이 잠에서 깨어나야 할 때가 왔습니다. 지금은 우리가 처음 믿던 때보다 우리의 구원이 더 가까이 다가왔습니다. 밤이 거의 새어 낮이 가까워졌습니다."[83] 에세네파가 예견한 '메시아의 날'이 도래한 것이다.

그러나 메시아 자신은 그를 기다리던 에세네파와는 달리, 또 세례자 요한과도 달리, 일반적인 의미에서의 도덕주의자가 아니었고 금욕주의자도 아니었다. 그는 때때로 일부러 모세의 율법 조항을 깨며, "안식일이 사람을 위하여 있는 것이지, 사람이 안식일을 위하여 있는 것은 아니다. 따라서 사람의 아들은 또한 안식일의 주인이다."[84] 하고 선포하였다. 그리고 이러한 말도 하였다. "낡은 가죽 부대에 새 포도주를 넣는 사람도 없다. 그렇게 하면 새 포도주가 부대를 터뜨려 포도주도 부대도 다 버리게 된다. 새 포도주는 새 부대에 담아야 한다."[85] 그리고 죄인과 함께 앉아서 음식을 먹는다는 불평에는 이렇게 대꾸하였다. "나는 의인을 부르러 온 것이 아니라 죄인을 부르러 왔다."[86] 나아가서 마음의 정결에 대한 그리스도의 관점과 에세네파의 관점 사이의 대조를 가장 분명하게 보여주는 면을 살펴보자. 쿰란의 흰옷을 입은 형제단(brotherhood)은 빛의 형제들에게는 사랑을 가르쳤지만, 어둠의 형제들에게는 증오를 가르쳤다. 그러나 예수는 이렇게 말하였다. "원수를 사랑하라."[87] 율법학자 한 사람이 와서 "모든 계명 중에 어느 것이 첫째 가는 계명입니까?" 하고 물었을 때는 이렇게 대답하였다. "첫째 계명은 이것이다. '이스라엘아 들으라, 우리 하느님은 유일한 주님이시다. 너의 마음을 다하고 목숨을 다하고 생각을 다하고 힘을 다하여 주님이신 너의 하느님을 사랑하라.'(「신명기」 6 : 4) 또 둘째 가는 계명은 '너의 이웃을 너의 몸 같이 사랑하라'(「레위기」 19 : 18)는 것이다. 이 두 계명보다 더 큰 계명은 없다."[88]

열쇠의 힘

「마태복음」에는 이렇게 나온다.

　예수께서 필립보의 가이사리아 지방에 이르렀을 때에 제자들에게 "사람의 아들을 누구라고 하더냐?" 하고 물으셨다. "어떤 사람들은 세례자 요한이라 하고 어떤 사람들은 엘리야라고 하고 또 예레미야나 예언자 가운데 한 분이라고 하는 사람들도 있습니다." 제자들이 이렇게 대답하자 예수께서 이번에는 "그러면 너희는 나를 누구라고 생각하느냐?" 하고 물으셨다. "선생님은 살아 계신 하느님의 아들 그리스도이십니다." 시몬 베드로가 이렇게 대답하자 예수께서는 "시몬 바르요나, 너에게 그것을 알려주신 분은 사람이

아니라 하늘에 계신 나의 아버지이시니 너는 복이 있다. 잘 들어라. 너는 베
드로이다. 내가 이 반석 위에 나의 교회를 세울 터인즉 죽음의 힘도 감히
그것을 누르지 못할 것이다. 또 나는 너에게 하늘 나라의 열쇠를 주겠다. 네
가 무엇이든지 땅에서 매면 하늘에도 매여 있을 것이며 땅에서 풀면 하늘에
도 풀려 있을 것이다." 하고 말씀하셨다. 그러고 나서 예수께서는 자신이 그
리스도라는 것을 아무에게도 말하지 말라고 단단히 당부하셨다.

그때부터 예수께서는 제자들에게 자신이 반드시 예루살렘에 올라가서 원
로들과 대사제들과 율법학자들에게 많은 고난을 받고 그들의 손에 죽었다가
사흘 만에 다시 살아날 것임을 알려주셨다. 베드로는 예수를 붙들고 "주님,
안 됩니다. 결코 그러한 일이 있어서는 안 됩니다." 하고 말리었다. 그러나
예수께서는 베드로를 돌아다 보시고 "사탄아, 물러가라. 너는 나에게 장애물
이다. 너는 하느님의 일을 생각하지 않고 사람의 일만을 생각하는구나!" 하
고 꾸짖으셨다.[89]

부처의 삶과 전설에도 '세상의 스승'과 그가 사랑하는 몸종 아난다 사
이에 상당히 모순되는 관계가 있다. 아난다 역시 베드로처럼 영적인 일
들에 대해서 도무지 제대로 알지를 못하였다. 그럼에도 그 역시 교회의
머리가 되었다. 후기 기독교 전설에서는 베드로가 하늘의 성소 안에 들
어가지 못하고 문밖에서 문지기로 서 있다는 사실에 주목하자. 이것에
따르면 베드로가 지키는 양떼, 즉 그가 반석이 된 교회의 선한 사람들
역시 바깥에 있어야 한다고 생각할 수도 있다. 물론 불교의 양떼의 경우
에도 성직자의 임무는 선한 양떼가 하나의 경험을 향하여 나아가도록 준
비시켜주는 것일 뿐이다. 이 경험이란 모든 사람은 자신의 마음의 고요
속에서 궁극적으로 자기 자신에게 이르러야 한다는 깨달음이다. 이것이
조심스럽게 표현되고 있는, 아난다의 방해가 되는 인간성이 뜻하는 것이
다. 복음서 저자들이 그들의 글에서 베드로를 선하고——사실 매우 선하
다——충성스럽고, 훌륭하고, 주님에게 맹목적으로 헌신하는 사람이지만,
깨달음의 문을 통과하기에는 통찰이 약간 부족한 사람으로 표현한 것에
도 어느 정도 그러한 의미가 담겨 있을 수 있다.

마지막 날

날(과월절 양을 잡은, 무교절〔無酵節〕 첫날)이 저물자 예수께서 열두 제자를 데리고 그 집으로 가셨다. 그들이 자리에 앉아서 음식을 나누고 있을 때에 예수께서 "나는 분명히 말한다. 너희 가운데 한 사람이 나를 배반할 터인데 그 사람도 지금 나와 함께 먹고 있다." 하고 말씀하셨다. 이 말씀에 제자들은 근심하며 저마다 "저는 아니겠지요?" 하고 물었다. 예수께서는 "그 사람은 너희 열둘 중의 하나인데 지금 나와 한 그릇에 빵을 적시는 사람이다. 사람의 아들은 성서에 기록된 대로 죽을 터이지만 사람의 아들을 배반한 그 사람은 참으로 불행하구나. 그는 차라리 세상에 태어나지 않았더라면 더 좋을 뻔하였다." 하고 말씀하셨다.

그들이 음식을 먹고 있을 때에 예수께서 빵을 들어 축복하시고 제자들에게 떼어 나누어주시며 "받아 먹어라. 이것은 나의 몸이다." 하고 말씀하셨다. 그리고 잔을 들어 감사의 기도를 올리신 다음 제자들에게 건네시자 그들은 잔을 돌려가며 마셨다. 그때에 예수께서 이렇게 말씀하셨다. "이것은 나의 피이다. 많은 사람을 위하여 내가 흘리는 계약의 피이다. 잘 들어두어라. 하느님 나라에서 새 포도주를 마실 그날까지 나는 결코 포도로 빚은 것을 마시지 않겠다." 그들은 찬미의 노래를 부르고 올리브 산으로 올라갔다. 예수께서 제자들에게 "'내가 칼을 들어 목자를 치리니 양떼가 흩어지리라'(「스가랴서」 13 : 7)고 기록되어 있는 대로 너희는 모두 나를 버릴 것이다. 그러나 나는 다시 살아나서 너희보다 먼저 갈릴리로 갈 것이다." 하고 말씀하셨다. 그러자 베드로가 나서서 "비록 모든 사람이 주님을 버릴지라도 저는 주님을 버리지 않겠습니다." 하고 말하였다. 예수께서 베드로에게 "나의 말을 잘 들어라. 오늘 밤 닭이 2번 울기 전에 너는 3번이나 나를 모른다고 할 것이다." 하셨다. 그러자 베드로는 더욱 힘주어 "주님과 함께 죽는 한이 있더라도 결코 주님을 모른다고 하지 않겠습니다." 하고 장담하였다. 다른 제자들도 모두 같은 말을 하였다.

그들은 겟세마네라는 곳에 이르렀다. 예수께서 제자들에게 "내가 기도하는 동안 여기 앉아 있어라." 하시고 베드로와 야곱과 요한만을 따로 데리고 가셨다. 그리고 공포와 번민에 싸여서 "나의 마음이 괴로워 죽을 지경이니 너희는 여기 남아서 깨어 있어라." 하시고는 조금 앞으로 나아가 땅에 엎드려 기도하셨다. 할 수만 있으면 수난의 시간을 겪지 않게 해달라고 하시며

"아버지, 나의 아버지! 아버지께서는 무엇이든 다 하실 수 있으시니 이 잔을 나에게서 거두어주소서. 그러나 제 뜻대로 마시고 아버지의 뜻대로 하소서." 하고 말씀하셨다. 이렇게 기도하시고나서 제자들에게 돌아와 보시니 그들은 자고 있었다. 그래서 베드로에게 "시몬아, 자고 있느냐? 단 한 시간도 깨어 있을 수 없단 말이냐? 유혹에 빠지지 않도록 깨어 기도하라. 마음은 간절하나 몸이 말을 듣지 않는구나!" 하시고 다시 가셔서 같은 말씀으로 기도하셨다. 그리고 다시 돌아와 보시니 그들은 여전히 자고 있었다. 그들은 너무나 졸려서 눈을 뜨고 있을 수가 없었던 것이다. 그들은 무슨 말을 하여야 할지 몰랐다. 예수께서는 세번째 다녀오셔서 "아직도 자고 있느냐? 아직도 쉬고 있느냐? 그만하면 넉넉하다. 자, 때가 왔다. 사람의 아들이 죄인들 손에 넘어가게 되었다. 일어나서 가자. 나를 넘겨줄 자가 가까이 와 있다." 하고 말씀하셨다.

예수의 말씀이 채 끝나기도 전에 열두 제자의 하나인 유다가 나타났다. 그와 함께 대사제들과 율법학자들과 원로들이 보낸 무리가 칼과 몽둥이를 들고 떼지어 왔다. 그런데 배반자는 그들과 미리 신호를 짜서 "내가 입맞추는 사람이 바로 그 사람이니 붙잡아서 놓치지 말고 끌고가라"고 일러두었다. 그가 예수께 다가와서 "선생님!" 하고 인사하면서 입을 맞추자 무리가 달려들어서 예수를 붙잡았다. 그때 예수와 함께 서 있던 사람 하나가 칼을 빼어 대사제의 종의 귀를 쳐서 잘라버렸다. 그것을 보시고 예수께서는 무리들에게 이렇게 말씀하셨다. "칼과 몽둥이를 들고 잡으러 왔으니 내가 강도란 말이냐? 너희는 내가 전에 날마다 성전에서 같이 있으면서 가르칠 때에는 나를 잡지 않았다. 그러나 오늘 이렇게 된 것은 성서의 말씀이 이루어지기 위한 것이다." 그때에 제자들은 예수를 버리고 모두 달아났다. 몸에 고운 삼베만을 두른 젊은이가 예수를 따라가다가 사람들에게 붙들리게 되었다. 그러자 그는 삼베를 버리고 알몸으로 달아났다.

그들이 예수를 대사제에게 끌고 갔는데, 다른 대사제들과 원로들과 율법학자들도 모두 모여들었다. 베드로는 멀찍이 떨어져서 예수를 뒤따라 대사제의 관저 안뜰까지 들어가서는 경비원들 틈에 끼어 앉아 불을 쬐고 있었다.

대사제들과 온 의회는 예수를 사형에 처할 만한 증거를 찾고 있었으나 하나도 얻지 못하였다. 많은 사람이 거짓 증언을 하였지만 그들의 증언은 서로 일치하지 않았던 것이다. 그러자 몇 사람이 일어서서 이렇게 거짓 증언을 하였다. "우리는 이 사람이 '나는 사람의 손으로 지은 이 성전을 헐어버리고 사람의 손으로 짓지 않은 새 성전을 사흘 안에 세우겠다.' 하고 큰소리 치는 것을 들은 일이 있습니다." 그러나 이 증언을 하는 데에도 그들의 말은 서로 일치하지 않았다. 그때에 대사제가 한가운데 나서서 예수께 "이 사람들이 그대에게 이토록 불리한 증언을 하는데 그대는 할 말이 없는가?" 하고 물었다. 그러나 예수께서는 입을 다문 채 한마디도 대답하지 않으셨다. 대사제는 다시 "그대가 과연 찬양을 받으실 하느님의 아들 그리스도인가?" 하고 물었다. 예수께서는 "그렇다. 너희는 사람의 아들이 전능하신 분의 오른편에 앉아 있는 것과 하늘의 구름을 타고 오는 것을 볼 것이다." 하고 대답하셨다. 이 말을 듣고 대사제는 자기 옷을 찢으며 "이 이상 무슨 증거가 더 필요하겠소? 여러분은 방금 이 모독하는 말을 듣지 않았습니까? 자, 어떻게 하였으면 좋겠소?" 하고 묻자 일제히 예수는 사형감이라고 단정하였다. 어떤 자들은 예수께 침을 뱉으며 그의 얼굴을 가리고 주먹으로 치면서 "자, 누가 때렸는지 알아맞추어보아라." 하며 조롱하였다. 경비원들도 예수께 손찌검을 하였다.

그 동안 베드로는 뜰 아래쪽에 있었는데, 대사제의 여종 하나가 오더니 베드로가 불을 쬐고 있는 것을 보고 그의 얼굴을 유심히 들여다보며 "당신도 저 나자렛 사람 예수와 함께 다니던 사람이군요?" 하고 말하였다. 그러나 베드로는 "도대체 무슨 소리를 하는 거요? 나는 도무지 알 수가 없소." 하고 부인하였다. 그리고 베드로가 대문께로 나가자 그 여종이 그를 보고 곁에 있던 사람들에게 다시 "저 사람은 예수와 한패입니다." 하고 말하였다. 그러나 베드로는 이 말을 또다시 부인하였다. 얼마 뒤에 옆에 서 있던 사람들이 베드로에게 다시 "당신은 갈릴리 사람이니 틀림없이 예수와 한패일 거요." 하고 말하였다. 이 말을 듣고 베드로는 거짓말이라면 천벌이라도 받겠다고 맹세하면서 "나는 당신들이 말하는 그 사람은 알지도 못하오." 하고 잡아떼었다. 바로 그때에 닭이 두번째 울음을 내었다. 베드로는 예수께서 "닭이 2번 울기 전에 네가 3번이나 나를 모른다고 할 것이다." 하신 말씀이 머리에 떠올랐다. 그는 땅에 쓰러져서 슬피 울었다.

날이 밝자 곧 대사제들은 원로들과 율법학자들을 비롯하여 온 의회를 소집하고 의논한 끝에 예수를 결박하여 빌라도에게 끌고 가서 넘기었다. 빌라도는 예수께 "네가 유대인의 왕인가?" 하고 물었다. 예수께서는 "그것은 너의 말이다." 하고 대답하였다. 대사제들이 여러 가지로 예수를 고발하자 빌라도는 예수께 "보라, 사람들이 저렇게 여러 가지 죄목을 들어 고발하고 있는데 너는 할 말이 하나도 없느냐?” 하고 다시 물었다. 그러나 예수께서는 빌라도가 이상하게 여길 정도로 아무런 대답도 하지 않으셨다.

명절 때마다 총독은 사람들이 요구하는 죄수 하나를 놓아주는 관례가 있었다. 마침 그때에 반란을 일으키다가 사람을 죽이고 감옥에 갇혀 있던 폭도들 가운데 바랍바라는 사람이 있었다. 군중은 빌라도에게 몰려가서 전례대로 죄수 하나를 놓아달라고 요구하였다. 빌라도가 그들에게 “유대인의 왕을 놓아달라는 것이냐?” 하고 물었다. 빌라도는 대사제들이 예수를 시기한 나머지 자기에게까지 끌고 왔다는 것을 알고 있었던 것이다. 빌라도의 말을 들은 대사제들은 군중을 선동하여 차라리 바랍바를 놓아달라고 청하게 하였다. 빌라도는 다시 군중에게 “그러면 너희가 유대인의 왕이라고 부르는 이 사람은 어떻게 하면 좋겠느냐?” 하고 물었다. 그러자 군중은 “십자가에 못박으시오!” 하고 소리를 질렀다. 빌라도가 “도대체 이 사람의 잘못이 무엇이냐?” 하고 물었으나 사람들은 더 악을 써가며 “십자가에 못박으시오!” 하고 외쳤다. 그래서 빌라도는 군중을 만족시키려고 바랍바를 놓아주고 예수를 채찍질하게 한 다음 십자가형에 처하라고 내어주었다.

병사들은 예수를 총독 관저 뜰 안으로 끌고 들어가서 전 부대원을 불러들였다. 그리고 예수께 자주색 옷을 입히고 가시관을 엮어 머리에 씌운 다음 “유대인의 왕 만세!” 하고 외치면서 경례하였다. 또 갈대로 예수의 머리를 치고 침을 뱉으며 무릎을 꿇고 경배하였다. 이렇게 희롱한 뒤에 그 자주색 옷을 벗기고 예수의 옷을 도로 입혀서 십자가에 못박으러 끌고 나갔다.

그때 마침 알렉산더와 루포의 아버지 시몬이라는 키레네 사람이 시골에서 올라오다가 그곳을 지나가게 되었는데 병사들은 그를 붙들어서 억지로 예수의 십자가를 지고 가게 하였다. 그들은 예수를 끌고 골고다라는 곳으로 갔다. 골고다는 해골산이라는 뜻이다. 그들은 포도주에 몰약을 타서 예수께 주었으나 예수께서는 드시지 않았다. 마침내 그들은 예수를 십자가에 못박았다. 그리고 주사위를 던져서 각자의 몫을 정하여 예수의 옷을 나누어 가졌다. 예수를 십자가에 못박은 때는 아침 9시였다. 예수의 죄목을 적은 명패에는 “유대인의 왕”이라고 쓰여 있었다.

예수와 함께 강도 두 사람도 십자가형을 받았는데, 하나는 그의 오른편에 다른 하나는 왼편에 달렸다. 지나가던 사람들이 머리를 흔들며 “하하, 너는 성전을 헐고 사흘 안에 다시 짓는다더니, 십자가에서 내려와 너의 목숨이나 건져보아라.” 하며 모욕하였다. 같은 모양으로 대사제들과 율법학자들도 조롱하며 "남을 살리면서 자기는 살리지 못하는구나! 어디 이스라엘의 왕 그리스도가 지금 십자가에서 내려오나 보자. 그렇게만 한다면 우리인들 안 믿을 수 있겠느냐?" 하고 서로 지껄였다. 예수와 함께 십자가에 달린 자들까지도 예수를 모욕하였다.

낮 12시가 되자 온 땅이 어둠에 덮여서 오후 3시까지 계속되었다. 3시에 예수께서 큰소리로 "엘로이, 엘로이, 레마 사박타니?" 하고 부르짖으셨다. 이 말씀은 "나의 하나님, 나의 하나님, 어찌하여 나를 버리셨나이까?"라는 뜻이다. 거기에 서 있던 사람들 몇이 이 말을 듣고 "저것 봐! 이 사람이 엘리아를 부르는구나." 하였다. 어떤 사람은 달려오더니 해면을 신 포도주에 적시어 갈대 끝에 꽂아 예수의 입에 대면서 "어디 엘리야가 와서 그를 내려주나 봅시다." 하고 말하였다. 예수께서는 큰소리를 지르시고 숨을 거두셨다. 그때 성전 휘장이 위에서 아래까지 두 폭으로 찢어졌다. 예수를 지켜보고 서 있던 백인 대장이 예수께서 그렇게 소리를 지르고 숨을 거두시는 광경을 보고 "이 사람이야말로 정말 하느님의 아들이었구나!" 하고 말하였다. 또 여자들도 먼 데서 이 광경을 지켜보고 있었는데 그들 가운데에는 막달라 여자 마리아, 작은 야곱과 요셉의 어머니 마리아, 그리고 살로메가 있었다. 그들은 예수께서 갈릴리에 계실 때에 따라다니며 예수께 시중을 들던 여자들이다. 그 밖에도 예수를 따라서 예루살렘에 올라온 여자들이 거기에 많이 있었다.

날이 이미 저물었다. 그날은 준비일, 곧 안식일 전날이었기 때문에 아리마테아 사람 요셉이 용기를 내어 빌라도에게 가서 예수의 시체를 내어달라고 청하였다. 그는 명망 있는 의회 의원이었고 하느님 나라를 열심히 대망하고 있는 사람이었다. 이 말을 듣고 빌라도는 예수가 벌써 죽었을까 하여 백인 대장을 불러서 그가 죽은 지 오래되었는가 물어보았다. 그리고 백인 대장에게서 예수가 분명히 죽었다는 사실을 전하여 듣고는 시체를 요셉에게 내어주었다. 요셉은 시체를 내려다가 미리 사가지고 온 고운 베로 싸서 바위를 파서 만든 무덤에 모신 다음 큰 돌을 굴려 무덤 입구를 막아놓았다. 막달라 여자 마라아와 요셉의 어머니 마리아가 예수를 모신 곳을 지켜보고 있었다.

안식일이 지나자 막달라 여자 마리아와 야곱의 어머니 마리아와 살로메는 무덤에 가서 예수의 몸에 발라드리려고 향료를 샀다. 그리고 안식일 다음날 이른 아침 해가 뜨자 그들은 무덤으로 가면서 "그 무덤 입구를 막은

돌을 굴려내줄 사람이 있을까요?" 하고 말을 주고받았다. 가서 보니 그렇게
도 커다란 돌이 이미 굴려져 있었다. 그들이 무덤 안으로 들어갔더니 웬 젊
은이가 흰옷을 입고 오른편에 앉아 있었다. 그들이 보고 기겁을 하자 젊은
이는 그들에게 "겁내지 말라. 너희는 십자가에 달리셨던 나자렛 사람 예수
를 찾고 있지만 예수는 다시 살아나셨고 여기에는 계시지 않다. 보라. 여기
가 예수의 시체를 모셨던 곳이다. 자, 가서 제자들과 베드로에게 예수께서는
전에 말씀하신 대로 그들보다 먼저 갈릴리로 가실 것이니 거기서 그 분을
만나게 될 것이라고 전하라." 하였다. 여자들은 겁에 질리어 덜덜 떨면서 무
덤 밖으로 나와 도망쳐버렸다. 그리고 너무도 무서워서 아무에게도 말을 못
하였다.[90]

5. 가상의 그리스도

십자가에 못박혔다가 부활한 그리스도의 감동적인 전설은 그 전기적
세목이 정확한가 아닌가에 관계없이, 탐무즈, 아도니스, 오시리스라는 일
련의 오랜 모티프들에 새로운 온기, 직접성, 인간성을 주는 데에는 적합
하였다. 사실 그리스도의 전설이 그렇게 빨리 성장하고 퍼질 수 있는 우
호적인 환경을 제공하였던 것은 지중해 동부 전역의 분위기를 가득 채우
고 있던 그러한 초기 신화들이었다. 그러나 당시는 이교도의 신화와 종
교에서도 변화의 기운이 움트던 시점이었다. 모든 인종적, 민족적, 부족
적, 종파적 형태들을 초월하는 하나의 전체성으로서의 "인간성"이라는 헬
레니즘적 개념은 어디에서나 문화를 서로 비옥하게 하는 쪽으로 작용하
고 있었다. 이미 수백 년 전부터 사회적 강조점이 농촌 주민에서 세계
주민으로 크게 이동하고 있었다. 그에 따라서 오랫동안 사랑받아오던 들
판의 신들이 내밀하게 개인적이며, 심리적인 힘을 지닌 영적 안내자들로
변하고 있었다. 이 영적 안내자들은 대중적인 입문 의식만이 아니라 엘
리트의 입문 의식에도 나타났다. 나아가서 신화적이고 철학적인 관념들
이 종교적 상징들과 전체적으로 연결이 되면서 어디에서나 하나의 교통

양식에서 다른 교통 양식으로, 새로운 언어적 규정으로부터 새로운 이미지의 조합으로, 또 그 반대로 이동하는 것이 가능해졌다. 아쇼카(기원전 268-232년)의 불교 선교단*에서 시작된 인도의 영향력도 어느 정도 작용을 하고 있었다. 그 결과 신화와 더불어 종교도 매우 다양해졌다. 이러한 분위기에서 기독교인들의 구세주 이미지는 이교도들로부터 오염될 위험만이 아니라, 이러저러한 방식으로 이교도 예배 양식을 흡수할 위험에 처할 수밖에 없었다.

서기 61-64년경 바울이 로마에서 소아시아의 골로사이에 새로 세워진 공동체로 보낸 후기 편지에서는 이미 젊은 신도 사이에 그노시스파 이단이 있다는 이야기가 나오고 있다. 바울은 멀리 있는 양떼들에게 이렇게 말한다.

> 여러분은 헛된 철학의 속임수에 사로잡히지 않도록 조심하십시오. 그것은 세속의 원리를 기초로 인간이 만들어서 전해준 것이지 그리스도를 기초로 한 것은 아닙니다.…… (하느님께서는) 권세와 세력의 천신들을 사로잡아 그 무장을 해제시키시고 그들을 구경거리로 삼아 끌고 개선의 행진을 하셨습니다.…… 여러분은 겸손한 체하거나 천사를 숭배하는 자들에게 속아서 여러분이 받을 상을 빼앗기지 마십시오. 그들은 보이는 것에만 정신을 팔고 세속적인 생각으로 헛된 교만에 부풀어 있습니다. 그리고 그들은 그리스도를 머리로 하는 몸의 지체가 아닙니다. 몸 전체는 각 마디와 힘줄을 통하여 영양을 받으며 서로 연결되어 하느님의 계획대로 자라나는 것입니다.…… 여러분은 모든 세속적인 욕망을 죽이십시오. 음행과 더러운 행위와 욕정과 못된 욕심과 우상 숭배나 다름없는 탐욕 따위의 욕망은 하느님을 거역하는 자들에게 내리시는 하느님의 진노를 살 것입니다. 여러분도 전에 이러한 욕망에 빠져 살 때에는 그러한 행동을 하고 있었습니다. 그러나 지금은…… 모두 버려야 합니다.[91]

최근까지도 1세기에 로마 제국 전역에서 번창하였던 기독교 그노시스파의 진짜 가르침이 무엇이었는지 알려지지 않았다. 서기 4-5세기에 정

---

* 330쪽 참조. 그리고 『신의 가면 : 동양 신화』의 제5장 8절을 보라.

통 교회가 승리를 거두면서, 그노시스파의 구호, 가르침, 교사들이 사라져버렸기 때문이다. 그들에 대한 이야기는 오직 그들의 적인 교부들을 통해서만 알 수 있다. 교부들 가운데에는 특히 순교자 유스티노스(2세기), 알렉산드리아의 클레멘테(2세기말에서 3세기초), 히폴루토스(230년경 활동), 에피파니오스(315-402년경) 등이 주목할 만한 사람들이다. 따라서 1945년에 상이집트의 나그-하마디 근처에서 총 7백여 페이지에 달하는, 콥트 교회 그노시스파의 문헌 48권이 들어 있는 항아리가 발굴되었던 것은 사해 두루마리가 발견된 것만큼이나 중요한 일이었다. 그 대부분은 지금 카이로의 콥트 교회 박물관에 보관되어 있다. 그러나 그 가운데 1권은 1952년에 취리히에 있는 융 연구소에 전해졌다. 현재 편집과 번역이 진행 중이지만, 아직 성과는 많지 않다. 다음 10년간 학자들은 그노시스파에 대하여 오늘날보다 훨씬 많은 지식을 얻게 될 것이다. 그러나 그노시스파 운동의 주요한 원칙과 주제 몇 가지는 이미 확인되었다.

1896년 베를린 박물관이 위의 하마디 텍스트들과 비슷한 시기의 파피루스 사본들을 손에 넣음으로써 그노시스파의 3가지 중요한 문헌이 빛을 보게 되었다. 그것은 「예수 그리스도의 소피아」, 「요한의 경외 성서」, 「마리아의 복음서」 등이다. 1785년에 대영 박물관이 소장하게 된 한 문헌은 이제 『피스티스 소피아』로 알려지고 있는데, 그 번역은 1850년대 중반부터 나오기 시작하였다. 이것 역시 중요한 정보를 제공해준다. 그리고 마지막으로 그노시스파와 정통파의 교리들이 뒤섞여 있는 것으로, 자주 인용되는 「요한행전」이 있다. 이것은 네번째 복음서의 저자가 쓴 것이라고 하는데, 325년 니케아 종교 회의에서 낭독된 뒤에 공식적으로 폐기된 책이다. 이러한 문헌들을 나그-하마디에서 발견된 귀중한 문서와 우리가 최근에 이해하게 된 대승 불교(대승 불교의 성장과 개화는 그노시스 운동의 절정기와 정확히 일치한다)의 가현설(假現設)적인 교리에 비추어보면, 그 비유의 의미들을 좀더 폭넓게 평가할 수 있다.

예를 들면, 「요한행전」에서 우리는 그리스도가 갈릴리 바다에서 제자들을 부르는 장면에 대한 다음과 같은 놀라운 이야기를 발견하게 된다. 메시아는 광야에서 40일간 굶으며 사탄을 물리치고 오는 길이었다. 요한과 야곱은 배를 타고 고기를 낚고 있었다. 그리스도는 바닷가에 나타난다. 요한으로 간주되는 저자는 그 사건에 대하여 이렇게 말하고 있다.

예수께서 베드로와 안드레아 형제를 선택하신 뒤에 나와 나의 동생 야곱에게 오셔서 말씀하셨다. "나에게 너희들이 필요하니 나에게 오라." 나의 동생은 그 말을 듣고 나에게 말하였다. "저기 바닷가에서 우리를 부르는 아이가 무엇을 원하는 것입니까?" 내가 말하였다. "무슨 아이를 말하는가?" 그러자 야곱은 다시 말하였다. "우리에게 손짓을 하는 아이 말입니다." 내가 말하였다. "나의 동생 야곱아, 바다에서 오랫동안 망을 보는 바람에 네가 지금 옳게 보지를 못하는구나. 저기 서 있는 사람은 희고, 잘생기고, 표정이 명랑한 남자가 아니냐?" 그러나 야곱은 대답하였다. "나는 그 사람이 보이지 않습니다. 하지만 갑시다. 가서 뭘 원하는지 알아봅시다."

그래서 우리가 배를 물에 대는데, 예수께서 그 일을 돕는 모습이 보였다. 우리가 예수를 따를 생각으로 떠나는데, 나의 눈에는 예수께서 약간 머리가 벗겨졌지만, 턱수염은 숱이 많아서 바람에 나풀거리는 것처럼 보였다. 그러나 야곱에게는 예수가 이제 막 턱수염이 나는 젊은이로 보였다. 그래서 우리 둘 다 우리가 본 것을 어떻게 생각하여야 할지 몰라서 당황하였다. 우리는 계속 예수를 따랐다. 그러나 그 일을 생각할수록 우리는 조금씩 더 당황하게 되었다. 나의 경우에는 더욱더 놀라운 일이 나타났다. 나는 몰래 예수를 지켜보려고 하였는데, 한번도 예수께서 눈을 깜빡이는 것을 보지 못한 것이다. 예수께서는 계속 눈을 뜨고 계셨다. 예수께서는 나의 눈에 이따금씩 작고 못생긴 남자로 보이곤 하였다. 그러다가 다시 하늘에 닿을 만큼 키가 커졌다. 나아가서 예수께는 또 하나 놀라운 일이 있었다. 우리가 앉아서 먹을 때 예수께서는 나를 잡아 가슴에 끌어안곤 하셨다. 그 가슴이 때로는 부드럽게 느껴졌고, 때로는 돌처럼 단단하게 느껴졌다…….[92]

그리고 형제들이여, 내가 또 1가지 영광을 말하겠다. 내가 예수를 잡을 때, 나는 때로 물질적이고 단단한 몸을 만났지만, 때로는 내가 만졌을 때 그 실체가 물질이 아닌 경우도 있었다. 마치 몸이 존재하지 않는 것 같았다. 한번은 예수께서 어떤 바리새과 사람의 초대를 받고 응하셨다. 우리도 예수를 따라갔다. 우리 앞에는 우리를 맞이한 사람들이 내놓은 빵이 한 덩이씩 놓여 있었다. 예수께서도 우리와 더불어 빵 한 덩이를 받으셨다. 예수는 당신

의 빵을 축복하시고 우리에게 나누어주셨다. 그 작은 양으로 모두가 배를
불렸고, 우리 각각의 빵은 온전히 아낄 수 있었다. 그것을 보고 예수를 초대
하였던 사람들은 놀랐다. 나는 예수와 함께 걸을 때 그 분의 발자국이 땅에
나타나는지 안 나타나는지 보고싶었다. 나는 그 분이 땅에 발을 대지 않고
몸을 지탱하는 것을 보았기 때문이다. 나는 그 분의 발자국을 한번도 보지
못하였다.

   나의 형제들이여, 내가 이러한 이야기를 하는 것은 예수에 대한 너희의
믿음을 크게 일으키기 위함이다. 지금은 우리가 그 분의 놀랍고 엄청난 일
들에 대해서 입을 다물어야 하기 때문이다. 그 일들은 말로 할 수 없는 것
이기 때문이다. 그것들은 또 입 밖에 낼 수도 없고 귀로 들을 수도 없는 것
일지도 모른다.[93]

"가현설(docetism, 그리스 어의 도케인[dokein], 즉 '나타나다'라는 말
에서 나왔다)"은 구세주에 대한 관점의 하나이다. 인간들이 본 그리스도
의 몸은 겉모습에 지나지 않으며, 실체는 천상의 거룩한 존재라는 것이
다. 나아가서 그 겉모습은 보는 사람의 정신의 작용이며, 보여지는 대상
의 실체와는 관계가 없다는 것이다. 즉 변할 수 있는 가면에 불과하되
벗겨낼 수는 없다. 나아가서 우리는 바로 이 서기 1세기에 인도에서 대
승 불교가 발전하고 있었다는 사실에 주목해야 한다. 대승 불교에서 부
처의 겉모습은 그리스도의 가현설과 똑같은 방식으로 해석되고 있었다.
대승 불교에서 부처는 단지 깨달음을 얻은 사람이 아니라 깨달음 자체의
표현이다. 이 깨달음이 망상의 또아리에 얽혀 앞을 못 보는 자들에게 깨
달음을 주기 위하여 일부러 스승의 형태로 나타났다. 물론 이 망상은 사
람이면 누구나 가지고 있는, 삶에 대한 목마름과 죽음에 대한 두려움에
서 나온 것이다. 대승 불교의 관점에서 보자면 눈에 보이는 온 세상 역
시 망상이며, 사실 그 실체는 부처이다.

   별들, 어둠, 등불, 허깨비, 이슬, 거품,
   꿈, 번개불, 구름 하나,
   우리는 세상을 그렇게 보아야 한다.[94]

아니면 셰익스피어의 멋진 말을 빌어서 이렇게 표현할 수도 있겠다.

> ……우리는
> 꿈이 만들어지는 재료, 우리의 작은 삶은
> 하나의 꿈에 둘러싸여 있다.[95]

그러나 이것과 더불어 우리는 허위의 역사가 아니라 다시 제대로 신화의 영역으로 들어서게 된다. 여기서는 신이 인간이 되지 않기 때문이다. 인간과 세상 자체가 성스러운 것이며, 끝없는 영적 깊이를 가진 들판이기 때문이다. 창조의 문제는 망상의 기원의 문제이며, 이것은 불교에서처럼 심리적으로 다루어진다. 따라서 이러한 관점에 따르면, 구속의 문제역시 심리적인 것이다.

후기 그리스-이집트의 이교도 그노시스파의 가르침을 집대성한 것으로서 『헤르메스 전집(*Corpus Hermeticum*)』이라는 문헌이 있다. 이것은 영혼의 안내자인 통합주의적인 신 헤르메스-토트의 계시라고 알려져 있다. 여기에는 앞에서 말한 것과 관련된 완벽하고 멋진 구절이 들어 있다.

> 따라서 너 스스로 신과 대등해지지 않으면 너는 신을 파악할 수 없다. 비슷한 것만이 비슷한 것을 알 수 있기 때문이다. 모든 물질적인 것을 훌쩍 뛰어넘어서, 모든 크기를 넘어선 저 위대함과 비슷하게 부풀어오르도록 하라. 모든 시간을 넘어 솟아올라 영원이 되어라. 그러면 신을 파악하게 될 것이다. 너에게도 불가능한 것이 없다고 생각하라. 너도 불멸이라고 생각하라. 너도 너의 생각으로 모든 것을 이해할 수 있고, 모든 기술과 모든 학문을 알 수 있다고 생각하라. 모든 생물이 늘 드나드는 곳에서 너의 집을 찾아라. 모든 높이보다 높아지고, 모든 깊이보다 낮아져라. 너의 안에서 모든 대립되는 특질, 즉 더위와 추위, 메마름과 유동성을 결합하라. 네가 동시에 모든 곳에, 땅에, 바다에, 하늘에 있다고 생각하라. 아직 태어나지 않았다고, 자궁안에 있다고, 젊다고, 늙었다고, 죽었다고, 무덤 너머의 세계에 들어가 있다고 생각하라. 너의 생각 속에서 이 모든 것, 시간과 공간, 모든 물질과 질과 양을 동시에 포착하라. 그러면 신을 파악할 수 있을 것이다. 그러나 네가 너

의 몸 속에 영혼을 닫아두고 스스로를 낮추어, "나는 아무 것도 모른다, 나는 아무 것도 할 수 없다, 나는 땅과 바다가 두렵다, 나는 하늘에 올라갈 수 없다, 나는 내가 무엇이었는지, 무엇이 될지 모른다." 하고 말한다면, 네가 신과 무슨 관계가 있겠느냐? 몸에만 집착하면, 그리하여 악해지면, 너의 생각은 아름답고 선한 것을 전혀 이해할 수 없다.

신을 모른다는 것은 최고의 악이다. 그러나 신을 알 수 있다는 것, 신을 알기를 바랄 수 있다는 것은 곧장 선으로 이르는 길이다. 그리고 그 길은 가기에도 편하다. 모든 곳에서 신이 너를 맞으러 올 것이고, 모든 곳에서 신이 너에게 나타날 것이기 때문이다. 네가 신을 찾지 않는 때와 장소에서도 마찬가지이다. 깨어 있든 잠을 자든, 물로 여행을 하든 육지로 여행을 하든, 밤이든 낮이든, 말을 할 때이든 입을 다물 때이든 마찬가지이다. 신이 아닌 것이 없기 때문이다. 너는 "신은 보이지 않는다" 하고 말하는가? 그렇게 말하지 말라. 신보다 더 분명하게 자신을 표현하는 존재가 누가 있는가? 바로 그러한 목적을 위해서 신은 만물을 만든 것이다. 보이지 않는 것은 아무 것도 없다. 비물질적인 것도 마찬가지이다. 마음은 그것이 좋아하는 것에서 보이며, 신은 그가 일하시는 것에서 보인다.

크고 위대한 자여, 지금까지 나는 너에게 진실을 보여주었다. 나머지는 너 스스로 내가 가르친 대로 생각하라. 그러면 길을 잘못 드는 일이 없을 것이다.[96]

최근에 발견된 나그-하마디의 항아리 속의 그노시스파 사본들 가운데 하나에는 예수가 말하였다고 하는 다음과 같은 구절이 들어 있다.

나는 그 모든 것 위에 있는 빛이다.
나는 모든 것이다.
모든 것은 나로부터 나오며, 모든 것은 나에게 이른다.
나무 한 조각을 쪼개어라, 나는 거기에 있다.
돌을 들어 올리라, 너는 거기에서 나를 찾을 것이다.[97]

신약의 복음서에서 예수가 한 말은 "말씀들(로기아[logia])"이라는 공통의 줄기에서 나온 것이다. 이 "말씀들"은 처음에는 신도 공동체들 가운데 구두로 보존되고 전파되다가, 다양한 방식을 통하여 다양한 글로 고정되었다. 「마가복음」, 「마태복음」, 「누가복음」(이 순서대로 75년에서 90년경에 만들어졌다)의 편집자들은 "말씀들"을 근거로 하여 서로 구분되고 또 서로 모순되는 이야기들을 만들어내었다. 「마태복음」과 「누가복음」은 각각 「마가복음」을 근거로 하였지만, 그것 말고 또 하나의 텍스트를 근거로 삼았다. 그것은 지금은 사라진 텍스트로서 학자들이 "Q"("출처"를 뜻하는 독일어 Quelle의 첫 글자를 딴 것)라고 부르는 것이다. 이 것은 그냥 "말씀들"을 모아놓은 것으로 추정되고 있다. 마가 역시 "Q"를 근거로 하였을 수도 있다. 그러나 마태와 누가는 분명히 그것을 근거로 삼았다. 그리고 각각 진주를 자기 나름의 방식으로 박아 넣듯이 "말씀들"을 자기 나름의 방식으로 배치하였다.

그런데 갑자기 나그-하마디에서 그런 순수한 "말씀들"을 모아놓은 문헌이 나왔다. 여기에는 그노시스파적인 성향이 가미되었기 때문에, 비슷한 말이라고 하더라도 우리가 정통 복음서들을 통해서 알게 된 의미와는 완전히 다른 의미를 가지게 된다. 예를 들어보자.

　구하는 사람은 찾을 때까지 쉬지 않고 구하게 하라. 찾으면 고생을 하게 될 것이다. 고생을 하면 놀랄 것이고, 모든 것을 지배하게 될 것이다.

　제자들이 예수께 말하였다. "언제 그 나라가 옵니까?" 예수께서 말씀하셨다. "그 나라는 예상대로 오지 않는다. '보아라, 여기 있다' 혹은 '보아라, 저기 있다'고 말할 수도 없다. 아버지의 나라는 땅위에 펼쳐지지만 사람들은 그것을 보지 못한다."

　너희를 이끄는 자들이 "보라, 그 나라가 하늘에 있다." 하고 말한다면, 하늘의 새들이 너희보다 앞설 것이다. 그들이 너희에게 "그 나라가 바다에 있다." 하고 말한다면, 물고기들이 너희보다 앞설 것이다. 그 나라는 너희 안에 있고 또 너희 밖에 있다. 너희가 너희 자신을 알면, 너희가 살아 계신 아버지의 아들이라는 것이 너희에게 알려질 것이고 또 너희가 그것을 알게 될 것이다. 그러나 너희가 너희 자신을 알지 못하면, 너희는 궁핍 가운데 있

고 너희가 궁핍이다.[98]

누가는 예수가 바리새파 사람들에게 말을 하다가 다음과 같은 논란이 많은 말을 하였다고 하는데, 이때 위에 인용한 3가지 말 가운데 마지막 말과 관련된 "말씀들"을 근거로 하였을 것이다.

"하느님 나라가 오는 것을 눈으로 볼 수는 없다. 또 '보아라, 여기 있다' 혹은 '저기 있다'고 말할 수도 없다. 하느님 나라는 바로 너희 가운데 있다." 마지막 말은 그리스 어로 엔토스 우몬 에스틴(ἐντὸς ὑμῶν ἐστιν)인데, 이 말은 "너희 안에 있다"고 해석할 수도 있다.[99]

그러나 후자의 해석을 그노시스파의 문헌이 아닌 아닌 기독교의 정전에 적용하였을 때, 문제는 그것이 신학에서의 내재론(內在論)을 의미하게 된다는 것이다. 이것이야말로 교회가 예언자들의 발자취를 따라 이단으로 비난하면서, 오랜 세월에 걸치어 불과 검으로 숙청하려고 하였던 이론이다. 나그-하마디의 항아리가 발견되기 오래전에 쓰여진 샤를 귀녜베르의 말을 들어보자.

언어학적인 면에서만 보자면 엔토스(ἐντὸς)를 안(within)이라고 번역하는 것도 정당한 것 같다. 그러나 실제로 그러한 의미로 사용되었을 확률은 거의 없다. 예수가 바리새파 사람들에게 하느님의 나라가 그들의 안에, 그들의 마음에 있다고 말하였다면 그것은 매우 우스꽝스럽게 들렸을 것이다. 바리새파 사람들은 논외로 하더라도, 모두가 진짜 유대인이었던 제자들 가운데 누구도 복음서의 어떠한 가르침으로도 뒷받침되지 않는 그런 이상한 발언을 이해하지 못하였을 것이다. 만일 이 로기온(logion, 위에 나온 로기아의 단수, 즉 그리스도의 말씀/역주)이 하느님의 나라에 대한 예수의 전체 가르침 가운데 핵심이 되는 부분이라면, 이 말씀이 이렇게 혼자 동떨어져 있는 것은 있을 수 없는 일이다. 이러한 반대 의견들은 그 말이 진짜 예수의 말이냐 하는 문제를 제기하고, 또 어느 모로 보나 그 문제에 대한 답까지 주는 것 같다.

이것이 다가 아니다. 엔토스를 안이라고 해석하여 이 구절을 읽게 되면 모순이 생긴다. 누가는 이 말을 하느님 나라의 도래에 대한 가르침(「누가복음」 17 : 22 이하)*의 도입부로 사용하고 있다. 그 가르침에서는 '사람의 아들'이 오는 것은 갑작스러운 일로 언급되고 있다. 「누가복음」 17장 24절을 보자. "마치 번개가 번쩍하여 하늘 이 끝에서 저 끝까지 환하게 하는 것같이 사람의 아들도 그날에 그렇게 올 것이다." 예수의 모든 제자들의 관점에서 보자면 예수가 오는 유일한 목적은 하느님 나라를 시작하려는 것이다. 따라서 예수가, 그 나라가 사람들의 마음속에 있다고 하고, 동시에 예상하지 못한 날에 갑자기 그 나라를 세우러 올 것이라고 말하였을 가능성은 거의 없다.

따라서 분명한 결론은 엔토스 우몬이 너희 가운데라는 뜻이며, 이것은 또한 그 나라의 현실적 존재를 뜻하는 말로 보인다는 것이다. 그러면 또 1가지 문제가 생기는데, 그것은 에스틴이라는 동사가 진짜 현재 시제인가 아니면 예언적 현재, 즉 미래 시제인가 하는 것이다. 설사 엔토스를 안이라는 뜻으로 받아들인다고 하여도, 시제 문제에 따라서 모든 것이 달라진다. 전체 구절의 뜻은 다음과 같은 것으로 볼 수 있을 것이다. "그 나라가 올 때 아무도 그것을 알아보는 데에 어려움을 겪지 않을 것이며, 그것이 어디 있는지 물어볼 필요도 없을 것이다. 그 나라는 갑자기 너희 가운데, 또는 너희 마음속에 존재하게 될 것이다. 즉 예수의 가르침에 따라서 적절하게 대비해온 사람들은 그 나라에 들어가게 될 것이다."

……예수는 당대 유대인들의 믿음에 따라서, 그 나라가 하느님의 선물로 오게 될 것이라고 가르쳤다. 그러나 어쩌면 예수는 자신의 임무가 하느님 나라가 눈앞에 다가왔다는 것을 알리는 것이며, 자신의 가르침, 또는 다른 각도에서 보자면 그의 사명에 대한 믿음이 사람들이 하느님 나라에 이르는 데 반드시 거쳐야 할 바깥방이라고 믿었는지도 모른다. 적어도 그의 제자들은 그렇게 믿었다.…… 그 나라는 일차적으로 그리고 본질적으로 현재의 이 악한 세상의 물질적 변화이다.[100]

이것은 뛰어난 동시에 중요한 지적이다. 바로 이 점을 통해서 베드로와 바울의 교회가 간 길과 그노시스파의 길들——내적 경험의 다양성만큼이나 다양하다——의 차이가 드러나기 때문이다.

---

* 이 내용은 「마태복음」 24장에도 나온다. 누가는 이것을 「마가복음」 13장(이 책의 313-315쪽)의 묵시론적 이야기와 결합시킨다. 그 기초는 틀림없이 Q 텍스트일 것이다(귀네베르의 주석).

앞에서 인용을 하였던 텍스트인 「토마의 복음서」에는 114개의 로기아가 들어 있다. 이 콥트 교회의 원고는 500년경의 것이지만, 이 번역본의 원본이 되는 그리스 텍스트는 140년경의 것이다. 이 시기는 복음서들이 형성되던 시기이다. 4개의 복음서 모두 손질에 손질이 거듭되다가 마침내 4세기초에 이르러서야 로마에서 정전으로 확정되었다.

그노시스파 운동이 화려하게 피어나던 시기는 2세기 중반이며, 그 중에서도 특히 안토니누스 시대——안토니누스 피우스(138-161년 재위)와 마르쿠스 아우렐리우스(161-180년 재위)——이다. 에드워드 기번이 로마 제국의 영광이 정점에 달하였다고 일컫던 시대이다. 기번의 말에 따르면, 당시의 세계 체제는 "지상의 가장 좋은 부분과 인류의 가장 문명화된 부분을 포괄하고 있었다." 알려진 세계에 퍼져 있던 다양한 종교 양식들을 "민중은 모두가 똑같이 진실이라고 생각하였고, 철학자들은 똑같이 거짓이라고 생각하였으며, 행정가들은 똑같이 유용하다고 생각하였다." 그 결과 "관용은 서로의 자유를 인정하는 태도를 낳았을 뿐만 아니라, 종교적인 조화를 낳았다. 로마는 점차 그 백성들의 공동의 신전이 되어갔다. 로마의 자유는 인류의 모든 신들에게도 주어졌다."[101]

지금까지 파문을 당한 그노시스파의 유산의 신비를 잠깐 훑어보았다. 이제 「요한행전」에 나오는 또 하나의 구절로 이 부분을 마무리짓도록 하겠다. 니케아 종교 회의에서 낭독되고 유죄 판결을 받았던 바로 그 부분이다. 이것은 지금 남아 있는 문헌 가운데 십자가라는 소리 없는 기호에 대한 가현설의 관점——또는 대승 불교적 관점이라고 하여도 좋을 것이다——을 가장 잘 보여주는 것이다. 그 구절은 다음과 같다.

예수께서는 무법의 뱀으로부터 법을 배운* 무법의 유대인들에게 잡혀가

---

* 「열왕기하」 18:4에 나오는 뱀 느후스탄 참조. 이 뱀은 솔로몬의 성전에서 섬기고 있었다. 또 〈그림 25〉, 〈그림 26〉, 〈그림 30〉을 보라. 그노시스파에서는 세상이 악하면 그 창조자가 악하였던 것이라고 본다. 그 창조자는 바로 사탄이다. 사탄은 광야에서 그리스도에게 나타났으며, 또 구약의 야훼이기도 하다. 불교에서 이에 상응하는 존재는 부처를 유혹한 카마-마라라고 할 수 있다. 카마-마라는 『우파니샤드』에서는 '자아'로 나타

기 전에 우리 모두를 모아놓고 말씀하셨다. "내가 저들에게 나를 내어주기 전에 찬송가로 아버지를 찬양하자. 그리고 나가서 올 것을 맞이하자." 그 다음에 예수는 우리에게 서로 손을 잡아서 원을 만들게 하시고, 당신은 그 가운데에 계셨다. 예수께서 말씀하셨다. "아멘으로 대답하라." 우리는 찬송가를 부르기 시작하였다.

"아버지여, 당신께 영광을!"

우리는 모두 둥글게 원을 그리면서 대답하였다. "아멘."

"말씀이여, 당신께 영광을!
은혜여, 당신께 영광을!"──"아멘."

"성령이여, 당신께 영광을!
거룩한 분이여, 당신께 영광을!
변용(變容)이여, 당신께 영광을!"──"아멘."

"아버지여, 우리는 당신을 찬양합니다!
오, 빛이여, 어둠이 없는 곳이여,
우리는 당신께 감사합니다!"──"아멘."

"왜 우리가 감사를 하는지, 그 이유를 내가 말하리라."
"나는 구원을 받을 것이고 구원을 할 것이다!"──"아멘."
"나는 자유로워질 것이고 자유롭게 할 것이다!"──"아멘."
"나는 상처를 입을 것이고 상처를 줄 것이다!"──"아멘."
"나는 자식으로 생겨났고 자식을 낳을 것이다!"──"아멘."

"나는 소모되었고 소모할 것이다!"──"아멘."
"나는 들을 것이고 들릴 것이다!"──"아멘."
"온전한 영인 나는 알려질 것이다!"──"아멘."

나며, 자아의 '욕망'과 '공포'로부터 세상이 생겨났다. 『신의 가면 : 동양 신화』의 제1장 2절과 3절을 보라.

"나는 씻겨질 것이고 씻을 것이다!"——"아멘."

"은혜가 원을 그리며 걷고 있다.
나는 피리를 불 것이다.
모두 둥글게 춤을 추어라!"——"아멘."

"나는 애도할 것이다. 모두 애도하라!"——"아멘."

"여덟 신들(이집트의 여덟 신)이여, 우리와 함께 찬양하라!"——"아멘."
"숫자 열둘이 높이 떠 원을 그리며 걷고 있다!"——"아멘."
"모두에게 춤에 참여할 기회가 주어진다!"——"아멘."
"춤에 참여하지 않는 자는 춤을 오해한다!"——"아멘."

"나는 달아날 것이고 나는 머물 것이다."——"아멘."
"나는 꾸밀 것이고 꾸밈을 받을 것이다."——"아멘."
"나는 이해받을 것이고 이해할 것이다."——"아멘."

"나에게 큰 집은 없고 큰 집들은 있다."——"아멘."
"나는 나를 이해하는 너희에게는 횃불이다."——"아멘."
"나는 나를 분별하는 너희에게는 거울이다."——"아멘."
"나는 나를 두드리는 너희에게는 문이다."——"아멘."
"나는 지나가는 너희에게는 길이다."

　따라서 너희는 나의 춤에 응답하면서, 말하고 있는 나에게서 너희 자신을 보라. 그리고 내가 하는 일을 볼 때, 나의 신비에 대해서는 입을 다물고 있어라. 너희 춤추는 자들이여, 내가 하는 일을 깊이 생각하라. 내가 곧 겪을 이 인간성의 수난은 곧 너희의 것이기 때문이다. 내가 '아버지의 말씀'으로서 너희에게 오지 않았다면, 너희는 너희의 고난을 전혀 이해하지 못하였을 것이다. 너희는 나의 고난을 보았을 때, 나를 고난을 당하는 사람으로 보았다. 그것을 보았기 때문에 너희들은 굳게 서 있지 못하고 모두 흔들렸다. 너희가 지혜를 향하여 힘차게 나아갈 때 나를 침대로 여기고 나의 위에서 쉬어라. 내가 떠나면 너희는 내가 누구인지 알게 될 것이다. 지금 보이는 나는 내가 아니다. 너희가 도착하면 알게 되리라──너희들이 고난을 겪는 방법을 알았다면 고난을 겪지 않았을 수도 있다. 고난을 꿰뚫어보아라. 그러면 고난을 겪지 않을 것이다. 너희가 모르는 것을 내가 직접 너희에게 가르치겠다. 나는 배반자의 하느님이 아니라 너희의 하느님이다. 나는 성자들의 영혼을 불러서 나와 조화를 이루게 할 것이다. 나의 안에서 '지혜의 말씀'을 알라──다시 나와 함께 말하라.

"아버지, 당신께 영광을!
말씀이여, 당신께 영광을!
성령이여, 당신께 영광을!"

내가 누구인지 이해하고 싶으면 이것을 알라. 내가 한 모든 말은 농담으로 한 것이며, 나는 그것을 전혀 부끄러워하지 않았다. 나는 춤을 추었다. 그러나 너희들은 전체를 생각하라. 그리고 전체를 생각하였으면 말하라.

"아버지여, 당신께 영광을!──아멘!"[102]

화자(話者)인 요한은 이제 십자가 처형마저도 이렇게 신비를 가현설적으로 이해하는 관점에서 바라보려고 하고 있다. 위의 외침들 속에서 찬양을 받고 있는 '아버지'는 구약의 하느님이나 신약의 '아버지'와 동일시될 수 없다. 가장 유사한 존재를 꼽으려면 페르시아 신화의 아후라 마즈다가 될 것이다. 그러면 야훼나 엘로힘은 거짓 세계의 창조자인 앙그라 마이뉴와 대응한다. 우리는 그 거짓의 세계 안에 살고 있으며, 구세주는 우리를 거기에서 자유롭게 해줄 것이다. 나아가서 이 구세주는 조로아스터와 마찬가지로 빛의 영역으로부터 내려온다. 그러나 조로아스터와는 달리 단지 겉으로만 세계의 본질에 참여하고 있다.

사랑하는 주님께서는 이렇게 우리와 함께 춤을 추신 뒤에 앞으로 나아가셨다. 우리는 길을 잃은 사람이나 잠에 취한 사람처럼 이곳저곳으로 달아났다. 나는 예수가 고난을 당하는 것을 보았을 때, 그의 고난받는 모습을 견디지 못하고 감람산으로 올라가서 일어난 일들을 생각하며 울었다. 예수께서

가시와 같은 십자가에 달리셨을 때, 6시가 되자 온 땅에 어둠이 깔렸다.

그런데 보라, 나의 주님께서는 동굴 한가운데 서서 동굴을 밝히며 말씀하셨다. "요한아, 나는 저 아래 예루살렘에서 많은 사람을 위하여 십자가에 달리어 창에 찔리고 몽둥이로 맞고 있다. 식초와 담즙을 주며 나더러 마시라는구나. 하지만 내가 너에게 말하니, 너는 내가 하는 말에 귀를 기울여라. 나는 은밀히 네가 이 산에 오르게 하였다. 네가 제자가 스승에게서 배울 것, 인간이 하느님에게서 배울 것을 배우게 하기 위함이다."

주님은 그 말씀과 함께 나에게 땅에 꽂힌 빛의 십자가를 보여주셨다. 십자가 주위에는 일정한 형태를 가지지 않은 수많은 사람들이 있었다. 그 빛의 십자가에는 하나의 형태, 하나의 겉모습이 있었다. 나는 십자가 위에서 주님을 보았다. 그러나 주님은 형체가 없고 목소리뿐이었다. 그러나 그 목소리는 우리 귀에 익은 목소리가 아니라, 하느님의 부드럽고 상냥하고 진실된 목소리였다. 그 목소리가 나에게 말씀하셨다. "요한아, 내가 하는 이러한 말을 들을 사람이 필요하다. 나에게는 귀를 기울여줄 사람이 필요하다. 나는 너를 위하여 이 빛의 십자가를 때로는 '말씀'이라고 부르겠다. 때로는 마음이라고, 때로는 예수라고, 때로는 그리스도라고, 때로는 문이라고, 때로는 길이라고, 때로는 빵이라고, 때로는 씨앗이라고, 때로는 부활이라고, 때로는 아들이라고, 때로는 아버지라고, 때로는 영이라고, 때로는 생명이라고, 때로는 진리라고, 때로는 믿음이라고, 때로는 은혜라고 부르겠다. 이것은 사람들을 위한 것이다. 그러나 그것이 그 자체로 생각될 때, 우리 사이에서 이야기될 때 진실로 무엇이냐. 그것은 만물을 구별하는 것, 불안정한 것들로부터 고정된 것들을 단단하게 들어 올리는 것, 조화라는 지혜로부터 지혜의 조화를 구별하는 것이다.

그러나 오른편 세력과 왼편 세력이 있다. 권세, 천사의 힘과 악마, 효능, 위협, 진노의 분출, 마귀, 사탄, '생성'의 본질의 근원인 낮은 뿌리가 있다. 따라서 영적으로 '모든 것'을 함께 묶어주는 것, 변화의 영역과 낮은 영역을 구별해주는 것, 만물을 솟아오르게 하는 것은 이 십자가이다.

그것은 네가 여기서 내려가면 보게 될 나무 십자가가 아니다. 네가 지금 목소리만 듣고 보지 못하는 나는 그 십자가에 달린 사람이 아니다. 나는 내가 아닌 존재로 생각되어왔으며, 나는 다른 많은 사람들에게 나였던 그 존재가 아니다. 그들이 나에 대해서 하게 될 말은 형편없고 나에게 어울리지도 않는 것이다. 고요의 장소를 보지도 못하고 그 이름을 대지도 못하는 사람들은 그만큼 주를 덜 보게 될 것이다.

십자가 주위에 모여 있는, 1가지 모습을 가지지 않은 많은 사람들은 낮은 본성이다. 네가 십자가 옆에서 보는 사람들이 아직 단일한 형태를 가지고 있지 않다면, 내려온 자의 모든 부분이 아직 합쳐지지 않은 것이다. 그러나 인류의 본성이 위로 올려지고 나의 목소리에 감동한 한 세대의 사람들이 나에게 가까이 오면, 지금 나의 목소리를 듣고 있는 너는 그들과 합쳐질 것이며, 지금 있는 것은 없어질 것이다. 그러나 그때 너는 내가 지금 그러한 것처럼 그들 위에 있어라. 네가 네 자신을 나의 것이라고 불러야만 나는 내가 될 것이기 때문이다. 그러나 네가 나의 목소리를 들을 때, 너는 나와 마찬가지로 듣는 사람이 될 것이다. 이를 위하여 너는 나를 통하고 있다.

따라서 많은 사람들에 대해서 걱정하지 말고 불경스러운 것을 경멸하라. 내가 온전히 아버지와 함께 있고, 아버지는 온전히 나와 함께 있음을 알라. 사람들이 나에 대하여 말하는 것을 나는 전혀 겪지 않았다. 내가 원무(圓舞)에 참여한 너와 다른 사람들에게 드러내었던 수난조차도 신비라고 불렀으면 좋겠다. 네가 보는 네가 누구인지에 대해서는 내가 너에게 보여주었다. 그러나 내가 누구인지는 나만 알지 다른 누구도 알지 못한다. 따라서 나의 것을 지키기 위하여 나에게 고난을 주어라. 그러나 너의 것은 나를 통해서 보아라. 나의 본질 안에서 나를 보아라. 그러나 내가 말한 대로 이전의 나의 모습이 아니라, 너는 나와 비슷하니, 네가 아는 대로인 나의 모습에서 보라.

너는 내가 고난을 당하였다고 들었으나, 나는 고난을 당하지 않았다.
고난을 당하지 않은 자가 나였으나, 그럼에도 고난을 당하였다.
찔린 자가 나였으나, 나는 능욕당하지 않았다.
매달린 자가 나였으나, 그럼에도 매달리지 않았다.
나에게서 피가 흘러나왔으나, 그럼에도 흘러나오지 않았다.

요컨대, 사람들이 나에 대하여 말하는 것을 나는 겪지 않았다. 그러나 사람들이 말하지 않는 것은 겪었다. 그것이 무엇인지는 수수께끼로 알려주겠다. 너는 이해할 것임을 알기 때문이다. 따라서 나를 말씀의 찬양으로, 말씀의 못박음으로, 말씀의 피로, 말씀의 상처로, 말씀의 내걸림으로, 말씀의 고난으로, 말씀의 못박힘으로, 말씀의 죽음으로 알라. 이렇게 나는 나의 말 속에서 그 사람을 나 자신과 구별하였다.

432

따라서 먼저 말씀을, 내부를, 의미를 알아라. 그러면 주를 알게 될 것이
다. 그러고 나서 그 사람과 그가 겪은 것을 알아라."

예수께서는 나에게 그렇게 말씀하셨다. 이외에도 더 많은 말씀을 하셨으
나, 어떻게 예수께서 나에게 말씀하신 것처럼 말을 하여야 할지 모르겠다.
그러고 나서 예수께서는 들리워지셨고, 많은 사람들 가운데 누구도 예수를
보지 못하였다. 나는 산에서 내려와 그들 모두를 보고 웃었다. 예수께서는
그들이 예수에 관하여 무슨 말을 하였는지 나에게 말씀해주셨기 때문이다.
나는 웃으면서도 속으로 이것 하나만은 단단히 쥐고 있었다. 주님은 인간의
변화와 구원을 위하여 모든 일을 상징적으로 하셨다는 것이다.[103]

6. 바울의 사명

기독교 시대의 첫 몇백 년 동안에는 예수의 사명에 대한 3가지 관점이
중요한 역할을 하였다. 가장 처음에 나타난 것은 팔레스타인의 유대인
기독교도들의 관점이다. 이들에 대해서는 「사도행전」의 첫 장에서 읽어
볼 수 있다. 그들이 모여 있을 때 부활한 그리스도가 그들에게 나타났다.
그러자 그들은 물었다. "주님, 주님께서 이스라엘 왕국을 다시 세워주실
때가 바로 지금입니까?"[104] 이들에게는 '동정녀 탄생'의 신화가 있었을 리
없다. 그들의 스승은 오래전부터 이스라엘 백성에게 예언되어온 그 메시
아였고, 하느님의 기름 부음을 받은 자였다. 새로운 것은 단지 이제 '야
훼의 날'이 왔다는 것이었다. 실제적으로 그리고 역사적으로 왔다는 것이
었다. 이스라엘이 세상 앞에서 영광을 얻고 의롭게 될 날이었다. 이것을
기본적인 묵시록적 관점이라고 부를 수 있을 것이다. 이사야는 이 날에
대해서 예언을 하였다. "그 시체들이 다시 일어나고 땅속에 누워 있는
자들이 깨어나서 기뻐 뛸 것입니다."[105] 그리스도는 다시 일어났다. 그것
이 요란한 큰 나팔 소리였다(「이사야」 27 : 13). 야훼가 예언자를 통하여
다음과 같이 선포한 날의 동이 텄다. "보아라, 나 이제 새 하늘과 새 땅
을 창조한다. 지난 일은 기억에서 사라져 생각나지도 아니하리라.…… 예

루살렘은 나의 기쁨이요."[106]

　두번째 관점은 그노시스파의 관점이었다. 앞에서 보았듯이 이 신학은 기독교보다 오래된 것이었으며, 유대인들에게는 이질적인 것이었다. 그리고 1세기에는 기독교 운동과 느슨하게 관련을 맺고 있었을 뿐이다. 그러나 2세기가 되어 초기 기독교도의 묵시론적 관점이 제시하였던 위대한 약속이 실현되지 않고, 이와 더불어 그 약속이 영적인 의미로 해석되자, 기독교 그노시스파의 씨앗이 뿌리를 내리고 힘을 얻게 되었다. 나아가서 이단의 시조라고 할 수 있는 마르키온(150년경 활약)이 활발하게 활동하면서 바울의 교회의 권위에 큰 위협이 되고 있었다. 순교자 유스티누스는 그에 대하여 이렇게 썼다. "악마들의 도움을 받은 마르키온 때문에 모든 나라의 많은 사람들이 불경스러운 말을 하였으며, 하느님이 우주를 만들었다는 사실을 부정하고 하느님보다 더 위대한 어떤 다른 존재가 하느님보다 더 위대한 일들을 하였다고 주장하였다."[107]

　마르키온은 하느님에 대한 신약과 구약의 차이를 강조하면서, 대체로 바울과 누가에 기초하여 기독교 정전은 구약으로부터는 완전히 독립되어 있다고 주장하였다. 마르키온 자신의 교리에 따르면, 구약의 하느님은 사실 우리가 악하다고 알고 있는 세계의 창조자이다. 그는 물질로 인간을 창조하고 나서 그에게 지킬 수도 없는 엄한 율법을 강제하였다. 그럼으로써 모든 인류가 그의 저주 밑에 놓이게 되었다. 그러나 그는 자신의 생각과는 달리 가장 높은 하느님이 아니었다. 그의 위에 또 다른 힘이 있었는데, 그는 그 힘에 대해서는 전혀 알지 못하였다. 그 힘은 고통 받는 세상을 사랑하고 가엾게 여겨서 그의 아들 그리스도를 구속자로 보내었다. 아들은 환영(幻影)으로 세상에 왔다. 그는 티베리우스 황제(14-37년 재위) 15년에 30살의 남자를 닮은 모습으로 나타나, 가버나움의 회당에서 설교를 하였다. 유대인들은 그를 그들 민족의 메시아로 오인하였으며, 심지어 그의 제자들도 그를 이해하지 못하였다. 나아가서 구약의 신도 이 스승의 존엄을 알지 못하였다. 구약의 신은 두려움 때문에 그가 십자가에 못박히도록 하였으며, 그럼으로써 자신의 파멸의 운명을 완성하였다. 마르키온에 따르면 그리스도는 십자가에 달린 후에 바울에게 나

434

타났다. 오직 바울만이 복음을 이해하였다. 바울은 유대인 기독교도들과 대립하며 이방인들 사이에 제대로 된 기독교 교회들을 세웠다. 그러나 이제 그 교회들은 유대교적인 경향 때문에 부패하고 있다. 마르키온 자신은 이러한 부패에 대항하기 위하여 진정한 하느님이 설교의 일을 맡긴 사람이라는 것이었다.

마르키온은 그노시스파와는 달리 지식이 아니라 신앙을 강조하였다. 물론 이것이 대중적 호소력이 더 강하였다. 그 결과 그의 교리는 초기 교회에 진짜 위협이 되었다. 사실 이 위협은 매우 현실적인 것이었다. 교부들이 분발하여 그들 나름의 신약 판본을 만들게 된 데에도 그 이전에 나온 마르키온파의 경전을 반박하려고 하는 목적이 큰 비중을 차지하였다. 150년에서 250년에 이르는 백 년의 기간 동안에는 이 이단적인 시조의 독립된 경전이 실제로 큰 영향력을 얻을 것처럼 보였다.

그러나 결국 승리를 거둔 것은 새로운 율법이 낡은 율법의 완성——사회-정치적인 이상의 수준에서가 아니라 영적인 수준에서이기는 하지만——이라고 해석하는 책이었다. 물론 결국에는 예언된 대로 최후 심판의 날이 올 것이라는 희망은 계속되었다. 이 최후 심판이란 대체로 조로아스터교적인 맥락에서 나온 것으로서, 그리스도가 '아버지'의 우편에서 사오샨트의 역할을 맡아 산 자와 죽은 자를 심판하는 것이다. 이렇게 되면 최후 심판의 날은 문자 그대로 세상의 끝이 된다. 어떤 이유에서인지 기독교 저자들은 이러한 믿음과 희망을 긍정적인 교리로, 즉 세상을 긍정하는 교리로 해석한다. 그리고 이것을 그들이 부정적이라고 부르는 그노시스파의 저자들과의 차이점으로 부각시키기를 좋아한다. 또 그들은 흔히 그노시스파의 큰 "위험"에 대해서 이야기한다. 그노시스파가 예배 양식이 다양하게 증식하도록 부추겼고, 앞으로도 그렇게 할 것이라는 이유 때문이다. 그러나 4세기에 하나의 진정한 교회가 승리를 거둠으로써 "보편적" 종교가 우세한 위치를 차지하게 되었다. 이 종교는 (한 저명한 권위자의 말을 인용하자면) "자신을 영적인 엘리트의 패거리로 보지 않았으며,"[108] (다른 저명한 권위자의 말을 인용하자면) "완전히 새로운 개념의 종교를 대표하였다. 이 종교는 그 본성의 법칙에 따르자면, 그것을 과거의 세계에 붙잡아 매려고 하는 교활한 세력들을 뿌리치지 않고는 발전할 수가 없는 것이었다."[109]

사실 그노시스파는 오늘날의 불교처럼 다양하였다. 교회도 시간이 지나면 알게 될 일이었지만, 개인들이란 서로 다른 영적 역량과 요구를 가지고 있기 때문이다. 앞에서 「요한행전」에 나오는 바닷가의 예수에 대한 재치 있는 이야기에서 이미 보여준 것처럼,* 아무도 단번에 진리를 파악하였다고 자신 있게 말할 수가 없다. 하물며 통속적인, 이른바 보편적인 종교의 다수의 이름으로 법률을 제정하는 위원회(추기경 위원회이든 장로 위원회든)는 말할 것도 없다. 그들의 경우에는 형이상학적 추론, 경험, 상징화가 매우 초보적인 수준에 머물러 있을 것임에 틀림없다. 세나투스 베스티아 에스트 ; 세나토레스, 보니 비리(Senatus bestia est ; senatores, boni viri, 원로원은 1마리의 야수이지만, 의원 개개인은 선한 인간이다/역주)라는 오래된 로마의 격언이 있는데, 시간도 십일조도 이것을 낡은 것으로 만들지는 못하였다.

나아가서 통속적인 종교의 최고의 관심사는 "진리"일 리도 없고, "진리"였던 적도 없다. 그 최고의 관심사는 일정한 유형의 사회를 유지하는 것, 즉 지역적 제도나 정부의 기초를 이루는 승인된 "감성들의 체계"를 젊은 사람들에게는 설득하고 늙은 사람들에게는 상기시켜주는 것이었다. 우리의 주제에 대한 문서 자료들이 보여주듯이, 집단이라는 면에서 볼 때 사회의 역사는 수천 년에 걸쳐서 점진적인——매우 점진적인——확대를 보여왔다. 부족이나 촌락에서 종족이나 국가로, 그리고 그것을 넘어서서 마침내 불교와 헬레니즘과 더불어 인류라는 모든 것을 포괄하는 개념에 이르렀다. 그러나 인류라는 것은 통치 가능한 단위가 아니라, 개인들의 정신적인 단위이다. 그러한 단위 안에는, 그노시스파의 경우에 그러하였던 것처럼, 큰 집들이 많이 있을 수밖에 없다. 그러한 별도의 결사체들(이들 각각은 자신의 일에만 전념하고 있다)을 패거리들이라고 헐뜯는 것은 적절하지 못하다. 그들은 오히려 서로 가르치기 위해서 비슷한 기

---

* 418-419쪽 참조.

질을 가진 사람끼리 모인 학파라고 할 수 있다. 예를 들자면 '여성 기독
교도 금주 동맹'보다는 '익명의 알콜 중독자들'에 더 가까운 것이다. 전자
는 너무 독해서 일부 사람들은 마시지 못하는 술을 우리 모두가 마시면
안 된다고 가르치기 때문이다.

여기서 우리는, 처음에는 바리새파 유산의 이름으로 초기 유대인 기독
교도들을 박해하던 바울을 떠올리게 된다. 신약의 「사도행전」에서 알 수
있듯이, 그는 스테파노를 돌로 쳐죽이는 자리에 있었다. "그 거짓 증인들
은 겉옷을 벗어 사울이라는 젊은이에게 맡겼다.…… 사울은 스테파노를
죽이는 일에 찬동하고 있었다. 그날부터 예루살렘 교회는 심한 박해를
받기 시작하였다.…… 사울은 교회를 쓸어버리려고 집집마다 돌아다니며
남녀를 가리지 않고 끌어내어 모두 감옥에 처넣었다."[110]

바울은 바리새파에서 기독교도로 바뀔 때 자신의 기질은 그대로 놓아
둔 채 단지 위치만 건너편으로 옮겨갔을 뿐이다. 따라서 그가 세운 기독
교 교회는 단일체적인 일치를 존중하는 그의 레반트인 특유의 특징을 물
려받았다. 또 이 특징은 유럽에까지 그대로 들어갔다고 말할 수 있다. 바
울의 교리에 첫번째 원칙은 그리스도 안에서 율법은 폐기되었다는 것이
다. 사실 그는 마르키온과 마찬가지로 율법은 인간에게 저주였다는 견해
를 가졌다. 그는 이렇게 썼다. "그리스도께서는…… 우리를 율법의 저주
에서 구원해내셨습니다. 그리하여…… 우리는 믿음으로 약속된 성령을
받게 되었습니다."[111] 또 이렇게 썼다. "율법은 그리스도께서 오실 때까지
우리의 후견인 구실을 하였습니다. 그러나 그리스도께서 오신 뒤에는 우
리가 믿음을 통하여 하느님과 올바른 관계를 맺게 되었습니다. 이렇게
믿음의 때가 이미 왔으니 우리에게는 이제 후견인이 필요하지 않습니
다.…… 유대인이나 그리스 인이나 종이나 자유인이나 남자나 여자나 아
무런 차별이 없습니다. 그리스도 예수 안에서 여러분은 모두 한 몸을 이
루었기 때문입니다."[112] 이것은 강렬하고도 멋진 말이다. 그러나 우리는
바로 다음 편지에서 새로운 강제가 적용되고 있음을 읽게 된다. 이것에
대하여 바울은 성서를 인용할 수 있었다.

　형제 여러분, 나는 우리 주 예수 그리스도의 이름으로 여러분에게 호소합니다. 여러분은 모두 의견을 통일시켜 갈라지지 말고 같은 생각과 같은 뜻으로 굳게 단합하십시오…… 내가 여러분에게 쓴 편지에서 음란한 사람들과 사귀지 말라고 하였고…… 만일 어떤 사람이 교인이라고 하면서도 음행을 일삼거나 탐욕을 부리거나 우상을 숭배하거나 남을 중상하거나 술에 취하거나 약탈하거나 한다면, 그러한 자와는 상종하지도 말고 음식을 함께 먹지도 말라는 것입니다…… 여러분은 여러분 가운데에 있는 그 악한 자를 쫓아내십시오…….[113]

　성령께서는 각 사람에게 각기 다른 은총의 선물을 주셨는데, 그것은 공동 이익을 위한 것입니다…… 몸은 하나이지만 많은 지체를 가지고 있고, 몸에 딸린 지체는 많지만 그 모두가 한 몸을 이루는 것처럼, 그리스도의 몸도 그러합니다. 유대인이든 그리스 인이든 종이든 자유인이든 우리는 모두 한 성령으로 세례를 받아서 한 몸이 되었고 같은 성령을 받아 마셨습니다…… 여러분은 다 함께 그리스도의 몸을 이루고 있으며 한 사람 한 사람은 그 지체가 되어 있습니다. 하느님께서는 교회 안에 다음과 같은 직책을 두셨습니다. 첫째는 사도요, 둘째는 하느님의 말씀을 받아 전하는 사람이요, 셋째는 가르치는 사람이요, 다음은 기적을 행하는 사람이요, 또 그 다음은 병 고치는 능력을 받은 사람, 남을 도와주는 사람, 지도하는 사람, 이상한 언어를 말하는 사람 등입니다…….[114]

　모든 사람의 머리는 그리스도요, 아내의 머리는 남편이요, 그리스도의 머리는 하느님이시라는 것을 알아두시기 바랍니다. 남자가 기도를 하거나 하느님의 말씀을 받아서 전할 때에 머리에 무엇을 쓰면 그것은 자기 머리, 곧 그리스도를 욕되게 하는 것입니다. 그러나 여자가 기도를 하거나 하느님의 말씀을 받아서 전할 때에 머리에 무엇을 쓰지 않으면 그것은 자기 머리, 곧 자기 남편을 욕되게 하는 것입니다. 그것은 머리를 민 것이나 다름이 없습니다. 만일 여자가 머리에 아무 것도 쓰지 않아도 된다면 머리를 깎아버려도 될 것입니다. 그러나 머리를 깎거나 미는 것이 여자에게는 부끄러운 일이니 무엇으로든지 머리를 가리십시오. 남자는 하느님의 모습과 영광을 지니고 있으니 머리를 가리지 말아야 합니다. 그러나 여자는 남자의 영광을 지니고 있을 뿐입니다. 여자에게서 남자가 창조된 것이 아니라 남자에게서 여자가 창조되었기 때문입니다. 또한 남자가 여자를 위해서 창조된 것이 아니라, 여자가 남자를 위해서 창조되었기 때문입니다.[115]

바울은 그의 양떼에게 이렇게 썼다. "내가 그리스도를 본받는 것처럼 여러분도 나를 본받으십시오."[116] 이 말은 「요한행전」에서 말하는 것과는 달리 아무도 그리스도에 대한 자기 나름의 이미지를 생각하거나 따라서는 안 되고, 오직 바울과 그의 공동체의 이미지만을 생각하고 따르라는 것이다. 이 공동체의 그리스도에 대한 이미지가 점차 성숙해감에 따라서, 이 공동체의 이름으로 이후 2천 년 동안 서양의 역사가 조각되고 다듬어지게 되었다.

이러한 새로운 일치의 역사에서 첫번째 획기적인 사건은 스테파노를 돌로 쳐죽인 일이었다. 「사도행전」을 보자. "그날부터 예루살렘 교회는 심한 박해를 받기 시작하였다. 그래서 모든 신도들은 유대와 사마리아 여러 지방으로 뿔뿔이 흩어지고 사도들만 남게 되었다."[117]

겁을 먹고 흩어진 사람들은 교리를 예루살렘과 갈릴리 너머로 퍼뜨리게 되었다. 바울은 이 일을 계속 진행시켜서, 유대인의 울타리를 넘어 이방인들에게까지 가서 설교를 하였다. 특히 유대인과 그리스 인(바울이 되풀이하여 사용하는 말이다)이 함께 만나 인종과 문화가 뒤섞이는 상업 도시들을 대상으로 하였다. 바울은 그리스 인들만 있는 아테네에서는 거의 아무런 성공을 거두지 못하였으며, 유대인만 있는 예루살렘에서는 간신히 목숨을 건져서 나왔다.

"바울은 아테네에서…… 그 도시가 온통 우상으로 가득 차 있는 것을 보고 격분하였다." 물론 그 우상들이란 아크로폴리스의 빛나는 예술 작품들로서, 인간 정신이 누린 최고의 영광들 속에 오늘날까지 서 있는 것들이다. 바울은 아레오파고스 한가운데에서 그의 주위에 모여든 사람들("아테네 사람들과 거기에 살고 있던 외국인들은 새것이라면 무엇이나 듣고 이야기하는 것으로 세월을 보내는 사람들이었다.")에게 이렇게 연설하였다. "아테네 시민 여러분, 내가 보기에 여러분은 여러 모로 강한 신앙심을 가지고 계십니다. 내가 아테네 시를 돌아다니며 여러분이 예배하는 곳을 살펴보았더니 '알지 못하는 신에게'라고 새겨진 제단까지 있었습니다. 여러분이 미처 알지 못한 채 예배해온 그 분을 이제 여러분에게 알려드리겠습니다."

물론 이것은 이교도의 관점에서 보자면 초보적인 실수를 저지르는 일이었다. '알지 못하는 신'이란 이름을 붙일 수 있는 것도 아니고 누가 설명을 할 수 있는 것도 아니며, 다만 그저 만물 속에서 자신을 드러내는 것이기 때문이다. 따라서 그것을 잘 안다고 주장하는 것은 완전히 초점을 빗나간 것이다. 게다가 문제가 되고 있는 제단은 '알지 못하는 신'에게 세워진 것이 아니라, 지역의 예배에서는 생략되었을 수도 있는 미지의 중요한 신이나 신들에게 세워진 것이다. 이러한 성격에서라면 바울이 설명하는 신은 쉽게 환영을 받았을 것이다. 그러나 바울은 자신의 신을 그러한 성격을 가진 것으로 설명하지 않았다.

"그 분은 이 세상과 그 안에 있는 모든 것을 만드신 하느님이십니다." 바울은 크세노파네스, 소크라테스, 플라톤, 아리스토텔레스, 제논이 가르쳤던 도시에서 그런 식으로 설교를 해나갔다.

　그 분은 하늘과 땅의 주인이시므로 사람이 만든 신전에서는 살지 않으십니다. 또 하느님에게는 사람 손으로 채워드려야 할 만큼 부족한 것이라곤 하나도 없으십니다. 하느님은 오히려 사람들에게 생명과 호흡과 모든 것을 주시는 분이십니다. 하느님께서는 한 조상에게서 모든 인류를 내시어 온 땅 위에서 살게 하시고 또 그들이 살아갈 시대와 영토를 미리 정해주셨습니다. 이리하여 사람들이 하느님을 더듬어 찾기만 하면 만날 수 있게 해주셨습니다. 사실 하느님께서는 누구에게나 가까이 계십니다. "우리는 그 분 안에서 숨쉬고 움직이며 살아간다"는 말도 있지 않습니까? 또 여러분의 어떤 시인은 "우리도 그의 자녀이다"라고 말하지 않았습니까?

　하느님의 자녀인 우리는 하느님을, 사람의 기술이나 고안으로 금이나 은이나 돌을 가지고 만들어낸 우상처럼 여겨서는 안됩니다. 하느님께서는 사람이 무지하였던 때에는 눈을 감아주었지만 이제는 어디에 있는 사람에게나 다 회개할 것을 명령하십니다. 과연 하느님께서는 당신이 택하신 분을 시켜

440

서 온 세상을 올바르게 심판하실 날을 정하셨고 또 그 분을 죽은 자들 가운데서 다시 살리심으로써 모든 사람에게 그 증거를 보이셨습니다."

이 말을 듣고 어떤 사람들은 바울을 비웃었다. 그러나 어떤 사람들은 "훗날 다시 그 이야기를 듣겠다"고 말하였다. 몇몇 사람들은 바울 편이 되어 예수를 믿게 되었다. 그러나 이 정도의 성과는 실망스러운 것이었다. 그래서 바울은 발에서 아테네의 흙을 털어버리고 상업 도시 코린트로 갔다.[118] 그는 그곳에서 18개월을 살며 그리스 인과 유대인들에게 복음을 가르쳤다.

곧 다시 찾아간 성도(聖都) 예루살렘에서는 아테네에서보다 성과가 더 없었다. 사실 오래전 스테파노가 그의 눈앞에서 성과를 거두지 못하였던 것과 거의 비슷하였다. 그곳에서 바울은 다음과 같은 일을 당하였다.

온 도시가 소란해지고 사람들이 몰려들었다. 그들은 바울을 붙잡아서 성전 밖으로 끌어내었다. 그러자 성전의 문은 곧 닫혔다. 사람들이 막 바울을 죽이려고 할 때에 예루살렘 성안에 폭동이 일어났다는 보고가 로마군 파견 대장의 귀에 들어갔다. 그래서 그는 즉시 군인들과 백인 대장들을 거느리고 현장으로 달려갔다. 바울을 때리고 있던 사람들은 파견 대장과 군인들을 보자 때리던 손을 멈추었다. 파견 대장은 가까이 가서 바울을 체포하고 부하들을 시켜서 쇠사슬 둘로 그를 결박한 다음에 그가 누구인지 또 무슨 짓을 하였는지 물어보았다. 그러나 사람들이 저마다 다른 소리를 하며 소란을 피워서 진상을 알아낼 도리가 없었다. 그래서 파견 대장은 바울을 병영으로 끌고가라고 명령하였다. 바울이 층계까지 끌려갔을 때에 군중이 워낙 난폭하게 굴어서 군인들은 바울을 둘러메고 올가가는 수밖에 없었다. 군중은 뒤따르면서 "그 놈을 죽여라." 하고 소리치고 있었다.[119]

사실 바울은 두 세계 사이에 있었다. 그러나 시간은 그의 편이었다. 위대한 로마 제국 전역의 민족들 사이의 교류에 의해서 폴리스의 종교와 부족신의 종교는 모두 과거의 일이 되었기 때문이다. 나아가서 로마 자체도 이제 곧 절정기를 통과할 운명이었다.

7. 로마의 몰락

　마르쿠스 아우렐리우스의 재위 6년째인 167년, 게르만 인 무리가 라인 강 상류와 다뉴브 강 사이에 있는 로마의 방벽을 뚫고 이탈리아 북부로 쏟아져 들어왔다. 로마는 그들을 쫓아낼 수가 없었기 때문에, 국경 지방 내부의 할당된 토지에서 농부로 정착하는 것을 허용하였다. 마르쿠스 아우렐리우스는 180년에 죽었다. 방탕한 아들 코모두스가 그 뒤를 이었다. 독일, 갈리아, 브리튼, 아프리카 북서부, 유대에서 반란이 일어났다. 183년에 로마 내부에서 생긴 역모는 진압을 하였으나, 결국 그로부터 9년 뒤에 황제는 죽임을 당하였다. 그의 계승자인 페르티낙스는 이듬해에 근위대의 반란으로 쓰러졌고, 이어서 제국의 파국이 시작되었다.

　로마의 군대는 M. 디디우스 율리아누스를 왕좌에 앉히었다. 그러나 시리아에 있는 군대는 C. 페세니우스 니게르를 지지하였다. 브리튼에 있는 군대는 D. 클로디우스 알비누스를 지지하였다. 다뉴브 강 국경 지대에 있는 군대는 L. 세프티미우스 세베루스를 지지하였다. 결국 세베루스가 4년 여의 격전 끝에 승리를 차지하였다. 세베루스는 전쟁의 와중에도 211년까지 엄한 통치 체제를 세웠으며, 그의 아들 카라칼라가 그 뒤를 이었다. 213년에 카라칼라는 침략하여 들어온 게르만 인을 갈리아로 몰아내었으며, 이듬해에는 아르메니아를 정복하였고, 그 이듬해에는 이집트의 반란을 진압하였다. 216년 카라칼라는 파르티아와 대립하였으나, 그 자신의 근위대에 의해서 암살당하였다. 이런 식으로 놀라운 일들이 잇달아 일어났다. 흑해 북부 해안에 살던 고트 인은 해적질을 시작하더니, 지중해로 진출하면서 가는 곳마다 약탈을 일삼았다. 다른 게르만 부족들은 이탈리아로 밀고 들어왔다. 또 다른 부족들은 갈리아와 스페인으로 밀고 들어왔다. 어떤 부족들은 아프리카로 건너갔다. 로마 제국 전역의 도시, 촌락, 농가가 불타오르고 있었다.

　게르만 인은 켈트 인의 북동쪽, 엘베 강 너머 발트 해에서 흑해에 걸치어 살고 있는 아리아 인의 일파였다. 그들은 금발에 눈이 파랗고 기골이 장대하였으며, 켈트 족과 마찬가지로 용감한 전사들이었다. 카이사르 시절에 비해서 힘이 많이 떨어진 로마 군단들은 게르만 인이 버거운 상대라는 것을 알게 되었다. 그러나 점점 강한 힘으로 북쪽 방어선을 압박하고 들어오는 이 반유목민 싸움꾼들은 당시 로마 문명이 맞이하고 있던, 그리고 결국 로마 문명 몰락의 원인이 된 3가지 커다란 위협 가운데 하나일 뿐이었다. 두번째 위협은 티그리스 강 너머, 로마가 제대로 챙기지 못하던 동부 페르시아에서 사산 왕조라는 형태로 나타났다. 사산 왕조는 226년에 파르티아 인들을 누르고 일어선 나라였다. 북부의 게르만 인의 위협은 주로 물리적인 것이었다. 그것은 어떤 의미에서는 유럽 정신 자체의 야만화와 회춘을 의미하는 것이었다. 그러나 새로 나타난 페르시아는 유럽 정신 자체에 위협이 되었다.

디오클레티아누스(284-305년 재위)는 새로운 군사적 세력에 맞서기 위하여 로마 궁정을 소아시아로 옮겼다. 그는 북방의 게르만 인에 비하여 페르시아에 대해서는 비교적 큰 성공을 거두었다. 그러나 페르시아의 동양 신화의 유혹에는 속수 무책이었다. 사산 왕조의 페르시아 인들은 조로아스터교도였다. 이 시대에 『분다히시(*Bundahish*)』를 비롯하여 다른 성스러운 텍스트들이 편집되고, 해석되고, 증보되었다. 그리고 막강한 마기 족 성직자 밑에서 국가 교회가 번창하게 되었다. 서구가 페르시아의 종교 사상에 개방적이었다는 것은 베스파시아누스의 통치기(69-79년)부터 로마 제국 전역에 미트라 신 숭배가 급속히 퍼졌다는 점에서도 알 수 있다. 그러나 페르시아 자체에서 조로아스터교의 부흥은 문화 교류적 공존의 분위기와는 거리가 멀었다. 그것은 진정한 레반트 스타일로서, 이방 세계, 특히 서구, 더 구체적으로는 이전의 파르티아 왕조가 좋아하였던 헬레니즘과 통합주의에 적대적인 것이었다.

디오클레티아누스는 소아시아의 니코메디아에 그의 아시아 궁정을 열어놓고, 아시아 전제 군주의 옷을 입고서 태도를 흉내내었다. 그가 입은, 하늘을 상징하는 가운은 우주의 경계를 정하는 별자리들을 보여주기 위하여 진주를 비롯한 보석으로 장식되었다. 그 한가운데에서 해가 비추었다. 가운 위로는 관을 쓴 황제의 머리가 영광스럽게 솟아 있었다. 영원을 향하여 황금의 문이 열리는 듯하였다. 그의 발은 세상의 발판 위에 있었다. 모두가 그 앞에서 고개를 숙여야 하였다. 나아가서 오래된 아시아의 이상이 위력을 발휘하여, 로마 제국 자체가 동양적인 기계 국가로 변하였다. 아우렐리우스 이후로 세금이 크게 늘었지만, 이제는 각 지역의 세금 징수 책임을 그 지역의 부자들에게 맡기는 것이 관례가 되었다. 부자들은 민중에게서 징수를 하지 못하면 사재를 털어서 세금을 내야만 하였다. 그 바람에 중간 계급이 무너졌다. 농민 계급은 쉴 틈 없는 전쟁 때문에 이미 오래전부터 황폐해진 상태였다. 어디를 가나 빈곤, 구걸, 강도, 폭력이 늘고 있었다. 디오클레티아누스는 이러한 경향을 고치기 위하여 이직(離職)이나 전직(轉職)을 금하는 법을 만들었다. 길드나 조합에 가입하는 것은 의무였으며, 다른 곳으로 바꿀 수도 없었다. 그 결과 실질적인 카스트 체제가 형성되어, 모두가 국가를 위해서 일을 하게 되었다. 임금과 물가도 국가가 결정하였다. 황제의 눈과 귀, 즉 그의 첩자들이 사방에 깔려서 규칙이 지켜지는지 감시하였다. 제임스 브레스티드 교수는 오래전에 이러한 상황을 한 구절로 요약한 적이 있다. 이 구절은 학창 시절 이후 나의 마음을 떠나지 않았다. 자유민들의 아름다운 땅 미국에 다가올 일에 대한 예언처럼 들렸기 때문이다.

　　모든 계급의 시민은 실질적으로 파산해버린 국가에서 엄청난 세금 부담에 짓눌리며 비틀거리고 있었다. 시민은 이제 정부라는 거대한 기계를 움직이는 톱니바퀴의 이에 불과한 존재가 되었다. 그에게는 국가를 위하여 고된 일을 하는 것 외에 아무런 기능이 없었다. 국가는 그의 노동의 열매 가운데 아주 많은 부분을 빼앗아 갔기 때문에, 남은 것을 가지고 간신히 연명을 할 수 있으면 그나마 다행이었다. 시민은 국가를 위한 단순 노동자가 되면서 마침내 나일 강가의 농민이 수천 년 동안 처하였던 상황에 이르렀다. 황제는 파라오가 되었으며, 로마 제국은 고대의 거대한 이집트가 되었다. 혁명의 세기는 결국 디오클레티아누스에 의한 전제적 재조직화로 귀결되고 말았다. 이것은 고대인들의 예술과 문학에 대한 창조적 능력을 완전히 말살하였을 뿐만 아니라, 일과 사업에서의 모든 진보도 짓눌러버렸다. 고대 세계가 문명의 진보에서 한몫을 하였다고 한다면, 그 역사는 디오클레티아누스의 즉위

와 더불어 끝나버렸다.[120]

한편에서는 게르만 인이, 다른 한편에서는 동양이 로마를 궁지로 몰아가는 상황에서, 이제 기독교가 제3의 변화의 힘으로 등장하게 되었다. 디오클레티아누스는 기독교인들을 국가의 적으로 간주하여 엄하게 다스렸다. 그러나 그의 계승자인 갈레리우스(304-311년 재위)는 각각의 민족은 자기 신을 섬길 자격이 있다는 오랜 이교도 원칙에 근거하여 관용 칙령을 발표하였다. 갈레리우스의 죽음과 콘스탄티누스(311-324년 재위)의 즉위 사이의 기간 동안 일어났던 살인, 궁중 음모, 공공연한 전쟁, 대학살 등의 복잡한 막간극 사이에 기독교 문제는 아슬아슬한 상태를 유지하고 있었다. 그러다가 아직 이교도였던 콘스탄티누스가 황위를 놓고 최고의 경쟁자이며 기독교도에게 적대적인 막센티우스와 중요한 전쟁을 준비하는 가운데, 하늘에서 호크 빈케(Hoc vince, 이것으로 정복하라/역주)라는 말이 적힌 십자가가 빛나는 것을 보았다——유명한 전설에 따르면 콘스탄티누스 자신이 그의 전기를 쓴 에우세비우스에게 직접 말한 것이라고 한다. 콘스탄티누스의 군대도 그것을 보았다. 다음날 밤 꿈에 그리스도가 나타나서 콘스탄티누스에게 그 표시를 그의 군기(軍旗)로 삼으라고 하였고, 콘스탄티누스는 그대로 하였다. 그 결과 콘스탄티누스는 승리를 거두었으며, 이후로 십자가에 충성하게 되었다.[121]

기독교사에서 콘스탄티누스 대제가 차지하는 위치는 불교에서 아쇼카가 차지하는 위치와 비교될 수 있다. 둘 다 각각의 구세주보다 3백 년 늦게 태어났으며, 둘 다 정치에, 심지어 당대의 사회 질서에 무관심하던 종교를 제국의 세속적 종교로 바꾸어놓았다. 연도를 비교하면 다음과 같다.

예수 그리스도 　　　　　　　고타마 붓다
기원전 3년경-서기 30년 　　　기원전 563-483년
콘스탄티누스 대제 　　　　　 아쇼카 대왕
324-337년 재위 　　　　　　 기원전 268-232년 재위

그러나 아쇼카는 비폭력과 종교적 관용을 설교하고 실행에 옮겼던 반면,[122] 콘스탄티누스는 황위에 오르자마자 2개의 이단을 근절하는 일에 착

수하였다. 첫번째 이단은 북아프리카의 도나투스파였다. 이들은 성례(聖
禮)의 효능이 사제의 영적 상태에 따라 달라진다고 주장하였다. 나아가서
신앙을 배반하는 사람은 신앙이 아니라 죄를 소유하고 있는 것(qui fidem
a perfido sumserit, non fidem percipit sed reatum)이라고 말하였다. 이러
한 이단에 대한 정통파의 답변은, 성례는 사람 때문이 아니라 그 자체로
성스럽다(sacramenta per se esse sancta, non per homines)는 것이었다.
만일 도나투스파의 주장이 맞다면 교회의 의식 체계 전체가 성직자의 도
덕성에 의존하게 된다. 따라서 자신이 치른 어떠한 의식이 초자연적인
효능을 지닌 것인지 아닌지 아무도 확신할 수 없게 된다. 거꾸로 도나투
스파의 주장이 틀리다면, 성례는 설사 이단이나 이방인이 주재하더라도
효능을 가지게 된다. 이것이 이 논쟁에서 위험한 점이었다.

　콘스탄티누스가 직면하였던 두번째 이단은 훨씬 더 본질적인 것이었
다. 그것은 아리우스의 추종자들이 신봉하는 교리였다. 아리우스는 그리
스도가 '진정한 하느님'도 '진정한 인간'도 아니라고 주장하였다. 그들은,
하느님은 절대 알 수 없는 존재이며 또 혼자라고 단언하였다. 그리스도
는 육화 이전에도 존재하기는 하였지만 어디까지나 창조된 존재이며, 따
라서 진정한 하느님이 아니다――다른 모든 피조물의 창조자로서 숭배할
만하기는 하지만 말이다. 또 '아들'은 예수로 육화하면서 인간의 몸은 가
졌지만, 인간의 영혼은 가지지 않았다. 따라서 예수는 '진정한 하느님'도
'진정한 인간'도 아니라는 것이었다.[123]

　신앙의 차이에 대한 아쇼카와 콘스탄티누스의 태도를 비교할 때 어쩌
면 다음과 같은 점을 고려하여야 할지도 모르겠다. 이미 제국을 얻은 아
쇼카는 자신의 군대가 저지르는 대학살과 약탈의 끔찍한 광경에 영혼 깊
은 곳에서 가책을 느끼어 남에게 해를 주지 않고 동정심을 가지는 불교
의 윤리로 돌아섰다. 반면 콘스탄티누스는 미래의 승리에 대한 비전을
보면서 개종을 하였는데, 그 이후 이 종교는 기독교라고 부르게 되었
다――물론 그것이 그리스도가 사막에서 유혹을 받았다는 교훈과 어떻게
연결되는지 해석하기는 어려운 일이지만 말이다.* 그러나 또 하나 주목
할 것은, 아쇼카의 불교 제국은 그가 죽고나서 불과 50년 뒤에 무너졌지

만, 콘스탄티누스의 기독교 제국은 그가 황위에 오르고 나서 1,129년 뒤에 콘스탄티노플이 터키에 함락될 때까지 계속되었다는 점이다. 따라서 동양과 서양에서 2개의 위대한 세속적 구원 종교의 대조적인 운명은 처음으로 개종을 한 위대한 왕들의 대조적 성격에 의해서 결정된 것이지, 그 왕들이 관련을 맺은 예언자들에 의해서 결정된 것은 아니라고 할 수 있다. 이것이 우리의 주제에 대한 일반 이론의 관점에서 핵심적인 부분이다.

부처는 사제(四諦)의 첫번째로서, "모든 삶은 괴로움"이라고 말하였다. 아쇼카도 고난을 제일 처음 순서로 놓았다(비록 부처의 강도에는 못 미치겠지만). 따라서 아쇼카 왕의 칙령에는 그 가르침의 본질이 정직하게 보존되어 있다. 그는 비폭력과 동정심을 진지하게 촉구하였다. 그러나 서양에서 그리스도의 종교는 콘스탄티누스와 더불어 정치의 시녀(조금 나은 경우에는 주인공을 돕는 요정)가 되었다. 그리고 그리스도로부터 사회적 질서의 지배를 위한 권위를 빌려왔다. 그러나 그리스도 자신은 "나의 왕국은 이 세상 것이 아니다. 만일 나의 왕국이 이 세상 것이라면 나의 부하들이 싸웠을…… 것이다"[124]라고 말하였다고 전해진다. 따라서 "당신은 사회에 관심이 있는가 아니면 진리에 관심이 있는가?"하는, 세상을 둘로 나누는 질문에 대하여 콘스탄티누스는, 정직하게 말한다면, "전자에 관심이 있다." 하고 대답하여야 할 것이고, 아쇼카는 "진리에 관심이 있다." 하고 대답할 것이다.

그런데 묘하게도, 서양에서는 구세주의 종교가 정치와 동일시되는 타락의 역사를 거치는 대신 서양의 정치 관행은 그 영향으로 순화되어 왔다. 반면 동양의 정치 사상은 오늘날까지도 자연의 기본적 정치 법칙에 의해서 관장되어 왔다. 그 법칙이란 단순하고 영원한 '물고기의 법칙'(산스크리트로는 마트샤 니아야[matsya nyāya])이다. 즉 큰 물고기가 작은 물고기를 잡아먹고, 작은 물고기는 똑똑해야 한다는 것이다.

콘스탄티누스 대제는 274년경 다키아(현재의 루마니아)에서 태어났다.

---

* 403-406쪽 참조.

그의 어머니 헬레나는 비티니아(소아시아 북서부) 출신의 지체가 낮은 여자로서 콘스탄티우스의 첩이었다. 콘스탄티우스는 293년 그녀를 내치고 막시미아누스의 양녀 테오도라와 결혼하였으며, 곧 로마의 카이사르가 되었다. 젊은 콘스탄티누스는 디오클레티아누스 황제의 아시아 궁정으로 갔다. 그는 디오클레티아누스 황제와 함께 이집트까지 진군하였다. 그곳에서 장차 카이사레아의 주교가 될, 그리고 그 다음에는 그의 전기를 저술할 에우세비우스를 만났다. 젊은 왕자 콘스탄티누스는 미네르비나라는 젊은 여자를 첩으로 맞아서, 그녀로부터 아들 크리스푸스를 낳았다. 그리고 일찌감치 293년에 크리스푸스를 막시미아누스의 갓 태어난 딸 파우스타와 약혼시켰다. 콘스탄티누스는 궁정에서 일이 꼬이는 바람에 갈리아로 탈출하였다. 그는 아버지가 브리튼의 반역을 진압하다가 죽자 그 일을 떠맡았고, 이어서 곧 제국 서쪽의 지휘권을 얻게 되었다. 그가 306년에서 312년까지 갈리아에서 전쟁을 벌인 일에 대해서는 이러한 기록이 남아 있다. "그는 야만족의 왕들을 그 추종자 수천 명과 함께 짐승들의 먹이로 주면서, 비록 이교도였지만 감정적인 충격을 받게 되었다."[125] 우리는 또 그가 니케아 종교 회의를 소집하여 주재하면서 모든 인류를 위하여 하느님의 의지와 본성을 선포하고 규정한 뒤, 거의 즉시 어떤 알 수 없는 이유로 아들 크리스푸스와 며느리 파우스타를 죽였다는 것을 알고 있다. 파이드라의 비극(의붓아들을 사랑하였으나 거절당하자 그를 남편에게 참소하고 자살함/역주)과 비슷한 일이 있었다는 암시가 있었지만, 그 이유야 어쨌든 간에 콘스탄티누스는 아쇼카보다는 엄한 기질을 가진 사람이었다는 것은 분명하다.

콘스탄티누스 대제는 324년 제국 전체를 손에 넣자 그것을 단일한 영적 덩어리로 용접하는 일에 착수하였다. 이 목적을 위하여 325년에 니케아 종교 회의를 소집하였다. 이 종교 회의에는 전국 각지에서 3백 명의 주교들이 참석하였으며, 이들은 통일의 필요성에 대한 황제의 설교를 들은 뒤 일에 착수하여 우선 부활절 날짜를 확정하였다. 이어서 아리우스파를 파문하였다. 이 종교 회의에서 마침내 받아들여진 신조(알렉산드리아의 아타나시우스라는 젊은 부제가 작성한 것이다)는 다음과 같다.

우리는 전능하신 아버지 하느님 한 분을 믿는다. 그는 하늘과 땅을 창조하신 이요, 보이는 것이나 보이지 않는 모든 것을 창조하신 이다.

우리는 한 주 예수 그리스도를 믿는다. 그는 하느님의 독생자이시며,

하느님의 본질(우시아[οὐσία])로부터 나왔으며,

하느님으로부터 나온 하느님이시요, 빛으로부터 나온 빛이시요, 참 하느님으로부터 나온 참 하느님이시다. 그는 피조되신 것이 아니라 하느님으로부터 태어나셨다. 그는 아버지와 동일 본질(오모우시온[ὁμοούσιον])을 가지신다.

그에 의하여 하늘에 있는 것이나 땅에 있는 것이나 모든 것이 지어졌다.

그는 우리 인간을 위해서 그리고 우리의 구원을 위해서 내려오셨고, 몸을 입으셨고, 사람이 되셨고, 고난을 당하셨고, 사흘 만에 부활하셨고, 하늘에 오르셨고, 산 자들과 죽은 자들을 심판하러 오실 것이다.

그리고 성령을 믿는다.

그러나 "전에는 그가 없었다", "그가 태어나기 전에 그는 없었다", "그는 없었던 것들로 지으심을 받았다." 하고 말하는 자들 또는 하느님의 아들은 다른 본질을 가지고 있다거나(에츠 에테로스 우시아스 에 우포스타세오스 [ἐξ ἑτέρος οὐσίας ἢ ὑποστάσεως]), 피조되었다거나, 도덕적 변화나 개조에 종속된다고 주장하는 자들——이들은 가톨릭과 사도의 교회가 파문한다.[126]

콘스탄티누스 대제의 통치기에 기독교는 제국의 이교도 종교들과 동등한 지위를 부여받았다. 그러나 50년 뒤 테오도시우스 대제(379-395년 재위)의 통치기에는 기독교가 유일하게 허용되는 종교가 되었다. 이렇게 해서 그 이후로 '암흑 시대'라고 알려지게 된 시기가 황제의 칙령에 의하여 시작되었다. 에드워드 기번은 그 출발점에 대하여 이야기해준다. 나로서는 위대한 고전 시대의 막을 내리는 데에 기번의 고전적인 산문의 한 구절을 인용하는 것보다 더 적절한 방법이 생각나지 않는다.

기번은 로마의 여러 지방의 장면들을 개괄한 뒤에 이렇게 말하고 있다.

사도적 열정에 고무된 주교 테오도레가 부른 호칭대로 하자면 거룩하고 탁월한 마르켈루스는 시리아에서 아파메아의 주교 관구내에 있는 웅장한 신

전들을 파괴해버리겠다고 결심하였다. 그러나 그의 공격은 기술과 단결로
건설된 유피테르의 신전들을 쉽게 무너뜨릴 수 없었다. 건물은 높은 곳에
자리 잡고 있었다. 네 면의 위에는 높은 지붕이 얹혀 있고, 15개의 육중한
기둥이 그것을 지탱하고 있었다. 기둥의 둘레는 5미터였다. 기둥을 이루는
커다란 돌들은 납과 철로 단단히 붙어 있었다. 가장 단단하고 날카로운 연
장으로 힘을 써보았으나 효과가 없었다. 그는 결국 기둥의 기초를 파내어야
한다는 것을 알게 되었다. 임시적인 목재 기둥을 불로 태워버리자 기둥은
쓰러졌다. 이 일의 어려움은 검은 악마라는 비유로 묘사되고 있다. 검은 악
마는 그리스도의 기술자들의 일을 꺾지는 못하였지만 지체시켰다는 것이다.
마르켈루스는 이 승리에 의기 양양하여 어둠의 세력들과 싸우고자 몸소 출
전을 하였다. 주교의 깃발 아래 헤아릴 수 없이 많은 병사와 검투사들이 진
군하였다. 마르켈루스는 아파메아의 주교 관구에 있는 촌락과 시골 신전들
을 잇따라 공격하였다. 이 믿음의 투사는 저항이나 위험에 불안을 느낄 때
면, 창이나 화살이 닿지 않는 안전한 거리에 자리를 잡았다. 그는 절름발이
여서 싸울 수도 달아날 수도 없었기 때문이다. 그러나 그는 결국 이러한 신
중함 때문에 죽음을 맞게 되었다. 일군의 성난 농부들의 기습 공격을 받아
서 죽임을 당한 것이다. 지역 교회 회의에서는 지체 없이 거룩한 마르켈루
스가 하느님의 대의를 위하여 목숨을 바쳤다고 선언하였다. 이 대의를 지지
하여 수도사들이 사막으로부터 왁자하게 달려왔다. 열정과 부지런함으로 돋
보이는 사람들이었다. 그들은 이교도들의 증오를 받을 만하였다. 또 그들 가
운데 일부는 탐욕과 무절제라는 비난을 받을 만하였다. 그들은 민중의 희생
을 대가로 그러한 악덕에 탐닉하였기 때문이다. 그럼에도 불구하고 민중은
어리석게도 그들의 너덜너덜한 누더기, 시끄러운 찬송가 영창, 인공적인 창
백함을 존경하였다. 몇 개의 신전들은 민간 또는 교회 통치자들의 공포, 매
수, 취향, 신중함 때문에 보호를 받았다. 카르타고에 있는 하늘의 베누스 신
전은 둘레가 3킬로미터에 이르는 성스러운 공간을 확보하고 있었는데, 현명
하게도 그리스도의 교회로 전환하였다. 비슷한 방식의 봉헌을 통하여 로마
만신전의 웅장한 돔도 멀쩡하게 보존되었다. 그러나 로마 세계의 거의 모든
지방에서 열광자들의 군대는 권위도 규율도 없이 평화로운 주민들을 침략하
였다. 지금도 고대의 가장 아름다운 구조물들의 폐허는 그러한 힘겨운 파괴
를 자행할 시간과 의향을 가지고 있던 그 유일한 야만인들의 만행을 보여주
고 있다……

450

로마 제국의 신전들은 버려지거나 파괴되었다. 그러나 이교도들의 교묘한 미신은 여전히 테오도시우스의 법을 피하려고 하였다. 테오도시우스의 법에 따르면 모든 희생제의가 엄격하게 금지되어 있었다. 악의에 찬 호기심의 눈초리에 행동을 노출시키는 일을 그런 대로 피할 수 있었던 시골 주민들은 종교적인 모임을 잔치 모임으로 위장하였다. 거룩한 축제 때가 되면 그들은 신성한 나무들의 넓은 그늘에 모여들었다. 거기서 양과 소를 도살하고 구웠다. 이러한 시골 연회는 향을 사용하고 여러 신을 기리는 찬송가를 부름으로써 종교적 정당성을 얻었다. 그러나 동물의 어떠한 부분도 번제(燔祭)로 드리지 않았다. 피를 받을 제단도 없었다. 이전의 소금떡 봉헌과 마지막 봉헌 의식도 주의 깊게 생략하였다. 따라서 이 축제 모임들은 손님들이 죄를 지은 것도 아니고, 불법적 희생제의에 따른 벌을 받을 일도 아니라고 주장할 수 있었다. 사실이나 차이점이 어떤 것이든 간에, 이러한 헛된 위장은 테오도시우스의 마지막 칙령으로 일소되었다. 그 칙령은 이교도들의 미신에 치명상을 입혔다. 이 금지법은 절대적이고 포괄적인 용어를 사용한다. 황제는 말한다. "짐의 백성 가운데 공직에 있는 사람이건 일반 시민이건, 그 지위나 신분이 높건 낮건, 어떤 도시나 어떤 장소에서도 죄 없는 짐승의 희생으로 생명 없는 우상을 섬기지 않도록 하는 것이 짐의 의지이자 기쁨이다." 희생 행위와 희생물의 내장으로 점을 치는 행위는 국가에 대한 중대한 반역죄(조사 대상에 관계없이)로 선포되었다. 이 죄는 죽음으로만 갚을 수 있었다. 유혈이나 극악함에서 그보다 덜하다고 볼 수 있는 이교도 미신 의식들은 종교의 진리와 명예에 심각한 손상을 준다는 이유로 폐지되었다. 태양이나 달, 화환, 유향, 포도주 등과 관련된 것들은 특별히 거명되어 비난을 받았다. 이 엄한 금지령에는 해로울 것이 없는 가정의 수호신이나 집안의 신도 포함되었다. 이러한 불경스럽고 불법적인 의식을 거행하는 자는 그 의식을 거행한 집이나 토지를 몰수당하였다. 만일 의식을 거행하는 자가 교활하게도 다른 사람의 소유지를 불경 행위의 장소로 선택하면, 지체 없이 금 25파운드라는 무거운 벌금을 물어야 하였다. 각각의 맡은 바 의무를 방만히 하여 종교의 은밀한 적들을 묵인하는 행위에 대해서도 우상 숭배의 죄를 드러내거나 벌하기 위하여 그에 못지 않은 벌금을 물리었다. 이것이 테오도시우스의 법의 박해 정신이었다. 이것은 그의 아들과 손자들에 의해서 되풀이하여 집행되었으며, 기독교 세계는 만장 일치로 열렬히 지지하였다……

소피스트들은 이교도 종교의 폐허를 무시무시하고 놀라운 장관으로 묘사한다. 그 폐허는 지구를 어둠으로 덮고, 고대의 혼돈과 밤의 지배를 되살려 놓는다. 소피스트들은 엄숙하고도 처량한 가락으로, 신전들이 무덤으로 바뀌었으며, 신상으로 장식되었던 거룩한 곳들이 기독교 순교자들의 유물로 천하게 오염되었다고 말한다. "수도사들(에우나피우스의 눈으로 볼 때 이들은 인간의 이름을 부여하고 싶은 마음이 들지 않는 더러운 짐승의 종족이었다)은 새로운 종교의 입안자들이다. 그 종교는 인간의 이해에서 나온 신들 대신, 가장 비열하고 가장 한심한 노예들을 가져다놓았다. 불명예스러운 죽음을 당할 만한 많은 죄를 짓고 사형에 처해진 악명 높은 악인들의 소금에 절인 머리들. 행정 장관들의 선고에 따른 고문으로 인하여 생긴 채찍 자국과 상처 자국이 그대로 남아 있는 몸들. 이러한 것들이 오늘날 땅이 내놓는 신들이다. 이러한 것들이 순교자들이며, 신을 향한 우리의 기도와 청원의 최고의 중재자들이다. 그들의 무덤은 이제 사람들의 숭배 대상으로 신성시되고 있다."

……(기번은 결론을 내린다.) 사제단은 성자들의 유물이 황금이나 보석보다 더 귀중하다는 만족스러운 경험에서 자극을 받았다. 그들은 교회의 보물을 늘이기 시작하였다. 진실성이나 확실성에 대해서는 별로 고려하지 않고 뼈에 이름을 가져다 붙였고, 이름에 행동을 가져다 붙였다. 사도들의 명성, 그리고 그들의 덕을 모방한 성자들의 명성은 종교적 허구 때문에 흐릿해졌다. 사제단은 최초의 진짜 순교자들이 몸담은 불굴의 집단에 수없이 많은 가공의 영웅들을 보태었다. 그러한 영웅들은 교묘한 환상이나 속기 쉬운 전설이 아니면 어디에도 없었던 인물들이다. 성인 대신에 악인의 유골이 숭배를 받는 주교 관구는 투르 하나만이 아니었다고 생각할 만한 이유가 있다.[127]

테오도시우스 대제는 395년에 죽었다. 그로부터 정확히 15년 뒤, 알라릭 지휘 하의 서(西)고트 인들이 로마를 유린하였다. 성 아우구스티누스(서기 354-430년)는 그의 대저『신의 도시(The City of God)』에서, 로마가 자기 나름의 신들 밑에서 천 년을 번성하였음에도 그리스도에게로 돌아서자 망하고 말았다는 공격에 대하여 답변을 제시하였다. 이 선한 주교는 '인간의 도시', 죄와 저주의 도시는 몰락하였다는 것을 인정한 다음, 그 대신 '신의 도시', '교회', '그리스도의 살아 있는 몸'은 영원토록 유지

될 것이라고 주장하였다. 이어서 아우구스티누스는 전문가로서 이렇게 말한다.

그 축복받은 도시에서는 큰 축복이 있을 것이다. 즉 열등한 자가 우월한 자를 질투하지 않는 축복이다. 천사들이 천사장을 질투하지 않는 것과 마찬가지이다. 아무도 자신이 받지 못한 것을 원하지 않으면서, 받은 사람과 엄정한 조화를 이루며 살 것이기 때문이다. 몸에서 손가락이 눈이 되기를 바라지 않으면서, 둘 다 몸이라는 완전한 구조 속에 조화롭게 자리 잡고 있는 것과 마찬가지이다. 따라서 각 사람은 크든 작든 자신이 받은 은혜와 더불어서, 자신의 것 이상을 바라지 않고 만족하는 은혜도 받게 될 것이다.[128]

다 좋은 이야기이다! 그러는 동안 유럽 전역에서는 유럽만이 아니라 아시아의 야만인도 거침없이 돌아다니고 있었다. 훈 족 아틸라는 전투 기마병들 무리를 이끌고 러시아 스텝 지방에서 유럽으로 들어왔다. 그는 현재의 부다페스트 근처에 야만적 당당함이 돋보이는 수도를 건설하고, 453년에 죽을 때까지 대륙의 반을 약탈하였다. 반달 인은 스페인을 통하여 아프리카까지 쏟아져 들어갔다. 그 뒤에는 서고트 인이 스페인에 서고트 왕국을 세웠다. 로마 인들이 방치한 브리튼에는 게르만 인에 속하는 주트 인, 앵글 인, 색슨 인이 들어가서 정착하였다. 프랑크 인은 갈리아에 자리를 잡고, 그곳에 프랑스라는 이름을 붙였다. 로마는 기독교로 개종한 게르만 인 장교들이 관장하게 되었다. 그 장교들은 일련의 애처로운 꼭두각시 황제들을 세웠다가 눕혔다가 하였다. 그러다가 476년 9월, 키가 크고 잘생긴 오도아케르가 직접 권력 장악에 나섰으며, 그후 324년 동안 서방에는 황제가 없었다. 그로부터 324년 뒤인 서기 800년 성탄절, 또 다른 게르만 인 샤를마뉴는 로마의 성 베드로 교회에서 교황 레오 3세의 손으로부터 황금관——아후라 마즈다의 빛나는 상징——을 받아서 자신의 머리에 얹었다.

제4부 위대한 신앙의 시대

머리말 : 유럽과 레반트의 대화

트라야누스(98-117년)와 그의 계승자인 하드리아누스(117-138년)의 통치기 동안 로마의 건축에는 돔과 아치의 형태들이 나타나기 시작하였다. 그와 더불어서, 슈펭글러가 인식하였듯이, 융성하는 레반트의 세계 감각이 나타났다. 그의 말을 빌면, "만신전은…… 모든 이슬람 사원들 가운데 최초의 것이다."[1] 동시에 황제들의 상반신 초상화의 눈동자에 권태의 빛이 나타나기 시작하였다. 반면 그 이전 고전 시대 조각의 눈들은 마치 멀어버린 것 같았다. 그때는 내적인 정신이 허공을 응시하지 않았다.[2] 그리스 사원들은 기둥들로 외부를 강조하고 안에는 성상 안치소밖에 없었다. 따라서 내적 공간감은 없고 외적 물질감만이 있었다. 마찬가지로 고전 시대 인간에게는, 다시 슈펭글러의 말을 빌면, "몸의 신전 역시 '내부'가 없었기 때문이다."[3]

이와는 대조적으로 이슬람 사원은 온통 내부뿐이다. 이것은 건축적으로 세계-동굴을 표현한 것이다. 이것이 레반트의 정신에는 우주의 영적 형식의 적절한 상징으로 보였다. 슈펭글러는 그것에 대하여 이렇게 쓰고 있다. "구형과 다각형의 교묘하고 혼란스러운 상호 침투. 무거운 것이 원통형 받침 위에 묘하게 얹혀 있어서 마치 무게 없이 높은 곳에 둥둥 떠 있는 느낌을 준다. 그러면서도 출구 없이 내부를 막고 있다. 모든 구조적

선들은 감추어져 있다. 돔의 핵심에 있는 작은 구멍을 통하여 희미한 빛이 들어오지만, 더욱 냉혹하게 안은 벽뿐이라는 것을 강조할 따름이다. 이러한 것들이 우리가 이러한 예술의 걸작들, 즉 라벤나의 성 비탈레, 콘스탄티노플의 하기아 소피아, 예루살렘의 '바위의 돔'(오마르 이슬람 사원) 등에서 볼 수 있는 특징들이다."[4]

어디에나 충만하여 경외감을 불러일으키는 한정된 공간과 시간 감각은 레반트의 모든 신화——유대교, 조로아스터교, 미트라교, 마니교, 동방 기독교, 신플라톤주의, 그노시스주의, 고전 시대 후기의 신비주의, 이슬람을 막론하고——에 가득하다. 이것은 알라딘의 동굴과 비슷하다. 그 안에서 빛과 어둠, 선과 악, 은총과 의지, 영과 영혼이 상호 작용을 한다. 그럼으로써 역사가 아니라, 신적인 동기를 가진 힘들과 악마적인 동기를 가진 힘들 사이의 강력한 동화를 창조해낸다. 이 세계에서 개인을 보는 관점도 거기에서 파생된다. 그것은 사실 개인을 보는 관점이 아니라, 큰 유기체의 하나의 기관이나 부분을 보는 관점이 되어버린다. 예를 들어서, '그리스도의 살아 있는 몸'에 대한 바울이나 아우구스티누스의 관점이 그러하다. 세계 동굴 어디에서나 그러하듯이 모든 존재 내부에서도 '정신'과 '영혼'이라는, 서로 반대되면서도 어디에나 충만한 2개의 원리가 작용을 한다. 가령 헤브루의 루아치(ruach)와 네페시(nephesh), 페르시아의 아후(ahu)와 우르반(urvan), 만다이즘교도(이라크 남부에 현존하는 그노시스파 기독교 교도/역주)의 마누메드(manuhmed)와 기안(gyan), 그리스의 프네우마(pneuma)와 프시케(psyche)가 모두 그러한 것이다.

슈펭글러는 말한다. "루아치는 원래 '바람'이라는 뜻이다. 네페시는 늘 이러저러한 식으로 육체적이고 세속적인 것, 아래, 악, 어둠과 관련된 것이다. 네페시는 '위로 올라가려고' 노력을 한다. 루아치는 성스러운 것에, 위에, 빛에 속한다. 그것이 아래로 내려올 때 인간에게 일으키는 결과는 삼손 같은 사람의 영웅주의이며, 엘리야 같은 사람의 거룩한 분노이며, 판관의 계몽(재판을 하는 솔로몬)이며, 온갖 종류의 예언과 환희이다. 루아치는 흘러나오는 것이다."[5]

이질적인 유산의 여러 형식을·통하여 새롭게 발전하는 문화의 표현을 슈펭글러는 "가상화(假像化)"라고 불렀다. 이것은 광물학에서 나온 말로, 원래는 내적 구조와는 어울리지 않게 바위의 틈이나 다른 틀 내부에서 고체화된 수정의 기만적인 외적 형태, 즉 "잘못된 형성물"을 가리키는 말이다. 슈펭글러는 이 범주를 다음과 같이 정의한다.

"역사적 가상화"라는 용어를 통해서 나는 오래된 이질적인 문화가 육중하게 자리를 잡고 있는 곳에서 새로 태어난 젊은 문화가 제대로 숨을 쉬지 못하여, 순수하고 구체적인 표현 형태를 얻지 못할 뿐만 아니라 그 나름의 자의식을 완전하게 계발하지도 못하는 경우를 가리키고자 한다. 젊은 영혼으로부터 솟아오르는 모든 것은 낡은 틀에 맞추어지며, 젊은 감정들은 노쇠한 작품들 속에서 뻣뻣해진다. 그 결과 자신의 창조력 안에서 성장하는 대신 멀리 있는 힘을 미워할 수밖에 없다. 이 증오는 점점 괴물처럼 커진다.[6]

슈펭글러가 보여주듯이, 레반트 문화의 경우 이러한 조건은 처음부터 끝까지 가지가지 방식으로 유지되었다. 가장 이른 발아 단계에는 완전히 고대 바빌로니아 문명이라는 영역내에 놓여 있었다. 그후 동고트 족(493-555년까지 이탈리아를 지배한 종족/역주)만큼이나 원시적인 작은 페르시아 씨족의 독재가 이어졌다. 이들의 지배는 기원전 529년경부터 알렉산더에게 정복당할 때까지 2백 년 동안 이어졌는데, 이는 지쳐버린 바빌로니아 주민의 한없는 피로에 기초를 두고 있었다. 슈펭글러는 말한다. "그러나 기원전 300년부터는 시나이 산에서 자그로스 산맥 사이에 살던, 아람 말을 쓰는 젊은 민족들에게서 커다란 각성이 시작되어 밖으로 퍼져나가기 시작한다." 그러나 바로 이 시점에 마케도니아 인들이 들어와서, 인도와 투르키스탄에 이르기까지 고전 문명이라는 얇은 이불을 덮어버렸다. 폼페이우스가 시리아에서 승리를 거두고, 이어서 아우구스투스가 악티움에서 승리를 거두게 되자(기원전 30년), 이번에는 로마의 묵직한 토가(고대 로마 시민의 긴 겉옷/역주)가 그 땅을 덮어버렸다. 그 이후 수백 년 동안, 이슬람이 갑작스러운 형태로 폭발하다시피 터져나오기 전까지, 레반트의 사고와 감정은 학자들이 대체로 유럽 문명의 고전 단계에서 고딕 단계로의 과도기 기간이라고 일관되게 잘못 해석해온 형태로 자신을 표현할 수밖에 없었다——페르시아의 사산 왕조의 왕들이 이룩한 해방된 영역은 예외이지만 말이다.

슈펭글러는 대다수의 학자들과는 다른 시각을 가졌던 유일한 학자인 것 같다.

마기 족의 문화는 지역적으로나 문화적으로 더 높은 수준의 문화 집단 한복판에 자리 잡고 있다. 그것은 공간적으로나 시간적으로나 다른 거의 모든 문화와 연계되어 있는 유일한 문화이다. 따라서 우리가 세계에 대한 그림 중에서 마기 족의 역사 전체의 구조를 이해하려면 외적인 틀들이 왜곡시킨 진정한 내적 형식을 인식해야 한다. 불행히도 우리는 아직 그 형식을 모르고 있다. 그것은 일차적으로 신학적이고 철학적인 선입관 때문이다. 나아가서, 훨씬 더 중요한 것으로, 근대의 과도한 전문화 경향 때문이다. 이것 때문에 서양의 연구는 비합리적일 정도로 많은 지류로 나뉘었으며——이들이 서로 구별되는 것은 그 자료와 방법 때문만이 아니라 그 사고 방식 때문이기도 하다——그 결과 큰 문제는 전혀 보지도 못하게 되어버렸다. 우리가 관심을 가지는 부분에서 전문화의 결과는 다른 어느 경우보다 심각할 수도 있다. 엄격한 의미의 역사학자들은 고전 철학의 영역내에 머물면서, 고전 언어의 변경을 그들의 동쪽 한계로 설정한다. 따라서 그들은 그들의 경계선 좌우에서 일어나는 발전의 깊은 통일성을 인식하지 못하며, 그 통일성은 정신적으로 존재하지 않는 것이 되어버렸다. 그 결과는 "고대", "중세", "근대" 역사라는 관점이다. 이것은 그리스 어와 라틴 어의 사용 여부에 의해서 규정되고 순서가 결정된다. 고대 언어 전문가들에게는, 그들이 이용할 수 있는 "텍스트"로서는 악숨, 사바, 심지어 사산 왕조의 영역조차 난공 불락이다. 그 결과 "역사"에서 이러한 것들은 전혀 존재하지 않는다. 문헌학자(동시에 언어학자이기도 하다)는 언어의 정신을 작품의 정신과 혼동한다. 아람 어 영역에서 나온 산물도 그것이 그리스 어로 쓰여졌거나 그리스 어로 보존되어 있기만 하다면, 문헌학자는 그것을 그의 "후기 그리스 어 문헌"에 통합시키고, 그것을 그 문헌이 나온 특별한 시기로 분류한다. 그러나 같은 계통에서 나온 텍스트라도 언어가 다르면 그의 분야 바깥에 있는 것이며, 따라서 똑같이 인공적인 방법으로 다른 문헌 집단에 들어가게 된다. 그러나 여기에 문헌의 역사는 언어의 역사와 절대 일치하지 않는다는 가장 강력한 증거가 있다. 실제로 마기 족의 민족 문학이라는 독립적인 하나의 묶음이 존재하였다. 이것은 정신적으로 단일한 것이다. 그러나 몇 가지 언어로 기록되었다. 그 언어들 가운데 하나가 고전 언어이다. 마기 족과 같은 민족에게는 모국어가 없기 때문이다. 탈무드, 마니교, 네스토리우스교, 유대교, 심지어 신피타고라스주의의 민족 문학은 있으나, 헬레니즘이나 헤브루의 민족 문학은 없다.

신학 연구도 다양한 서유럽의 신앙 고백에 따라서 그 영역을 세분화하였다. 그렇게 함으로써 기독교 신학에도 서양과 동양 사이의 "언어학적" 경계가 힘을 얻게 되었으며, 이것은 여전히 힘을 발휘하고 있다. 페르시아 세계는 이란 언어학자의 손에 넘겨졌다. 『아베스타(Avesta)』의 텍스트는 아리아 말의 방언으로 쓰여지지는 않았지만, 어쨌든 그 언어로 배포되었다. 그렇기 때문에 그것이 제기하는 거대한 문제는 인도학자의 작업 가운데 작은 지류로 여겨지게 되었으며, 기독교 신학의 시야에서는 완전히 사라져버렸다. 마지막으로, 헤브루 언어학이 구약 연구의 한 전문 분야에 국한되어 있기 때문에 탈무드 유대교의 역사는 별도의 대접을 받은 적이 없을 뿐만 아니라, 내가 알고 있는 모든 주요한 종교 역사에서 완전히 잊혀져버렸다. 그럼에도 종교사 연구에서는 모든 인디언 분파(민담이 전문 분야로서 한 자리를 차지하고 있기 때문이다), 거기에다가 모든 원시적인 니그로 신앙에는 자리를 할당하고 있다. 이것이 오늘날 역사 연구가 감당하여야 할 가장 큰 과제에 대한 학문적 준비 상태이다.[7]

이 책의 나머지 부분에서 우리는 레반트와 유럽이라는 2개의 커다란 정신 세계의 상호 작용의 윤곽을 살펴볼 것이다. 수많은 특수한 전통들 가운데 가장 중요한 것조차도 제대로 언급하지 못할 것이다. 어쨌든 이것을 살펴보려면 상호 오해와 자기 오해라는 다채로운 미로를 거치며 가야 한다. 이렇게 하는 과정에서 2가지 대조적인 가상화가 나타날 것이다. 그중 하나에 대해서는 슈펭글러가 방금 이야기하였다. 즉 레반트적인 형태들이 그리스-로마적인 방식이라는 덮개 밑에서 싹이 텄다는 것이다. 두번째는 레반트의 복수라고 불러도 좋을 것이다. 즉 바울의 기독교가 유럽의 전 문화 영역에 확산되었고, 그 뒤로는 켈트 인과 게르만 인의 토착의 존재 감각과 경험 양식이 이질적인 언어로 표현되고 또 그 언어에서 지원을 얻을 수밖에 없게 되었다는 것이다. 그 이질적 언어는 모든 토착의 감성이나 충동과 대척점에 서 있는 것이고, 또 비위에도 맞지 않는 것이라고 할 수 있다. 해방된 레반트 정신의 큰 약진은 뒤늦게 강력한 주장으로 나타난다. 그것은 7세기부터 이슬람이 거둔 생생하고도 분명한 승리이다. 이에 비견될 만한, 해방된 유럽 정신의 큰 약진은 이중적인 승리에서 찾아볼 수 있다. 하나는 종교 개혁을 통한 개인 양심의 승리이며, 또 하나는 르네상스를 통하여 휴머니즘의 부활과 결합되면서 나타난 거칠 것 없는 과학의 승리이다. 1350년경에 이르면 낡은 가상에 금이 가기 시작하는데, 어떠한 과정을 통해서 거기에 이르는지 살펴보기 위하여 먼저 레반트 지역, 이어서 유럽 지역의 조감도를 그려보겠다. 우리의 목적은 몇 가지 주요한 형태들을 통하여 각각의 토착 질서의 윤곽을 드러내는 동시에, 제대로 된 성장을 억눌렀던 왜곡된 힘의 윤곽도 드러내는 것이다.

제8장 십자가와 초승달

1. 마기 족

　파르티아 시대의 이란 종교에 대해서는 알려진 것이 거의 없다. 그리스의 셀레우코스 왕조(기원전 312-64년)에서는 전체적으로 동서양의 결혼이라는 알렉산더의 이상이 꽃을 피웠던 것으로 보인다. 그러나 새롭게 떠오르는 레반트 전체를 하나의 왕권이 틀어쥐고 있을 수는 없었다. 기원전 212년경 박트리아의 마케도니아 총독인 유티데무스가 독립된 국가를 건설하였다.[1] 4년쯤 뒤에는 팔레스타인이 마카베오 가문과 더불어 반역을 일으켰다. 이어서 로마는 서쪽 지방들을 잘라버리기 시작하였다. 그 시절에 파르티아(이란 동부)에서는 파르티아 또는 아르사키드라고 알려진 토착 왕조가 등장하였다. 이 왕조는 기원전 250년경 아르사케스라는 무명의 부족장이 건립하여, 형제간인 프라테스 1세(175-170년경 재위)와 미트라다테스 1세(170-138년경 재위) 시기에 굳게 자리를 잡았다. 이 왕조는 북쪽과 동쪽으로 스키타이, 박트리아, 쿠샤나, 그리고 서쪽으로 처음에는 셀레우코스 왕조, 그 다음 2백 년 동안은 로마와 대립하는 등 늘 사방에서 전쟁을 해야 하였다. 그러나 이 강건한 왕조는 그 영향력을 확대하며 226년까지 버티었다. 226년에는 내부에서 다른 페르시아 가문인 사산 왕조와 자리바꿈을 하였고, 사산 왕조는 641년 이슬람에 정복당할 때까지 유지되었다.

사산 왕조 후기인 6세기의 작품 『덴카르트(Denkart)』에는 다음과 같이 기록되어 있다.

(1세기에) 아르사키드 왕조의 발라크시(볼로가에세스 1세, 51-77년 재위)는 모든 지역으로 회람을 보내라고 명령하였다. 그 내용은 발견되는 진짜 『아베스타(Avesta)』와 『젠드(Zend)』, 그리고 거기에서 파생된 가르침을 모두 있는 그대로 보존하라는 것이었다. 그것은 알렉산더로 인한 혼란과 마케도니아 인들이 이란 왕국에서 자행한 약탈 때문에 흩어져 있었지만, 그럼에도 문서나 권위자의 이야기의 형태로 살아 남아 있을 수도 있었다.[2]

크게 보면 파르티아 시기 내내 헬레니즘적인 경향이 강한 영향력을 행사하였다. 그러나 이 회람에는 마기 족의 조로아스터교가 부활하기 시작하였다는 사실이 기록되어 있다. 이것은 사산 왕조 통치기에 더욱 강화되었다. 새로운 왕조의 창건자인 아르다시르 1세(226-241년 재위)는 이질적인 주민들을 통합할 수 있는 정통성을 확립하겠다는 목적으로 즉시 그의 제국의 종교적 유산을 살펴보기 시작하였다. 그는 이 과제를 조로아스터교 성직자인 탄사르에게 맡기기로 하였다. 탄사르의 업적은 『덴카르트』에 기록되어 있다.

파파크의 아들이며 왕 중 왕인 아르다시르 전하는 종교적 권위자 탄사르의 말을 좇아서 흩어져 있는 모든 가르침(전에 발라카시가 모아놓았던 것)을 궁정으로 모아 오라고 명령하였다. 탄사르는 일을 시작하여, 정전으로 채택할 한 판본을 고르고 나머지는 배제하였다. 그리고 나서 이렇게 선포하였다. "마즈다를 숭배하는 종교에서 나온 모든 가르침을 해석하는 것은 우리의 책임이다. 이제 그 가르침에 대한 지식에는 부족함이 없다."[3]

기독교 정전이 형태를 잡아가는 것과 마찬가지로, 정통 조로아스터교의 경전도 형태를 잡아가고 있었다. 그러나 마기교의 사제 탄사르의 지휘 하에 이루어지던 조로아스터교 유산의 재구축 사업은 도전에 직면하게 되었다. 당대의 가장 위대한 현자이자 설교자인 바빌로니아의 예언자 마니(216?-276년?)의 가르침 때문이었다. 마니는 조로아스터교에 불교와 기독교 그노시스파의 사상을 웅대하게 통합하였는데, 왕 중 왕에게는 잠시 이것이 조로아스터교의 전승만으로 이루어진 정전보다 신앙을 훨씬 폭넓게 통합한 것으로 보였다. 이 왕조의 두번째 군주인 샤푸르 1세(241-272년 재위)는 아주 폭넓은 시야를 가진 사람으로서, 마니로부터 깊은 감명을 받았다. 앞의 텍스트를 계속 보도록 하자.

> 나아가서 아르다시르의 아들인 왕 중 왕 샤푸르는 인도와 비잔틴 제국*과 다른 나라들에 흩어져 있는 '종교'에 관한 글들을 수집하였다. 또한 의학, 천문, 운동, 시간, 공간, 물질, 창조, 진화, 죽음, 질적 변화, 논리, 기타 예술과 과학에 대한 글들도 모았다. 그는 이것을 『아베스타』에 더하고, 그 모든 것을 잘 베낀 사본을 국고에 보관하라고 명령하였다. 그리고 그는 '마즈다를 섬기는 사람들의 종교'를 모든 학문 분야의 기초로 삼을 가능성을 검토하였다.[4]

242년에 포교를 시작한 마니는 샤푸르를 알현하고 그가 원하는 대로 자유롭게 설교를 할 자유를 허락받았다. 왕 중 왕은 잠시 마니교 교리를 가지고 놀 생각이었던 것 같다. 그러나 이 자유주의적인 정신을 가진 왕은 272년에 죽었고, 예언자 마니는 포교 30년째 되던 해에 샤푸르 왕의 다음다음 왕인 바람 1세(273-276년)에 의해서 정통파 사제들 손에 넘겨졌다. 그후에 마니는 수도에서 순수한 레반트식으로 이단을 설교하였다고 하여 처형을 당하였다. 마니에 대한 전설에 따르면 그리스도처럼 십자가에 못박혔다고 한다.

샤푸르가 죽은 뒤 그의 인문주의적이고 헬레니즘적인 폭넓은 관점에 대한 마기 족의 반동을 주도한 사람은 그가 대사제로 삼았던 카르테르였다. 그는 마니에게 사형 선고를 내린 종교 재판관이었다. R. C. 자에너

---

* 비잔틴 제국은 아직 세워지지 않았다. 이 부분은 시대 착오이다.

교수는 그의 최근 저서 『조로아스터교의 새벽과 여명(*The Dawn and Twilight of Zoroastrianism*)』에서 이렇게 말하고 있다.

조로아스터교는 처음에는 광신적이고 억압적인 종교로 나타난다. 그러나 박해받은 종파의 명단을 보면, 사산 왕조의 초기 왕들이 제국을 통합할 수 있는 힘을 찾기 위해서 그렇게 하였다는 주장이 얼마나 정당화될 수 있는지는 의심스럽다. 그 명단에는 유대교도, 기독교도, 마니교도, 만다이즘교도만이 아니라, 불교도와 브라만까지 들어 있기 때문이다. 카르테르는 이 모두를 벌하였다고 주장한다.…… 카르테르는 이렇게 말하고 있다. "마기 족 공동체 내에 있는 이단자들과 배교자들은 선전을 하기 위해서가 아니라, '마즈다를 섬기는 사람들의 종교'와 예배를 위하여 목숨을 살려주었다. 나는 그들에게 벌을 주고 그들을 비판하였으며, 또 그들을 개량하였다."

따라서 신앙의 단일성이 강제되었던 것은 분명하다. 이러한 통일은 엄격하게 이중적이고 마즈다적인 노선을 따라서 이루어졌을 가능성이 높다. 따라서 카르테르의 정책은 일련의 약한 왕들 치하에서 이루어진, 샤푸르의 개인적 종교 정책에 대한 반동으로 보아야 한다.[5]

앞에서의 마카베오 가문, 그리고 이번에는 마기 족이 헬레니즘의 힘에 대한 반동을 보여주었다. 그 바탕에 깔린 사회학적 원칙을 "내성"이라는 유기 화학적 용어로 정식화해보도록 하자. 내성이란 하나의 체계가 음식이나 약을 견딜 수 있는 체질적인 능력을 말한다. 하나의 체계는 어느 정도 또는 어떤 시간 동안은 음식이나 약을 자기 체계에 도움이 되는 쪽으로 소화해낸다. 그러나 그 선을 넘어버리면 그것을 견딜 수 없게 되고, 따라서 저절로 방출해버리게 된다.

지배 엘리트가 어떠한 믿음의 체계를 신의 계시로 제시하였을 때, 그것을 백성이 절대적 진리로 받아들이도록 강요하지 않고도 한 국가가 생존할 수 있을까? 굳이 이 문제에 대해서 논의하지 않더라도 우리는 이렇게 이야기할 수 있다. 즉 레반트의 역사에서는 사회학적 관점에서 파악한 이러한 유사 종교적인 형식을 다양하게, 그리고 말하자면 가장 순수한 모습으로 연구할 수 있다는 것이다. 그러한 종교적 형식이 일단 우

세하게 자리를 잡고 나면, 그 가공할 힘은 점점 커지게 된다. 제2의 자연
법칙, 즉 억압받는 신들은 악마가 된다는 법칙의 작용을 통하여, 침해당
하고 강제당하는 요인이 점점 처치 불가능한 것으로 되기 때문이다. 즉
의식적으로 통제되는 체계에 의해서 동화되지도 않고 인정받지도 못하는
심리적이고 사회적인 요인들은 결국 자율적으로 되어서, 마침내 승인된
체계를 붕괴시킬 수밖에 없기 때문이다.

『덴카르트』의 그 다음 이야기를 통해서 우리는 샤푸르 2세(310-379
년)──그는 콘스탄티누스, 성 아우구스티누스, 테오도시우스 대제와 같
은 시대에 살았다──의 통치기 동안에 정통파들이 이단이라고 부르던
것에 대한 페르시아의 반동이 최고조에 이르렀다는 것을 알게 된다. 이
제 종교계의 거물은 아투르파트이다. 자에네르 교수는 이와 관련하여 다
음과 같이 이야기한다. "팔라비 어로 쓰여진 그 책들은 정통파의 화신을
돌아본다. 아투르파트는 '온갖 종파주의자들이나 이단자들과 논쟁을 하는
동안' 녹은 쇠붙이에 의한 시련을 감수하고, 거기에서 결국 승리하였다."[6]
『덴카르트』를 보자.

> 오르마즈드의 아들인 왕 중 왕 샤푸르(샤푸르 2세)는 분쟁의 모든 원인
> 을 제거하기 위하여, 온 땅으로부터 사람들을 불러서 모든 교리를 검토하고
> 연구하게 하였다. 아투르파트는 다양한 종파, 교리, 학파의 모든 대표자들에
> 대항하여 일관된 주장으로 자신의 정당성을 입증하였으며, 그러한 뒤에 다
> 음과 같이 선언하였다. "이제 우리는 지상에서 '종교'를 보았으니, 아무도 거
> 짓 종교에 남겨두지 않도록 대단히 열심히 일을 하여야겠다." 그래서 그는
> 그렇게 하였다.[7]

그러나 지극히 당연한 일이지만, 좌우 이단의 위험은 2백 년 뒤인 코
스로에스 1세(531-579년 재위) 시절에도 여전히 줄어들 줄 몰랐다. 그는
기독교에서 그의 짝이라고 할 수 있는 유스티니아누스(527-563년 재위)
와 같은 시대 사람이었는데, 두 사람의 문제와 해결책도 대체로 비슷하
였다. 코스로에스 1세 자신의 텍스트를 『덴카르트』에서 끄집어내는 마지

막 증거물로 제시하도록 하겠다. 『덴카르트』 자체가 그의 통치기에 만들어진 것이기도 하다.

  카바트의 아들인 왕 중 왕 쿠스라우 전하(코스로에스 1세)는 모든 이단 문제와 관련된 '종교'의 계시에 따라서 가장 위대한 복수심으로 반종교와 이단을 진압한 뒤, 4개의 카스트 제도를 크게 강화하시고 정확한 주장들을 권장하셨다. 그리고 각 지방 대표를 불러들인 회의에서 다음과 같이 선포하셨다.

  "'마즈다를 섬기는 사람들의 종교'의 진리는 이제 인정되었다. 지혜로운 자들은 토론에 의해서 자신 있게 그것을 세상에 세울 수 있다. 그러나 효과적이고 발전적인 선전은 토론에 기초하기보다는 순수한 사고, 말, 행위, 선한 영의 영감, 신의 말씀에 완벽하게 일치하여 신께 드리는 예배 등에 기초한다. 우리는 오르마즈드(=아후라 마즈다)의 최고 마기 족이 선포한 것을 선포한다. 그들이 영적인 통찰을 가졌음이 입증되었기 때문이다. 그리하여 우리는 영적인 통찰의 문제와 그것을 지상에 적용하는 문제에 부딪힐 때, 그들에게 교리에 대한 완전한 설명을 요청해왔고 또 앞으로도 계속 요청할 것이다. 이 점에 대해서 우리는 신께 감사한다.

  이 나라의 선한 정부를 위해서는 다행한 일이지만, 이란의 영토는 '마즈다를 섬기는 사람들의 종교'의 교리에 의존하게 되었다. 즉 이 중심적인 땅 전역에서 우리를 앞서간 사람들의 축적된 지식에 의존하게 되었다. 우리는 다른 신념을 가진 사람들과 분쟁을 하지 않는다. 우리에게는 순수한 구전을 통한 『아베스타』의 말씀이 많이 있기 때문이다. 또 문서, 책, 회람, 주석으로 이용되는 천한 관용어 등의 형태로도 그 말씀이 많이 있기 때문이다. 간단히 말해서 '마즈다를 섬기는 사람들의 종교'의 모든 독창적인 지혜를 가지고 있기 때문이다. '마즈다를 섬기는 사람들의 종교'에 이질적인, 미심쩍은 교리들이 세상 모든 곳으로부터 이곳에 이르고 있다. 우리는 많은 검토와 연구 결과, 그러한 상황에서 '마즈다를 섬기는 사람들의 종교'에 이질적인 지식을 흡수하고 발표하는 것이 한 사람의 종교 지도자만큼 백성의 복지와 번영에 도움이 되지 않는다는 것을 인정하게 되었다. 종교 지도자는 예배식의 암송을 통해서 많은 것을 검토하고 생각해왔기 때문이다. 이제 우리는 선견지명을 갖추었고, 가장 고귀하고, 가장 명예롭고, 가장 선한 마기 족과 더불어 높은 뜻을 가지고 선포한다. 『아베스타』와 『젠드』를 열심히 또 새롭게 연구하라. 그럼으로써 거기에서 얻은 것으로 우리 백성의 지식을 값지게 증대시키고 비옥하게 해주어라.

우리 백성에게 창조주에 대한 지식, 영적 존재들의 신비, 창조주의 창조의 본질을 얻을 수 없다고 말하는 사람들, 또는 완전하게 얻을 수 있다고 말하는 사람들은 충분한 지혜가 부족한 사람이나 자유 사상가로 간주할 것이다. '종교'의 계시와 유추를 통하여 현실을 이해할 수 있다고 말하는 사람들은 진실을 연구하는 사람으로 간주할 것이다. 이 교리를 분명하게 설명하는 사람들은 지혜롭고 '종교'를 잘 아는 사람으로 간주할 것이다. '종교'의 영적인 힘으로 보나 그것이 여기 지상에서 표현되는 것을 보나, 모든 지식의 뿌리는 '종교'의 교리이다. 따라서 이 대의에 따라서 말하는 사람은 설사 『아베스타』의 계시로부터 교리를 얻지 않는다고 하여도 지혜롭게 말하는 것이다. 따라서 그는 사람의 아들들에게 가르침을 주는 기능을 하는 '종교'에 따라서 말하는 것으로 평가해야 한다."[8]

2. 비잔티움

슈펭글러는 이렇게 쓰고 있다.

고전 시대의 인간이 하나의 몸이 다른 몸 앞에 서듯이 신들 앞에 섰다면, 마기 족의 신은 높은 곳에 있는 무한하고 수수께끼인 힘이다. 이 힘은 자신이 보기에 적당한 대로 진노나 은총을 쏟아 붓고, 스스로 어둠으로 내려오거나 영혼을 빛으로 들어 올린다. 개인의 의지라는 관념은 전혀 의미가 없다. 인간의 "의지"와 "사고"는 최초의 것이 아니라, 이미 신이 인간에게 영향을 미친 결과이기 때문이다. 이 뿌리에 속하는 감각은 단지 다시 표현될 뿐, 세상에서의 어떠한 개종이나 깨달음이나 세밀한 구분에 의해서도 본질적으로는 바뀌지 않는다. 이 감각으로부터 필연적으로 거룩한 중재자, 이러한 상태를 괴로움에서 행복으로 바꾸어주는 존재에 대한 관념이 떠오른다. 모든 마기 족의 종교들은 이 관념에 의해서 한데 묶여 있으며, 이 점에서 다른 모든 문화의 종교와 구별된다."[9]

마기 족 세계의 조로아스터교 부분에서 다양한 분파들이 경쟁하며 갈
라져나가게 되는 신화상의 핵심적 문제는 앙그라 마이뉴와 아후라 마즈
다의 관계의 문제이다. 즉 어둠의 힘이 빛의 원천이나 존재와 어떠한 관
계를 가지고 있느냐 하는 문제이다. 말을 바꾸면 악의 기원과 궁극적 본
성의 문제이다. 반면 기독교의 울타리에서 종파간 불일치의 주요한 결절
점은 성육신의 문제, 즉 인간을 구하기 위하여 시간, 물질, 죄의 영역으
로 들어온 중재자의 본성의 문제이다. 니케아 종교 회의에 곧바로 뒤이
은 일련의 종교 회의에서 바로 이 점이 모든 종파가 합치거나 갈라지게
된 쟁점이 되었다. 그 미묘하게 뒤얽힌 논쟁들을 일일이 살펴볼 필요는
없다. 그들은 이것을 "이 세상에 속하지 않은 것에 대한" 신학적 분쟁이
라고 표현하였다. 그러나 실제로 이 분쟁을 해결하는 데에 순수하게 정
치적인 고려가 어떠한 힘을 발휘하였는지에 대해서는 몇 페이지에 걸쳐
서 생각해볼 만하다. 이 종교 회의들의 역사를 살펴보면 단일한 의견 일
치에 대한 레반트 특유의 요구로 인하여 기독교 교리가 성장해가는 과정
이 눈에 잘 뜨이기 때문이다.

이 논쟁에는 4가지 주요한 등장 인물이 있다. 1. 알렉산드리아의 커다
란 이집트 신학 학파(니케아 종교 회의에서 아타나시우스 신조를 작성한
젊은 부제 아타나시우스가 이곳 출신이다).* 이곳에서는 그리스도의 신
성을 강조하였다. 이제 이야기할 논쟁의 발전에서 이 학파의 중요한 두
대표는 키릴로스와 디오스쿠루스라는 막강한 두 주교이다. 그러나 앞의
인물은 성인으로 추대된 반면, 뒤의 인물은 본질적으로 똑같은 견해를
가졌다는 이유로 파문당하였다. 2. 안티옥의 카파도시아-시리아 학파. 이
곳에서는 그리스도의 인성을 강조하였다. 이 학파는 이단의 거두인 네스
토리우스가 대표자라고 할 수 있는데, 그는 성 키릴로스에게 단죄되어
죽임을 당하였다. 3. 새로운 로마 또는 제2의 로마인 콘스탄티노플에 권
좌를 틀고 있는 황제. 그의 지대한 관심 때문에 제국이 논쟁으로 인해서
분열되는 것을 막을 수 있었다. 4. 로마에 권좌를 틀고 있는 교황. 그는

---

* 447-448쪽 참조.

베드로가 세운 관할권을 주장하며, 그것의 일차적 중요성을 주장하려고 하였다. 베드로가 사도들의 머리가 되었듯이, 이제 교황이 모든 주교의 머리가 되어야 한다는 것이었다. 그러나 주교들 가운데 대다수는 레반트 사람이었으며, 로마는 더 이상 제국의 지배권을 가지지 못하였다.

제1단계(370년경-431년)

큰 갈등의 첫번째 주요한 단계는 370년경 아리우스파에 정력적으로 대항하던 라오디케아(안티옥 바로 남쪽에 있는 도시)의 아폴리나리우스 주교가 문제를 일으킨 주장에 대해서 답변을 하겠다고 하였을 때 시작되었다. 그 문제란 모든 사람이 죄인인데 그리스도가 죄인이 아니라면, 그리스도는 진정한 인간이었을 리 없다는 주장이었다. 아폴리나리우스 주교의 답변은 다음과 같은 식이었다. 그리스도 안에서는 로고스가 인간의 영혼의 자리를 차지하고 있었다. 즉 그리스도는 육체가 되신 말씀이었다. 그러나 인간 영혼은 로고스의 형상을 따라 창조되었다(「창세기」 1 : 28). 그리스도는 그러한 차이 때문에 덜 인간적인 것이 아니라 더 인간적이었다. 로고스와 인간은 서로 이질적인 존재가 아니다. 그들은 가장 깊은 본성에서 서로 결합되어 있다. 어떤 의미에서 이들 각각은 상대 없이는 불완전하다.[10]

빈틈 없는 답변이었다. 그러나 이 답변으로 논쟁이 가라앉은 것이 아니라 오히려 격화되었다. 나아가서 아폴리나리우스 자신은 구세주가 환영과 같은 겉모습을 지니었다고 주장하였던 그노시스파와 거의 같은 편에 놓이게 되었다.* 그는 381년 콘스탄티노플에서 열린 제2차 종교 회의에서 유죄 선고를 받았으며, 9년 뒤에 죽었다. 그러나 네스토리우스가 콘스탄티노플의 주교가 되었던 428년에 그의 주장은 되살아났다. 제2의 로마의 새로운 주교가 된 네스토리우스는 그리스도의 인간적 본성의 현실성이라는 교리가 주장되던 안티옥에서 훈련을 받은 사람이다. 그는 마리

---

* 418-420쪽 참조.

아는 하느님의 어머니(테오토코스[*θεοτόκος*])가 아니라 그리스도의 인간적 본성의 어머니일 뿐이라고 말하였다. "나는 하느님이 2개월이나 3개월밖에 안 되었다고 말할 수는 없다." 그는 그렇게 말하였다고 전해진다. 또한 이런 말도 하였다고 한다. "좋다, 어찌 되었든, 동정녀를 여신으로 만들지는 말라!"

그 시점에서 알렉산드리아의 위대한 주교 키릴로스가 콘스탄티노플 궁정으로 황제 테오도시우스 2세(408-450년 재위)에게 잇따라 편지를 보냄으로써 논쟁에 끼어들었다. 키릴로스 주교는 테오도시우스 2세를 "지상에 나타난 신의 형상"이라고 불렀고, 그의 누이들을 "가장 경건한 왕녀"라고 불렀다. 특히 장녀인 풀케리아는 테오도시우스가 어릴 때 그의 교육을 감독하기도 하였고, 그가 미성년인 동안 섭정을 하기도 하였고, 그에게 그녀 자신의 권위에 도전하지 않을 배우자를 골라주기도 하였으며, 자신은 물론이고 자매들에게도 영원히 처녀성을 지키겠다는 맹세를 하게 하였다. 마지막 행동은 천국에서 높은 자리를 차지하기 위해서만이 아니라, 제국의 궁전에서도 도전받지 않는 권위를 유지하기 위한 것이었다. 이 왕녀들은 제단 앞에 꽃을 가져다놓고, 물레질을 하고, 고위 성직자나 내관들과 의견을 나누며 순결한 세월을 보내었다.

알렉산드리아의 키릴로스는 테오도시우스와 그의 누이들에게 보낸 편지에서 수많은 출전들에서 나온 인용문들로 테오토코스(하느님의 어머니)라는 말을 정당화하였으며, 네스토리우스에게 보낸 편지에서 그가 니케아 신조를 이해하지 못하였다고 비난하였다. 키릴로스와 당시의 로마 교황 켈레스티누스 1세(422-432년) 사이에도 편지 왕래가 있었다. 그 결과 로마에서 종교 회의가 소집되었고 네스토리우스는 유죄 선고를 받았다. 그는 알렉산드리아에서 열린 또 한차례의 종교 회의에서 다시 유죄 선고를 받았다. 그러나 그는 콘스탄티노플이라는 중요한 주교 관할권으로부터 판문에 대한 반박문을 발표하였다. 이 시점에서 황제가 끼어들었다.

테오도시우스 2세는 431년 에페소에서 종교 회의를 소집하였다. 공교롭게도 그곳은 소아시아의 도시였으며, 기독교 시대 이전의 수천 년 동

안 아시아의 위대한 여신 아르테미스의 주요한 신전이 자리를 잡고 있는
곳이었다. 아르테미스는 세상의 어머니이자 늘 죽고 부활하는 신의 어머
니였다. 따라서 황궁의 처녀 가장의 힘만이 아니라 아직 완전히 사라지
지 않은 아르테미스의 힘도 그곳에 모인 주교들의 생각에 영향을 주었다
고 가정하여도 큰 무리는 없을 것이다. 바로 그곳에서 동정녀 어머니가
테오토코스, 즉 '신의 어머니'로 선포되었기 때문이다. 이것은 안티옥의
대표단이 도착하기 닷새 전에 결정이 되었다. 네스토리우스는 참석을 거
부한 상태였다. 그는 이 종교 회의에서 유죄 선고를 받고 관할권을 빼앗
기었다. 그러자 네스토리우스는 안티옥 그룹과 힘을 합쳐서 스스로 종교
회의를 열고, 키릴로스에게 유죄 판결을 내렸다. 그러나 네스토리우스는
결국 복종할 수밖에 없었다. 그는 이집트 사막으로 추방되었는데, 그곳에
서 결국 죽임을 당하였다. 그를 죽인 사람은 위대한 사막의 수도사로서
유명한 세누티라고 한다.[11]

그러나 네스토리우스의 교리는 그 나름의 생명력을 가지고 있었다. 그
의 교리는 로마와 콘스탄티노플의 교회를 떠나 동쪽 페르시아에 가서 세
를 얻었으며, 심지어 마드라스와 북경에까지 이르렀다. 마르코 폴로(1254-
1323년)는 대상들의 통행로를 따라서 네스토리우스파 교회들이 서 있는
것을 보았다. 또 그 길에는 대승 불교의 수도승들이 머무는 절도 있었다.
아직 탐험되지 않은 분야를 연구하고 싶은 사람은, 쉽지는 않겠지만, 이
아시아의 교환 시장에서 풍성한 소득을 얻을 수 있을 것이다. 이 시장에
서는 불교와 브라만교, 도교와 유교, 마니교, 네스토리우스파와 조로아스
터교의 낙인이 찍힌 성상 통화들이 모두 법화(法貨)로서 인정되고 통용
되었다.

제2단계(448-553년)

성육신의 본질을 둘러싼 논쟁의 주요한 제2단계는 448년에 시작되었
다. 키릴로스 주교는 4년 전에 죽고 시성(諡聖)되었다. 이제 알렉산드리
아를 맡은 사람은 디오스쿠루스였다. 당시에 유티케스라는 이름의 나이

든 대수도원장이 있었는데, 그는 콘스탄티노플 근처에 있는 그의 수도원에서 입심 좋게 네스토리우스를 공격해왔다. 그런데 그가 정반대 종류의 오류를 퍼뜨린다는 고발을 당하면서 논쟁이 다시 시작되었다. 수도에서 열린 종교 회의에 불려 간 유티케스는 그리스도는 두 가지 본성(하느님과 인간)을 가지고 있다가 성육신할 때에 그것이 결합되었으며, 그 이후로는 하나의 본성을 가지고 있다고, 다소 조악한 신념을 밝혔다. 유티케스는 그러한 진술 후에 유죄 선고를 받고 면직당하였다. 그러나 유티케스는 황제에게, 레오 대교황(440-461년)에게, 또 콘스탄티노플의 수도사들에게 항소하였다. 그 결과 테오도시우스는 제1차 종교 회의의 평결을 개정하기 위하여 제2차 종교 회의를 소집하였으며, 알렉산드리아의 디오스쿠루스에게 종교 회의의 주재권을 맡기었다. 그러나 이번에는 레오 교황이 황제와 풀케리아를 비롯한 다른 수많은 고위 인사들에게 편지를 보내기 시작하였다. 그 내용은 다음과 같았다. 1. 유티케스의 생각에는 오류가 있다. 2. 그래도 종교 회의가 열려야 한다면 그 장소는 로마여야 한다. 3. 논의되는 쟁점들에 대하여 권위 있는 진술이나 책을 써야 할 사람은 베드로의 계승자인 교황이다. 테오도시우스 황제는 449년에 로마가 아닌 에페소에서 종교 회의를 소집하였다. 그리고 레오가 아닌 알렉산드리아의 주교 디오스쿠루스가 종교 회의를 주재하였다. 레오는 주교 1명, 사제 1명, 부제 1명 등, 3명의 대표자를 파견하였다. 그러나 레오가 쓴 책은 읽히지도 않았다. 이 회의에서는 유티케스에게 유죄를 선고하였던 사람들이 거꾸로 유죄 선고를 받았다. 115명의 주교 서명에 의해서 늙은 대수도원장은 정통파임이 선언되고, 결국 복권되었다. 교황이 파견한 부제 힐라리우스만이 유일하게 항의——콘트라디키투르(Contradicitur)——를 하였으나, 그는 결국 간신히 목숨을 건져서 이 대참사 소식을 로마에 전하였다. 레오는 그 종교 회의를 '강도 종교 회의'라고 명명하였다. 그 이름은 지금까지 전해지고 있다.

450년 7월 테오도시우스 2세는 말에서 떨어져 리쿠스 강에 빠지는 바람에 등이 부러져서 죽었다. 그러자 풀케리아가 여제의 자리에 올랐으며, 기번의 말대로, "로마 인들은 처음으로 여성의 통치에 복종하게 되었다."[12]

그녀는 신중한 원로원 의원인 마르키아누스와 결혼을 하였다. 마르키아누스는 그녀의 처녀성을 존중해주었다. 그리고 황제로서, 여제와 더불어 다시 종교 회의를 열자는 레오 교황의 제안을 지지하였다. 그러나 교황은 예상과는 달리 로마가 아니라 콘스탄티노플 근처의 칼케돈에서 종교 회의를 소집하였다. 이번에는 교황의 책이 승리를 거두어서, 디오스쿠루스는 파문을 당하고 그의 관할권에서 추방되었다. 그러나 그로부터 10년이 지나기도 전에 알렉산드리아 교회의 대부분이 콘스탄티노플로부터 떨어져 나오고, 황제의 임명에 도전하여 자기 나름의 주교들을 자리에 앉히는 혼란스러운 결과가 발생하였다.

이러한 와중에, 급속하게 분열하는 '그리스도의 살아 있는 몸'으로부터 독립적인 콥트 단성론(單性論)파가 생겨나게 되었다. 이 분파를 형성하는 데에는 성 안토니우스(251-356년?) 시대 이후 이집트의 여러 사막 지방에 몰려들어서 가장 괴상한 형태의 금욕주의를 실행에 옮기던 수많은 은자들이 엄청난 영향력을 행사하였다. 이러한 은자들 가운데 이른바 '주상(柱上) 고행자파'와 '모수(模樹) 고행자파' 같은 사람들은 인도의 요가 수행자들처럼[13] 스스로에게 영원히 움직이지 않는 형벌을 내리었다. 전자는 낡은 사원의 폐허에 남은 기둥 꼭대기에 올라가서 앉아 있었으며, 후자는 나뭇가지 위에 자리를 잡았다. 또 '잎을 먹는 고행자'라고 알려진 사람들은 짐승처럼 풀을 먹었다. 어떤 사람들은 사슬로 바위에 자기 몸을 묶어놓기도 하였다. 또 어떤 사람들은 어깨에 멍에를 지기도 하였다. 그러나 알렉산드리아의 신학자들이 확실한 지지를 요구할 때에는 많은 사람들이 몰려나와서 "단성! 단성!(One Nature! One Nature!)" 같은 구호를 외쳤다.

칼케돈의 분열 뒤에 콥트 단성론파 교회는 유럽의 관심 영역 밖에 있는 자기 나름의 영역에서 발전해나갔다. 이 교회는 아비시니아와 소말리란드, 하드라마우트, 봄베이와 말라바르 등 아라비아 해 주위의 땅에 형성되었던 거의 연구되지 않은 문명과 관련을 맺었다. 예를 들면, 에티오피아 랄리벨라의 40여 개의 단성론파 교회들의 역사와 시기에 대하여, 그리고 그들이 아잔타의 동굴 사원과 맺고 있는 관계에 대하여 글을 쓴 사람이 있는가?[14] 또 근처 악숨의 전설적인 뱀의 왕——이 뱀의 왕을 죽인 사람이 에티오피아의 현재의 나하스 또는 네구스(산스크리트의 nāgas, 즉 "뱀, 뱀의 왕"과 비교해보라)인 하일레 셀라시에이다——에 대해서는 어떠한가?[15] 이사(예수)의 전설, 그리고 레오 프로베니우스가 수단을 거쳐서 서쪽으로 니제르 강에 이르기까지 추적하여 들어간 페르시아와 로마 왕들의 전설에 얽힌 배경을 찾았던 사람이 있는가?[16] 이 모든 것이 가톨릭 교회만이 아니라 근대 신화학 쪽에서는 사라진 세계이다.

　그러나 칼케돈 종교 회의로 인한 재난은 아프리카를 실제로 잃어버리다시피 하였다는 것만이 아니다. 비잔티움과 로마 사이에도 균열이 생기기 시작하였다. 이전에는 교회 종교 회의에서 베드로의 관할권이 거의 아무런 역할을 하지 못하였다. 모든 종교 회의는 황제들이 레반트의 도시에서 개최하였다. 그러면 동방에서는 수백 명의 주교들이 참석하였고, 서방에서는 대여섯 명만이 참석하였다. 교황이 베드로의 위엄을 아무리 강조하여도 무시를 당할 뿐이었다. 그런데 이제 재능과 인격을 갖춘 인물인 레오 대교황이 폐허가 된 그의 도시에 우뚝 서 있었다. 그는 451년에 자신의 양떼를 지키는 목자로 로마의 성문에서 훈 족 아틸라와 대담하게 맞섰고, 그 결과——어떤 불가해한 힘이 작용하여——아틸라가 물러나는 데에 결정적인 역할을 하였다. 이 레오는 교황의 권리를 주장하지 않고 가만히 있을 사람이 아니었다. 동방은 그의 재능을 인식하고 있었기 때문에 칼케돈에서 『카논 XXVII』이라고 알려진 것으로 도전하였다. 주교들은 우선 테오도시우스의 종교 회의의 평결을 재확인한 뒤에 자신들의 입장을 펼쳐나갔다.

　모든 일에서 거룩한 교부들의 결정을 따르고, 방금 읽은 하느님을 사랑하는 1백5십 명 주교(행복한 기억으로 남아 있는 테오도시우스 황제의 시기에 새로운 로마 인 제국의 중심지 콘스탄티노플에 모였던)의 카논을 인정하면서, 우리 역시 새로운 로마인 가장 거룩한 콘스탄티노플 교회의 특권에 관하여 똑같은 것들을 제정하고 포고한다. 교부들이 옛 로마의 권좌에 특권을 부여한 것은 정당하였다. 그곳이 제국의 중심지였기 때문이다. 마찬가지로 1백5십 명의 가장 신앙심 깊은 주교들도 똑같은 생각에 기초하여 새로운 로마의 가장 거룩한 권좌에 똑같은 특권을 부여하였다. 주권과 원로원의 영예를 얻고 옛 제국의 로마에 대하여 똑같은 특권을 누리는 도시라면 교회 문제에서도 로마만큼 큰 힘을 가지고, 로마 다음의 자리를 차지해야 한다는 정당한 판단 때문이었다. 그러므로 (여기에서 함정이 나타난다) 혹해, 아시아, 트라키아 주교 관할구에서는 수도 대주교들만, 그리고 앞에서 말한 주교 관구에서는 야만인들 사이에 있는 주교들까지, 앞에서 말한 가장 거룩한 콘스탄티노플 교회의 가장 거룩한 권좌가 결정해야 한다. 앞에서 말한 주교 관구의 모든 수도 대주교는 신성한 카논이 선포한 대로, 그의 지방의 주교들과 의논하여 주교를 임명한다. 그러나 앞에서도 말한 것처럼, 주교 관구의 수도 대주교들은 관습에 따라 적절한 선거가 이루어지고 그 결과가 대주교에게 보고된 뒤에 콘스탄티노플의 대주교에 의해서 임명된다.[17]

비잔티움의 '지상의 하느님 나라'라는 이상은 구약의 이스라엘이라는 이상과 마찬가지로 정치적이고, 물질적이고, 구체적인 것이었다. 세계사에서 하느님의 법의 유일한 매개체라고 생각되던 나라에서는 황제와 성직자의 관계가 모세와 아론의 관계와 같은 것이었다. 아다 B. 보즈먼은 『국제사의 정치와 문화(*Politics and Culture in International History*)』에서 그 둘의 상호 작용에 대하여 훌륭하게 개관하면서 이렇게 쓰고 있다. "(비잔티움의) 구조에서 축을 이루고 있던 것은 중앙 집권 국가라는 개념이었으며, 이 개념은 별도의, 그러나 서로 얽혀 있는 수많은 정부 제도들에 의해서 실현되었다. 이 제도들 각각은 국가의 특정한 측면에 봉사하도록 고안된 것이었기 때문에 그 나름의 준거 기준을 가지고 있었다. 그러나 교회 업무와 관련된 제도를 포함하여 모든 제도의 출발점이 되는 전제는, 정부의 궁극적 성공은 미리 생각된 이론이나 이미지에 충실하게 복종하는 것보다는 인간의 감수성을 적절하게 관리하는 데에 달려 있다는 것이었다."[18]

내용을 좀더 보도록 하자. "일반적으로 국가는 사회의 최고의 표현으로 간주되었기 때문에, 모든 인간 활동과 가치가 국가와 직접적인 관계를 가지는 것이 당연시되었다. 이것은 지식이 그 자체를 위해서가 아니라 국가에 봉사려는 목적을 가지고 추구되어야 한다는 뜻이었다. 즉 배움은 신앙과 마찬가지로 공식적인 정치적 가치를 가진다는 뜻이었다.”[19] 여기에 신앙만이 아니라, 신앙의 신화, 신앙에 대한 경외심, 봉사하려고 하는 의지도 추가하여야 할 것이다.

로베르트 아이즐러는 유럽과 세계의 왕의 가운이나 왕좌가 가지는 상징성에 대하여 백과 사전적인 연구를 하는 사람이다. 그는 비잔티움을 방문하였던 사람의 글에서 다음과 같이 왕의 모습을 묘사한 부분을 인용하고 있다.

　황제의 자리 옆에는 놋쇠로 만들어서 금박을 입힌 나무가 1그루 서 있었다. 그 가지에는 놋쇠로 만들어서 금박을 입힌 다양한 새들이 가득 앉아 있었다. 새들은 그 종류에 따라서 소리를 내었다. 황제의 자리는 때로는 낮게, 때로는 높게, 때로는 아주 높게 보이도록 만들어져 있었다. 황제의 자리는 엄청난 크기의 사자들이 보호하였다. 그 사자들을 청동으로 만들었는지 놋쇠로 만들었는지는 모르지만, 모두 금으로 덮여 있었다. 사자들은 채찍을 휘두르듯이 꼬리를 휘둘렀고, 입을 벌렸고, 혀를 움직였고, 포효를 하였다. 나는 황제 앞으로 안내되었다. 내가 들어가자 사자들이 포효하고 새들이 종류에 따라 노래를 하였다. 그러나 나는 두려움이나 경외감 때문에 떨지는 않았다. 내가 황제에게 복종하는 뜻으로 3번 엎드린 다음에 고개를 들어보니, 아까 바닥에서 적당한 높이에 앉아 있던 황제는 이제 다른 옷을 입고 거의 천장에 닿을 만큼 높은 곳에 앉아 있었다. 어떻게 이러한 일이 가능하였는지 나로서는 모를 일이다. 아마도 포도즙 짜는 기구를 들어 올리는 팔 같은 기계를 이용하였을 것이다.[20]

아이즐러 박사는 “코스로에스 1세는 이러한 종류의 경이로운 왕좌──그 머리 위의 차일 밑에서는 별들이 움직였다──에 앉아 있었는데, 이 로마의 황제가 페르시아의 경쟁자에게 뒤지지 않기 위해서 이 존귀하지만 결국은 매우 유치한 장치를 채택하였다고 가정하여도 큰 무리는 없을 것”이라고 말한다. 여기에 관련된 상징은 초기 수메르 시대까지 거슬러 올라간다. 중세에는 이것이 비잔티움으로부터 서유럽과 러시아로 전해졌다. 아마 그 야만적인 지역의 사절들이 비잔티움의 위대한 궁정으로부터 영향을 받았기 때문일 것이다. 이와 관련하여, 아다 보즈먼이 인용한 한 구절에서 노먼 H. 베인즈 교수는 이렇게 주장하고 있다.

> 야만족의 족장이 초원 지대나 사막에서 비잔티움의 궁정에 도착한 순간을 상상해보라. 그는 왕족으로 접대를 받았으며, 제국의 관리들이 부지런히 보살펴주는 가운데 수도의 경이로운 구경거리를 보았으며, 이제 오늘은 황제를 알현할 차례이다. 족장은 내관들의 부축을 받으며 대리석 회랑들로 이루어진 어지러운 미로를 통과하고, 모자이크와 금을 바른 천이 가득한 방들을 통과하고, 하얀 제복을 입고 길게 줄을 선 궁정의 경비병들을 통과하고, 귀족, 주교, 장군, 원로원 의원들 사이를 통과한다. 이러한 끝도 없는 호화로움에 짓눌린 상태에서 마침내 카이사르의 권좌에 앉아 있는 새로운 로마의 주인, 콘스탄티누스의 상속자 앞에 엎드린다. 황제는 말도 없고 움직임도 없다. 사제 같은 모습이다. 족장이 자리에서 일어나기도 전에 황제가 앉은 자리는 위로 높이 올라가고 옷도 바뀌어 있다. 조금 전에는 주권자의 얼굴로 그를 보고 있었는데, 이제는 신이 인간을 굽어보듯이 그를 굽어보고 있다. 족장은 황제의 자리를 둘러싼 황금 사자들의 포효를 들으며, 또 나무 위에 있는 새들의 노래를 들으며 생각한다. 내가 무엇이길래 황제의 요청을 거절하겠는가? 족장은 사자들이 포효하거나 새들이 노래하게 만드는 메카니즘에 대해서는 생각하지 않는다. 그는 대법관이 황제를 대신하여 묻는 것에도 거의 대답을 할 수가 없다. 그는 황제에게 충성심을 가지게 된다. 그는 로마의 그리스도와 그의 제국을 위하여 싸울 것이다.[2]

이렇게 우스꽝스러운 장면을 염두에 두면, 성 키릴로스가 황제의 이러한 어릿광대 짓을 가지고 "지상에 나타난 신의 형상"이라고 아부한 것에서 뜻밖의 의미를 발견하게 된다.

그러나 하늘의 하느님에게는 부인이 없다. 반면 황제에게는 황후가 있었다. 527년에 황제의 장난스러운 자리에 올라앉게 된 강력한 주권자 유스티니아누스는 대대로 이어져오는 로마와의 불화를 신화적으로, 또 그것에 의해서 정치적으로 무마해보려는 미묘한 작업에 몰두하였다. 그러나 그가 사모하던 아내이자 엄청난 권력을 가진 테오도라는 그녀의 개인 적인 친구들인 단성론파를 공개적으로 편애함으로써 로마를 자극하기 시 작하였다.

"테오도라 대황후"는 절대 풀케리아의 복제판이 아니었다. 테오도라는 콘스탄티노플 곡마장의 곰 관리인의 딸로 태어났다. 37살의 독신 왕자 유스티니아누스는 그녀의 아름다움, 지성, 재치에 푹 빠지게 되었다. 그 러나 그때 테오도라는 이미 무시무시한 경력을 통해서 세계적인 명성 비 슷한 것을 얻고 있었다. 그녀는 남편보다 뛰어난 정치적 재능을 지녔으 며, 비잔티움과 레반트가 영적 유사성을 가졌다는 사실을 인식하고 있었 다. 이것은 많은 역사가들이 인정하는 점이다. 그 때문에 흔히 그녀라면 제2의 로마를 훨씬 더 강력하고 훨씬 더 지속성 있는 기독교 요새로 만 들 수 있었을 것이라고 생각한다. 그러나 유스티니아누스는 양립할 수 없는 두 문화 세계의 유기적 분열을 치유하려고 노력하였으며, 이러한 오도된 방향 때문에 콘스탄티노플의 지위가 하락하였다는 것이다. 어쨌든 그녀의 정치 신학에 대한 레반트적인 재능의 결과 발전하게 된 엄청난 음모극은 놀라운 것이었다. 기번은 이 점을 충실하게 이야기해주고 있다. 그러나 여기서 우리의 이야기와 핵심적인 관련을 가지는 측면은 그것이 비길리우스 교황(537-555년)의 신조에 영향을 주었다는 점이다.

유스티니아누스는 527년, 45살의 나이에 권좌에 올랐으며, 38년 7개월 13일 동안 통치를 하였다. 그는 황제가 되자마자 남아 있는 모든 이교도 를 뿌리 뽑는 일에 착수하였다. 재위 2년에 아테네의 대학을 폐쇄하였으 며, 황제의 명령으로 수많은 개종자들을 만들어내었다. 그러나 아름다운 아내의 부드럽지만 결정적인 손길 때문에 이집트의 단성론파에 대해서는 가혹한 박해를 하지 못하였다.

543년, 대담한 황후의 조언에 따라서 유스티니아누스는 안티옥 학파의 이미 죽은 세 신학자의 글들을 이단으로 선고하는 칙령을 발표하였다. 이렇게 함으로써 단성론파와의 불화를 치유할 수 있으며, 로마도 어쩔 수 없이 동의하게 될 것이라고 생각하고 있었다. 새 교황 비길리우스는 대체로 테오도라의 영향력으로 그 자리에 올라갔다. 따라서 그가 그녀의 뜻에 순종하게 될 것이라고 예상하였던 것이다. 그러나 새 교황은 유스티니아누스의 칙령을 지지하겠다는 약속 이행을 계속 미루었다. 그러자 유스티니아누스는 교황을 납치하여 콘스탄티노플로 데려와버렸다. 그곳에서 교황은 강압에 의해서 548년 부활절 전야에 유디카툼(Judicatum)을 발표하였다. 그러나 서방의 성직자단에서 소동이 벌어지는 바람에 유스티니아누스는 당분간이기는 하지만, 새 교황이 그것을 철회하도록 허락하였다.

그해에 테오도라는 암으로 인하여 40살의 나이로 죽었다. 현안들은 지지 부진한 채로 남아 있었다. 교황은 여전히 포로 상태였다. 마침내 557년, 유스티니아누스는 문제를 정리하기 위해서 제5차 종교 회의를 소집하였다. 그러나 비길리우스는 참석하지 않았다. 대신 그는 『콘스티투툼 아드 임페라토렘(Constitutum ad Imperatorem)』이라고 알려진 불만스러운 문건을 제출하였다. 그는 이 문건에서 안티옥의 신학자들 가운데 한 사람이 쓴 60개의 구절에만 유죄 선고를 하였다. 그것도 죽은 사람에게 유죄 선고를 내리는 것은 관례가 아니라는 근거로, 저자에게는 유죄 선고를 내리지 않았다. 다른 두 신학자의 저술에 대해서는 칼케돈 종교 회의에서 이단이 아닌 것으로 선포되었다는 이유로 유죄 선고를 내리지 않았다. 반면 유스타니우스의 종교 회의에서는 문제가 되는 저작과 저자들에게만이 아니라 포로인 교황에게도 유죄 선고를 내렸다. 불쌍한 교황은 철저하게 파멸당하여 마침내 유스티니아누스에게 이름을 빌려주고 말았다. 그 결과 자신의 관할권으로 돌아가는 것을 허락받았으나, 가는 길에 시라쿠사에서 죽었다.[22]

3단계(630-680년)

이 『천일 야화』 같은 이야기의 마지막 장은 80년이라는 긴 세월 뒤, 헤라클리우스 황제(610-641년)의 통치기에 펼쳐진다. 콘스탄티노플의 총대주교인 세르기우스는 모든 신화적이고 정치적인 논쟁을 궁극적으로 해결할 수 있다고 믿는 공식을 제안하였다. 즉 그리스도의 두 "본성" 뒤에는 단일한 "에너지"가 있어서, 이것이 각각의 본성을 통하여 작용한다는 것이다. 황제인 헤라클리우스는 이 사상이 유망하다고 보았다. 633년에 알렉산드리아의 단성론자들이 그것을 받아들이자, 호노리우스 교황(625-638년)에게 편지가 날아갔다. 교황도 그것을 받아들였다. 그러나 "에너지"라는 말 대신에 "의지"라는 말을 사용하자고 제안하였다. 이렇게 해서 모든 것이 해결되는 것처럼 보였다. 비잔티움, 로마, 알렉산드리아가 마침내 일치에 이른 것 같았다. 그러나 슬프게도 이때 새로운 관구의 소식이 전해져왔다. 예루살렘의 총대주교인 소프로니우스는 회람을 발행하여, 단일 "에너지" 이론은 결국 단성론과 같다고 정력적으로 주장하고 나섰다. 이렇게 해서 교회, 제국 등 모두가 다시 움직이게 되었다.

638년 황제는 그의 총대주교 세르기우스를 통하여 단일한 "의지" 교리의 정통성을 선언하고, "2개의 의지"의 교리만이 아니라 "하나의 에너지"라는 용어를 사용하는 것도 금지하였다. 그러자 동방과 서방 양쪽에서 저항의 태풍이 불기 시작하였다. 그 다음 황제인 콘스탄스 2세(641-668년 재위)는 그 문제에 대하여 논의하는 것을 아예 금지해버렸다. 그러나 대담하게도 새로운 교황 마르티누스(649-654년)는 도전적으로 로마에서 종교 회의를 소집하여, 전임자의 "하나의 의지" 교리와 황제의 논의 금지 모두에 유죄 선고를 내렸다. 그러한 부지런함 때문에 그는 납치되어서 콘스탄티노플로 끌려갔다. 그는 거의 벌거벗은 몸으로 대중이 보는 앞에서 목에 사슬을 걸고 앞에는 칼이 대롱거리는 가운데, 거친 돌길 위에서 질질 끌리며 평민 감옥까지 갔다. 원래 그곳에서 목이 잘릴 예정이었으나 집행을 유예받아서 크림 반도로 추방당하였다. 그리고 그곳에서 영양 실조로 죽었다.[23]

이제 마지막으로 680년에 열린 제6차 종교 회의가 남았다. 이때는 "2개의 본성" 교리가 확인되었으며, 이전의 "하나의 의지"라는 타협의 모든 등장 인물들이 모든 위대한 단성론자들과 더불어 유죄 선고를 받았다.[24]

그러나 아라비아에서는 벌써 새롭고 훨씬 덜 복잡한 신학을 부르짖고 있었다. 라 일라하 일라 라(Lā ilāha illa 'llāh), 즉 이제는 "알라 외에 다른 신은 없다"는 이 간단한 외침이 얼마나 큰 호소력을 가졌을지 쉽게 이해할 수 있을 것이다. 이 외침은 20년 동안 근동 전역을 뜨겁게 휩쓸었다. 이 외침은 북아프리카까지 넘어갔고, 711년에는 스페인까지 파고들었다. 732년에 그 외침이 프랑스를 삼키려는 순간, 다시 동-서-동-서-동의 진자 운동의 한계가 설정되는 순간──마라톤과 마카베오 가문의 경우처럼──이 다가왔다. 이러한 모든 순간들이 보여주듯이, 어떠한 지점을 넘어가게 되면 침략당하는 주요 문화 지역의 완강한 저항에 부딪힌다. 그 저항은 넘어갈 수 없다. 이번에는 이러한 일이 유럽에서, 푸아티에 전투에서 일어났다. 프랑크 족의 망치 왕 샤를르가 소리 지르며 다가오는 이슬람 사람들을 피레네 산맥으로 쫓아버린 것이다.

3. 이슬람의 예언자

은혜로우시고 자비로우신 하느님(이슬람의 알라신을 가리키는 말이다/역주)의 이름으로 모든 찬양은 모든 세상의 주, 하느님께 속하노라.

그 분께서는 은혜로우시고 자비로우시며, 심판의 날을 관장하시는 분이시니라.

저희가 오직 당신께만 경배하며, 오직 당신으로부터 구원을 간구하나이다. 저희를 바른 길로 인도하소서. 당신의 은총을 내리시고, 당신께 거역하지 아니하였으며 또 사악에 물들지 아니하였던 자들의 길로 저희를 인도하소서.[25]

우리는 『코란』을 읽고 있다. 이 텍스트는 계속해서 성서의 창조 신화와 타락을 자기 방식으로 보여준다.

그리고 너희의 주님께서 천사들에게 "내가 지상에 대리자를 놓으려고 하노라." 하고 말씀하셨을 때, 천사들은 "주께서는 그곳에서 혼란을 일으키고 피를 뿌릴 자를 놓으려고 하시나이까? 저희가 주님의 찬양으로 주님을 영광되게 하고 주님의 성스러움을 찬송하나이다." 하였느니라. 주님께서 대답하시기를 "나는 너희가 알지 못하는 것을 아니라." 하시었노라.

그리고 주님께서는 아담에게 모든 이름들을 가르쳐주시고 천사들 앞에 이름들의 대상물들을 놓으시고 말씀하시기를 "만약 너희가 옳다면 이들의 이름을 말하거라." 하시니라. 천사들이 말하기를 "주님께서는 성스러우시나이다! 주님께서 가르쳐주신 것 외에는 우리가 아는 것이 없으니, 진실로 주님께서는 전지하시며 현명하시오이다." 하였노라. 주님께서 "오, 아담아, 그들에게 이들의 이름들을 말해주거라." 하시니 아담은 이들의 이름들을 천사들에게 일러주었느니라. 주님께서 말씀하시기를 "내가 말하지 아니하였느뇨 나는 천상과 지상의 섭리를 알고 너희가 이야기하는 것과 너희가 감추는 것을 아노라." 하시니라.

그리고 내가 천사들에게 "아담에게 복종하라"라고 말한 것을 기억하라. 그리하여 다른 천사들은 모두 복종하였으나 이블리스는 그리하지 않았으니, 그는 거부하였으며 자만하였으며, 그리하여 그는 믿지 아니하는 자가 되었노라. 그리고 나는 "오, 아담아, 너와 너의 아내는 동산에서 살며, 그곳에서 네가 원하는 것을 풍부히 먹으라. 그러나 이 나무에는 가까이하지 말며, 만약 그러할 시에는 네가 죄를 범하게 되니라." 하고 일렀느니라. 그러나 사탄이 자신의 수단으로 이 두 사람을 유혹하여 이들이 있었던 나라 밖으로 몰아내었노라.*

그리하여 내가 일컬어, "앞으로 가거라. 너희 중 일부는 다른 자들의 적이니, 너희를 위한 지상의 거할 곳과 시간이 준비되어 있노라." 하였노라. 그후 아담은 그의 주님으로부터 기도의 말씀을 배웠으매, 하느님은 자비로서 그에게 돌아보시니, 참으로 하느님께서는 자애로우시고 자비로우시니라. 내가 이르러 "너희 모두 이곳으로부터 앞으로 가거라. 그리고 내게서 인도가 너희에게 당도할 때, 나의 인도를 따르는 자는 누구나 두려움이 없어질 것이오, 슬픔이 없어질 것이니라." 하였노라. 그러나 믿지 아니하고 나의 증

---

* "비방자" 이블리스는 반역이라는 뿌리 관념을 가지고 있다. "증오자" 사탄은 왜곡 또는 적의라는 뿌리 관념을 가지고 있다. 이들은 악의 권세의 두 이름이며, 조로아스터교의 앙그라 마이뉴에 대응하는 존재들이라고 할 수 있다.

『코란』을 더 읽어나가다보면 이블리스는 영마였다는 것을 알 수 있다. "그는 영마 가운데 하나로, 주님의 명령을 어겼다." 그러나 현재의 텍스트에는 이블리스가 천사였던 것으로 나와 있다. 영마란 마호메트 이전 아랍의 오래된 사막의 악마로서, 그 존재는 이슬람에도 이어졌다. 그러나 천사들은 성서나 조로아스터교의 유산에 속하는 것이다. 『코란』에는 이렇게 나온다. "하느님께서는 구워놓은 도자기와 같이 마른 진흙으로부터 인간을 창조하셨느니라. 그리고 하느님께서는 불꽃으로부터 영마를 만드셨느니라."(55 : 14-15). 영마에는 2가지 종류가 있다. 이슬람을 받아들인 영마와 받아들이지 않은 영마이다. 따라서 악의 권세인 이블리스는 타락한 천사 또는 개종하지 않은 영마로 해석할 수 있다. 이블리스에 대해서는 더 이야기할 기회가 있을 것이다.

거를 거짓으로 여기는 자는 불에 넣어질 것이며, 그곳이 이들이 거할 곳이니라.[26]

이슬람은 모든 면에서 조로아스터교-유대교-기독교 유산을 지속시킨 것이 분명하다. 이슬람은 그 유산을 적절한 의미로 복원한 것이며(이렇게 주장되고 있다), 그 궁극적 정식화를 시도한 것이다(한걸음 나아가 이렇게까지 주장되고 있다). 『코란』 전체에 걸쳐서 족장과 출애굽, 황금 송아지, 바위에서 솟아나는 물, 시나이 산의 계시 등이 모두 그 교훈과 함께 계속 되풀이되고 있으며, 기독교 신화의 일부도 되풀이되고 있다.

기본적인 『코란』의 기원 전설은 아브라함의 씨앗으로부터 나온 아랍인과 유대인 양쪽의 혈통에 대한 것이다. 성서에서 이미 아브라함에게는 부인이 둘 있었다고 나온다. 곧 사라와 하갈인데, 그 가운데 하갈은 이집트의 노예이며 먼저 아이를 가진다. 아브라함은 86세의 나이에 그녀에게서 이스마엘을 얻는다. 그러다가 아브라함이 99세가 되었을 때 그의 첫 부인 사라가 아이를 가져서 이삭을 낳는다.

> 아기가 자라나 젖을 뗄 때가 되었다. 이삭이 젖을 떼던 날 아브라함은 큰 잔치를 베풀었다. 그런데 사라는 이집트 여자 하갈이 아브라함에게 낳아준 아들이 자기 아들 이삭과 함께 노는 것을 보고 아브라함에게 말하였다. "그 계집종과 아들을 내쫓아주십시오. 그 계집종의 아들이 나의 아들 이삭과 함께 상속자가 될 수는 없습니다." 이 말을 듣고 아브라함은 마음이 몹시 괴로웠다. 이스마엘도 자기 혈육이었기 때문이다. 그러자 하느님께서 아브라함에게 말씀하셨다. "그 아이와 너의 계집종을 걱정하여 마음 아파하지 말아라. 사라가 하는 말을 다 들어주어라. 이삭에게서 난 자식이라야 너의 혈통을 이을 것이다. 그러나 이 계집종의 아들도 너의 자식이니 내가 그도 큰 민족을 이루게 하리라." 아브라함은 아침 일찍 일어나서 양식 얼마와 물 한 부대를 하갈에게 메어주며 아이를 데리고 나가게 하였다. 하갈은 길을 떠나서 얼마쯤 가다가 브엘세바 빈 들을 헤매게 되었다.[27]

이 오래된 가문의 역사에 대하여 『코란』이 이야기하는 것을 보면 아브

484

라함과 이스마엘은 이렇게 헤어지기 몇 년 전에 메카의 이슬람 대사원의
카바를 세웠다.

그리고 아브라함과 이스마엘이 신전의 기석을 올려서 "주여! 저희로부터
이곳을 받아주옵소서. 당신은 모든 것을 듣고 계시옵고, 전지하시나이다"라
고 기도하였던 때를 기억하라. "주여! 저희로 하여금 (원문에는 '이슬람교도
가 되어'라는 말이 삽입되어 있으나, 원래 이슬람이라는 말 자체가 '하느님
의 뜻에 복종한다'는 뜻이다. 따라서 우리말 『코란』 번역에는 이슬람이라는
말 자체를 드러내지 않고 있다/역주) 당신께 복종케 하옵시고, 저희 자손들
로 하여금 (원문에는 '이슬람교도가 되어'라는 말이 삽입되어 있다/역주) 당
신께 복종케 하옵소서. 그리고 저희에게 경배의 방법을 알려주시옵고, 자비
로 돌보아주옵소서. 당신은 자비로우시며 은혜로우시나이다."[28]

나아가서 아브라함과 그의 아들들만이 아니라, 야곱과 그의 아들들도
이슬람교도이다. 『코란』은 계속해서 이렇게 말한다. "야곱이 죽음에 임하
였을 때, 그리고 야곱이 그의 아들들에게 '너희는 내가 죽은 후 무엇을
경배하려느뇨?'라고 물었을 때를 보았느냐? 이들은 대답하여 '저희는 아
버지의 조상이신 아브라함과 이스마엘 그리고 이삭의 하느님이시며 아버
지의 하느님이신 유일하신 그 분을 경배하렵니다. 그리고 저희는 그 분
께 복종하겠습니다'라고 하였노라."[29]

무지한 독자라면 이렇게 물을지도 모른다. "그렇다면 나는 전에 들어
본 적도 없는 이 이야기를 어떻게 믿어야 하나?" 유대인이나 기독교인이
라면 틀림없이 그 답을 알고 있을 것이다. 즉 성서(이슬람의 경우에는
『코란』)에 하느님이 드러나 있다는 것이다.

『코란』은 말한다. "너희는 아브라함과 이스마엘과 이삭, 야곱, 그리고
그의 자손들이 유대인이었느냐 혹은 기독교인이었느냐를 말하느냐? 너희
가 말하라. '너희가 잘 아느냐 혹은 하느님께서 더 잘 아시느냐?' 그리고
하느님으로부터 받은 증언을 숨기는 자보다 더 부정한 자가 누구이뇨?
그리고 하느님은 너희가 행하는 것을 모르지 아니하시니라."[30]

『코란』은 유대인들을 "성서의 민족"이라고 부른다. 『코란』은 그들이

이슬람의 메시지를 거부함으로써 그들 자신의 유산을 확인하는 일에 눈을 감아버렸다고 선언한다. 그리고 기독교인들은 삼위 일체 교리를 통하여 하느님에게 잡신들을 보탬으로써 그들 자신의 예언자 예수의 말을 잘못 이해하였다고 선언한다. 예수의 말도 아브라함, 모세, 솔로몬, 마호메트의 말의 연장선상에서 이해해야 한다는 것이다.

하느님은 유대인에게 말한다. "오, 이스라엘의 자손들아! 내가 너희에게 준 은혜를 기억하고 내게 한 너희의 계약을 이행하라. 너희와 맺은 나의 계약을 내가 지킬 것이니 만일 네가 행하기를 두려워 한다면 나 홀로 행할 것이니라. 그리고 너희와 함께 하는 그 계약을 이행하며 내가 보낸 것을 믿으라. 그리고 그것을 믿지 아니하는 첫번째 불신자가 되지 말며, 나의 증거를 싼 값에 팔지 말 것이며, 오직 내 안에서 보호를 받을지니라."[31]

진실로, 내가 모세에게 성서를 주어 그의 뒤에 오는 사도들로 하여금 그의 뒤를 따르도록 하였노라. 그리고 마리아의 아들 예수에게 내가 분명한 징표를 주었으며, 성령으로 그를 튼튼하게 하였노라. 그러하매, 너희는 너희 자신들이 원하지 않는 것을 가지고 사도가 너희에게 올 때마다 거만하게 행동하고 또 거짓말쟁이로 취급하며 타인들을 살해하겠느뇨? 이들이 말하기를 '저희의 가슴은 덮개로 싸여 있습니다.' 하였노라. 그리하여 하느님은 이들의 불신을 저주하셨노라. 이들이 믿는 것은 전정 아무 것도 없도다.[32]

『코란』을 어떻게 하늘로부터 받아 적었는지는 정확히 알려져 있지 않다. 사실 마호메트의 삶의 많은 부분이 추측일 뿐이다. 모하메드 이븐 이샤크라는 사람은 '예언자'가 죽은 지 백 년 이상이 지난 후에 칼리프 만수르(754-775년 재위)를 위하여 기본적인 전기를 썼다. 이 글도 그 자체로는 남은 것이 없고, 훨씬 뒷날의 두 글 속에 보존된 형태로 남아 있다. 하나는 이븐 히샴(840년 사망)의 『개론』이고 또 하나는 타비리(932년 사망)의 『연대기』이다. 간단히 보자면, 재구성된 전기는 자연스럽게 4개의 주요 시기로 구분된다.[33]

1. 유년기, 청년기, 결혼, 첫번째 소명 : 570년경-610년

마호메트는 메카에서 막강한 쿠라이시 부족의 가문에 태어났다. 그는 태어난 직후 아버지를 잃었고, 몇 년 뒤에 어머니를 잃었다. 그는 재산은 얼마 안 되지만 자식은 많은 친척들의 손에 자라서, 24살의 청년이 되었을 때 하디자라는 부유한 여인을 섬기게 되었다. 하디자는 그보다 나이가 많았으며, 2번의 결혼으로 자식 몇을 두었다. 그녀는 사업적인 목적으로 마호메트를 시리아로 보내었다. 마호메트는 그곳에서 돌아와 하디자와 결혼하였다. 마호메트는 하디자에게서 아들 둘을 낳았는데, 둘 다 태어나자마자 죽었다. 그 외에도 딸 몇을 두었다.

마호메트는 40살에 계시를 받기 시작하였다. 첫번째 계시는 수라(장〔章〕/역주) 96이었다고 한다. "은혜로우시고 자비로우신 하느님의 이름으로 창조주이신 주님의 이름으로 전하도록 하라. 그 분은 응혈로부터 인간을 창조하셨으니, 이르라! 너의 주님은 가장 관대한 분이시며, 붓으로 인간에게 가르침을 주셨으며, 인간이 알지 못하는 것을 가르쳐주셨느니라."[34]

공인된 이슬람 전설에 따르면 마호메트는 이 계시를 메카 북쪽으로 5킬로미터 정도 떨어진 히라 산 중턱의 동굴에서 받았다고 한다. 그 동굴은 마호메트가 고요하게 묵상을 하기 위하여 자주 찾던 곳이었다. 때로는 혼자 가기도 하였고, 때로는 하디자와 함께 가기도 하였다. 어떤 이야기에 따르면, 마호메트는 그곳에서 썩을 육신을 가진 인간의 신비를 생각하고 있는데, 갑자기 아름다움과 빛으로 가득한 눈부신 환상이 그의 영혼과 감각을 뒤덮었다. 그러면서 마호메트는 "이르라!" 하는 말을 들었다. 마호메트는 겁을 먹고 혼란에 빠졌다. 그러나 그 외침은 분명하게 3번 되풀이되었다. 마침내 첫 순간의 무시무시한 혼란은 사라지고 마호메트는 침착하게 자신의 임무를 깨닫게 되었다. 저자는 하느님이었다. 주제는 하느님의 피조물인 인간이었다. 그 도구는 붓과 거룩한 책이었다. 인간은 그 책을 읽고, 연구하고, 암송하고, 자신의 영혼의 보물로 간직해야 하였다.

마호메트의 영혼은 거룩한 환희로 가득하였다. 그러나 그 순간이 지나자 마호메트는 다시 시간과 환경의 세계로 돌아갔다. 이제 그 세계는 10배나 어둡게 보였다. 마호메트는 사지가 격렬하게 떨렸다. 그는 곧장 그와 삶을 나누는 하디자에게 갔다. 하디자는 그를 이해하였고, 기뻐하였고, 그의 떨리는 신경에 위로를 주었다. 하디자는 마호메트가 본 것이 단순한 환각이 아님을 알았다. 그녀는 사촌인 와라카 이븐 나우팔과 상의하였다. 그는 그리스도를 믿어서 하느님을 섬기는 사람이었다. 그도 소식을 듣고 기뻐하였다. 하디자는 남편에게 돌아갔다.

하디자는 말하였다. "오, '선택받은 분'이여, 당신에게 축복이 있을 것입니다! 우리가 당신의 속 삶을 모릅니까? 그것은 진실하고 순수합니다. 우리가 당신의 겉 삶을 모릅니까? 그것은 친절하고 상냥합니다. 친족에게 의리를 지키고, 나그네를 환대합니다. 당신의 마음은 나쁜 생각이나 악의로 더럽혀진 적이 없습니다. 진실이 아닌 말, 속 좁은 사람들의 감정을 진정시키지 못할 말이 당신 입에서 나온 적이 없습니다. 당신은 하느님을 섬길 준비가 된 사람이며, 내가 그 증인입니다. 하느님 외에는 다른 신이 없으며, 당신은 하느님의 '선택받은 사도'입니다."[35]

2. 첫 친구들 : 610년경-613년

마호메트와 하디자는 3년 동안 개인적으로 선교를 하였다. 우선 가족과 친구들에게, 이어서 이웃들에게 계시를 전하였다. 그들이 사는 도시 메카는 홍해에서 내륙으로 80킬로미터 정도 떨어진 황량한 골짜기에 자리 잡은 번창하는 교역 중심지였다. 그 중심에는 카바, 즉 "입방체"라는 뜻을 가진 완벽한 사각형의 돌집이 서 있었다. 안에는 수호신 후발의 상과 함께 성물이 몇 개 있었고, 그 외에 검은 돌이 있었다. 이것은 아마 운석일 터인데, 오늘날 이슬람 세계의 중심이 되는 돌이다. 지금은 가브리엘이 이 돌을 아브라함에게 주었다고 한다. 그리고 그 오두막은 아브라함이 이스마엘의 도움을 받아서 지은 집이라고 한다. 사실 마호메트 시대 이전에도 메카 지역 전체는 성스러운 곳으로 여겨졌다. 그곳에서는 매년 축제가 열리어, 사방에서 사람들이 구름처럼 몰려들었다. 그들 가운데 많은 수가 카바를 찾았다.

『코란』의 문학적인 문제 가운데 하나는 그 안에 풍부하게 들어있는 성서적 전승이다. 많은 부분은 기독교 쪽에서 왔는데, 그 중에서도 네스토리아파의 색채가 분명하다. 전해오는 바에 따르면 마호메트는 글을 읽을 줄 몰랐다고 한다. 그러나 어린 시절부터 많은 유형의 종교를 알고 있었을 것이다. 물론 주로 아랍의 부족적이고 지역적인 종교였을 터이지만, 기독교, 유대교, 또 아마 조로아스터교도 알고 있었을 것이다. 북쪽으로 320킬로미터 정도 떨어진 메디나에는 유대인의 커다란 공동체가 있었다. 홍해 건너 에티오피아에는 콥트 기독교 왕국이 있었다. 그의 처사촌 와라카는 기독교인이었다. 아마 단성교파였을 것이다. 나아가 북에서 남으로 뻗으며 홍해까지 내려가고 인도까지 가로지르는 굵직한 교역로들은 수백 년 동안 이리저리 돌아다니는 상인들만이 아니라 철학자, 선교사 등을 비롯하여 학식이 높은 사람들도 많이 배출하였다.

유년기와 청년기에 주위의 구전과 종교적 생활에 예민한 관심을 가진 사람이 하나 있다고 해보자. 이런저런 이야기에 귀를 기울이는 것을 아주 좋아하는 사람이다. 이 청년은 머리가 아주 좋고, 열렬한 종교적 감수성을 지녔으며, 말로써 듣는 사람을 황홀하게 하는 특별한 재능을 가졌다. 그의 전기에 들어간 훗날의 일화들이 보여주는 바에 따르면, 이 젊은이는 또 엄청난 신체적인 힘과 마음을 끄는 풍모를 지녔다. 눈 덮인 산 꼭대기의 돌 하나가 내려오면서 눈덩이로 불어나 사태를 일으키는 것처럼, 마호메트와 하디자의 기획도 엄청나게 확대되었다. 첫 개종자들 중에는 마호메트의 젊은 사촌인 알리도 있었다. 그는 나중에 사위가 된다. 그리고 마호메트보다 나이가 많고 강건한 친구(비록 씨족은 달랐지만)인 부자 아부 바크르, 하디자 집의 충실한 하인 자이드도 있었다.

전설은 이렇게 말한다.

하디자는 신앙으로 드높임을 받는 모든 여자들 이상으로 신앙심을 가졌다. 큰 사랑을 받는 알리는 그때 나이가 불과 10살이었으나, 사자와 같은 마음을 가졌고, 신앙을 맹세하였고, 그 순간부터 이슬람의 오른손이 되었다. 또한 진실한 마음을 가진 신실한 아부 바크르는 부와 영향력을 가진 사람으로서, 대의를 위하여 아낌없이 베풀었으며, 근실한 조언자이자 헤어질 수 없는 친구가 되었다. 마호메트의 노예였다가 자유민이 된 자이드는 하느님을 섬기는 일에 비하면 자유는 아무 것도 아니라고 여기었다. 이들이 선교의 첫 열매들이었다. 여자, 아이, 부자, 노예에서 풀려난 자유민이 이슬람 안에서 평등하게 단결한 것이다.[36]

3. 메카의 집회 공동체 : 613년경-622년

은혜로우시고 자비로우신 하느님의 이름으로, 오, 의복으로 감싸인 자여! 밤을 새워 기도하라. 밤의 절반도 좋고, 그보다 더 짧아도 좋으며, 아니면 그보다 더 길게 하여도 좋으니, 코란을 천천히 그리고 생각하면서 독송하라. 실로 내가 너희에게 중요한 이야기를 하고 있느니라.[37]

수라 73의 이 당당한 구절은 마호메트에게 주어진 두번째 계시의 기록으로 간주된다. 두번째 계시는 첫번째 계시가 오고 나서 얼마 후에 왔다. 2년 뒤일 수도 있고, 6개월 뒤일 수도 있다. 이 계시 역시 동굴에서 받은 것으로 여겨진다.

"의복으로 감싸인 자(muzzamil)"라는 말은 '예언자'의 칭호 가운데 하나이다. 이것은 몇 가지로 이해할 수 있다. 문자 그대로는 '예언자'가 무아지경의 환희에 젖는 강렬한 순간의 신체 상태를 가리킨다. 전승에 따르면 '예언자'는 그럴 때 담요를 쓰고 눕거나 앉아서 성스러운 구절들을 읊으며 엄청나게 땀을 흘렸다고 한다. 그러나 두번째 의미는 기도하는 모든 이슬람교도를 가리킨다. 순수한 마음을 가진 '예언자'와 마찬가지로, 모든 사람은 "기도를 위한 복장을 제대로 갖추어야 하는데, 이 세상의 허영을 거부한다는 뜻으로 망토를 뒤집어써야 한다." 마지막으로 신비한 수준에서 망토라고 할 때에는 현상성이라는 외피를 생각할 수 있다. 이것은 존재에 필수적이지만, 곧 너무 작아서 존재를 옥죄게 된다. 그렇게 되면 사람의 내적 본성은 과감하게 자신을 주장하게 된다.[38] 다음 수라에서도 이러한 이미지는 계속된다.

> 은혜로우시고 자비로우신 하느님의 이름으로, 오, 옷을 입은 자여! 일어서서 경고하라. 그리고 너의 주님을 찬양하고, 그리고 너의 의복을 깨끗이 하고, 그리고 부정한 것을 피하고, 그리고 더욱 많은 보답을 구하여 은혜를 베풀지 말고, 그리고 너의 주님을 위하여 참고 인내하라. 나팔 소리가 울려 퍼질 때, 그날이야말로 고난의 날이니 믿지 않는 자들에게는 결코 평탄함이 없으리라.[39]

다가올 '심판의 날'이라는 오래된 묵시록적 의미는 '예언자'의 메시지를 채우고 있다. 그날은 당장 올 것처럼 다급하게 느껴진다. 우리는 당대에 다른 어떤 예언적 운동들이 아랍 세계를 흔들어놓았는지 모르고 있다. 그러나 당시에도 지금처럼 이러저러한 종류의 열광자들이 많았을 것이다. 게다가 하니프라고 알려진 유형의 예언자들도 있었다. 이들은 여러 면에서 주위의 조로아스터교, 유대교, 기독교 중심지로부터 파생된 단성론의 영향을 보여주었다. 하디자의 친척인 와라카 이븐 나우팔은 이러한 유형에 속하였을지도 모른다. 또 한 사람은 메칸 자이드 이븐 아므르인데, 그는 마호메트가 어렸을 때 죽은 것으로 보인다.[40] 어쨌든 마호메트 시대에 메카에는 예언적 외침에 호응하여 몇 년만에 전형적인 마기 족 합의체를 이룰 준비가 된 사람들, 세상을 자신들의 형상으로 바꾸어놓을 준비가 된 사람들이 충분하였다.

마호메트가 메시지를 전달한 첫 대규모 집단은 그 자신의 크고 영향력 있는 부족이었다. 쿠라이시는 카바의 관리인이었으며, 그 지역의 지도적 집단이었다. 마호메트는 그들에게 성소에서 모든 이교도 신상들을 없애고, 이슬람의 '유일신'이 그들의 신임을 인정하라고 호소하였다. 이 시기에 나온 초기의 수라는 그들에게 이렇게 간청한다.

> 은혜로우시고 자비로우신 하느님의 이름으로 쿠라이시 족의 안전을 위하여, 겨울과 여름의 여행이 그들에게 안전하도록 하기 위하여 굶주리는 그들

에게 음식을 주시고 공포로부터 안전함을 베풀어주신 분이시니, 그들은 이 집(카바)에 계신 주님을 경배해야 하노라.[41)]

시간이 지나자 '예언자'의 점점 늘어나는 집단의 열정은 그들 부족의 옛신들과 교역의 번성이 최대 관심사인 사람들의 반동을 불러왔다. 이 반동의 힘은 금방 강해져서 이슬람에 속한 사람들은 자기들이 박해받는 종파라고 생각하였다. 그와 더불어서 이러한 조건에서 나오는 집단적 유대와 열정을 확보하게 되었다. 마호메트는 자신의 무리를 보호하기 위하여 그들을 홍해 건너 기독교화된 아비시니아에 자리 잡은 악숨으로 보내었다. 그곳의 왕은 그들을 따뜻하게 맞아주었다. 그러자 메카의 주민들은 아비시니아의 습격과 유린이라는 악몽이 되풀이될지도 모른다는 두려움을 가지게 되었다. '예언자' 자신은 메카에 남아서 학대당하고 매도당하며 깊은 곤란에 처하였다. 신의 섭리에 따른 것인지 모르겠지만, 이 무렵에 새롭고 놀라운 개종자가 그에게 가담하게 된다. 젊고 총명한 오마르('Umar ibn al-Khaṭṭab)였다. 이 젊은이는 그때까지는 새로운 신앙에 공공연히 적대적이었다. 그러나 이제 마치 기독교의 바울처럼 이슬람의 가장 유능한 지도자가 되었다.

그러나 이미 곤란에 처하여 있던 '예언자'에게 크고 깊은 슬픔이 찾아왔다. 그가 사랑하는 아내 하디자가 죽은 것이다.

위대하고 고귀한 여인(사람들은 그녀를 이렇게 정당한 찬사가 담긴 호칭으로 부르게 되었다)은 그가 아무런 자산이 없을 때 그의 친구가 되었으며, 그의 가치가 거의 알려지지 않았을 때 그를 신뢰하였으며, 그가 영적인 투쟁을 벌일 때 그를 격려하고 이해하였으며, 그가 부르심을 받아들여 다리가 떨릴 때 그를 믿었다. 그 분은 비방, 박해, 모욕, 위협, 고통을 견디었고, 마침내 51년째에 성인들에게로 떠나셨다. 그 분은 완벽한 여자이며, 믿는 자들의 어머니셨다.[42)]

그때 놀랍게도 기적이 일어난다. 무에진(이슬람교에서 기도 시각을 알리는 사람/역주)의 외침이 행성의 운명을 알리듯, 새로운 세계 시대가 동터옴을 알렸다. 북쪽으로 320킬로미터 떨어진 메디나에서 마호메트에게 소환장이 날아왔다. 메디나에서는 두 지도적 아랍 부족인 아우스 부족과 하즈라지 부족 사이에 분쟁이 발생하였다. 그러자 주도적 시민 결사체에서 마호메트에게 그의 영향력을 통하여 평화를 찾아달라고 간청한 것이다. 메디나에는 상당한 규모의 유대인 공동체가 있었다. 그들의 주요 구성원은 개종한 아랍 인들이었다. 시민들은 아랍 인의 분쟁이 계속될 경우 그 유대인 공동체가 우위를 차지하게 될지도 모른다고 걱정하였다. 마호메트는 현명하게도 자신의 공동체 전체를 먼저 보내고, 그 자신은 획기적인 해인 622년에 아부 바크르와 함께 메카에서 메디나로 몰래 피신하였다. 가는 길에 그의 동굴에서 며칠 숨기도 하였다. 다음은 『코란』의 한 구절이다.

　　믿지 아니하는 자들이 그를 몰아내었을 때, 너희가 그를 돕지 아니하여 하느님께서 그를 도우셨음을 기억하라. 그에게는 동무가 한 사람밖에 없었느니라. 이 두 사람은 동굴에 있었는데, 그는 동무에게 "슬퍼하지 말라, 하느님께서 우리와 함께 하시노라." 하고 말하였느니라. 그리고 하느님께서 그에게 평화를 내리시고, 너희가 알지 못하는 무리로써 튼튼하게 하시며, 믿지 아니하는 자들의 말을 천하게 만드셨으니, 오로지 하느님의 말씀만이 지고 하시며, 하느님께서는 강하시고 현명하시노라.[43]

4. 메디나의 마호메트 : 622-632년

'예언자'의 메디나로의 "이주" 즉 헤지라(아랍 어 hijrah, "도주")는 모든 마호메트교도들이 날짜를 헤아리는 원년이 된다. 이해에 이슬람의 법이 이론의 상태에서 역사 현장에서의 실천과 표현으로 넘어가기 때문이다. H. A. R. 기브 교수가 말하듯이, 마호메트는 메디나에서 메카의 북방 핵심 교역로를 손에 쥐게 되었다. 마호메트는 7년 동안 이 이점을 멋지게 활용함으로써 그의 고향 도시의 소수 독재자들의 저항을 분쇄하였다.[44] 우선 마호메트는 단순한 약탈자 노릇을 하였다. 그는 대상(隊商)들

을 포로로 잡아서 이웃으로부터 빼앗은 약탈품으로 하느님 치하의 새로
운 공동체의 부를 늘리었다. 그 다음에, 그의 고향의 필사적인 상인들은
그를 물리치려고 군대를 파견하였는데, 마호메트는 뛰어난 최고 사령관
으로서 자신의 군대보다 더 큰 군대를 물리쳤다(종종 천사의 도움을 받
았다).* 그리고 마지막으로 마호메트는 많은 베두인 부족들을 그의 편으
로 끌어당김으로써 630년에 아무런 저항 없이 메카로 돌아갔다. 이어서
도시의 모든 우상을 파괴하는 웅장하고 상징적인 행동으로 새로운 질서
를 수립하였다. 이 무렵 그 지방의 여신 나일라가 흑인 여자의 형태로
나타나서 비명을 지르며 달아났다고 한다.[45] 그러나 카바의 검은 돌은 그
대로 남았다. 그 돌은 원래는 흰색이라고 한다. 천국의 돌들 가운데 하나
이기 때문이다. 그러나 죄많은 입술들이 하도 입을 맞추는 바람에 검은
색으로 변하였다는 것이다.[46]

그러나 '예언자'는 2년 뒤 승리의 절정에서 운명하였다. 그래서 그의
환상 속의, 황금의 『코란』이 찬란하게 빛나는 영원한 고향으로 갔다. 그
『코란』에는 하느님에 대하여 이렇게 쓰여 있다.

내가 하늘과 땅 그리고 그 사이에 있는 모든 것들을 창조한 것은 장난
삼아 한 것이 아니니라. 진리와 정의의 요구로써 그것들을 창조한 것이니라.
다만 그들 대부분이 알지 못할 뿐이니라. 진실로 결정의 날은 그들 모두에
게 정하여진 때이니라. 그날 보호자는 보호자의 역할을 하지도 못하며 그들
이 구제받지도 못하느니라. 그러나 하느님께서 자비를 베풀어주시는 자들은
예외이니라. 그 분께서는 위대하시고 자비로우신 분이시니라.

진실로 자쿰의 나무는 죄를 지은 자들의 음식이며, 녹은 구리처럼 그것은
그들의 위 속에서 마치 끓는 물처럼 끓을 것이니라. "그 자를 활활 타는 불
속으로 끌고 오라. 그리고 징벌로 그 자의 머리 위에 끓는 물을 부어라. 자,
맛보아라, 너는 자신을 힘이 강하고 고귀하다고 생각하지 않았느냐. 이것이

* 콘스탄티누스와 그의 군대가 막센티우스를 결정적으로 물리치기 직전에 "빛나는 십자가"
를 보았듯이(443~444쪽 참조), 마호메트와 그의 군대도 바드르에서 결전을 치르는 동안
천사들이 그들을 돕는 것을 보았다. 목격자의 말에 따르면 가브리엘의 터번만 노란색이
고, 다른 사람들의 터번은 모두 흰색이었다(A. A. Bevan, "Mahomet and Islam" in *The
Cambridge Medieval History*, Vol. II, p. 318의 주 1. Ibn Hisham의 말을 인용하고 있다).

야말로 내가 의심해온 것이니라."

하느님을 경외하는 자들은 안전한 곳에 갈 수 있느니라. 그곳은 샘이 있는 낙원이니라. 그들은 그곳에서 비단을 몸에 걸치고 서로 마주보고 앉아 있느니라. 그리고 눈이 크고 아름다운 순결한 처녀를 골라서 그들에게 짝지워 주리라. 그들은 그곳에서 평온하고 안전한 가운데 온갖 과일을 원하는 대로 얻을 수 있느니라. 그리고 그곳에서는 두번 다시 죽음을 맛보는 일도 없으며, 하느님께서 불길의 징벌로부터 지켜주시느니라. 이는 너희의 주님께서 베풀어주시는 자비이시며, 이것이야말로 위대한 승리이니라.

그리고 나는 그들이 가르치심을 잘 이해하도록 하려는 마음에서 이것을 너의 말로 알기 쉽게 해주었느니라. 그러니 너희가 기다리라. 그들 역시 기다릴 것이니라.[47]

4. 법이라는 의복

알라라는 이름의 신의 가면이 나온 사막은 수백 년 전에 야훼라는 가면이 나온 곳이다. 미크 교수가 보여주었듯이,* 사실 야훼라는 말의 출처는 헤브루가 아니라 아랍이다. 따라서 우리는 성서에서 선포한 하느님을 최초로 섬긴 사람들이 자신의 셈 족 혈통에 속하는 사람들이라는 마호메트의 놀라운 주장에 어느 정도 동의하지 않을 수 없다.

셈 족에 속하는 사막인들의 신으로서 알라는 야훼와 마찬가지로 전형적인 셈 족 부족신의 특징들을 보여준다. 그 가운데 첫번째 가장 중요한 것은 자연에 내재하는 신이 아니라 초월적인 신이라는 점이다. 그러한 신들은 외적인 자연(과학을 통하여)이든 내적인 본성(명상을 통하여)이든, 자연(영어의 nature는 자연과 본성 2가지 뜻을 가지고 있다/역주) 질서를 아무리 조사해봐도 알 수가 없다. 자연에는 안이든 밖이든 신이 들어 있지 않기 때문이다. 두번째 특징은 첫번째 특징으로부터 파생된다. 즉 각각의 셈 족 부족의 주신(主神)은 지역 집단, 오로지 그 지역 집단

---

* 159쪽 참조.

만의 보호자이자 입법자라는 점이다. 그 신은 해, 달, 우주 질서가 아니라, 지역의 법이나 관습을 통해서 알 수 있다. 물론 법이나 관습은 집단마다 다르다. 따라서 셈 족은 자신의 부족신을 섬기면서 늘 배타주의, 분리주의, 비관용의 경향을 보여주었다. 반면 주신들이 자연의 신인 아리안들은 언제 어디서나 이질적인 종교에서 자신의 신을 찾아내는 경향, 통합주의의 경향을 보여주었다.

원시적인 수준에서는 지역의 부족신이 전세계의 주관자로 간주될 필요도 없고 또 가능성도 없다. 각 집단에게 자신의 입법자와 수호자만 있으면 그만이다. 나머지 세계——그러한 세계가 있다면——는 자기가 알아서 자신의 신을 섬긴다. 민족마다 그 나름의 입법자이자 수호자인 신을 가지고 있을 것이기 때문이다. 우리는 이러한 생각을 일신 숭배(monolatry)＊라고 부른다. 따라서 이스라엘이 처음으로 가나안을 정복하였던 그 길고 무시무시한 단계에서 야훼는 그저 다른 신들보다 더 강한 부족신으로 생각되었을 뿐이다.

성서적 발전의 그 다음 획기적인 단계는 그 신이 우주의 창조주 신과 동일시되면서 나타난다. 이렇게 되자 이스라엘 외에 세상의 다른 어떠한 민족도 이 하나뿐인 진실한 하느님을 알거나 섬긴다고, 또 그 하느님의 돌봄을 받는다고 주장할 수 없었다.

> "나 야훼가 말한다. 다른 민족들의 생활 태도를 배우지 말라. 다른 민족들이 보고 떠는 하늘의 조짐을 보고 떨지 말라. 다른 나라 사람들이 보고 떠는 것은 장승에 지나지 않는다(원문에는 '다른 나라 사람들의 관습은 거짓된 것이다'라고 나온다/역주)."…… 야훼 같으신 분은 없습니다. 야훼께서는 위대하시어 그 높으신 이름처럼 위력을 떨치십니다. 그 누가 야훼를 두려워하지 않겠습니까? 만민의 왕이시여, 그것은 너무나도 당연한 일, 세계 만방 모든 민족 가운데 누가 야훼만큼 지혜롭겠습니까? 사람들은 하나같이 우둔하고 미련하여 나무로 만든 장승에게 가르침을 받습니다.…… 야훼만이 참 신이십니다.[48]

＊ 281–282쪽 참조.

사막의 하비루가 이러한 우주적 크기의 신에 대한 관념을 가지게 된 것은 묘하게도 그들이 정주(定住) 문명들이 속한 높은 수준의 문화권에 들어갔을 때였다. 그 문화권에서는 수천 년 전부터 문자를 사용하였다. 전체 하늘의 움직임만이 아니라 그 안의 행성들의 움직임도 수학적으로 기록해왔다. 절정기에 이른 청동기 문명의 사제들이 이해하는 우주 질서는 놀라울 정도의 수학적 규칙성을 지니었다. 우주는 별들을 관찰하는 사제들이 처음 알게 된 고정된 법칙에 따라서 늘 회전하였으며, 늘 생겨났다가 혼돈으로 돌아갔다. 이러한 존재가 지닌 박자의 궁극적 기초는 의지를 가진 인격으로 표현되지 않았다. 예를 들어서 야훼와 같은 신으로 나타낼 수 없었다. 이러한 체계에서는 인격, 의지, 자비, 진노는 부차적일 뿐이고, 절대적으로 비인격적이고 멧돌처럼 영원히 돌아가는 질서가 우선이었다. 신들——모든 신들——은 그러한 질서의 단순한 대행자들일 뿐이었다.

그러나 셈 족 가운데 사막의 민족들은 높은 수준의 문화권으로 들어가면서 자신들의 부족신을 고수하였다. 이것은 그 문화권의 관점과 극적인 동시에 화해할 수 없는 대조를 이루는 것이다. 그들은 대체로 우주 질서라는 관념을 받아들이기는 하였지만, 자신의 신들을 거기에 굴복시키는 대신 그 질서를 만들어내고 지탱하는 존재로 받들었다. 그러나 그 신은 그 질서에 내재하는 존재는 절대 아니었다. 그 신은 여전히 별도의 실체였기 때문이다. 동시에 인격적이고 의인화된 존재였다. 나아가서 그 신은 부족의 사막 시절부터 그가 편애하는 유일한 집단의 사회적 율법을 통해서만 자신을 알리었다. 하느님의 유일한 가르침은 관찰하고 생각할 지력을 갖춘 사람의 눈과 마음에 열려 있는 자연 법칙들이 아니라, 방대하고 풍요로운 인류의 역사 가운데 특정한 사회적 분자의 독특한 율법을 통해서 드러났다. 그래서 "다른 민족들이 보고 떠는 하늘의 조짐을 보고 떨지 말라. 다른 나라 사람들이 보고 떠는 것은 장승에 지나지 않는다"는 경고가 나온 것이다. 또 그래서 다음과 같은 마호메트의 경고들이 나오는 것이다. "진실로, 네가 하늘을 향하여 자주 얼굴을 돌리는 것을 내가 아노라. 그러면 내가 너희로 하여금 네가 좋아하는 키블라*에게 돌아서도록 하겠느냐. 그러므로 성스러운 사원을 향하라. 그리고 너희가 있는 곳이 어디이건 항상 너희는 성스러운 사원을 향하여라."⁴⁹⁾ "이슬람 이외의 종교를 구하는 자에게는 이것이 받아들여지지 아니할지니. 다음에 오는 세상에서 그들은 잃은 자 가운데 서리라."⁵⁰⁾

그러나 하느님의 은총을 받는 집단이나 하느님의 율법의 성격에 대해서, 성서의 관념과 코란의 관념 사이에는 차이가 있다. 첫번째 가장 분명한 특징은 구약의 공동체가 부족적인 반면, 『코란』은 인류를 향하여 말한다는 것이다. 이슬람은 불교나 기독교와 마찬가지로 개념상 세계 종교이다. 반면 유대교는 힌두교와 마찬가지로 실제로나 개념적으로 인종적 형태로 남아 있다. 마호메트의 시절에 인류에 대한 알렉산더의 전망이 사막의 민족들에게까지 이르렀기 때문에 이러한 차이가 생긴 것이다. 헤브루 인 이사야는 이렇게 선언하였다. "뜨내기들이 모여들어 너희의 양을 치고 외국인들이 너희의 농장과 포도원에서 일하리라. 그들이 너희를 '야훼의 사제들'이라고 부르고 '우리 하느님의 봉사자'라고 불러주리라. 너희는 다른 민족들의 재물을 먹고, 그들의 보물로 단장하리라."⁵¹⁾ 이와는 대조적으로 『코란』에는 승리를 거두는 부족이나 인종이 없다. 이슬람 안에서는 절대적 평등이 있을 뿐이다. 『코란』은 말한다. "진실로 그 속에는 마음이 있는 자, 귀를 기울이는 자, 그리고 주의 깊은 자에게 주는 하느님의 타이르심이 있느니라."⁵²⁾ 신 아래 하나의 진정한 사회 질서라는 사막의 개념이 확대되어 더 큰 세계의 새로운 지식에 대응하게 된 것이다.

그럼에도 어려움은 따랐다. 야훼가 사막에서 준 계시에 따라서 만들어진 하느님의 율법은 존재하는 실제 사회의 관습이었다. 반면 이슬람에서 만들어낸 하느님의 율법은 한 개인이 불과 23년 동안 무아지경에서 발설한 일련의 말들로부터 파생된 것이었다. 이것을 살아 있는 세계 공동체를 위한 존립 가능한 체계로 확대하는 것은 유례없는 만용을 부리는 일이 될 수밖에 없었다. 그럼에도 이슬람은, 말하기에도 이상한 일이지만,

---

* 키블라 : 기도를 하는 방향. 이슬람에서 키블라는 메카 대사원의 카바이다. 이것은 "자연적"인 것이 아니라 사회적이고 역사적인 상징으로서, 구체적으로 이슬람 자체의 역사와 전설을 가리키는 것이다.

그 일을 이루어내었다.

이슬람이 법적 질서를 발명하는 과정에서는 3가지 통제력이 인정되었다. 물론 첫번째는 『코란』이다. 『코란』에서 명령이나 금지가 분명하게 언급되어 있는 경우에는 이것이 모든 논쟁에 선행하며, 그것에 아무런 문제 제기 없이 복종해야 하였다. 그러나 『코란』에서 다루지 않는 우연적인 경우들이 있었다. 이것을 위하여 이슬람 율법학자들은 다른 "근거"를 세워야 하였다. 따라서 그들의 두번째 버팀대는 하디스(hadīth), 즉 "진술"이라고 부르는 일군의 주변적 전승이 되었다. 이것은 '예언자'의 일화들로서, 그와 가까이 있던 이러저러한 사람들이 이야기한 것으로 이루어져 있다. 엄청난 양의 이러한 "진술"은 이슬람의 첫 2-3백 년 동안 나타났으며, 가장 신뢰할 만한 것들은 경전적 판본에 수록되어 있다. 그 중에서도 알-부카리(870년 사망)와 모슬렘(875년 사망)의 판본이 주목할 만하다. H. A. R. 기브 교수가 말하듯이, 이러한 판본들은 "곧 거의 경전에 가까운 권위를 얻었다."[53]

그러나 실제로는 『코란』이나 『하디스』 어느 곳에서도 분명하게 언급되지 않은 율법상의 쟁점들이 생기게 마련이다. 이러한 문제들 대해서는 "유추(키야스〔qiyās〕)"에 의해서 결정을 내리었다. 이것은 (다시 기브 교수의 말을 인용하자면) "다른 쟁점에 대한 기존의 결정들 가운데 새로운 문제와 완전히 부합하는 결정의 바탕에 깔린 원칙들을 새로운 문제에 적용하는 것"이다.

기브 교수는 계속해서 이렇게 말한다.

이슬람이 생기고 나서 2-3백 년이 지나면서 신학자와 율법학자들은 겉으로 보기에는 편협하고 자구 해석적인 기초 위에서, 율법만이 아니라 다른 종교나 사회 조직과 구분되는 제의와 교리까지 만들어내었다. 그러나 이론만큼 실제에서도 편협하지는 않았다.…… '예언자'로부터 나온 것으로 주장되는 전승의 매개를 통한다든가 하는 방식으로 외부로부터 많은 것들이 이슬람 안으로 들어왔기 때문이다.

그러나 이러한 논리적 구조가 세워진 원칙들이 불변이기 때문에, 체계 자체도 일단 세워지면 불변인 것으로 간주되었다. 나아가서 그 기초가 되는 근거들과 마찬가지로 신의 영감에 의해서 세워진 것으로 간주되었다. 그때부터 지금까지 흔히 말하는 샤리아(Shari'a) 또는 샤르(Shar'), 즉 신의 명령이나 인도의 "큰길"은 본질적으로 불변이었다.[54]

슈펭글러는 이것을 고전 시대의 법에 대한 접근 방식과 비교하면서 이렇게 말하고 있다.

고전 시대의 법은 실제 경험에 기초하여 공민이 만들었다. 그러나 아랍의 법은 하느님으로부터 온 것이다. 하느님은 선택되어 깨달은 자들의 지성을 통하여 그 법을 밝히었다.…… 고전 시대의 법의 권위는 그것의 성공에 기초를 두고 있다. 반면 아랍 법의 성공은 그 법이 가지는 이름의 위엄에 기초를 두고 있다. 사실 법을 동료 인간의 의지의 표현으로 보느냐 아니면 신이 베푸는 것 가운데 하나로 보느냐에 따라서 생각도 크게 달라지게 된다. 전자의 경우에는 스스로 법이 옳다고 확인하거나 아니면 힘에 굴복한다. 후자의 경우에는 독실한 신심으로 인정을 한다(Islām). 동양인들은 자신에게 적용되는 법의 실제적 목적이나 심판의 논리적 근거를 보자고 하지 않는다. 따라서 이슬람의 카디(하급 재판관)와 백성의 관계는 로마의 집정관과 시민의 관계와 아무런 공통점이 없다. 후자는 높은 지위에서 훈련을 받고 시험을 받은 통찰에 기초하여 판결을 내린다. 전자는 그에게 내재하는 영, 그에게 능력을 주며 그의 입을 통하여 말을 하는 영에 기초하여 판결을 내린다. 이에 따라서 재판관과 쓰여진 법 사이의 관계——집정관과 그의 칙령 사이의 관계, 또 하급 재판관과 율법학자의 텍스트 사이의 관계——는 완전히 달라진다. 집정관은 집중된 경험의 핵심을 자기 것으로 만든다. 그러나 카디는 밀교에서 신탁에 의존하는 것처럼, 텍스트에서 자문을 구한다. 카디에게는 어떤 구절이 원래 무슨 뜻이었고, 왜 그런 식으로 구성되었는지는 전혀 중요하지 않다. 카디는 단어들——심지어 문자들——에서 뜻을 헤아린다. 그 일상적 의미를 찾는 것이 아니다. 그것이 자기 앞에 놓인 사건과 가지는 마술적 관계를 찾는 것이다. 그노시스파에서, 또 초기 기독교, 유대교, 페르시아의 묵시록적이고 신비주의적인 문헌에서, 또 신피타고라스 철학에서, 또 카발라(헤브루의 신비 철학/역주)에서 "영"과 "문자" 사이에는 이런 식의 관계가 존재하였다. 라틴 어 사본도 아랍 어 세계의 재판관들이 이용하는 것과 똑같은 방식으로 이용되었을 것이라는 데에는 의문의 여지가 없다. 문자에 비밀 의미가 담겨 있다는 신념, 문자에 '하느님의 영'이 관통하고 있다는 신념은 아랍 세계의 모든 종교가 그들 나름대로 손으로 쓴 문서를 만들어내었다는 사실로도 알 수 있다. 그들은 그런 식으로 거룩한 책을 손수 써 놓아야 하였다. 언어가 바뀐 뒤에도 그러한 문서는 각각의 "민족"의 상징으로서 놀라울 정도로 끈질기게 살아 남았다.[55]

나아가서 기브와 슈펭글러는 이슬람에 대해서 진지하게 이야기한 다른 모든 사람들과 마찬가지로 일군의 전승(샤리아, "큰길")——『코란』(키타브[kitāb], "책"), 전승의 말씀들(하디스), 유추(키야스)에 의한 확장 등 3가지의 상호 작용에 의해서 이루어진 것——이 신앙과 도덕과 관련된 모든 문제에서 집단(이즈마[ijmā'], "합의")의 무오류성의 정확한 표현으로 여겨지고 있다는 점을 지적한다. 기브 교수는 말한다.

신과 인간 사이에 개입하는 성직자들의 존재를 허용하지 않는다는 것이 이슬람의 자랑 가운데 하나이다. 그러나 이슬람 역시 하나의 체계로 조직화되었기 때문에 사실상 성직자 계급을 생산한다. 이들은 기독교 공동체들의 성직자단과 똑같은 사회적이고 종교적인 권위와 위엄을 얻었다. 이들은 울라마(Ulamā), 즉 "학자" 또는 "박사" 계급이다. 유대교의 "서기관"들과 같은 존재이다. 『코란』과 '전승'의 신성함, 그리고 그 해석에 전문적으로 종사할 계급의 필요성을 고려할 때, 울라마의 등장은 자연스럽고 불가피한 발전이었다. 물론 이슬람보다 더 오래된 종교 공동체의 영향력 때문에 그들이 빠른 시간 안에 사회적이고 종교적인 권위를 수립하는 것이 가능하였다고 볼 수도 있다.

그들의 권위가 더욱 굳건하게 자리 잡고, 공동체의 여론으로부터도 광범위한 승인을 받게 되자, 울라마 계급은 신앙과 법에 관련된 모든 문제에서 공동체를 대리한다고 주장하게 되었다(또 그렇게 인정받기도 하였다). 그러면서 특히 국가의 권위와 대립하는 일이 많아졌다. 초기——(이슬람의) 제2세기쯤——에는 "공동체의 합의"(실제로는 울라마의 합의를 뜻하였다)가 결속력을 가진다는 원칙이 확립되었다. 따라서 신학자와 율법학자들은 그들의 체계에 남아 있는 모든 틈을 메우기 위하여 이즈마를 무기로 삼았다. '전승'이 『코란』의 완성이듯이, 학자들의 합의는 '전승'의 완성이었다.

사실 엄격하게 논리적으로 분석하자면, 이즈마가 전체적인 당당한 구조의 기초이고 그것만이 최종적 효력을 가진다는 것이 분명하다. 애초에 『코란』과 '전승' 텍스트의 진정성을 보장하는 것이 이즈마이기 때문이다. 그 텍스트들의 말을 어떻게 발음하는지, 그것이 무엇을 의미하는지, 그것을 어떠한 방향으로 적용해야 하는지를 결정하는 것이 이즈마이다. 그러나 이즈마는 그 이상으로 나아간다. 이즈마는 오류가 없다는 이론으로 발전하여, 이즈마가 계시의 제3의 통로로 정립되는 것이다. '예언자'의 영적 특권들——이슬람 저자들은 이 특권들을 "예언의 빛"이라고 부른다——은 공동체의 지상의 정부에 있는 후계자들인 칼리프들에게 상속된 것이 아니라, 공동체 전체에게 상속되었다…….

따라서 이슬람의 제2-3세기에는 어떤 점에 대해서 학자들이 의견의 일치를 보았을 때, 그와 관련된 『코란』과 『하디스』의 텍스트들의 공표는 금지된 것이나 다름없었다. 그들의 결정은 취소될 수 없는 것이었다. 개인적 해석(이즈티하드[ijtihād])의 권리는 이론적으로는(그리고 실제적으로도 매우 광범위하게) 아직 일반적 합의가 이루어지지 않은 사항들에 한정되었다. 세월이 흐를수록 그러한 사항들이 줄어들었기 때문에, 훗날의 학자들의 역할은 그러한 결정들이 기록된 논문들을 설명하고 거기에 주석을 다는 일로 한정되었다. 이슬람의 박사들 대다수는 "이즈티하드의 문"이 완전히 닫혔으며, 따라서 아무리 뛰어난 학자라도 무즈타히드(mujtahid), 즉 율법의 권위 있는 해석자가 될 수는 없다고 생각하였다. 물론 훗날 몇몇 신학자들이 가끔 이즈티하드의 권리를 주장하기는 하였다.[56]

기브 교수는 비록 겉모습에는 차이가 있지만, 이슬람에서 "합의"에 의해서 교리를 확정하는 것과 기독교 교회의 종교 회의 사이에는 유사점이 있으며, 어떤 점에서는 그 결과까지도 매우 비슷하다고 지적한다. 기브 교수는 이렇게 말한다. "예를 들어서, 이즈마가 율법과 교리의 원천으로 일반적으로 인정되고 나서부터 비로소 '이단'에 대한 분명한 율법적 시험이 가능해졌고 또 시행되었다."[57] 슈펭글러 역시 이러한 유사점을 지적한다. 그러면서 마기 족-레반트 영적 공동체의 역사적 형태에 대한 그의

502

관점의 연장선상에서 그러한 유사점들이 일반적으로 유럽 본래의 개인적
가치에 대한 관념과 대조를 이룬다고 해석한다.

> 서양에서는 각자 스스로 개인적인 숙고에 의해서 진리를 발견하려고 한
> 다. 그러나 아랍의 학자는 동료들의 일반적 신념을 알아내고 그것을 확인하
> 려고 한다. 그러한 일반적 신념에는 오류가 없다. 하느님의 정신과 공동체의
> 정신은 똑같은 것이기 때문이다. 합의를 찾을 수 있으면 진리도 확정할 수
> 있다. 이즈마는 초기 기독교, 유대교, 페르시아의 종교 회의의 열쇠이다. 그
> 러나 그것은 또 유명한 '발렌티니아누스 3세의 인용법'(426년)의 열쇠이기도
> 하다. 그것은…… 인용이 허락되는 텍스트를 쓴 위대한 법학자의 수를 다섯
> 으로 제한하여 정전을 확립하는 것이다. 이것은 구약이나 신약도 마찬가지
> 이다. 둘 다 경전으로서 인용할 수 있는 텍스트들의 총합이기 때문이다.[58]

아주 흥미 있는 일이지만, 이러한 말을 들으면 '철의 장막' 문화권의
이른바 인민 정부의 회의, 숙청, 선언, 주장을 떠올리게 된다. 이곳에서는
'예언자' 마르크스의 교시를 울라마의 엘리트들이 재해석하여, 그것을 순
수하게 신화적 실체인 '인민'의 이즈마로서 제시한다. '신의 도시'를 그렇
게 우스꽝스럽게 패러디한 문화권의 상징들이 그러한 합의의 지리적 통
제 외부에 있는 자유로운 개인들의 신경에도 힘을 미친다. 그 자유로운
개인들 속에는 마기 족의 감성 체계가 여전히 살아 있기 때문이다. 로마
가톨릭 교회의 성례의 효력은 세상의 현실, 기독교 제국의 몰락, 성직자
의 개인 생활, 성례의 기초를 이루는 신화에 대한 과학의 전면적 반박
등에도 영향을 받지 않는다. 마찬가지로 이슬람이라는 의복은——'인민'
이라는 의복과 마찬가지로——시간이라는 현실이나, 그 의복을 걸치고
있는 자들의 죄에 영향을 받지 않는 초월적 질서로 이루어져 있다. 런던
에서 교육받은 인도의 이슬람 시인이자 철학자 모하메드 이크발 경(1938
년 사망)이 최근의 예언에서 중요한 발언을 하였는데, 아다 보즈먼은 그
의 말을 적절히 인용하고 있다.

> 잘 들어라. 오늘날 유럽은 인간의 윤리적 성취에 가장 큰 장애이다. 반면

이슬람은 계시에 기초하여 궁극적 관념을 소유하고 있다. 이 계시는 삶의 가장 깊은 곳으로부터 이야기하자면, 삶의 외적인 것으로 보이는 것을 내화한다. 이슬람교도에게는 삶의 영적인 기초는 신념의 문제이다. 우리 가운데 가장 깨닫지 못한 자라도 그 신념에 삶을 맡길 수 있다. 인간과 관련된 더 이상의 계시는 있을 수 없다는 이슬람의 기본적 관념에서 볼 때, 우리는 지상에서 영적으로 가장 해방된 민족 가운데 하나일 수밖에 없다.…… 오늘날의 이슬람교도는 자신의 위치에 감사하고, 궁극적 원리들에 비추어 자신의 사회 생활을 재건하고, 지금까지는 부분적으로 드러난 이슬람의 목적으로부터 이슬람의 궁극적 목적인 영적 민주주의를 발전시켜야 한다.[59]

유대교, 비잔티움, 이슬람, 공산주의의 반대할 수 없는 합의라는 개념의 차이에 대해서도 한마디만 하자. 이 4가지 마기 족 교회 가운데 처음 3가지는 분명 마지막 것과 구별된다. 그들은 궁극적으로 신에게 호소하는 반면, 마지막의 공산주의는 로버트 잉거솔 유형의 19세기말 무신론을 특별히 자랑하기 때문이다. 공산주의의 성물인 '노동자'는 신화적 존재로서, 세계의 모든 공장에서 성육신하는 것으로 간주되고 있다. 그러나 이런 식으로 권위의 신비를 하늘로부터 지상의 사회적 실체로 간주되는 존재에게로 이전시키는 것은 진정한 율법이라는 공통의 관념을 현대적이고 세속적인 상징화 양식에 적응시킨 것뿐이다. 그 진정한 율법이란 여전히 믿음을 가진 사람들에게만 알려져 있고, 정통적 지식은 그들에게만 있다. 고대하던 날이 오면 그 지식은 극적으로 완전하게 표현될 것이다. 이른바 민족의 법이라는 것은 미망일 뿐이며, 아직 마음에서 빛이 동트지 않은 사람들만이 그러한 미망에 시달린다.

이제 마치 사자로부터 도망치는 겁먹은 당나귀와도 같이, 그들이 하느님의 가르치심으로부터 등을 돌리는 것이 그들에게 무슨 문제가 되느냐?…… 실로 나는 믿지 않는 자들을 위하여 쇠사슬과 쇠굴레와 타오르는 불을 준비하였노라.…… 그러나 하느님의 종들은…… 그곳에서 침상 위에 기대어 심한 더위나 심한 추위를 알지 못하리라. 낙원의 나무 그늘이 그들 위에 가까이 드리우고, 송이송이 열린 과일은 손이 쉽게 닿는 곳에 열려 있으리라. 은

504

접시가 그들 사이에 돌려질 것이며 또한 잔도 돌려질 것이니, 이는 유리와 같이 밝지만 은으로 만들어진 잔으로서 그들이 스스로 좋을 만큼 따라 마시노라.[60]

다른 한편으로 유대교의 법 관념과 다른 셋의 법 관념에도 차이가 있다. 유대교의 법은 적어도 어느 정도는 삶으로부터 유기적으로 파생된 법, 실제 공동체의 실제 경험으로부터 파생된 법이다. 반면 나머지 셋의 경우는 확립된 텍스트로부터 짜낸 법이며, 다가올 이상적인 공동체에 각인될 법, 또는 그러한 공동체를 통하여 표현될 법이다. 유대교의 법은 유기적으로 융통성 있게 자라왔다. 반면 다른 법들은 머리에서 나온 것이며, 상대적으로 깨어지기 쉽다. 그리고 그 체계 밖에 있는 사람들에게는 설득력이 없는 인공물일 뿐이다. 심지어 믿을 수 없을 정도로 터무니없는 것이다. 그들이 그것을 보편적으로 적용하겠다고 주장하면 갑자기 위협적인 공포 분위기가 조성된다. 유대교의 묵시록적인 '주의 날'이 드러내는 동화 같은 위협은 상대가 되지 않는다.

5. 신비의 길이라는 의복

하느님은 율법의 지배를 받는 것이 아니라 율법의 위에 있다. 율법으로 알 수도 없고, 판단할 수도 없다. 따라서 하느님을 섬길 뿐만 아니라 알고 싶은 욕망이 불타오르는 사람들에게는 율법을 넘어서는 길이 있음에 틀림없다. 하느님 자신이 율법을 넘어서 있기 때문이다. '예언자' 마호메트가 율법 너머를 보았기 때문이다.

순나(sunnah)라는 말은 이슬람의 일반적이고, 정통적이고, 보수적인 몸체를 가리킨다. 그 몸을 위해서는 공동체에 의해서 그리고 공동체를 위하여 선언되고 집행되는 '법의 의복', 즉 합의(이즈마)만으로도 충분하다. 그러나 2가지 강력한 운동이 이 보수적인 순나의 절대적 권위에 도전하였다. 첫째는 시아 또는 시테스(아랍 어로는 시[shī'i], 즉 [알리의] "당

파")이다. 이들의 정치적으로 정식화된 신비주의는 호전적인 무정부주의
색채를 띠고 있다. 둘째는 수피교도(아랍 어로는 수피[sūfi], 즉 "양모의
사람"인데, 양모로 만든 긴 옷을 입고 다니는 금욕주의자라고 해서 그러
한 이름이 붙었다)이다. 이슬람에서는 묘하게도 그들의 황홀경 속에 금
욕적 신비주의와 도덕률 폐기적인 신비주의 양쪽의 일반적 주제와 경험
이 모두 들어가 있다. 독자들도 오마르 하이얌(1123년 사망?)의 시는 들
어보았을 것이다.

> 그들은 말하기를 천국에는 후리(이슬람에서 천국에 사는 선녀/역주)들이
> 산다고 하네.
> 포도주와 꿀이 샘처럼 흐른다고 하네.
> 만일 다가올 세상에서 그것이 정당한 것이라면,
> 여기에서 그것을 사랑하는 것도 옳은 일이겠지…….
>
> 순나에도 거룩한 율법에도 귀를 기울이지 말게.
> 가난한 자에게 줄 것을 주고
> 누구에게도 상처를 주지 않고 또 학대하지 않았다면,
> 내가 천국을 보장할 터이니, 이제 술이나 마시게!
>
> 당신의 얼굴을 보지도 못하며 기도하는 사원보다
> 당신과 잘 통하는 술집이 훨씬 더 좋군요![61]

신비주의적인 '선회(旋回) 탁발승단'의 창립자인 잘랄루딘 루미(1207-
1273년)는 훨씬 더 엄하고 위협적으로 공격을 하였다.

> 많은 사람들이 경건한 행동을 하면서, 그것으로 인정받고 상을 받는 데에
> 마음을 쓴다. 그러나 이것은 사실 감추어진 죄이다. 경건한 체하는 사람이
> 순수하다고 생각하는 것은 사실 거짓이다. 귀머거리가 선한 일을 한다고 하
> 면서 사실은 정반대의 결과를 낳는 것과 같다.
> 귀머거리는 앉아서 흡족한 표정으로 말하였다. "나는 병든 친구를 문병하

였다. 나의 이웃에게 할 일을 하였다.” 그러나 사실 그는 환자의 마음에 그에 대한 원한의 불길만 피워놓았고, 그 불길은 그를 태웠다. 따라서 네가 불을 붙이고 다니지 않도록 주의하라. 실제로 너는 선한 일을 한다고 하면서 죄만 늘일 수도 있다……

귀머거리는 자신에게 이렇게 말하였다. “내가 귀가 들리지 않는데, 어떻게 내가 찾아갈 환자의 말을 알아들을까? 자, 그의 입술이 움직이면 내가 그 입장이 되었다고 가정하고 유추를 해서 그 뜻을 짐작해보자. 내가 ‘좀 어떠시오?’ 하고 물으면 그는 물론 ‘나는 괜찮소’라거나 ‘많이 좋아졌소’라고 대답할 것이다. 그러면 나는 ‘하느님께 감사하라! 뭘 드셨소?’ 하고 말하면 된다. 그러면 그는 ‘셔벗을 먹었소’라거나 ‘강낭콩 즙을 마셨소’라고 대답할 것이다. 나는 그러면 ‘건강을 누리시기를 바라오! 어떤 의사가 돌보아주고 있소?’ 하고 말하면 되겠지. 그는 ‘이러저러한 의사요.’ 하고 대답할 터이니, 그때 나는 ‘그는 큰 행운을 가져다주는 사람이오. 그가 왕진을 온다니 당신도 금방 좋아질 것이오. 나도 그의 치료를 받은 적이 있소. 그는 어디를 가나 꼭 치료에 성공하는 것으로 알려져 있소’ 하고 말하면 된다.”

귀머거리는 이러한 말들을 준비하고 병든 친구를 찾아갔다. 귀머거리가 물었다. “좀 어떠시오?” 환자가 말하였다. “곧 죽을 지경이오.” 귀머거리가 말하였다. “하느님께 감사하라!” 그 말에 환자는 화가 나서 혼자 중얼거렸다. “이게 무슨 감사할 일이 되나? 이 자는 나의 적이로다.” 귀머거리는 나름대로 추측을 하였지만, 그것이 모두 틀려버린 것이다. 다음에 그는 친구에게 무엇을 먹었는지 물었다. “독이오.” 친구가 대답하였다. “그것이 당신에게 도움이 되어 건강을 가져다주기를 바라오.” 귀머거리는 그렇게 대꾸하였다. 그러자 환자는 더 화가 났다. 귀머거리가 다시 물었다. “어떤 의사가 돌보아주고 있소?” 그러자 환자가 대답하였다. “죽음의 천사요! 어서 나가시오!” 그러자 귀머거리가 말하였다. “그가 온 것은 축복이오. 축하하오!”

이렇게 해서 유추에 따른 추론 때문에 십 년 우정이 끝장나고 말았다. 따라서 ‘계시’와 관련해서는 낮은 수준의 감각으로부터 끌어낸, 유추에 의한 결론을 피하도록 하라. ‘계시’에는 한계가 없기 때문이다. 너의 감각의 귀를 들이대고 ‘계시’의 문자를 이해하려고 하면, 너는 귀머거리가 되어 신비한 의미를 받아들이지 못할 것이다.[62]

시아파의 기원은 ‘예언자’의 죽음 직후까지 거슬러 올라간다. 당시 이슬람의 수장 자리를 계승하는 문제는 일련의 살인을 통해서 해결되었다.

칼리프로서 칭송을 받은——대체로 오마르의 영향력을 통한 것이었다——첫 동무는 위대한 아부 바크르였다. 그러나 그는 2년 뒤(634년)에 오마르를 후계자로 정하고 죽었다. 마호메트의 사촌인 알리의 당파(시〔shī'i〕)는 이러한 거래에 강력하게 이의 제기를 하였다. 알리는 '예언자'의 딸 파티마와 결혼을 하였고, 마호메트가 사랑하는 두 손자 하산과 후사인을 낳았다. 그러나 당시 상황은 오마르와 그의 명분에 유리하게 돌아갔다. 반도의 아랍 부족들 사이에 위험한 동요가 생겼지만, 이슬람 장군들은 일련의 전투에서 뛰어난 승리를 거둠으로써 그것을 진압하였다. 그후 페르시아와 제2로마에 대항하여 과감하게 행군함으로써 시리아, 팔레스타인, 이라크, 그리고 곧 이란 전체가 이슬람 통치권 밑으로 들어왔다. 헤라클리우스*의 비잔티움 군대는 636년 야르무크 골짜기에서 분쇄되었다. 그러자 다마스커스, 발베크, 에메사, 알레포, 안티옥은 쉽게 무너졌다. 헬레니즘 경향이 좀더 강하였던 예루살렘과 카에사레아는 더 오래 버티었지만, 결국 두 도시도 각각 638년과 640년에 함락되었다. 페르시아 군대는 637년에 유프라테스 강으로 패주하였으며, 641년에는 모술이 무너졌다. 비잔틴파의 이집트는 643년에 쓰러졌다. 그러나 칼리프 오마르는 그의 영광이 절정에 달하였던 644년, 한 페르시아 노예에게 살해되었다.

이 사건으로 인하여 칼리프의 지위와 관련된 모든 문제가 동시에 튀어나왔다. 오마르는 후계자를 지명하지 않고, 후계자를 뽑을 위원회만 임명하였기 때문이다. 이 위원회는 알리, 오트만 외에 다른 네 사람으로 구성되었다. 여기서 오트만이 후계자로 선정되었다. 그러나 오트만은 불과 10년 후인 655년 6월 17일에 기도를 하던 도중 살해되었다. 그 정황 때문에 많은 사람들이 알리의 당파가 암살을 묵인하였다고 생각하였다.

오트만은 강력한 우마야드 씨족 출신이었다. 이 씨족은 오래된 메카의 가문으로서, 오랫동안 '예언자'에게 반대하다가, 그가 승리를 거둔 후 그의 진영에 가담하여 메디나로 이주하였다. 오마르는 그 씨족 출신의 유

---

* 479–480쪽 참조.

명한 무아위야 이븐 아부 수프얀을 시리아의 총독으로 임명하였다. 무아
위야는 오마르가 죽은 뒤 알리와 그의 아들들에게 대항하여 칼리프 지위
를 수호하기 위해서 복잡한 군사적, 외교적 전투(사실은 가족내의 분쟁
이었다)에 돌입하였다. 알리는 이라크의 수도 쿠파로부터 칼리프의 자리
를 요구하였다. 그러나 무아위야는 전쟁에서나 책략에서나 그를 능가하
여, 660년 7월 예루살렘에서 스스로 칼리프 자리에 올랐다. 이어서 661
년 6월 24일 알리는 단검으로 살해되었다. 그 뒤에 그의 큰아들 하산은
무아위야의 승리를 인정하고 그 대가로 돈을 받았다. 하산은 669년에 죽
었다(진위는 알 수 없지만 독살당했다고도 한다). 그러나 동생 후사인은
우마야드 가문의 두번째 칼리프인 야지드를 퇴위시키려다가, 680년 10월
10일에 전사하였다. 이날은 그후로 시아파에게 '성금요일(그리스도의 수
난 기념일/역주)'과 같은 날이 되었다. "후사인의 복수를"이라는 말은 시
아파의 구호이자 외침이 되었다. 지금도 시아파가 후사인의 순교를 애닯
게 여기는 이슬람 지방에 가서 시끄러운 의식의 노래를 들어보면, 사람
들이 크고 길게 흐느끼며 그 말을 외치는 것을 들을 수 있다. 후사인은
거의 '예언자' 이상으로 떠받들어졌다. 그가 죽은 이라크의 케발라에 있
는 그의 무덤 마샤드 후사인은 시아파의 가장 거룩한 성지이다.

시아파의 주장은 간단히 말해서, 칼리프의 왕조를 이루는 우마야드 집
안과 그 뒤의 아바시드 집안이 찬탈자들이며, 따라서 역사적 이슬람은
허위라는 것이다. 칼리프는 찬탈자이며, 순나는 기만적이고, 이즈마는 그
릇된 인도이다. 『코란』의 본래 의미의 이슬람은 '예언자'에서 알리로 전
해지고, 거기서 진정한 이맘들의 계열을 통해서만 상속되는 지식 속에
있다. 그러나 통속적인 공동체는 그 지식을 잃어버렸다.

이맘(imām)이라는 말은 영적 지도자를 뜻하며, 일반적으로 이슬람 사
원에서 드리는 예배의 지도자들을 가리킨다. 그러나 순나의 용례에 따라
서 좀더 구체적으로 말하면, 4개의 정통 신학 학파의 건립자들을 가리킨
다. 그러나 시아파에서는 상속권을 박탈당한, 알리와 '예언자' 계열의 진
정한 지도자들을 가리킨다. 그 알려진 지도자들의 수는 열둘에 불과하다.
873년에서 880년 사이에, 당시 살아 있던 이맘 모하메드 알-마디가 사라

졌기 때문이다. 그는 '숨은 이맘'으로 알려져 있으며, 지금도 이 세상에 있다. 믿는 사람들은 그가 "안내자(마디(mahdī))"로서 다시 돌아와 이슬람을 회복해주기를 기다린다. 어떤 견해에 따르면 일곱번째 이맘이 사라진 이맘이라고도 하고, 또 어떤 견해에 따르면 다섯번째 이맘이 사라진 이맘이라고도 한다. 어쨌든 숨겨진 이맘을 참칭하는 자들이 여러 번 여기저기에서 나타나 정치적 격변을 촉발하였다. "소말리란드의 마드 물라"나 영국 군대가 진압한 "수단의 마디"가 그러한 예이다. 시아파 중에도 많은 분파가 있다.* 그러나 시아파의 모든 분파에서는 신비주의와 정치가 폭발적으로 결합되어 있다. 시아파 전체의 주요한 교의는 올바른 영적 권위와 지상 권력은 순나의 합의(이즈마)에 있는 것이 아니라, '숨은 이맘'이라는 개인에게 있다는 것이다. '숨은 이맘'에게는 절대 복종해야 하며, 하느님도 그를 통해서만 알 수 있다. 사실 가장 극단적인 분파들에서는 알리와 그의 후계자 이맘들이 성육신으로 간주된다. 그러나 그들이 죄가 없고 오류가 없다고 생각하는 것은 분파를 막론하고 똑같다. 이 분파들 주위에는 신비주의적 신화가 축적되어 왔다. 여기에는 기독교, 그노시스파, 마니교, 신플라톤주의의 사상들이 뒤섞여 있다. 이들의 신화는 세계 창조의 신화에서 가장 잘 드러난다. 이 전승의 대가인 프랑스인 고(故) 루이 마시뇽은 쿠파의 초기 시아파 지도자들 가운데 하나인 모기라(736년 사망)의 글에 나타난 세계 창조 신화를 이야기해준다.

마시뇽 교수는 그 텍스트에 대한 논의에서 이렇게 말한다.

　　모기라의 이야기는 겉으로는 순진해보이는 신화적 가면을 쓰고 있지만, 사실 이미 높은 단계에 들어선 그노시스파 교리를 보여준다. 하느님은 빛의

---

* 후사인의 손자인 자이드를 이맘으로 따르는 자이디야가 한 예이다. 이스마일리안은 거부, 비밀주의, 이맘 숭배에서 극단적인 태도를 보여준다. 카르마티안은 이스마일리안의 한 분파로서 과격한 행동주의자들이다. 파티미드 역시 카르마티안의 한 분파로서 이집트 왕조를 세우고 909년에서 1171년까지 통치하였다. 암살자도 이스마일리안의 테러리스트 분파이다. 그 총책임자는 '산맥의 샤이크'로 알려져 있다. 그는 근동의 절반을 공포에 떨게 하다가, 1256년 훌라구가 이끄는 타타르 인에게 패망하였다. 아가 칸은 '산맥의 샤이크'의 가장 최근 후계자이다. 현재 미국에서 일어나고 있는 흑인 이슬람 운동에서도 시아파의 영향을 느낄 수 있다.

510

한 형태인데, 인간의 외양을 지니고 있다. 그 인간의 팔다리는 알파벳 문자들로 이루어져 있다. 이 '빛의 인간'의 심장은 '진리의 우물'이다. 그는 창조를 하고 싶을 때 자신의 고귀한 이름을 말하였다. 그것이 날아가더니 그의 머리에 앉아 왕관이 되었다. 이어서 그는 손바닥에 인간들의 행위에 대하여 글을 썼다. 그리고 인간이 저지르게 될 죄 때문에 분노하였다. 그의 분노는 땀으로 터져나와서 두 바다를 이루었다. 하나는 짠물의 바다이고, 또 하나는 민물의 바다였다. 하나는 어두운 바다였고, 하나는 밝은 바다였다. 그는 이 바다에 비친 자신의 그림자를 보았으며, 그림자의 눈들을 떼어냈다. 그것으로 해와 달을 만들었다. 즉 마호메트와 알리를 만든 것이다. 그러고 나서 남은 그림자를 부수었고, 두 바다로부터 다른 모든 사람을 창조하였다. '신자'들은 밝은 바다로 만들었고, '불신자'들은 어두운 바다로 만들었다. 피조물들은 아직 그림자였다. 이 모든 일이 물리적 세계의 창조 이전에 일어났기 때문이다. 하느님은 인간들에게 알리를 그들의 지도자로 인정해야 한다고 말하였다. 그러나 두 사람이 거부하였다. 이들이 첫 '적대자'들이니, 곧 아부 바크르와 오마르이다. 그들은 어두운 바다에 비친 그의 두 눈의 비현실적인 그림자들이었다.[63]

일반적으로 이슬람에서는 여자들의 영성이 매우 낮게 평가된다. 시아파의 한 텍스트에 따르면, 여자들은 악마들이 지은 죄의 퇴적물로 창조되었으며, 그 결과 죄인들을 유혹하는 역할을 한다. 여자들은 입문 의식에 받아들여지지 않는다. 죄에 대한 벌로 잠시 육신을 입으라는 선고를 받은 영들은 여자를 통하여 세계로 들어오는데, 여자들은 이 매개체로서만 가치가 있다. 그러나 여자들 자신은 영혼이 없다.[64] 그러나 이들 분파의 신화에서 알리의 신부이자 마호메트의 딸이며, 후산과 후사인의 어머니인 파티마는 심지어 그녀의 아버지의 존재보다 앞서는 존재──거룩한 존재──로 변형되어 있다. 최근에 그노시스파의 영향을 받은 페르시아의 시아파 텍스트가 발견되었다. 그것은 「옴-알-키타브(Omm-al-Kitab)」라고 하는데, 여기에는 다음과 같은 놀랍고도 환상적인 이야기가 나온다.

하느님이 물질 세계를 창조하면서 사람들과 계약을 마무리 지을 때, 사람들은 낙원을 보여달라고 기도하였다. 하느님은 그들에게 수많은 색깔의 빛이 어른거리는 존재를 보여주었다. 그 존재는 보좌에 앉아 있었는데, 머리에는 관을 쓰고, 귀에는 고리를 달고, 허리띠에는 칼집이 없는 칼을 차고 있었다. 그 몸에서 나오는 광채가 동산 전체를 비추었다. 그러자 사람들은 그 존재가 누구냐고 물었다. 하느님은 그것이 낙원에서 보는 파티마의 모습이라고 대답하였다. 관은 마호메트였다. 귀걸이는 하산과 후사인이었다. 칼은 알리였다. 그녀의 보좌, 즉 '지배의 자리'는 지고한 하느님이 앉는 자리였다.[65]

파티마는 마호메트의 세계 전체에서 존경받는다. 그녀는 '예언자'의 외동딸로서, 그의 유산을 이어갈 아들들을 낳았기 때문이다. 그녀는 마호메트의 총애를 받았으며, 아버지가 죽고 나서 불과 몇 달 뒤에 죽었다. 그러나 어떤 시아파 분파에서는 그녀를 너무 숭배하는 나머지, 그녀에게 "그녀의 아버지의 어머니", "태양의 원천"이라는 별명을 붙이기도 한다. 그리고 남성형 이름인 파티르(Fāṭir)로 부르기도 하는데, 그 뜻은 "창조주"이다. 그 문자들의 수를 합치면 290이 되는데, 이것은 마리얌, 즉 예수의 어머니인 마리아의 문자 수를 합친 것과 같다. 파티마는 딸이자 아내이자 어머니로서 계통학적으로 신비의 중심을 인격화하고 있다. 시아파의 어떤 시인은 그녀를 모세의 '불타는 덤불'에 비유하였고, '예언자'가 '천국 여행'을 경험하였다고 하는 예루살렘의 아크사 사원에 비유하였으며, '운명의 천사' 가브리엘이 땅으로 내려와서 인류에게 용서를 주는 '권세의 밤'[66]에 비유하였다.[67]

마지막으로 시아파는 이원론자들이다. 그들은 세계의 현상태를 거부함으로써 그노시스파-가현설적 관점에 다가간다.* 그들은 이슬람의 다양한 정부들로부터 무시무시하게 박해받는 과정에서 일찍이 악한 세계의 수수께끼에 직면하게 되었다. 그 세계에서는 하느님을 충성스럽게 사랑하는 모든 사람이 잔인하게 멸망을 당한다. 마시뇽 교수는 이 심오한 신비로부터 2가지 질문이 떠오른다고 지적한다.

1. 사랑의 순교는 실제적인 신체적 고통을 수반하는가, 아니면 고통은

---

* 420–421쪽 참조.

512

겉으로 보이는 모습일 뿐인가? 2. 사랑을 위하여 하느님의 이름으로 단죄당하는 자발적인 희생자들은 죽은 뒤에 어떻게 되는가?

『코란』은 예수의 십자가 처형에 대하여 예수 아닌 다른 사람이 십자가에 달렸다고 말한다. "실로 그들은 예수를 죽이거나 십자가에 못박지 못하였으나, 다만 예수가 못박힌 것처럼 보이도록 한 것이다."[68] 이미 보았듯이 기독교의 그노시스파도 같은 관점에 서 있다.* 마찬가지로 시아파에 따르면 알리의 대의를 위한 순교자들은 겉으로만 고난을 당하는 것처럼 보일 뿐이다. 그들의 진짜 몸은 하늘로 올라간다. 그들을 처형하는 사람들의 손에는 그 대체물만 남을 뿐이다. 대중적으로 인기가 있는 '후사인 수난극'은 680년에 그가 배반을 당하여 케르발라 전투에서 전사하는 과정을 보여준다. 이 연극은 매년 모하람의 달 10일에 공연된다. 무에진은 그날 아침 사원 광탑 꼭대기에서 외친다. "오, 시아, 오늘은 슬픔의 날이로다. 후사인의 몸은 벌거벗은 채 사막에 누워있도다." 그러나 극단적인 그노시스파 종파에 속하는 사람들은 그날을 기쁨의 날로 찬양한다. 순교를 당한 사람이 실제로는 고난을 당하지 않았다고 믿기 때문이다. 즉 그의 진짜 몸은 그날 하늘로 올라가고, 미지의 존재가 그 대신 들판에서 죽음을 겪었다는 것이다.[69]

반면 신비주의적인 수피교도들은 고난을 현실, 그러나 축복받은 현실로 보았다. 그 자체가 구원의 수단이라는 것이다. 모든 수피교도 순교자들과 스승들 가운데 가장 위대한 알-할라지(858-922년)의 말을 들어보자.

나방이 등잔 둘레에서 새벽까지 장난을 치다가 친구들에게 돌아가서 아주 멋진 말로 자신이 겪은 일을 이야기해주었다. 그리고 나서 다시 돌아가 불꽃의 신뢰받는 힘 주위에서 놀았다. 완전한 축복을 받고자 하는 마음으로…… 나방은 빛으로도, 온기로도 충분하지 않았다. 그래서 완전히 빛 속으로 뛰어들었다. 한편 나방의 친구들은 나방이 돌아오기를 기다리고 있었다. 그가 돌아와서 자신의 경험을 이야기해주기로 약속하였기 때문이다.

그 나방은 다른 사람들이 입으로만 하는 이야기를 신뢰하지 않았다. 그래서 이제 불에 타버리고 연기가 되어 올라갔다. 이제 몸도 없이, 이름도 없이, 표시도 없이 불 가운데 남아 있었다. 그렇게 되었으니, 이제 그가 불을 완전히 소유하고 있기는 하지만, 도대체 어떻게 친구들에게 돌아갈 것이며, 돌아간다는 것이 또 무슨 소용이 있다는 말인가?

그는 이제 '보고 아는 자'가 되었다. 그래서 이야기만 듣는 것은 그만두었다. 이제 그는 자신이 본 것과 하나가 되었다. 그런데 계속 본다는 것이 무슨 소용이 있겠는가?

아, 이제 너는 더 이상 나로부터 떨어져서 자신을 가두고 있지 말라! 네가 진정으로 믿는다면, 너는 "저것이 나다!" 하고 말할 수 있을 것이다.[70]

수피 운동의 뿌리는 『코란』이 아니다. 『코란』에서 마호메트는 수도사적인 생활 방식에 분명히 반대하고 있기 때문이다. 그들의 운동은 사막의 기독교 단성론과 네스토리아파 수도사 공동체, 그리고 그것을 넘어서 멀리 동쪽의 불교, 힌두교, 자이나교에 뿌리를 두고 있다. 본디 이슬람은 유대교와 마찬가지로 세속적 합의를 신성시하고 장려하는 경향이 있다. 이 세속적 합의에서 할례를 받은——즉 의식을 통하여 봉헌된——신체 기관을 이용하여 결혼을 하고 자식을 얻는 것은 첫째 가는 공동체적 의무이다. 『코란』은 말한다. "너희 가운데 과부(원문에는 '홀로 있는 자'라고 나온다/역주)를 결혼시켜라."[71] 그러나 이슬람의 제2세기에 공공연하게 "예수를 모방하는" 금욕주의자들이 개인적 회개의 표시로 물들이지 않은 양모 옷을 입고 나타났다.* 또 이 무렵에 은자의 은거지에서 황홀경에 빠진 채 『코란』을 암송하는 모임이 처음으로 나타나기 시작하였다. 『코란』 암송회에서는 계속해서 하느님의 이름을 되풀이(디크르[dhikr]) 하고 영적인 노래(사마[samā])를 부름으로써 무아지경에 이른다.

기브 교수에 따르면 이 운동은 가장 초기 단계에는 하느님에 대한 사랑이 아니라 공포에 기초를 두었다. 특히 '다가올 진노'에 기초를 두었는데, 이것은 "마호메트에게 영감을 주었던 것과 똑같은 공포"[72]였다. 그러다가 8세기에 이르러서 유명한 여자 성자인 라비아 알-아다위야(801년

---

* 기브는 그의 *Mohammedanism*, 132쪽에서 이븐 시린(729년 사망)의 이의 제기를 인용하고 있다. 시린은 이렇게 말하였다. "나는 무명을 입으신 '예언자'의 예를 따르련다."

사망)가 신비의 길의 출발점이자 목적지로서 신의 사랑이라는 개념을 들고 나왔다. 그녀의 하느님에 대한 열정 안에서 다른 모든 이해 관계("신들")는 소멸하였다. 그녀는 지옥에 대한 두려움도 낙원에 대한 욕망도 모른다고 선언하였다. 오로지 모든 것을 다 빨아들이는, 하느님에 대한 사랑만이 남아서 다른 존재——'예언자'도 포함된다——에 대한 사랑이나 증오는 그녀의 마음에 남아 있지 않다는 것이었다.[73] 그녀는 에픽테토스와 마찬가지로 노예였다고 전해진다. 그녀의 부모는 알려지지 않고 있다. 우리는 그녀의 시에서 인도, 스페인, 일본, 페르시아 등 장소에 관계없이 어느 때나 들을 수 있는 신비주의자의 영원한 노래를 다시 한번 듣게 된다.

> 나는 그대를 두 방식으로 사랑해요. 이기적으로,
> 그리고 그 다음에는, 그대에게 어울리는 방식으로.
>
> 나는 모든 생각으로 오로지 그대만을 생각하지요.
> 이것은 이기적인 사랑.
> 그대가 베일을 들어 올려서 나의 사모하는 눈길을 드러낼 때
> 이것은 가장 순수한 사랑.
>
> 이쪽이든 저쪽이든 찬양을 받을 것은 나의 사랑이 아니라는 것,
> 어느 쪽에서든 찬양을 받을 것은 그대의 사랑이라는 것을 나는 알지요.[74]

세계의 정통파들은 갈라지고, 신비의 길은 합쳐진다. 이것은 우리가 연구하는 주제에서 되풀이하여 증명되는 하나의 법칙이다. 정통파들은 주로 어떤 사회 질서의 유지에 관심이 많다. 개인은 그 울타리 안에서 기능할 뿐이다. 정통파들은 사회 질서를 위하여 모든 구성원에게 일정한 "감성들의 체계"를 주입하려고 한다. 사회 질서를 방어하기 위하여 비정상적인 것들은 이러저러한 방식으로 개혁하거나, 변형하거나, 폐기한다. 그러나 신비의 길은 안으로 뛰어들어서 신경 중추에 이른다. 이 신경 중추는 인류의 모든 구성원에게 똑같다. 이것은 생명과 생명의 모든 경험의 원천인 동시에 그것을 받아들이는 궁극적 그릇이 된다.

이 문제에 대해서는 『신의 가면 : 원시 신화』에서 이야기를 하였으니, 여기서 다시 거론할 필요는 없을 것이다.[75] 현재의 맥락에서 특별히 관심을 가지게 되는 것은 갑갑하기 짝이 없는 이슬람의 '법이라는 의복'을 입고서도 남자와 여자들이 일반적으로 타당한 인간적 경험에 눈을 뜰 수 있었다는 사실이다──신중하게 자신의 의도를 드러내지만 않는다면 말이다. E. E. 커밍스는 최근에 출간된 책의 제사(題詞)에서 에머슨의 말이 인용하고 있는데, 그것은 여기에 옮겨놓을 만한 가치가 있다. "어디에서나 사회는 그 구성원 모두의 인성에 대항하려는 음모를 꾸민다.…… 다수의 목소리가 가지는 저열한 원칙이 영혼의 원칙이 놓인 자리를 찬탈한다."[76] 비단 이슬람만이 아니라 레반트의 합의에 기초한 세계 전체에 걸쳐서 이러한 끔찍한 이분법은 막강한 힘을 발휘하였다. 인도나 극동에서는 신비의 길이 일반적 사회 질서와의 관계 속에서 인정을 받았을 뿐만 아니라, 심지어 명예로운 자리에까지 올라갔다. 그러나 정통 레반트에서는 '하느님의 길'이 오로지 국지적이고 신성화된 성문률(유대교에서처럼 인종적이든, 아니면 이슬람 세계에서처럼 일군의 공리로부터 대수학적으로 발전하든)에만 나타난다는 관념이 지배적이었다. 개인은 거의 영(zero)에 가깝게 축소되었다. 그 결과 이 지방에서는 수백 년 전부터 지그문트 프로이트 같은 사람의 작업이 요구되었던 것이 아닐까 하는 생각을 해보게 된다.

바스라의 여성 신비주의자인 라비아 알-아다위야는 "신의 사랑"을 포도주에 비유하고, "가득 찬 영혼이나 마음"을 잔에 비유한 최초의 인물이었던 것 같다. 그후 이것은 이슬람 신비주의의 전형적인 비유가 되었다. 페르시아 비스탄의 아부 야지드(바야지드)는 이 이미지를 통하여 완전히 인도식 결론에 이르렀다. 그는 이렇게 노래하였다. "나는 포도주를 마시는 사람이요, 포도주요, 컵을 드는 사람이로다!" "하느님이 나의 혀로 말씀하시니, 나는 사라졌도다." "나는 뱀이 허물을 벗듯이 바야지드의 상태로부터 벗어났다. 그리고 나는 둘러보았다. 나는 사랑하는 사람, 사랑받는 사람, 사랑이 하나임을 보았다. 통일의 세계에서는 모두가 하나일 수 있기 때문이다." "나에게 영광을!"

비슷한 시기에 살았던 인도인 아슈타바크라 삼히타의 말과 비교해보라. "나는 놀랍도다! 나를 사모하라!…… 나는 흠이 없는 '자아'이며, 그 안에서 무지를 통하여, 지식, 아는 자, 알 수 있는 것이 나타난다."[77]

인도에서는 이러한 흥분이 허용되며, 심지어 이러한 흥분이 정상적인 것이라고도 할 수 있다. 그러나 이슬람에서는 위험하다. 그 결과 이 계열에서 그 다음에 나타난 위대한 신비주의자 알-할라지가 "나는 신이다.…… 나는 실재이다." 하고 말하였을 때, 그는 십자가형을 당하였다. 그것은 다른 곳에서라면 신비주의적 진리로 인정되었을 만한 발언이었다. 할라지가 모범으로 삼은 신비주의의 삶은 마호메트의 삶이 아니라 예수의 삶이었다. 그의 신비의 길에 대한 생각은 고난을 통하여 굴복하는 것이었다(그가 이야기한 나방의 우화에서 알 수 있다). 그는 자신의 앞길에 십자가와 못이 놓여 있음을 알았을 때——그가 모범으로 삼은 예수와 마찬가지로——그는 앞에 있는 사람들을 돌아보고 기도하다가 이렇게 말을 맺었다.

> 내가 당신의 신앙에 열심이고 당신의 은혜를 얻고자 한다는 이유로 나를 죽이려고 여기 모인 당신의 종들, 그들을 용서하소서. 오, 주여, 그들에게 자비를 베푸소서. 진실로 당신이 나에게 드러내신 것을 저들에게 드러낸다면, 저들은 이렇게 하지 못할 것입니다. 만일 당신이 저들에게 감추신 것을 나에게도 감추셨다면, 나는 이러한 고난을 겪지 않을 것입니다. 당신이 무슨 일을 하시든 당신께 영광을, 당신의 뜻이 무엇이든 당신께 영광을![78]

어디를 가나 신비주의자의 핵심적인 사회적 문제는 신의 표현물로서이든 신에게 헌신하는 자로서이든 신에게 머물려고 하는 동시에, 물질적이고 사회적인 현상으로서 현상성에도 머물려고 한다는 것이다. 이원론자에게는 이것이 어려운 문제이다. 그에게는 신과 세계가 별도이기 때문이다. 그러나 비이원론자에게는 깨달음 이전에만, 신비의 길의 예비 단계에만 어려움이 존재한다. 그는 마침내 모든 것을 하느님 안에서 발견하기 때문이다. 앞에서도 인용한 그노시스파의 「토마의 복음서」에서 예수가 한 말과 마찬가지이다. "나는 모든 것이다. 모든 것은 나로부터 나오며, 모든 것은 나에게 이른다. 나무 한 조각을 쪼개어라, 나는 거기에 있다. 돌을 들어 올려라, 너는 거기에서 나를 찾을 것이다."*

바야지드의 글에서는 신비의 길의 두 단계가 구별된다. 첫째는 "자아의 죽음(파나〔fanā〕)"이고 둘째는 "하느님 안에서의 통합된 삶(바카〔baqā〕)"이다.[79] 첫 단계는 『코란』의 한 구절과 관련된다. "땅위에 있는 모든 것은 소멸하느니라." 두번째 단계는 같은 수라의 다음 절과 관련된다. "그러나 지고하시고 거룩하신 분인 주님의 모습만은 변하지 않느니라."[80] 수피교도에게는 신비주의적인 태도와 경험의 모든 뉘앙스가 드러난다. 그러나 인도의 경우와 마찬가지로 세계를 해체하는 훈련인 파나, 즉 황홀경을 주로 강조한다. 환희를 얻고자 하는 자는 스승(산스크리트 구루〔guru〕, 아랍 어 샤이크〔shaikh〕 또는 피르〔pīr〕)에게 완전히 굴복해야 한다. 그리고 그 문을 통과하여 하느님 안에서, 또는 그것조차 넘어선 '공(空)' 안에서 더 크고 완전하게 굴복해야 한다. 이제 정통 코란의 열망인 "하느님 외에 다른 신은 없다"는 강조점이 바뀌어서, "모두가 하느님이다. 이제까지 신으로 섬겨진 적이 있는 모든 작대기나 돌, 사람이나 권세가 사실 하느님이다. 하느님은 모든 것이기 때문이다." 하는 신비주의적인 의미로 해석될 수 있다. 이러한 교묘한 독법에 의하여 『코란』의 수많은 구절들이 신비주의적이고 비이분법적인 의미를 가지게 되었다. 예를 들자면, 이러한 구절들이 있다. "인간의 목에 있는 혈관보다도 내가 인간에게 더 가까이 있노라."[81] 또는 "어디에서건 너희가 돌아보는 곳에서는 하느님의 얼굴이 바라보고 계실지니, 진실로 하느님께서는 자비로우시고 (원문에는 '어디에나 충만하시고'라고 나온다/역주) 전지하시니라."[82]

할라지가 십자가 처형을 당한 뒤——이 신비주의자는 나방처럼 황홀경에 빠져서 자신을 불꽃에 내어주었다(예수의 십자가 처형 때에도 비슷한 순간이 있지 않았을까 하는 의문을 가지게 된다)——수피교 운동에는 새롭게 신중한 태도가 나타났다. 이것은 (그들 말대로) "율법을 그의 겉옷

---

* 422쪽 참조.

으로 삼고, 신비의 길을 그의 속옷으로 삼는" 자의 영적 공식에 전형적으로 나타난다. 여기서 율법 자체의 준수는 십자가 처형으로 받아들여진다. 이것을 통하여 파나, 즉 "자아의 죽음"이 실현된다. 이슬람의 정점에 선 위대한 신학자 알-가잘리(1058-1111년)——그는 오마르 하이얌과 동시대인이었다——의 작업에서는 이 공식 덕분에 수피교가 정통의 하나로 받아들여지게 된다. 그리고 이슬람 최초의 성인들이 이룬 절정기가 끝나면서, 신비주의 시인들의 시기가 나타난다. 오마르 하이얌(1050?-1123년?), 니자미(1140-1203년), 사디(1184-1291년〔그대로 옮긴 것이다!〕), 루미(1207-1273년), 하피즈(1325-1389년), 자미(1414-1492년) 등이 그러한 시인이다.

따라서 수피교도에게는 사랑의 고난이 그 자체로 구원의 순간이다. 이것은 순교자의 고난이 비현실적이라는 시아파의 관점과 대조를 이룬다. 위에서 시아파가 제기한 두번째 질문에 대해서도 수피교도 특유의 답이 나온다. 두번째 질문이란, 사랑을 위하여 하느님의 이름으로 단죄받는 자발적인 희생자들은 죽은 뒤에 어떻게 되는가 하는 것이었다. 그러한 사람이 사랑 때문에 하느님의 법에 따라서 영원한 저주를 선고받게 될까?

수피교도는 사탄의 경우를 하나의 가능성으로서 검토한다. 그 결과를 보고 독자들은 아마도 조금 놀랄 것이다. 『코란』의 서두에서 사탄은 다른 천사들과는 달리 아담에게 복종하기를 거부하였기 때문에 단죄되었다. 그러나 사탄의 행동은 옳았다. 하느님 외에 누구도 섬길 수 없기 때문이다. 따라서 사탄은 진정한 마호메트교도의 전형으로 간주해야 한다. 그는 하느님만을 사랑하고 섬기었기 때문에, 설사 하느님의 명령이라고 하더라도 인간 앞에 머리를 숙일 수 없었다. 하느님은 전에는 하느님 외에 누구도 섬기지 말라고 명령하였기 때문에 인간에게 머리를 숙이라는 명령은 사실 일관성이 없다. 「욥기」에서 나타나듯이 하느님은 정의, 일관성, 모든 법과 질서를 넘어서 있다. 「욥기」의 교훈도 시작할 때 그대로 끝까지 밀고 나간다면, 사탄의 추방에 대한 수피교도의 생각과 똑같이 끝나게 될 것이다. 즉 완벽하게 헌신하는 사람이 영원한 지옥의 고통을 받는 것이다. 위대한 할라지는 이 심오한 주제를 숙고한 끝에 더 깊은 신비를 제시하였다. 사탄은 지옥 구덩이에서 자신의 사랑을 온전하게 유지하였다는 것이다. 사실 사탄은 바로 사랑 때문에 그가 사랑하는 대상으로부터 멀어져서 지옥에 있게 되었다. 그에게는 하느님을 잃는 아픔이 가장 큰 고통이었다. 사탄은 무엇에 의해서 상실과 고통 속에서도 자신을 지탱해나갈 수 있었을까? 그것은 하느님이 "떠나라!" 하고 심판을 내렸을 때의 음성, 사랑하는 분의 음성을 기억하면서 사탄이 황홀경에 젖을 수 있었기 때문이다.

그러나 사실 사탄(또는 이러한 면에서라면 욥도)은 부당하게 단죄된 것이 아니다. 그는 자신이 사랑하는 분에 대하여 스스로 만들어놓은 관념 때문에 사랑하는 분을 버렸다. 그 관념이야말로 가장 높은 의미에서의 우상이다. 다시 말해서 사탄의(욥의, 마호메트의, 아브라함의) 엄격한 일신교는 또 다른 형태의 무신론이며, 천사들이 아담을 섬긴 것이 결국은 옳았다.[83] 코란은 이렇게 말하고 있지 않은가. "하느님은 악한 자들을 잘못으로 이끄신다(원문에 따른 것임/역주)."[84]

6. 깨어진 주문

750년 아바시드 가문은 우마야드 가문을 쓰러뜨리고 나서, 이제 광대해진 이슬람 제국의 수도를 바그다드로 옮기었다. 그 결과 아랍이 지배하던 문화에 페르시아의 영향이 늘어나게 되었다. 사막의 청교도주의는 화려한 레반트 문명의 예술에 자리를 내어주었다. 수도 바그다드는 무엇보다도 쾌락의 대도시였다. 하룬 알-라시드(786-809년 재위) 시기에 팽창의 정점에 이른 제국의 규모와 부는 엄청났다.

아프리카에서는 이집트, 페즈, 트리폴리, 튀니스, 알제, 모로코를 확보하였다. 유럽에서는 스페인, 그리고 프랑스의 거의 반을 차지하고, 그와 더불어 코르시카, 사르디니아, 시칠리아, 몰타도 점령하였다. 아시아에서는 아라비아, 팔레스타인, 시리아, 아나톨리아 일부, 그리고 아르메니아,

이라크, 페르시아, 투르키스탄, 발루치스탄, 아프가니스탄, 신드를 넘어서 인도와 극동의 번창하던 불교 세계의 테두리에까지 닿았다. 더욱이 이때는 아시아의 황금기였다. 이슬람 제국에는 그 이후 수백 년에 걸쳐서 인류의 환상을 채워준 예술과 문학, 철학, 순례의 성소, 왕궁들이 그때는 현실로 존재하였다. 비록 지금 그 자리에는 사막과 파편뿐이지만 말이다.

몽고의 황무지를 가로지르는 대상들은 중국 당나라, 라슈트라쿠타의 인도, 칼리프의 영토를 엮었다. 상인들은 아랍, 중국, 팔라바의 범선——지금은 제작법을 잊어버렸지만——을 타고 바다를 항해하였다. 그들은 과감하게 미지의 섬들을 찾아나섰다. 우화 속에서 요정들이 사는 괴상한 땅으로 등장하는 곳들이었다. '진(Jinn)의 땅'을 넘어서 경이로운 '왁 왁 (Wac Wac)의 일곱 섬'에도 갔다. 그곳에서 자라는 나무에는 인간의 머리 모양의 열매가 열렸다. 해가 지거나 뜰 때면 그 열매는 "왁! 왁! 창조의 왕께 영광을!" 하고 외쳤다.[85] 또는 난파된 상인 신드바드의 불가사의한 이야기에 묘사되어 있는 섬들도 찾아갔다. 예를 들자면 이러한 이야기도 있다. 인도 근처의 어떤 섬에서는 왕의 젊은 암말들을 해변에 묶어두었다. 그러면 새달이 뜰 때마다 마술 종마들이 바다로부터 나와서 암말들을 덮쳤다. 거기서 나온 망아지들을 팔면 엄청난 금을 벌 수 있었다. 또 록이라는 놀라운 새가 자기 새끼를 코끼리들에게 먹이는 땅에도 갔다. 그곳의 골짜기에는 금강석이 박혀 있고, 나무에서는 액체 장뇌가 쏟아져나왔다.

우리는 오늘날 그 모든 먼 땅들을 탐험하고, 심지어 지도까지 만들었다. 그러나 어떻게 된 일인지 그들의 마법은 사라졌다. 아시아 황금기의 놀라운 점은 현실은 모두에게 거칠고 어려웠지만(역사 기록들이 보여주듯이), 그럼에도 우화만이 아니라 신앙이나 경험에서도 현실이 불가사의로 해석된다는 것이다——물론 현대의 물리학자들이 보여주는 것처럼 현실은 바로 그러한 불가사의한 것이다. 따라서 고대의 잃어버린 예술 가운데 가장 아쉬운 것은 세상에 대하여 순수한 경이감을 느끼며 살아가는 기술이었다고 할 수도 있다. 그것은 현실의 단단한 껍질과 현실 안에 어디에나 존재하는 가없는 불가사의의 심연을 쉽게 오가는 기술이다. 페르시아의 시인들은 오마르 하이얌과 마찬가지로 이러한 신비를 컵과 포도주라는 비유를 통해서 표현하였다. 오마르 하이얌은 이렇게 노래하였다.

> 사람은 잔, 그의 영혼은 그 안의 포도주,
> 육신은 피리, 영은 그 안의 소리.
> 오, 하이얌이여, 그대는 인간의 깊이를 재어보았는가?
> 그 안에서 불이 켜진 마법의 등을 보았는가?[86]

슈펭글러 역시 이렇게 말한다. "마기 족 인간의 세계는 동화의 느낌으로 가득하다. 악마와 악한 영들이 인간을 위협한다. 천사와 요정들이 인간을 보호한다. 그곳에는 부적, 신비한 나라와 도시와 건물과 존재들, 비밀 문자, 솔로몬의 봉인, 철학자의 돌이 있다. 동굴의 흔들리는 불빛이 이 모든 것 위로 쏟아지고, 유령과 같은 어둠은 그 불빛을 삼키려고 달려든다."[87]

이슬람, 당(唐)나라, 영광의 인도가 이룩한 위대한 황금기에는 무한히 아름답고 전도 유망한 예술의 꽃이 피었다. 이 예술들과 더불어 귀족적 감수성과 문명도 피어났다. 이것은 코르도바에서 교토에 이르기까지, 그리고 요즘 밝혀진 바에 따르면, 심지어 유카탄이나 페루에 이르기까지 세계 전역에 주문을 걸었다. 무오류의 마술적 합의체에 대한 레반트적인 감각은 인도의 다르마와 중국의 도교를 만나서 조화롭게 결합되었다. 이 모든 것에는 위에서 부과된 질서라는 관념이 지배적이었기 때문이다. 개인은 그저 겸손하게 복종하는 마음으로, 또는 황홀경을 통하여 얻어지는 깨달음 속에서 고개를 숙이면 그만이었다. 극동이나 인도에는 자유 의지의 교리가 근본적인 역할을 하는 가르침이 없었기 때문이다. 반면 레반트의 그 모든 "교회들"에서는 자유 의지의 교리가 일정한 역할을 하였다. 다만 자유 의지의 유일한 미덕은 합의에 복종을 하는 데 있었다. 말을 바꾸면, "감성들의 체계"――한 지역내에서 사회적으로 유지되는 것이다――를 이루는 "하느님의 율법"(또는 우리가 요즘 하는 말로 하면 사회적 관습)에 복종을 해야만 하였다. "불복종", 즉 개인적 판단과 결정의 자유를 행사하는 것은 사탄의 범죄였다. 로마의 몰락과 더불어 지상에서는 그리스와 로마의 고전 시대 스승들의 도덕적, 영적 성숙은 사라져버렸다. 유럽은 퇴보한 시골로서 높은 수준의 문명을 가진 넓은 들판으로부터 멀리 떨어져 있었다. 요즘 말로 하자면 "저개발 지역"이었다. 이슬람의 알-라시드와 동시대인인 샤를마뉴는 넓은 북서부 삼림 지대에 사는 것만 다를 뿐, 콩고의 추장과 다를 것이 없었다. 위대한 칼리프는 그에게 코끼리를 선물로 보내었다. 오늘날 헬리콥터나 요트를 보내고, 19세기에는 구슬을 보내었던 것과 마찬가지이다. '위대한 신앙들'이 싹트던 영광의 시절에 지구를 둘러본 사람 중에서, 다가올 천 년의 사상과 정신의 씨앗들이 바그다드도 아니고 장안(長安)도 아니고 베나레스(동부 인도의 힌두교 성도[聖都]/역주)도 아닌, 카를레스 리 레이스, 노스트레 엠페레레 마그네스(Carles li reis, nostre emperere magnes, 우리의 위대한 황제 샤를 리 레이/역주)의 자그마한 궁정 학교, 그리고 엑스-라-샤펠에 있는 아직 고딕 양식이 아닌 그의 바실리카에서 움트고 있음을 짐작한 사람이 누가 있을까.

그러나 무언가 일이 일어나고 있었다.

1258년, 몽골의 훌라구의 황금 군대는 칼로 바그다드를 쓸어버렸다. 훌라구의 형제들인 망구와 쿠블라이 칸은 중국에서 똑같은 일을 하고 있었다. 인도는 이미 이슬람의 강압에 의하여 해체되었다(1001년 마무드 알-가즈니에서 시작되었다). 백 년 뒤에는 중앙아시아의 타메를란 군대가 들어가서 다시 칼로 휩쓸고 다녔다(1398년). 신의 문명에 대한 찬란한 꿈은 깨어져버렸다. 그후로 동양은 북경에서 카사블랑카에 이르기까지 으뜸이라고는 할 수 없는, 부차적인 문화권이 되고 말았다.

제9장 부활하는 유럽

1. 성자들의 섬

아일랜드가 처음으로 희미하게 그리스도의 이름을 들었을 때, 기독교적 헌신의 기질은 키에란에게서 처음 나타나게 되었다. 그의 행동이 매우 고결하였기 때문에 그의 부모를 비롯한 다른 모든 사람들은 그를 보고 놀랐다. 키에란의 어머니는 키에란을 잉태하기 전에 꿈을 꾸었다. 별이 그녀의 입속으로 떨어지는 꿈이었다. 그녀가 당대의 마법사들과 지식인들에게 그녀의 꿈 이야기를 하자, 그들은 이렇게 말하였다. "당신은 아들을 가지게 될 터인데, 그의 이름과 덕이 세상의 두번째 끝까지 널리 알려지게 될 것이오." 그 후에 거룩한 아들 키에란이 태어났다. 그는 클레어라는 이름의 섬에서 나고 그곳에서 자랐다. 하느님은 그의 어머니의 자궁 속에서 그를 택하였다. 그는 본성이 온유하였으며, 말이 부드러웠다. 그의 성질에는 행복이 따랐다. 그의 조언은 곧 가르침이었다. 키에란은 그 밖에도 성자와 관련된 여타의 모든 특질을 갖추었다.

클레어에 있던 어린 시절, 그는 기적을 일으키기 시작하였다. 그의 머리 바로 위로 솔개가 솟구쳐오르더니, 그가 보는 앞에서 둥지에 앉아 있던 어린 새를 덮쳐서 다시 하늘로 올라갔다. 키에란은 어린 새를 동정하였다. 어린 새가 그러한 곤경에 처하는 것은 나쁘다고 생각하였다. 그러자 솔개는 다시 돌아오더니, 크게 다쳐서 반쯤 죽은 새를 키에란 앞에 가져다두었다.

키에란이 어린 새에게 일어나라고 명령하자 새는 건강해졌다. 새는 하느님의 은혜로 다시 몸이 멀쩡해져서 둥지로 돌아갔다.

키에란은 세례를 받을 때까지 아일랜드에서 30년을 살았는데, 그 동안 몸과 영혼이 거룩하고 완벽하였다. 당시에 아일랜드 사람들은 모두 비기독교도였다. 그러나 성령은 그의 종 키에란에게 와서 거하고 있었다. 키에란은 그 기간 동안 헌신적으로 완벽하게 살았다. 그러다가 로마에 기독교 신앙이 있다는 이야기를 듣고 아일랜드를 떠나서 로마로 갔다. 키에란은 그곳에서 가톨릭 신앙을 배웠다. 키에란은 20년 동안 로마에 머물렀다. 그곳에서 성서를 읽고, 책을 모으고, 교회의 규칙을 배웠다. 로마 사람들은 키에란의 지혜와 재주, 그의 헌신과 신앙을 보고, 그를 교회의 사제로 서품해주었다. 그후에 키에란은 다시 아일랜드로 돌아왔다. 키에란은 이탈리아에서 돌아가는 길에 패트릭을 만났다. 그들(하느님의 사람들)은 서로 무척 반가워하며 큰 기쁨을 나누었다.

당시에 패트릭은 주교가 아니었지만 나중에 주교가 되었다. 패트릭을 주교로 임명하여 아일랜드에 가서 설교하라고 파견한 사람은 켈레스티누스 교황(422-432년)*이었다. 패트릭이 아일랜드에 가기 전에도 아일랜드에는 성자들이 있었지만, 하느님은 패트릭을 위하여 치안관과 대주교의 자리를 비워두셨다. 패트릭이 오기 전에 그들의 왕이나 영주들은 다른 사람들이 어떠한 방도를 써도 믿음을 가지지 않았다.

패트릭은 키에란에게 말하였다. "나보다 앞서서 아일랜드로 가십시오. 아일랜드의 북부와 남부가 만나는 곳, 그 중심점에 우물이 하나 있을 것입니다. 그 우물(우물의 이름은 우아란이다)에 수도원을 지으십시오. 그곳에 당신의 명예가 영원히 남을 것이며, 그곳에서 당신은 부활할 것입니다."

키에란은 대답하였다. "그 우물이 있는 곳을 알려주십시오"

패트릭은 키에란에게 말하였다. "주님이 함께 하실 것입니다. 당신이 가면 주님께서 바로 앞서서 가실 것입니다. 우선 나의 작은 종을 가지고 가십시오. 이 종은 당신이 우리가 말한 우물에 이르기 전에는 아무 말도 하지 않을 것입니다. 그러나 당신이 그 우물에 닿으면 이 작은 종은 곡조가 있는 또렷한 목소리로 말을 할 것입니다. 따라서 당신은 어떤 것이 그 우물인지 알 수 있을 것입니다. 나는 29년 후에 당신을 따라서 그곳으로 가겠습니다."

* 470쪽 참조.

　그들은 서로 축복을 하고 헤어졌다. 키에란은 아일랜드까지 갔다. 패트릭은 이탈리아에 머물렀다. 키에란의 종은 패트릭이 말한 우물, 즉 우아란이 있는 곳에 이르기 전에는 아무 말도 하지 않았다. 키에란이 아일랜드에 이르자 하느님은 그를 그 우물로 인도하였다. 키에란이 그곳에 이르자 작은 종은 밝고 맑은 목소리로 이야기를 하였다. 그 종의 이름은 바르칸 키아라인(barcán Ciaráin)이며, 지금은 하나의 상징으로서 키에란의 교구와 그의 관할구에 있다……

　우리가 말하던 우물이 있는 장소는 아일랜드의 두 부분이 만나는 장소이다. 먼스터는 가장 남쪽 부분이고, 얼스터는 북쪽 부분이다. 그러나 먼스터 사람들은 그곳을 엘리라고 부른다. 그곳에서 키에란은 은자로 살기 시작하였다(당시에는 그곳이 모두 광대한 숲으로 둘러싸여 있었다). 그는 먼저 형편없는 솜씨로 작은 방을 짓는 일부터 시작하였다(나중에 그는 그곳에 수도원과 대주교 관구를 세웠는데, 지금은 보통 그곳을 사이기르 키아라인〔Saighir Chiaráin〕이라고 부른다).

　처음 그곳에 갔을 때 키에란은 어떤 나무 그늘에 앉았다. 나무 줄기 건너편에서 몹시 사나운 멧돼지가 일어났다. 그러나 멧돼지는 키에란을 보자 달아났으며, 이윽고 다시 돌아와서 키에란의 길들여진 종이 되었다. 하느님이 유순하게 만들었기 때문이다. 이 멧돼지가 키에란이 그곳에서 데리고 있던 첫번째 수도사였다. 멧돼지는 숲으로 가서 입으로 윗가지와 이엉 재료를 끌어다가 방을 만드는 것을 도왔다(당시에 키에란에게는 사람이 아무도 없었다. 그는 제자들로부터 떨어져서 홀로 은자 생활을 하러 왔기 때문이다). 그러나 광야의 사방에서 여우, 오소리, 이리, 암사슴 같은 이성을 지니지 못한 동물들이 키에란에게 다가왔다. 이들은 키에란에게 유순하게 굴었다. 그들은 수도사들처럼 그의 가르침을 겸손하게 듣고, 그가 명하는 모든 일을 하였다.

　그러나 어느 날 여우(욕심이 많고, 교활하고, 악의로 가득하였다)가 키에란의 신발에 다가가서 그것을 훔쳤다. 여우는 자신의 옛 동굴로 돌아가서는 공동체를 멀리하였다. 그곳에서 신발을 먹으려는 것이었다. 키에란은 그러한 모습이 눈에 보이자 그의 가족을 이루는 수도사들 가운데 하나(오소리)를 보내어 여우를 모두 모여 있는 곳으로 데려오게 하였다. 오소리는 여우가 있는 땅으로 가서 여우가 신발을 막 먹으려고 하는 순간 여우를 잡았다(그러나 덮개와 끈은 이미 먹은 상태였다). 오소리는 여우에게 수도원으로 가자고 하였다. 저녁 무렵 그들은 키에란이 있는 곳에 도착하였다. 신발도 가지고왔다. 키에란이 여우에게 말하였다. "형제여, 왜 수도사에게 어울리지 않는 이러한 일을 저질렀는가? 그러한 짓을 할 필요는 없지 않았느냐? 우리는 아무런 더러움이 없는 물 안에 함께 있고, 또 같은 살을 가지고 있는 것이 아니냐. 그래도 그대가 본성 때문에 어쩔 수 없어 고기를 먹는 것이 도움이 된다고 생각한다면, 하느님이 그대를 위하여 그대 주위에 있는 이 나무들의 껍질로 고기를 만들어 주실 것이다." 그러자 여우는 키에란에게 자신의 죄에 대한 용서를 구하고 사죄를 하였다. 그렇게 해서 여우는 키에란을 떠날 때까지 고기를 먹지 않았다. 그때부터 여우는 다른 모든 짐승과 마찬가지로 의로워졌다.*[1]

패트릭이 아일랜드에 온 것은 전통적으로 432년으로 여겨지고 있다. 그러나 그 연도는 의심스럽다. 그 수에 60을 곱하면(옛 수메르의 60진법인 소스[soss]) 25,920이라는 수가 나오고, 이것은 이른바 "위대한 해" 또는 "플라톤의 해"의 수, 즉 황도대에서 분점이 하나의 주기를 완성하는 데 필요한 햇수이기 때문이다. 나는 『신의 가면 : 동양 신화』에서 이 흥미 있는 숫자에 대하여 이야기를 한 적이 있다.[3] 게르만 신 오딘의 전사 홀에는 540개의 문이 있다. 우주의 한 에온(eon, 영겁)이 끝나면 그 문을 통하여 각각 800명의 전사들이 "이리와의 전쟁"을 하러 간다. 540× 800=432,000이다. 이것은 인도에서 우주의 영겁에 해당되는 햇수이다. 그러나 이러한 관련에서 이 수가 최초로 나타난 것은 기원전 280년경 바빌로니아의 사제 베로소스의 글에서였다. 그 글을 보면 수메르의 도시들에 "왕권이 내려온" 전설적인 해와 신화에 나오는 대홍수의 해 사이에 10명의 왕이 432,000년 동안 통치를 하였다고 나온다. 나는 창세기에서 아담의 창조와 노아의 대홍수 시기 사이에 10명의 족장이 1,656년 동안

---

* 대영 박물관의 Egerton MS 112에서. 이것은 1780-1782에 코크의 모리스 오코너가 쓴 것인데, 블레어니 근처에 있는 그의 스승, 라히너프의 존 머피가 만든 사본(지금은 아일랜드 왕립 아카데미에 있다)에서 옮기어 적은 것으로 보인다. 스탠디시 오그레디는 이렇게 말한다. "이 텍스트는 근대(17세기 정도)의 것으로서 형식 면에서든 어휘 면에서든 정확하다. 그러나 강력한 아일랜드적 스타일이라고 하기에는 라틴 어(아일랜드의 프란체스코 수도사인 사제 존 콜건이 그의 Acta Sanctorum Hiberniae : Louvain[1645]에 인쇄한 Codex Kilkenniensis) 번역에 너무 가깝다." 키에란의 연대기는 대단히 모호하다.[2]

다스렸다는 사실에 주목한 적이 있다. 그런데 1,656년에는 7일간의(즉 헬레니즘-헤브루의) 일주일 86,400개가 들어 있다. 바빌로니아의 해를 날로 보면, 432,000날에는 5일간의(수메르-바빌로니아의) 일주일 86,400개가 들어 있다. 마지막으로 86,400을 2로 나누면 43,200이다. 이 모든 것은 432라는 수와 에온의 갱신이라는 관념 사이의 관계가 오랫동안 유지되어왔음을 보여준다. 패트릭이 아일랜드에 온 날짜가 가리키고 있는 것이 바로 이러한 갱신, 이교도의 에온으로부터 기독교의 에온으로의 갱신이다.

패트릭이 실제로 살았던 기간은 389년경부터 461년까지였던 것으로 보인다.* 그를 임명한 것으로 여겨지는 교황 켈레스티누스 1세가 실제로 432년에 죽었다는 사실에 주목할 필요가 있다. 따라서 패트릭이 살았던 시기는 한편으로는 테오도시우스 1세(379-395년 재위)의 손으로 고전 시대의 이교도주의가 끝나게 된 시기였고, 다른 한편으로는 게르만 부족들이 들어오면서 유럽의 많은 부분이 그들 손에 들어가게 된 시기였다. 그러나 이 시기의 아일랜드는 게르만 인의 침입을 받지 않았다. 그래서 그곳에는 그리스도의 식민지가 로마와 단절된 채로 고스란히 남아 있었다. 반면 유럽과 대륙은 서로 경쟁하는 게르만 부족들의 먹이가 되고 있었다.

물론 패트릭의 생애는 기적들로 장식되어 있다. 옛 아일랜드의 전기에는 이렇게 나온다.

그는 태어나자마자 고르니아스라는 눈이 멀고 얼굴이 납작한 소년에게 세례를 받으러 갔다. 그러나 고르니아스에게는 세례를 할 물이 없었다. 그래서 고르니아스는 손으로 땅위에 십자가를 그었다. 그러자 그곳에서 샘물이 솟아올랐다. 고르니아스가 그 물을 자신의 얼굴에 바르자 즉시 눈이 보였다. 그리고 글자를 한번도 본 적이 없었으나 글을 이해할 수 있었다. 이렇게 하느님은 패트릭을 위하여 그 자리에서 단번에 3가지 기적을 일으켰다. 즉 땅에서 샘물이 솟아오른 것, 눈이 먼 소년이 앞을 보게 된 것, 소년이 글을

---

* 그러나 전설에 따르면 패트릭은 492년이나 493년에 (모세처럼) 120살의 나이로 죽었다. Whitley Stokes, *The Tripartite Life of Patrick with Other Documents Relating to That Saint*(London : Eyre and Spottiswoode, 1887), Vol. I, p. cxxvi.

몰랐음에도 세례 의식을 위한 글을 읽을 수 있었던 것 등이다. 이렇게 해서 패트릭은 세례를 받을 수 있었다.[4]

패트릭이 수석 대주교가 되어서 아일랜드를 향하여 출발할 때, 그의 무리는 24명이었다. 브리튼의 바닷가에 선 패트릭 앞에는 가벼운 돛단배가 준비되어 있었다.

그런데 패트릭이 배에 올라탔을 때, 문둥이 한 사람이 자리를 내어달라고 하였다. 그러나 배에는 빈 자리가 없었다. 그래서 패트릭은 그가 매일 제물을 드리는 데 사용하는 휴대용 돌 제단 세드 타멘(Sed Tamen)을 바다에 내어놓고 헤엄을 치게 하였다. 하느님은 여기서 큰 기적을 일으키셨다. 즉 돌은 바닥으로 가라앉지도 않고, 그들 뒤로 처지지도 않았다. 돌은 문둥이를 태운 배 주위에서 헤엄을 치며 아일랜드까지 갔다.

그 다음에 패트릭은 악마들이 아일랜드를 빽빽이 둘러싸고 있는 것을 보았다. 즉 아일랜드 사방에서 여섯 날을 갈 만한 거리를 꽉 채우고 있었다.[5]

이 즈음 아일랜드의 사나운 이방인 왕은 니올의 아들인 리어리(428-463년 재위)였다. 패트릭은 그곳에 한동안 머물며 설교를 하다가, 어느 부활절 전야에 그의 배를 타고 보인 강 어귀 안으로 들어갔다. 바로 그때 타라에 있는 왕의 거처에서는 잔치가 벌어지고 있었다. 이 기간 동안에는 불을 피우는 것이 허용되지 않았다. 그럼에도 패트릭은 그의 배를 떠나서 슬레인 땅으로 갔고, 거기서 천막을 치고 부활절의 불을 피웠다. 이 불은 마그 브레그 전체를 환하게 밝혔다. 타라 사람들은 멀리서도 그 불을 볼 수 있었다.

왕이 말하였다. "저것은 우리 법이 금지하는 것이다. 가서 저 짓을 한 자를 찾아내어라." 그러자 그의 마법사들이 말하였다. "우리도 그 불을 보았습니다. 저 불은 피운 날 밤에 끄지 않으면 심판의 날까지 꺼지지 않을 것입니다. 나아가서 저것을 금하지 않으면, 저 불을 피운 사람이 영원히 아일랜드 왕국을 가지게 될 것입니다."

왕은 그 말을 듣고 큰 혼란에 빠졌다. 왕은 말하였다. "그럴 수는 없다. 우리가 가서 그 자를 죽여야 한다." 왕은 말과 수레를 준비시켰다. 밤이 끝날 무렵, 왕과 왕의 부하들은 불을 향해서 나아갔다.

그러자 마법사들이 말하였다. "전하께서는 저 자에게 가지 마십시오. 그에게 명예의 상징이 될까 두렵습니다. 그가 전하께 오게 하시고, 아무도 그의 앞에서 일어나지 못하게 하십시오. 우리는 전하가 계신 곳에서 저 자와 이야기를 하겠습니다." 왕은 마법사들의 말을 듣기로 하였다. 패트릭은 그들이 수레와 말의 멍에를 푸는 것을 보고 찬송을 하였다. "어떤 이들은 마차를 믿고, 어떤 이들은 말을 믿는다. 그러나 우리는 우리 주님이신 강한 하느님의 이름을 믿는다."

그들은 모두 방패의 테두리를 턱에 대고 그의 앞에 앉아 있었다. 아무도 일어서지 않았다. 단 한 사람, 그 안에 하느님으로부터 온 본성이 있는 자만이 일어섰다. 그 사람은 나중에 주교가 된 에르크였으며, 그는 슬레인에서 숭배를 받고 있다. 패트릭이 에르크를 축복하자 에르크는 하느님을 믿었다. 그는 가톨릭 신앙을 고백하고 세례를 받았다. 패트릭이 에르크에게 말하였다. "지상에서 당신의 도시는 높을 것이며, 고귀할 것입니다."

그리고 나서 패트릭과 리어리는 서로에게 안부를 물었다. 그런데 마법사들 중 하나인 로치루가 사납고 시끄럽게 패트릭에게 주장을 펼치고 질문을 하였다. 그는 제멋대로 날뛰면서 삼위 일체를 모독하였다. 그러자 패트릭은 노한 얼굴로 그를 보다가, 큰 목소리로 하느님을 부르며 소리쳤다. "모든 일을 하실 수 있으며, 그 힘으로 모든 생물을 지탱하시며, 이 이방인의 땅에 우리를 보내어 당신의 이름을 설교하게 하신 주님, 당신의 이름을 모독하는 이 불경한 사람을 위로 들어 올려서, 모두가 보는 앞에서 죽여주십시오."

패트릭의 말이 떨어지기가 무섭게, 악마들이 말보다 빨리 그 마법사를 공중으로 들어 올리더니 다시 땅에 떨구었다. 그의 머리가 돌 위에 부딪히는 바람에 뇌가 흩어졌다. 그는 모든 사람들 앞에서 먼지와 재가 되었다. 그곳에서 기다리던 이방의 무리는 두려워하였다.

그러자 리어리 왕은 패트릭에게 크게 분노하여, 그를 당장 죽이려고 하였다. 왕은 주위에 있는 사람들에게 말하였다. "저 성직자를 쳐라!" 패트릭은 이방인들이 그를 공격한다는 것을 알고 다시 큰 목소리로 소리를 쳤다. "하느님이 일어나시게 하고 그의 적들이 흩어지게 하라. 하느님을 미워하는 자들이 하느님 앞에서 달아나게 하라. 연기가 사라지듯, 저 자들도 사라지게 하라. 밀랍이 불에 녹는 것처럼 불경한 자들이 하느님 앞에서 녹게 하라!" 즉시 어둠이 해를 가렸다. 큰 지진이 일어나고 군대는 벌벌 떨었다. 하늘이 땅으로 떨어진 것 같았다. 말들은 겁에 질려서 달아났으며, 회오리바람은 마차들을 삼켜서 들판에 내던졌다. 그러자 모여 있던 모든 자들이 서로에게 대항하여 서로를 죽이게 되었다. 결국 그곳에는 왕을 포함하여 네 사람만이, 즉 왕, 왕비, 2명의 마법사 사제만이 남게 되었다.

리아탄의 아들인 타사치의 딸 안가스 왕비는 겁에 질려서 패트릭에게 다가갔다. 왕비는 패트릭에게 말하였다. "오, 정의롭고 강한 분이여, 왕을 죽이지 마십시오. 왕은 당신에게 와서 당신 뜻대로 할 것입니다. 무릎을 꿇고 하느님을 믿을 것입니다." 그러자 리어리는 앞으로 가서 패트릭에게 무릎을 꿇고, 거짓 평화를 맹세하였다. 왕은 잠시 후에 패트릭에게 말하였다. "오, 성직자여, 나를 따라 타라로 오십시오 그곳에 가서 내가 아일랜드 사람들 앞에서 당신을 인정하겠습니다." 그러나 그는 가는 길 곳곳에 복병을 감추어두었다.

그러나 패트릭 일행 8명은 8마리의 사슴의 모습으로 이 모든 복병을 통과하였다. 그들 뒤에서는 하얀 새를 어깨에 올려놓은 새끼 사슴이 따라오고 있었는데, 그것은 패트릭의 서판(書板)을 등에 짊어진 종복 베넨이었다.[6]

가장 유명한 개종 사건은 패트릭이 마그 슬레히트의 낮은 산에서 켄 또는 크롬 크루아치, 즉 "머리" 또는 "둔덕의 비뚤어진 자"라고 알려진 커다란 석상과 마주하였을 때 일어났다. 이 큰 석상은 그보다 작은 12개의 우상들로 둘러싸여 있었다. 우상들 모두 돌로 만들어졌다. 만성절(Samhain)에는 아일랜드 인들이 그들의 자식 가운데 3분의 1을 이 신에

게 바친다고 하였다. 이 신은 아마도 투아사 데 다난 족의 다그다 신의
한 종류였을 것이다. 그 무쇠 솥에는 절대 음식이 부족한 법이 없고, 그
나무들은 늘 열매로 가득하고, 그 돼지떼(1마리는 살아 있고, 1마리는 늘
요리 준비가 되어 있다)는 그의 시(요정들이 사는 언덕/역주)의 영생하
는 존재들의 끝없는 잔치거리였다.* 전설에 따르면 패트릭은 물길로 마
그 슬레히트까지 갔다. 그곳에는 금과 은으로 덮인 아일랜드의 최고 우
상이 있었다. 다른 열두 우상은 놋쇠로 덮여 있었다. 패트릭은 물에서 그
우상을 보고 가까이 다가가면서 손을 들어 지팡이로 우상을 쳤다. 그의
지팡이는 그리 길지 않았음에도 우상의 옆구리를 쳤다. 그 지팡이 자국
은 지금까지 그 왼쪽 옆구리에 남아 있다. 지팡이는 패트릭의 손에서 빠
져나가지 않았다. 땅은 다른 열두 우상을 머리까지 삼켰다. 이 우상들은
지금까지 기적의 상징으로 거기에 서 있다. 패트릭은 악마에게 저주를
하고 지옥으로 쫓아버렸다. 그리고 그 자리에 교회를 세웠다. 이것이 돔
나흐 마이그 슬레히트이다. 패트릭은 그곳에 그의 친척이자 예언자인 마
브란을 남겨두었다. 그곳에는 패트릭의 우물도 있는데, 그곳에서 많은 사
람들이 세례를 받았다.[7]

그러나 아일랜드의 기독교화에서 우리 연구에 가장 중요한 측면은 요
정이 머무는 요새의 낡은 신비와 로마 가톨릭 교회의 새로운 신비 사이
에 갈등이 있었다는 것이 아니라, 그 둘이 궁극적으로 일치를 이루었다
는 점이다. 패트릭의 강한 하느님의 마법은 리어리 왕의 마법을 이겼으
며, 이 섬은 이미 성 패트릭이 살아 있을 때 그리스도를 향해서 돌아섰
다. 그와 더불어 수도원, 교회, 유물, 종의 목소리 등 필요한 모든 기제도
갖추었다. 그러나 오늘날의 문화사가는 이교도의 왕이 세례를 받고 그의
백성이 모두 그 뒤를 따르면서 생긴 이러한 집단 개종의 의미가 무엇인
지 물어볼 권리가 있다. 그러나 새로운 종교의 교리가 3천 킬로미터 넘
게 떨어진 곳에서 열리는 회의를 통하여 다듬어지는 중이라면, 그 질문
은 복잡한 것이 될 수밖에 없다.

---

* 다그다에 대해서는 348-349쪽 참조.

우리는 이미 콘스탄티누스 황제(324-337년 재위), 이어서 성 패트릭과 같은 시대에 북아프리카에 살았던 성 아우구스티누스(354-430년)가 도나투스파라는 이단에 대항하여 싸운 일을 살펴보았다.* 그 쟁점은 성례(聖禮)가 그것을 주관하는 사람의 영적 상태에 따라서 효과가 달라지느냐 하는 것이었다. 정통파는 그렇지 않다고 대답하였다. 아우구스티누스의 선배인 밀레움의 옵타투스의 말을 빌면, 교회라는 제도는 "그 신성이 성례로부터 파생되며, 사람들의 교만으로 평가되지는 않는다.…… 성례들은 그 자체로 거룩하며, 사람을 통해서 거룩해지는 것이 아니다."[8] 교리는 그렇다고 치자! 그것을 받아들인 켈트 인 원주민들에 대해서는 무슨 말을 할 수 있을까? 이렇게 물어보는 것은 당연히 허용될(사실 이러한 연구에서는 필요할) 것이다. 이 레반트의 제도와 그것을 지탱하는 신화는 최근까지 이교도였던 북국의 주민들——이제 그 새로운 신화의 마법이 그들의 저 세상에서의 행복을 좌우하게 되었다——에게 정확히 어떻게 받아들여지고 이해되었는가?

북방의 기질에 대한 중요한 실마리는 패트릭과 같은 시대에 살았던 두 아일랜드 인, 즉 펠라기우스와 그의 수제자 카엘레스티우스의 이단 교리에서 찾아볼 수 있을 것이다. 이들의 교리는 자유 의지와 타고난 선한 본성이라는, 본질적으로 스토아 철학적인 것이었다. 그들은 인간의 타고난 본성은 죄에 의하여 부패한 것이 아니라 약간 바뀐 것일 뿐이라고 주장함으로써 그들의 최대의 적인 아우구스티누스에게 정면으로 대립하였다. 아우구스티누스의 입장(그리고 교회의 입장)에 따르면, 본성은 비록 선하게 창조되었지만 아담의 죄 때문에 부패하였으며, 은혜가 없으면 덕은 불가능하다. 그리고 은혜는 오직 예수 그리스도에 의한 성례로부터만 나온다. 은혜가 없으면 인간의 자유 의지는 악을 저지를 수밖에 없으며, 지옥에 갈 수밖에 없다. 그러므로 인간(타락한 인간)은 스스로 구속할 수 없다. 아우구스티누스가 이미 도나투스파에 대항하여 씩씩하게 옹호하였던, 부패를 모르는 레반트의 약국을 통해서만 인간은 덕이 있는 존

---

* 444-445쪽과 451-452쪽 참조.

재로 바뀔 수 있다. 즉 인간의 죄는 교회를 부패시킬 수 없고, 인간의 단지 인간적인 덕은 인간을 회복할 수 없다. 그러나 펠라기우스는 이 북아프리카의 적대자가 마니교의 입장에 섰다고 비난하였다. 그러면서 이 아일랜드의 이단은 다음과 같은 6가지 교리를 주장하였는데, 이들은 이것 때문에 공식적으로 유죄 선고를 받았다.

1. 아담은 죄를 짓지 않았어도 죽었을 것이다.
2. 아담의 죄는 아담 혼자에게만 해를 주었지, 인류에게 해를 주지는 않았다.
3. 갓난아기는 아담의 타락 전과 같은 상태에 있다. 이에 따른 추론──갓난아기는 세례를 받지 않아도 영생을 얻는다.
4. 인류 전체는 아담의 죽음이나 죄 때문에 죽는 것도 아니고, 그리스도의 부활 때문에 부활하지도 않는다.
5. 신약의 복음만이 아니라 구약의 율법도 천국에 들어가게 해준다.
6. 그리스도가 오기 전에도 전혀 죄가 없는 사람들이 있었다.

이 이단 교리에 따르면, 하느님의 선하고 의로우심 때문에 하느님이 창조하는 모든 것은 선하다. 인간 본성은 선하고 파괴할 수 없으며, 오직 우연적으로만 바뀔 수 있을 뿐이다. 죄는 그러한 바뀐 부분이다. 죄란 의로움이 금지하는 것을 적극적인 의지를 가지고 행하려는 것이다. 그러나 이것은 늘 의지의 순간적인 자기 결단일 뿐이며, 절대 본성 안으로 들어가서 나쁜 본성을 만들어내지는 않는다. 이것이 불가능할진대, 하물며 악을 물려받는 일은 있을 수 없다. 나아가서 이렇게 타락할 수 없는 의지는 늘 스스로 선에 대한 의지를 가질 수 있다. 또한 그리스도는 그의 본보기에 의해서 작용을 하는 것뿐이다. 성례는 권능을 가지는 것이 아니라, 가르침의 기능을 갖는다. 요컨대 이 모든 것을 합치면 동양이나 스토아 학파의 자립이라는 교리(일본어로는 지리키, 즉 "자력〔自力〕")*의 변종이 된다. 펠라기우스의 말을 빌면, 호모 리베로 아르비트리오 에만키파투스 아 데오(homo libero arbitrio emancipatus a deo)이다. 즉 자유롭게

* 『신의 가면 : 동양 신화』의 제5장 9절과 제8장 4절, 그리고 이 책의 295쪽 참조.

창조된 인간은 하느님이나 그리스도의 살아 있는 몸인 교회에서 독립하여 자신의 온전한 영역을 가진다. 물론 그리스도, 교회, 그리고 성례는 큰 가르침이 되고 도움이 된다.[9]

북방의 기질을 알 수 있는 두번째 실마리는 아일랜드의 신플라톤주의 철학자인 요하네스 스코투스 에리게나(815년경-877년경)——아돌프 하르낙 교수는 그를 "당대의 가장 박식하고 또한 아마도 가장 지혜로웠을 사람"이라고 불렀다[10]——에게서 찾을 수 있다. 에리게나는 32세쯤 되었을 때 대머리 왕 샤를의 초대로 프랑스에 가서 카롤링거 궁정 학교를 지도하였다. 그의 기본적 저작인 『자연의 구분에 관하여(De divisione naturae)』 (865년경-870년)는 자연을 4가지 측면에서 신의 표현으로 보고 있는데, 이 측면들은 신의 형태가 아니라 우리의 생각의 형태이다. 이것들은 Ⅰ. '창조되지 않은 창조', Ⅱ. '창조된 창조', Ⅲ. '창조된 비창조', Ⅳ. '창조되지 않은 비창조'이다. 첫번째 것은 만물의 근원으로 여겨지는 하느님이다. 두번째 것은 의지에서 나오는 불변의 거룩한 행동들이라는 측면에서의 자연이다. 이것은 근본적인 관념 또는 원형이며, 형식 가운데 '형식'이다. 그 다음은 시간과 공간에서 개별적인 사물이나 형식이라는 측면에서의 자연이다. 네번째 것은 만물의 궁극적 목적으로 간주되는 하느님이다. 쇼펜하우어를 공부한 사람이라면 이러한 문제에 조금도 어려움을 느끼지 않을 것이다. 하느님을 있는 그대로 아는 것은 불가능하다. 똑같은 속성이 신을 긍정하는 것을 정당화할 수도 있고 부정하는 것을 정당화할 수도 있다. 그러나 긍정(예를 들면, 하느님은 선하다)은 비유적인 것인 반면, 부정은 문자 그대로이다(하느님은 선하지 않다). 왜냐하면 하느님은 모든 속성, 범주, 대립을 넘어서기 때문이다.* 나아가서 하느님은 자신이 무엇인지 모른다. 그는 무엇이 아니기 때문이다. 이 "신성한 무지"는 모든 지식을 뛰어넘으며, 따라서 진정한 신학은 부정적인 것이 될 수밖에 없다. 또한 하느님은 악을 모른다. 하느님이 악을 안다면 악이 존재하게 될 터인데, 악이란 우리 자신의 그릇된 지식('창조된 비창조')의 결과일 뿐이기 때문이다.

* 11쪽과 비교해보라.

시간과 공간상에서 질과 양, 출생과 죽음, 남성과 여성 등 모든 외양적인
차이는 이러한 그릇된 지식의 결과이다. 반면 하느님이 창조하는 모든
것은 불멸이다. 하느님이 창조하신 형태인 타락할 수 없는 몸은 말하자
면 우리 본성의 은밀한 구석에 감추어져 있다. 그것은 죽음의 운명이 우
리의 마음에서 물러나면 다시 나타나게 된다. 죄란 잘못 인도된 의지이
며, 그 잘못된 판단이 헛된 것임을 알게 됨으로써 벌을 받는다. 지옥이란
죄를 짓는 의지의 내적인 상태일 뿐이다. 그 결과 창세기의 낙원과 타락
은 마음의 우화적인 상태이며, 선사 시대 과거에 실제로 있었던 일로 이
해해서는 안 된다. 마음의 교정은 철학(이성)과 종교(권위)에 의해서 촉
진되지만, 철학이 종교의 기준이지 그 역(逆)은 아니다. 따라서 그리스도
의 살아 있는 몸은 교회가 아니라 세상이다. 하느님은 만물 속에 있고,
따라서 만물은 존재하는 동시에 존재하지 않는 것이기 때문이다.

　물론 에리게나의 신플라톤주의적인 철학은 로마에 의해서 유죄 선고를
받았다. 게다가 그의 제자들이 그를 펜으로 찔러서 죽였다는 이야기(위
대한 스승에게는 있을 수도 있는 일이다)는 사실일 수도 있다.[11]

　북방 정신들의 사고 방식을 알 수 있는 마지막 실마리로서 아일랜드의
『켈스의 책』에 나오는 묘한 삽화에 주목해보려고 한다. 이것은 스코투스
에리게나 시대의 것이며,* 여기에는 「마태복음」에 나오는 말, "그때 강도
두 사람도 예수와 함께 십자가형을 받았다(Tunc cru/cifixerant/XPI cum
eo du/os la/trones)"가 적혀 있다.[12] 〈그림 30〉이 그 삽화이다.**

　여기에는 자신을 소모하고, 자신을 갱신하는 우주의 뱀이 나온다. 그
사자 머리는 옛 수메르의 사자-새를 연상시킨다. 툰크(Tunc)라는 말의 T
는 대립물의 얽힌 쌍을 삼키거나 뱉는(또는 둘 다 하는) 뱀의 속성을 가
진 사자이다. 앞에서 보았듯이, 뱀은 일반적으로 자신을 소모하는 동시에
자신을 갱신하는 생명의 힘을 상징한다. 즉 시간이 보여주는 달의 신비

* Sir Edward Sullivan, *The Book of Kells*(London : The Studio, Limited, 4th edition, 1933),
  p. vii : "9세기 후반"이라는 말에 따른 것.
** 존 맥케이 씨가 앞에서 인용한 설리번의 책에서 도판(圖板) XI을 보고 그려준 것이다.

이다. 반면 사자는 태양의 힘이며, 영원으로 통하는 태양 문이다. 따라서 둘러싸고 있는 뱀은 창조력을 가진 원리, 세계를 창조하고 유지하는 원리이다. 그노시스파 기독교적 관점에서 보자면 구약의 하느님이다. 반면 T의 사자는 이 눈물의 골짜기로부터 탈출하는 길이다. "길과 빛", 즉 구속자이다.

〈그림 30〉 "그때 강도 두 사람도 예수와 함께 십자가형을 받았다."

텍스트의 크루키픽세란트(crucifixerant) 뒤에 삽입되어 있는 그리스 문자 XPI는 그리스도의 기호이다(그리스 어 크리스토스[χριστός]). 똑같은 3개의 글자가 디자인 전체의 기초를 이루며, 이것은 페이지를 시계 방향으로 돌려보면 금방 나타난다. 이렇게 돌려놓으면, 원래 문장을 시작하던 커다란 첫 글자가 중앙의 세로 막대와 결합하여 P를 이루게 된다. 이 가운데 글자는 두 강도 사이에 있는 구세주를 상징한다. 두 강도는 X와 I로 표시되고 있다. 그래서 XPI, 즉 그리스도와 하나가 되고 있다──사실 그 부분들을 이루고 있다. 이것을 위에서 이야기하였던 미트라 희생제의의 다도포르와 비교해보라.*

나아가서 음력으로 매달 보름마다 지는 보름달(달의 황소 : 희생)은 떠오르는 태양(소를 죽이는 타우록토누스)의 불길과 대면한다. 이 불길이 곧바로 지평을 가로질러 달을 치는데, 그후에 달은 이운다. 뱀의 몸으로 이루어진 테두리에는 5명씩으로 이루어진 세 집단이 보인다. 모두 합해서 15명이다. 현재 부활절은 보름달이 뜬 다음의 첫 일요일, 또는 춘분 다음의 첫 일요일에 기념되고 있다. 공관 복음서들의 계산에 따르면 십자가형은 유대인들의 달력으로 니산 월(3-4월, 유대인들의 1년의 첫 달)의 15일에 이루어졌다. 이 그림에는 이러한 죽음과 부활이라는 달의 주제와 관련을 맺고자 하는 의도가 있는 것으로 보인다. 나아가서 T라는 문자는 십자가의 형식과 싱징들 가운데 하나라는 이야기도 해둘 필요가 있겠다. 또 십자가는 땅, 또는 공간 원칙의 전통적 기호이다. T가 첫 문자를 이루는 툰크라는 말은 "그때"라는 뜻으로 시간을 나타내는 말이다. 공간-시간은 현상성의 영역이다. 즉 성육신과 십자가 처형이라는 신비가 속한 영역이다. 마지막으로 불은 기독교에서 성령의 일반적인 상징이다. 또한 '세계 환각'을 파괴하는 그노시스파적인 '깨달음(산스크리트로는 보디[bodhi], 그리스 어로는 그노시스[gnosis])'의 상태의 상징이기도 하다. 따라서 곰곰이 생각해보면, 테두리를 감싸고 있는 뱀이 상징하고 있는 힘은 성부와 성령이라고 할 수 있다(에리게나의 '창조되지 않은 창조'와

---

* 302-303쪽 참조.

'창조되지 않은 비창조'와 관련되는 것일 수도 있다). 반면 사자는 공간과 시간의 영역에 있는 성자를 상징한다고 할 수 있다. 패트릭의 전기가 기록되어 있는 아일랜드의 『브레크의 책(*Lebar Brecc*)』에서 성자 그리스도가 삼위 일체 가운데 둘째가 아니라 셋째 인격으로 나타나고 있다는 사실도 그러한 해석을 뒷받침해준다고 볼 수 있다.[13]

어쨌든 이 중요한 그림의 상징들은 단순한 심심풀이 장난이 아니라 텍스트에 대한 주석이며, 나아가서 기독교적 상징 형식들을 그 이전의 상징 형식들과 연결시킨다는 것은 분명하다. 또한 이 상징들의 배경이 아직 비잔틴 교회 종교 회의의 아우구스티누스적인 정통파와 조화를 이루지 못한 기독교 형식이라는 것도 분명하다. 에드워드 설리번 경——그가 출간한 『켈스의 책』에 담긴 24개의 천연색 도판에 앞의 그림도 들어 있다——은 「마태복음」의 정통 라틴 불가타 번역에서 위의 구절은 툰크 크루키픽세란트(Tunc crucifixerant)가 아니라 툰크 크루키픽시 순트(Tunc crucifixi sunt)라고 지적한다. 이것은 이들의 기독교가 다른 선을 타고 전달되었다는 또 하나의 증거이다.[14]

그러나 이러한 모든 이야기를 통해서 내가 강조하려고 하는 주요한 점은, 얼마 전까지만 해도 이교도들이 지배하였던 머나먼 아일랜드 지방에서는 수도사들이 인간의 타고난 덕이나 이교도 성상의 상징을 그렇게 근본적으로 거부하지 않았다는 것이다. 그러한 거부는 훗날 게르만 부족들의 선교의 특징이었다. T. G. E. 파월이 최근의 연구서 『켈트 인(*The Celts*)』에서 한 말을 들어보자.

교회는 로마 이후 유럽의 초기 튜턴 왕국들에서 통치나 법과 관련된 아주 초보적 기제만을 발견하였을 뿐이다. 그러나 선교사들은 아일랜드에서 고도로 조직화된 일군의 학자들과 만나게 되었다. 그들은 관습법, 성스러운 예술, 영웅 문학, 계보학 등의 전문가들이었다. 이교도 신앙은 기독교로 대체되었다. 그러나 전통적인 구전 학파들은 계속 번창하였다. 다만 이제는 수도원들과 나란히 번창한다는 것이 다를 뿐이었다. 빠르게 보아서 7세기에는 전통적인 토착 학문에도 정통한 귀족적 아일랜드 수도사들이 나타나게 되었다. 이들은 최초로 토착 문학을 글로 남겼다. 결국 이 글은 유럽에서 그리스 문학과 라틴 문학 다음으로 오래된 문학이 되었다.…… 토착 아일랜드의 전통 학문이나 문학이 중세로부터 선사 시대까지 거슬러서 연속성을 가진다는 것은 대단히 중요한 사실이다. 그러나 이 점은 제대로 평가받지 못하고 있다.[15]

아일랜드에서는 전통적으로 드루이드 사제들이 필리드(filid), 즉 음유 시인 훈련을 시켰다. 음유 시인들은 토착의 신화적 문학 전체를 외웠을 뿐만 아니라, 신화적 유추들을 인식하고 상징적 형식을 해석할 수 있는 법칙들도 익혔다. 이러한 훈련은 기독교 초기에는 기독교 신앙의 상징을 해석하고, 기독교 신앙과 토착의 이교도적 신화나 전설 사이의 유사성을 인식하는 데에도 적용되었다. 예를 들어서 쿠훌린의 숙부인 코나하르 왕의 출생과 사망 날짜는 그리스도의 탄생과 십자가 처형의 날짜와 일치하도록 맞추어져 있다. 더욱이 코나하르 왕은 드루이드 사제 특유의 천리안 능력으로 그리스도의 처형을 알게 된 결과 죽었다고 전해진다. 또 쿠훌린이 루가이드의 손에 죽은 뒤(루가이드는 쿠훌린을 돌기둥에 묶어서 앉지도 눕지도 못하고 선 채로 죽게 하였다) 쿠훌린을 사랑하던 50의 3배나 되는 여왕들은 그의 영혼이 영의 마차를 타고 둥둥 떠오르는 것을 보았는데, 그때 쿠훌린의 영혼은 그리스도의 재림과 운명의 날의 노래를 불렀다. 나아가서 쿠훌린은 이교도 아일랜드의 저승으로부터 성 패트릭과 진지하게 이야기를 나누러 왔다. 쿠훌린만이 아니라 다른 많은 위대한 영웅들도 왔다. 모든 이야기에 따르면(성직자들이 쓴 이야기라는 것을 잊지 말아야 한다), 패트릭은 옛 이교도들의 이야기를 듣고 기뻐하며 그들을 축복하였다. 쿠훌린의 서기는 지금 우리에게는 『고대인과의 대화』라고 알려져 있는 책에 그 이야기들을 기록하였다.

예를 들면, 패트릭이 한때 핀 맥쿨이 살았던 고대의 요새를 축복하며 창조주를 찬양할 때에 거인 킬타가 그의 무리와 거대한 이리 사냥개들을 데리고 나타났다. 성직자들은 거인들이 다가오는 것을 보고 공포에 사로잡히었다. 그들은 이 성직자들과 같은 시대 사람들이 아니었기 때문이다.

그러자 게일 인의 사도인 패트릭은 일어나서 분무기를 집어들고 옛 영웅들에게 성수를 뿌렸다. 그 영웅들 위에는 1천 개의 악마 군단이 둥둥 떠 있었기 때문이다. 패트릭이 물을 뿌리자 악마들은 언덕과 대머리산으로, 그 지역과 땅의 바깥 경계로 흩어져서 달아났다. 그런 뒤에 위대한 자들은 자리에 앉았다.

패트릭이 킬타에게 말하였다.

"이제 되었구려. 그대의 이름은 뭐요?"

"나는 킬타요. 로난의 아들 크룬드후의 아들이오."

성직자들은 그 모습을 보며 크게 놀랐다. 성직자들 가운데 가장 큰 자도 머리가 앉아 있는 옛 이교도들의 허리나 어깨까지밖에 안 닿았기 때문이다.

패트릭이 말하였다. "킬타여, 나는 그대에게 부탁을 하나 하고 싶소." 킬타가 대답하였다. "나에게 들어줄 힘이 있다면 들어주겠소. 어쨌든 이야기를 해보시오." "이 근처에 깨끗한 물이 나오는 우물이 하나 있으면 좋겠소. 그러면 브레기아, 미스, 우스나흐에 있는 사람들에게 세례를 줄 수 있을 것이오." 거인이 말하였다. "고귀하고 의로운 자여, 내가 그 부탁을 들어드리겠소." 그들은 요새의 가장자리를 넘어서 그 밖으로 나아갔다. 거인은 성자의 손을 쥐고 있었다. 잠시 후 그들은 바로 그들 앞에 호수를 보았다. 맑게 반짝이는 물이 가득하였다…….

패트릭이 말하였다. "그대가 함께 있었던 핀 맥쿨은 좋은 영주가 아니었소?" 그러자 킬타는 다음과 같은 찬양을 하였다.

"숲이 떨구는 갈색 잎이 황금이라면,
하얀 물결이 은이라면,
핀은 그것을 모두 남에게 주었을 것이오"

"그대를 살아가게 해준 힘이 무엇이었소?" 패트릭이 물었다. 그러자 거인이 대답하였다. "우리 마음에 있는 진실, 우리 두 팔에 있는 힘, 우리 혀에 있는 성취요."

그들은 많은 날을 함께 보내었다. 어느 날 패트릭은 그들 모두에게 세례를 주었다. 그러자 킬타는 그의 방패의 테두리로 손을 뻗더니, 그곳에 불룩 튀어나온 금덩어리를 떼어주었다. 금의 무게는 50온스의 3배였다. 킬타가 말하였다. "패트릭이여, 이것이 족장 핀이 나에게 준 마지막 선물이오. 나의 영혼을 위하여, 그리고 나의 사령관의 영혼을 위하여 이것을 받으시오."

금덩어리의 크기는 패트릭의 가운뎃손가락 끝에서 어깨의 가장 높은 곳까지 이르렀다. 그 굵기는 사람들 몸통 만하였다. 패트릭은 이 황금을 손에 드는 종이나 시편집(詩篇集), 혹은 미사 경본을 만드는 일에 썼다.

오랫동안 함께 거닐며 대화를 나눈 끝에 마침내 거인들이 떠날 때가 되었다. 킬타는 성자에게 말하였다. "거룩한 패트릭이여, 나의 영혼이여, 나는 내일 떠나야 하오."

"어디로 가시오?" 패트릭이 물었다.

"모든 곳의 언덕과 절벽과 골짜기를 찾아가오. 나의 동지들과 양자들과 피안의 족장이 함께 가오. 이제 한 곳에만 있는 것이 지겨워서 떠나려는 것이오."

그들은 그날 밤을 함께 보낸 뒤에 다음날 모두 일어났다. 킬타는 패트릭의 가슴에 머리를 얹었다. 성자가 말하였다. "내가 그대에게 말하노니, 어디에 있든 간에, 안이건 밖이건, 하느님이 그대에게 손을 얹으실 것이며, 천국이 그대의 것이 될 것이오."

이어서 그들과 함께 있던 코나하트의 기독교도 왕이 통치를 하러 떠났다. 패트릭도 자신의 길을 갔다. 신앙과 경건의 씨를 뿌리고, 아일랜드에서 악마와 마법사들을 몰아내고, 성자와 의로운 자를 기르고, 십자가와 초석과 제단을 세우고, 우상과 악귀의 상을 쓰러뜨리고, 모든 마술을 없애기 위한 길이었다. 다시 킬타의 이야기로 돌아가자. 그는 북방에 있는 보일의 넓은 평원으로 갔다. 거기서 네라의 아들의 폭포를 가로지르고, 다시 북쪽으로 케시코란의 컬리우 산맥을 뚫고 나가서 코란의 평평한 땅에 이르렀다…….[16]

542

2. 신들의 운명

로마의 P. 코르넬리우스 타키투스(55년경-120년경)는 자신이 쓴『게르마니아(Germania)』에서 다뉴브 강과 라인 강 위쪽 게르만 부족들의 삶과 종교에 대해서 설명을 하였는데, 이것이 게르만 부족들과 관련하여 지금까지 남아 있는 가장 오래된 기록이다. 타키투스 시대에 게르만 부족들은 이미 로마를 위협하고 있었고, 그로부터 3백 년 뒤에는 로마를 무너뜨린다.

게르만 인들의 유일하게 기록된 역사는 오래된 노래들이다. 그들은 거기에서 땅에서 태어난 신 투이스토를 찬미하고 있다. 그들은 투이스토에게 만누스라는 아들을 하나 붙여주었는데, 만누스는 그 종족의 창조자이다. 만누스에게는 세 아들이 있는데, 이들은 게르만 인들의 기초를 다진 신들이다. 게르만 인은 이들의 이름을 따서 대양과 가장 가까운 곳에 있는 사람들은 인가에보네스라고 불렀고, 중앙에 있는 사람들은 헤르미노네스라고 불렀으며, 나머지 사람들은 이스타에보네스라고 불렀다. 먼 과거란 추측으로 이루어지기 마련이어서, 어떤 이들은 신의 아들들의 이름, 나라의 이름들을 더 많이 기록해놓았는데, 그 이름들에는 마르시, 감브리퓌, 수에비, 반딜리시 등이 있다. 이 이름들은 순종이고 오래된 것들이다. 게르마니라는 이름은 상당히 최근에 만들어진 것이라고 한다. 처음으로 라인 강을 건너서 갈리아 사람들을 내쫓은 사람들을 지금은 퉁그리라고 부르지만, 당시에는 게르만이라고 불렀다. 그것은 한 민족의 이름이 아니라 그 부족의 이름이었지만, 점차 일반적인 이름으로 사용하게 되었다. 이렇게 해서 처음에는 사람들이 그들 모두를 정복자들의 이름을 따서 게르만 인이라고 부르게 되었다. 그 이름이 듣는 사람에게 두려움을 불러일으켰기 때문이다. 그러다가 그들은 마침내 스스로 그 새로운 이름을 채택하여 자신들의 이름으로 삼게 되었다.
다름 아닌 헤라클레스가 그들을 찾아갔다는 이야기가 있다. 그래서 이들은 전투하러 가는 길에 다른 영웅들을 찬양하기에 앞서서 헤라클레스부터 찬양한다.[17]…… 그들은 또 그들의 성스러운 숲으로부터 가져온 상(像)들을 전투하는 데 가지고 들어간다……[18]
그들은 다른 어느 신보다도 머큐리 신을 섬기며, 그의 은총을 얻기 위해서 날을 정하여 인간을 제물로 바치는 것을 죄로 여기지 않는다. 그들이 헤라클레스와 마르스를 달랠 때에는 일반적으로 허용되는 짐승을 바친다. 수에비 사람들은 이시스에게도 제물을 바친다. 어떻게 이러한 외국의 신을 섬기게 되었으며, 그 의미가 무엇인지 나로서는 알 수 없는 일이다. 어쨌든 가벼운 전함의 형태로 만들어진 그녀의 상징은 그녀를 섬기는 관행이 외국으로부터 들어온 것임을 증명해준다. 그러나 그들은 신들을 벽 안에 가두어두거나, 인간을 닮은 모습으로 표현하는 것은 신으로서의 웅장함에 어울리지 않는다고 생각한다. 그들이 거룩하게 여기는 곳은 크고 작은 숲이다. 그들은 그것을 신의 이름으로 부르는데, 감추어진 신의 모습은 경외하는 사람들의 눈에만 보인다고 한다……[19]

수에비 인들 가운데 가장 오래되고 가장 고귀한 사람들은 셈논이라고 한다. 이 말이 맞다는 것은 종교 의식이 증명해준다. 이 혈통을 가진 사람들은 정해진 시간에 사절들을 보내어 함께 모인다. 그들이 모이는 곳은 조상이 점을 쳐서 신성한 숲으로 지정해놓고 오랜 세월에 걸쳐서 경외해온 곳이다. 야만적인 의식은 공개적으로 인간 제물을 바치는 소름끼치는 일에서부터 시작된다. 숲은 다른 식으로도 공경한다. 몸에 줄을 묶지 않은 사람은 숲으로 들어갈 수 없다. 이렇게 하는 것은 자신이 열등하고 신은 큰 힘을 가지고 있음을 인정하는 것이다. 숲에 들어갔다가 혹시 넘어지면 일어서지 말아야 한다. 굴러다녀야 한다. 이 모든 복잡한 미신들은 그 민족이 숲에서 태어났고, 숲에는 만물을 다스리는 신이 살고 있으며, 나머지 세계는 신의 지배 하에 있다는 그들의 믿음을 반영하고 있다. 셈논 사람들이 번창하는 것은 이러한 믿음에 무게를 실어준다. 셈논 사람들은 수많은 시골 지방에 살고 있으며, 이러한 엄청난 수를 통해서 모든 수에비 사람들 가운데 으뜸이 되고 있다.

반면 란고바르디는 그 수가 적다는 것으로 두드러진다. 그들은 많은 강한 부족들에게 둘러싸여 있는데, 아첨이 아니라 전투와 그것에 따르는 위험으로 자신들의 안전을 지키려고 한다. 그들 다음에는 레우디그니, 아비오네스, 안글리, 바리니, 에우도세스, 수아리니, 누이토네스 등이 있는데, 이들은 강과 숲으로 이루어진 성벽 뒤에 산다. 이들 가운데 특별하게 자세히 알아볼 만한 부족은 없으나, 이들 모두 공통적으로 어머니 대지인 네르투스를 섬긴다는 점은 특징이라고 할 수 있겠다. 이들은 네르투스가 인간사에 관심을 가지며, 수레를 타고 이 부족들 사이를 누비고 다닌다고 믿는다. 대양의 한 섬에는 신성한 숲이 있는데, 그 숲에는 천을 두른 수레가 하나 있다. 이것은

544

사제만이 만질 수 있는 것이다. 그래서 사제는 거룩한 신들 중에서도 가장 거룩한 이 여신의 존재를 느낄 수 있다. 암소들이 그녀의 수레를 끌게 되면, 사제는 최대한 공경하는 태도로 여신의 시중을 든다. 이어서 여신이 가서 머무는 곳마다 며칠간 기쁘고 흥겹게 떠드는 잔치가 벌어진다. 아무도 전쟁에 나가지 않는다. 아무도 무기를 들지 않는다. 쇠붙이는 모두 잘 보관해둔다. 그렇게 하고 나서야 사람들은 평화와 고요를 알고 존중하게 된다. 이렇게 여신이 사람들과 사귀는 일이 다 끝나면 사제는 다시 여신을 신전에 모신다. 그런 다음 수레와 천, 그리고, 믿거나 말거나, 여신까지도 외딴 호수에서 깨끗이 씻는다. 이 일은 노예들이 하는데, 일이 끝나면 노예들을 모두 호수에 빠뜨려 죽인다. 이렇게 신비는 공포를 낳는다. 경건한 사람들은 죽어가는 사람들만 볼 수 있는 광경이 무엇이었는지 감히 묻지 못한다…….[20]

나는 나하르발리 지역에서 오래전부터 성스럽게 여기던 작은 숲을 본 적이 있다. 그곳을 주관하는 사제는 여자 옷을 입고 있다. 그곳의 신들은 라틴어로 옮기면 카스토르와 폴룩스이다. 이것은 신들의 성격을 표현하는 말이다. 그들의 이름은 알키이다. 이곳에는 신상도 없고 외국에서 수입된 종교의 흔적도 없다. 그러나 사람들은 그들을 젊은 남자들로, 형제로 섬기고 있다…….[21]

수에비 해의 오른쪽 해안을 향하면, 그곳에는 아에스티의 땅이 있다. 이들의 종교와 일반적 관습은 수에비 사람들과 비슷하지만, 언어는 브리튼 사람들의 언어에 가깝다. 이들은 신들의 어머니를 섬긴다. 이들은 자신들의 종교의 상징으로 멧돼지 가면을 쓴다. 이것은 갑옷을 비롯한 인간의 보호 장구를 대신하며, 이것이 그녀를 섬기는 사람들을 적들 사이에서도 안전하게 보호해준다고 믿고 있다. 이들은 쇠로 된 무기는 거의 사용하지 않는 대신, 곤장은 자주 사용한다. 이들은 보통 나태한 게르만 사람들과는 달리 끈기 있게 여러 곡식을 재배한다. 이들은 바다에서 나는 것도 샅샅이 찾아낸다. 얕은 물이나 해변에서 호박(琥珀)——이들의 말로는 글라에숨(glaesum)이라고 한다——을 모으는 사람들도 이들뿐이다. 진짜 야만인들답게 그들은 호박이 어떻게 생기는지 물어본 적도 없고 답을 알아낸 적도 없다. 사실 호박이 로마의 사치품으로 쓰이면서 귀하게 여겨지기 전에는 아무도 그것에 관심을 가지지 않고 그저 쓰레기 취급을 하였다. 그들 스스로는 쓸 일이 없었던 것이다. 그러나 그들은 그것을 야생 그대로 가져다주어도 큰 돈을 받는다는 것을 알고 깜짝 놀라게 되었다.[22]

게르만 사람들은 여자들에게 거룩함과 예언의 요소가 있다고 믿는다. 그
래서 여자들의 자문을 구하는 것을 조롱하지 않고, 여자들의 대답을 업신여
기지도 않는다. 신으로 섬겨지는 베스파시아누스 황제의 통치기에 우리는
많은 게르만 사람들이 오랫동안 벨레다를 신으로 섬기는 것을 보았다. 그
훨씬 전에는 아우리니아를 비롯한 다른 신들을 비슷하게 섬기었다. 여자들
을 여신으로 바꾼다고 해서 무슨 아첨을 하거나 허세를 부린 것은 아니었
다……[23]

그들의 장례에는 전혀 허식이 없다. 지키는 규칙이 하나 있다면, 유명한
사람들의 시신은 특별한 나무로 화장한다는 것이다. 불길이 솟아올라도 그
위에 가운이나 향신료를 던지지 않는다. 다만 무기, 때로는 말을 불속에 던
진다. 무덤은 둔덕을 만들고 떼를 심은 것이다. 이들은 힘을 들여서 높은 돌
기념비를 세우고 공경하는 것을 경멸한다. 그러한 기념비는 죽은 자를 위에
서 무겁게 짓누를 뿐이라는 것이다. 장례를 치를 때에도 곡은 금방 끝난다.
그렇다고 슬픔과 애도가 그렇게 빨리 끝나는 것은 아니다. 여자는 사람들
앞에서 슬픔을 드러내어도 흉이 되지 않는다. 그러나 남자는 슬픔을 마음속
에 새겨야 한다.[24]

여기서 주목할 만한 것은 여신들이 두드러진 지위를 차지하고 있다는
것이며, 그 여신들이 땅, 식물 재배, 돼지, 인간 희생제의, 축제의 마차
행렬과 관련되어 있다는 것이다. 축제의 마차 행렬은 오늘날에도 여신에
대한 숭배가 널리 퍼져 있는 곳이라면 세계 어디서나 볼 수 있는 것이
다. 아에스티는 당대 브리튼의 켈트 언어와 비슷한 언어를 가지고 있었
는데, 이들은 곡식을 재배하였고, 멧돼지를 신성하게 여겼으며, 신들의
어머니를 섬기었다. 우리는 이런 특징에는 이미 익숙하다. 앙글리(앵글
족, 훗날의 잉글랜드 인)는 어머니 대지인 네르투스 여신을 섬겼는데, 이
들은 수레 행렬을 통해서 이 여신의 상을 섬기고 또 씻었다. 그런 다음
여신상을 씻던 사람들을 여신의 신성한 섬에 있는 호수에 빠뜨려 죽었다.
여기서 우리는 그리스의 사냥꾼 악타이온을 떠올리게 된다. 그는 우연히
아르테미스가 숲의 웅덩이에서 목욕을 하는 것을 보는 바람에 수사슴으
로 변하여 자신의 사냥개들에게 물려서 죽고말았다. 또 이집트의 사이스

에 있는 여신 신전의 건방진 젊은 신자도 떠올리게 된다. 그는 용감하게도 여신상의 베일을 들어 올렸다가, 너무 놀라는 바람에 그후로 혀가 굳고말았다. 여신은 그전에 이렇게 선언하였기 때문이다. "지금까지 나의 베일을 들어 올린 사람은 없다(οὐδείς ἐμὸν πέπλον ἀνετλε)." 그 말은 이제까지 살아서 세상의 어머니인 여신의 신성한 모성의 비밀을 드러낸 사람은 없다는 뜻이다.[25]

　나아가서 나하르발리의 사제는 여자의 옷을 입고 신성한 작은 숲을 감독하였다. 그 숲에서는 카스토르와 폴룩스를 닮은 쌍둥이들을 섬겼다. 이것은 시리아의 위대한 여신 키벨레를 섬기던 내시 사제들을 연상시킨다. 마지막으로 타키투스가 이시스와 동일시한 여신——바다와 배의 여신으로 섬겼다——은 그가 생각한 대로 나중에 수입한 것일 수도 있고 아닐 수도 있다. 이 게르만적 형태들은 고대와의 연속성을 보여주는 증거이다. 그 연속성은 가장 초기의 신석기 문화의 유럽 침투로까지 거슬러 올라간다. 이 증거는 워낙 폭이 넓어서 연구자가 어떠한 시기를 제시하더라도 모두 뒷받침을 해줄 수 있을 정도이다. 사실 1세기 게르만 부족들의 이 다양한 여신들은 신석기에 확산된 다양한 계통의 여러 영역에서 발견될 법한 것들이다. 대지의 여신에게서 태어난 투이스토 신으로부터 형성되는 부족의 계통학이 헤시오도스의 대지에서 태어난 신들의 계통학과 실제로 닮았다는 사실 역시 이러한 생각을 뒷받침해준다. 따라서 초기 그리스와 켈트의 지역이든, 아니면 후기 로마와 게르만 지역이든, 유럽의 신석기 유산은 대체로 서로 비슷한 신화적 형태들을 만들어내었다고 이야기하여도 큰 무리는 없을 듯하다. 이러한 형태들은 위대한 여신 시대의 구질서로부터 파생된 것이며, 또 그 질서를 보여주고 있다. 그리고 이러한 기본적 층 위에 훗날의 높은 수준의 문화에 속하는 신화의 층들이 쌓인 것이다.

　그렇다면 훗날에 쌓인 이 층들이 무엇이었느냐 하는 문제가 남는다. 타키투스가 그의 시대에 희생제의를 지내던 게르만의 중요한 세 신을 이야기하면서, 헤라클레스, 머큐리, 마르스 등 게르만 신에 대응하는 라틴 신들의 이름을 거론한 것은 이 문제와 밀접한 관계가 있다. 그 세 신은 말할 것도 없이 토르(Thor), 보단(Wodan), 티우(Tiu)로 확인되었다. 그들의 이름을 따서 영어권에서 지금 사용하고 있는 목요일(Thursday), 수요일(Wednesday), 화요일(Tuesday)이라는 말이 만들어졌다. 바그너의 놀라운 음악『니벨룽겐의 반지』에 영감을 준 아이슬란드의『에다』와 중기 고지 독일어로 된『니벨룽겐의 노래』라는 찬란한 문헌에서는 이 세 신이 가장 두드러진 남성 신들 가운데에 당당하게 자리 잡고 있다. 따라서 타키투스가 이야기하는 시대와 마찬가지로, 천 년이라는 긴 세월 뒤『에다』의 시대에도 보단-머큐리는 모든 신들 중에서도 가장 우뚝 솟은 신이었다.

그러나 토르는 만신전 가운데 가장 오래된 신의 모습을 보여준다. 토르는 심지어 구석기 시대까지 거슬러 올라갈 수도 있다. 그때는 그의 유명한 망치가 그의 특징을 가장 잘 나타내는 무기였을 것이다. 토르는 검이나 창을 갖춘 적도 없고, 보단과는 달리 말에 올라탄 적도 없다. 그는 걸어서 적들에게 다가간다. 또한 그는 영리하게 거인을 죽인 신이었다. 기록으로 남은 거의 모든 원시 사냥 신화에는 괴물을 죽이는 존재가 나오는데, 바로 그러한 존재에 해당한다고 할 수 있다.[26] 그리스의 헤라클레스도 이러한 원시적인 영웅 유형에 속한다. 그러나 토르의 승리——많은 면에서 켈트 사람들의 다그다 전설과 비교할 만하다*——에 담긴 터무니없을 정도로 기괴한 유머에는 '위대한 수렵 시대' 민족들이 지닌, 영웅 특유의 샤먼 행위가 풍기는 원초적 신화의 맛이 있다. 이것은 그리스의 서사시적인 영웅 이야기의 가장 기괴한 것에서도 맛보기 힘든 것이다.

예를 들면, 토르는 꾀에 넘어가서 거인들의 도시인 요툰하임에서 바보 짓을 한 적이 있다. 그 일로 거인 종족 전체에 대하여 무척 화가 나서 그들의 종족 중에서 가장 유명한 미드가르트 보름, 즉 우주의 뱀에게 복수를 하러 간 적이 있다. 보름이 사는 곳은 세상을 둘러싼 바다였다. 어느 날 저녁 토르는 볼품없는 젊은이의 모습으로 히미르라는 이름의 거인의 거처까지 걸어갔다. 그의 거처는 세상의 가장자리에 있었다. 토르는

* 347-349쪽 참조.

히미르에게 하룻밤 묵게 해달라고 청하였다. 다음날 아침 거인 히미르는 바다로 배를 타고 홀로 나가서 고기를 잡을 생각에 일찍 일어나 옷을 챙겨 입었다. 그러나 토르도 그것을 알고, 얼른 일어나서 옷을 입고 함께 가려고 하였다. 히미르는 토르가 허약한 소년이라서 도움이 안 될 거라며 함께 가기를 거부하였다. 그러면서 거인들이 하는 것처럼 그렇게 멀리 나가서 오래 앉아 있으면 앉은 채로 얼어버릴 것이라고 겁을 주었다. 토르는 그 모욕에 몹시 화가 났지만, 자신의 망치인 묠니르를 휘두르는 것을 자제하였다. 나중에 바다에 나가서 더 큰일을 할 계획이었기 때문이다. 토르는 얼마든지 멀리 노를 저으며 갈 수 있고, 얼마든지 오래 앉아 있을 수 있다고 대꾸하였다. 그리고는 누가 더 먼저 집에 오고 싶어 할지는 두고 볼 일이라고 덧붙였다. 토르는 어떤 미끼를 쓸 것이냐고 물었다. 그러자 히미르는 각자 미끼를 챙겨야 한다고 말하였다. 그러자 토르는 화가 나서 거인의 황소떼가 있는 곳으로 가서, "하늘을 향하여 크게 우는 소"라는 이름을 가진 가장 큰 황소를 붙들고는 머리를 떼어버렸다. 토르가 그것을 들고 바다로 달려가자, 히미르는 벌써 배를 바다로 밀어내고 있었다.

토르는 배에 올라타서 바닥에 앉은 다음 2개의 노를 잡고는 저어나갔다. 히미르는 배가 빠르게 나아간다고 느꼈다. 히미르 자신은 뱃머리에서 노를 젓고 있었다. 배의 속도가 워낙 빨랐기 때문에 히미르는 곧 넙치무리를 잡는 곳에 이르렀다. 그러나 토르는 계속 가자고 하였다. 그래서 그들은 계속 앞으로 나아갔으며, 마침내 히미르는 더 이상 가는 것은 보름 때문에 위험하다고 말하였다. 그러나 토르는 다시 계속 가자고 고집하였다. 그래서 그들은 계속 나아갔으며, 이제 거인은 무서워하게 되었다.

토르는 노를 내려놓고 강한 줄을 준비하였다. 그가 준비해온 낚싯바늘도 크고 굵어서 줄에 잘 어울렸다. 토르는 황소 머리를 낚싯바늘에 꿰어서 바다에 던졌다. 황소 머리는 바닥으로 내려갔고, 미드가르트 보름은 그것을 보고 속았다. 뱀은 황소 머리를 공격하였다. 그러자 낚싯바늘이 그의 윗턱에 걸렸다. 보름이 그것을 느끼고 고개를 뒤로 확 젖히는 바람에 토르의 두 주먹이 뱃전에 부딪히었다. 화가 난 토르는 온 힘을 쏟아부었다. 발에 너무 힘을 주는 바람에 발은 배의 바닥을 뚫고 해저(海底)에 닿았다. 토르는 있는 힘을 다하여 보름을 잡아당겼다.

마침내 토르는 자신의 눈으로 뱀을 보게 되었다. 세상에 그보다 더 무시무시한 모습은 나타난 적이 없었다. 뱀은 아래에서부터 눈을 부릅뜨고 토르를 향하여 독을 뱉어내었다. 그러자 거인 히미르는 겁에 질려서 얼굴이 창백해지더니, 이윽고 누렇게 변하였다. 미드가르트 보름을 직접 보게 되었기 때문이기도 하였고, 자기 배에 바닷물이 들락거리기 때문이기도 하였다. 토르는 망치를 잡아서 위로 들어 올렸다. 그러나 히미르가 생선 칼을 집어들더니, 뱃전의 줄을 끊어버렸다. 뱀은 바다로 가라앉았다. 토르는 뱀을 향하여 망치를 집어던졌다. 어떤 사람들은 뱀의 머리가 끊어져서 해저로 떨어졌다고도 한다. 그러나 어떤 사람들은 미드가르트 보름이 여전히 살아서 모든 것을 감싸는 바다의 심연에 누워 있다고 믿는다. 어쨌든 화가 난 토르 신은 주먹을 쥐고 히미르의 귀를 때렸다. 히미르는 뱃전 너머로 나가떨어졌다. 토르는 바다 위를 성큼성큼 걸어서 땅으로 돌아갔다.[27]

스칸디나비아에서는 토르를 '세계의 방어자'라고 부른다. 그곳 사람들은 그의 망치 모양 부적이 자신들을 보호해주는 힘이 있다고 믿어서 수백 년 동안 그것을 걸고 다녔다. 스톡홀름의 박물관에는 구석기 시대 후기의 호박으로 만든 망치가 하나 보관되어 있다. 그리고 철기 시대 초기에 나온 50개 가량의 아주 작은 T자 모양의 금은 망치들이 수집되어 있다. 사실 현재까지도, 아니면 적어도 금세기초까지는, 맨 섬(Manx)의 어부들은 바다로부터 보호를 받기 위하여 양의 혀에서 나온 T자 모양의 뼈를 지니고 다녔다. 독일의 도살장 노동자들도 똑같은 뼈를 목에 걸고 다녔다.[28]

T 모티프를 이런 식으로 살펴보면, 앞에서 보여주었던 켈트 인의 그림(이것은 켈트 인과 바이킹의 영향권이 여러 면에서 서로 얽히게 된 시기에 나온 것이다)과 관련하여 이야기하였던 것에 미처 예측하지 못하였고 또 약간 놀랍기도 한 의미가 덧붙여진다는 것을 알 수 있다. 물론 그 역도 성립한다. 켈트 인의 그림에 나오는 T가 그리스도의 십자가만이 아니

라 토르의 망치와도 동일시된다고 한다면, 단순히 괴상한 낚시 이야기로
보이던 토르의 이야기가 새로운 의미를 가지게 된다. 사실 우리는 맨 섬
과 게르만의 민담에 나오는 양——희생제의에 바쳐지는 양——의 T자
모양의 뼈가 인간이자 신인 그리스도의 세상을 구속하는 십자가와 의식
적으로 동일시되었던 것은 아닌가 묻게 된다. 동시에 그보다 훨씬 오래
된 옛날——구석기 시대까지 거슬러 올라갈 수 있다——에 존재하였을
인간이자 신인 토르의 망치, 원주민의 세상을 방어하는 망치와도 동일시
되었던 것은 아닌가 묻게 된다.

앞에서 보았듯이 타키투스 시대에 토르는 헤라클레스와 동일시되었다.
그러나 후기 게르만-로마 시대로 오면, 토르는 헤라클레스보다는 유피
테르와 동일시된다. 라틴 세계에서 유피테르의 날(이탈리아의 지오베디
[giovedi], 프랑스의 죄디[jeudi])은 게르만 인들에게는 토르의 날(Thurs-
day)이 되었다. 따라서 토르의 망치는 제우스의 불벼락과 동일시되었다.
이렇게 토르와 유피테르가 동일시되면서 헬레니즘의 통합주의적 사고 영
역으로 방대한 범위의 새로운 연결 관계들이 쏟아져 들어왔다.

우선 유피테르와 그의 행성인 목성(Jupiter)을 정의와 법의 원칙과 연
결시켜서 생각해보자. 스칸디나비아의 의회는 일반적으로 목요일, 즉 토
르의 날에 열렸다. 질서를 유지하는 사회봉은 지금도 토르의 망치이다.
아이슬란드의 팅스(Things, 법정의 회의)에서 선서 증언을 할 때에 "전능
한 신"으로 부르는 신의 이름은 토르였다.[29]

나아가서 유피테르의 벼락은 그 의미와 기원에서 대승 불교와 탄트라
힌두 성상(聖像)의 바지라(vajra), 즉 "금강석", "번개"와 조상이 같다.
이미 말하였듯이,* 번개는 미망과 거짓을 소멸시키는 저항할 수 없는 힘
이기 때문이다. 좀더 깊이 이해하면, 현상성을 소멸시키는 영원의 힘이라
고 할 수도 있다. 섬광처럼 다가오는 입문의 지식과 마찬가지로 번개는
저절로 생기며 그 뒤에는 포효와 전율이 뒤따른다. 이어서 깨달음을 주
는 삶과 비, 은혜의 비가 쏟아진다. 금강석이라는 관념도 이러한 맥락에

---

* 306쪽 참조.

서 일리가 있다. 번개가 모든 것을 흩어버리듯이, 금강석도 모든 돌을 자른다. 그리고 금강석의 단단하고 순수한 광채는 진리와 진실한 정신의 단단한 특질을 나타낸다.

인도의 바지라 안에 결합되어 있는 번개와 금강석이라는 2개의 관념은 토르의 망치에도 쉽게 적용될 수 있다. 이 기호와 미트라의 위대한 사자-뱀 인간인 제르반 아카라나(〈그림 24〉) 사이의 관계에 대해서는 이미 살펴보았다. 그것은 시바의 무기이고, 태양 부처 대일 여래의 무기이며, 유피테르의 불벼락이며, 토르의 강력한 망치이다. 그것은 또한 황소 제사에서 쓰이는 크레타의 양날 도끼이며, 영웅 미트라가 세계의 황소를 죽인 칼이다.

다시 한번 토르의 낚싯바늘, 그리고 미끼를 보도록 하자. 그리고 〈그림 23〉으로 돌아가보자. 그 그림에서는 세계의 뱀이 미트라의 희생물이 된다. 그리고 다시 한번 『켈스의 책』에 나오는 그림을 보면서, 기독교의 관점에서 보자면 아버지의 진노를 달래준 희생물인 그리스도가 뱀 아버지가 굴복당하게 된 미끼와 비슷하다는 점을 기억하자. 미사에서 사제가 성체를 먹듯이, 아버지는 기꺼이 나선 제물, 즉 늘 죽고 늘 사는 아들을 먹는데, 물론 그 아들은 마침내 그의 자아가 된다.

이 모든 것 가운데 얼마나 많은 부분이 타키투스 시절 게르만 인들의 신화에서 이야기되고 있었는지는 아무도 모른다. 그러나 『에다』, 『사가』, 『니벨룽겐의 노래』 시절에 대해서는 의심의 여지가 있을 수 없다. 또한 위대한 헬레니즘의 통합주의적 스타일의 신화적 교류가 로마의 영토를 넘어서서 게르만의 강과 숲의 누벽을 뚫고 들어간 통로와 길을 확인하는 것도 어렵지 않다.

우리에게는 무엇보다도 룬 문자라는 증거가 있다. 이것은 타키투스 시대 직후에 북방 부족들 사이에서 나타났다. 지금은 이것을 그리스 알파벳으로부터 발전해나온 것으로 여기고 있다. 그것이 발전한 지역은 흑해의 북쪽과 북서쪽, 헬레니즘의 영향을 받은 고딕 지방이다. 이 문자는 그곳으로부터——아마 다뉴브 강 북쪽과 엘베 강 남쪽의 옛 교역로를 거쳤을 것이다——남서쪽 덴마크로 전해졌다. 룬 문자가 덴마크에 나타난 것은 250년쯤인데, 이 문자에 대한 지식은 그곳으로부터 노르웨이, 스웨덴, 잉글랜드로 전해졌다. 기본적은 룬 문자 한 묶음은 24(3×8)개의 문자로 이루어져 있으며, 그 각각에는 마법적인——신비주의적일 뿐만 아니라——가치가 부여되어 있다. 잉글랜드에서는 문자들의 수가 33개로 늘었으며, 스칸디나비아에서는 16개로 줄었다. 독일의 쾰커반데룽의 들판 전역에 흩어져 있는 기념비와 자연물들에는 룬 문자로 새긴 다양한 글이 적혀 있는데, 어떤 것들은 악의를 이야기하고 있고, 어떤 것들은 사랑을 이야기하고 있다. 예를 들어서, 스웨덴에 세워져 있는 17세기 후반의 돌에는 이렇게 적혀 있다. "이것이 룬의 비밀 의미이다. 나는 여기에 악의 마법에 방해를 받지 않도록 힘의 룬들을 감추어놓았다. 이 기념비를 부수는 자는 추방당하여 마법으로 죽을 것이다." 6세기에 독일에서 만들어진 쇠붙이 브로치에는 이렇게 적혀 있다. "보조(Boso)가 룬을 썼다——그대, 달리나에게 그가 걸쇠를 준 것이다."[30]

룬 문자의 발명과 확산은 헬레니즘의 중심으로부터 북방의 야만적인 게르만 인 쪽으로 독립적으로 흘러 들어가는 영향의 한 흐름을 보여준다. 같은 시기에 헬레니즘의 중심에서는 다뉴브 강과 라인 강 근처의 로마 군에게 미트라의 신비가 흘러 들어갔다. 그렇게 이른 시기에 룬과 더불어 무슨 "지혜"가 흘러 들어갔는지 우리는 모른다. 그러나 훗날 그들의 신비한 지혜가 일반적으로 신플라톤주의적, 그노시스파·불교적인 성격을 지닌 것이었음은 의심하기가 어렵다. 아이슬란드의 시적인 『에다』에 나오는 오딘(보단)의 유명한 시구는 자기 소멸을 통하여 룬에 대한 지식을 얻게 되었다고 말하는데, 이것은 그러한 관계를 매우 분명하게 보여준다.

> 나는 바람 부는 나무에 매달려 있었던 것 같네,
> 밤새 꼬박 아홉 시간 동안 매달려 있었던 것 같네.
> 나는 창으로 상처를 입고, 오딘에게
> 바쳐졌네, 나 자신이 나 자신에게.
> 밑으로 무슨 뿌리가 내달리고 있는지
> 아무도 알지 못할 나무에서.

아무도 빵이나 뿔로 나를 행복하게 해주지 않았네,

그곳에서 나는 아래를 보았네.

나는 룬들을 집어들었네, 집어 들며 비명을 질렀네,

그와 동시에 뒤로 자빠졌네.

그 뒤로 나는 번창하며 지혜를 얻기 시작하였네,

나는 성장하였고 건강하였네.

모든 말이 나를 다른 말로 이끌었네,

모든 행동이 나를 다른 행동으로 이끌었네.[31]

이것을 누가 썼는지는 아무도 모른다. 이것은 코펜하겐 왕립 도서관의 『왕의 사본』이라고 알려진 귀중한 원고에 들어 있다. 이 원고는 1300년경에 쓰여진 것으로 보이는데, 그 내용은 900년경에서 1050년 사이에 작성된 것이 틀림없는 것 같다(언어의 형태로 판단해보건대).[32] 즉 이것이 작성된 시기는 바이킹이 스칸디나비아로부터 프랑스와 영국의 해안과 땅으로, 나아가서 아이슬란드로, 그린란드로, 노바 스코티아로, 매사추세츠로 위대한 원정을 떠나던 시기였다. 또한 노브고로드와 키에프의 바이킹 왕들과 제후들이 활약하던 시기였다. 이들의 이름인 로스(Rhos)나 루스(Rus, 옛 노르웨이 말 로드르[rodr], 즉 "노젓는 길"에서 나온 말이 아닐까?)[33]로부터 러시아라는 이름이 나왔다. 이 시대는 유럽 기독교인들의 연도(蓮禱) 기도문에 "사나운 북유럽 해적들로부터 우리를 구해주소서!"라는 말이 추가되었던 때였다.

타키투스의 소박한 설명 이후로 많은 일들이 일어났다. 우선 아시아로부터 훈 족이 침략하는 바람에 게르만의 배치가 바뀌게 되었다. 게르만 부족들은 동에서 서로, 북에서 남으로, 사방에서 이리저리로 내쫓기었다. 그리고 그 다음에는, 이 무쇠 솥 안으로 끊임없는 영향력의 물결이 쏟아져 들어왔다. 처음에는 6세기에 남동쪽의 비잔티움이 강력한 영향력을 행사하더니, 갑자기 시칠리아와 스페인의 이슬람이 영향력을 행사하였다. 한편 이오나의 성 콜럼바의 섬 수도원(563년에 세워졌다) 출신의 아일랜드 인들은 거꾸로 그들에게 기독교를 전파하였던 땅으로 그리스도의 메

554

시지를 부지런히 실어 날랐다. 이곳의 선교사들은 한쪽 귀에서 다른쪽 귀에 이르기까지 머리의 앞쪽을 밀었으며, 뒤로는 머리카락을 늘어뜨렸다. 손에는 지팡이를 들고 다녔으며, 등에는 음식 주머니, 서판, 유물함과 더불어 가죽 물통을 지고 다녔다.[34] 이들은 멀리 남쪽으로 보덴 호수와 밀라노까지 파고들었다. 750년경 바이킹 시대가 열렸을 때, 초기 단계에 이동을 하였던 게르만 인들은 이미 자리를 잡고 있었다. 이들이 사는 지방은 거칠지만 그럼에도 기독교적인 유럽 문화가 터를 닦고 있는 지방이었다. 이곳은 한편으로는 남서쪽의 무어 인들, 다른 한편으로는 남동쪽에서 이제 막 걸음마를 시작한 비잔티움의 기독교 제국과 구분되었다. 이들은 어떤 의미에서이든 이미 지나간 문명, 이전의 낡아빠진 로마의 질서를 단순히 이어가지는 않았다. 이들은 새롭고 빠르게 형성되고 있는 고딕 질서, 앞으로 곧 다가올 질서를 수립할 사람들이었다. 북부 변방의 바이킹들은 타키투스가 7백 년 전에 이야기하던 원시 부족들이 아니라, 선진적이고 막강한 야만인들이었다. 이들은 대양으로 나아갈 커다란 배를 만들어서 타고 다녔다. 그들은 이 배를 우아하게 장식하였으며, 6백 척씩 함대를 이루어서 바다로 나가기도 하였다. 이 배들 중에는 30톤 급에 전장이 25미터나 되는 것도 많았다.

800년경의 연대기 기록자는 이렇게 쓰고 있다.

선박의 숫자는 늘어나고 있다. 바이킹들의 끝없는 물결은 줄어드는 법이 없다. 도처에서 기독교인들은 학살, 방화, 약탈의 희생자들이 되고 있다. 바이킹들은 발길이 닿는 모든 곳을 정복하며, 아무도 그들에게 저항하지 않는다. 바이킹들은 보르도, 페리괴, 리모주, 앙굴렘, 툴루즈를 점령하였다. 앙제르, 투르, 오를레앙은 완패하였고, 헤아릴 수 없이 많은 함대가 세느 강을 따라서 올라오고 있다. 전 지역에서 악이 늘어나고 있다. 루엥은 약탈과 방화로 인하여 폐허가 되었다. 파리, 보베, 뮤는 점령당하였고, 믈룅의 강력한 요새는 분쇄되었고, 샤르트르는 적의 손에 들어갔고, 에브뢰와 바이유는 약탈을 당하였고, 모든 도시는 포위되었다. 도시 하나, 수도원 하나 제대로 남지 않았다. 모든 사람들이 달아났으며, 감히 "우리 땅과 아이와 가정을 위하여 남아서 싸우자!" 하고 말하는 사람은 찾아보기 힘들다. 사람들은 경쟁심

에 사로잡히어 제정신이 아닌 상태에서 칼로 지켜야 할 것을 공물로 바치
며, 그럼으로써 기독교도의 왕국이 멸망하는 것을 지켜보고만 있다.[35]

이러한 불 같은 재앙 건너편에서는 위대한 바이킹 음송 시인이자 전사
이며 마법사인 에길 스칼라그림손(930년경 활약)이 소년 시절에 대하여
쓴 다음과 같은 시를 들을 수 있다.

> 어머니는 이렇게 말씀하셨지.
> 나를 위하여 배 한 척과
> 잘 다듬어진 노를 사라고,
> 그래서 바이킹의 생활을 함께 하라고——
> 뱃머리에 우뚝 서서
> 멋진 배의 키를 잡고,
> 배를 항구에 정박시킨 다음에는
> 우리를 맞이하러 온 사람들을 쳐서 없애라고.[36]

토르 신이 자신의 기질 속에 자기 민족이 탄생할 무렵의 생경한 기억
들——구석기의 망치와 거인을 죽이는 원시인의 대담한 업적——을 간직
하고 있다면, 보단(오딘)의 기질에서는 원시적인 특질들이 거의 사라지
고 있다. 대신 그 자리에는 강철처럼 번쩍이는 상징적 인물이 자리를 잡
고 있다. 이 인물은 매우 세련되었으며 그 겉모습은 휘황찬란하다. 뿐만
아니라 놀라울 정도의 깊이도 지니고 있다. 보단은 안정되게 구축되고
광대한 넓이를 지닌 우주의 최고 신이다. 이 우주론은 이제까지 우리가
살펴본 모든 위대한 질서들이 그렇듯이, 고대 수메르 사제들의 정신으로
부터 나온 체계에서 영감을 받은 것이다. 그러나 발전하는 과정에서는
조로아스터교와 헬레니즘의 영향을 받았으며, 기독교 사상의 영향을 받
았을 수도 있다. 이 우주론은 미트라의 군사적 신비주의에서 우리가 이미
보았던 것과 같은 유형의 전사(戰士) 신비주의가 담고 있는 힘을 지니고
있었다. 더불어 운명에 대한 특정한 감각을 가지고 있었는데, 이것은 두
려움을 불러일으키는 옛 앵글로-색슨의 말 wyrd에 잘 나타나 있다. 이

말에서 "운명"이라는 뜻을 가진 영어 "weird"가 나왔다. 맥베스의 위어드 (Weird) 자매들의 운명(weird)이라는 말이 그러한 식으로 쓰인 예이다.

보단의 하늘 전사들의 홀에는 43만 2천 명의 전사들이 살고 있다는 이야기는 이미 하였다.[37] 이들은 우주의 에온이 끝날 때 달려와서 "이리 와 전쟁"을 하게 된다. 이것은 신과 거인들의 서로 죽이는 싸움이다. 그 날 새벽 거인들의 망꾼인 에그테르는 하프를 연주할 것이고, 그 위에서 붉은색과 금색이 섞인 수탉 피알라르가 울 것이다. 신들의 편에서는 수 탉 콜린캄비가 울 것이다. 땅속에서는 여신 헬의 창자 속에서 녹이 슨 것 같은 붉은 빛깔의 수탉이 울 것이다. 그후에는, 운명적인 분위기가 감 도는 시구에 나오듯이, 지옥의 개 가름이 자신의 동굴 앞에서 울부짖을 것이고, 족쇄가 깨지면서 이리가 풀려날 것이다. 이 시구를 쓴 여자 예언 자는 "나는 신들의 운명에 대하여 많은 것을 알고, 또 더 많은 것을 눈 으로 본다"고 쓴 다음 이렇게 계속하고 있다.

> 형제들이 싸우며 서로를 쓰러뜨릴 것이고,
> 자매의 아들들이 친족 관계를 더럽힐 것이다.
> 우상 숭배가 넘쳐나는 이 땅은 견디기 힘들도다.
> 도끼의 시간, 검의 시간, 방패는 찢어진다.
> 바람의 시간, 이리의 시간, 곧 세상이 무너진다.
> 사람들은 절대 서로를 살려두지 않으리라.
> 이그드라실은 흔들리고, 옛 양들은 높은 곳에서
> 몸을 떨고, 거인은 풀려난다.
>
> 신들은 어찌 될까? 꼬마 요정들은 어찌 될까?
> 모든 요툰하임이 신음하고, 신들은 회의를 한다.
> 돌문 옆의 난쟁이들, 바위의 주인들은
> 큰 소리로 고함을 지른다. 더 알고 싶은가?[38]

이렇게 우리는 또 하나의 묵시록을 만나게 된다.

거인들이 깎은 손톱 조각으로 이루어진 배 나글파르를 타고 동쪽에서 오고 있다. 키를 잡은 거인 흐림은 방패를 높이 쳐들고 있다. 그 옆에는 미드가르트 보름이 헤엄을 치며, 그 위에서는 거대한 독수리가 비명을 지른다. 북쪽에서는 헬의 사람들을 가득 태운 배가 온다. 그 배에는 변신에 능한 로키가 키를 잡고 있다. 남쪽에서 세번째 배가 오는데, 이 배에는 나뭇가지 채찍을 든 불의 세계의 통치자 수르트가 키를 잡고 있다. 오딘은 이리와 싸우러 온다. 프레이르 신은 수르트를 찾는다. 오딘은 쓰러지고, 그의 아들 비타르가 검을 이리의 심장에 꽂아서 복수를 한다. 토르는 다시 보름과 맞선다. 빛나는 뱀은 위의 하늘을 향하여 입을 벌리고, 성난 토르는 뱀을 쳐죽이지만, 몸을 돌려서 아홉 걸음을 걷다가 쓰러져서 죽는다.[39]

해는 검게 변하고, 땅은 바다에 가라앉고,
뜨거운 별들은 하늘에서 떨어지며 소용돌이친다.
물줄기는 사납게 흐르고, 생명을 먹이는 불길은
하늘까지 닿을 정도로 높이 뛰어오른다.

그러나 보라!

이제 나는 새로워진 땅,
다시 바다로부터 푸르게 솟아오른 땅을 본다.
폭포가 떨어지고 독수리가 날아,
절벽 아래에서 물고기를 잡는다.

씨 뿌리지 않은 들판에 익은 열매가 나며,
모든 아픔이 낫고, 발드르가 돌아온다.
발드르와 호스는 흐롭트의 전투의 홀에 살며,
힘센 신들도 함께 산다. 더 알고 싶은가?[40]

논란의 여지가 없다. 생명의 우주 나무와 룬의 지혜, 세력을 가진 무리들이 자리 잡은 우주의 네 방향, 우주의 전투로 끝이 나는 43만 2천 년

이라는 위대한 에온, 해체와 갱신 등의 이미지로 이루어진 이 모든 체계
는 우리가 지금껏 익숙하던 패턴과 완벽하게 일치한다. 여기서 큰 관심
을 가지게 되는 점은 전체 신화를 물들이고 있는 비인격적인 우주적 과
정에 대한 감각이다. 그러나 동시에, 여기에는 대립물의 상호 작용도 완
강하게 지속되고 있으며, 어떤 학자들은 이것이 페르시아의 조르아스터
교에 근거를 둔 것이라고 생각하기도 한다. 깎은 손톱 조각으로 만든 거
대한 배 나글파르도 페르시아를 떠올리게 한다. 페르시아에서는 깎은 손
톱 조각을 제대로 처리하지 못하는 것을 잘못으로 여겼기 때문이다. 그
러나 『에다』의 신화에서는 상호 작용을 하는 대립물이 윤리적 관점에서
파악되지는 않는다. 미래에 대립물들의 갈등이 중단될 것이라고 예상하
지도 않는다.

세상이 시작되고 또다시 시작되는 것에 대한 옛 게르만의 관념은 물리
적인 갈등이나 상호 작용에 기초한 것이었지 도덕적인 것은 아니었다.
스노리 스투를루손은 그의 『산문 에다』에서 이렇게 말하고 있다.

> 태초에 '입을 크게 벌린 심연'이 있었다. 이윽고 북쪽에서 싸늘한 '안개의
> 세상'이 나타났다. 그 중앙에 우물이 있었는데, 세상의 강들이 그곳에서부터
> 흘러 나왔다. 남쪽에서는 빛을 발하며 타오르는 뜨거움의 세상이 나타났다.
> 그곳에 자기 땅이 없는 사람은 그곳을 통과할 수 없었다. 북쪽에서부터 흘
> 러 오는 싸늘한 물줄기는 남쪽으로 밀고 내려와서, 거품이 나는 독을 뿜어
> 내다가 얼음으로 단단하게 굳었다. 얼음은 그곳에서 멈추었고, 안개는 응고
> 하여 서리가 되었다. 남쪽 뜨거움의 숨결이 서리와 만나자, 서리는 녹아서
> 물이 되었다. 거품 방울들에서는 생명이 깨어나서, 잠자고 있는 거대한 거인
> 이미르의 형태를 갖추었다.
> 이미르가 땀을 흘리자, 왼손 아래에서 남자와 여자가 자라났다. 그의 한
> 발이 다른 발을 통하여 아들을 낳았다. 그렇게 해서 서리 거인들이 나타났
> 다. 또 서리가 응축되어 암소가 생겼는데, 그녀의 이름은 아우둠라이며, 그
> 녀의 젖에서는 젖 줄기가 네 가닥으로 흘렀다. 아우둠라는 이미르에게 젖을
> 주었다. 아우둠라는 얼음 토막을 핥았는데, 짠맛이 났다. 그녀가 핥은 첫날,
> 얼음 토막에서는 머리카락이 나타났다. 다음날에는 사람 머리가 나타났다.

그 다음날에는 온몸이 나타났다. 그의 이름은 부리였는데, 크고 강건할 뿐만 아니라 얼굴도 잘생겼다.

부리는 보르를 낳았고, 보르는 한 거인의 딸과 결혼하여 아들 셋을 두었다. 세 아들 오딘, 빌리, 베는 거인 이미르를 죽이고, 그 몸으로 땅을 만들었다. 피로는 바다와 물을 만들고, 살로는 땅을 만들고, 뼈로는 험한 바위산을 만들고, 이와 깨어진 뼈로는 자갈과 돌을 만들었다. 해골로는 하늘을 만들어서 땅위에 올려놓고, 각 귀퉁이 밑에 난쟁이를 두었다. 그들은 남쪽으로부터 불과 불꽃을 뿌렸다. 어떤 불은 하늘에서 배회하였으며, 어떤 불은 그 자리에 박히었다. 그렇게 해서 해, 달, 별이 만들어졌다. 땅은 둥그런 형태였고, 둘레에는 깊은 바다가 있었다. 그들은 땅의 바깥쪽 가장자리를 거인들에게 맡기었다. 안쪽에는 세계를 둘러싸는 커다란 성채를 세웠다. 이것을 미드가르트라고 불렀다. 그들은 이미르의 뇌로 구름을 만들었다. 또 2그루의 나무로 남자와 여자를 만들었다.* 그리고 두 남녀에게 영과 생명, 지혜와 감정, 형태, 말, 청각, 시각, 옷, 이름을 주었다. 그 다음에는 세상 한가운데에 그들 자신을 위한 도시를 세웠다. 그 도시에 대해서는 많은 소문과 이야기가 있다. 오딘은 그곳에 높이 앉아 있는데, 그의 부인은 프리그이다. 그들의 종족은 아에시르라고 알려져 있다. 그는 '모두의 아버지'라고 불리는데, 그가 모든 신과 인간의 아버지이며, 그와 그의 힘을 채우고 있는 모든 것의 아버지이기 때문이다.[41]

신들은 매일 모든 나무들 가운데 가장 크고 가장 좋은 나무인 아시 이그드라실 밑에서 심판을 한다. 3개의 뿌리 위에 서 있는 이 나무의 가지들은 세계 모든 곳으로 뻗어 있다. 뿌리 가운데 하나는 아에시르에 있다. 예전에 입을 벌린 심연이 있었고 이제는 서리 거인들이 살고 있는 곳에 다른 하나가 있다. 나머지 하나는 '안개의 세상' 위에 서 있다. 이 마지막 뿌리 밑에서는 커다란 벌레 니드호그르가 뿌리를 갉아먹고 있다.** '서리의 거인들' 사이에 있는 뿌리 밑에 미미르의 지혜의 우물이 있다. 미미르는 그 우물에서 망을 보고 있다. 그는 매일 그 우물물을 마시기 때문에 고대의 전승을 모두 알고 있다. 아에시르에 있는 뿌리는 하늘에 있다. 그

---

* 241쪽 참조.
** 67-68쪽 참조.

곳에는 우르드르라는 이름으로 유명한 매우 거룩한 존재가 있다. 신들은 이 하늘에서 법정을 연다. 아시의 꼭대기에는 독수리가 1마리 앉아 있는 데, 그의 두 눈 사이에는 매가 앉아 있다. 뿌리에는 갉아 먹는 벌레가 있다. 다람쥐 라타토스크르는 아시의 줄기를 오르내리며, 벌레와 독수리 사이에 시샘하는 말들을 전한다. 또 가지들 사이에서는 수사슴 4마리가 뛰어다니며 잎을 뜯어먹고 있다……

우리가 보았듯이 '모두의 아버지' 오딘은 그 나무에 매달려 있는데, 십자가 위의 그리스도처럼 창에 찔린 상태였다. 그 창은 오딘 자신의 것이었다. 그는 룬의 지혜를 얻기 위하여 자신에게 자신을(그의 '자아'에게 그의 자아를) 희생물로 드린 것이다. 그러나 이것은 십자가 위의 그리스도보다는 보리수 밑의 부처와 비슷하다고 보아야 한다. 오딘이 목표로 삼아서 달성한 것은 깨달음이었지, 성난 신을 달래고 그럼으로써 죄에 묶인 자연을 구속할 은혜를 얻는 것이 아니었기 때문이다. 그러나 부처와는 달리 이 '나무의 인간'이라는 인물은 전적으로 세상과 함께 있다. 그리고 구체적으로는 영웅적이고 시적인 기질을 가지고 있다. 매일 그의 커다란 전사의 홀에서는, 새벽이면 전사들이 일어나서 갑옷을 입고 궁정으로 들어오며, 싸움을 벌이고 서로를 쓰러뜨린다. 이것이 그들의 오락이다. 저녁이면 돌아가서 발키리들에게 무한한 꿀술을 대접받으며, 나중에는 앉아서 그들과 사랑을 나눈다. 이 신은 또한 시의 꿀술을 소유하고 나누어주는 일도 한다. 바이킹 함대의 권력과 영광은 전쟁 기술과 음송 시인의 시를 짓는 기예, 그리고 룬의 지혜에 달려 있기 때문이다.

시는 오딘의 술이었으며, 그의 시에는 생명의 힘이 들어 있었다. 그러나 오딘에게는 너무나 많은 형태와 이름들이 있었기 때문에, 그의 지혜를 얻으려고 하다가 당황한 어느 왕족은 이렇게 불평을 하기도 하였다. "우연히 이 각각의 이름들에 안겨준 그 모든 전승과 사례들을 아는 것은 정말로 훌륭한 지혜일 것이 틀림없다." 그 말에 대하여 신비의 스승으로 변장한 신은 이렇게 대꾸하였다. "그 지식이 가래질을 해서 정리를 해놓을 만큼 엄청난 양인 것은 사실이다. 그러나 간단하게 말해서, 그의 이름 대부분은 1가지 이유로 그에게 주어졌다고 할 수 있다. 세상에는 언어의 갈래가 많다는 것이다. 나는 그 사람들 각각이 그의 이름을 자기들 말로 바꿀 필요가 있다고 믿는다. 그렇게 하면 그를 더 잘 불러내고 그에게 더 쉽게 호소를 할 수 있을 것이기 때문이다. 그러나 어떤 경우에는 그가 방랑을 하던 때에 이름들이 생겨나기도 하였다. 그 일은 이야기들에도 기록되어 있다. 만일 네가 그 위대한 사건들에 대하여 이야기할 수 없다면 너는 지혜로운 사람이라는 말을 들을 수 없을 것이다."[42]

어쩌면 오딘이 일으킨 경이 가운데 가장 놀라운 것은 그의 시인들 가운데 마지막 시인들, 그의 지식을 우리에게 전해준 그 시인들이 신앙을 고백한 기독교인들이라는 점일지도 모른다. 『에다 시』를 편찬하였다고 하는 '현자' 사에문드(1056-1133년)와 위대한 전사 지도자이자 음송 시인이자 『에다 산문』의 저자인 스노리 스투를루손(1179-1241년) 두 사람 모두 르네상스 시인 정신의 일면을 미리 보여주고 있다. 르네상스 시인들에게 그리스의 신들은 기독교 교회에 선행하여 계시의 질서에 대한 신비의 언어를 제공해주는 존재였다. 마찬가지로 『에다』의 체계는——그것을 읽을 줄 아는 사람들에게는——유럽의 가장 고귀한 정신들에게 수백 년 동안 힘을 주었던 스토아 철학적이고 신플라톤주의적인 주제들을 웅변하고 있다. 마음에 펠라기우스적인 신념을 가지고 있는 사람들, 자연을 비방하는 것이 도무지 설득력 없는 일이라고 생각하는 사람들에게, 옛 신들은 천사의 동무들이라고 하여도 괜찮은 존재들이었다. 사실 그들은 자아를 없애는 헬레니즘 신비주의의 신들에 대응하는 북방의 짝이었다. 이 헬레니즘 신들의 성상으로부터 기독교 복음의 제의적 전승과 무대 장치도 파생되었다. 따라서 우리는 『에다』에서도, 다름 아닌 켈트 인의 영웅담에서도, 복음서의 텍스트만 없을 뿐이지, 『켈스의 책』에 나오는 뱀-사자를 보게 된다. 말하자면 값비싼 보석은 없고 보석 받침대만 있는 상태라고 할 수 있다(기독교 신앙인의 입장에서라면). 그러나 룬——이것을 위하여 오딘은 자신을 담보로 내밀었다——을 읽는 법을 배운 사람들에게는 자연 자체가 어디에나 존재하는 보석을 드러내었다.

562

3. 로마

권위적으로 기독교 신화를 공식화해놓은 다음의 글은 강력한 교황 인
노켄티우스 3세(1198-1215년)가 1215년 11월 제4차 라테란 종교 회의에
제출한 것이다. 그 목적은 언제나 사용할 수 있는 궁극적인 '프로크루스
테스의 침대'를 만들어서, 스스로 생각하려는 모든 사람을 거기에 맞추어
놓으려는 것이었다. 실제로 이 빛나는 교회 정치가의 시대에는 사람들이
그 기준에 맞추어 다듬어졌다. 우아한 문체를 가진 이 교황이 능숙한 솜
씨로 작성한 개인 서신들 가운데 지금까지 남아 있는 것은 무려 4천8백
통에 달한다. 역사가들은 그를 "가장 위대한 교황"이라고 부른다. 그는
제4차 종교 회의를 소집하고 주재하였는데, 지금까지 종교의 역사상 정
통파의 합의가 이단에게 이 정도로 무시무시한 승리를 거둔 적이 없었다.
이와 더불어 2천 년 동안 인류에게 알려진 사랑의 원리 가운데 가장 순
수한 진술로 숭상받는 복음의 집행에서 교황이 행사하는 권력도 정점에
이르게 되었다.

베드로의 열쇠를 상속받은 자로서 이 위대한 교황은 이렇게 쓰고 있다.

우리는 진정한 하느님은 한 분뿐이라고 확실히 믿고 분명하게 고백한다.
하느님은 영원하시고, 측량할 수 없고, 변함이 없으시다. 또 불가해하시고,
전능하시고, 신성하시고, 아버지이시고, 아들이시고, 성령이시다. 이렇게 삼
위이지만, 하나의 분명한 본질, 실체, 본성을 가지고 계신다. 누구의 아버지
도 아니시며, 아버지만의 아들이시며, 두 분 모두의 성령이시며, 시작이 없
고, 항상 계시며, 끝이 없다. 아버지는 낳으시고, 아들은 태어나시고, 성령은
계속되신다. 공존하시며, 동등하시며, 똑같이 전능하시며, 똑같이 영원하시
다. 만물의 하나의 원리이시다. 눈에 보이는 것과 보이지 않는 것, 영적인
것과 육체적인 것을 포함한 만물의 창조주이시다. 그는 전능하신 덕에 의하
여 바로 시간의 처음부터 무에서 창조의 두 형식, 영적인 것과 육체적인 것,
즉 천사적 존재와 세속적 존재를 확립하셨다. 그 다음에 영과 육체를 둘 다
가지고 있는 인간 피조물을 확립하셨다. 악마나 다른 마귀들은 하느님이 창
조하셨다. 그러나 그들은 그들 자신의 행동으로 악해졌다. 인간은 악마의 제

안에 의해서 죄를 지었다.

공동의 본질에서는 나뉠 수 없으나, 인격의 고유한 성질에서는 구분이 되는 이 성 삼위 일체는 오래전부터 완벽하게 준비하신 계획에 따라서 처음에는 모세와 거룩한 예언자와 다른 종들을 통하여 인류에게 구원의 가르침을 주셨다.

그러나 마침내 하느님의 독생자이시며, 공동의 전(全) 삼위 일체의 성육신이시며, 성령의 도우심으로 동정녀 마리아에게 잉태되시며, 이성적인 영혼과 인간 육신이 합쳐진 진짜 인간으로서 두 본성을 갖춘 하나의 인격이신 예수 그리스도는 생명의 길을 분명하게 밝혀 보여주셨다. 그는 신성으로 보자면 불멸이시며 고난을 받을 수 없으나, 그럼에도 인성으로 보자면 고난을 받으실 수 있고 죽을 수밖에 없다. 그는 또한 인류의 구원을 위하여 나무 십자가에 달리어 고난을 받으시고 죽었으며, 지옥에 내려갔다가 죽은 자 가운데서 부활하시어 하늘로 올라가셨다. 그러나 영으로는 내려오시고 육으로는 올라가셨다. 그가 승천하심은 세상 끝날에 영과 육으로 다시 오셔서 산 자와 죽은 자를 심판하여, 모든 사람을 그 한 일에 따라서 버림받은 자와 선택받은 자로 판결하시기 위함이다. 모든 사람은 지금 입고 있는 육신을 가지고 부활할 것이며, 선한 일을 하였느냐 악한 일을 하였느냐에 따라서 버림받은 자는 악마와 함께 영원한 벌을 받을 것이며, 선택받은 자는 그리스도와 함께 영생의 영광을 받을 것이다.

나아가서 믿는 자들의 하나의 보편적 교회가 있으니, 그 밖에서는 아무도 구원을 받을 수 없다. 그 안에서 예수 그리스도는 사제이자 제물이시니, 그의 몸과 피는 빵과 포도주의 모습으로 제단의 성찬에 진실로 들어가 있다. 하느님의 힘에 의해서 빵은 몸으로, 포도주는 피로 화체(化體)하시니, 이는 일체(一體)의 신비를 이루어, 그가 우리로부터 받은 것을 우리가 그로부터 받으려 함이다. 이것, 즉 성찬은 예수 그리스도 자신이 사도들과 그들의 후계자들에게 주신 교회의 열쇠들에 따라서 정식으로 임명된 사제 외에는 아무도 집행할 수 없다.

그러나 하느님에게, 또 아버지와 아들과 성령이신 삼위 일체에게 기도하면서 물 가운데서 거룩하게 하는 성례인 세례는 아이이든 어른이든 어떤 사람에 의해서건 교회의 형식 안에서 정당하게 베풀어지면 구원에 도움이 된다. 만일 어떤 사람이 세례를 받은 뒤에 다시 죄를 짓는다고 하여도, 진정으로 회개하면 언제나 돌이킬 수 있다.

처녀와 금욕자만이 아니라 결혼한 사람들도 올바른 믿음과 하느님을 기쁘시게 하는 선한 일에 의해서 영원한 축복을 받을 자격이 있다.[43]

이 위풍 당당한 교리에는 교회의 다른 모든 선언과 마찬가지로, 아우구스티누스가 펠라기우스의 이단 교리에 대항하여 주장한 믿음이 포함되어 있다. 즉 인간 본성은 아담의 타락 때문에 타락하였으며, 따라서 비록 자유롭다고는 하지만 의지는 하느님의 은총의 축복을 받기(이것은 인간 자신의 공로 때문이 아니라 하느님의 자유로운 행위로만 가능하다) 전에는 죄를 지을 수밖에 없다는 것이다. 또한 이 교리에는 아우구스티누스가 도나투스파에 대항하여 주장한 기본적인 개념도 포함되어 있다. 즉 지상에서 인간을 구원하는 은총을 유일하게 타당한 방식으로 베풀 수 있는 교회의 진정성은 성직자의 개별적인 특성에 좌우되지 않는다는 것이다. 아우구스티누스 시기에는 은총이라는 눈에 보이지 않는 상품(이것을 전달하는 데 성공하였는지 실패하였는지에 대해서는 아무런 증거를 제시할 수 없었고 또 증거를 요구할 수도 없었다)의 독점을 보장해주어야 하였을 것이다. 그렇게 하여야 그러한 상품을 나누어주는 기관이 그 상품의 필요성을 주입받은 사람들 사이에서 도전을 받지 않으며 성장하고 확산될 수 있었기 때문이다. 그러나 재미있는 일은 인노켄티우스 3세의 시기에 이르면, 성직자들에게 권력은 보장해주면서 탄핵은 막아버린 교리의 어둡고 위험한 측면이 분명하게 나타나는 바람에, 그것에 대처하기 위하여 종교 회의를 소집하지 않을 수 없었다는 것이다. 정통파 성직자들이 권력을 남용하는 것에 항의하는 그노시스파와 도나투스파의 이단 교리는 그 수와 세력에서 무시무시하게 늘어나고 있었다. 이제 고전이 된 『종교 재판의 역사(History of the Inquisition)』에서 헨리 찰스 리는 이렇게 말하고 있다. "사람들은 이제 기독교의 은총과 사랑에 애정을 느끼지 못하게 되었다. 교회는 신앙과 순종으로 얻어야 할 구원에 대한 약속을 팔아서 사람들의 복종을 얻어내었다. 또는 지옥에 떨어진다고 협박하거나, 지상에서 훨씬 더 무시무시한 박해를 하겠다고 위협함으로써 강제로 복종을 얻어내었다."[44] 한편 성직자들 자신도 예수의 재림 때 심판의 자리에서 양들이 있는 오른편이 아니라, 염소들이 있는 왼편으로 가게 될 만한 행동을 하고 있었다. 인노켄티우스 3세 자신의 시대에 일어났던 2가지 예만 보더라도 충분히 알 수 있을 것이다. 한 사람은 베장송의 대주교인 제라르 드 루즈몽이며, 또 한 사람은 툴의 주교인 마휴 드 로렌느이다.

1198년 드 루즈몽의 수도원 총회는 제라르 드 루즈몽을 위증, 성직 매매, 근친 상간으로 고발하였다. 그러나 막상 로마에서 드 루즈몽을 소환하자, 고발자들은 감히 그들의 주장을 밀고 나갈 수가 없었다. 그렇다고 고발을 취하하지도 않았다. 그러자 하느님의 법의 대가인 인노켄티우스 3세는 자비롭게도 그리스도가 간음한 여인에게 하였던 말("너희 중에 누구든지 죄 없는 사람이 먼저 저 여자를 돌로 쳐라")[45]을 인용하여, 그 고위 성직자를 고향으로 돌려보내서 속죄를 하고 사면을 받게 하였다. 그렇게 해서 드 루즈몽은 정말로 고향으로 돌아갔다. 그곳에서 여전히 사촌인 레미르몽의 대수녀원장과 함께 살았으며, 다른 첩들과도 관계를 끊지 않았다. 이 첩들 중에는 수녀도 있었으며, 사제의 딸도 있었다. 그 지방의 어떤 교회도 돈을 내지 않으면 봉헌될 수 없었다. 그에게 뇌물을 준 수도사나 수녀는 수도원을 나와서 결혼을 할 수 있었다. 일반적인 성직자들은 그의 강요에 의하여 농민처럼 자기 손으로 일해서 생계를 유지해야만 하였다. 1211년이 되자 다시 드 루즈몽을 제거하려는 움직임이 나타났다. 그러나 시간만 계속 끌다가, 마침내 라테란 종교 회의가 열릴 즈음해서, 그 지방 백성들이 봉기하여 드 루즈몽을 몰아내었다. 드 루즈몽은 벨보의 수도원으로 은퇴하여, 그곳에서 1125년에 평화롭게 생을 마감하였다.[46]

툴의 주교인 마휴 드 로렌느는 사냥 애호가였으며, 에피날의 수녀에게서 낳은 자신의 딸을 첩으로 삼고 애지중지하였다. 그는 1200년에 성직 임명을 받았다. 2년 뒤 가난에 시달리던 수도원 총회는 인노켄티우스 교황에게 드 로렌느를 내쫓으라고 청원하였다. 매우 복잡한 일련의 위임과 항소가 진행되고 그 사이사이에 폭력적인 행동이 끼어들다가, 마침내 1210년에 드 로렌느는 주교직에서 물러났다. 그러나 7년 뒤 그는 자신의 후임자였던 르노 드 상리스를 살해하려는 계획에 참여하였다. 그후에 그의 숙부인 로렌느 대공 티보는 그를 우연히 만나게 되자 그 자리에서 그를 죽여버렸다.[47]

신학생 출신의 음유 시인 페이르 카르드날(1205년경-1305년?)은 다음과 같은 시를 지었다.

> 수도사와 탁발 수도사들은 그들 모두가 준수하는
> 엄격한 규율을 어마어마하게 과시한다.
> 그러나 이것은 모든 허세 중에서도 가장 큰 허세일 뿐,
> 우리가 알다시피, 진실은 그들의 맹세에도 불구하고,
> 집에서 살았던 것보다 족히 두 배는 잘 산다는 것,
> 우스꽝스럽게 금욕을 과시함에도 불구하고,
> 사실 그들의 인생보다 더 즐거운 인생은 없다.
> 그중에서도 특히 구걸하고 다니는 탁발 수도사들이 뛰어나니,
> 그들의 겉옷은 다른 나라에 가서 돌아다닐 때에도 면허장이 된다.
> 교단들이 무가치한 사람들을 그렇게 많이 거느리는 동기는
> 그들의 악덕을 위해서 마음대로 낭비할 수 있는
> 재물이 몹시 필요하다는 것,
> 수도사의 겉옷은 약탈을 할 때에 그들을 보호해준다.[48]

중세 독일의 위대한 시인 발터 폰 데어 포겔바이데(1198-1228년에 활약)는 이렇게 썼다.

> 그대의 성직자들은 여기서 강도짓, 저기서 살인을 하니,
> 그대의 양떼 위에 이리가 목자 노릇을 함과 같다.[49]

클레르보의 성자 베르나르(1090-1153년)는 이렇게 묻는다. "고위 성직자들 가운데 자신의 양떼의 악덕을 누르기보다 그들의 호주머니를 털려고 하지 않는 사람이 누가 있단 말인가?"[50] 또 빙엔의 성자 힐데가르데(1098-1179년)는 이렇게 묻는다. "고위 성직자들은 교회를 강탈하는

자들이다. 그들은 얻을 수 있는 것이면 무엇이든 탐욕스럽게 소비해버린
다. 그들의 억압 때문에 우리는 가난해지고, 우리와 그들 모두 타락하고
있다."[51]

따라서 12세기 동안 유럽 전역에 반(反)성직자적일 뿐만 아니라 급진
적인 이단 교리가 깊이 뿌리를 내리고 발전해간 것도 놀랄 일은 아니다.
그 중에서도 프랑스 남부의 아름다운 도시와 땅의 카타리파(또는 알비
파)가 가장 위협적인 예였다. 교황이 이 종파들을 파면한 그 끔찍한 역
사는 잘 알려져 있으며, 여기서 그것을 모두 되풀이할 필요는 없을 것이
다. 우리의 현재 목적과 관련이 있는 중요한 점은 알비파가 마니교의 변
종처럼 보인다는 것이다. 마니교는 그 즈음 불가리아, 보스니아, 헝가리,
그리고 이탈리아를 거쳐서 유럽으로 들어왔으며, 음유 시인들이 많이 퍼
져 있던 남부 프랑스에서 널리 번창하였다.

마니교는 아우구스티누스의 기독교처럼 자연이 타락하였다고 보았다.
그러나 아담의 타락 때문이 아니라, 악한 신이 창조한 것이기 때문이다.
구속은 마법과 같은 성례의 작용을 통해서가 아니라 덕을 통해서 얻는
것이라고 주장하였다. 마니교에서는 성직자들의 덕만이 영과 빛의 원리
를 물질적 어둠의 올가미로부터 구해내어 원래 상태로 되돌릴 수 있다고
생각하였다. 기독교 비평가들에게는 이것을 조롱하는 것이 유행처럼 되
었다. 이 신화는 그 의미를 알지 못하는 사람들에게는 괴상하게 보일지
도 모른다(물론 기독교 신화보다 더 괴상한 것은 아니며, 사실 문자 그
대로의 산문으로 읽었을 때의 다른 어떠한 신화보다 더 괴상할 것도 없
다). 그러나 이것이 당대에는 자신이 설교하는 덕의 모범으로 추앙받을
수 있는 성직자를 만들어내는 놀라운 결과를 가져왔다. 그렇게 되자 마
니교는 엄청난, 그리고 교회의 입장에서는 위험한 인기를 얻게 되었다.
그 결과 교회는 가장 가혹한 조치를 취하게 되었다.

알비파에는 수많은 종파들이 있었던 것으로 보인다. 그러나 이들 모두
에게 공통되는 가장 두드러진 특징은 마니교의 탁월한 성자들이 극단적
인 금욕 생활을 하였다는 점이다. 이 성자들은 "정화된 사람" 또는 "완전
해진 사람"이라는 뜻의 카타리(Cathari)로 알려지게 되었다. 불교와 마찬

가지로 여기에서도 기본적인 개념은 환생과 해탈이었다. 무지와 망상에 사로잡힌 영혼이 여러 번의 생을 거치면서 진보하고 깨달음을 얻어서 해탈이라는 궁극적 상태에 이르게 된다는 것이다. 따라서 카타리는 살아 있는 부처들처럼 "신자들"——해탈로 나아가는 궁극적 도약을 위한 위대한 체념을 영적으로 준비하지 못한 사람들——에게 교도자이자 모범의 역할을 하였다. 신자들, 즉 아우디토레스(auditores)는 결혼도 하고 육식도 할 수 있었다. 그러나 완전해진 사람들, 즉 보니 호미네스(boni homines)는 금욕적인 채식주의자들이었다. 알비파 카타리의 글들은 사라졌다. 그들의 관행에 대한 지식은 주로 그들의 적에게서 얻은 것이다. 따라서 더 자세한 이야기는 하기 힘들다. 그러나 보니 호미네스가 아우디토레스로부터 존경을 받았다는 점, 카타리의 의식들 가운데 가장 중요한 것이 콘솔라멘툼(Consolamentum)이라고 알려진 신비한 영적 입문 의식이었다는 점, 성자들은 엔두라(Endura)라고 하는 완전한 금식을 통하여 자살하는 의식을 수행하는 일이 있었다는 점(인도의 자이나교도가 그러하였던 것처럼),[52] 기독교도의 박해를 받아서 변절이냐 화형 말뚝이냐를 선택하게 되었을 때에는 완전한 사람만이 아니라 단순한 신자들도 반드시 후자를 택하였다는 점 등은 말할 수 있을 것이다.

헨리 찰스 리는 "만일 정말로 순교자들의 피가 교회의 씨앗이라고 한다면, 마니교는 지금 유럽을 지배하는 종교가 되었을 것"[53]이라고 말하였다. 이단의 공개 화형이 기록으로 남은 것은 1017년이 최초이다. 이때 오를레앙에서 체포된 15명으로 이루어진 알비파 집단 가운데 13명은 흔들리지 않는 모습으로 화형장까지 갔다. 1022년에는 툴루즈에서 비슷한 처형이 있었다고 기록되어 있다. 1051년에는 작센의 고슬라에서 화형이 있었다.[54] 백 년 뒤인 1163년 쾰른에서는 화형을 당한 사람이 명랑하고 편안한 태도로 불길을 받아들임으로써 깊은 인상을 심어주었다. 그들의 지도자인 아르놀트는 몸에 이미 불이 붙은 상태로 옆에서 불에 타고 있는 사람들의 머리에 자신의 자유로운 팔을 얹으며 차분하게 말하였다. "너희들은 믿음에서 늘 한결같아야 한다. 오늘 너희들은 로렌스와 함께 있게 될 것이다!" 비슷한 시기에 옥스퍼드에서 화형을 당하였던 집단의 지도자 거하드는 노래를 부르면서 그의 양떼와 함께 불로 걸어가며, "사람들이 너희를 욕할 때 너희에게 축복이 있다"고 말하였다. 프랑스 남부에서는 미네르브 성을 점령한 뒤 1209-1229년까지 정말 가증스러운 알비파 숙청 운동이 벌어졌는데, 이때 180명이 함께 화형장으로 들어가기도 하였다. 이 행사를 기록한 수도사 연대기 기록자는 "이 악의 순교자들이 모두 이 세상의 불에서 영원한 불로 넘어갔을 것이 틀림없다"[55]고 썼다.

프랑스 남부 교회의 문제는 로마가 솟아오르는 이단을 꺾기 위하여 내보내는 파문, 추방, 교서, 사절, 특사 등에 귀족이 무관심하였다는 것이다. 1167년 카타리파가 툴루즈의 생 펠릭스 드 카라망에서 자기들끼리 종교 회의를 열려고 하였을 때 사태는 절정에 이르렀다. 그들 가운데 가장 고위직에 있던 저명 인사 니케타스 주교가 콘스탄티노플로로부터 와서 종교 회의를 주재하였다. 종교 회의에서는 툴루즈, 발 다랑, 카르카손, 알비, 프랑스의 루아르 강 이북 지방 등 공석으로 있는 관할구를 담당할 주교들을 선출하였다. 또 툴루즈와 카르카손의 관할구 분쟁을 확정하기 위한 위원들을 임명하였다. 리는 이렇게 말하고 있다. "간단히 말해서, 그들은 스스로에게 로마 교회를 대체할 운명이 주어져 있다고 보고, 기성의 독립 교회로서 일을 처리하였다."[56]

그러나 로마는 가만히 있지 않았다. 교황 알렉산드로스 3세(1159-1181년)는 라테란 종교 회의를 소집하여, 1179년에는 기독교계 내에서 십자군 전쟁을 선포하는 전례 없는 조치를 취하였다. 무기를 드는 모든 사람들에게는 2년간의 은사(즉 영혼이 연옥에 머무는 기간을 2년 단축해주는 것)를 약속하였으며, 전쟁에 참여하였다가 죽는 사람에게는 영원한 구원을 약속해주었다. 이렇게 해서 눈에 보이는 대가 없이 봉사할 군대가 만들어졌으며, 1181년에는 이 영적인 군대가 베지에르 자작의 영토를 공격하게 되었다. 교황의 군대는 포위 공격 끝에 아델라이드 자작 부인을 비롯하여 몇 사람의 카타리 지도자가 피신하여 있던 라보르(알비와 툴루즈 사이에 있다)의 요새 도시를 점령하였다. 전하는 이야기에 따르면, 교황의 군대가 이 요새 도시를 점령한 것은 기적이었다고 한다. 프랑스 전역에서는 축성받은 제병이 피를 흘리면서 신자들에게 기독교 군대의 승리를 알렸다고 한다.[57] 십자군은 천국을 얻어놓았기 때문에 해산하였다. 이후 계속된 이단에 대해서는 아무런 조치가 취해지지 않았다. 그러다가 1209년 교황 인노켄티우스 3세는 학살을 목적으로 리용으로부터 엄청난 규모의 군대를 일으키게 되었다.

이 수백 년 동안 유럽에서는 온갖 종류의 히스테리적인 집단 발작이 일어났다. 처음에는 교황 우르바누스 2세가, 그 다음에는 유명한 수사 페트루스(그의 당나귀조차도 숭배의 대상이 되었다) 등과 같은 방랑하는 광신도들이 제1차 십자군(1096-1099년)에 대하여 설교를 하였다. 그 결과 농민은 땅에서 뿌리가 뽑히게 되었고, 수천 명씩 열정의 물결에 휩쓸렸다가 성지로 가는 길이나 성지에서 가지가지 형태의 재난을 맞이하게 되었다. 1212년, 어린아이들이 피리 부는 사람을 따라간다는 동화의 이야기처럼 어린이 십자군이 결성된 것은 이러한 집단 발작의 또 하나의 예에 지나지 않는다. 그것보다 규모가 작은 비슷한 현상들이 도처에서 예외 없이 또 다양한 형태로 일어났다. 14세기 흑사병의 시기에 절정에 이르렀던 묘한 춤병이 그러한 예이다.[58] 상체는 벗은 채 머리에는 천을 두르고, 촛불이 꽂힌 촛대와 채찍을 들고 영적인 노래 소리에 맞추어서 자신의 몸을 때리는 사람들의 무리도 길에서 만나볼 수 있었다.[59] 이때는 그리스도의 훈계——기도를 할 때에는 너의 방으로 들어가서 문을 닫고 하라[60]——가 존중되지 않는 시기였다. 따라서 인노켄티우스의 징병령은 상당히 감정적인 반응과 부딪히게 되었다. 가까이는 부르고뉴와 느베르, 멀리는 브레멘에 이르기까지, 유럽 전역에서 귀족과 평민을 가리지 않고 자원자들이 나섰다. 독일의 도시와 촌락은 영적인 불길이 타오르는 여자들로 가득하게 되었다. 그들은 교황의 십자가 군대에 입대하여 자신의 종교적 열정을 소진할 수 없게 되자, 옷을 전부 벗고 혼자 또는 떼를 지어 도시나 시골의 길을 따라서 말없이 달려가고는 하였다.

교황 인노켄티우스는 군대를 모으기 2년 전에 툴루즈의 레이몽 백작을 파문하였다. 그는 알비파 친척이나 친구들이 마음대로 예배를 드릴 권리를 보호해주는 거물들 가운데 하나였다. 이 파문에 따라서 백작의 모든 백성은 그에 대한 충성, 맹세, 의무로부터 벗어나게 되었다. 그 직후 교황이 보낸 특사가 백작과 논쟁을 벌이고 나서 거의 즉시 한 기사의 창에 찔려서 죽는 일이 생겼다. 레이몽은 이 일의 주모자로 몰리게 되었다(실제로는 그렇지 않았을 수도 있다). 그는 혼란 상태에서 자신의 인격과 영혼을 정화하기 위하여 참회의 뜻으로 교황의 조건을 받아들이겠다고 하였다. 그때서야 그가 알게 된 그 조건은 그의 가장 중요한 요새 7곳을 교회에 내놓는 것이었다. 그런 다음에 그가 죄가 없다는 것이 증명되면, 사면을 해주겠다는 것이었다.

레이몽은 이 급작스러운 상황 속에서, 슬프게도, 이단과 한 약속은 무시할 수도 있다──또는 무시해야 한다──는 널리 인정되는 기독교의 원리를 염두에 두는 것을 잊고 말았다. 그래서 그는 생 질레 교회의 입구에서 상의를 벗고 교황 특사 앞에 나가고 말았다. 레이몽은 그 자리에서 그가 고발당한 모든 문제에 대하여 교회에 순종하겠다고 생 질레의 유해를 놓고 맹세하게 되었다. 특사는 마치 굴레를 걸듯이 레이몽의 목에 영대(領帶)를 걸었다. 그는 영주가 높은 제단에서 수모를 당하는 것을 보려고 모여든 호기심 많은 군중 사이로 레이몽을 끌고 다니며, 벌거벗은 등과 어깨에 채찍질을 하였다. 이렇게 해서 레이몽은 사면을 받았다. 그의 영토에서 이단을 근절하고, 모든 유대인을 공직에서 쫓아내고, 약탈당한 교회 재산을 복원해주고, 모든 자의적인 사용세를 철폐하고, 그 자신이 십자군에 가담한다는 조건이었다. 그리고 나서 교황은 그가 내어준 도시들을 차지하고 나자 그를 다시 한번 파문하였다. 이것이 사실 인노켄티우스의 계획이었다. 이와 더불어 막강한 기독교 십자군은 프랑스의 가장 비옥한 땅으로 위대한 진군을 하게 되었다.

기병이 약 2만 명, 보병이 약 20만 명이었다. 파문을 당한다는 두려움 때문에 제국의 모든 돈이 기부금으로 들어왔다. 그 대가로 교회는 영생이라는 보답을 모두에게 푸짐하게 나누어주었다. 아름다운 도시 베지에르의 벽들이 제일 먼저 무너졌다. 그 뒤에 이어진 대학살은 유럽 역사상 그때까지 전례가 없던 것이었다. 교황의 특사는 거의 2만 명 가까이 죽었다고 보고하였다. 마리아 막달레나 교회에서만 7천 명이 죽었다. 그들 모두 다른 곳에서 그곳으로 피난을 온 사람들이었다. 군인들이 권력을 위임받은 특사에게 가톨릭교도는 살려주어야 하는지 물었더니, 하느님의 사람으로 진정한 영을 가진 특사는 이단 가운데 일부가 정통을 가장하여 빠져나갈지도 모른다는 두려움 때문에 "모두 죽여라, 하느님은 자신의 백성을 알아보신다!" 하고 대답하였다. 도시는 불길에 휩싸였고 저녁이 되자 연기가 피어오르는 폐허 위로 해가 저물었다. 그 광경은 교황과 그의 교회가 신의 사랑, 즉 아모르의 씨앗에서 나온 것이 아니라 그 반대라는 카타리파의 가르침(아모르〔AMOR〕라는 말을 거꾸로 읽으면 로마 〔ROMA〕가 되는 것에서도 알 수 있듯이)을 완벽하게 예증하는 것이었다. 교황과 그의 교회는 지상에 지옥을 만드는 존재였으며, 카타리파의 가르침에 따르면 그것이 유일한 지옥이었다. 뒤이어 카르카손이 무너졌다. 카르카손은 두려움에 사로잡혀서 항복을 하였다. 그곳 주민들은 떠나는 것이 허용되었다. 그러나 그들의 죄 외에는 어떠한 것도 가지고 갈 수 없었다. 남자들은 바지만 입고 떠났으며, 여자들은 슈미즈만 입고 떠났다. 이어서 그리스도의 왕국이라는 보수를 받는 군대가 진입하였다. 여름이 끝날 무렵이 되자, 막강한 교황은 그 우아한 라틴 어 문체로, 사악한 간계를 가진 악마의 종들로부터 5백 개의 도시와 성을 빼앗은 놀라운 업적에 크게 기뻐하고 있다는 글을 쓸 수 있었다.[61]

명단을 보면 그 다음 차례는 레이몽 백작의 툴루즈였다.…… 그러나 여기에 관심을 가진 독자는 혼자서 이 지저분한 역사의 나머지 부분을 읽는 것이 좋겠다. 이 일은 그후에도 20년 동안 계속되었으며, 프랑스 남부에는 폐허만 남게 되었다. 로마의 교회도 그 압제의 자리에서 전보다 안전할 수가 없었다. 우리가 이미 본 것처럼, 중국, 인도, 레반트의 위대한 역사에서는 통치하는 엘리트가 초월적인 권한을 부여받은 척하여도 심각한 도전을 받지 않았다. 그러나 유럽에서는 이런 식의 신화적인 태도로는 절대 오래 버틸 수가 없었다. 그리스나 로마에서만이 아니라, 훗날의 켈트 인과 게르만 인의 서양에서도, 동양의 일반적인 관점——왕이나 사제가 사람의 일만이 아니라 생각까지 주관할 수 있는 신성한 권리나 권력을 가졌다는 관점——은 가장 훌륭한 토착 정신들의 호응을 얻은 적이 없었다. 중세 초기, 최초의 기독교 선교가 진행 중일 때, 성직자들은 시간이 지나면 땅위에 그들의 신화를 영원히 새겨놓고, 그것을 통하여 유럽의 칼리프나 파라오의 궁정에 있는 관료처럼 통치를 하게 될 것이라고 상상하였는지도 모른다. 그러나 인노켄티우스 3세의 통치기에 교황의 권력은 정점에 이르렀음에도, 모든 기획은 뚜렷하게 쇠퇴의 기미를 보이고 있었다. 앞으로의 길에는 오직 붕괴만이 보일 뿐이었다. 사람들은 이미 생각을 시작하였던 것이다. 독립적인 권리를 가진 개인이라는 유럽적 감각이 절대적인 일치, 레반트적 일치라는 구실을 분쇄해버린 것이다.

카타리파 이단이라는 증상은 숱한 것 중에서 하나일 뿐이며, 이것은 아무리 큰 위협이나 방화나 채찍질이나 파문으로도 없앨 수 없었고, 심지어 약화시킬 수도 없었다. 예를 들어보자.

플로리스의 요아힘(1145년경-1202년)은 피오레의 산 지오반니 수도원을 세웠고, 인노켄티우스 3세의 교회의 품안에서 죽었다. 그의 수도원은 1204년 1월 21일에 인노켄티우스 3세로부터 승인을 얻었다. 요아힘은 그의 흥미로운 『묵시록 해석(*Expositio in Apocalypsin*)』에서 1가지 역사관을 규정해놓았다. 그러나 이 역사관은 1260년 아를르에서 열린 종교 회의에서 그의 모든 저작과 더불어, 나아가서 거기에 따른 모든 비교적 수도원 운동과 더불어 유죄 선고를 받았다. 그의 관점을 간단히 정리하면, 인류의 역사는 세 시대로 구분된다는 것이다. 그것은 각각 1. 아버지의 시대(구약), 2. 아들의 시대(신약과 교회), 3. 성령의 시대이다. 성령의 시대에는 로마의 위계는 해체되고 온 세상이 하나님과 직접 교통하는 영혼들의 수도원처럼 될 것이었다.

요아힘의 반교황적인 주장은 당대의 많은 위대한 열심당원에게 영향을 주었다. 여기에는 수많은 프란체스코회 수도사들도 포함되어 있었다. 그들은 아시시의 프란체스코(1182-1226년)에게서 교황의 구조가 사라지는 세번째 시대의 창시자의 모습을 보았다. 요아힘의 주장 때문에 성령의 성육신으로 여겨지는 인물들을 둘러싼 수많은 기묘한 운동들이 발전하기도 하였다. 그 가운데 구글리엘마라는 경건한 부인은 주목할 만하다. 그녀는 1260년경 밀라노에 도착하여 1281년에 죽었다. 또 세가렐리라는 이름을 가진 흥미롭고 매우 단순한 젊은이도 있었다. 그 역시 그 운명적인 해인 1260년——플로리스의 요아힘이 성령의 시대의 첫해라고 예언한 해였다——에 사도의 옷을 입고 파르마에 나타났다. 세가렐리는 처음에는 비교적 온건한 반성직자 종파의 중심이 되었다. 그러나 이 종파는 급속히 영향력을 확대하였으며, 탄압에 대응하여 광적일 정도로 폭력적으로 변모하였다. 그 결과 많은 회원들이 화형장으로 향하였다. 세가렐리 자신은 교황의 위대한 성년(聖年)인 1300년에 화형을 당하였다. 그의 추종자들 가운데 가장 큰 부대의 지도자들——용감한 돌치노, 그의 부관 롱기노 카타네오, 마르게리타 디 트랑크——은 그로부터 7년 뒤, 유럽의 역사상 가장 놀랍고 필사적인 게릴라전 끝에 체포되어 처형당하였다. 귀족 가문 출신에 소문난 미인이었던 마르게리타 디 트랑크는 돌치노가 보는 앞에서 천천히 불에 타 죽었다. 그런 뒤에 돌치노 자신은 수레에 실려서 베르첼리 시 주위를 돌며 불에 달군 집게로 조금씩 살점이 뜯겨서 죽었다. 그의 동료인 카타네오는 기독교 도시인 비엘라의 교화를 위하여 돌치노와 똑같이 조금씩 몸이 절단되어 죽었다.[62]

단테 알리기에리(1265-1321년)는 수도사 요아힘을 천국에 가져다 놓았지만,[63] 돌치노는 지옥으로 보낸 것 같다.[64] 그러면서, 우리가 알고 있다시피, 교황들의 세속적인 오만에 대해서 나름대로 신화적인 답변을 하였으며, 1302년에는 교황당에 의해서 화형 선고를 받았다. 단테의 답변은 로마 제국은 예루살렘 왕국과 마찬가지로 신의 뜻에 의하여 세워졌으며, 로마를 이어받는 황제는 세속적 질서를 대표하고, 예루살렘을 이어받는 교황은 영적인 질서를 대표한다는 것이었다. 그리스도가 말한 대로, 교황의 나라는 이 세상에 속한 것이 아니었다. "힘이 아니라 이성이, 그것도 신의 이성이 로마 제국의 시초였다." 단테는 『콘비비오(Convivio)』의 제4 논문에서 그렇게 썼다.[65] 그러면서 단테는 2개의 질서, 즉 로마의 질서와 예루살렘의 질서가 오랜 세월에 걸쳐서 놀랍게도 일치를 보여왔다는 것을 증명하였다. 아우구스투스 치하에서 로마의 완전성은 그리스도의 탄생과 일치하였다. 나아가서 신으로부터 영감을 받은 시민들이 연속적으로 나타나서 로마를 전체적으로 성장시켰으며, 하느님의 기적들이 로마를 보호해주었다. 단테는 그러한 일련의 기적들을 개관한 뒤에 말미에

가서 이렇게 외친다. "진실로, 나는 로마의 벽에 고정되어 있는 돌들이 숭배할 가치가 있으며, 로마가 자리 잡고 있는 땅이 사람이 설교하거나 증명할 수 없을 만큼 가치가 있다는 확고한 생각을 가지고 있다."[66]

이 설명의 주된 주장은 기독교 세계에서 국가의 권력과 교회의 권력은 모두 하느님에게서 나왔으며, 암시적이기는 하지만, 각각의 권위는 그 나름의 지정된 범위를 가지고 있다는 것이다. 또 종교적인 범위의 유산은 모세의 계약과 예언자들의 가르침으로부터 파생되었으며, 세속적 범위의 유산은 로마법으로부터 파생되었다는 것이다. 지금 이 책에서는 교회가 국가의 기능을 찬탈하려다가 무너지게 된 일련의 엄청난 사태들을 다 개관할 수가 없다. 그 첫번째 사태는 단테가 살던 시기에 찾아왔다. 단테가 『신곡』에서 지옥의 여덟번째 권에 가져다 두었던 교황 보니파키우스 8세(1294-1303년)는 우남 상탐(Unam Sanctam)이라고 알려진 교회 통일에 관한 유명한 교서를 통하여, 세상의 통치에 대해서 세상의 어떠한 군주도 한 적이 없던 대담한 요구를 하였다. 교황은 이렇게 썼다. "우리는 모든 인간이 로마의 교황에게 복속하는 것이 구원에 필요한 일이라고 말한다. 아니, 규정하고 선언한다."[67] 그는 로마 인들의 왕에게 보낸 두번째 성명에서 하느님이 해와 달을 모두 만드셨듯이, 교회 권세라는 비유적인 해와 세속적 권세라는 비유적인 달도 만드셨다고 덧붙였다. "달이 해로부터 받는 빛 외에는 아무런 빛이 없듯이, 세속적 권세는 교회의 권세로부터 받는 권세 외에는 아무런 권세가 없다."[68] 따라서 1303년 6월에 프랑스의 미남 왕 필립 4세(1285-1314년 재위)가 교황을 이단으로 비난하고 교황을 체포하기 위하여 무장 부대를 파견하였을 때, 비유적인 태양인 보니파키우스 자신은 얼마나 놀랐겠는가. 늙은 교황은 그 충격으로 죽었다. 그를 이은 교황은 프랑스 인이었으며, 로마가 아니라 아비뇽에서 살았다.

1377년에는 2명의 교황이 있었다. 하나는 아비뇽에, 또 하나는 로마에 있었다. 둘은 서로를 파문하였다. 1409년이 되자 피사에서 열린 추기경 회의에서는 또 한 사람의 교황을 선출하여 교황은 3명이 되었다. 약 6천 5백 명──그 중에서 적어도 1천6백 명은 귀족 출신이었으며, 7백 명은 매춘부였다(보고에 따르면 이들 외에도 헤아릴 수 없이 많은 여자 마귀들이 보충되었다)*——이 참석하여 1414-1418년까지 열린 콘스탄츠 대종교 회의는 인기를 얻고 있던 존 후스(1373년경-1415년)를 함정에 빠뜨려서 화형에 처함으로써 교회의 해체라는 거센 물결을 가속화하였을 뿐이다. 한 권위자는 이 사건을 두고 "그 세기의 가장 중요한 행위"였다고 말하였다.[69]

보헤미아의 상냥한 사제 후스는 개혁을 위한 그의 주장을 자유롭게 개진하게 해준다는 보장을 받고 그의 자유 의지에 따라 종교 회의에 참석하였다가 덫에 걸려서, 악취가 나는 감방의 벽에 손과 발이 사슬로 묶이고 말았다. 그는 가르치지도 않은 교리를 가르쳤다고 자백하라는 무자비한 추궁에 시달렸다. 그가 끝까지 위증을 거부하자, 1415년 6월 6일에 역사상 가장 화려한 종교 재판 처형이 벌어졌다. 재판소측은 콘스탄츠 성당에 모인 수많은 저명 인사들 앞에서 상징적으로 후스의 사제복을 벗기었다. 그리고 체발한 부분의 머리카락을 가위로 깎았다. 이어서 손가락의 피부를 벗기었다(그가 사제 서품을 받을 때 성유[聖油]가 묻었던 곳이기 때문이다). 그 다음에는 그에게 악마들이 그려진 높은 원뿔형 모자를 쓰게 하였다. 거기에는 "이 자가 이단의 수령이다." 하는 말이 적혀 있었다. 그리고 나서 교회의 무오류의 의지를 집행하는 세속 관리들에게 그를 넘겨서 화형에 처하였다. "살아 계신 하느님의 아들, 그리스도 예수여, 저에게 자비를 베푸소서!" 바람에 휘날리는 불길과 연기가 꼿꼿하게 선 몸을 감싸는 동안 후스는 그렇게 2번 크게 외쳤다. 종교 재판소에서는 그의 유해와 주위의 모든 흙을 라인 강에 내다버렸다. 그것을 성보(聖寶)로 섬기는 것을 막기 위해서였다.[70] 그러나 그로부터 꼭 백 년 뒤, 그 유해로부터 루터라는 태양이 떠올랐으며, 그후로 로마 가톨릭 교회는 유럽 서방에서 경쟁하는 기독교의 여러 별들 가운데 하나의 별에 불과한 존재가 되었다.

---

* 여자 마귀란 여자의 모습으로 남자들의 잠에 나타나서 유혹을 하는 마귀들이다.

4. 아모르

세계 신화사라는 아주 넓은 관점에서 볼 때, 시들어가는 중세와 다가오는 종교 개혁의 시기에 이루어진 중요한 창조적 발전은 개인 양심의 원리가 발흥하면서 교회의 권위를 누르게 되었다는 점이다. 이 시점에서 시작하여 사제의 정신 통치는, 우선 유럽의 사고에서, 나아가 우리가 오늘날 보듯이, 온 세계에서 종말을 고하게 되었다. 이와 더불어 새로운 세계 시대가 동트게 되었다. 이것은 물질적인 면에서만이 아니라 영적인 면에서나 도덕적인 면에서 이미 과거의 높은 수준의 문화들——이 문화들은 구석기 시대 인간의 소박한 부족적 질서를 넘어서고 있었다——을 앞질러 나갔다.

원시적인 세계, 동양 세계, 서양 세계의 신화들을 살펴봄으로써 우리는 인간의 거의 무한하게 긴 첫 시기, 즉 사냥과 채집이 유일한 생존 수단이었던 시기 동안에는 사회 집단의 규모가 비교적 작았고, 개인의 전문화라는 것이 거의 없거나 전혀 없었다는 것을 알게 되었다. 물론 양성의 역할은 구분되어 있었으며, 또 샤머니즘적인 비전을 부여받은 사람들과 공동체의 나머지 사람들 사이에도 차이가 인정되고 있었다. 그러나 『신의 가면 : 원시 신화』에서도 말하였듯이, 전체적으로 볼 때 초기의 수렵 부족들의 경우 "이론적으로는 각 개인이 전체적인 문화 유산의 주인이었으며, 따라서 공동체는 거의 동등한 개인들로 구성되어 있었다."[71]

그러나 기원전 7500년경부터 5500년 사이에 근동 핵심부에서 농업과 동물 사육 등 식량을 기르는 기술이 발명되면서 새롭고 웅장한 시대가 시작되었다. 상당한 규모를 가진 공동체들이 생겨났고, 그 안에서 다양하게 전문화된 유형의 인간과 지식이 발달하였다. 이 가운데 우리의 연구에 가장 중요한 것은 여러 관심사 중에서도 천체의 운동을 관찰하는 데에 몰두하는 직업적인 상근(常勤) 사제 계급이다. 초기의 원시적인 문화에서는 바로 가까이에 있는 동물이나 식물에만 관심을 가졌다. '위대한 수렵 시대'의 방랑하는 부족인들에게는 굽이치는 평원의 크고 작은 동물들이 자연의 힘과 신비의 주된 표현이었다. 따라서 그들의 신화와 제의는 대체로 인류와 짐승 사이에 계약이 존재한다는 관념에 기초를 두고 있었다. 식량으로 쓰이는 동물들은 그들의 재탄생과 복귀를 보장해주는 의식을 집행하기만 하면, 기꺼이 몸을 내어주고 죽임을 당한다고 생각하였다. 동물들은 환상에도 나타났으며, 샤먼들의 수호자, 입문자, 매개체가 되어서 그들에게 지식, 권력, 영적인 통찰을 안겨주었다. 사람들은 의식을 거행할 때 짐승처럼 옷을 입고 짐승을 모방하였다.

반면 식물이 식량의 원천이나 생명 신비의 표본으로서 지배적인 역할을 하던 지역에서는, 식물과 인간의 생존 과정의 유사성——개체에 관계없이 죽음과 부패로부터 나서 성장하는 것——에 대한 인식이 지배적인 신화의 기초를 이루었다. 따라서 제의는 종종 아낌없을 정도로 인간을 희생하는 형태에 집중되었으며, 이러한 희생을 통하여 생명의 힘(죽음으로부터 나오는 것이라고 생각하였다)이 고양되는 것으로 여기었다.

나아가서 신석기 단계의 문명을 지닌 최초의 농촌 촌락들이 생겨났던 근동 핵심부에서는 원시적인 재배 지대의 신화와 밀접하게 결합된 식물 신화가 우세하였던 것으로 보인다. 이 이야기는 『신의 가면 : 원시 신화』에서 하였으니, 여기서 다시 그것을 입증하여 보일 필요는 없을 것이다.

『신의 가면 : 원시 신화』에서 우리는 또 완전히 새로운 사제 신화를 가진 청동기 시대의 획기적인 개막에 대해서도 이야기하였다. 청동기 시대의 주된 지향점은 존재의 법칙과 신비로서의 동물 세계나 식물 세계가 아니라, 주기와 더불어 수학적으로 계산할 수 있는 질서를 가진 해와 달, 그리고 수성, 금성, 화성, 목성, 토성 등의 별이었다. 하늘만이 아니라 땅도 마찬가지였다. 우주의 질서를 아는 사제들에게는 신으로부터 명령받은 절대적인 도덕적 권위가 주어졌다. 고대 근동에 가장 초기의 큰 신전들이 지어지던 시기(기원전 4000년경)부터 이제 우리의 이야기가 도달한 시기에 이르기까지, 알려진 모든 높은 수준의 문명은——그리스 로마 시대를 제외하면——하늘을 관찰하는 사제들로부터 영적 가르침을 얻었다. 이 사제들은 우주의 질서로부터 지상의 인간에게도 적절하게 적용할 수 있는 질서에 대한 지식을 얻어내었다.

『신의 가면 : 동양 신화』에서나 이 책에서나 우리는 천체 관찰에서 파생된 웅장한 신화들이 성장하면서 전세계로 퍼져가는 것을 추적해왔다. 인간 경험, 사고, 갈망, 실현의 모든 질서가 거기에 종속되어야 하였다. 우리는 또 이러한 신화가 확산되면서 좀더 원시적인 사람들의 신화와 만나 그것을 흡수하는 것——또는 흡수되는 것——을 보았다.

국왕 살해 의식이라는 높은 수준의 신화는 인도로 들어갔다. 그곳의 열대 경작지에서는 야만적인 희생 의식이 번성하고 있었다. 이 2가지가 합쳐짐으로써, 우리가 연구 대상으로 삼고 있는 역사에서 가장 풍부하게 발전한 살인 의식의 전통 가운데 하나가 형성되었다. 반면 똑같은 높은 수준의 문화 콤플렉스가 유럽에 들어갔을 때에는, 구석기의 '위대한 수렵 시대'의 본고장인 북부로 들어갔다. 그곳은 도르도뉴 강과 피레네 산맥이 자리 잡은 곳으로서, 큰 동굴과 동굴 예술이 있는 땅이었다. 열대의 촌락들과는 달리 이 지역에서는 구석기 시대에 식물에서 영감을 받은 식인 의식이 번성하지 않았다는 것을 알게 되었다. 이곳의 특징을 이루는 신화 역시 제의를 통하여 신을 죽임으로써 촌락, 부족, 우주가 번창한다는 생각과는 거리가 멀었다.

생존을 위하여 개인의 사냥 기술에 의존하던 부족민들은 개인을 육성하였다. 심지어 불멸이라는 개념도 개인적인 것이었지, 집단적인 것은 아니었다. 나아가서 영적 지도력을 행사하는 사람은 주로 샤먼들이었는데, 이들은 임명을 받고 기름 부음을 받아서 조직의 일원이 된 사제들, 즉 사회적으로 임명된 사제가 아니라, 개인적인 영적 경험을 통하여 영적인 힘을 부여받은 개인들이었다.[72] 우리는 이 북방의 사냥꾼 및 전사들이 그곳으로 진입하는 신석기와 청동기의 문화 질서들을 맞이하였을 때, 두 형식 사이의 초기 관계는 융합이 아니라 상호 작용의 과정이었으며, 이 과정의 규모와 힘은 점점 커졌음을 알게 되었다. 기독교 선교 천 년 동안에도 똑같은 일이 벌어졌다. 기독교 역시 다른 높은 수준의 문화 형식들과 마찬가지로 근동 핵심부로부터 도래하였던 것이다.

다른 문화 형식들과 마찬가지로 기독교 질서 역시 사제의 권위에 기초한 신화를 가지고 왔고, 또 그것에 의하여 지탱되었다. 이 권위는 초자연적인 원천으로부터 나온다고 주장되었다. 사제들이 그들 나름의 영적인 경험을 가질 것을 요구하지도 않았고, 또 기대하지도 않았다. 오히려 그러한 경험을 가진 사람들은 화형을 당할 위험에 처하게 되었다. 이 사제들은 임명을 받고 기름 부음을 받음으로써 그 자리에 앉았다. 그들의 개인적인 권력은 개인의 위엄으로부터 나오는 것이 아니라, 그들이 섬기는 제도에서 나왔다. 이 제도 역시 지상에서 인간의 존엄에 기여하기 때문이 아니라, 높은 곳으로부터 나온 것으로 여겨졌기 때문에 존중되었다. 우리는 이 사제의 조직이 인노켄티우스 3세의 통치기에 승리의 정점에 이르고는 그후에 도전을 받고 실질적으로 전복되는 것을 보았다. 다음 책에 나오겠지만, 그 직후에 새로운 신화가 점차 전면에 나타나게 되었다(지금도 나타나는 중이다). 새로운 신화는 동물이나 식물의 신성과 관련된 신화도 아니고, 우주의 질서나 우주의 신과 관련된 신화도 아니다. 그것은 인간의 신화라는 완전히 새로운 신화이다. 이 신화는 인간이 지상에서 가지는 진리, 축복, 의지에 중심을 두고 있으며, 사실 인류의 미래를 위하여 현재 기능하는 것들 중에서 유일하게 창조적인 숨결이다.

이야기를 더 하기 전에 한마디 해두겠다. 12세기와 13세기초에 만개한 아서 왕 로맨스에서도 이러한 새로운 인간 신화의 단초를 찾아볼 수 있다. 이 인간은 그 타고난 덕 때문에 지상에서의 우리의 삶이라는 이 혼잡한 영역에서조차 행복을 경험할 수 있고 또 베풀 수도 있다. 성배의 신비를 예로 들어보자. 모든 교회마다 제단 위의 성찬에 영혼의 구속과 축복을 위한 그리스도의 거룩한 몸과 피가 있는데, 도대체 무슨 이유 때문에 기독교 기사가 성배를 찾아서 말을 타고 나설까?

분명한 대답은 성배를 찾는 모험이 개인적인 경험을 쌓는 모험이었다는 것이다. 전설의 배경은 이교도의, 구체적으로 말하면 켈트 인의 신화이다. 그 영웅들은 옛 전사들이다. 쿠훌린 등이 기사의 갑옷을 입고, 가웨인, 페르스벌, 갈라하드의 이름으로 돌아온 것이다. 이들은 전과 다름없이 멋진 모험을 떠났다. 나아가서 이슬람의 영향 때문에 그와 관련된 상징들이 더해졌고, 아시아의 신비한 전승이 담기게 되었다. 또 비잔티움과 그보다 더 먼 동양의 요소들도 덧붙여졌다. 현대의 여러 학자들은 성배가 다그다의 풍요의 무쇠 솥, 사방으로부터 온 4개의 사발이 합쳐진 부처의 동냥 그릇, 메카의 위대한 이슬람 사원의 카바, 템플 사제단이 실행에 옮겼을 가능성이 있는 그노시스-마니교의 영적 입문 의식 최고의 부적 상징 등과 같은 것이라고 보았다.[73] 그러나 이 모든 이질적이고, 원시적이고, 나름대로의 관련성이 있는 동양의 형태들은 유럽의 로맨스에서 재해석되면서 국지적이고 직접적인 영적인 상황에 적용이 되었다. 구체적으로 보자면, 그 전설은 하잘것없는 사람이 왕에게 가한 '비통한 타격' 때문에 황무지가 되었던 땅을 되찾는 일에 대하여 언급하고 있다. 그 사람은 성스러운 창을 소유하고 있는데, 전설의 후기 판본에 가면 그 창은 그리스도의 옆구리를 찌른 창과 동일시된다.[74] 우리는 그러한 전설이 어떤 참조점을 가지고 있는지, 왜 그 알레고리가 당대에 그렇게 많은 사람의 심금을 울렸는지 물어볼 필요도 없고 추측할 필요도 없다. 위에서 묘사한 교회의 상태가 충분한 설명이 될 것이다.

특히 페르스벌, 또는 파르지팔, 즉 "위대한 바보"라고 나타나는 성배의 영웅은 솔직하고, 단순하고, 타락하지 않았으며, 고귀한 자연의 아들들이다. 그는 가식이 없으며 마음의 갈망이 매우 순결하다. 시인 볼프람 폰 에셴바흐(1165년경-1220년경)가 성배의 영웅이 숲에서 보낸 어린 시절을 묘사한 말을 들어보자. "그는 머리 위의 새의 노래가 아니면 슬픔에 대해서 아무 것도 몰랐다. 새의 달콤한 노래가 그의 가슴을 꿰뚫고 그의 마음을 부풀어 오르게 하였다. 그의 본성과 그의 갈망이 그를 그러한 식으로 이끌고 갔다."[75] 과부가 된 고귀한 어머니는 그들의 숲 속 은신처에서 그에게 하느님과 사탄에 대하여 말해주었고, "어둠과 빛을 구별해주었다."[76] 그러나 그 자신의 행동에는 빛과 어둠이 섞여 있었다. 그는 천사도 성자도 아니었다. 용기와 동정심이라는 한 쌍의 덕, 거기에 1가지 더 보태자면 의리라는 덕을 갖추고 모험을 떠나며 행동하는 살아 있는 인간이었다. 그는 초자연적인 은총이 아니라 바로 이러한 덕목에서 확고한 모습을 보여줌으로써 마침내 성배를 손에 넣게 된다.

아서의 원탁이라는 위대한 주제에 대해서는 무슨 말을 할 수 있을까? 트리스트럼과 이주(독일어로는 트리스탄과 이졸데/역주)의 사련(邪戀),

또 랜슬롯과 귀네비어의 사련에 나타나는 정열적인 사랑에 대해서는 무슨 말을 할 수 있을까? 이것 역시 성례의 요구에 맞서는 개인의 심오한 경험이라는 신비한 주제인데, 이번에는 그 경험의 대상이 결혼이 된 것이다. 교회에서 축성해주는 중세의 결혼은 사회-정치적인 협정으로서, 사랑의 신비나 경이하고는 아무런 관계가 없었기 때문이다. 요한 호이징가 교수가 그의 감명 깊은 작은 책『중세의 가을(*The Waning of the Middle Ages*)』에서 한 이야기를 빌리면, "종교는 사랑의 모든 면에 저주를 퍼부었다."[77] 반면 궁정의 입장에서는, 그리고 경험의 시의 입장에서는, 다시 호이징가 교수의 말을 빌리자면, 사랑은 "모든 도덕적이고 문화적인 완성이 만개하는 들판이 되었다."[78] 봉건제의 결혼은 육체적인 일이었던 반면, 사랑은 신의 축복으로서 단순한 동물적 욕정을 억누르게 해주는 것이었다. 사랑을 하는 남자는 여인의 훈련에 의해서 마음이 부드러워지고 드높은 깨달음의 영역에 들어가게 된다. 교회의 입장과는 달리, 사랑을 경험한 사람은 사랑을 절대 죄와 동일시할 수 없다. 궁정의 사랑법이 어떤 신비한 황홀경을 낳는지 알기 위해서는 단테의 『신생(新生, *Vita Nuova*)』의 시들을 읽어보기만 하면 된다.

알비파 이단에는 수많은 음유 시인들이 관련되어 있다는 상당한 증거가 있다. 나아가서 이슬람 수피교도의 신비시와의 관련에 대해서도 많이 알려져 있다. 또한 인도의 샥티 숭배, 특히 자야데바의 『기타 고빈다』의 시와의 유사성도 나타난다. 『기타 고빈다』가 나온 시기인 1175년경은 크레티앙 드 트르와예의 『트리스트럼』이 나온 시기와 비슷하다.[79] 또한 성배의 맥락에서와 마찬가지로 여기에서도 켈트 인의 신화권으로부터 나온 특징들을 찾아볼 수 있다. 실제로 마크, 트리스트럼, 이주의 원형들은 아일랜드의 전설에서 가장 인기를 끄는 핀 맥쿨, 그의 부관 디아르미드, 그의 신부가 되려다가 납치를 당한 그리안임이 증명되었다.

간단히 말해서 이교도의 과거와 유럽 중세의 성기(盛期) 사이에는 영과 발전의 연속성이 존재하는 것이 눈에 뜨인다. 한동안은 그 위에 동양적인 영적 전제(專制)가 두텁게 덮이어 있었으나, 그것은 해체되고, 동화되고, 흡수되었다. 궁정과 시라는 범위에서는 개인적 경험이라는 이상이 성직자들——그들의 개별적 성격은 무시해야 하였다——의 무오류의 권위를 압도하였다. 교회에서도 그러한 무오류의 원리는 의심과 문제 제기를 받았으며, 거부를 당하였다. 잉글랜드의 존 위클리프(1384년 사망)는 교황에서부터 그 이하 교권 제도에 속하는 모든 사람들이 탐욕, 성직 매매, 잔혹한 행위, 권력에 대한 욕심, 악한 생활로 인하여 저주를 받았다고 썼다. 그 시대의 교황들은 적그리스도들로서 복종을 할 필요가 없고, 교황의 교령은 무가치한 것이며, 파문은 무시해버려야 한다는 것이었다. 그는 그들이 만족을 주지 못하는 한, "유다 이스카룟(성서에서 돈을 받고 예수를 판 자/역주)보다 더 큰 저주를 받아야 한다"고 말하였다. 위클리프는 또한 이렇게 썼다. "성서를 알고 성서대로 살아가는 거룩한 사제들은 천국의 열쇠를 가지고 있는, 예수 그리스도의 대리인들이다. 마찬가지로 성서도 모르면서 자만과 질투만 가득한 사악한 사제들은 지옥의 열쇠를 가지고 있는, 사탄의 대리인들임이 분명하다."[80]

후스와 그 추종자들과 마찬가지로 위클리프도 도나투스파나 마찬가지였다. 후스는 지옥에 갈 큰 죄를 지은 사람은 현세에서 영주나 고위 성직자나 주교가 될 수 없다고 썼다. 종교 개혁이 마침내 완전한 자기 표현을 얻게 된 독일에서 단테와 거의 정확하게 같은 시기에 살았던 마이스터 에크하르트(1260년경-1327년경)는 기독교도로서 내적인 신비한 삶을 살아갈 수 있는 새로운 길을 보여주었다. 그는 회중에게 이렇게 설교하였다.

유대인의 왕으로 태어난 이는 어디에 있는가? 이제 이 탄생과 관련하여, 그것이 어디에서 일어나는가를 주목하라. 전에도 여러 번 말하였지만, 이제 다시 말하거니와, 이 탄생은 영원 속에서 일어나는 것과 똑같이 영혼 속에서 일어난다. 그 이상도 그 이하도 아니다. 그것은 똑같은 탄생이기 때문이다. 이 탄생은 영혼이라는 터에서, 그 본질 속에서 일어난다.[81]

하느님은 존재로서, 활동으로서, 힘으로서 만물 속에 존재한다. 그러나 영혼 속에서만 자식을 낳는다. 모든 피조물이 하느님의 흔적이지만, 영혼은 하

584

느님의 자연스러운 형상이다.…… 영혼에 들어오는 그러한 완전성은, 거룩한 빛이든, 은총이든, 축복이든, 다름 아닌 이 탄생을 통해서만 영혼에 들어와야 한다. 당신 안에서 이 탄생을 촉진하라. 그러면 당신은 모든 선과 모든 위로와 모든 행복과 모든 존재와 모든 진리를 경험하게 될 것이다. 그렇게 해서 당신에게 오는 것은 진정한 존재와 안정성을 줄 것이다. 탄생 없이 당신이 무엇을 구하거나 파악한다면, 어떤 식으로 하든 그것은 소멸해버릴 것이다.[82]

당신 내부에서 이 탄생을 깨닫고 싶다면 당신의 활동을 죽이고, 당신의 기능을 잠잠케 하라. 당신 안에서 새로 태어난 왕을 찾으려면, 당신이 찾는 다른 모든 것은 그냥 지나쳐서 당신 뒤에 남겨두어야 한다. 우리가 새로 태어난 왕에게 즐겁지 않은 것들을 벗어버릴 수 있게 하소서. 그래서 인간의 자식이 되신 당신께서 우리가 하느님의 자식들이 될 수 있도록 도와주소서. 아멘.[83]

여기서 우리는 인도의 가장자리까지 다가가게 된다. 파리 클뤼니 박물관에 있는 매혹적인 자그마한 성모 마리아를 보고 있을 때에도 마찬가지이다(〈그림 31〉과 〈그림 32〉). 예수 그리스도가 영혼 속에서 태어난다는 에크하르트의 설교는 이 성모상의 의미를 읽어낸 것으로 여길 수도 있다. 이 성모상은 또한 위에서 말하였던 시아파의 파티마에 비교할 수 있을 뿐만 아니라,* 청동기 시대의 우주와 '살아 있는 신'의 여신-어머니와 비교할 수도 있다. 그 안에서 대우주적인 질서와 소우주적인 질서는 하나임을 알게 된다.

다시 에크하르트의 이야기를 들어보자.

처녀는 남자의 아이를 가질 희망으로 남자에게 주어진다. 하느님은 영혼이 자신의 독생자를 가지게 할 작정으로 영혼을 만드셨다. 하느님에게는 영적인 마리아에게서 이러한 탄생이 이루어지는 것이 육체를 가진 마리아에게서 탄생이 이루어지는 것보다 더 기쁜 것이다. 오늘날에도 하느님이 사랑하

* 510-511쪽 참조.

〈그림 31〉 성모 마리아와 아이.

는 영혼 안에서 그러한 탄생이 이루어지면, 하느님은 하늘과 땅을 창조하셨던 때보다 더 기뻐하신다.[84)]

그의 이야기를 더 들어보자.

나에게 하느님만큼 가까운 것이 없다는 것은 내가 살아 있다는 것만큼이나 확실한 것이다. 나의 삶은 하느님이 나의 곁에 있다는 것, 나의 안에 존재한다는 것에 의존하고 있다. 마찬가지로 하느님은 돌 안에도 계시고, 장작 안에도 계신다. 다만 그러한 것들은 그 사실을 모를 뿐이다.[85)]

나는 이렇게 주장한다. 만일 마리아가 먼저 영혼의 방식으로 하느님을 낳지 않았다면, 하느님은 마리아의 몸에서 절대 태어날 수 없었다. "당신을 낳은 자궁은 축복을 받을 것이다." 그 말에 그리스도는 이렇게 대답하였다. "나를 낳은 자궁만 축복받을 것이 아니라, 하느님의 말씀을 낳고 그것을 보

〈그림 32〉 살아 계신 하느님의 어머니.

관하는 자궁도 축복을 받을 것이다." 하느님에게는 하느님이 마리아의 몸에서 태어나는 것보다 개별적인 처녀나 좋은 영혼으로부터 영적으로 태어나는 것이 더 가치 있는 일이다.

그러나 이것은 우리가 아버지가 영원히 낳은 독생자라는 생각을 전제로한다. 아버지가 모든 피조물을 낳으셨을 때, 하느님은 나도 낳고 계셨다. 나는 아버지 안에 머물러 있으면서 모든 피조물과 함께 흘러나왔다. 그것은 내가 지금 하고 있는 말과 같다. 그것은 나의 안에서 샘솟으며, 나는 그 생각 안에서 멈추며, 세번째로 나는 그것을 소리내어 말하며, 그때 당신 모두가 그것을 받는다. 그러나 사실 그것은 늘 나의 안에 있다. 마찬가지로 나는 아버지 안에 머물고 있다.[86]

성서에 말하기를, 모세는 하느님과 얼굴을 마주하였다고 한다. 신학자들은 이것을 부정한다. 그들은 이런 식으로 말한다. 두 얼굴이 나타났다고 하면 그것은 하느님을 본 것이 아니다. 하느님은 둘이 아니라 하나이기 때문이다. 하느님을 보는 자는 하나만 본다.…… 영혼은 하느님과 함께 하나이다——둘이 합쳐진 것이 아니다.[87]

그리고 마지막으로 이런 말을 들어보자.

진정 제정신을 가지고 있으면서도 진실로 하느님을 본 사람, 어떤 것에도 속지 않고 또 그릇되게 알지도 않는 사람을 알고 또 알아보고자 한다면, 24가지 표지를 확인해보면 된다. 첫번째 표지는 지식과 지혜와 초월적 이해의 최고 해석자이시며, 그 자신이 진리이신 주 예수 그리스도가 말씀해주신다. "너희가 서로 사랑하고 나의 계명을 지킨다면, 그것으로 너희가 나의 제자인 줄 알 것이다. 나의 계명은 무엇이냐? 내가 너희를 사랑하였듯이 너희도 서로 사랑하라는 것이다." 이 말씀은 너희들은 지식과 지혜와 높은 수준의 이해에서 나의 제자가 될 수 있으나, 진정한 사랑이 없다면 어떠한 것도 너희들에게 도움이 되지 않는다는 말씀과 같다. 발람은 워낙 영리하여 하느님이 수백 년에 걸쳐서 드러내시려고 한 것을 이해하였다. 그러나 그에게는 진정한 사랑이 없었기 때문에 이것이 거의 도움이 되지 않았다. 지옥에 있는 천사 루시퍼는 완벽하게 순수한 지능을 갖추고 있고, 오늘날까지도 많은 것을 알고 있다. 그러나 사랑과 믿음으로 자신이 안 것을 고수하지 못하였기 때문에 그만큼 지옥의 고통을 더 크게 겪고 있다. 두번째 표지는 이기심이 없다는 것이다. 그들은 스스로에게서 스스로를 비워내며, 사물들에게 자유로운 휴가를 준다. 세번째 표지는 그들은 전적으로 자신을 하느님께 바친다는 것이다. 하느님은 그들 안에서 자유롭게 일을 하신다. 네번째 표지는 그들이 어디에서 자신을 발견하든, 자기 자신을 떠난다는 것이다. 이것은 진보할 수 있는 확실한 방법이다. 다섯번째 표지는 그들은 자기를 구하는 데로부터 자유롭다는 것이며, 이것은 그들에게 깨끗한 양심을 준다. 여섯번째 표지는 그들은 쉼 없이 하느님의 뜻을 받들되, 최선을 다하여 그 일을 한다는 것이다. 일곱번째 표지는 그들은 자기 뜻을 굽히고 하느님의 뜻을 따름으로써, 그들의 뜻이 하느님의 뜻과 일치하게 된다는 것이다. 여덟번째 표지는 그들은 사랑의 힘으로 자신을 하느님에게 묶고 하느님을 자신에게 묶어놓았기 때문에, 하느님은 그들 없이는 아무 일도 할 수 없고, 그들도 하느님 없이는 아무 일도 할 수 없다는 것이다. 아홉번째 표지는 그들은 무슨 일을 할 때나 어디에서나 무엇에서나 자신을 없애고 하느님을 이용한다는 것이다. 열번째 표지는 그들은 좋건 나쁘건 어떤 피조물로부터 단 1가지도 취하지 않으며, 모든 것을 하느님으로부터만 취한다는 것이다.[88]

물론 에크하르트는 파문을 당하였다. 교황 요한 22세는 1329년 3월 27일 그를 파문하는 교서를 발표하였다. 그 이후 그의 저술은 말하자면 지하로 돌게 되었으며, "하느님에 취한 경건성의 교과서"라는 이름을 얻게 되었다. 이것은 그의 학파에 속하는 존 타울러(1300-1361년), 수소(1300-1365년), 뤼스브로엑(1293-1381년) 등에게 영감을 주었다.[89] 우리의 연구에, 그리고 모든 신화적 이미지——기독교만이 아니라 유대교, 나아가서 모든 종교의 이미지——연구에 핵심이 되는 것은 에크하르트가 기독교 상징을 읽는 것과 인노켄티우스 3세가 읽는 것(562-564쪽 참조) 사이의 근본적인 차이이다. 나는 에크하르트의 독법을 시적인 것이라고 부르고 싶다. 그리고 상징의 특징과 기능에 맞추어 제대로 읽어낸 것이라고 보고 싶다. 상징이란 사실로서 가치가 있는 것이 아니라 영혼을 일깨우는 것으로서 가치가 있는 것이기 때문이다. 좀더 근대적인 말로 하자면, 상징이란 에너지를 방출하고 에너지의 방향을 잡아주는 기호들이다. 이것은 자극이기 때문에 효과를 발휘하지 못한다면 다 닳아버린 배터리만큼이나 쓸모가 없는 것이다. 인노켄티우스가 기독교 신화를 읽은 것은 문자 그대로 읽는 이성적인 독법이라고 부르고 싶다. 이것은 상징의 특징과 기능에는 어울리지 않는 독법이다. 따라서 죽은 것이며, 오직 폭력, 그리고 이렇게 말하여도 좋다면, 광기에 의해서만 강제될 수 있다. 이 광기란 정확히 말하면 비전 속의 이미지를 사실로 오해하는 것이다.

앨런 와츠가 쓴 뛰어난 책 『기독교의 신화와 의식(*Myth and Ritual in Christianity*)』을 보자.

> 정통 교권 제도는 기독교를 해석하면서 일관되게 신화를 과학과 역사로 타락시켰다.…… 살아 있는 하느님은 추상적인 하느님이 되었다. 그래서 그 자신이 고생하고 있는 병으로부터 그의 피조물을 구원할 수 없다.…… 신화

가 역사와 혼동되며 인간의 내적 삶에 적용될 수 없기 때문이다.…… 기독
교 역사의 비극은 그것이 기독교 신화로부터 생명을 끌어내어 그 지혜를 풀
어내는 데에 일관되게 실패해왔다는 것이다…….

신화가 천국으로부터, 다시 말해서 시간과 역사를 초월한 세계로부터 내
려온 메시지일 때에만 "계시"가 된다. 즉 그럴 때에만 한때 진실이었던 것을
표현하는 것이 아니라 늘 진실인 것을 표현하게 된다. 따라서 '성육신'이 단
순한 역사라면, 그것은 오늘날 살아가는 인간들에게는 아무런 영향력이나
의미가 없다. 그것이 "위로하는 진리"가 되려면 영구한 것이 되어야 한다.
늘 인간 내부에서 벌어지는, 시간을 초월한 사건의 계시가 되어야 한다는
것이다.[90]

천박하고, 제대로 가르침을 받지 못한, 또는 전혀 가르침을 받지 못한
정신에게는 신화가 역사가 되는 경향이 있다. 그 결과 우연적인 지역적
형태에 불과한 것에 애착을 가지게 된다. 이것은 한편으로는 이른바 신
자들을 경쟁하는 집단들로 묶어버리며, 다른 한편으로는 각 집단이 자기
혼자만이 받았다고 믿는 메시지의 실질적 내용을 모두 박탈해버린다. 이
것이 우리의 연구가 주는 커다란 교훈들 가운데 하나이다. 정도의 차이
는 있지만 모든 정통파들은 이러한 경향을 보여준다. 그 결과 그들은 서
로 대립한다. 반면 위대한 신화적 이미지를 시로, 예술로, 경험적 정보의
매체가 아니라 경험의 매체로 읽을 때, 말을 바꾸면 그것을 신문으로 읽
지 않을 때, 우리는 일치의 메시지를 발견한다. 그것은 간단히 말해서 따
로 떨어져 있는 것이 아니라 만물 안에 있고, 어떠한 규정도 불가능한
살아 있는 신의 메시지이다. 에크하르트는 이렇게 선언하였다. "하느님은
어떤 영혼에게서 모습이 없는 새로운 모습으로, 성스러운 빛 속에서 빛
없이 존재하는 자신을 발견함으로써 그 텅 빈 영혼 안에 태어난다."[91]

자연은 타락하였고 기독교 교회는 타락할 수 없다는 정통 기독교의 생
각은 유대교의 신의 신화에 함축된 생각들 가운데 가장 극단적인 경향을
대표한다고 말할 수 있다. 즉 신은 세상으로부터 떨어져서 세상을 창조
하고, 판단하고, 벌하며, 그리고 그의 특별한 관심을 통하여, 예를 들어서
계약, 코란, 성육신에 의해서, 그의 광대함의 어떤 부분을 마치 외부에서

주듯이 제공한다는 생각이다. 그러나 재미있는 점은, 교회가 이렇게 설정된 환경을 가르치기 위하여 사용하는 상징들은 그 자체 안에 그와 반대되는 가르침을 포함하고 있다는 것이다. 이 상징들은 그 웅변적 침묵을 통하여 마음을 연 사람들에게는 저절로 이야기를 전한다. 단테의 경우처럼, 성배와 트리스트럼의 로맨스에서처럼, 에크하르트도 영원한 인간의 오래된 교훈을 깨달았다. 천국과 지옥으로 이루어진 모든 세계의 모든 형태와 경험들이 그 영원한 인간 안에 거하고 있으며, 그 인간의 마음으로부터 태어났다는 것이다. 〈그림 31〉과 〈그림 32〉의 작은 성모상은 첫째로, 에크하르트가 알고 있었듯이, 삼위 일체는 우리 각자에게 내재하고 있으며, 우리에 의하여 우리의 지식 안에서 태어난다고 말하고 있다. 둘째로, 크레타 사람들도 알고 있었듯이, 여신은 어머니 자궁이며 모든 존재의 궁극적인 경계라고 말하고 있다. 셋째로, 우리의 공통된 유산의 성상들을 해석하는 권위자들을 제외하면 온 세상이 알고 있었던 것이지만, 소우주와 대우주는 본질적으로 신 안에서 하나라고 말하고 있다. 이 신은 절대 타락하지 않았으며, 타락할 수 없으며, 어떠한 신조에 의거한 어떠한 규정으로도 조롱할 수 없다.

결론 : 한 시대의 종결점에 서서

우리의 신화 연구 전체에서, 사제나 그의 양떼들의 신을 향한 태도와 창조적 시인이나 예술가나 철학자의 신을 향한 태도 사이에는 구분선을 그어야 한다. 전자는 그가 숭배하는 이미지를 실증주의적이라고 할 수 있는 태도로 읽는다. 그러한 독법은 기도하는 태도에 의해서 조장된다. 기도에서는 신이라는 이미지나 관념을 숙고하는 데에 적합한, 믿음과 불신 사이의 균형을 유지하는 것이 극히 어렵기 때문이다. 그러나 시인, 예술가, 철학자는 그들 자신이 이미지와 관념을 만드는 사람이기 때문에 모든 표상——돌이라는 눈에 보이는 재료로 만든 것이든, 아니면 말이라는 정신적인 재료로 만든 것이든——이 인간의 신체 기관의 오류 가능성에 의해서 제약을 받을 수밖에 없다는 것을 안다. 능력 없는 시인은 자신의 뮤즈에게 압도를 당하여, 자신의 비전이 초자연적인 사실이라고 믿고, 그것 때문에 예언자적인 자세에 빠져버릴 수도 있다. 나는 그러한 시인의 발언을 "너무 익힌 시", 즉 지나치게 해석한 시라고 정의하고 싶다. 어쨌든 그것을 통해서 이러한 시인은 숭배 집단을 만들 수도 있고 사제들을 만들어낼 수도 있다. 그러나 재능 있는 사제는 초자연적인 존재들이 실체를 잃거나, 허공 깊숙이 빠져버리거나, 형태를 바꾸거나, 심지어 해체되는 것을 발견할 수도 있다. 이렇게 되면 그는 예언자가 되거나, 만일 더 큰 재능을 가지고 있다면 창조적 시인이 될 수도 있다.

따라서 우리의 주제를 이루는 모티프와 주제의 3가지 주요한 변형은 서로 근본적으로 관련이 있다고 하더라도 또 서로 근본적으로 다른 것임을 인식해야 한다. 그 3가지란 시인의 진정한 시, 예언자의 너무 익힌 시, 그리고 사제의 죽어버린 시이다. 종교의 역사는 대체로 마지막 2가지의 기록이지만, 신화의 역사는 이 3가지를 모두 포함한다. 그럼으로써 시만이 아니라 종교도 창조적 사고라는 샘과 신선한 관계, 건강한 활력을 지닌 관계를 맺게 해준다. 시에는 결코 시인 자신이 만들지 않은 우주의 삶의 현실 앞에서 놀라움, 기쁨, 고뇌 등 개인적이고 일시적인 기분에 안주하는 경향("미숙한 시")이 있기 때문이다. 반면 종교에는 이와 반대되는 경향, 즉 개인적인 경험은 전혀 보여주지 않고 권위 있는 상투어만 제공하는 경향이 지배적이기 때문이다.

인류의 역사를 길게 볼 때, 신화의 4가지 핵심적인 기능을 구별해낼 수 있다. 첫번째 가장 뚜렷한 것은 존재의 신비 앞에서 경외감을 끌어내고 지탱해주는 것으로서, 이것은 모든 것에 활력을 준다. 루돌프 오토 교수는 이러한 신령함(*numinous*)에 대한 인식이 종교라는 이름을 가질 만한 모든 것의 특징을 이루는 정신적 상태라고 규정하였다.[1] 이것은 정의(定義)에 앞서는 것이며 정의에 반발하는 것이다. 이것은 원시적인 수준에서는 악마에 대한 두려움이며, 가장 높은 수준에서는 신비한 환희이다. 그 둘 사이에는 많은 등급이 있다. 이것에 대하여 정의를 내리면, 이야기를 할 수도 있고 가르칠 수도 있다. 그러나 말과 가르침으로 그것을 만들어낼 수는 없다. 권위로 강제할 수도 없다. 오직 실제 경험과 살아 있는 신화의 기호 상징들만이 그것을 끌어낼 수 있고 지탱할 수 있다. 그러나 그러한 기호를 발명할 수는 없다. 그것은 발견하는 것이다. 그래야 그것이 저절로 기능한다. 그것을 발견하는 사람들은 민감하고, 창조적이고, 살아 있는 마음을 가진 사람들이다. 한때는 이들을 예언자라고 불렀지만, 이제는 시인이나 창조적인 예술가라고 부른다. 문화의 미래를 위하여 정치가나 군대보다 더 중요하고 더 위력 있는 것은 진흙으로 만들어진 인간이 삶을 얻어서 깨어날 수 있도록 영적인 숨을 불어넣는 그러한 사람들이다.

　신화의 두번째 기능은 우주론을 제공하는 것이다. 즉 존재의 신비와 신비의 존재 앞에서 느끼는 경외감을 지탱하고 또 그 경외감에 의해서 지탱되는 우주의 이미지를 제공하는 것이다. 그러나 우주론은 관련된 문화 주민의 실제 경험, 지식, 심리와 맞아야 한다. 따라서 우리는 기원전 3500년경 고대 수메르의 하늘을 지켜보던 사제들이 행성들의 질서에 대하여 알게 되었을 때, 근동 핵심부의 신화 체계 전체가 사냥을 하고 채집을 하는 부족들의 단순한 원시적 주제로부터 한걸음 더 나아가는 것을 보게 된다. 이때 수학적으로 비인격적인 시간과 공간 질서에 대한 웅장한 비전이 나타나게 되었는데, 중세의 세계에 대한 비전은 고대 인도, 중국, 유카탄이 비전들과 마찬가지로, 그것의 후기 변종일 뿐이었다. 오늘날 그 비전은 사라졌다. 여기서 우리는 우리 시대의 종교에 관한 핵심적 문제와 만나게 된다. 일반적으로 성직자들은 여전히 기원전의 4천년 동안에 나온 주제들을 가르치고 있기 때문이다.

　오늘날의 어른들이라면 지구, 행성, 짐승, 인간의 기원을 알기 위해서 「창세기」를 들추어보지는 않을 것이다. 대홍수도, 바벨탑도, 에덴 동산의 첫 부부도 존재하지 않았다. 지상에 사람들이 처음 나타난 것으로 알려진 시기와 처음으로 도시를 건설한 시기 사이에는 한 세대가 아니라(즉 아담에서 카인까지의 세월이 아니라), 2백만 년이라는 간격이 있음에 틀림없다. 오늘날 우리는 과거나 세계 구조의 이미지를 알기 위해서 과학에 의존한다. 원자라는 빙빙 돌아가는 악마들과 망원경의 눈에 비치는 은하수는 경이를 드러낸다. 이러한 경이를 생각하면 성서의 바벨탑은 인류의 뇌에서 귀중한 자리를 차지하는 유년 시절의 장난감 나라 꿈처럼 보인다.

　신화의 세번째 기능은 현재의 사회 질서를 지원해주고, 개인을 집단에 유기적으로 통합하는 것이다. 여기서 다시 길게 볼 때 우리는 집단의 범위와 내용의 점진적 확대가 인간이 초기의 부족 집단으로부터 알렉산더 이후 근대적인 단일 세계-사회 개념으로 진보해오는 과정의 특징적 표시라는 것을 알 수 있다. 이러한 도전적인 커다란 개념의 규모에 대항하여 수많은 지방들이 여전히 두드러진 모습을 보여준다. 예를 들어서 다양한 민족적, 인종적, 종교적, 계급적 신화를 가진 지방들이다. 그러나 이것들은 한때는 그 나름의 이유를 가지고 있었을지 모르나, 오늘날에는 낡은 것이 되었다.

신화와 그 신화를 제공하는 제의의 사회적 기능은 관련된 집단의 모든 구성원에게 "감성들의 체계"를 수립해주는 것이다. 구성원들은 이것에 의존하여 자신을 집단의 목적에 자발적으로 연결시킬 수 있다. 사냥하는 부족에게 적당한 "감성의 체계"는 농업 부족에게는 적당하지 않을 것이다. 모권 사회에 적당한 것은 부권 사회에는 적당하지 않을 것이다. 부족 집단에게 적당하였던 체계는 동과 서, 북과 남으로 난 길들을 가로지르는 오늘날의 발전한 개인들에게는 적당하지 않을 것이다.

오래된 신화의 질서들은 그것이 신에게서, 또는 문화적 영웅에게서, 또는 우주의 질서와 같은 어떤 높은 비인격적인 힘에서 나온 것이라고 함으로써 그들의 상징에 권위를 부여하였다. 이렇게 해서 사회의 이미지는 자연이라는 더 큰 이미지와 연결되었고, 그럼으로써 종교적 경외감의 그릇이 되었다. 오늘날 우리는 대부분의 경우, 우리의 법이 신이나 우주가 아니라 우리 자신으로부터 나온 것임을 알고 있다. 그러한 법들은 관습적인 것이지 절대적인 것이 아님을 알고 있다. 법을 어기는 것은 신을 화나게 하는 것이 아니라 인간을 화나게 한다는 것을 알고 있다. 우리 운명의 주인은 동물도 아니고 식물도 아니며, 12궁도도 아니고 그것을 만들었다고 여겨지는 신도 아니다. 이제 다름 아닌 다른 인간들이 우리 운명의 주인이 되었으며, 우리가 다른 인간들의 운명의 주인이 되었다. 최근까지는 호의를 가진 똑똑한 사람들이라고 하여도 그들 자신의 사회(그것이 어떤 사회이든 간에)가 유일하게 선한 사회이고, 그 테두리 너머에는 신의 적들이 있으며, 그 결과 그들은 바깥 세상을 향해서는 증오의 원리를 투사해야 하고, 안으로는 신으로부터 나온 똑같은 "감성들의 체계"를 가진 사람들을 향하여 사랑을 계발해야 한다고 진실로 믿었을 가능성이 있다. 그러나 오늘날에는 그러한 바깥이라는 것이 없다. 민족적, 인종적, 종교적, 계급적 지방이라는 고립된 영역은 끈질기게 남아 있지만,

물리적 사실들은 폐쇄된 지평을 가공의 것으로 만들어놓았다. 옛 신은 그의 작은 세계, 그리고 그의 작고 폐쇄된 사회와 함께 죽었다. 신앙과 신뢰의 초점이 되는 새로운 중심은 인류이다. 만일 사랑의 원리가 인간 각자의 내부에서 진짜로 깨어나——신화적으로는 신 안에서 깨어났듯이——증오의 원리를 정복하지 못한다면, '황무지'만이 우리의 운명이 될 것이며, 세상의 주인은 '황무지'의 악마들이 될 것이다.

신화의 네번째 기능은 개인을 그 자신의 심리라는 현실의 질서에 입문시켜서 그를 그 자신의 영적 풍요와 자각으로 안내하는 것이다. 전에는——그리고 여전히 낡은 문화들에서는——그 방법이 모든 개인적 판단, 의지, 능력을 절대적으로 사회 질서에 종속시키는 것이었다. 우리가 『신의 가면 : 동양 신화』에서 보았듯이, 에고의 원리는 억압되어야 하며, 가능하다면 아예 지워버려야 하였다. 반면 사회적 질서의 원형과 이상적 역할은 그들의 사회적 지위에 따라 모두에게 무자비하게 각인되었다. 정체된 형식들의 세계에서는 그러한 창조적 인격의 대량 학살이 용인되었으며, 오늘날에도 그러한 낡은 정신이 지배하는 곳에서는 비슷한 패턴이 이어지고 있다. 히틀러가 약 5백만 명의 유대인을 학살한 것은 사방에서 공포를 불러일으켰지만(당연한 일이다), 스탈린이 2천5백만 명의 러시아 인을 학살한 것은 거의 아무도 눈치 채지 못하는 상태에서 이루어졌으며, 현재(이 책은 1960년대에 쓰여졌다/역주) 중국의 아수라장은 전적으로 간과되고 있다. 어떤 사람들은 이러한 사실이 개인의 존중이라는 면에서 유럽이 앞선 지위에 있다는 증거라고 이야기할지도 모르겠다. 동양이나 서양이나 위대한 동방에서 그러한 비인간적인 일이 일어나면 그것은 정상으로 여긴다. 반면 서방에 있는 사람들에게는 더 나은 것을 기대한다. 이것은 정당한 것이다. 개인적 판단과 책임의 원리가 신의 법칙이라는 고정된 질서가 아니라, 이성적으로 관장되는 인간적 현실이라는 변화하는 맥락과의 관련 속에서 발전해온 곳은 유럽뿐이기 때문이다. 유럽의 경우 우선 그리스 인들 사이에서, 그 다음에는 로마 인들 사이에서 에고의 원리가 육성되었다. 이것은 단지 유아의 "나는 하겠다", "나는 원한다"(프로이트의 "쾌락 원리")가 아니라, 정보를 가지고 이성적으로 이루어지는 책임 있는 판단 기능("현실 원리")으로서 육성된 것이다.[2] 그럼으로써 서양 사람들과 그 특정한 세계는 고대 동양 정신의 경우와는 모든 면에서 다른 영성과 심리적 문제성의 질서를 얻게 되었다. 이러한 인본주의적인 개인주의는 창조성의 힘들을 풀어놓았다. 이 때문에 인간의 행복과 불행이라는 영역에서 큰 변화가 일어났다. 그전 2천 년 동안에도 이루어지지 않았던 변화가 불과 2백 년 동안에 가능해진 것이다. 그 결과 설사 도덕의 낡은 패턴들이 유지된다고 하더라도, 이제 그 패턴들은 세계는 말할 것도 없고 국지적 현실에도 부응하지 못하게 되었다. 성배를 찾는 모험——자신의 내부에서 '황무지'를 구원할 수 있는 창조적 가치를 찾는 모험——은 오늘날 각자에게 피할 수 없는 과제가 되었다. 더 이상 어떠한 고정된 지평이 없듯이, 어떤 고정된 중심, 어떤 메카, 로마, 예루살렘도 없기 때문이다. 오늘날 우리의 테두리는 1450년경 니콜라우스 쿠자누스(1401-1464년)가 발표한 대로이다. 경계선은 아무 곳에도 없고, 중심은 어디에나 있다. 그 원은 무한한 반지름을 가진 원이며, 그것은 또 직선이기도 하다.

따라서 다음 책인 『신의 가면 : 창조 신화』에서는 원탁(여기에는 상석이 없고 모두가 최고의 전사이다)의 시기로부터 원자의 폭발이 이루어진 현재의 시기에 이르기까지, 유럽 인들이 고정된 것이 아닌 생성의 상태에 눈을 떠가는 긴 과정을 체계적으로 추적해보게 될 것이다. 그럼으로써 이전의 모든 신의 가면들——지금은 발달하는 인간 자신의 가면들이었던 것으로 알려져 있다——의 소멸에 눈을 떠가는 과정을 추적해볼 것이다.

아마 어떤 사람들은 자연에 대한 두려움 때문에 여전히 어떤 가면에 머리를 숙이고 싶어할 것이다. 그러나 자연, 신이 창조한 자연에 신성이 없다면, 인간의 본성이 창조한 신이라는 관념에 어떻게 신성이 있겠는가?

니체의 차라투스트라(조로아스터)는 이렇게 말하였다. "나의 사랑과 희망으로 그대에게 간청하나니, 그대의 영혼 속에 있는 영웅을 내치지 말라."

주

제1부 여신의 시대

머리말 : 신화와 제의―동과 서

1) *Kena Upaniṣad* 2.3.
2) 『도덕경(道德經)』 56.
3) *Chāndogya Upaniṣad* 6.8.7.
4) 무몬, 『무문계(無門關)』, Nyogen Senzaki and Paul Reps 역, *Zen Flesh, Zen Bones* (New York : A Doubleday Anchor Book, 1961), p. 109.
5) 『반야바라밀경』.
6) 「욥기」 40 : 4.

제1장 뱀의 신부

1) William Hayes Ward, *The Seal Cylinders of Western Asia*(Washington, D. C. : The Carnegie Institution of Washington, 1910), p. 129, Léon Heuzey, *Catalogue des antiquités chaldéennes*(Paris : Imprimeries réunies, 1902), p. 281, 〈그림 125〉에서 인용.
2) Stephen Herbert Langdon, *Semitic Mythology*, The Mythology of All Races, Vol. V (Boston : Marshall Jones Company, 1931), p. 177, J. de Morgan, *Délégation en Perse. Mémoires*(Paris : E. Leroux, 1911), Vol. XII, p. 173, 〈그림 288〉에서 인용.
3) Henri Frankfort, "Sargonid Seals", *Iraq*, Vol. I, Part I(1934), p. 11, 〈그림 2〉.
4) Ward, 앞의 책, p. 275.
5) *The Masks of God : Oriental Mythology*, pp. 15-21.
6) Ward, 앞의 책, p. 276.
7) 같은 책, p. 139, Joachim Ménant, *Recherches sur la glyptique orientale*(Paris : Maisonneure & Cie, 1883-86), Part I, p. 191, 〈그림 121〉.
8) Ward, 앞의 책, p. 138. 또한 Ménant, 앞의 책, p. 189, 〈그림 120〉.
9) 타락 이론은 George Smith, *The Chaldean Account of Genesis*(New York : Scribner, Armstrong, & Co., 1876), 그리고 Langdon, 앞의 책, p. 179에서 개진되었다. 그러나 Mé-

nant, 앞의 책, pp. 189-191과 Ward, 앞의 책, pp. 138-139에서는 받아들이지 않았다.

10) Jane Ellen Harrison, *Themis*(Cambridge : The University Press, 개정2판, 1927), p. 286
——Johannes A. Overbeck, *Atlas der griechischen Mythologie*(Leipzig : W. Engelmann, 1872), Vol. I, Plate XVI, 2에서.

11) Hesiod, *Theogony* 973-974. Jane Ellen Harrison, 앞의 책, p. 286에 있는 이 그림에 인용되어 있는 것.

12) *Jātaka* 1.74.26.

13) *Mahā-vagga* 1.3.1-3.

14) 「창세기」 3 : 22-24.

15) Jane Ellen Harrison, *Prolegomena to the Study of Greek Religion*(Cambridge : Cambridge University Press, 1903 ; 제3판, 1922), p. 7.

16) 같은 책, p. 19. 베를린 박물관, *Beschreibung der Antiken Skulpturen*에서 인용.

17) 같은 책, p. 18.

18) 같은 책, pp. 14-15. Lucian, *Icaro-Menippos* 24, scholiast ad loc에서 인용.

19) Sir James George Frazer, *The Golden Bough*(New York : The Macmillan Company, 단권판, 1922), p. 1.

20) Aelian, *De natura animalium* XI. 2. Harrison, *Themis*, p. 429를 따름.

21) Harrison, *Themis*, p. 431, 〈그림 130〉.

22) Hesiod, *Theogony* 215.

23) 「욥기」 41 : 1-8. 「시편」 74 : 13-14와 비교해보라.

24) Hesiod, *Theogony* 823-880, 축약본. 〈그림 10〉은 뮌헨 박물관에 있는 적화(赤畵) 꽃병에서 나온 것으로(기원전 650년경), A. Furtwängler and K. Reichold, *Griechische Vasenmalerei*(Munich : F. Bruckmann, 1900-1932), No. 32에 실린 것이다.

25) *The Masks of God : Oriental Mythology*, pp. 182-184.

26) 같은 책, pp. 184-189.

27) Harrison, *Themis*, p. 459.

28) Ovid, *Metamorphoses* 3.324-331.

29) *The Masks of God : Primitive Mythology*, p. 101

30) 베를린의 전(前) 국립 박물관에 있는 초기 적화 꽃병에서. Harrison은 *Prolegomena*, p. 633, 〈그림 168〉에서 Furtwängler and Reichold, 앞의 책을 인용하고 있다.

31) 「출애굽기」 4 : 2-4.

32) 「출애굽기」 17 : 1-7.

33) 「민수기」 21 : 5-9.

34) 「열왕기하」 18 : 4.

35) Theophile James Meek, *Hebrew Origins*(New York : Harper Torchbook edition, 1960), p. 123.

36) Leo Frobenius, *Monumenta Terrarum : Der Geist über den Erdteilen*, Erlebte Erdteile, Bd. 7(Frankfurt-am-Main : Forschungsinstitut für Kulturmorphologie, 2. Auflage, 1929), pp. 213-214.

37) Leo Frobenius, *Kulturgeschichte Africas*(Zürich : Phaidon-Verlag, 1933), pp. 103-104.

38) R. A. S. Macalister, *Ancient Ireland*(London : Methuen and Company, 1935), pp. 13-14.

39) R. A. S. Macalister, *The Archaeology of Ireland*(London : Methuen and Company, 개

정2판, 1949), p. 9.

40) 같은 책, p. 15.

41) Macalister, *Ancient Ireland*, p. 131.

42) *The Book of Leinster* 54a, 11–18. Eleanor Hull (편), *The Cuchullin Saga in Irish Literature*(London : David Nutt, 1898), pp. 111–113의 Standish Hayes O'Grady를 참고. H. Zimmer, "Die kulturgeschichtliche Hintergrund in den Erzählungen der alten irischen Heldensage", *Sitzungsberichte der Königlich Preussischen Akademie der Wissenschaften*, Philosophisch–historische Classe, IX(1911), pp. 213–214.

43) Zimmer, 앞의 책, p. 217, *Ancient Laws of Wales*, I.92.12에서 인용.

44) 같은 책, pp. 215–216.

45) 같은 책, p. 218.

46) *The Book of Leinster* 54b. Standish Hayes O'Grady, *Silva Gadelica*(London : Williams and Norgate, 1892), Vol. 2, pp. 114–116, 그리고 Zimmer, 앞의 책, pp. 178–179 참고.

47) W. B. Yeats, *Irish Fairy and Folk Tales*(New York : The Modern Library, 연도 불명), pp. 1–3.

제2장 황소의 아내

1) Apuleius, *The Golden Ass*, W. Adlington 역, Book XL. *The Masks of God : Primitive Mythology*, p. 56에서 인용.

2) 크리슈나와 고피들에 대해서는 *The Masks of Gods : Oriental Mythology*, pp. 343–364 를 보라.

3) *The Gospel of Sri Ramakrishna*, Swami Nikhilananda 역(New York : Ramakrishna–Vive-kananda Center, 1942), p. 371.

4) *The Masks of God : Primitive Mythology*, pp. 313–334.

5) 로레토의 연도에 나오는 갈망(15세기, 1587년에 인정받음).

6) *The Masks of God : Oriental Mythology*, pp. 155–172. 〈그림 12〉는 Sir Arthur John Evans, *British School at Athens, Annual*, Vol. VII(1900–1901), p. 29, 〈그림 9〉이다.

7) Frazer, 앞의 책, p. 280. 또한 Bedřich Hrozný, *Ancient History of Western Asia, India, and Crete*(New York : Philosophical Library, 1953), p. 198, 주 1과 *The Masks of God : Primitive Mythology*, pp. 427–428을 보라.

8) Sir Arthur John Evans, *The Palace of Minos*(London : Macmillan and Company, Vol. I, 1921, to Vol. IV, Part II, 1935).

9) 같은 책, Vol. II, Part I, p. 277.

10) Martin P. Nilsson, *Geschichte der griechischen Religion*, 2 Vols.(Munich : C. H. Beck'sche Verlangsbuchhandlung, 제2판, 1955와 1961).

11) 같은 책, Vol. I, p. 298.

12) Michael Ventris, "Evidence for Greek Dialect in the Mycenaean Archives", *Journal of Hellenic Studies*, Vol. LXXIII(1953), p. 84 이하.

13) Leonard R. Palmer, *Mycenaeans and Minoans*(New York : Alfred A. Knopf, 1962), p. 127, Paul Kretschmer, *Einleitung in die Geschichte der griechischen Sprache*(Göttingen :

Vandenhoeck u. Ruprecht, 1896)에서 인용.

14) Michael Ventris and John Chadwick, *Documents in Mycenaean Greek*(Cambridge : The Cambridge University Press, 1956), p. 128.

15) Palmer, 앞의 책, pp. 123-124.

16) 같은 책, p. 82와 p. 94.

17) *Odyssey* VI. 290. 이러한 관련 하에 Palmer, 앞의 책, p. 95에 인용.

18) 아테네, 국립 박물관.

19) Palmer, 앞의 책, pp. 124-125.

20) Harrison, *Prolegomena*, p. 555.

21) Palmer, 앞의 책, p. 124와 Harrison, *Prolegomena*, p. 273, p. 555, p. 562 이하, 그리고 p. 609.

22) Harrison, *Prolegomena*, p. 273, O. Rubensohn, *Mittheilungen des Kaiserlichen Deutschen Archäologischen Instituts, Athenische Abteilung*, Vol. XXIV(1899), Plate VII(베를린의 전 국립 박물관에서)를 인용.

23) 같은 책, pp. 272-273.

24) Gorgias 497c.

25) Evans, 앞의 책, Vol. III, pp. 145-155, 신성한 담쟁이덩굴에 대한 괄호 안의 구절은 Vol. II, Part II, pp. 482-483에서 나온 것이다. 또한 Evans, *Journal of Hellenic Studies*, Vol. XLIV(1925), p. 65, 〈그림 55〉를 보라.

26) *The Masks of God : Oriental Mythology*, pp. 107-108, Noah Kramer, *From the Tablets of Sumer*(Indian Hill, Colo : The Falcon's Wing Press, 1956), pp. 172-173과 Langdon, 앞의 책, pp. 194-195에서 인용.

27) *Odyssey* IV. 563, S. H. Butcher and Andrew Lang 번역판에서. Evans, 앞의 책, Vol. III, pp. 155-156에 인용됨.

28) Nilsson, 앞의 책, Vol. I, p. 845.

29) *The Masks of God : Primitive Mythology*, pp. 406-407.

30) Robert H. Dyson, Jr., "Art of the Twin Rivers", *Natural History*, Vol. LXXI, No. 6, 6-7월호(1962), p. 39.

31) *The Masks of God : Oriental Mythology*, p. 108과 p. 111.

32) *The Masks of God : Primitive Mythology*, p. 85.

33) *The Masks of God : Oriental Mythology*, 여러 곳.

34) 「이사야」 11 : 6-9.

35) Euripides, *Bacchae* 1017. Harrison 역, *Prolegomena*, p. 433.

36) Michael Ventris와 John Chadwick, *Documents in Mycenaean Greek*(Cambridge : The Cambridge University Press, 1956), p. 127.

37) *The Masks of God : Oriental Mythology*, pp. 51-91.

38) Nilsson, 앞의 책, Vol. I, p. 297과 p. 277, 주석 1.

39) 같은 책, Vol. I, p. 303.

40) Evans, 앞의 책, Vol. II, Part I, p. 279.

41) James Mellaart, "Hacilar : A Neolithic Village Site", *Scientifc American*, Vol. 205, No. 2, 1961년 8월.

42) *The Masks of God : Primitive Mythology*, pp. 142-143.

43) *The Masks of God : Oriental Mythology*, pp. 37-41.

44) M. Untersteiner, *La fisiologia del mito*(Milan : Fratelli Bocca, 1946). Giovanni Patroni, *Commentari mediterranei all'Odissea di Omero*(Milan : C. Marzorati, 1950).

45) Nilsson, 앞의 책, Vol. I, p. 257.

46) *The Masks of God : Oriental Mythology*, pp. 155-240.

47) R. J. C. Atkinson, *Stonehenge*(Harmondsworth and Baltimore : Pelican Books, 1960), pp. 148-150.

48) 같은 책, pp. 151-153.

49) Macalister, *The Archaeology of Ireland*, p. 16.

50) *The Masks of God : Oriental Mythology*, p. 295.

51) Atkinson, 앞의 책, pp. 154-156과 p. 172.

52) 같은 책, p. 68, p. 101과 pp. 171-172.

53) *The Masks of God : Oriental Mythology*, pp. 462-463.

54) Atkinson, 앞의 책, p. 157.

55) 같은 책, pp. 157-158과 pp. 173-174.

56) 같은 책, p. 176.

57) 같은 책, p. 101과 p. 158.

58) 같은 책, pp. 161-165.

59) 같은 책, pp. 68-69, pp. 77-85, pp. 88-92, p. 101, pp. 165-167, pp. 176-179.

60) 같은 책, pp. 165-167.

61) Palmer, 앞의 책, pp. 229-247.

62) Marija Gimbutas, "Culture Change in Europe at the Start of the Second Millennium B. C. : A Contribution to the Indo-European Problem", *Selected Papers of the Fifth International Congress of Anthropological and Ethnological Sciences, Philadelphia, 1956*(Philadelphia : University of Pennsylvania Press, 1960), p. 544, Item 19.

63) 〈그림 19〉는 Evans, *Journal of Hellenic Studies*, Vol. XXI(1901), p. 108, 〈그림 4〉에 나온 것이다.

64) Leonard William King, *Chronicles Concerning Early Babylonian Kings*(London : Luzac and Co., 1907), Vol. II, pp. 87-91.

65) Otto Rank, *Der Mythus von der Geburt des Helden*(Leipzig and Vienna : Franz Deuticke Verlag, 제2확장판, 1922).

66) *The Masks of God : Oriental Mythology*, pp. 58-83.

67) Robert F. Harper, *The Code of Hammurabi, King of Babylon*(Chicago : University of Chicago Press, 1904). Bruno Meissner, *Babylon und Assyrian*, II(Heidelberg : 1920 겨울- 1925 무렵), p. 46. O. E. Ravn, *Acta orientalia*, VII(1929), pp. 81-90. Alexander Heidel, *The Babylonian Genesis*(Chicago : University of Chicago Press, 제2판, 1951), p. 14.

68) 『도덕경』 6 ; Arther Waley 역, *The Way and Its Power*(London : George Allen and Unwin, Ltd., 1934), p. 149. *The Masks of God : Oriental Mythology*, p. 425에서 인용.

69) Enûma elish, Tablets I to VI. 57, 축약본. 이외에 여러 글을 참조하였다. Alexander Heidel, *The Babylonian Genesis*(Chicago : The University of Chicago Press, 제2판, 1951), pp. 18-48 ; E. A. Speiser, James B. Pritchard, *The Ancient Near East*(Princeton : Princeton University Press, 1958), pp. 31-38에 수록. L. W. King, *Babylonian Religion*

and Mythology(London : Kegan Paul, Trench, Trubner and Co., and New York : Henry Frowde, 1899), pp. 61-80.

70) Heidel, 앞의 책, p. 130.

71) Thorkild Jacobsen, *The Sumerian King List*(Chicago : University of Chicago Press, 1939), pp. 77-85.

72) William Foxwell Albright, *From the Stone Age to Christianity*(New York : Doubleday Anchor Books, 1957), p. 196.

73) 「전도서」 5 : 18, 8 : 15, 9 : 8-9.

74) Heidel, 앞의 책. Speiser, 앞의 책. King, 앞의 책.

제2부 영웅들의 시대

제3장 레반트의 신과 영웅 : 기원전 1500-500년

1) Wilhelm M. L. de Wette, *Beiträge zur Einleitung in das Alte Testament*(1806), Theodore Parker 역, *A Critical and Historical Introduction to the Canonical Scriptures of the Old Testament*(Boston : C. C. Little and J. Brown, 1843, 제2판, 1858).

2) Eduard Meyer, *Geschichte des Altertums*(Stuttgart-Berlin : J. G. Cotta'sche Buchhandlung Nachfolger, 제2-5판. 1925-1937), Vol. II, Part 2, pp. 188-190)을 따름.

3) 「열왕기하」 22 : 3-17.

4) 「열왕기하」 22 : 3-23 ; 25.

5) 「열왕기하」 23 : 32, 37 ; 24 : 9, 19.

6) 「열왕기하」 25 : 8-11.

7) *The Masks of God : Oriental Mythology*, pp. 107-111.

8) 「창세기」 2 : 4-4 : 16.

9) *The Masks of God : Primitive Mythology*, pp. 151-225.

10) S. N. Kramer, *Sumerian Mythology*(Philadelphia : The American Philosophical Society, 1944), p. 102.

11) *Kena Upaniṣad* 1.3.

12) *Śvetāśvatara Upaniṣad* 4.20.

13) *Kena Upaniṣad* 2.5.

14) *Śvetāśvatara Upaniṣad* 6.12.

15) 『도덕경』 25 ; 35 ; 37. Arthur Waley 역, *The Way and Its Power*(London : George Allen and Unwin, Ltd., 1954), p. 174, p. 186, p. 188.

16) R. H. Blyth, *Haiku*, Vol. 1(Kamakura : Kamakura Bunko, 1949), p. 203에서.

17) *Bṛhadāraṇyaka Upaniṣad* 1.4.10.

18) *Śvetāśvatara Upaniṣad* 4.4.

19) *Bṛhadāraṇyaka Upaniṣad* 1.4.7.

20) Blyth, 앞의 책, p. 197.

21) Swami Nikhilananda, *The Gospel of Sri Ramakrishna*(New York : Ramakrishna-Vivekananda Center, 1942), p. 627.
22) Stith Thompson, *Motif-Index of Folk Literature*(Bloomington, Ind. : Indiana University Studies, 1932), Motifs C 600-649.
23) 예를 들자면, Washington Matthews, *Navaho Legends*, Memoirs of the American Folklore Society, Vol. V(New York : G. E. Stechert and Co., 1897), p. 107 이하.
24) Gerald Vann, O. P., *The Paradise Tree*(New York : Sheed and Ward, 1959), p. 65.
25) 로마 가톨릭 미사 경본, 성 토요일, 과월절 촛불의 축복. 판본은 Dom Gaspar Lefebure, *Daily Missal*(St. Paul : E.M. Lohmann, Co., 1934), p.831.
26) 「창세기」 1 : 1-2 : 4a.
27) *The Masks of God : Oriental Mythology*, pp. 83-91.
28) *The Masks of God : Primitive Mythology*, p. 86.
29) *The Masks of God : Oriental Mythology*, pp. 121-130.
30) *The Masks of God : Oriental Mythology*, pp. 105-107.
31) J. H. Hertz 박사, The Pentateuch and Haftorahs(London : Soncino Press, 5721[1961]), p. 196과 p. 200.
32) 「창세기」 12 : 1-4a.
33) *A Dictionary of the Holy Bible*(New Yrok : American Tract Society, 1859), "Abraham" 항목, p. 10.
34) 「창세기」 11 : 27-32.
35) Alexander Scharff and Anton Moortgat, *Ägypten und Vorderasien im Altertum*(Munich: Verlag F. Bruckmann, 1950), pp. 269-271.
36) 같은 책, pp. 281-282.
37) Hertz, 앞의 책, p. 200.
38) Gudea Cylinder A, Scharff and Moortgat, 앞의 책, pp. 275-279의 축약본에 따름.
39) Scharff and Moortgat, 앞의 책, p. 285.
40) 예를 들어서, James Henry Breasted, *The Conquest of Civilization*(New York and London : Harper and Brothers, 1926), p. 145를 보라.
41) Meek, 앞의 책, p. 14.
42) 같은 책, pp. 15-16.
43) *The Masks of God : Oriental Mythology*, pp. 391-396.
44) Kathleen M. Kenyon, *Archaeology in the Holy Land*(New York : Frederick A. Praeger, 1960), p. 194.
45) 「창세기」 12 : 10-13 : 1.
46) 「창세기」 20.
47) 「창세기」 26 : 1-17.
48) Kenyon, 앞의 책, p. 221과 Scharff and Moortgat, 앞의 책, p. 385.
49) Sigmund Freud, *Moses and Monotheism*, Katherine Jones 역(New York : Alfred A. Knopf, 1939), p. 109.
50) 같은 책, p. 51.
51) Eduard Meyer, *Die Israeliten und ihre Nachbarstämme*(Halle : M. Niemeyrer, 1906), p. 47. Freud, 앞의 책, p. 51에서 인용.

52) Freud, 앞의 책, p. 3.

53) 이와 관련된 나의 논의는 발표된 적이 없는 Edwin M. Wright의 *The "Image" of Moses*라는 글에 의존하고 있다.

54) 「출애굽기」 2 : 1-4.

55) Freud, 앞의 책, p. 15.

56) Meyer, *Geschichte des Altertums*, Vol. II, 제2부, p. 208.

57) 「출애굽기」 2 : 5-10.

58) Apollonios Rhodios 4. 1091 ; Karl Kerényi, *The Heroes of the Greeks*, H. J. Rose 역 (New York : Grove Press, 1960), pp. 46-47과 p. 54.

59) 「출애굽기」 2 : 11-22.

60) Meek, 앞의 책, pp. 108-109.

61) Freud, 앞의 책, pp. 39-40.

62) Meek, 앞의 책, p. 7 이하와 p. 18이하에서 이 문제에 대하여 행한 논의를 보라.

63) Josephus의 이론. Meek, 앞의 책, p. 18을 보라.

64) James W. Jack, *The Date of the Exodus in the Light of External Evidence*(Edinburgh : T.&T. Clark, 1925).

65) Thomas Mann, *Joseph in Egypt*(1936).

66) Freud, 앞의 책.

67) William Foxwell Albright, *From the Stone Age to Christianity*(New York : Doubleday Anchor Books, 1957), p. 13

68) Scharff and Moortgat, 앞의 책, p. 165.

69) Meek, 앞의 책, p. 35.

제4장 서부 유럽의 신과 영웅들 : 기원전 1500-500년

1) N. G. L. Hammond, *A History of Greece to 322 B.C.*(Oxford : The Clarendon Press, 1959), pp. 36-37.

2) *The Masks of God : Oriental Mythology*, pp. 150-155.

3) Leo Frobenius, *Shicksalskunde im Sinne des Kulturwerdens*(Leipzig : R. Voigtländers Verlag, 1932), p. 99.

4) *The Masks of God : Primitive Mythology*, pp. 170-225.

5) *The Masks of God : Oriental Mythology*, p. 155.

6) Palmer, 앞의 책, p. 120. Hammond, 앞의 책, p. 74.

7) Nilsson, 앞의 책, Vol. I, p. 347. 〈그림 20〉과 〈그림 21〉은 헤라클리온 박물관에 있는 상이며, Evans가 처음 복제한 것이다.

8) K. Kerényi, *The Gods of the Greeks*, pp. 119-120, 그는 Hesiod, Euripides, Homeric Hymn 28, Apollodorus Mythographus, Chrysippus Stoicus를 인용하고 있다.

9) Hammond, 앞의 책, p. 60.

10) Robert Graves, *The Greek Myths*(Harmondsworth and Baltimore : Penguin Books, 1955), Vol. I, p. 17과 p. 244.

11) Hammond, 앞의 책, p. 39.

12) *The Masks of God : Oriental Mythology*, pp. 190-197.

13) *The Masks of God : Primitive Mythology*, pp. 170-202와 pp. 441-451.

14) 같은 책, p. 445이하.

15) Palmer, 앞의 책, pp. 130-131.

16) Graves, 앞의 인용문 참조.

17) Frazer, 앞의 책, p. 5.

18) *The Masks of God : Primitive Mythology*, p. 161.

19) Aeschylus, Fragment 261. K. Kerényi가 *The Heroes of the Greeks*, p. 51에서 인용함.

20) K. Kerényi, *The Gods of the Greeks*, pp. 48-49. *The Heroes of the Greeks*, pp. 46-54. Graves, 앞의 책, Vol. I, pp. 237-245.

21) Sigmund Freud, *A General Introduction to Psychoanalysis*(New York : Garden City Publishing Company, 1935), p. 125.

22) Harrison, *Prolegomena*, p. 292.

23) 같은 책, p. 298.

24) Carl G. Jung, *Two Essays on Analytical Psychology*(London : Bailliere, Tindall and Cox, 1928), pp. 188-189.

25) 같은 책, p. 52.

26) Harrison, *Prolegomena*, p. 294. 〈그림 22〉는 루브르의 그리스-에트루리아의 흑색상 꽃병에 나온 것으로서, Harrison이 *Journal of Hellenic Studies*, Vol. VII(1886), p. 203 에서 처음 논의하였다.

27) Nilsson, 앞의 책, Vol. I, pp. 25-26.

28) Gilbert Murray, *The Rise of the Greek Epic*(Oxford : The Clarendon Press, 제3판, 개 정 증보판, 1924), p. 211.

29) 같은 책, pp. 211-212.

30) *Odyssey*의 인용은 S. H. Butcher and A. Lang의 번역(London : Macmillan and Company, 초판, 1879)에 의거하고 있다(우리말 번역은 천병희 역 『오뒤세이아』에 의존하였다).

31) *The Masks of God : Primitive Mythology*, pp. 183-190.

32) Sophocles, Fragment 837. A. C. Pearson, *The Fragments of Sophocles*(Cambridge : The University Press, 1917), Vol. III, p. 52. 아마 그의 사라진 비극 *Triptolemus*에 나오는 부분일 것이다.

33) *The Masks of God : Oriental Mythology*, pp. 197-206, 특히 pp. 201-202, *Chāndogya Upaṣniṣad* 5.3-10을 인용한 부분.

34) 같은 책, pp. 204-205, *Kena Upaniṣad*, 3.1부터 4.1까지를 인용한 부분.

35) 같은 책, pp. 211-240.

36) K. Kerényi, "Vater Helios", *Eranos-Jahrbuch 1943*(Zürich : Rhein-Verlag, 1944), p. 83.

37) Thuchydides, *Peloponnesian War* II. 37-40, 축약본. Benjamin Jowett 역.

38) H. D. F. Kitto, *The Greeks*(Harmondsworth and Baltimore : Penguin Books, 개정판, 1957), p. 11.

39) *The Masks of God : Oriental Mythology*, pp. 218-240, pp. 249-252, pp. 256-257. 또 한 Heinrich Zimmer, *Philosophies of India*, Joseph Campbell 편, The Bollingen Series XXVI(New York : Pantheon Books, 1951), p. 181 이하.

40) *The Masks of God : Primitive Mythology*, p. 101.

41) Euripides, Fragment 475, Gilbert Murray 역, Harrison, *Prolegomena*, p. 479에서.
42) *The Masks of God : Oriental Mythology*, pp. 137-144, pp. 211-218.
43) K. Kerényi, "Die orphische Kosmologie und der Ursprung der Orphik", *Eranos-Jahrbuch 1949*(Zürich : Rhein-Verlag, 1950), pp. 53-78.
44) Aristotle, *Metaphysics* A. 986a.

제3부 위대한 고전의 시대

제5장 페르시아 시대 : 기원전 539-331년

1) L. H. Mills, *The Zend Avesta*, Part III, *Sacred Books of the East*, Vol. XXXI(Oxford : The Clarendon Press, 1887), pp. xxxiii-xxxvii.
2) Meyer, *Geschichte des Altertums*, Vol. III, p. 97.
3) Hans Heinrich Schaeder, *Der Mensch in Orient und Okzident*(Munich : R. Piper and Co., 1960), p. 103.
4) Yasna 28 : 8, 46 : 14, 51 : 16과 19, 53 : 2에 있는 예들.
5) Ernst Herzfeld, *Zoroaster and His World*(Princeton : Princeton University Press, 1947), Vol. I, pp. 1-30. A. T. Olmstead, *History of the Persian Empire*(Chicago : University of Chicago Press, Phoenix Books, 1948, 1959), p. 94. R. C. Zaehner, *The Dawn and Twilight of Zoroastrianism*(New York : G. P. Putnam's Sons ; London : Weidenfeld and Nicholson, 1961), pp. 33-36.
6) Meyer, *Geschichte des Altertums*, Vol. III, p. 110, 주 3.
7) 같은 책, p. 97, 주 2.
8) 같은 책, 같은 곳.
9) *Vedāntasāra* 30.
10) Yasna 45 : 2-3 ; 대체로 L. H. Mills, 앞의 책, pp. 125-126을 따름.
11) Yasna 28 : 3 ; Mills, 앞의 책, p. 18.
12) Yasna 30 : 2 ; Mills, 앞의 책, p. 29.
13) Yasna 48 : 4 ; Mills, 앞의 책, p. 155.
14) *Artā-ī-Vīrāf Nāmak* IV, 7-33 ; Martin Haug, Destur Hoshangji Jamaspji Asa와 E. W. West, *The Book of Arda Viraf*(London : Trübner and Co. ; Bombay : Government Central Book Depot, 1872), pp. 154-155.
15) 같은 책, 같은 곳. 생략과 축약을 하였음.
16) E. W. West, *Pahlavi Texts*, Part I : *The Bundahish, Bahman Yasht, and Shahyast La-shahyast ; Sacred Books of the East*, Vol. V(Oxford : The Clarendon Press, 1880), p. xlii, p. xliii.
17) James Darmesteter, *The Zend Avesta*, Part I : *The Vendidad ; Sacred Books of the East*, Vol. IV(Oxford : The Clarendon Press, 1880), p. xii.
18) Yasna 30 : 3, 9. Mills, 앞의 책, p. 29와 pp. 33-34.

19) *Bundahish* I–XV, 축약을 하였으며, XXIV, XXVII과 *Zat-sparam* II.6, V.1–2, VII.3–6, VIII.3–5, IX.2–6, X.3–4에서 약간씩 더하였다(West, 앞의 책, pp. 3–58, p. 88, p. 99, pp. 161–162, p. 167, p. 174, pp. 176–177, pp. 177–179, p. 183).

20) *The Masks of God : Primitive Mythology*, p. 174 이하.

21) Joseph Klausner, *The Messianic Idea in Israel*, W. F. Stinespring 역(London : George Allen and Unwin, Ltd., 1956), p. 59.

22) 같은 책, pp. 65–66.

23) 같은 책, p. 10.

24) 같은 책, pp. 56–57과 주 8.

25) Yasht 19.2.11. James Darmesteter, *The Zend-Avesta*, Part II, *The Sirozahs, Yashts and Nyayis ; Sacred Books of the East*, Vol. XXIII(Oxford : The Clarendon Press, 1883), p. 290.

26) Yasht 19.13.79–80. James Darmesteter, *The Zend-Avesta*, Part II, pp. 304–305.

27) Yasht 13.93.

28) *Vendidad*, Fargard 19.1–2(Darmesteter I, p. 204).

29) Yasht 5.7–15(Darmesteter II, pp. 55–57).

30) *Bundahish* 32.8–9.

31) Yasht 13.141–142.

32) *Bundahish* 30.1–3.

33) *Bundahish* 30.4–33. 축약(West, 앞의 책, pp. 121–130).

34) 「여호수아」 6 : 21.

35) 「여호수아」 8 : 24.

36) 「여호수아」 10 : 6–11 : 20.

37) 「사사기」 1 : 27 이하.

38) Meyer, *Geschichte des Altertums*, Vol. III, pp. 6–8.

39) 같은 책, pp. 11–12.

40) 「아모스」 6 : 1–2.

42) 「예레미야」 25 : 8–9.

43) Meyer, *Geschichte des Altertums*, Vol. III, p. 188.

44) 「에스라」 1 : 7–11.

45) 「이사야」 45 : 1.

46) 「이사야」 45 : 2–7.

47) G. Buchanan Gray, "The Foundation and Extension of the Persian Empire", in J. B. Bury, S. A. Cook, F. E. Adcock(편), *The Cambridge Ancient History*, Vol. IV(Cambridge: The University Press, 1939), Chapter I, p. 13, 주 1. 나보니두스의 이단에 대한 좀더 폭넓은 연구로는 Sidney Smith, *Babylonian Historical Texts*(London : Methuen and Company, 1924), pp. 27–123.

48) Cyrus Cylinder, 6–36행. F. H. Weissbach, *Die Keilinschriften der Achameniden*(Leipzip: J. C. Hinrich, 1911), pp. 2–7을 따름.

49) Meyer, *Geschichte des Altertums*, Vol. III, pp. 187–197.

50) Behistun의 비문, the Great Inscription, paragraphs 1–15. Weissbach, 앞의 책, pp. 9–21.

51) Oswald Spengler, *Der Untergang des Abendlandes*, Vol. II(Munich : C. H. Beck, 1930),

p. 285. Charles Francis Atkinson 역, Oswald Spengler, *The Decline of the West*(London : Allen & Unwin, Ltd. ; New York : Alfred A. Knopf, 1937), Vol. II, p. 235.

52) 「이사야」 10 : 20-23.

53) 「에스라」 1 : 2-4.

54) 「에스라」 2 : 64-65.

55) 「느헤미야」 1 : 11.

56) 「느헤미야」 2 : 11-17.

57) 「에스라」 9 : 1-3.

58) 「에스라」 10 : 1-17, 44.

59) Plato, *Symposium* 196c, Jowett 역.

60) Warner Fite, *The Platonic Legend*(New York and London : Charles Scribner's Sons, 1934), p. 153.

61) *The Masks of God : Primitive Mythology*, pp. 93-116.

62) Heinrich Zimmer, *The Art of Indian Asia*, Joseph Campbell 편, Bollingen Series XXXIX, (New York : Pantheon Books, 1955), Vol. I, p. 131.

63) Juvenal 6.324, Karl Kerényi, *The Religion of the Greeks and Romans*(New York : E. P. Dutton and Co., 1962), p. 30.

64) Plato, *Symposium* 201d, Michael Joyce 역, Edith Hamilton and Huntington Cairns, *The Collected Dialogues of Plato*, Bollingen Series LXXI(New York : Pantheon Books, 1961), p. 553에 수록된 것.

65) Plato, *Symposium* 210a-212a, Michael Joyce 역, 앞의 인용문 참조.

66) Spengler, 앞의 책, Vol. I, 229-230(영어 번역본, Vol. I, pp. 176-177).

67) *Theogony* 120-122, Richmond Lattimore 역, *Hesiod*(Ann Arbor : The University of Michigan Press, 1961).

68) *The Masks of God : Primitive Mythology*, pp. 170-171.

69) *The Masks of God : Oriental Mythology*, pp. 81-83.

70) *The Masks of God : Oriental Mythology*, 색인에서 "sacrifce, human"과 "suttee"를 찾아보라.

제6장 헬레니즘 : 기원전 331-서기 324년

1) Maximus of Tyre, Dissertation XXXVIII, Gilbert Murray 역, *Five Stages of Greek Religion*(Garden City : Doubleday Anchor Books, 연도 불명), pp. 74-75, 주 44, 또한 Thomas Taylor, *The Dissertations of Maximus Tyrius*(London : C. Whittingham, 1804), Vol. II, pp. 196-198.

2) Gilbert Murray, *Aeschylus*(Oxford : The Clarendon Press, 1940), p. 129.

3) Aeschylus, *The Persians*, 808-815행(Gilbert Murray 역, *Aeschylus*, pp. 119-120).

4) Hammond, 앞의 책, pp. 212-244에 따름.

5) *The Masks of God : Primitive Mythology*, p. 418 이하.

6) Alexander Pope, "The Universal Prayer", 1, 7, 13연.

7) Hermann Diels, *Die Fragmente der Vorsokratiker*(Berlin : Weidmann, 제4판, 1922), Frag-

ments 23, 24, 26, 14, 16, 11, 15.

8) Clemet of Alexandria가 *Exhortation to the Greeks*, p. 61P에서 인용 ; F. M. Cornford, *Greek Religious Thought*(London : J. M. Dent and Sons, 1923), p. 237에서 인용.

9) Aristotle, *Metaphysics* A. 986b. 21.

10) H. Ritter and L. Preller, *Historia Philosophiae Graecae*(Gotha : F. R. Perthes, 1888), p. 83. Xenophanes, Fragment 90B.

11) *The Masks of God : Oriental Mythology*, pp. 422-429.

12) 「마태복음」 19 : 21.

13) Matthew Arnold, "An Essay on Marcus Aurelius", *Essays in Criticism : First Series* (London and Cambridge : Macmillan and Co. ; Boston : Ticknor and Fields, 초판, 1865), p. 262.

14) Marcus Aurelius, George Long 역(London : G. Routledge and Sons, 1862), Chapter IV, Paragraph 4.

15) 같은 책, Chapter VII, Paragraph 55.

16) 같은 책, Chapter VIII, Paragraph 59.

17) 같은 책, Chapter V, Paragraph 6, 부분.

18) 「마태복음」 6 : 1-4.

19) Arnold, 앞의 인용문 참조.

20) Murray, *The Five Stages of Greek Religion*, Chapter IV.

21) W. W. Tarn, *Hellenistic Civilization*, 저자와 G. T. Griffith의 개정판(New York : Meridian Books, 1961), pp. 296-298.

22) 같은 책, pp. 302-305.

23) 같은 책, pp. 305-306.

24) 가령, Joseph Needham의 그리스와 중국의 과학에 대한 비교를 보라. Joseph Needham and Wang Ling, *Science and Civilisation in China*, Vol. II(Cambridge : The University Press, 1956), pp. 216-345.

25) Arrian, *The Discourses of Epictetus*, iii.22.45-46, Hastings Crossley 역, *The Golden Sayings of Epictetus*(London : Macmillan and Co., 1925), pp. 100-101.

26) Marcus Aurelius, Chapter XII, Paragraph 32, George Long 역, *The Thoughts of Marcus Aurelius Antoninus*(London : G. Bell and Sons, 1919), pp. 215-216.

27) Tarn, 앞의 책, p. 330.

28) Seneca, *On Providence* II.4.

29) Sececa, *Consolation of Helvia* VIII.5.

30) Arrian, *Discourses* iii.20.12.

31) 같은 책, i.16.15-18.

32) 같은 책, ii.8.10-11.

33) *Bhagavad Gītā* 2 : 15.

34) 같은 책, 3 : 19.

35) Arrian, 앞의 책, ii.8.2.

36) Jacob Hoschander, *The Priests and Prophets*(New York : The Jewish Theological Seminary of America, 1938), p. 48 이하.

37) 「이사야」 41-49.

610

38) Joseph Klausner, *From Jesus to Paul*, William F. Stinespring 역(Boston : Beacon Press Edition, 1961), p. 185.

39) 같은 책, p. 182.

40) H. Schenkl, *Epicteti Dissertationes*(Teubner, 1898), Fragment 17.

41) *The Masks of God : Oriental Mythology*, p. 304와 pp. 492-493.

42) *The Masks of God : Oriental Mythology*, pp. 103-112.

43) Yasht 10.1, Darmesteter, *The Zend Avesta*, Part II, pp. 119-120.

44) Franz Cumont, *The Mysteries of Mithra*, Thomas J. McCormack 역(London : Kegan Paul, Trench, Trubner and Co., 1903), p. 24. 입문의 등급들에 대해서는 같은 책, pp. 152-164. 〈그림 23〉은 Cumont, *Textes et monuments figurés relatifs aux mystères de Mithra* (Brussels : H. Lamertin, 1896-99), Vol. II, p. 228, 〈그림 59〉에서 나온 것임.

45) *The Masks of God : Primitive Mythology*, pp. 170-225.

46) William Blake, "Proverbs of Hell", *The Marriage of Heaven and Hell*(1793년경의 동판화)에서.

47) Cumont, *The Mysteries of Mithra*, pp. 191-193.

48) 같은 책, pp. 180-181.

49) Carl G. Jung, *Symbols of Transformation*, R. F. C. Hull 역, The Bollingen Series XX (New York : Pantheon Books, 1956), pp. 200-201.

50) Jerome, *Adversus Jovinianum*, I.7, Jung, *Symbols of Transformation*, p. 101, 주 48에 인용되어 있음.

51) Jung, *Symbols of Transformation*, p. 247.

52) Cumont, *The Mysteries of Mithra*, pp. 130-137.

53) 같은 책, p. 105. 〈그림 24〉는 Cumont, *Textes et monuments figurés relatifs aux mystères de Mithra*, Vol. II, p. 238, 〈그림 68〉에서 나온 것임.

54) Zimmer, *The Art of Indian Asia*, Vol. I, p. 194.

55) *The Masks of God : Oriental Mythology*, p. 487.

56) L. de la Valée Poussin, "Tantrism(Buddhist)", Hastings(편), *Encyclopaedia of Religion and Ethics*, Vol. XII, pp. 193-197.

57) *The Masks of God : Oriental Mythology*, p. 303 이하.

58) Cumont, *The Mysteries of Mithra*, p. 151.

59) *The Masks of God : Oriental Mythology*, p. 177과 색인의 "Varuna"를 보라.

60) *Śatapatha Brāhmaṇa* 4.1.4, Ananda K. Coomaraswamy, *Spiritual Authority and Temporal Power in the Indian Theory of Government*, American Oriental Series, Volume 22(New Haven : American Oriental Society, 1942), p. 6에서 논의됨.

61) *Taittirīya Saṃhitā* 2.1.9.3, Coomaraswamy, 앞의 책, 주 22와 pp. 28-29에서.

62) Coomaraswamy, 앞의 책, 주 24와 pp. 34-36.

63) Cumont, *The Mysteries of Mithra*, p. 15 이하.

64) 예를 들어서, Arthur Avalon(Sir John Woodroffe), *The Serpent Power*(Madras : Ganesh and Co., 제3개정판, 1931), Swami Nikhilananda(역), *The Gospel of Sri Rama-krishna*(New York : Ramakrishna-Vivekananda Center, 1942), 색인의 "Kundalini"를 보라.

65) Cicero, *de Legibus* II.36.

66) 「마가복음」 13 : 3-37(「마태복음」 24장과 「누가복음」 21장에도 비슷한 내용이 나온

다. 또한 「데살로니가후서」 2장과 「요한계시록」을 보라).

67) 「마카베오상서」 2 : 1-30.

68) Tarn, 앞의 책, pp. 217-226.

69) Erwin R. Goodenough, *Jewish Symbols in the Greco-Roman Period*, Vol. 8, The Bollingen Series XXXVII(New York : Pantheon Books, 1953-1958), Vol. 2, p. 216. Anguipede에 대한 논의는 pp. 245-258. 그림들은 Vol. III의 〈그림 1083〉, 〈그림 1094〉, 〈그림 1097〉, 〈그림 1104〉, 〈그림 1109〉를 복제한 것.

70) 같은 책, Vol. 2, p. 248.

71) Greek Magical Papyri, Mithra Liturgy(Papyrus IV, 558-560행)에서. Karl Lebrecht Preisendanz, *Papyri Graegae Magicae : Die Griechische Zauberpapyri*(Leipzig-Berilin : B. G. Teubner, Vol.I, 1928, Vol. II, 1931), Vol. I, p. 92, Goodenough, 앞의 책, Vol. 2, p. 270에 인용.

72) Josephus, *De Bello Judaico* 2.8.14(paragraphs 162-163), William Whiston 역, D. S. Margoliouth 개정(New York : Harper Torchbooks, 1960).

73) 같은 책, 2.8.14(paragraphs 164-165).

74) 같은 책, 2.8.14(paragraph 166).

75) 「마카베오상서」 2 : 45-48.

76) 「마카베오상서」 3 : 1-12, 축약.

77) 「마카베오상서」 8 : 1-9 : 23.

78) 「마카베오상서」 9 : 24-10 : 20.

79) 「마카베오상서」 14 : 38-43.

80) Josephus, 앞의 책, 1.2.4(paragraphs 57-60).

82) 같은 책, 1.2.8(paragraph 71).

83) 같은 책, paragraph 70.

84) 같은 책, 1.3.2-6(paragraphs 72-84).

85) 같은 책, 1.4.4(paragraphs 91-92).

86) 같은 책, 1.4.4-5(paragraphs 92-95).

87) 같은 책, 1.4.1-6(paragraphs 85-97).

88) Duncan Howlett, *The Essenes and Christianity : An Interpretation of the Dead Sea Scrolls* (New York : Harper and Brothers, 1957), p. 14.

89) Millar Burrows의 번역, *The Dead Sea Scrolls*(New York : The Viking Press, 1955), pp. 392-393. The War Scroll, column iii과 iv에서(축약).

90) Howlett, 앞의 책, p. 22.

91) *Manual of Discipline*, "The Two Spirits in Man"에 대한 부분, Burrows, 앞의 책, pp. 374-376, 많이 축약됨.

92) *The Masks of God : Oriental Mythology*, p. 292.

93) Rock Edict XII, Vincent A. Smith, *The Edicts of Achoka*(Broad Campden : Essex House Press, 1909), p. 20, *The Masks of God : Oriental Mythology*, p. 294에서 인용.

94) Howlett, 앞의 책, p. 18.

95) Burrows, 앞의 책, pp. 365-366.

96) 같은 책, p. 365.

97) Millar Burrows, *More Light on the Dead Sea Scrolls*(New York : The Viking Press,

1958), p. 212와 p. 222, 특히 T. J. Milik와 G. Vermes를 인용하고 있다.

98) Frank Moore Cross, Jr., *The Ancient Library of Qumran and Modern Biblical Studies* (Garden City, New York : Doubleday and Company, 1958), pp. 101-116. Burrows, *More Light on the Dead Sea Scrolls*, p. 212에서 논의되고 있음.

99) Howlett, 앞의 책, pp. 48-58과 pp. 66-67.

100) 텍스트로는 Burrows, *More Light on the Dead Sea Scrolls*, p. 404를 보고, 그를 얀 네우스로 확인한 것에 대해서는 Howlett, 앞의 책, pp. 68-78을 보라.

101) Howlett, 앞의 책, p. 76.

102) Burrows, *More Light on the Dead Sea Scrolls*, pp. 339-340.

103) 같은 책, p. 341.

104) Cross, 앞의 책, p. 151.

105) 같은 책, p. 151. 인용된 구절은 Rudolf Bultmann, *Theology of the New Testament*, K. Grobel 역(New York : Scribner, 1951), Vol. I, p. 42.

106) 같은 책, pp. 181-182. Bultmann, 앞의 인용문 참조.

107) Burrows, *The Dead Sea Scrolls*, p. 371.

108) 「마태복음」 5 : 43-48.

제7장 위대한 로마 : 기원전 500-서기 500년경

1) Mircea Eliade, *Forgerons et alchimists*(Paris : Flammarion, 1956), p. 24.

2) 같은 책, p. 83.

3) Julius Caesar, *De Bello Gallico* 6.13-18. H. J. Edwards 역, Loeb Classical Library (Cambridge, Mass. : Harvard University Press ; London : William Heinemann), 인용자가 약간 수정함.

4) 고전적인 문헌의 개괄을 위해서는 T. D. Kendrick, *The Druids*(London : Methuen and Co., 1927), Chapter III을 보라.

5) Alfred Nutt, *The Voyage of Bran*(London : David Nutt, 1897), Vol. II, pp. 92-93, 주 6.

6) John Arnott MacCulloch, *Celtic Mythology ; The Mythology of All Races*, Vol. III (Boston : Marshall Jones Company, 1918), pp. 45-46.

7) Nutt, 앞의 책, Vol. II, pp. 91-96.

8) MacCulloch, 앞의 책, p. 43.

9) Nutt, 앞의 책, Vol. II, p. 92.

10) *The Masks of God : Primitive Mythology*, pp. 229-281.

11) Geoffrey Keating(c. 1570-1646), *History of Ireland*, John O'Mahony 역(London : 1866), 105-106, J. A. MacCulloch, *The Religion of the Ancient Celts*(Edinburgh : T.&T. Clark, 1911), p. 50에 인용.

12) Keating 107. MacCulloch, *Religion*, pp. 50-51.

13) *The Masks of God : Primitive Mythology*, pp. 432-434.

14) Strabo 4.4.6, Kendrick, 앞의 책, p. 139에 인용.

15) Mela, *Chorogr.* 3.6.48. Kendrick, 앞의 책, pp. 138-139.

16) *The Masks of God : Primitive Mythology*, pp. 183-190.

17) Kendrick, 앞의 책, pp. 139-140.

18) The Book of Leinster(Leabhar Laignech), 5, MacCulloch, *The Religion of the Ancient Celts*, pp. 50-51.

19) MacCulloch, *The Religion of the Ancient Celts*, p. 32.

20) 같은 책, p. 69.

21) Lady Gregory, *Gods and Fighting Men*(London : John Murray, 1904), pp. 51-52에서.

22) 텍스트는 The Golden Book of Lecan, 648단(段), 12행 이하에서. 그리고 Egerton, 1782, p. 148, Ernst Windisch, *Irische Texte*, II Serie, 2 Heft, p.241 이하에서 말한 대로이다. Eleanor Hull, *The Cuchullin Saga in Irish Literature*(London : David Nutt, 1898), pp. 103-107에 의거한 번역임.

23) H. D'Arbois de Jubainville, *Les Celtes depuis les temps les plus anciens jusqu'en 100 avant notre êre*(Paris : A. Fontemoing, 1904), p. 63 이하.

24) MacCulloch, *The Religion of the Ancient Celts*, pp. 138-141.

25) Otto-Wilhelm von Vacano, *The Etruscans in the Ancient World*, Sheila Ann Ogilvie 역(London : Edward Arnold Ltd. ; New York : St. Martin's Press, 1960), pp. 57-58.

26) 같은 책, p. 39.

27) 같은 책, p. 40. von Vacano가 이야기하는 〈그림 29〉는 Eduard Gerhard, *Miroirs étrusques*(Berlin : 1841-67), Vol.II, Plate CLXXVI에서 나온 것.

28) Horace Gregory, *Ovid, The Metamorphoses*(New York : The Viking Press, 1958), p. 214.

29) 다른 판본과 출처에 대해서는 K. Kerényi, *The Heroes of the Greeks*(New York : Grove Press, 1960), pp. 113-121과 거기에 붙은 주석들을 보라.

30) 같은 책, p. 171.

31) Seneca, *Quaestiones Naturales* II. 32, 41, 48. von Vacano, 앞의 책, p. 145에 인용된 것.

32) Plutarch, *Romulus*, Dryden의 번역을 A. H. Clough가 개정한 것에 따름.

33) 같은 책.

34) 「누가복음」 24 : 13-31.

35) Plutarch, 앞의 책.

36) Charlton T. Lewis and Charles Short, *A Latin Dictionary*(Oxford : The Clarendon Press, 1879), pp. 1224-1225.

37) *The Masks of God : Oriental Mythology*, pp. 229-281.

38) Seneca, *Epist.* 41.3. Nilson, 앞의 책, Vol. I, p. 286에서 인용.

39) Ludwig Deubner, "Die Römer", Chantepie de la Saussaye, *Lehrbuch der Religionsgeschichte*(Tübingen : J. C. B. Mohr, 제4개정판, 1925), Vol. II, p. 443에 실림.

40) 같은 책, pp. 438-442.

41) *The Masks of God : Primitive Mythology*, pp. 151-169.

42) Plutarch, *De Pythiae Oraculis*. H. C. O. Lanchester, "Sibylline Oracles", Hastings(편), 앞의 책, Vol. XI, p. 497에 수록.

43) Servius, commentary on Virgil, Eclogue iv. 4. Georgius Thilo, *Servii Grammatici*(Hildesheim : Georg Olms, 1961), Vol. III, pp. 44-45.

44) Eclogue iv. J. W. Mackail에 의거한 번역.

45) Cicero, *De re publica* 6.9-26, 많이 축약하였음. Clinton Walker Keyes의 번역에 의거

614

하였음. 번역본은 Loeb Classical Library, 1928(Cambridge, Mass. : Havard University Press ; London : William Heinemann)에 수록.

46) 같은 책, 6.13.
47) *The Masks of God : Oriental Mythology*, pp. 198-203.
48) Cicero, 앞의 책, 6.29.
49) *Aeneid* 6.790-807.
50) *Metamorphoses* 15.745-870.
51) Deubner, 앞의 책, pp. 469-471.
52) 같은 책, p. 472.
53) 「고린도전서」 15 : 21-22(서기 54년경).
54. 「빌립보서」 2 : 6-11. 이 구절이 전통적인 그리스도론적 찬송이라고 확인한 것을 보려면 Ernst Lohmeyer, "Kyrios Jesus", *Heidelberger Akademie der Wissenschaften, Sitzungsbericht, Philosophisch-historische Klasse, 1927-28.* 4 Abh., 1928. Rudolf Bultmann, *Primitive Christianity in Its Contemporary Setting*(New York : Living Age Books, 1956), pp. 196-197을 참조하라.
55) Klausner, *The Messianic Idea in Israel*, p. 24.
56) 「누가복음」 1 ; 26-35, 38.
57) 「누가복음」 2 : 1-20.
58) Henri Corbin, "Terre céleste et corps de résurrection d'après quelques traditions iraniennes", *Eranos-Jahrbuch 1953*(Zürich : Rhein-Verlag, 1954), p. 109.
59) 「마태복음」 2 : 1-12.
60) Epiphanius, *Penarion* 51, Kirsopp Lake의 논문, "Epiphany"(Hastings[편], 앞의 책, Vol. V, p. 332에 수록)에 인용된 것임.
61) Kirsopp Lake의 논문, "Christmas", Hastings(편), 앞의 책, Vol. III, p. 602에 수록.
62) 「마태복음」 2 : 13-23.
63) Louis Ginzberg, *The Legends of the Jews*, Henrietta Szold(Philadelphia : The Jewish Publication Society of America, 1913), Vol. I, pp. 186-189.
64) *Bhagavatā Purāṇa* 10.1.17-10.4.14, 많이 축약됨.
65) *The Masks of God : Oriental Mythology*, pp. 347-350.
66) Hesiod, *Theogony* 453-506. Richmond Lattimore가 번역한 *Hesiod*(The University of Michigan Press), pp. 150-153에 따른 것임.
67) Charles Guignebert, *Jesus*, S. H. Hooke의 번역(New York : University Books, 1956), p. 43
68) 「마가복음」 1 : 9-11.
69) 「누가복음」 3 : 22, Western text, Codex D ; Guignebert가 앞의 책, p. 108에서 인용.
70) Josephus, *Antiquities* 18.5.2.
71) 「마가복음」 6 : 16-29.
72) 「마가복음」 1 : 4-8.
73) 「열왕기하」 1 : 8.
74) 이 점에 대한 논의는 Guignebert, 앞의 책, p. 149를 보라. 그는 모든 문제에 대하여 완벽한 서지를 제공하고 있다.
75) *The Masks of God : Oriental Mythology*, pp. 264-272.

76) 「마태복음」 1 : 1-17. 「누가복음」 3 : 23-38.
77) 「마가복음」 1 : 12-13.
78) *The Masks of God : Oriental Mythology*, pp. 15-21과 pp. 271-272.
79) 같은 책, pp. 14-15.
80) Klausner, *The Messianic Idea in Israel*, pp. 9-10.
81) 「마가복음」 1 : 14-28.
82) Guignebert, 앞의 책, pp. 191-192.
83) 「로마서」 13 : 11-12.
84) 「마가복음」 2 : 27.
85) 「마가복음」 2 : 22.
86) 「마가복음」 2 : 17.
87) 「마태복음」 5 : 44.
88) 「마가복음」 12 : 28-31.
89) 「마태복음」 16 : 13-23.
90) 「마가복음」 14 : 17-16 : 8.
91) 「골로새서」 2 : 8-3 : 8, 발췌.
92) 「요한행전」 88-89, 번역은 Montague Rhodes James, *The Apocryphal New Testament* (Oxford : The Clarendon Press, 개정판, 1953), p. 251에 따른 것.
93) 「요한행전」 93, James, 앞의 책, pp. 25-53.
94) Vajracchedika 32. *The Masks of God : Oriental Mythology*, p. 319에서 인용.
95) *The Tempest* IV.i.157-158.
96) *Corpus Hermeticum*, Scott 역, Book XI(ii), 20b-22b, pp. 220-223. 나는 이 구절을 Alan W. Watts 박사와 Ananda K. Coomaraswamy 여사 덕분에 알게 되었다.
97) 「토마의 복음서」 Coptic text는 A. Guillaumont, H. -Ch. Puech, G. Quispel, W. Till, Yassah 'Abd al Masîh(Leiden : E. J. Brill ; New York : Harper and Brothers, 1959), p. 43에서 번역되고 정리되었다.
98) 「토마의 복음서」 80 : 14-19a, 99 : 13-18, 80 : 14b-81 : 4. 앞의 책, p. 3과 p. 55, p. 57.
99) 「누가복음」 17 : 20-21.
100) Guignebert, 앞의 책, pp. 339-341.
101) Edward Gibbon, *The Decline and Fall of the Roman Empire*, Chapter I과 II에서.
102) 「요한행전」 94-96. James, 앞의 책, pp. 253-254와 Max Pulver, "Jesus' Round Dance and Crucifixtion", Joseph Campbell(편), *The Mysteries*, The Bollingen Series XXX, Papers from the Eranos Yearbooks, Vol. 2(New York : Pantheon Books, 1955), pp. 178-180에 기초한 번역에서.
103) 「요한행전」 97-102. James, 앞의 책, pp. 254-256. Pulver, 앞의 책, pp. 180-182.
104) 「사도행전」 1 : 6.
105) 「이사야」 26 : 19.
106) 「이사야」 65 : 17, 19.
107) Justin Martyr, First Apology 26, Thomas B. Falls, *Writings of Saint Justin Martyr* (New York : Christian Heritage, 1949), p. 62에서.
108) R. M. Grant, *Gnosticism and Early Christianity*(New York : Columbia University Press, 1959), p. 185.

109) E. F. Scott의 논문 "Gnosticism", Hastings(편), 앞의 책, Vol. VI, p. 241에서.
110) 「사도행전」 7 : 58, 8 : 1과 3.
111) 「갈라디아서」 3 : 13-14.
112) 「갈라디아서」 3 : 24-25, 28-29.
113) 「고린도전서」 1 : 10, 5 : 9-13, 발췌.
114) 「고린도전서」 12 : 7, 12-13, 27-28.
115) 「고린도전서」 11 : 3-10.
116) 「고린도전서」 11 : 1.
117) 「사도행전」 8 : 1.
118) 「사도행전」 17 : 16-18 : 1.
119) 「사도행전」 21 : 30-36.
120) James Henry Breasted, *The Conquest of Civilization*(New York : Harper and Brothers, 1926), p. 673.
121) Eusebius of Caesarea, *Vita Constantini*(I. A. Keikel 편, Berlin, 1902), 번역판, Nicene Libray(H. Wace와 P. Schaff 편, Oxford, 1890).
122) *The Masks of God : Oriental Mythology*, pp. 293-294.
123) 이 논쟁에 대한 논의로 도나투스파에 대한 것은 Adolf Harnack, *History of Dogma*, Neil Buchanan 역(New York : Dover Publications, 1961), Vol. V, pp. 140-168을, 그리스도가 진정한 하느님도 진정한 인간도 아니라는 교리에 대해서는 Vol. IV, Chapter I을 보라.
124) 「요한복음」 18 : 36, 일부분.
125) H. M. Gwatkin, "Constantine and His City", *The Cambridge Medieval History*, Vol. I, p. 3에서.
126) Gawtkin, "Arianism", *The Cambridge Medieval History*, Vol. I, pp. 121-122의 번역에서.
127) Gibbon, 앞의 책, Chapter XXVIII, 부분.
128) Augustine, *De Civitate Dei*, Book 22, Chapter 30.

제4부 위대한 신앙들의 시대

머리말 : 유럽과 레반트의 대화

1) Spengler, 앞의 책, Vol. I, p. 272.
2) 같은 책, Vol. I, p. 421.
3) 같은 책, Vol. I, p. 290.
4) 같은 책, Vol. I, p. 257.
5) 같은 책, Vol. II, p. 283.
6) 같은 책, Vol. II, p. 227.
7) 같은 책, Vol. I, pp. 228-229.

제8장 십자가와 초승달

1) *The Masks of God : Oriental Mythology*, pp. 296-298.
2) *Dēnkart* 412, Zaehner, 앞의 책, pp. 175-176에서.
3) 같은 책, 같은 곳.
4) *Dēnkart* 413, Zaehner, 앞의 책, p. 176.
5) Zaehner, 앞의 책, p. 186.
6) 같은 책, p. 187, *Shikand-Gumānīk Vichār* 10.70-71을 인용.
7) *Dēnkart* 413, Zaehner, 앞의 책, p. 176.
8) *Dēnkart* 414-415, Zaehner, 앞의 책, p. 176-177.
9) Spengler, 앞의 책, Vol. II, p. 285.
10) Gwatkin, "Arianism", pp. 135-136.
11) Alice Gardner, "Religious Disunion in the Fifth Century", *The Cambridge Medieval History*, Vol. I, pp. 494-503에서. 그리고 R. M. French, *The Eastern Orthodox Church* (London : Huttchinson's University Library, 1951), pp. 23-33.
12) Gibbon, 앞의 책, Chapter XXXVI, 마지막 문단.
13) *The Masks of God : Oriental Mythology*, pp. 266-267과 비교해보라.
14) 이 신전들에 대한 입문적인 관점을 보려면 Imgard Bidder, *Lalibela : The Monolithic Churches of Ethiopia*(London : Thames and Hudson, 1959)를 보라. 사진도 수록되어 있다.
15) Ugo Monneret de Villard Aksum, *Ricerche de Topografia Generale*(Rome : Pontificum Institutum Biblicum, 1938). Enno Littmann and Theodor von Lüpke, *Deutsche Aksum-Expedition*, 4 vols.(Berlin : Georg Reimer, 1913), "Legend of the Dragon King", Vol. I, p. 39 참조.
16) Leo Frobenius, *Und Afrika Sprach*⋯⋯(Berlin : Vita Verlag, 1912), pp. 605-636.
17) Gardner, 앞의 책, pp. 510-511.
18) Adda B. Bozeman, *Politics and Culture in International History*(Princeton : Princeton University Press, 1960), p. 327.
19) 같은 책, p. 322.
20) Robert Eisler, *Weltenmantel und Himmelszelt*(Munich : C. H. Beck'sche Verlagsbuchhandlung, 1910), Vol. I, p. 36, 주 2, Liudprand of Cremona(972년경 사망), *Antapodosis* VI.5를 인용. F. A. Wright, *The Works of Liudprand of Cremona*(London : George Routledge and Sons, 1930), pp. 207-208 참조.
21) Norman H. Baynes, *The Byzantine Empire*(London : Williams and Norgate, Ltd., 1925), pp. 72-73. Bozeman, *Politics and Culture in International History*, pp. 335-336에서 인용.
22) Charles Diehl, "Justinian's Government in the East", *The Cambridge Medieval History*, Vol. II, pp. 25-27과 pp. 45-49에서. French, 앞의 책, pp. 34-40.
23) E. W. Brooks, "The Successors of Heraclius to 717", *The Cambridge Medieval History*, Vol. II, pp. 401-402에서.
24) French, 앞의 책, pp. 38-44.
25) 『코란』 1 : 1-7.
26) 『코란』 2 : 30-39.

27) 「창세기」 20 : 8-14.

28) 『코란』 2 : 127-28.

29) 『코란』 2 : 133.

30) 『코란』 2 : 140.

31) 『코란』 2 : 40-41.

32) 『코란』 2 : 87-88.

33) D. S. Margoliouth, "Muhammad", Hastings(편), 앞의 책, Vol. VIII, p. 873의 시기 구분을 따랐다.

34) 『코란』 96 : 1-5.

35) Abdullah Yusuf Ali, 앞의 책, 『코란』 주석 27-33, 축약, pp. 8-10.

36) 주석 34, 같은 책, p. 10.

37) 『코란』 73 : 1-6.

38) Abdullah Yusuf Ali, 앞의 책, Vol. II, pp. 1633-1640, 주 5754, 5755, 5778에 따름.

39) 『코란』 74 : 1-10.

40) A. A. Bevan, "Mahomet and Islām", The Cambridge Medieval History, Vol. II, p. 306 에서. H. A. R. Gibb, Mohammedanism(New York : Oxford University Press, Galaxy Books, 1962), p. 38.

41) 『코란』 106.

42) 주석 26, Abdullah Ysuf Ali, 앞의 책, p. 8.

43) 『코란』 9 : 40

44) Gibb, 앞의 책, p. 29.

45) Bevan, 앞의 책, p. 325.

46) A. E. Crawley의 논문 "Kissing", Hastings(편), 앞의 책, Vol. VII, p. 743에서.

47) 『코란』 44 : 38-59.

48) 「예레미야」 10 : 2-3, 6-8, 10.

49) 『코란』 2 : 144.

50) 『코란』 3 : 85.

51) 「이사야」 61 : 5-6.

52) 『코란』 50 : 37.

53) Gibb, 앞의 책, pp. 78-79.

54) 같은 책, p. 94.

55) Spengler, 앞의 책, Vol. II, pp. 84-85.

56) Gibb, 앞의 책, pp. 95-98.

57) 같은 책, p. 98.

58) Spengler, 앞의 책, Vol. II, pp. 85-86.

59) Mohammad Iqbal 경, Arthur J. Arberry 역, The Mysteries of Selflessness(London : John Murray Ltd., 1953), p. xv. Bozeman, Politics and Culture in International History, p. 360, 주 7에 인용.

60) 『코란』 74 : 49-50 ; 76 : 4-5와 13-16.

61) Omar Khayyám, The Rubáiyát, E. H. Whinfield 역, 185연, 244연, 262연.

62) Jalālu'ddīn Rūmī, Mathnawī I. 3360-3395. 번역은 Reynold A. Nicholson, The Mathnawi of Jalálu'ddín Rúmí, E. J. W. Gibb Memorial Series IV(London : Luzac and Co., Vol. II,

1926), pp. 183-184을 따랐음(축약하였음).

63) Louis Massignon, "Die Ursprünge und die Bedeutung des Gnostizismus im Islam", *Eranos-Jahrbuch 1937*(Zürich : Rhein-Verlag, 1938), p. 58, Moghira, Shahrastani, milal, II, 13-14를 인용.

64) 같은 책, pp. 59-60, 페르시아-그노시스파의 *Omm-al-Kitáb*와 시리아 Noseiri 분파의 교리를 인용.

65) 같은 책, pp. 64-65, *Omm-al-Kitáb* 인용.

66) 같은 책, p. 66.

67) 『코란』 97 : 1-5.

68) 『코란』 4 : 157.

69) Massignon, 앞의 책, pp. 69-70.

70) 같은 책, p. 74, *Mansūr al-Hallāj, Kitāb al-Tawāsīn*에서.

71) 『코란』 24 : 32.

72) Gibb, 앞의 책, p. 133.

73) Reynold A. Nicholson의 논문 "Sufis", Hastings(편), 앞의 책, Vol. XII, pp. 11-12에서.

74) R. A. Nicholson이 번역한 논문 "Mysticism", Thomas Arnold 경(편), *The Legacy of Islam*(Oxford : The Clarendon Press, 1931), p. 211.

75) *The Masks of God : Primitive Mythology*, pp. 461-472.

76) Marion Morehouse and E. E. Cummings, *Adventures in Value*(New York : Harcourt, Brace and World, Inc., 1962), 제사(題詞).

77) *Aṣṭavakra Saṁhitā* 14-15, 부분.

78) Nicholson, "Mysticism", p. 217.

79) 같은 책, p. 215.

80) 『코란』 55 : 26-27.

81) 『코란』 50 : 16.

82) 『코란』 2 : 115.

83) Massignon, 앞의 책, pp. 74-75, Hallāj, 앞의 책을 인용.

84) 『코란』 2 : 26. 또한 2 : 98을 보라.

85) *Arabian Nights*, 제155화, "Hassan of Bassora and the King's Daughter of the Jinn". Joseph Campbell(편), *The Portable Arabian Nights*(New York : The Viking Press, 1952, 1962), pp. 566-579.

86) Omar Khayyám, The Rubáiyát, 491연, Whinfield 역.

87) Spengler, 앞의 책, Vol. II, p. 278.

제9장 부활하는 유럽

1) Standish H. O'Grady, *Silva Gadelica*, Vol. II(번역 및 주해), pp. 1-4.

2) O'Grady, 앞의 책, p. vi.

3) *The Masks of God : Oriental Mythology*, pp. 115-121과 p. 129.

4) "The Lebar Brecc Homily on Saint Patrick", p. 24, 2단(段), Whitley Stokes, *The Tripartite Life of Patrick with Other Documents Relating to That Saint*(London : Eyre and

Spottiswoode, 1887), Vol. II, p. 433.

5) 같은 책, p. 26, 1단(段), Stokes, 앞의 책, pp. 448-449.

6) *Bethu Phátraic Andso*, Egerton 93, fo. ca., 앞의 책, Vol. I, pp. 41-47. 그리고 *Lebar Brecc*, p. 27, i단(段), Vol. II, pp. 455-459에서.

7) Rawlinson B. 512, fo. 11(Stokes, 앞의 책, Vol. I, pp. 91-93).

8.) Optatus, *De schismate Donatistarum* 2.1과 5.4. Harnack, 앞의 책, Vol. V, pp. 44-45에 서 인용.

9) Harnack, 앞의 책, Vol. V, pp. 168-221을 따름.

10) 같은 책, Chapter VI, 주 1.

11) Henry Bett, *Joannes Scotus Erigena*(Cambridge : The University Press, 1928). 스코투 스의 순교에 대한 이야기는 William of Malmesbury에서 나온 것임.

12) 「마태복음」 27 : 38. The Book of Kells는 현재 더블린의 트리니티 칼리지에 있다.

13) Stokes, 앞의 책, Vol. I, p. clxi. *Lebar Brecc*, p. 257a를 인용하고 있다.

14) Sullivan, 앞의 책, p. 18.

15) T. G. E. Powell, *The Celts*(New York : Frederick A. Praeger, 1958), p. 61.

16) O'Grady, 앞의 책, pp. 103-104, p. 108, p. 137.

17) Tacitus, *Germania* 2-3, 부분. H. Mattingly 역, *Tacitus on Britain and Germany*(Harmondsworth and Baltimore : The Penguin Classics, 1948), pp. 102-103.

18) 같은 책, 7, Mattingly, 앞의 책, pp. 106-107.

19) 같은 책, 9, Mattingly, 앞의 책, p. 108.

20) 같은 책, 39-40, Mattingly, 앞의 책, pp. 132-134.

21) 같은 책, 43, Mattingly, 앞의 책, p. 136.

22) 같은 책, 45, Mattingly, 앞의 책, p. 138.

23) 같은 책, 8, Mattingly, 앞의 책, pp. 107-108.

24) 같은 책, 27, Mattingly, 앞의 책, p. 122-123.

25) *The Masks of God : Primitive Mythology*, pp. 62-64.

26) *The Masks of God : Primitive Mythology*, pp. 74-75와 pp. 267-278.

27) Snorri Sturluson, *The Prose Edda*, Gylfaginning 48. 번역은 Arthur Gilchrist Brodeur, *The Prose Edda by Snorri Sturluson*(New York : The American-Scandinavian Foundation, 1929), pp. 68-70. Lee M. Hollander, *The Skalds*(New York : the American-Scandinavian Foundation, 1947), pp. 28-30.

28) B. Phillpotts, "German Heathenism", *The Cambridge Medieval History*, Vol. II, pp. 481-482, A. C. Haddon, *Magic and Fetishism*(London : 1906)을 인용.

29) Philpotts, 앞의 책, p. 481.

30) Otto von Friesen의 논문 "Runes", *Encyclopaedia Britannica*, 제14판(1929), Vol. 19, p. 662, Bjorketorp Inscription과 Freilaubersheim Brooch의 룬들을 해석하고 있다.

31) Hovamol 139, 140, 142. Henry Adams Bellows 번역, *The Poetic Edda*(New York : The American-Scandinavian Foundation, 1923), pp. 60-61.

32) Bellows, 앞의 책, p. xviii.

33) Holger Arbman, *The Vikings*(New York : Frederick A. Praeger, 1961), p. 90.

34) Eleanor Hull, *Early Christian Ireland*(London : David Nutt, 1905), pp. 167-168.

35) Arbman, 앞의 책, pp. 79-80, Ermentarius of Noirmoutier를 번역.

36) Hollander, 앞의 책, p. 56.
37) Grimnismol 23. Bellows, 앞의 책, p. 93.
38) Voluspo 45, 47, 48. Bellows, 앞의 책, pp. 19-21.
39) Voluspo 49-56. Bellows, 앞의 책, pp. 21-23.
40) Voluspo 57, 59, 62. Bellows, 앞의 책, pp. 24-25.
41) Sturluson, 앞의 책, Gylfaginning IV-IX. Brodeur, 앞의 책, pp. 16-22.
42) Sturluson, 앞의 책, Gylfaginning 20. Brodeur, 앞의 책, pp. 34-35.
43) Alexander Hamilton Thompson, "Medieval Doctrine to the Lateran Council of 1215", *The Cambridge Medieval History*, Vol. VI, pp. 634-635.
44) Henry Charles Lea, *A History of the Inquisition of the Middle Ages*(New York : Russel and Russell, 1955), Vol. I, p. 5.
45) 「요한복음」 8 : 7.
46) Lea, 앞의 책, Vol. I, p. 14.
47) 같은 책, 같은 곳.
48) "La Gesta de Fra Peyre Cardinal", François J. M. Raynouard, *Lexique Roman*(Paris : Silvestre, 1836-44), Vol. I, p. 464. Lea, 앞의 책, Vol. I, p. 56에서 번역.
49) Karl Pannier, *Walthers von der Vogelweide Sämmtlich Gedichte*(Leipzig : Philipp Reclam, 1876), p. 119, No. 110. Lea, 앞의 책, Vol. I, p. 55에서 인용.
50) *S. Bernardi Sermones de Conversione*, cap. 19, 20. Lea, 앞의 책, Vol. I, p. 52에 나온 대로.
51) *S. Hildegardae Revelat. Vis.* X. cap. 16. Lea, 앞의 책, Vol. I, p. 53에 나온 대로.
52) *The Masks of God : Oriental Mythology*, pp. 234-240.
53) Lea, 앞의 책, Vol. I, p. 104.
54) A. S. Turberville, "Heresies and the Inquisition in the Middle Ages, c. 1000-1305", *The Cambridge Medieval History*, Vol. VI, pp. 701-702.
55) Lea, 앞의 책, Vol. I, pp. 104-105.
56) 같은 책, pp. 119-120.
57) 같은 책, pp. 123-124.
58) 이 춤 운동에 대한 연구로는 E. Louis Backman, *Religious Dances in the Christian Church and in Popular Medicine*, E. Classen이 스웨덴 어를 번역함(London : George Allen and Unwin, 1952), p. 170 이하.
59) 같은 책, pp. 161-170.
60) 「마태복음」 6 : 6.
61) Lea, 앞의 책, Vol. I, pp. 129-161. 참고 문헌도 그곳에 모두 나와 있다.
62) Lea, 앞의 책, Vol. III, pp. 90-119.
63) Dante, *Paradiso* XII. 140-141.
64) Dante, *Inferno* XXVIII.55.
65) Dante, *Convivio* IV.4.120.
66) 같은 책, IV.5.180.
67) Hilda Johnstone, "France : The Last Capetians", *The Cambridge Medieval History*, Vol. VII, p. 314.
68) 같은 책, p. 315.

622

69) Lea, 앞의 책, Vol. II, p. 491.

70) 같은 책, Vol. II, pp. 467-493.

71) The Masks of God : Primitive Mythology, p. 402.

72) The Masks of God : Primitive Mythology, p. 231.

73) Franz Rolf Schröder, Die Parzivalfrage(Munich : C. H. Beck'sche Verlagsbuchhandlung, 1928).

74) Jessi Weston, From Ritual to Romance(Cambridge : The University Press, 1920), pp. 11-22. 또한 Roger Sherman Loomis, From Celtic Myth to Arthurian Romance(New York : Columbia University Press, 1927), pp. 250-270을 보라.

75) Wolfram von Eschenbach, Parzival 3.118.14-17과 28, Helen M. Mustard and Charles E. Passage 역(New York : Random House, Vintage Books, 1961), p. 67.

76) 같은 책, 3.119.29-30.

77) J. Huizinga, The Waning of the Middle Ages(New York : Doubleday Anchor Books), p. 127.

78) 같은 책, p. 107.

79) The Masks of God : Oriental Mythology, pp. 343-364.

80) Lea, 앞의 책, Vol. II, p. 440에서 인용.

81) Franz Pfeiffer 편, Meister Eckhart, C. de B. Evans 역(London : John M. Watkins, 1947), Vol. I, "Sermons and Collations", No. II, pp. 9-10.

82) 같은 책, p. 10.

83) 같은 책, p. 14.

84) 같은 책, Vol. I, "Sermons and Collations", No. XXVI, pp. 76-77.

85) 같은 책, Vol. I, "Sermons and Collations", No. LXIX, p. 171.

86) 같은 책, Vol. I, "Sermons and Collations", No. LXXXVIII, pp. 221-222.

87) 같은 책, Vol. II, "Sermons", No. I, p. 89.

88) 같은 책, "Tractates", No. VII, Vol. I, pp. 334-336.

89) C. de B. Evans, 같은 책, Vol. I, pp. xii-xiii에서.

90) Alan W. Watts, Myth and Ritual in Christianity(New York : The Vanguard Press, 1953), pp. 78-82.

91) Pfeiffer, 앞의 책, "Sermons and Collations", Vol. I, p. 46.

결론 : 한 시대의 종결점에 서서

1) The Masks of God : Oriental Mythology, pp. 35-36.

2) The Masks of God : Oriental Mythology, pp. 13-23.

역자 후기

이 책은 조지프 캠벨의 주저이자 비교신화학의 고전이라고 일컬어지는 *Masks of God* 4부작 가운데 세번째인 『신의 가면 : 서양 신화』를 번역한 것이다. 이 4부작은 *Masks of God : Primitive Mythology*(1959), *Masks of God : Oriental Mythology*(1962), *Masks of God : Occidental Mythology* (1964), *Masks of God : Creative Mythology*(1968)의 순으로 출판되었다. 우리 나라에서는 얼마 전에 『신의 가면 : 동양 신화』가 나왔고, 이번에 두번째로 『신의 가면 : 서양 신화』가 출간되며, 앞으로 나머지 두 권도 출간될 예정이다. 이번에 나오는 『신의 가면 : 서양 신화』에서 다루고 있는 중심 내용은 레반트와 유럽의 신화이다.

서구인들은 흔히 인류의 유구한 역사 가운데 자신들이 세계의 지배권을 차지한 지난 4백 년 남짓한 기간 동안에 이루어진 일들을 절대적이고 필연적인 것으로 본다. 단지 이 기간에 이루어진 자본주의 체제를 영구 불변의 조건으로 볼 뿐만 아니라, 이 체제와 더불어 형성된 인간 의식의 편향들도 인간의 절대적 속성으로 여긴다. 나아가 권력 투쟁에서 승리한 자가 역사를 고쳐쓰듯이——캠벨에 따르면 옛날에는 승리한 자들이 신화를 고쳐서 썼다고 한다——서구인들은 그리스-로마에서 시작되어 르네상스를 거치며 근대에 이르는 과정이 그들의 족보인 동시에 필연적 발전사인 것처럼 이야기해왔다. 더불어 다른 문화에 속하는 사람들에게도 그것을 인류의 중심적 역사로, 발전의 필연적 단계들로 승인할 것을 요구해 왔다.

이러한 발전의 대립물로 여겨졌던——어떤 사람들은 똑같은 세계관의 다른 표현으로 보기도 하고, 캠벨은 레반트 신화의 세속적 적용으로 보기도 하지만——사회주의 세력이 적어도 국가적 체제로는 위력을 상실한 지금, 한편에서는 기존의 서구적 의식의 새로운 개정판들로 업그레이드하라는 요구가 드세지고, 다른 한편에서는 기술 문명의 발전 양상에 대한 우려도 심각해지는 것 같다. 우리는 아무래도 전자 쪽에 더 기우는 것 같다. IMF 관리 체제라는 난관을 겪으면서, 다시는 사다리에서 떨어지지 말고 서구의 엉덩이를 똑바로 올려다보며 이를 악물고 부지런히 쫓아가자는 쪽으로 결심을 굳혀가는 듯하다.

이러한 상황에서 서양 신화를 들여다본다는 것이 행여 그들이 만들어 낸 족보 꼭대기에 위치하는 탄생 설화마저 수용해내려고 노력하는 꼴이 되지는 않을까? 캠벨 자신이 서양(정확하게 말하자면 미국)의 학자인 만큼, 그러한 혐의에서 쉽게 자유로울 수는 없을 것이다. 예를 들어 그리스의 폴리스에 대하여 이야기하면서, "새로운 삶은 그리스에서만이 아니라 전세계에서(장차 세계가 그 눈을 뜨게 될 때) 낡은 것들을 몰아내버렸다"고 말하는 것을 그러한 증거로 여길 수 있을지도 모른다. 그러나 캠벨이 그리스의 폴리스를 이상적으로——지나치건 아니건——제시하는 것은 사실이지만, 서양인이든 아니든 그리스 인들이 이룩한 성과를 인정하는 것 자체에 인색할 필요는 없을 것이다. 게다가 캠벨이 그려내는 서양 신화에서는 그리스 신화가 배타적이고 중심적인 자리를 차지하지도 않는다. 이 점은 흔히 우리가 서양 신화 하면 그리스-로마 신화와 연결시키는 통상적인 태도와는 분명한 차이를 보이는 것이며, 캠벨의 비교신화학이 위력을 발휘하는 대목이라고도 할 수 있겠다.

사실 캠벨은 제우스를 정점으로 하는 그리스의 신화 체계라는 것이 레반트의 신화와 마찬가지로, 기존의 모권(여성) 중심적인 신화 체계를 부권(남성) 중심적인 신화 체계로 뒤집어놓은 것이라고 주장한다. 세계관의 엄청난 변화가 표현되어 있는 이 상징적 사건에서 캠벨은 거의 분명하게 여성 원리의 편을 들면서 그 이후의 변화 과정을 안타까운 마음으로 서술하고 있다. 가령 그리스 신화에서 제우스가 대지의 여신 가이아를 포함한 이전의 신들을 정복하는 과정과 레반트 신화에서 야훼가 하와와 뱀(이전 신화에서는 여신의 남편)을 징계하는 것은 같은 맥락에 속한다는 것이다. 일례이기는 하지만 이러한 서술의 정황을 참작한다면 캠벨이 그리스 세계를 비역사적으로 절대화한다고는 말할 수 없을 것이다.

또 하나 캠벨이 눈여겨서 보는 대목은 신과 인간 자아의 관계이다. 극단적으로 표현하면 신이 인간 외부에 존재하느냐, 아니면 내부에 존재하느냐 하는 것이다. 기독교에 익숙한 사람들에게는 인간과 자연의 체계 외부에 존재하는 신 이외의 신을 상상할 수 없겠지만, 캠벨에 따르면 이것은 주로 레반트에서 나온 신화에 해당하는 이야기일 뿐이다. 이 점을 부각시키기 위해서 캠벨은 계속 동양 신화의 체계를 대비시켜 나간다. 이러한 동양 신화적 세계관(정확히 말하자면 동양 신화와 서양 신화 이전의 구석기 세계관을 모태로 한 체계이지만)은 서양 신화 안에서도 신비교 등의 형태로 계속 머리를 내민다. 부권적 원리에 의해서 진압당한 모권적 원리가 감추어진 상징이나 이미지 등의 형태로 나타나는 것이 그 예이다. 물론 이러한 현상은 인간의 의식(또는 무의식)의 어떤 부분과 뗄 수 없는 관련을 맺고 있기 때문에 가능한 일일 터인데, 캠벨은 기독교가 이른바 "이단"을 처단해나가는 과정이 곧 그러한 세계관과의 투쟁 과정임을 보여준다. 이 점에서도 캠벨은 인간 세계 외부에 존재하는 신에 대하여 거리를 두는 입장인 듯하다. 나아가서 그러한 체계가 인간과 신, 자연과 초자연, 현세와 내세 등 세계를 둘로 구분하여 보려는 태도의 뿌리라는 면에서 분명하게 비판적인 태도를 드러낸다.

어쩌면 이런 식의 시각을 가지고 진지하게 작업을 하였기 때문에, 출간되고나서 30여 년이 지난 지금에도 이 책이 그 빛을 잃지 않는다고 할 수 있다. 사실 캠벨이 지지하는 여성 원리라든가, 이분법을 넘어서는 통일적인 세계관 같은 것은 30여 년 전보다도 오히려 지금 더, 그것도 서구식 발전론을 넘어서려는 사람들에게 주목을 받지 않는가. 이러한 면에서라도 캠벨의 서양 신화 이야기에는 귀를 기울여볼 만하다.

신화는 결국 인류가 예로부터 삶을 진행시키며 형성하게 된 세계관의 표현이라고 할 수 있을 것이다. 세계관이라는 거창하고 잘 정돈된 느낌을 주는 표현은 어폐가 있을지 모르나, 신화가 공동의 삶을 살아가는 각 개인의 가치와 감성과 관련을 맺었던 것은 분명하다. 따라서 개인들의 삶에 대한 반응에서부터 형성되고, 또 거기에 영향을 미쳐왔을 것이다. 이러한 맥락에서 신화는 역사 이전의 어떤 지점에 고정된 것이 아니라, 사람들 삶의 조건이 변화함에 따라서 재해석되고(그리스 신화의 부권적 해석이 보여주듯이), 다른 집단의 사람들과의 충돌에 의해서 변용을 겪기도 한다(헬레니즘의 통합주의적 신화가 보여주듯이). 이렇게 보자면, 합리적 정신에 의한 신화 폐기조차도 신화적 해석이 가능하며, 조금 더 밀고 나아가면 현대적으로 해석된 신화도 존재할 수 있다. 실제로 캠벨의 4부작 가운데 마지막 책인『신의 가면 : 창조 신화』에서는 예술 작품들을 현대의 "신화적" 표현물로 다루고 있다. 이 책 역시 우리말로 번역되어 나올 예정인데, 이러한 점에서 그의 진면목을 기대하여도 좋을 것이다.

책이 나오기까지 여러 가지로 배려해주신 까치 출판사의 박종만 사장님, 그리고 책을 만드는 과정에서 고되다면 가장 고되다고 할 수 있는 교열을 맡아주신 이경희님께 감사드린다.

1999년 12월 15일 옮긴이

색인